Amira
Hass

GAZA

Inhalt

Meinen Eltern
Hanna
und
Avraham

Gazastreifen
Mittelmeer
EREZ
Beit Lahia
Nisanit
al-Sbatti
Beit Hanun
Jabalia
Gaza City
Netzarim
Wadi Gaza
KARNI
Nuseirat
al-Boureij
Dir al-Balah
Megbazi
Dir
al-Balah
Kfar Darom
Waffenstillstandslinie
von 1950
Katif
Kfar Yam
Khan Yunis
Neve Dekalim
Khan Yunis
ISRAEL
Moraq
Rafah
Rafah
SUFA
RAFAH
ÄGYPTEN
N
0
5 km
Jüdische Siedlung
Bebautes Gebiet
Flüchtlingslager
Grenzkontrollpunkt
Grenzübergang
Ort

Israel und die besetzten Gebiete
LIBANON
SYRIEN
Golan-Höhen
Akko
Haifa
See Genezareth
Nazareth
Mittelmeer
Jenin
Waffenstillstandslinie von 1967
Nablus
Tel Aviv-Jaffa
West-jordanland
Jordan
Ramalla
Amman
Jericho
Ashdod
Jerusalem
Betlehem
Ashkelon
Hebron
Totes Meer
Gazastreifen
Waffen-stillstandslinie von 1950
Waffen-stillstandslinie von 1949
Beersheba
Negev
ÄGYPTEN
Sinai
JORDANIEN
N
0
30 km

Einleitung

An einem Sommertag des Jahres 1995 fand ich endlich die Lösung eines Rätsels, das mich seit meiner Kindheit verfolgt hatte. Unter einem dichten Maulbeerbaum in einem Orangenhain an einem Hang, der zuerst sanft anstieg, um dann langsam zu den Moscheen abzufallen, die sich von der Innenstadt von Gaza bis ans Meer erstrecken, fand ich die Erklärung für etwas, das ich viele Jahre zuvor in einem israelischen Kinderbuch gelesen hatte. Titel und Verfasser des Buches habe ich längst vergessen, aber ich erinnere mich an einen Jungen, der in einem kleinen Becken in einem Orangenhain schwamm. Ich war ein Stadtkind, und so konnte ich mir zwar die Früchte an den Zweigen vorstellen, aber ich verstand beim besten Willen nicht, wie ein Swimmingpool in einen Orangenhain kommen sollte.

Ich fand die Lösung des Rätsels, als Freunde in Gaza mich einluden, sie zu einer Feier im Orangenhain der Familie Raji Souranis zu begleiten, eines Intifada-Aktivisten und Rechtsanwalts für Menschenrechte. Als wir ankamen, war der Orangenzüchter gerade damit beschäftigt, einen großen, rechteckigen Bewässerungstank mit Wasser aufzufüllen. Als der Tank voll war, sprangen alle anwesenden Männer hinein. Dabei schrien sie wie Kinder, als sie in das kalte Wasser eintauchten. (Wir Frauen blieben auf dem Trockenen. Schließlich befanden wir uns in dem konservativen Gaza.) Und nun verstand ich, wie das Wasserbecken in meinem israelischen Kinderbuch in den Orangenhain kam.

Es war weder das erste noch das letzte Mal, daß ich einen Widerhall meines Lebens in Israel in Gaza hörte, sei es im Klang der hebräischen Sprache, die durch die Flüchtlingslager tönte, oder in den Geschichten, die die alten Flüchtlinge von der lang verlorenen Heimat ihrer Familien in Palästina erzählten, als seien sie erst vor einer Woche dort gewesen, oder in den von schwarzem Humor gekennzeichneten Erzählungen meiner Freunde von ihren Erlebnissen in israelischen Gefängnissen. Ich hatte meine Freunde noch niemals so lachen sehen, wie sie es an diesem Nachmittag zwischen den Orangenbäumen taten. Sie waren Wissenschaftler, Außendienstmitarbeiter und Rechtsanwälte vom Zentrum für Recht und Gesetz in Gaza, und sie hatten zu den ersten gehört, die mich in Gaza eingeführt und mit seiner Bevölkerung bekannt gemacht hatten. Durch sie hatte ich eine Vorstellung vom Leben unter der Besatzung bekommen. In ihrer Gesellschaft hatte ich erfahren, daß das breite, entwaffnende Lächeln, das die meisten Einwohner von Gaza dem Fremden zeigen, eine abgrundtiefe Traurigkeit verbirgt.

Ich war als freiwillige Helferin für Worker's Hot Line (Arbeiternotruf) nach Gaza gekommen, eine israelische Organisation, die Arbeiter aus den besetzten Gebieten bei ihren Beschwerden gegen israelische Arbeitgeber vertrat. Damals, 1991, gehörte ich der Redaktion der Tageszeitung *Ha'aretz* an. Im Laufe der Zeit hatte ich begonnen, über den Gazastreifen zu berichten, der in vieler Hinsicht Terra incognita war. Ich knüpfte Kontakte: Die erste, die mir half, war Tamar Peleg, eine israelische Menschenrechtsanwältin. Sie machte mich mit ihren ehemaligen Klienten bekannt, die sie während ihrer administrativen Haft (einer besonders verabscheuenswürdigen Einrichtung, die es gestattet, Menschen für unbestimmte Zeit ohne Gerichtsverhandlung festzuhalten) oder anderer Gefängnisaufenthalte vertreten hatte. Der erste Name auf ihrer Liste war Raji Sourani.

Alles weitere kam von ganz alleine: Nach der Unterzeichnung der Grundsatzerklärung im Jahr 1993, die den Palästinensern eine begrenzte Selbstverwaltung in Gaza und Jericho einräumte, wurde ich Korrespondentin meiner Zeitung für den Gazastreifen und sollte über die letzten Monate der direkten israelischen Besatzung und den Übergang der Verwaltung auf die Autonomiebehörde berichten. Damals beschloß ich, mich in Gaza niederzulassen. Zuerst zog ich vom Haus eines Freundes zum anderen, bis ich mir schließlich ein Appartement in der Innenstadt von Gaza mietete. Es erschien mir als ein normaler und logischer Schritt, nach Gaza zu ziehen. Wie sollte ich eine Gesellschaft verstehen und über sie schreiben, wenn ich nicht in ihrer Mitte lebte? Ich war, so erschien es mir, wie jeder andere Journalist, der in ein fremdes Land geschickt wird, um darüber zu berichten. Den meisten Israelis jedoch kam mein Entschluß absurd, ja wahnsinnig vor, denn sie waren überzeugt, daß ich mein Leben aufs Spiel setzte.

Schon lange bevor ich tatsächlich dorthin zog, war mir klargeworden, wie verzerrt die Vorstellungen der meisten Israelis vom Gazastreifen sind – primitiv, gewalttätig und den Juden gegenüber feindlich gesinnt. Während der ganzen Zeit, in der ich dort lebte, habe ich immer dafür gesorgt, daß jedermann wußte, daß ich eine israelische Jüdin bin. Diejenigen unter meinen Freunden, die Hebräisch konnten, sprachen ohne jedes Zögern in meiner eigenen Sprache mit mir – in ihren Häusern und Büros, auf den Straßen und Märkten, in den Flüchtlingslagern, in einem Haus in Khan Yunis, wo die Menschen zusammengekommen waren, um ein Mädchen zu betrauern, das während einer Unterbrechung der Ausgangssperre von israelischen Soldaten erschossen worden war, bei einer Demonstration für die Entlassung der politischen Häftlinge, bei der Hochzeit des Bruders eines Bekannten. Während der Zeit, als die Nächte noch von der von Israel verhängten Ausgangssperre und den Patrouillen der Armee beherrscht wurden, übernachtete ich häufig in ihren Wohnungen. «Was würden deine Freunde machen, wenn die militanten Aktivisten herausfinden würden, daß eine jüdische Frau bei ihnen zu Gast ist?» wurde ich in Tel Aviv von einem Mann gefragt, der einen Ruf als gut informierter Arabist hat. Die Frage kam für mich vollkommen überraschend. Ich war noch nie auf die Idee gekommen, daß meine Anwesenheit meine Gastgeber in Schwierigkeiten bringen könnte, und wie ich mich später überzeugte, diese ebensowenig. Keiner meiner Freunde machte sich diesbezüglich irgendwelche Sorgen. Sie alle hielten ihre Türen für mich offen, sei es im Flüchtlingslager Rafah oder in al-Shatti, das sich an der Küste vor der Stadt ausbreitet. Ihnen habe ich es zu verdanken, daß ich gelernt habe, Gaza mit den Augen seiner Bewohner zu sehen und nicht durch die Windschutzscheibe eines Armeejeeps oder so, wie es in den Vernehmungsräumen des Shabak, des israelischen Geheimdienstes, gesehen wurde.

Meine Erfahrungen in Gaza, die Selbstverständlichkeit, mit der die Leute mich akzeptierten, die Offenheit, mit der wir über alle Dinge miteinander redeten und sogar streiten konnten, waren die Antwort, die ich allen Israelis gab, die mich fragten: «Wie kommt es, daß du keine Angst hast?» und die nicht verstehen konnten, was in aller Welt in mich gefahren war. Tatsächlich war dies jedoch nur eine halbe Erklärung. Meistens vermied ich es, die ganze Geschichte zu erzählen.

Die andere Hälfte der Geschichte sind die Erinnerungen meiner Eltern, von denen sie mir seit meiner Kindheit erzählt hatten und die ich aufgesogen hatte, bis sie zu meinen eigenen wurden. Sie waren Holocaust-Überlebende, Kommunisten, Juden aus Südosteuropa, die in Israel lebten, und sie hatten mich mit den Sagen des Widerstands und der Kämpfe einer verfolgten Nation aufgezogen. In der rumänischen Schule meines Vaters in Suceava zum Beispiel war ein Drittel der Schüler jüdisch. Es bestand eine Übereinkunft, daß diese Schüler samstags, am Sabbat, die Schule besuchten, daß an diesen Tagen jedoch keine Klassenarbeiten oder schriftlichen Prüfungen geschrieben werden würden. Eines Tages durchbrach ein antisemitischer Geschichtslehrer diese Regel und setzte eine Klassenarbeit für einen Samstag an. Als Kind hörte ich mit Begeisterung, wie mein Vater – damals dreizehn Jahre alt und bis heute ein orthodoxer Jude, voller Vertrauen und Sicherheit bezüglich seines Platzes in der Welt – einen Streik unter den jüdischen Schülern organisierte und selbst die beiden nichtreligiösen Klassenkameraden überredete mitzumachen. Der Direktor wollte ihn von der Schule verweisen, aber alle Verbindungen wurden mobilisiert (ein Vorgang, der in der arabischen Welt als die Anwendung von *Wasta* bekannt ist), und die Strafe wurde auf einen einmonatigen Ausschluß vom Unterricht reduziert. In ihrem Appell an einen wohlwollenden Lehrer hatten meine Großeltern argumentiert, daß es um Religionsfreiheit und Minderheitenrechte gehe. «Blödsinn!» hatte der Lehrer geantwortet. «Jeder weiß doch, daß der Junge ein geborener Bolschewik ist.» Mein Vater blieb sein ganzes Leben lang ein Unruhestifter, der nicht so leicht zum Schweigen zu bringen war.

Auch meine Mutter hatte ihre Geschichten. Auch sie war beschuldigt worden, mit den Bolschewisten zu sympathisieren, wenn auch unter vollkommen anderen Umständen. In den Baracken von Bergen-Belsen, wohin sie deportiert worden war, bestand die einzige Nahrung in einer übelschmeckenden Suppe aus fauligen Rüben, und die für die Verteilung zuständige Person hatte keinerlei Interesse daran, gleichmäßig große Portionen auszuteilen. Meine Mutter und einige ihrer Freundinnen übernahmen die Verteilung und sorgten dafür, daß alle die gleiche Menge bekamen. «Was glaubst du, was dies hier ist?» brüllte der Oberaufseher sie an. «Ein Sowjet?» Die anderen Frauen standen auch Schmiere, während meine Mutter gegen die Vorschriften verstieß, indem sie das nationalsozialistische Inferno in Form eines auf Papierfetzen geschriebenen Tagebuchs dokumentierte.[1] Außerdem unterrichtete sie heimlich die Kinder des Lagers, ein Vergehen, mit dem sie das Leben aller Beteiligten aufs Spiel setzte.

Eine tolerante Stadt, fast idyllisch – so sieht das Bild Sarajevos vor dem Zweiten Weltkrieg in der Erinnerung meiner Mutter aus. Der Ruf des Muezzin, die Kirchenglocken und die in Ladino gesungenen Sabbatpsalmen waren die Klänge ihrer Kindheit. Sie erinnert sich auch daran, für diese Toleranz gekämpft zu haben. Muslime, Christen und Juden lebten nebeneinander, lernten in den gleichen Klassenzimmern, gingen zusammen an die Universität, wurden Atheisten und gingen in den kommunistischen Untergrund. Vermutlich die einzige Ohrfeige, die meine Mutter jemals irgend jemandem versetzte, teilte sie in dieser Zeit aus. Ein Mitstudent, ein Muslim, hatte sich über die Juden lustig gemacht, und sie schlug ihn. Später versöhnten sie sich wieder.

Die Vorbilder meiner Eltern waren auch die meinen, die Szenen, die sich in ihr Gedächtnis eingegraben hatten, prägten sich auch mir ein. Meine Mutter erzählte von ihrem Mathematiklehrer – Marcel Schneider –, der sich einmal, als sie ihm über den Weg lief, vor ihr verbeugte und an seinen Hut tippte. Sie war schwer mit Büchern beladen und brachte gerade den frisch zubereiteten Hefeteig ihrer Mutter zum Bäcker, und so reagierte sie ungeschickt und verlegen. Auch mir wurde diese würdevolle Höflichkeit zu einer lieben Erinnerung. Jeder kannte sein Geheimnis – er war Kommunist. Während des Krieges schloß er sich den Partisanen an, wurde von den Nazis gefangen und gehenkt. Jahre später erschauerte ich im jüdischen Museum in Belgrad, als ich das Flugblatt sah, das von seiner

Hinrichtung berichtete. Die Familie meines Vaters wurde in das Ghetto von Transnistria deportiert, wo seine Eltern an Typhus und Unterernährung starben. Er konnte niemals den Bäckerladen im Ghetto vergessen, wo Leute mit Geld und einige Mitglieder des Judenrats sich Kuchen kauften, während hungrige Kinder draußen standen und mit sehnsüchtigen Augen zuschauten. Wann immer ich die frommen Legenden von der «jüdischen Einheit» höre, denke ich daran, daß diese Einheit am Eingang von Transnistria endete.

Diese Geschichten waren das Vermächtnis meiner Eltern – eine Geschichte des Widerstands gegen jede Ungerechtigkeit, der offenen Meinungsäußerung und der Gegenwehr. Aber von all den Erinnerungen, die ich mir zu eigen gemacht habe, ist mir eine ganz besonders wichtig. An einem Sommertag des Jahres 1944 wurde meine Mutter zusammen mit der übrigen menschlichen Fracht aus einem Viehwagen ausgeladen, der sie von Belgrad zum Konzentrationslager Bergen-Belsen gebracht hatte. Als die seltsame Prozession vorbeimarschierte, sah sie eine Gruppe deutscher Frauen, einige zu Fuß, andere mit Fahrrädern, die stehenblieben und mit gleichgültiger Neugier in den Gesichtern zusahen. Für mich wurden diese Frauen zu einem abscheulichen Symbol des unbeteiligten Zusehens, und schon in sehr jugendlichem Alter beschloß ich, daß ich niemals zu dieser Art von Zuschauern gehören wollte.

So war mein Wunsch, in Gaza zu wohnen, nicht auf Abenteuerlust oder Wahnsinn zurückzuführen, sondern auf die Angst, zu einem tatenlosen Zuschauer zu werden, auf mein Bedürfnis, eine Welt, die nach meinem besten politischen und historischen Wissen das Werk Israels ist, bis ins letzte Detail zu verstehen. Für mich verkörpert der Gazastreifen die ganze Geschichte des israelisch-palästinensischen Konflikts. Er verkörpert den zentralen Widerspruch des Staates Israel – Demokratie für die einen, Enteignung für die anderen. Er ist unser freiliegender Nerv. Ich wollte die Menschen kennenlernen, deren Leben durch meine Gesellschaft und meine Geschichte für immer verändert worden war, deren Eltern und Großeltern 1948 aus ihren Dörfern vertrieben und Flüchtlinge geworden waren.

Tatsächlich fand ich sehr schnell heraus, daß es ein besonderes Band gab, das mich mit den Flüchtlingen und den Lagern, in denen sie lebten, verband. Ich fühlte mich zu Hause in dieser provisorischen Dauerhaftigkeit, in der Sehnsucht, die sich an jedes Sandkorn klammert, in dem Zorn, der in den Gassen gedeiht. Erst allmählich und nur einigen wenigen Freunden in Gaza und Israel begann ich zu erklären, daß es mein Erbe war, diese einmalige, autobiographische Mischung, die von meinen Eltern an mich weitergegeben worden war, die mir den Weg in den Gazastreifen gewiesen hatte.

Während meiner ganzen Kindheit hörten meine Eltern nicht auf zu versuchen, ihre sozialistische Vision einer gerechten Ordnung zu verwirklichen, sei es durch ihre Teilnahme an den Streiks und Demonstrationen der Arbeiter, ihren offenen Protest gegen die Militärherrschaft über die Palästinenser in Israel oder ihre wütende Opposition gegen David Ben-Gurions Umgang mit Westdeutschland. Die Polizei tauchte mehrfach vor unserer Haustür auf, einmal, um meine Mutter wegen der Verteilung politischer Flugblätter zu vernehmen, und später, um meinen Vater wegen der Organisation illegaler Demonstrationen zu verhaften.

Ich war fünf Jahre alt, als ich sie fragte, warum sie nach Israel gekommen waren, obwohl sie niemals Zionisten gewesen waren. Die Antwort auf diese Frage fand ich erst viel später, in den achtziger Jahren, als ich zwei Jahre lang in Amsterdam lebte. Während dieser Zeit spürte ich die Größe der Leere, die nach 1945 zurückgeblieben war, daß Europa, das jahrhundertelang Heimat von Millionen von Juden gewesen war, diese einfach ausgespien hatte, daß die meisten Leute an der antipluralistischen Psychose im nationalsozialistischen Deutschland teilgehabt und die allmähliche und endgültige Vertreibung der Juden gleichgültig akzeptiert hatten. Aber mehr noch quälte mich die Leichtigkeit, mit der Europa die folgende Leere zur Kenntnis genommen hatte, mit der man die Lücken gefüllt und sich wieder den alltäglichen Geschäften zugewandt hatte. Heute begreife ich, daß die Vision meiner Eltern von einem sozialistischen Utopia uns allen geholfen hat, dem Vakuum zu entkommen, das nach Auschwitz zurückgeblieben war. Und ich weiß auch, daß es ebendiese Leere war – die vertrauten Straßen, die für alle Zeiten den Mord an Familienmitgliedern, Freunden und Nachbarn herausschreien würden –, die meine Eltern und mit ihnen Hunderttausende von Überlebenden dazu trieb, in eine neue Heimat zu fliehen, eine Heimat mit Orangenbäumen, Olivenhainen und blendendweißem Sonnenlicht.

Ich sehne mich nicht nach den Landschaften ihrer Kindheit. Ich wurde in das Safrangelb von Jerusalem hineingeboren, die Krebse am Meeresstrand und der trockene Wüstenwind gehören zu meinem Leben. Aber ich werde mich immer an den rückwärtsgerichteten Blick meiner Eltern erinnern, an ihren letzten Blick auf die geliebte Heimat, aus der sie vertrieben wurden. Wegen ihres eigenen Verlusts weigerten meine Eltern sich im Gegensatz zu vielen anderen jüdischen Neuankömmlingen, in ein Haus zu ziehen, das gerade von anderen – palästinensischen – Flüchtlingen verlassen worden war, als sie 1949 nach Israel kamen.*

Der 13. Juli 1995, an dem wir jenen trägen Nachmittag im Orangen-

* Mein Vater Avraham starb am 24. Juli 1997, meine Mutter Hanna am 10. Juni 2001.

hain der Souranis verbrachten, war ein wichtiger Tag für die palästinensische Autonomiebehörde. Nach Jahren im Exil kehrte Mahmud Abbas nach Hause zurück, nicht in seinen Geburtsort Safed, der nun in Israel liegt, sondern nach Gaza. Dieser langjährige Führer der Palästinensischen Befreiungsorganisation, auch als Abu Mazen bekannt, war einer der wichtigsten Architekten der Osloer Abkommen, aber seit mehr als einem Jahr hatte er sich, empört über die Art der Verhandlungen mit Israel, von Yassir Arafat distanziert. Seine Ankunft in Gaza signalisierte eine beträchtliche Verbesserung seiner Beziehungen zu Arafat. So wurde er denn auch auf den Posten des zweitmächtigsten Mannes berufen und gehörte nun wieder dem inneren Zirkel der Unterhändler an. Als Journalistin wurde von mir erwartet, zusammen mit einem Heer anderer Korrespondenten vor Arafats Hauptquartier zu stehen und die Umarmung zu dokumentieren, mit der die Versöhnung der beiden Männer besiegelt wurde. Statt dessen zog ich es vor, dem Bad meiner Freunde im Orangenhain beizuwohnen und mit ihnen zu feiern. Ich wäre in jedem Fall lieber mit ihnen zusammengewesen. Ich bin immer davon überzeugt gewesen, daß die Geschichte mehr in den Strömungen des normalen Lebens gemacht wird als von den Herrschenden und ihren Zeremonien.

Meine Freunde hatten einen eigenen Grund, glücklich zu sein. Zu Jahresbeginn war Sourani von seinem Posten als Direktor des Zentrums für Recht und Gesetz in Gaza dispensiert worden, das sich zuerst mit israelischen Menschenrechtsverletzungen beschäftigt und später, nach dem Übergang der Verwaltung auf die Palästinenser, die Legalität von Arafats Staatssicherheitsgerichtshof in Frage gestellt hatte. Die meisten Angehörigen des Zentrums waren aus Protest gegen die Entlassung Souranis ebenfalls von ihren Posten zurückgetreten. Jetzt, nach drei Monaten der Anspannung und Unsicherheit, hatte Sourani vom palästinensischen Justizministerium die Genehmigung erhalten, ein neues Menschenrechtsbüro zu eröffnen.

Dieser Umstand gab uns allen Hoffnung für die Chancen einer zivilen Gesellschaft unter palästinensischer Selbstverwaltung und belohnte die Hartnäckigkeit und den Mut meiner Freunde. Ich erkannte aber auch den Zwiespalt, in dem sie sich befanden – wie sehr ihr Leben von der Arbeit aufgefressen werden und wie groß die Versuchung sein würde, die Probleme der Welt zu vergessen und sich auf ihre eigenen Bedürfnisse und die ihrer Familien zu konzentrieren. Aber an diesem sonnendurchfluteten Tag in Souranis Orangenhain (in den ein im Flüchtlingslager Jabalia geborener Angehöriger des Zentrums sich als Kind häufig eingeschlichen hatte, um Orangen zu klauen) vergaßen sie ihre Sorgen, und wir alle genossen ein paar fröhliche Stunden. Im Osten fiel das Licht auf die Felder von Beit Hanun in Gaza und die israelischen Kibbuzim Kfar

Aza und Erez (früher das palästinensische Dorf Dimra). Aus dieser Entfernung konnten wir die Grenze, die eine Wunde in die braune Erde schlug und die hohen Zypressen und Eukalyptusbäume teilte, nicht erkennen, und der Schatten des Maulbeerbaums – für mich etwas so Israelisches und für meine Freunde etwas so Palästinensisches – war Balsam für unsere Seelen. Vom Gipfel des Hügels aus gesehen, breitete sich ein einziges Land vor unseren Augen aus.

Wenn man den Kopf ein wenig drehte, veränderte sich das Bild – dort erstreckte sich das Meer bis zum Horizont. Kurz bevor er die Abkommen von Oslo unterzeichnete, hatte der verstorbene Yitzhak Rabin über Gaza gesagt: «Wenn es nur endlich im Meer versinken würde!» Diese harten Worte spiegeln eine in Israel weitverbreitete Haltung gegenüber dem Gazastreifen und seinen Bewohnern wider. Israelische Journalisten haben in zahlreichen Artikeln noch viel häßlichere Ausdrücke verwendet und Gaza als «Hornissennest» oder «Misthaufen» bezeichnet. Für den ehemaligen Premierminister Yitzhak Shamir war Gaza ein Symbol für die ewige Unzuverlässigkeit der Palästinenser. «Das Meer ist immer das gleiche Meer, und die Araber sind die gleichen Araber», pflegte er zu sagen. Der israelische Standpunkt läßt sich am besten mit der hier üblichen Variante des Ausdrucks «Fahr zur Hölle» ausdrücken, der einfach lautet: «Fahr nach Gaza.»

Auch Yassir Arafat redet beständig vom Meer. Zum erstenmal hörte ich ihn das Meer erwähnen, als er von dem Traum aller Palästinenser von einem unabhängigen Staat mit Jerusalem als Hauptstadt sprach. «Und wem das nicht paßt», teilte er seinen Zuhörern mit, die sich offensichtlich über seine deutliche Sprache freuten, «der soll hingehen und Meerwasser in Gaza trinken.» Ich mußte mir das erst erklären lassen und erfuhr, daß dies eine Variante des oft verwendeten Ausdrucks «Geh und trink Meerwasser» ist, was ebenfalls nichts anderes bedeutet als «Fahr zur Hölle».

Als ich meinem Freund Abu Ali vom Flüchtlingslager Jabalia erzählte, daß ich mich entschlossen hätte, der englischen Übersetzung meines Buches den Titel «Drinking the Sea at Gaza» zu geben, fühlte er sich an den ägyptischen Ausdruck «vom Wasser des Nil trinken» erinnert. Diese Assoziation gefällt mir am besten, denn wer einmal vom Wasser des Nil getrunken hat, soll nach der Überlieferung immer wieder zu ihm zurückkehren.

I
Sehnsucht nach Freiheit

1
Der Militärgouverneur zieht um

Sofern der Soldat im Wachturm das Paar, das unter ihm vorbeiging, überhaupt bemerkte, so fand er doch offenbar nichts an den beiden, das seinen Verdacht erregt hätte. An diesem schönen Sommerabend des Jahres 1985 beleuchteten die Scheinwerfer der Fahrzeuge auf dem Omar al-Mukhtar Boulevard in Gaza und die Lichter des Gebäudes des israelischen Nord-Gaza-Bataillons eine Szene, die vollkommen natürlich und normal erschien: Ein junges Paar schlenderte Arm in Arm an der Umzäunung eines Stützpunkts der israelischen Armee (IDF) im Herzen der Innenstadt entlang. Die Frau war hochschwanger und stützte sich schwer auf ihren kleinen, drahtigen Begleiter. Das Gebäude, das in Gaza allgemein als Majlis (Rat) oder al-Majlis al-Tashri'i (Gesetzgebender Rat) bezeichnet wird, war der Amtssitz des israelischen Militärgouverneurs. Manche Leute nannten es auch al-Jundi al Majhul (der unbekannte Soldat) nach dem Denkmal, das die Ägypter am Ende des Boulevards errichtet hatten. Von diesem war allerdings nur noch das Podest vorhanden, nachdem die Statue, wie die meisten Einwohner von Gaza noch wußten, im Juni 1967 von israelischen Soldaten gesprengt worden war.

Nur wenige Stunden bevor sich das Paar auf seinen Spaziergang begab, hatte A. S. eine Handgranate nach dem Wachturm des Gebäudes geworfen. Schon seit mehreren Tagen hatten er und zwei Kameraden die Bewegungen der Soldaten dort beobachtet. «Wir legten die Stunde Null fest und fuhren sehr schnell vorbei. Ich warf die Handgranate, aber wir hatten nicht bemerkt, daß der Zaun genau an diesem Tag um einen Meter oder mehr erhöht worden war.» Die Handgranate schlug gegen den Maschendraht, wurde zurückgefedert und fiel auf den Bürgersteig. «Wir fuhren weiter und warteten auf die Explosion. Aber es gab keine Explosion. Plötzlich bekamen wir große Angst, daß die Soldaten die Granate sehen und ins Labor schicken, unsere Fingerabdrücke entdecken und uns verhaften könnten. Einige Minuten lang konnten wir nicht mehr klar denken. Unser einziger Gedanke war, zurückzufahren, die Granate zu holen und zu verstecken. Wenn wir klar gedacht hätten, hätte uns einfallen müssen, daß die Soldaten nichts anderes hätten tun können, als die Granate zur Explosion zu bringen. Aber wir waren in Panik. Ich schlug vor, B., meine schwangere Frau, zu holen, mit ihr zurückzukommen und nach der Granate zu suchen – niemand würde sie verdächtigen. Die anderen waren dagegen, aber ich bestand darauf.»

Bei dieser Gelegenheit erfuhr B., daß ihr Mann seit sieben Jahren zu einer bewaffneten Zelle der Fatah gehörte. A. S. erklärte ihr kurz die Situation, sie stimmte seinem Plan sofort zu und stieg zu den Männern ins Auto. Etwa 200 Meter vor dem Wachturm stieg das Paar aus und ging auf den Zaun zu. Auf ihrer ersten Runde fanden sie nichts. Nur noch wenige Fahrzeuge fuhren den Boulevard entlang. Eines nach dem anderen erloschen die Lichter in den umliegenden Häusern, und Furcht ergriff die vier. Wo war die Handgranate? Zu ihrer großen Erleichterung entdeckte B. sie bei ihrem zweiten Rundgang. A. S. hob sie auf, sie gingen zu dem wartenden Auto und stiegen ein.

«Ich hatte keine Angst um mich selbst», erinnert sich B. «Ich hatte nur Angst um A. Ich hielt ihn ganz fest und dachte mir, solange ich ihn festhielt, würde die Granate nicht explodieren.» Sie fuhren fort, und A. S. hielt die Granate zum Fenster hinaus. Tatsächlich hatten die drei Männer keinerlei Erfahrung mit Sprengstoff – jedenfalls nicht mit dem Entschärfen von Handgranaten. «Wir hatten nichts anderes gelernt, als wie man sie wirft», erinnert sich A. S. ironisch. Im Trainingscamp in Jordanien hatte es keine scharfe Munition gegeben. Das einzige, was er und seine Kameraden gelernt hatten, war, den Splint herauszuziehen. «Deshalb fiel uns nichts anderes ein, als das Ding ins Meer zu werfen. Wir fuhren zum Strand, und irgendwo zwischen Gaza und dem Flüchtlingslager al-Shatti habe ich es ins Wasser geschmissen.»

A. S., der heute als Beamter bei der palästinensischen Autonomiebehörde arbeitet, bereut seine Aktionen des Jahres 1985 nicht. Er ist noch immer der Meinung, daß eine Besatzung durch eine fremde Macht Gegenmaßnahmen erfordert. Zwei Tage nach dem Ereignis jedoch plagte ihn das schlechte Gewissen, weil er seine Frau hineingezogen hatte. Plötzlich wurde ihm klar, welcher Gefahr er sie und ihr ungeborenes Kind ausgesetzt hatte. «Das kann ich mir bis heute nicht verzeihen», sagt er. Seine Frau war jedoch nicht überrascht zu erfahren, daß er seit Jahren an militärischen Aktivitäten gegen israelische Soldaten beteiligt gewesen war, während er tagsüber unterschiedliche Arbeiten in Israel verrichtet hatte.

Zwischen 1983 und 1987 – bis zum Ausbruch der *Intifada* – gehörten Gewehrfeuer und Handgranaten, die nach Soldaten geworfen wurden, zum Alltag. «Das war ganz normal», erinnert sich A. S. «In jedem palästinensischen Haushalt wurde gegen die Besatzung gekämpft», fügt B. hinzu. «A. S. kommt aus einer Familie von Kämpfern. Zwei seiner Brüder kamen bei den Kämpfen ums Leben, einer 1956 und der andere 1969. Auch in meiner Familie gab es Kämpfer und Häftlinge.» Und es verstand sich immer von selbst, daß die anderen Familienmitglieder, die Frauen und Kinder, nicht in das Geheimnis eingeweiht wurden. Dennoch hatte B. bei dieser besonderen Gelegenheit ohne Zögern mitgemacht. «Ich habe ihm gesagt, daß alles Schicksal ist. Selbst wenn wir ins Gefängnis kommen oder als Märtyrer sterben sollten, mußten wir dennoch gegen die Besatzung kämpfen. Aber eigentlich habe ich überhaupt nicht an die Konsequenzen gedacht. Ich wollte nichts anderes, als meinen Mann schützen. Ich war mir ganz sicher, daß er nicht sterben würde, solange ich bei ihm war.»

Etwa einen Monat nach dem Abtransport der Handgranate wurde A. S. verhaftet. Jemand hatte ihn denunziert, und er wurde für das Werfen der Handgranate und drei weitere Vergehen zu siebenundzwanzig Jahren Haft verurteilt. Auch heute noch weigert er sich, über die anderen Operationen zu sprechen. Er versichert nur: «Es ging immer gegen Soldaten.» Nach neun Jahren wurde A. S. zusammen mit einer Gruppe von Häftlingen infolge der Abkommen von Oslo vorzeitig entlassen. 1994 wurde seine Haftstrafe unter der Bedingung aufgehoben, daß er Gaza nicht verließ und weder nach Israel noch in das Westjordanland einreiste. Obwohl ihm achtzehn Jahre seiner Haftstrafe geschenkt wurden, kam seine Entlassung zu spät, als daß er hätte miterleben können, wie die IDF das al-Majlis al-Tashri'i räumte, das Ziel, auf das er damals jene Handgranate geworfen hatte.

Ich gehe fast täglich an dem Gebäude vorbei, und der Gedanke an A. S., der mit seiner schwangeren Frau durch die stille Nacht schlenderte, ist mir immer gegenwärtig. Die Handgranate, die er geworfen hatte, hätte die massive Mauer des Gebäudes kaum angekratzt. Seine Tat war nicht viel mehr als ein symbolischer Protest, ein Akt des Trotzes, gerichtet gegen alles, wofür das Bauwerk stand. Jahrzehntelang hatte das al-Majlis al-Tashri'i, der Amtssitz des Militärgouverneurs, als Herz der israelischen Besatzung im Gazastreifen fungiert. Von dort aus bestimmten Hunderte von Männern in Uniform, legitimiert durch die Macht ihrer Waffen und ihres Staates, jeden einzelnen Aspekt in A. S.' Leben. Die Männer in diesem Gebäude zensierten die Schulbücher, erlegten den Bewohnern von Gaza hohe Steuern und Gebühren auf, stellten die palästinensischen Mitarbeiter der kommunalen Verwaltung ein oder schmissen sie wieder hinaus, verhängten Ausgangssperren, warben Kollaborateure an, führten Vernehmungen durch und schickten Soldaten aus, die furchterregende nächtliche Patrouillen, Jagden nach Verdächtigen mit tödlichen Folgen und erniedrigende Straßenrazzien vornahmen. Tag und Nacht kamen und gingen übergroße Jeeps mit röhrenden Motoren, aus Lautsprechern dröhnten volkstümliche hebräische Gesänge, die bis in den weitentfernten Stadtteil Saja'ya zu hören waren. Die Soldaten brüllten, rissen Witze, schlugen sich gegenseitig auf den Rücken und trugen eine Arroganz zur Schau, hinter der sie vermutlich auch ihre eigene Angst verbargen.

All dies demonstrierte nicht nur die Allmacht und militärische Überlegenheit Israels, sondern erinnerte beständig an die lange Geschichte der systematischen Enteignung, die 1948 begonnen hatte, als im Zuge der Entstehung des jüdischen Nationalstaates mehr als 700 000 Palästinenser (von den rund 1,3 Millionen Einwohnern) ihr Land verlassen mußten und zu Flüchtlingen wurden. Etwa 200 000 dieser Flüchtlinge fanden Zuflucht im Gazastreifen, der damals unter ägyptischer Herrschaft stand. A. S. war ein Kind einer solchen Flüchtlingsfamilie, geboren in einem verarmten und überfüllten Flüchtlingslager. Wie alle Palästinenser wuchs er mit dem wachsenden Verlangen nach nationaler Unabhängigkeit und der Sehnsucht auf, nach Hause zurückkehren zu können.

1967 fügte die israelische Besatzung der Kette der Verluste ein weiteres, schmerzhaftes Glied hinzu und brachte noch größere Beschränkungen der individuellen und kommunalen Freiheit mit sich. Jahrelang waren die Leute überzeugt, daß nur der bewaffnete Kampf gegen Israel die Kette durchbrechen und die Verluste wiedergutmachen könne. Jahrelang träumten Leute wie A. S. und seine Frau nur davon, den Fremdkörper Israel zu besiegen und aus dem Lande zu werfen. Im Laufe der Zeit mußte A. S. wohl begriffen haben, daß seine einzelne Handgranate für ein so starkes und hochgerüstetes Gebilde keine echte Bedrohung darstellte. Es muß ihm auch klargeworden sein, wie unzureichend und amateurhaft die militärische Ausbildung war, die er in den jordanischen Trainingslagern erhalten hatte und die keinesfalls dazu ausreichte, eine Gefahr für den Staat Israel zu sein. Rückblickend mag seine Aktion geradezu mitleiderregend wirken – eine Handgranate zu werfen, die nicht explodierte, und dann beinahe gefaßt zu werden. Fast so mitleiderregend wie die aus Unwissenheit, Isolation und fehlerhafter politischer Analyse geborene Illusion, daß Israel ein vorübergehendes Phänomen sei, das man leicht wieder loswerden könne. Aber A. S.' Aktion und viele andere, ähnliche Versuche wirkten weit über ihr momentanes Ergebnis hinaus weiter: Dieser Kern des Widerstandes nährte und verstärkte den Selbständigkeitsdrang der Palästinenser, der, wie bei jedem unterdrückten Volk, immer weiter wuchs, bis er schließlich in einem Volksaufstand, der *Intifada,* kulminierte, der im Dezember 1987 ausbrach.

A. S. hat eine Entwicklung durchgemacht, die sowohl persönlich als auch beispielhaft ist und in hohem Maße von anderen geteilt wird: vom stolzen, wenn auch verbitterten Flüchtling zum schlecht ausgerüsteten

Untergrundkämpfer, vom Häftling in israelischen Gefängnissen (wo er lernte, sich mit der dauerhaften Existenz Israels abzufinden, obwohl er sich weiter an seine Sehnsucht nach Freiheit klammerte, während seine Frau und seine Kinder am Aufstand teilnahmen) zum Verwaltungsbeamten bei der palästinensischen Autonomiebehörde, die für die Selbstverwaltung in den ihr unterstellten Gebieten zuständig ist. Dieses Buch ist ein Versuch, diese Entwicklung aufzuzeichnen, die ideologischen, kulturellen und emotionellen Einzelentwicklungen darzustellen, die die menschliche Geschichte des Gazastreifens ausmachen – Geschichten, die durch das allen gemeinsame Streben nach Freiheit miteinander verbunden sind.

Die Ägypter, unter deren Herrschaft der Gazastreifen nach dem Krieg von 1948 stand, hatten es vermieden, das Gebiet zu annektieren. 1957 wurde das al-Majlis al-Tashri'i als Amtssitz des örtlichen ägyptischen Gouverneurs erbaut. 1962 wurde der erste, teilweise gewählte palästinensische gesetzgebende Rat darin untergebracht (daher der arabische Name des Gebäudes), ein von den Ägyptern eingesetztes Selbstverwaltungsinstrument. Obwohl nur zehn von den vierzig Mitgliedern des Rates gewählt wurden (zehn wurden vom Gouverneur ernannt, die übrigen waren hochrangige Beamte), spiegelte die Einsetzung dieser Behörde die Absicht Ägyptens wider, den Palästinensern weitgehende Freiheit in der Regelung ihrer eigenen, zivilen Angelegenheiten zuzugestehen, besonders im Gesundheits- und Erziehungswesen und in den Arbeitsverhältnissen. Die Palästinenser begrüßten diesen Schritt, ihre eigenen nationalen Bestrebungen gingen jedoch bereits weit über die Grenzen des Gazastreifens und der kommunalen Selbstverwaltung hinaus, und während der Sitzungen des Rates in diesem Gebäude tauchte zum erstenmal die Idee auf, eine palästinensische Befreiungsbewegung zu gründen.

Der Rat tagte nur fünf Jahre lang in dem Bauwerk. Nach der Besetzung des Gazastreifens durch Israel im Jahr 1967 wurde er aufgelöst, der Bau wurde Sitz des israelischen Militärgouverneurs und des Nord-Gaza-Bataillons der IDF und blieb es fast dreißig Jahre lang. Während all dieser Jahre, in denen die Israelis das Gebäude als Sitz des Militärgouverneurs bezeichneten, beharrten die Einwohner von Gaza darauf, es «den Rat» zu nennen. Auf diese Weise repräsentierte das Gebäude selbst zwei sehr unterschiedliche Auffassungen von Regierung, die eine oktroyiert, die andere gewählt. Im März 1996 endlich wurde das Bauwerk vom neugewählten palästinensischen Parlament übernommen, das infolge der Osloer Abkommen geschaffen wurde.

Das Gebäude steht am westlichen Ende des Omar al-Mukhtar Boulevards, der Haupteinkaufsstraße in Gaza-Stadt und wichtigsten Verkehrsverbindung zwischen den dichtbevölkerten älteren Stadtvierteln –

Saja'ya, Zeitun und Darj im Osten – und dem modernen, aufwendigen Neubauviertel Rimaal, das sich im Westen am Mittelmeerstrand entlangzieht. Der Boulevard beginnt an dem stillgelegten Bahnhof an der Eisenbahnlinie, die früher von Haifa nach Kairo führte. Dieser Bahnhof ist seit 1995 ein Marktplatz für Bekleidung, Stoffe und Haushaltswaren, auf dem die Stände Platz gefunden haben, die früher die Bürgersteige blockierten. Vom Bahnhof aus steigt der Boulevard zum Gaza Hill an, dem höchsten Punkt der Stadt, und führt dann wieder hinunter bis nach Faras, dem alten Markt. Dort, wo der Omar al-Mukhtar Boulevard Rimaal erreicht, ist er von Reihen von Eukalyptusbäumen gesäumt, die vor 1948, zur Zeit des britischen Mandats, gepflanzt wurden. Wie eine Ehrengarde lenken die Bäume den Blick auf das imposante Gebäude.

Am 18. Mai 1994 war das al-Majlis al-Tashri'i, seiner symbolischen Bedeutung entsprechend, das letzte Gebäude im Gazastreifen, das von den israelischen Truppen freigegeben wurde. Der Abzug der Soldaten erfolgte als Ergebnis zweier Abkommen: erstens der Grundsatzerklärung, die am 13. September 1993 von den beiden alten Feinden, dem israelischen Staat und der PLO, unterzeichnet wurde, in der die allgemeinen Bedingungen für eine begrenzte palästinensische Selbstverwaltung im Gazastreifen und dem Westjordanland, zunächst nur im Gazastreifen und der Stadt Jericho im Westjordanland, festgelegt wurden, und zweitens dem Kairoer Abkommen (im allgemeinen als erstes Osloer Abkommen oder Oslo 1 bekannt), das am 4. Mai 1994 unterzeichnet worden war. Durch dieses Dokument wurde die auf der Grundlage der bereits unterzeichneten gegenseitigen Anerkennung ausgearbeitete Selbstverwaltung eingesetzt, wobei ein detaillierter Plan für die Umgruppierung der israelischen Truppen in Gaza und Jericho aufgestellt wurde, wonach die meisten Militärbasen und Einrichtungen geräumt und an die neugebildete palästinensische Polizei übergeben werden sollten.

In den Wochen nach dem Kairoer Abkommen wurde im Gazastreifen ein Gebäude nach dem anderen von den verhaßten Bewohnern freigegeben. Meistens zogen sich die israelischen Soldaten im Schutz der Nacht und während der Ausgangssperre zurück, so daß der Bevölkerung die Freude versagt blieb zuzusehen, wie die israelische Fahne zum letztenmal eingezogen und zusammengefaltet wurde. Eines nach dem anderen wurden die geräumten Gebäude für die uniformierte palästinensische Polizei geöffnet – Männer im Alter zwischen zwanzig und sechzig Jahren, die aus Ägypten, dem Jemen, Algerien und sämtlichen Ländern der arabischen Welt gekommen waren. Manche von ihnen waren in der Diaspora geboren, andere stammten aus Jerusalem oder Haifa, aber es hatte den Anschein, als wäre jedes graue Haar auf ihren Köpfen in einem anderen Teil der Welt erworben worden.

Am 11. Mai nahm die erste Gruppe das Gebäude in Dir al-Balah, südlich der Innenstadt von Gaza, in Besitz, in dem vorher die israelische Zivilverwaltung untergebracht gewesen war. Dort beobachtete ich die Begegnung zwischen einem frisch aus dem Exil zurückgekehrten palästinensischen Küstenwachmann und Mitgliedern seiner Familie, die er niemals kennengelernt hatte. Es hatte nur ein paar Stunden gedauert, bis seine Verwandten, die in einem nahegelegenen Flüchtlingslager lebten, über Nachbarn von Freunden von dem Neuankömmling erfahren hatten, der ihren Namen trug und aus dem gleichen Dorf stammte. Sie waren zu dem Gebäude geeilt, um ihn zu begrüßen. Der Wachmann, der aus dem Ausland zurückkam, mochte nichts Schlechtes über die israelischen Offiziere sagen, die ihm und seinen Kollegen das Gebäude übergeben hatten. «Heute ist der Tag unserer Geburt. Arafat, unser Oberbefehlshaber, hat uns gebeten, uns freundlich zu äußern und die Vergangenheit zu vergessen.» Aber seine wiederentdeckte Familie, die die Besatzung und die *Intifada* durchlitten hatte, konnte nicht so schnell vergessen. «Dieses Gebäude weckt alle schmerzhaften Erinnerungen an Demütigungen, Vernehmungen und Schläge», sagte einer der Verwandten bitter. Sein Bruder brachte es auf den Punkt: «Alle diese Gebäude hätten abgerissen werden sollen.»

Drei Tage später, im Morgengrauen des 14. Mai, zogen die Soldaten sich geräuschlos aus dem Flüchtlingslager Jabalia zurück. Die dort lebenden Flüchtlinge waren ganz besonders enttäuscht, daß sie ihren Abzug nicht miterleben durften – der Sturm auf den Militärposten im Herzen des Lagers hatte sechs Jahre zuvor die *Intifada* eingeleitet. Am Abend vor ihrem geplanten Aufbruch hatten die Soldaten immer noch Häuser durchsucht und Jugendliche gejagt, die sich nicht an die Ausgangssperre gehalten hatten – die Ausgangssperre, durch die seit Jahren Hunderttausende von Menschen von der Abenddämmerung bis zum Tagesanbruch in ihre überfüllten Häuser gesperrt worden waren. Aber dann kam der Morgen nach dem Abzug der Soldaten, an dem Hunderte den Maschendrahtzaun des Gebäudes niedertrampelten, die Wände des Militärpostens wie im Traum berührten und die palästinensische Fahne auf dem Wachturm hißten. «Wenn wir ihnen doch nur noch ein paar Abschiedssteine hätten nachwerfen können», scherzten ein paar Jungen.

Ich verbrachte den Abend mit Freunden aus dem Flüchtlingslager. Sie verließen ihre Häuser in der festen Absicht, zum erstenmal seit Jahren die ganze Nacht nicht nach Hause zu kommen. Dank meines privilegierten Status als Israelin war ich gelegentlich durch die verlassenen, dunklen Straßen von Jabalia, Gaza und Khan Yunis gewandert und konnte diesen Abend mit den vergangenen vergleichen. Der Anblick war beunruhigend. Aus einem staubigen Slum, in dem nervöse Hunde jeden Schatten anbellten und Ratten in den Abfallhaufen herumstöberten, hatte sich

Jabalia über Nacht in ein lebensprühendes mediterranes Stadtviertel verwandelt – Licht strömte aus jedem Fenster und jeder Tür, Männer in Djelabas saßen kaffeetrinkend auf niedrigen Strohstühlen auf der Straße, junge Ehepaare, manche von ihnen mit Kindern, ließen sich scheu zusammen außerhalb der lähmenden Enge ihrer Flüchtlingsunterkünfte sehen. Der Friseur, der Möbelladen, das Lebensmittelgeschäft und ein Laden in einer selbstgebauten Garage, der Rolläden verkaufte – sie alle waren um zehn Uhr abends noch geöffnet. Die Ladeninhaber erwarteten keine Kunden, sie wollten nur miterleben, wie das Leben nach acht Uhr abends aussah. Hier und da erklangen Bruchstücke von Liedern aus heiseren Kassettenrekordern. Mit bunten Papier- oder Plastikblumen geschmückte Karren, an denen Falafel und Johannisbrotsaft verkauft wurden, tauchten an den Straßenecken auf, und der Duft von in Öl brutzelnden Falafel war frisch und neu.

Nachdem wir die Szene ausgiebig betrachtet hatten, fuhren meine Freunde und ich von Jabalia nach Südwesten zur Innenstadt von Gaza, eine Fahrt von drei oder vier Kilometern. Je näher wir dem Stadtzentrum kamen, desto weniger Menschen begegneten wir und desto dunkler und verlassener waren die Straßen. Hier waren die wichtigsten Militärposten noch nicht geräumt, und die Ausgangssperre war noch nicht aufgehoben. Eine kleine Anzahl von Fußgängern und ein paar Dutzend Fahrzeuge hatten es gewagt, die Ausgangssperre zu mißachten, aber die Soldaten hielten – vielleicht auf Befehl – niemanden auf, der auf den Straßen herumlief. Am Omar al-Mukhtar Boulevard kamen wir an dem nur zur Hälfte beleuchteten Gebäude des Militärgouverneurs vorbei. Mehrere Soldaten patrouillierten noch immer durch die unbeleuchteten Straßen. Auf uns wirkten sie klein und verängstigt, und sie schienen sich an ihre eigenen Schatten zu klammern.

Wir stiegen aus dem Auto und gingen herum. Zwei Soldaten, die auf dem Wachturm Dienst taten, fühlten sich auf ihrem erhöhten Platz offensichtlich sehr viel sicherer als ihre Kameraden, die zu Fuß unterwegs waren. «Sieh doch nur, wie sie da herumspazieren», hörte ich einen von ihnen sagen, als ob irgendein physischer Defekt die Einwohner von Gaza an den vergangenen Abenden daran gehindert hätte, im Freien herumzulaufen.

Vier Tage später, am 17. Mai, war der Sitz des Militärgouverneurs das einzige Gebäude, das noch nicht von der israelischen Armee geräumt worden war. Die Ausgangssperre war immer noch nicht aufgehoben worden, aber es war, als hätten die Leute kollektiv beschlossen, sie zu ignorieren. Tausende von Menschen begannen, zum Boulevard zu strömen, um den Abzug der letzten israelischen Truppen mitzuerleben. Viele kletterten auf das Podest des Unbekannten Soldaten, um besser sehen zu können. Ein Ring lachender und johlender Leute drängte sich immer näher an die zwar bewaffneten, aber offensichtlich eingeschüchterten Soldaten heran, die niemanden in die Nähe des hohen Zauns ließen. «Yallah, macht, daß ihr hier verschwindet!» riefen ein paar Jugendliche den Soldaten auf Armeehebräisch zu.

Der Ring um die Soldaten wurde immer enger. Ein paar selbsternannte Polizisten, Mitglieder der Fatah, versuchten, den Soldaten zu Hilfe zu kommen und die Leute wegzudrängen. Aber gegen zwei Uhr morgens war die Spannung so groß geworden, daß die Situation außer Kontrolle geriet. Plötzlich erhob sich eine Wolke von Tränengas, Steine flogen, und Glasscheiben brachen. Es war nicht festzustellen, wer damit begonnen hatte – ob die Soldaten sich bedroht fühlten oder einfach sicherstellen wollten, daß niemand ihren Abzug beobachtete, oder ob ein paar Teenager der Versuchung nicht hatten widerstehen können, Steine zu werfen. Mehr als alles andere war dieser letzte Austausch von Gewalttätigkeiten vermutlich eine letzte Reaktion auf die Macht Israels und das Gefühl der Ohnmacht, das sie hervorrief, eine letzte Demonstration von Trotz und Zorn über angeschossene und getötete Freunde, über Kinder, die von Gummigeschossen geblendet, über Eltern, die vor den Augen ihrer Familien geschlagen und gedemütigt worden waren. Selbst wenige Minuten vor dem Abzug der Armee, als die Zukunft so vielversprechend aussah, konnte kein Befehl, selbst dann nicht, wenn er von Arafat kam, die Menschen dazu zwingen zu vergessen, wofür die Soldaten standen.

Das Tränengas in der Morgendämmerung war das Abschiedsgeschenk der Soldaten. Wie immer breitete es sich nach allen Seiten aus, kroch in die Häuser am Boulevard, zwang die Bewohner an ihre rückwärtigen Fenster, wo die Gaskonzentration geringer war, und zerstreute die Menschenmenge in alle Himmelsrichtungen. Mit tränenden Augen flohen die Leute bis nach Saja'ya, hustend bedeckten sie Mund und Nase mit Hemdzipfeln und Keffiyahs. Nachdem die Soldaten der IDF das Gebäude mit einer kurzen Zeremonie an die Kommandeure der palästinensischen Polizeitruppe übergeben hatten, zogen sie im Schutz des Tränengases ab. Die Polizisten feuerten zur Feier ihrer Übernahme etliche Freudenschüsse in die Luft (die ziemlich erschreckend wirkten), dann drängte die Menschenmenge auf den Boulevard zurück, manche kletterten auf das Dach des Gebäudes, hoben die Kommandeure auf ihre Schultern, tanzten, feuerten Gewehrschüsse ab und feierten. In all dem Lärm und der Verwirrung fand jemand einen Schlüsselbund, der in den Hof geworfen worden war, kam zu mir und fragte, was auf dem hebräisch beschrifteten Anhänger stand: «Verwaltungsräume: Eingang.» Ein anderer wollte wissen, was wohl in zwei Schachteln mit der Aufschrift IDF sein mochte, die in einer Ecke vergessen worden waren. Ein dritter, dessen Kehle noch vom Tränengas brannte, drängte sich durch die Feiernden und bat mich, eine Inschrift an der Wand zu übersetzen. Es war ein Zitat von Vegetius, dem Mann, der im vierten Jahrhundert das römische Militärsystem beschrieben hat: «Wenn du den Frieden willst, rüste zum Krieg.»

Die Falafelverkäufer erschienen mit ihren schnellen Verkaufswagen, ebenso der Mann mit dem Johannisbrotsaft. Wie durch ein Wunder gelang es ihnen zu verhindern, daß ihre Stände von der Menschenmenge umgestoßen wurden. Für mich würden diese Karren immer ein Symbol für mediterrane Farbigkeit bleiben, für die Fröhlichkeit Gazas und seiner Bewohner, die so lange durch die Militärherrschaft getrübt worden war. Vielleicht ermöglichte der Abzug der Soldaten es den Menschen, die Düsterkeit abzuwerfen, aber vielleicht war die Fröhlichkeit auch nur eine natürliche Reaktion von Menschen, die durch die Jahre des Widerstands, der Trauer und der Entbehrungen geprägt worden waren.

Mehrere Monate zuvor hatte ich an einem Nachmittag in rascher Folge zwei Szenen beobachtet, die die Müdigkeit und Hilflosigkeit illustrierten, die durch die Besatzung hervorgerufen wird, aber auch die Sehnsucht nach Veränderung, die beides mit sich bringt; eine Sehnsucht, die in großen Aktionen zum Ausdruck kommt – in Zusammenstößen und Demonstrationen –, aber auch in kleinen individuellen Gesten.

Ich ging gerade den Omar al-Mukhtar Boulevard hinunter in Richtung Meer. Der während der *Intifada* geltende Proteststreik wurde immer noch strikt eingehalten, was bedeutete, daß nach ein oder zwei Uhr nachmittags sämtliche Geschäfte mit Ausnahme der Lebensmittelläden geschlossen waren. Nur wenige Fußgänger – und gar keine Frauen – waren auf den Straßen zu sehen, aber es waren auch kaum Autos unterwegs. Einige Schulkinder kehrten vom Vormittagsunterricht zurück, während für andere die Nachmittagsschicht bereits begonnen hatte. Der Sitz des Militärgouverneurs stand so drohend da wie eh und je. Der Zaun, von dem es umgeben war, war nach und nach auf allen Seiten des Gebäudes immer weiter auf den Boulevard und in die umgebenden Seitenstraßen vorgeschoben worden. Kein Fahrzeug durfte um das imponierende Bauwerk herumfahren, und auch die Fußgänger wurden ferngehalten. Ein alter Beduine hütete ein paar dürre Ziegen, die das Gras um den Unbekannten Soldaten herum abfraßen.

Ich kam an einem Kiosk am Straßenrand vorbei und bemerkte, daß der Besitzer es gewagt hatte, ein Dutzend neuer Plastikstühle in verschiedenen Farben auf den Bürgersteig zu stellen, als wollte er sagen: «Ich habe das graue Einerlei satt.» Die Stühle – ich untersuchte sie daraufhin – stammten von dem israelischen Plastikhersteller Keter, obwohl die Palästinenser während der *Intifada* zum Boykott aller entbehrlichen israelischen Produkte aufgerufen waren. Eine derartige Aktion – die Passanten einzuladen, sich niederzulassen, zu entspannen und in aller Öffentlichkeit ein paar freie Minuten zu genießen – war mehr als überraschend. Der Anblick war wie ein Hauch mediterraner Farbigkeit, ja von Optimismus, der durch das Grau der Normalität schimmerte.

Ich ging weiter, und an einer Ecke des Zauns im Schatten des Wachturms sah ich zwei Soldaten auf einer Bank sitzen. Daran war an sich nichts Ungewöhnliches. Aber als ich ein paar Schritte näher kam, bemerkte ich zwei junge Männer, die mit gesenkten Köpfen und hinter dem Rücken gefesselten Händen neben den Soldaten knieten. Was hatten sie getan – Steine geworfen? Einer der Soldaten stand auf, ging ein paar Schritte und pinkelte nonchalant dicht neben den beiden Palästinensern gegen den Zaun. Wie gebannt blieb ich stehen und beobachtete diese lautlose Besatzungsszene zwanzig oder dreißig Minuten lang, während die anderen Passanten wenig Interesse zeigten. Einige Kinder fragten mich, ob einer der beiden jungen Männer mein Sohn oder mein Bruder sei, als ob nur Familienmitglieder sich die Mühe machen könnten, hier zu warten und zuzusehen, während alle anderen zu erschöpft waren. Und dann erschienen mir die bunten Stühle auf einmal absurd und fehl am Platz – ein zum Scheitern verurteilter Protest gegen diese tiefsitzende Ohnmacht.

«Sehen Sie sie doch an! Warum starren sie mich so haßerfüllt an?» fragte mich einmal ein israelischer Soldat. Ich habe vergessen, bei welcher Gelegenheit es war – es mag der Soldat gewesen sein, mit dem ich einmal ein bißchen plauderte, während er Leute kontrollierte, die den Gazastreifen verlassen wollten, oder der Wachmann vor einem Gebäude am Omar al-Mukhtar Boulevard, der zögernd ein paar Worte mit mir wechselte. Jedenfalls war ich verblüfft über seine offenbar echte Überzeugung, ein ewig verfolgtes Opfer zu sein, die zweifellos typisch für viele Soldaten ist. Wirklich überraschend war seine Fähigkeit, sich völlig außerhalb des politischen und militärischen Zusammenhangs zu sehen und von der Person, die er soeben angehalten hatte – nehmen wir einmal an, um die ID-Karte zu kontrollieren –, zu erwarten, ihn trotz seines bedrohlichen Gewehrs und seiner Uniform als Individuum zu sehen. Und das trotz der langen Liste größerer und kleinerer Ausschreitungen, die sich Soldaten täglich zuschulden kommen ließen: Soldaten, die zu ihrem Vergnügen Löcher in die Wassertanks auf den Hausdächern schossen, die lauthals beleidigende Slogans brüllten, wenn sie durch die Flüchtlingslager patrouillierten, oder gegen die dünnen Blechtüren trommelten, um die Kinder zu erschrecken. Soldaten, die aus so nichtigen Gründen wie ausgefransten Rändern oder verblaßter Schrift Identitätspapiere konfiszierten, obwohl es für Palästinenser strafbar war, ohne Ausweis herumzulaufen. Und die Soldaten waren nicht die einzigen Übeltäter. Hinzu kamen auch noch die Zollbeamten, die stundenlange Pausen einlegten und die Leute in der prallen Sonne stehen ließen, die Grenzpolizisten, die Gemüsestände umstießen und es dem verzweifelten Besitzer überließen zu versuchen, noch ein paar Tomaten zu retten, die Militärbasen, die ihren Müll mitten in einem Wohngebiet abluden. «Brecht ihnen die Knochen», soll Yitzhak Rabin zu Beginn der *Intifada* gesagt haben, und viele Soldaten nahmen die Aufforderung wörtlich.

Boaz Nagar von der Golani-Brigade der IDF machte 1991 im Flüchtlingslager Jabalia Dienst. «Mann, was wir da so alles gemacht haben», erzählte er dem Reporter Shaul Bibi.[1] «Wenn wir einen von ihnen geschnappt haben, haben wir ihn gezwungen, Backgammon zu spielen. Und jeder, der gewonnen hat, durfte ihn zusammenschlagen.» Nagars Kamerad Yigal war bekannt für sein Geschick, Kinder während der Ausgangssperren auf der Straße zu fangen. «Einmal hat er einen Burschen gefangen und sah in seinen Papieren, daß er im Gefängnis gewesen war, und dann hatten wir wirklich unseren Spaß mit ihm.» Der gleiche Yigal brachte es im Herunterreißen der zwischen den Häusern aufgespannten Wäscheleinen mit dem Gewehrkolben zur Perfektion. «Er hat ständig alle anderen aufgefordert, das auch zu machen, bis ihm der Unteroffizier unserer Einheit auf Anordnung des Kompaniechefs schließlich gesagt hat, er sollte das lassen.» Dieser Soldat war Yigal Amir, der im November 1995 das Attentat auf Premierminister Yitzhak Rabin verübte. Am Ende wandte Amir, der Palästinenser schikaniert hatte, als sei er zu nichts anderem geboren, seine Aggressivität gegen Rabin, der solche Schikanen einst gutgeheißen hatte.

Nach dem Übergang der Verwaltung auf die Palästinenser im Mai 1994 gab es augenblicklich eine Anzahl positiver Veränderungen. Erstens waren die Soldaten von den Straßen verschwunden, samt ihren Gewehren, ihrem Lärm und ihrem herablassenden Gebaren. «Jetzt müssen wir keine Angst mehr haben, die Kinder im Freien spielen zu lassen», sagten die Leute. «Wir rennen nicht mehr herum und suchen nach einem Kind, das ein bißchen später nach Hause kommt. Wir haben keine Alpträume mehr von Töchtern oder Söhnen, die einen Kopfschuß davontragen.» Wie durch Zauberei tauchten innerhalb weniger Wochen nach dem Truppenabzug Horden von kleinen Jungen in der Innenstadt von Gaza auf, die mit ihren Fahrrädern mitten auf der Straße, teilweise sogar gegen den Verkehr, herumfuhren und den hupenden Autofahrern lange Nasen drehten. Dazwischen gingen Gruppen schnatternder Mädchen. Ich sah sogar die ersten Mädchen auf Fahrrädern.

«Endlich können wir in heißen Sommernächten ohne Pyjama zu Bett gehen», sagte S. aus Rafah, der mit Unterbrechungen drei Jahre in einem israelischen Gefangenenlager verbracht hatte. Er hatte lange davon geträumt, im Sommer auf den Pyjama verzichten zu können. Selbst während der kurzen Zeiten, die er zwischen zwei Inhaftierungen zu Hause verbringen konnte, mußte er ihn anziehen, für den Fall, daß Soldaten in der Nacht in sein Haus einbrachen. «Wir konnten ihnen keine Gelegenheit geben, uns in Verlegenheit zu bringen», meinte er.

Außerdem wurde die nachmittägliche Siesta wiedereingeführt. Vor dem Abzug der Soldaten hatte ihre Anwesenheit in den Straßen und der in alle Häuser dringende Lärm der Armeejeeps für eine ständige, tiefe Beunruhigung der Bevölkerung gesorgt. Jeder vernünftige Mensch hatte versucht, nicht zu lange im Freien zu bleiben, und dennoch hatte man in den Häusern das Gefühl, in einer Falle zu sitzen. Nachmittags hatte man sich eingeschlossen und war in einen unruhigen Schlaf gesunken, aus dem man nur ungern wieder erwachte. Jetzt kehrte Gaza zum natürlichen Lebensrhythmus der Bewohner der Mittelmeerküsten zurück. Zwischen zwei und vier Uhr nachmittags versinken die Stadt und die Flüchtlingslager in kollektiver Lethargie. Plötzlich verschwinden Menschenmengen und Fahrzeuge von den überfüllten Straßen, und zwei Stunden lang versinkt die Welt in unbekümmerten Schlaf. Nach der Siesta erwacht der Straßenverkehr wieder zum Leben – Autos, geschäftige Fußgänger und Leute, die nur ein wenig herumschlendern. Und wenn die Nacht anbricht, geben das Licht aus den Läden und die Scheinwerfer der Autos den Straßen eine Atmosphäre von Lebendigkeit und Normalität.

Die Medien in Israel und in der ganzen Welt beeilten sich, die Veränderungen in den höchsten Tönen zu loben. Die abendlichen Ausflüge der Bewohner von Gaza zum Strand, die Menschenmengen, die sich in den Straßen drängten, die Lichter am Omar al-Mukhtar Boulevard – all das wurde mit Begeisterung als Triumph des Friedensprozesses gepriesen. Mit der gleichen Begeisterung wurde das Potential für unternehmerisches Engagement, für Neubautätigkeit und Entwicklung beurteilt. Aber im Gazastreifen selbst waren die Menschen weniger beeindruckt. Viele reagierten indigniert auf das übermäßige Interesse der Fernsehgesellschaften an dem Anblick der Einwohner von Gaza beim Kaffeetrinken am Strand. Sie hatten das Gefühl, daß, wer immer den Ton der Fernsehberichte bestimmte, von den Szenen ausging, die sich den israelischen Soldaten eingeprägt hatten, für die Gaza ein finsteres, verlassenes Labyrinth enger, gewundener Gassen war, bewohnt von den zornigen jungen Männern, die sie durch die Visiere ihrer Gewehre oder die Windschutzscheiben ihrer Jeeps gesehen hatten.

Die Palästinenser jedoch zogen einen gänzlich anderen Vergleich, zwischen ihrem jetzigen Leben und dem Leben vor der *Intifada*, zwischen dem Leben im Gazastreifen und dem Leben, wie sie es in Israel kennengelernt hatten. Für Menschen, die die Strandrestaurants und die verlockenden Schaufenster von Ashkelon und Tel Aviv kannten, für Menschen, die eine zentrale Rolle in Israels Bauboom gespielt hatten, fiel der Vergleich trübe aus. Wer hätte die Ungerechtigkeit der Behinderung jeder Bautätigkeit und Entwicklung in ihrem Land besser beurteilen können, als ein Volk – von Bauarbeitern? Und wer hätte besser erkennen können, daß die frenetische Bautätigkeit im Gazastreifen, die die ganze Welt so sehr beeindruckte, nur eine verspätete und begrenzte Kompensation für Jahre ohne jede Entwicklung war? Siebenundzwanzig Jahre lang hatten diese Menschen täglich mit angesehen, wie ihre Nachbarn als freies Volk im eigenen Land lebten.

In den frühen sechziger Jahren, während der ägyptischen Herrschaft, war der Sitz des Militärgouverneurs Schauplatz des frühesten Ausdrucks der Sehnsucht der Palästinenser nach nationalen Rechten gewesen. Etwa dreißig Jahre später, im Jahr 1994, sah die Welt zu, wie die israelischen Truppen das Gebäude verließen, und glaubte, daß diese Rechte nun verwirklicht werden würden. Die Räumung des Bauwerks durch die Israelis wurde als «Rückzug» bezeichnet, aber dies war ein Irrtum. Das Hauptquartier der IDF im Gazastreifen wurde nur ein paar Kilometer weiter nach Norden verlegt und mit demselben Offizier als Oberkommandierendem in der Nähe der jüdischen Siedlung Nisanit aufgeschlagen. Andere israelische Militärbasen wurden in die Nähe der jüdischen Siedlungen im Katif-Block verlegt, der den Gazastreifen in zwei voneinander getrennte Hälften schneidet. Und rechtlich und politisch behielt die IDF das letzte Wort im Gazastreifen.

Joel Singer, ehemaliger juristischer Berater im israelischen Außenministerium und einer der Architekten des Kairoer Abkommens, faßt die Bestimmungen der Osloer Abkommen in einem 1995 veröffentlichten Artikel zusammen, in dem er die Fortdauer der militärischen Rolle Israels bekräftigt:

«Das im Westjordanland und dem Gazastreifen für die Dauer einer Übergangszeit eingesetzte Regime hat den Charakter einer palästinensischen Autonomie unter der Oberhoheit der israelischen Militärregierung. Israel wird unter anderem weiterhin für die äußere Sicherheit und die auswärtigen Beziehungen des Westjordanlandes und des Gazastreifens zuständig sein ... Im Gegensatz zur Zivilverwaltung wird die Militärregierung nicht aufgelöst. Sie zieht sich lediglich physisch von ihrem bisherigen Standort zurück und besteht an anderer Stelle als Quelle der Autorität für das Palästinensische Parlament und die im Westjordanland und im Gazastreifen wahrzunehmenden Regierungsaufgaben weiter.»[2]

Aus dem gleichen Geist der Bevormundung kommentiert Singer die Notwendigkeit von Wahlen für das palästinensische Parlament, indem er betont, daß Israel «die Bedeutung der Einführung eines demokratischen und berechenbaren Selbstverwaltungssystems erkannt hat». Israel ging sogar über die Bestimmungen der Grundsatzerklärung hinaus (gemäß der das Parlament als einziges Verwaltungsinstrument sowohl für die Legislative als auch die Exekutive zuständig sein sollte), indem sie dem Wunsch der Palästinenser nach Trennung von Legislative – nämlich dem Parlament selbst – und Exekutive in Form eines mit der Exekutivgewalt betrauten Komitees des Parlaments zustimmte. «Eine solche Trennung würde Unparteilichkeit und Berechenbarkeit gewährleisten, zwei Voraussetzungen für ein demokratisches Regime.» Schließlich gab Israel seine Zustimmung zu einer weiteren Ausnahmeregelung und gestattete die Durchführung von «getrennten und gleichzeitigen Wahlen für das Parlament und den Posten des Vorsitzenden (auf arabisch *Ra'ees*) des Exekutivkomitees des Parlaments.»

Israels Bereitschaft, diesen Abweichungen von den Vereinbarungen zuzustimmen, insbesondere der Trennung von Exekutive und Legislative, schuf die Möglichkeit, die palästinensische politische Struktur stärker an das angestrebte demokratische Modell eines frei gewählten Repräsentantenhauses anzunähern. Dennoch war die Art und Weise, wie das Datum für die Wahlen festgesetzt und angekündigt wurde, eine klare Manifestation von Israels Rolle als oberster Entscheidungsinstanz gegenüber den untergeordneten Palästinensern. Bei einer von Yassir Arafat und dem israelischen Außenminister, Shimon Peres, einberufenen Pressekonferenz im Oktober 1995 dankte Arafat Peres dafür, «positive Initiativen» vorgeschlagen zu haben, und bemerkte, daß er und der Außenminister vereinbart hätten, ihre Zusammenarbeit fortzusetzen. Daraufhin sah Perez seinen Kollegen fragend an und erinnerte ihn an die Wahlen. «Ach ja», sagte Arafat, «die Wahlen», und kündigte das Datum an: den 20. Januar 1996.

Diese Ankündigung kam wie ein Blitzschlag aus heiterem Himmel. Offenbar war das Datum mit einigem Drängen und Schieben seitens Peres' an ebendiesem Tag festgelegt worden. Den palästinensischen Kandidaten und Organisationen, die an den Wahlen teilnehmen wollten – einschließlich Arafats eigener Bewegung, der Fatah –, blieben nur drei Monate Vorbereitungszeit für die ersten allgemeinen Wahlen in der Geschichte der Palästinenser.

Mehrere prominente Palästinenser hatten beschlossen, nicht als Kandidaten an den Wahlen teilzunehmen, änderten jedoch ihren Standpunkt, als sie erfuhren, daß Israel der Einrichtung eines eigenen, getrennten Exekutivkomitees zugestimmt hatte. Einer dieser Männer war Hayder abd al-Shafi, ein Arzt, der auf lange Erfahrungen in der Vertretung seines Volkes zurückblicken konnte. Er war bereits 1962 in den ersten palästinensischen gesetzgebenden Rat gewählt worden, und 1996 konnte er mehr Stimmen auf sich vereinigen als irgendein anderer Kandidat – ein Maßstab für seine ungebrochene Popularität und das hohe Ansehen, das er bis heute genießt. Die Palästinenser vertrauen ihm wegen seines gesunden Urteilsvermögens, seiner Zugänglichkeit für alle Klagen und Ansichten und vor allem wegen seines politischen Standpunkts, seiner offenen Kritik an den Osloer Abkommen und der neuen palästinensischen Autonomiebehörde. Tatsächlich ist Abd al-Shafi bekannt für seinen Widerspruchsgeist. 1947 gehörte er zu den wenigen Palästinensern, die den Teilungsplan der UN unterstützten (der die Teilung Palästinas in zwei getrennte Staaten vorschlug). Er hatte erkannt, daß die jüdische Präsenz im Land eine Realität war. Dies war allerdings ein Standpunkt, den außer ihm nur noch die Kommunistische Partei Palästinas vertrat. Nach 1967, zu einem Zeitpunkt, zu dem ein solcher Schritt noch als Tabu betrachtet wurde, war er der erste, der offen politische Kontakte mit den Israelis aufnahm. Ende 1991 wurde er von Yassir Arafat gebeten, die palästinensische Delegation bei den Verhandlungen in Madrid zu leiten, wo sich die israelische Delegation beim stellvertretenden Außenminister der USA, Edward Djerijian, beschwerte, daß Abd al-Shafi beständig in gereiztem Ton sprach und nur über die «Menschenrechte in den besetzten Gebieten und nicht über die wirklich wichtigen Themen auf der Tagesordnung» verhandeln wollte.

Der Hauptgrund für Abd al-Shafis Opposition gegen die Abkommen von Oslo waren die Konzessionen, die die Palästinenser im Hinblick auf die jüdischen Siedlungen in den besetzten Gebieten gemacht hatten. In seinen Augen war es ein ganz entscheidender Fehler zuzulassen, daß diese Siedlungen bestehenblieben, während in anderen Teilen des Westjordanlandes und des Gazastreifens eine Autonomiebehörde eingesetzt wurde. Er verurteilte die Abmachung, die Diskussionen über dieses Thema bis zu den Verhandlungen über den endgültigen Status der besetzten Gebiete aufzuschieben. Das palästinensische Volk, so argumentierte er, würde die jüdischen Siedlungen – und die zu ihrem Schutz fortgesetzte israelische Militärpräsenz – immer als Quelle der Provokation und als Einschränkung ihres Selbstbestimmungsrechts betrachten. Durch die Verschiebung der Verhandlungen über die Siedlungen wurde der Status des Westjordanlandes und des Gazastreifens als besetzte Gebiete, in denen Siedlungen illegal waren, dahingehend verändert, daß die Siedlungen nun zu einem strittigen Punkt wurden, über den beide Seiten das gleiche Recht zu Verhandlungen hatten. Und bei Verhandlungen, die ausschließlich auf Macht und nicht auf Prinzipien beruhten, würde auf alle Fälle schließlich die stärkere Seite, nämlich Israel, die Oberhand behalten. Als Israel jedoch den Veränderungen in der Struktur des Parlaments zustimmte, sah sich Abd al-Shafi dadurch trotz allem dazu veranlaßt, mit dem Strom zu schwimmen und bei den Wahlen zu kandidieren.

«Was werden Sie für die Leute tun können, die Sie wählen?» fragte ich ihn eine Woche vor den Wahlen. «Unsere erste Sorge ist, daß sie sowohl von der palästinensischen Autonomiebehörde als auch von den Israelis fair behandelt werden», sagte er. «Wir werden nicht einfach tatenlos zusehen und den Mund halten – unser wichtigstes Ziel ist es, eine funktionierende Demokratie einzuführen. Wir werden fordern, daß die Exekutivbehörde dem Parlament gegenüber verantwortlich ist. Wir werden auf unserem Recht bestehen, ihre Handlungen in Frage zu stellen und zu überwachen. Die Leute sind bereits jetzt von der Vorgehensweise der Autonomiebehörde frustriert. Sie beschweren sich über die palästinensischen Sicherheitskräfte, die keinem Gesetz und keinen klaren Bestimmungen unterstehen. Sie sind enttäuscht, daß man einen Job nur durch Beziehungen bekommt. Natürlich sind sie auch durch den wirtschaftlichen Schaden frustriert, den die Israelis mit ihrer Politik anrichten, den Gazastreifen abzuriegeln, wann immer es ihnen einfällt. Und sie sind sehr zornig darüber, daß Israel nach wie vor freie Hand hat, kollektive Strafen zu verhängen.»

Die Palästinenser begrüßten das Parlament – eine unabhängige Versammlung gewählter Repräsentanten, die ihren Nöten Gehör verschaffen würden – als spürbare Veränderung ihrer Lebensqualität. Obwohl die Presse in Gaza kaum etwas über die wöchentlichen Sitzungen berichtete, wußte jedermann im Gazastreifen innerhalb eines Tages, wer mit wem gestritten hatte, welcher Abgeordnete es gewagt hatte, ein heikles Thema zur Sprache zu bringen, das alle beschäftigte, und was für Versprechungen die Autonomiebehörde gemacht und dann wieder gebrochen hatte. Während der ersten Monate seiner Existenz erwies sich das Parlament als einziger Bestandteil des neuen politischen Systems, der mehr war als nur ein Gummistempel und sich offen und beständig gegen Arafat stellte.[3]

Aber trotz aller Begeisterung und Hingabe wurde das Parlament schon sehr bald durch Beeinträchtigung seiner grundlegendsten Rechte lahmgelegt. Nach seinen ersten Sitzungen im März setzte das Parlament elf verschiedene Komitees ein, von denen viele im Westjordanland zusammenkommen sollten. Bis zum Mai und Juni des gleichen Jahres waren die wöchentlichen Sitzungen und die Konferenzen der Komitees immer wieder verhindert worden, weil die Mitglieder israelische Ausreisegenehmigungen benötigten, um sich zwischen Gaza und dem Westjordanland bewegen zu können. Mitte Mai sollten die Abgeordneten an Sitzungen in

Bethlehem teilnehmen, aber ihre für eine Woche gültigen Ausreisegenehmigungen galten nur zwischen 5.00 und 19.00 Uhr. Das bedeutete, daß die Abgeordneten jeden Nachmittag nach Gaza würden zurückkehren müssen und die Abendsitzungen verpassen würden. Außerdem war der Status der Abgeordneten als Parlamentarier, der ihnen die unvermeidlichen Wartezeiten an den Straßensperren erspart hätte, nicht auf den Genehmigungen verzeichnet. Statt dessen hieß es nur, daß sie aus «persönlichen Gründen» ausreisen würden. Die Genehmigungen wurden zurückgeschickt, und neue wurden ausgestellt, auf denen die zeitliche Beschränkung aufgehoben war, aber als Reisegrund standen immer noch «persönliche Gründe» darauf. Die Genehmigungen wurden ein zweites Mal zurückgeschickt und diesmal korrekt ausgestellt – für alle Abgeordneten, außer dreien: Jawad al-Tibi, ein Fatah-Mitglied und ehemaliger Häftling, der eine wesentliche Rolle bei der Gründung der palästinensischen Friedensbewegung gespielt hatte, Rarat al-Najjar, ein Mitglied der Volksfront für die Befreiung Palästinas (PFLP), der während der *Intifada* mit Ausweisung bedroht worden war, und Hayder abd al-Shafi erhielten keine Genehmigung.

Es war nicht das erste Mal, daß Abd al-Shafi eine Ausreisegenehmigung verweigert wurde. Schon im Vorjahr war er daran gehindert worden, den Gazastreifen zu verlassen, und ein israelischer Beamter hatte erklärt, daß er natürlich nicht verdächtigt werde, Waffen zu schmuggeln. Es läge nur daran, «daß er sich gegen die Osloer Abkommen ausgesprochen» habe. Der für die Weitergabe der Ausreiseanträge zuständige palästinensische Beamte hatte wütend reagiert. «Wie sollen wir eine Demokratie werden, wenn ihr Abd al-Shafi nicht ins Westjordanland reisen lassen wollt, um seine Meinung zu vertreten?»

Nun konnte nur noch das verärgerte Eingreifen Arafats die drei fehlenden Ausreisegenehmigungen herbeischaffen. Er gab den Israelis fünfzehn Minuten Zeit, sie auszustellen, und drohte damit, die Parlamentssitzungen abzublasen. Die Genehmigungen trafen gerade noch rechtzeitig ein. Bei meinem Gespräch mit Abd al-Shafi vor den Wahlen war keiner von uns beiden auf die Idee gekommen, daß die Abgeordneten angesichts der dringenden Arbeiten, die die Versammlung vor sich hatte, und der verzweifelten Notlage der Wähler so viel Zeit und Energie darauf würden verwenden müssen, sich das einfache Recht zu verschaffen, sich frei zwischen dem Gazastreifen und dem Westjordanland zu bewegen.

Die Armee hatte ihre Standorte gewechselt, die Gebäude waren geräumt worden, ein paar Palästinenser waren aus dem Exil zurückgekehrt und hatten an den Wahlen teilgenommen, aber bevor die ersten palästinensischen Parlamentarier beginnen konnten, ihre neuen Befugnisse auszuüben, mußten sie auf israelische Ausreisegenehmigungen warten.

2 Flugblätter zwischen Windeln

Der Mann, der den Raum betrat, war sichtlich bestürzt. Ohne sich mit irgendwelchen Höflichkeitsfloskeln aufzuhalten, warf er sich auf einen Stuhl und berichtete, daß die Soldaten nun vollends den Verstand verloren hätten. Es war Anfang 1994, vor dem Abzug der Israelis. Kurz vor Mitternacht, erzählte der Mann, seien zwanzig bis dreißig Leute aus dem Flüchtlingslager al-Boureij aus ihren Häusern getrieben worden. Manche hatten nicht einmal mehr die Zeit gehabt, Schuhe anzuziehen. Andere klagten darüber, daß die Soldaten sie getreten und geschlagen hätten. Sie wurden zur UNWRA-Schule (United Nations Relief and Works Agency for Palestine Refugees in the Near East) geführt und erhielten den Befehl, Müll und Steine aufzusammeln, die im Hof verstreut herumlagen. Wütend berichtete der Mann, daß einer der Leute gezwungen worden sei, Slogans auf arabisch an die Wand zu schreiben. Der schlimmste habe gelautet: «Das Leben ist wie eine Gurke, gerade noch in deiner Hand und am nächsten Tag in deinem Arsch.»

Erst später fiel es jemandem ein, uns vorzustellen: Der Mann war Marwan Kafarna, ein Geschichts- und Geographielehrer an der UNRWA-Schule in al-Boureij. Ich erinnerte mich sofort an seinen Namen. Er war ein wichtiger Mann in der *Intifada* gewesen und hatte der ersten Unified National Leadership (Vereinigte Nationale Führung, UNL) angehört, einer in Gaza ansässigen revolutionären Vereinigung, die den palästinensischen Volksaufstand vorbereitet und in der Anfangszeit auch organisiert hatte. Die israelische Armee und der Shabak hatten keine Mühe gescheut, um die UNL zu zerschlagen und ihre Mitglieder einzusperren, aber als es ihnen endlich gelang, trat eine zweite Organisation an ihre Stelle und dann eine dritte und eine vierte. «Auf diese Weise lerne ich Sie endlich kennen», begrüßte ich ihn.

Während der vier Jahre der *Intifada* hatte Kafarna unzählige gewaltsame Zusammenstöße und sehr viel schlimmere Demütigungen miterlebt als die, von denen er an diesem Tag berichtete, aber er hatte sich niemals damit abfinden können. Er war einfach nicht in der Lage, solche Beleidigungen zu schlucken.

Wir wurden Freunde und später Nachbarn in einem dreistöckigen Mietshaus in Rimaal. Wir tauschten die Wohnungsschlüssel aus, für den Fall, daß bei einem von uns das Telefon nicht funktionierte. Wenn der Wasserdruck in meiner Wohnung nicht ausreichte, konnte ich bei den Kafarnas duschen, und wenn mir der Kaffee ausging, ging ich hinunter und lieh mir welchen von ihnen. Wir saßen oft zusammen auf ihrem Balkon, wo sich üppiges, duftendes Geißblatt durch das Geländer rankte und zu meinem darüberliegenden Balkon hinaufkletterte. Gemeinsam warteten wir sehnsüchtig auf den leichten Wind, der das Ende eines glühendheißen Tages ankündigte. Mit uns warteten Kafarnas Sohn Azat, der sich trotz der Hitze an seinen Vater klammerte, und seine Tochter Lana, die ihrer Mutter stolz ein Bild zeigte, das sie gemalt, oder eine Klassenarbeit, die sie geschrieben hatte. Und beide bettelten mich an, sie wie Flugzeuge durch die Luft sausen zu lassen.

Über ein Jahr lang wohnte ich über ihnen. Morgens hörte ich den Schulbus, der nach Lana und der Tochter eines Nachbarn hupte, mittags sah ich sie mit der schweren Schultasche auf dem Rücken nach Hause kommen. Es machte mir Freude zu beobachten, wie sie alleine in der Wohnung zurechtkam, in der Küche oder vor dem Fernseher, bis ihre Mutter oder ihr Vater von der Arbeit nach Hause kam. Und am Abend, wenn ich meine tägliche Jagd nach Neuigkeiten abgeschlossen hatte, ging ich oft hinunter, um mit Mirwat, Marwans Frau, zu plaudern, gemeinsam über dies oder das zu schimpfen, starken, schwarzen Kaffee zu trinken und mir den örtlichen Klatsch erzählen zu lassen.

Freitagmorgens sah ich Marwan mit Gemüse beladen vom Markt nach Hause kommen. Als er und Mirwat ihr drittes Kind bekamen, begleitete Azat ihn auf seinen freitäglichen Exkursionen, kaum sichtbar hinter dem großen Paket Papierwindeln, das er für seinen Vater trug. Und immer wenn ich diese Windeln sah, mußte ich an die *Intifada* denken, an das, was Marwan mir über seine Zeit bei der UNL erzählt hatte, wie er Tausende von Flugblättern zwischen Lanas Windeln versteckt hatte – sie war damals gerade vier Monate alt –, die er dann an andere weitergab, die sie über den ganzen Gazastreifen verteilten.

Vor der *Intifada* war Marwans Leben ein Labyrinth illegaler Aktivitäten, verbotener Gedanken und subversiver Pläne gewesen, wie es das für Tausende von anderen Palästinensern auch gewesen war. Nach dem Beginn des Volksaufstands im Dezember 1987 jedoch schwoll diese Zahl auf Hunderttausende an. In den Augen der israelischen Armee störten die Bewohner von Gaza den Frieden und brachten das normale Leben durcheinander. Aber in den Augen der Bewohner von Gaza war ihr Leben bereits durch die Militärherrschaft gestört, durch ständige Demütigungen, willkürliche Verhaftungen, Soldaten mit Kindergesichtern, die in gebrochenem Arabisch oder, was noch schlimmer war, in schnellem Hebräisch unlogische Befehle brüllten. Jede Erwähnung Palästinas war verboten, und selbst der eigene Nachbar konnte für den Shabak arbeiten und über jeden Schritt berichten, den man unternahm. Das war der Normalzustand, und kein Palästinenser hatte sich jemals daran gewöhnt, auch nach fünfundzwanzig Jahren nicht, als es so aussah, als hätten sie sich endlich damit abgefunden.

Das Normale war abnormal, wie mein Freund Abu Ali vom Flüchtlingslager Jabalia sagte, als er zwanzig Meter weit gegen den Verkehrsstrom fuhr, nur um nicht an einem israelischen Militärlager vorbeifahren zu müssen. «Unsere Welt steht auf dem Kopf. Warum sollten wir nicht auch noch in die falsche Richtung fahren?»

Der ersten UNL hatten vier Männer angehört: Marwan Kafarna, Tawfiq al-Mabhuh, Ihab al-Ashqar und Jamal Zaqut. Mabhuh, der Älteste, war damals kaum vierzig Jahre alt, der Jüngste, Ashqar, gerade vierundzwanzig, die beiden anderen Anfang dreißig. Kafarna, Mabhuh und Ashqar wurden etwa zwei Monate nach Beginn des Aufstands verhaftet und zu drei Jahren Gefängnis verurteilt. Zaqut wurde schließlich im August 1988 gefangen und deportiert. In dem Buch *Intifada* der beiden Journalisten Ze'ev Schiff und Ehud Ya'ari (das in Israel vielfach für den einzig zutreffenden Bericht gehalten wird) werden Kafarna, Mabhuh und Ashqar zwar erwähnt, aber nur am Rande. Nach der in diesem Buch geschilderten Version der Ereignisse hatte ein Modell der vereinigten Führung bereits vor der *Intifada* im Westjordanland existiert, und die Mitglieder dieses Kommandomodells waren Repräsentanten der vier wichtigsten Organisationen in der PLO. Schiff und Ya'ari behaupten, daß Muhammad Labadi von der Demokratischen Front für die Befreiung Palästinas (DFLP) im Westjordanland sehr schnell die Notwendigkeit erfaßt habe, die im Gazastreifen im Dezember 1987 ausgebrochenen spontanen Proteste in einen organisierten Kampf umzuformen. In engem Kontakt mit seinem Schwager Jamal Zaqut sei in erster Linie Labadi für die Übertragung des Kommandomodells in den Gazastreifen verantwortlich gewesen. So die Version der Ereignisse von Schiff und Ya'ari.

1991, als ich Gaza und die *Intifada*-Aktivisten gerade erst kennenlernte, bekam ich eine andere Geschichte zu hören. Meine Gesprächspartner erklärten, Schiff und Ya'ari hätten sich fast ausschließlich auf Dokumente des Shabak gestützt und nur eine Seite des Bildes dargestellt. Sie hätten die führende Rolle, die Gaza bei dem Aufstand gespielt habe, unterschätzt. «Wenn etwas nicht in Gaza anfängt», sagte Ashqar Jahre später, «kommt es einfach nicht in Gang. Derjenige, der am meisten leidet, ist immer auch der, der eine Änderung erzwingt. Nur aus der schlimmen Situation in

Gaza konnte die Revolution erwachsen.» Die Bewohner von Gaza sind beherrscht, geduldig und tolerant, wurde mir immer wieder versichert. «Wir stecken einen Schlag nach dem anderen ein, und die Welt glaubt, es macht uns nichts aus. Aber daraus entwickelt sich ein Berg von Wut und Frustration, und früher oder später erfolgt die große Explosion.» (Und diese Darstellung trifft für die Situation nach Oslo ebenso zu, versicherte man mir immer wieder, wie für die Zeit vor dem Aufstand.)

Wenn die vier Männer von den ersten Tagen der *Intifada* erzählen, widersprechen sich ihre Berichte manchmal, und gelegentlich bringen sie die zeitliche Reihenfolge durcheinander – was neun Jahre nach den Ereignissen nicht weiter verwunderlich ist. Aber was bei ihrer Schilderung jenes historischen Augenblicks erkennbar wird, ist eine selten gehörte Sozialgeschichte des Gazastreifens während der achtziger Jahre, die im Ausbruch lange schwelender Gefühle kulminierte, die Geschichte jahrelanger Vorbereitungen und einer Kette zufälliger Ereignisse, die den Funken schließlich überspringen ließen. «Selbst wenn Sie mich damals gefragt hätten, hätte ich Ihnen nicht genau erklären können, wie wir damit begonnen haben, unsere Aktionen zu koordinieren und unsere Entscheidungen gemeinsam zu treffen», gab Kafarna zu.

Am 9. Dezember 1987 unterrichtete er an der Al-Faluja-Schule in Jabalia. Am Tag zuvor hatte es einen Unfall gegeben, bei dem vier Männer aus dem Flüchtlingslager von einem israelischen Lastwagen überfahren und getötet worden waren. An diesem Abend mündete die Beerdigung dieser Männer in eine zornige Demonstration, die bis zum nächsten Morgen andauerte und sich über das ganze Lager ausbreitete. Mehrere von Kafarnas Schülern schwänzten den Unterricht, um vor dem Armeestützpunkt im Zentrum des Lagers zu protestieren. Dann wurde eine Ausgangssperre verhängt, und Kafarna mußte die Schüler, die außerhalb des Lagers wohnten, mit dem Auto nach Hause bringen. Die Straßen waren voller Armeejeeps, die die Ausgangssperre über ihre Lautsprecher ankündigten und die Leute von den Straßen trieben. «Ich hatte keine Ahnung, was sich aus diesen ersten Demonstrationen entwickeln und was ich für eine Rolle dabei spielen würde», sagte Kafarna.

Mabhuh, Kafarna und Zaqut hatten sich durch ihre Aktivitäten in der Gewerkschaft kennengelernt und zur ersten UNL zusammengetan. Während der Monate vor der *Intifada* hatten sie gemeinsam mit Tawfiq Abu Husa, einem Fatah-Aktivisten, in einem besonderen Komitee mitgearbeitet, das die Gewerkschaften des Gazastreifens koordinieren sollte. Die Gewerkschaften hatten kurz zuvor begonnen, ihre Aktivitäten zu erweitern – sehr zum Ärger der israelischen Militär- und Zivilverwaltung. Sie hatten neue Mitglieder angeworben und zum erstenmal seit dem Beginn der Besatzung Exekutivkomitees gewählt.

1965 hatte der von Hayder abd al-Shafi geleitete palästinensische gesetzgebende Rat Arbeitsgesetze verabschiedet, die das Recht der Arbeiter schützten, sich zu organisieren – Gesetze, an die al-Shafi mit besonderem Stolz zurückdenkt. Der Dachverband der Gewerkschaften, der mit Zustimmung der ägyptischen Regierung geschaffen wurde, bestand aus sechs Teilgewerkschaften: landwirtschaftliche Arbeiter, Lastwagenfahrer, Schneider, Metallarbeiter, Bauarbeiter und Angestellte im öffentlichen Dienst. Nach der Eroberung durch die Israelis 1967 wurden Mitgliedschaft und Aktivität in den Gewerkschaften jedoch verboten. Dreizehn Jahre später, 1980, gestatteten die israelischen Behörden den Gewerkschaften endlich, ihre Tätigkeit wieder aufzunehmen, wenn auch unter diversen Einschränkungen: Alle Aktivitäten mußten der Zivilverwaltung gemeldet werden. Die 1965 gewählten Führer sollten im Amt bleiben, und auch der damalige Vorsitzende des Dachverbandes, Abed al-Rahman Darabe, sollte seine Position behalten.

Ironischerweise war Darabe in der Zwischenzeit Fabrikbesitzer und Arbeitgeber geworden. Er war der erste Palästinenser gewesen, der die Genehmigung erhalten hatte, im Industriegebiet Erez am nördlichen Ende des Gazastreifens eine Fabrik zu bauen. Damals wie heute benutzten die israelischen Behörden die Vergabe von Geschäftslizenzen als Mittel, um Wohlverhalten zu erzwingen und Kooperation zu belohnen. Mit Darabe als Vorsitzendem des Dachverbandes, so hofften die Israelis, würden ihnen die wieder eingeführten Gewerkschaften keine Probleme verursachen. Eine letzte einschränkende Bestimmung untersagte die Aufnahme neuer Mitglieder – eine Betätigung in der Gewerkschaft blieb auf die Mitglieder beschränkt, die vor 1967 beigetreten waren.

Trotz all dieser Behinderungen stellten die wiedergegründeten Gewerkschaften eine politische Chance dar, und es überrascht nicht, daß die Kommunistische Partei die erste war, die diese Gelegenheit wahrnahm. Schließlich hatte sie Übung im Vertreten der Rechte der Arbeiter und im Umgehen der Behörden. Mabhuh, ein alter Kommunist, der in Israel gearbeitet und etliche Haftstrafen abgesessen hatte, engagierte sich. «Die Gewerkschaft der Bauarbeiter war die erste, die ihre Arbeit wieder aufnahm», erzählte er. «Wir begannen, neue Mitglieder anzuwerben, und führten zwei getrennte Listen, eine offizielle und eine geheime, und wir sagten Darabe nichts davon.» Er lächelte. «Es gab so viele Themen, um die sich niemand kümmerte. Die Leute hatten in Gaza zehn, fünfzehn Jahre lang gearbeitet und konnten ohne Grund gefeuert werden, ohne Entschädigung und ohne Regreß.»

Einige Aktivisten der Volksfront für die Befreiung Palästinas (PFLP) folgten dem Beispiel der Kommunisten und nahmen die Beschäftigung ihrer eigenen Organisation mit Klassenthemen etwas genauer unter die

Lupe. Die Organisation hatte sich ziemlich häufig klassenkämpferischer Slogans bedient, hatte jedoch eigentlich keine anderen Interessen als die nationalistischen Belange. Nun war Kafarna gerade erst aus dem Irak zurückgekehrt, wo er sich der PFLP angenähert und in Studentengruppen betätigt hatte. Die Gewerkschaft der Angestellten des öffentlichen Dienstes erschien ihm als das geeignetste Betätigungsfeld – traditionell war sie von der Al-Kumion-al-Arab-Bewegung kontrolliert worden, einer Vorläuferpartei der Volksfront. «In erster Linie wollten wir das Bewußtsein der Leute wecken, sie dazu bewegen, sich an den Dingen zu beteiligen, die sich um sie herum abspielten, bevor wir auch nur an Parteipolitik und Nationalismus zu denken begannen. Damals kam kaum jemand zu den Gewerkschaften – die Leute hatten zuviel Angst. Diejenigen, die es taten, bewiesen wirklich Mut, denn es war ihnen klar, daß sie Ärger mit den Behörden bekommen würden.»

Die Angestellten des öffentlichen Dienstes begannen, Versammlungen abzuhalten. «Wir sprachen über Politik, und die Leute fingen an, Gefallen an den Aktivitäten zu finden. Wir wurden zu einer Gruppe, die eng zusammenhielt», berichtete Kafarna. «Wir begannen, mit der Presse über die Probleme der Gewerkschaften und der Arbeiterschaft zu reden.» Die Gewerkschaft achtete sorgfältig darauf, den für Arbeiterfragen zuständigen Beamten der Zivilverwaltung von jeder einzelnen Versammlung zu informieren. «Wenn wir nach zwei Wochen noch nichts gehört hatten, schlossen wir daraus, daß wir weitermachen konnten», erinnerte sich Kafarna. «Wir bekamen niemals eine Antwort, weder positiv noch negativ, und so machten wir einfach weiter.» Der verbotene Name «Volksfront» wurde natürlich niemals erwähnt – sie war eine illegale Organisation. Aber jedermann – selbst die Zivilverwaltung – wußte, daß die Volksfront dahintersteckte.

Tatsächlich kam eine Opposition gegen die Gewerkschaften nicht so sehr von der Zivilverwaltung als von der Moslembruderschaft, die die «kommunistischen Ungläubigen» für eine Gefahr für die muslimische Gesellschaft hielten. Die israelischen Behörden hatten den islamischen Institutionen in ihren sozialen, kulturellen, finanziellen und religiösen Aktivitäten jahrelang fast gänzlich freie Hand gelassen, in der Hoffnung, daß durch ihren Einfluß die PLO geschwächt werden würde. Und die Moslembruderschaft war auch tatsächlich relativ erfolgreich bei den Wahlen, die von diversen Berufsgenossenschaften abgehalten wurden. Gleichzeitig verstärkte sie ihre Attacken gegen ihre ideologischen Feinde, verteilte Flugblätter gegen rebellische weibliche Universitätsstudenten und erklärte Kommunisten und Mitglieder der Volksfront und der Demokratischen Front zu Freiwild. Einige Volksfrontmitglieder, die sich offen zu ihrem Atheismus bekannt hatten, wurden physisch angegriffen.

Selbst der angesehene Abd al-Shari und der Rote Halbmond, das moslemische Gegenstück zum Roten Kreuz, dem er vorstand, wurden zum Ziel gewalttätiger Angriffe.

«Unsere Aktivitäten und ihre Popularität brachten uns sowohl in sozialer Hinsicht als auch ideologisch in einen direkten Konkurrenzkampf mit den religiösen Organisationen», erklärte Kafarna. «Wir begannen, Selbstverteidigungspatrouillen zu organisieren, denn sie verprügelten uns, und wir mußten uns wehren. Solche Dinge müssen organisiert werden. Manchmal waren ihre Angriffe sogar gefährlicher als die Besatzung, und wir wußten, daß wir uns verteidigen mußten.»

Ihre erfolgreiche Selbstverteidigung brachte den Gewerkschaften schließlich auch einen gewissen Respekt von seiten der PFLP-Führer ein, die bis dahin praktisch alles belächelt hatten, was man nicht als «bewaffneten Kampf» bezeichnen konnte. Kafarna selbst hatte keinerlei Interesse an bewaffnetem Kampf. Derartiges war seiner Denkweise «vollkommen fremd». Er sah einfach keinen Sinn darin. «Tatsächlich fand überhaupt kein bewaffneter Kampf statt. Sie organisierten sich in Zellen im Untergrund, und sowie sie versuchten, irgend etwas zu tun, wurden sie enttarnt und alle ins Gefängnis geschickt. Was soll das für einen Sinn haben? Ich wollte eine Organisation mit dauerhaftem Einfluß, die wirklich mit den Leuten kommunizieren konnte.» Kafarna freut sich ganz offensichtlich darüber, diesen Leuten bewiesen zu haben, daß sie unrecht hatten. «Was soll schon bei deiner Gewerkschaftsarbeit herauskommen?» sagten sie. «Das ist doch kein Widerstand!»

«Bis 1986 wurden wir behandelt, als hätten wir nicht genug Mut, aber das begann sich zu ändern, als wir uns gegen die Moslembruderschaft zur Wehr setzten. Da fingen die Leute an, uns ernst zu nehmen. Die Presse begann, bei Veranstaltungen der Gewerkschaften aufzutauchen, und all das verschaffte uns mehr Einfluß.»

Gleichzeitig begann die Fatah, in den Gewerkschaften eine Möglichkeit zu sehen, ihre Aktivitäten über die militärischen Aktionen im Untergrund hinaus auszudehnen und eine größere Anzahl von Menschen zu erreichen. Tawfiq Abu Husa, ein Mann in den Zwanzigern, gehörte zum inneren Kreis der aufstrebenden jungen Fatah-Führer in Gaza. Er war Vizevorsitzender der Shabiba, der Jugendbewegung der Fatah, und hatte erfolgreich Teenager für die sozialen und kulturellen Veranstaltungen der Shabiba angeworben – alles Aktivitäten, die nicht offen mit der Fatah identifiziert wurden. Es erschien nur natürlich, das Shabiba-Experiment auf andere Zielgruppen auszudehnen.

«Es war beschlossen worden, die Arbeiterschaft gezielt und planmäßig zu mobilisieren», berichtete Abu Husa. «Aber unser Denken und unsere Ziele waren immer nationalistisch.» Im Gegensatz zu ihren linksorientierten Kollegen – den Kommunisten und den Mitgliedern der Volksfront – ging es Abu Husa und den anderen Fatah-Aktivisten weniger um die Rechte der Arbeiter, sondern darum zu verhindern, daß diese von anderen Organisationen monopolisiert wurden. «Und es war verblüffend», erzählte Abu Husa sehr zufrieden mit sich selbst. «Die Kommunisten, die PFLP und die DFLP hatten in zwei Gewerkschaften bereits gearbeitet, bevor wir dazukamen, aber die Fatah hatte kaum angefangen, da kamen auch schon alle zu uns. Von den Universitäten, aus den Flüchtlingslagern, aus den Dörfern.»

Für Kafarna, Ashqar, Mabhuh und Zaqut ebnete die persönliche, pragmatische Entscheidung, zu differenzieren und über die Grenzen des mystischen bewaffneten Kampfes hinauszusehen, den Weg von ihrer Aktivität in den Gewerkschaften zur strategischen, methodischen Choreographie des Aufstands.

Für Ihab al-Ashqar, der zusammen mit Abu Husa daran arbeitete, die Rolle der Fatah in den Gewerkschaften zu organisieren, war die Ablehnung des bewaffneten Kampfes als einziges Mittel eng mit einer zweiten Abweichung von der Vergangenheit verbunden: Die palästinensische Generation, die während der Besatzungszeit herangewachsen war, hatte begonnen, sich gegen ihre im Ausland lebenden Anführer aufzulehnen, ganz besonders innerhalb der Fatah. Gegenüber der Welt im allgemeinen und den Shabak-Offizieren im besonderen behaupteten die jungen Fatah-Anhänger nach wie vor, daß die PLO die einzig legitime Vertretung des palästinensischen Volkes sei. Sie selbst aber wollten keine Befehle mehr von Anführern entgegennehmen, die anderswo lebten. «Wir stellten fest, daß unser Aufstand gegen die Besatzung vermutlich der einzige in der Welt war, der nicht wirklich in den besetzten Gebieten stattfand», erzählte Ashqar. «Der Kampf wurde in einem anderen Land ausgefochten.» Parallel dazu versuchten die Fatah-Mitglieder, die Befehlsgewalt ihrer lokalen Führer, der alternden und desinformierten *Mukhtars*, ebenfalls abzuschütteln. «Wir kamen zu dem Schluß, daß wir eine neue Führung brauchten und eine PLO gründen mußten, die auch wirklich in Gaza aktiv sein würde. Das bedeutete, daß wir erst einmal Leute anwerben mußten. Danach konnten wir dann darüber nachdenken, was wir mit ihnen machen wollten. Wir wußten nicht genau, wie der nächste Schritt aussehen würde, aber wir stellten uns keinen Augenblick lang vor, daß wir alle Flüchtlinge aus al-Shatti anwerben, ihnen Kalaschnikows in die Hand drücken und ausziehen würden, um Isdud und Majdal – heute Ashdod und Ashkelon – zu befreien.»

Als Kind hatte Ashqar geglaubt, daß militärische Aktionen gegen die Israelis dazu führen könnten, «daß sie alle davonlaufen würden», aber ein Jahr im Gefängnis machte dieser Illusion ein Ende. 1983 wurde Muhammad Dahlan, ein älterer Fatah-Aktivist (heute Leiter des Büros für präventive Sicherheit der Autonomiebehörde), auf Ashqar aufmerksam. Dieser schmiedete bereits Pläne zu einer Jugendrevolution und hatte die Absicht, Angehörige von Ashqars Generation in sämtlichen Institutionen der Bewegung unterzubringen. «Wir waren überzeugt, daß die Alten nicht wirklich gegen die Besatzung kämpfen wollten und daß sie zur Seite geschoben werden mußten. Innerhalb der Fatah mußte eine interne *Intifada* stattfinden, und sie konnte nur im Gazastreifens beginnen. Später, so glaubten wir, würde sie sich dann auf das Westjordanland ausbreiten. Bis 1986 hatten wir es geschafft, und die jungen Aktivisten hatten die Führung übernommen. Wir fingen einfach an und machten, was wir wollten, ohne jemanden um Erlaubnis zu fragen. Wir hatten beobachtet, wie die Israelis Fakten schufen, und wir hatten von ihnen gelernt. In jeder Schule und in jedem Stadtviertel gab es bald eine große Fatah- oder Shabiba-Zelle. Ein Wandel hatte stattgefunden, und Dahlan war sein Vater.»

Bei den Gewerkschaften machte die explosionsartige Vermehrung der Aktivitäten naturgemäß die Wahl einer verjüngten Führung nötig, was jedoch dem Verbot der Israelis widersprach, die alternden Männer zu ersetzen, die noch aus der Zeit vor der Besatzung stammten. Anfang 1987 erkrankte Abed al-Rahman Darabe. Sein Zustand war keineswegs ernst, aber seine Krankheit lieferte den nötigen Vorwand, um ihn abzulösen. «Den Arbeitsgesetzen zufolge durften keine Wahlen abgehalten werden, ohne die Obrigkeit davon in Kenntnis zu setzen. Also schickten wir ihnen einen Brief, in dem wir sie informierten, und bildeten einen Wahlausschuß. Die Zivilverwaltung antwortete, daß Wahlen verboten seien, aber das Gesetz, das noch aus der ägyptischen Zeit stammte, war auch für die Israelis bindend und verlangte nur die Benachrichtigung, keine Erlaubnis.»

Das Fernsehen, die Presse und die Knesset-Mitglieder der von den Kommunisten geführten Front für Demokratie und Gleichheit wurden von dem Datum der Wahl eines Exekutivkomitees für die Bauarbeitergewerkschaft in Kenntnis gesetzt – dem 21. Februar 1987. Im Gegenzug erklärte die Armee das Stadtviertel Saja'a, wo das Gewerkschaftsgebäude liegt, zum militärischen Sperrgebiet. Zu dem für die Wahl vorgesehenen Zeitpunkt zog Mabhuh absichtlich «das Feuer auf sich» und verwickelte den israelischen Kommandeur, der den Eingang des Gebäudes bewachte, in eine Diskussion. «Kommen Sie hier herüber, und lassen Sie uns die Sache besprechen», schlug Mabhuh vor. «Wir traten zur Seite und achtzig oder neunzig Arbeiter schlüpften hinein.» Sie wählten sieben Repräsentanten für das Exekutivkomitee und Mabhuh als Vorsitzenden. Wenige Stunden später wurde er verhaftet und aufgefordert, die Wahlen für null und nichtig zu erklären, aber er weigerte sich.

Etwa sechs Wochen später folgte die Gewerkschaft der Angestellten des öffentlichen Dienstes dem Beispiel der Bauarbeiter, setzte ein Datum für Wahlen fest und informierte die Behörden. Diesmal sorgte die Armee jedoch dafür, daß das Gewerkschaftsgebäude tatsächlich geschlossen war. Also fand im Gebäude des Roten Halbmonds eine eilige Abstimmung statt. Mit einhelliger Zustimmung der anwesenden Mitglieder wurde eine Anzahl von Repräsentanten für das Komitee ernannt – alle von der Volksfront oder der Demokratischen Front. Der Widerstand der Gewerkschaft gegen die Armee zwang alle, die immer noch über die Aktivitäten der Arbeiter spotteten, ihren Standpunkt noch einmal zu überdenken. «Alle begannen, uns ernst zu nehmen», beschrieb Kafarna die Situation. «Endlich wurden wir beachtet.»

Auf diesen Erfolg hin beschloß die Fatah, auch für die anderen vier Gewerkschaften – die landwirtschaftlichen Arbeiter, die Lastwagenfahrer, die Schneider und die Metallarbeiter – Exekutivkomitees zu ernennen. Wie in den vorangegangenen Fällen wurde die Zivilverwaltung informiert, aber es kam zu keiner Konfrontation mit der IDF, weil die Fatah die Gewerkschaftsmitglieder nicht wirklich zu einer Wahlversammlung zusammenrief. «Wir wählten die Komitees einfach in unserem Büro», erzählte Abu Husa, der in diesem Vorgehen der Fatah nichts Falsches sah. «Ich persönlich wählte die Mitglieder aus und ernannte sie, aber wir erzählten der Presse und allen anderen, daß wir Wahlen abgehalten hätten. Natürlich wagte es niemand in den Gewerkschaften, sich zu beschweren. Sie wollten nicht mit den Israelis verglichen werden, die die Wahlen ganz und gar verboten hatten.»

Aber die Kommunisten und die beiden Fronten beschwerten sich dennoch. «Sie behaupteten, daß wir nur ein Spiel spielten und daß man das so nicht machen dürfte», erinnerte sich Abu Husa. «Ich habe ihnen gesagt, sie könnten machen, was sie wollten, ich hätte die vier Gewerkschaften trotzdem in der Hand. Sie gehörten zur Fatah, und daran hat sich nichts geändert.» Jamal Zakut, der der DFLP nahesteht, berichtete jedoch, daß die Metallarbeitergewerkschaft nur wenige Tage vor Abu Husas Handstreich eine Petition an die Zivilverwaltung gerichtet hatte, in der sie Wahlen forderte und die Einsetzung eines einstweiligen Wahlkomitees verlangte. «Dann lasen wir plötzlich in der Zeitung, daß die Wahlen bereits stattgefunden hätten und daß die Fatah gewonnen habe.»

Mabhuh erfuhr im Büro des Militärgouverneurs von den mysteriösen Wahlen der Fatah. Gerade als Abu Husa die Wahl des neuen Exekutivkomitees bekanntgab, wurde Mabhuh verhaftet (was in den folgenden zwei oder drei Monaten noch sechzigmal passierte. Jedesmal wurde er einen Tag lang festgehalten und am nächsten wieder entlassen). «Die Israelis schleppten das gesamte Exekutivkomitee der Bauarbeiter herein und fragten uns, wieso wir immer noch Wahlen abhielten. Wir hatten keine Ahnung, wovon sie redeten, bis wir von dem Schritt der Fatah hörten.»

Ob echt oder fingiert, die Wahlen begannen, für Spannungen zwischen den politischen Organisationen zu sorgen. Alle waren wütend auf die Fatah und die Methoden, mit denen sie sich ihre führende Rolle sicherte, aber das war noch nicht das Ende des Streits. Obwohl die DFLP im Gazastreifen kaum eine Rolle spielte, forderte sie einen Sitz im Exekutivkomitee der Angestellten des öffentlichen Dienstes. Hinzu kam, daß die PFLP und die Kommunisten schon seit einiger Zeit miteinander um die führende Rolle beim Roten Halbmond, der Blutbank und dem Komitee der UNRWA-Angestellten konkurriert hatten und daß dieser Streit sich bis in die Gewerkschaften hinein bemerkbar gemacht hatte.

Angesichts dieser Spannungen und des Streits mit den religiösen Organisationen begannen einige Aktivisten, die Einsetzung eines Koordinationskomitees für notwendig zu halten, das Abmachungen und Kompromisse zwischen den verschiedenen Bewegungen vermitteln sollte. So kam es, daß Abu Husa, Mabhuh, Kafarna und Zaqut sich auf einmal in der Situation wiederfanden, zusammenarbeiten zu müssen, und ihr Koordinationskomitee entwickelte sich zu einem wirkungsvollen Werkzeug zur Zusammenarbeit und Problemlösung, nicht nur für die Belange der Gewerkschaften, sondern auch für allgemeine Themen. Ein bedeutender Faktor für den Erfolg des Komitees waren die engen persönlichen Beziehungen zwischen den vier Männern, die sich relativ frei von der Feindschaft und dem Konkurrenzdenken der verschiedenen Bewegungen entwickelten. Selbst außerhalb der Gewerkschaften begann man, in dem Komitee eine Instanz zu sehen, an die man sich wenden konnte, um Streitigkeiten zu schlichten.

Vielleicht wurde die Einigkeit zusätzlich durch einen gemeinsamen Hintergrund verstärkt: Zaqut, Abu Husa und Mabhuh kamen aus Flüchtlingsfamilien und gehörten zu den zwei Dritteln der 1 000 000 Einwohner von Gaza, die aus den palästinensischen Dörfern und Städten außerhalb des Gazastreifens stammten. Tatsächlich kam eine unverhältnismäßig große Zahl der Aktivisten, die sich in den achtziger Jahren bemerkbar machten, aus den Flüchtlingslagern. Diese Jahre waren eine Übergangszeit, in denen der Widerstand darin bestand, die Grenzen des Gesetzes auszuweiten. Durch die Aktivitäten der Gewerkschaften kam es zu einer neuen Konfrontation mit den israelischen Behörden, einer Konfrontation, die direkter, offener und populärer war und deren Kühnheit bei den Flüchtlingen eine tiefgreifende Veränderung bewirkte. Ihr Gefühl der Diskriminierung und ihre Eifersucht auf die *Muwatanin*, die alteingesessenen Familien (wörtlich «Bürger»), mischte sich mit einer Art von Stammesstolz, der darin bestand, anpassungsfähiger, mutiger und stärker zu sein.

Das Abschütteln der Macht der alten Garde war nicht nur ein Schlag gegen die alternde Führung, die die Fatah gemeinsam mit Yassir Arafat aufgebaut hatte, sondern auch gegen jene Palästinenser, die sich von den engen, elenden Gassen der Flüchtlingslager ferngehalten hatten. Als der Kampf sich ausweitete, war es nur natürlich, daß die Flüchtlinge in die führenden Positionen aufrückten. Wer hätte den Zorn in den Lagern besser verstehen können als sie? Das Gefühl, ungerecht behandelt zu werden, saß tief, und die Gründe dafür waren zahlreich – die nationale Enteignung von 1947 und die anschließende Besatzung, die wirtschaftliche Ausbeutung in Israel und selbst die soziale Diskriminierung durch andere Palästinenser.

Im Dezember endlich fegte der Zorn über Gaza hinweg. Während der ersten Tage hatte es den Anschein, als würde der ganze Gazastreifen von den Protesten mitgerissen, und doch fühlten sich alle überrumpelt, als seien sie nur unbeteiligte Zuschauer, verblüfft über die Kraft des Ausbruchs. Am zweiten Tag, dem 10. Dezember, konnte Marwan Kafarna, der damals in Beit Hanun lebte, seine Schule in Jabalia nicht erreichen, wo eine Ausgangssperre verhängt worden war. Die meisten UNRWA-Lehrer, einschließlich Kafarnas, wurden statt dessen in andere Schulen in der Nähe ihrer Wohnungen geschickt, um für Kollegen einzuspringen, die an anderen Orten durch Ausgangssperren festgehalten wurden.

Aber ebenso wie Abu Husa und Zaqut machte sich Kafarna statt dessen auf den Weg zum Gewerkschaftsgebäude. Unter Mißachtung der Ausgangssperre begaben sich die drei Männer auf eine Rundfahrt durch den Gazastreifen, um festzustellen, was vorging. In Jabalia war trotz der Ausgangssperre keine Ruhe eingetreten, ganz im Gegenteil. «Überall waren Barrikaden, brennende Reifen und fliegende Steine. Die meisten Straßen waren blockiert, und die Leute strömten aus ihren Häusern, um mitzumachen und um herauszufinden, was los war.» Am dritten Tag der Unruhen kamen die drei Männer förmlich zusammen «um die Dinge weiterzuentwickeln», wie Kafarna sich ausdrückt. Mabhuh war nicht dabei – er war am Tag zuvor verhaftet worden, als er Flugblätter für die Kommunistische Partei anfertigte, und wurde neun Tage lang festgehalten. Andere Kommunisten hatten begonnen, unter dem Namen «Nationalistische Kräfte» Flugblätter zu verteilen, und die übrigen Organisationen waren wutentbrannt darüber, ausgeschlossen zu werden. Aber der

Alleingang der Kommunistischen Partei verdeutlichte die Notwendigkeit, den Aufstand zu koordinieren, und das zentrale Komitee der Gewerkschaften, das nun schon seit mehreren Monaten arbeitete, war die naheliegendste Adresse.

Die strenge Überwachung der Presse und die Unterdrückung aller politischen Aktivitäten machten das einseitige Flugblatt – das im Untergrund billig hergestellt und leicht auf den Straßen verteilt werden konnte – sehr schnell zur populärsten Form der Massenkommunikation im Gazastreifen. Flugblätter, die Anweisungen gaben, Streiks ankündigten, Nachrichten verbreiteten und moralische Unterstützung boten, gehörten bald zum Alltag. Und obwohl die Verfasser anonym und geheim blieben, befolgten die Leute die Anweisungen und nahmen jedes neue Flugblatt mit Eifer entgegen. Kennzeichnend für die *Intifada* war jedoch, daß die Flugblätter gemeinschaftlich von rivalisierenden politischen Organisationen unterzeichnet waren. Das erste, das unter dem Namen Unified National Leadership (UNL) erschien, war jedoch nur von der Fatah, der PFLP und der DFLP unterschrieben. Mabhuh war im Gefängnis, und so fehlte die Unterschrift der Kommunistischen Partei.

Die Gesichter der vier Männer (und das Ihab al-Ashqars, der sich bald darauf der UNL anschloß) leuchten auf, wenn sie sich an diese ersten Tage erinnern. Jeder trug etwas zur allgemeinen Strategie bei. «Auf die Fatah geht die Entscheidung zurück, keine Waffen einzusetzen», erklärte Abu Husa. «Wir suchten nach anderen Methoden, die starke Beteiligung an den Aktionen aufrechtzuerhalten. Wir brachten unsere Leute, die Fatah-Anhänger, auf die Straße und traten dann beiseite, ließen uns nicht mehr blicken. Sie waren diejenigen, die handeln mußten, nicht die üblichen Verdächtigen. Natürlich wollten viele Leute wissen, warum wir uns bei den Protesten nicht hatten sehen lassen, aber wir waren mit anderen Dingen beschäftigt. Wir flohen vor den Soldaten und sorgten dafür, daß sie sahen, wie wir in die Häuser der Leute rannten. Dann warfen sie Tränengas hinein oder kamen ins Haus, zertrümmerten Sachen und verprügelten die Familie. Die Idee war, daß es in jedem Haus einen Verwundeten geben sollte – wir wollten, daß jeder Palästinenser mitmachte, sich gegen die Soldaten wehrte, ob er nun politisch aktiv war oder nicht. Auf diese Weise sorgten wir dafür, daß der ganze Gazastreifen am Aufstand beteiligt war.»

Tawfiq Abu Husa entschloß sich, seine ganze Kraft auf die Fatah zu konzentrieren, und so brachte er Ashqar zur zweiten Zusammenkunft der UNL, um für ihn einzuspringen. «Noch bevor ich mich vorstellte», berichtete Ashqar, «beschwor ich sie, keinen Kontakt mit den PLO-Führern im Ausland aufzunehmen, nicht um alles in der Welt. Ich stellte ihnen ein Ultimatum: ‹Wenn sich die Leute im Ausland einmischen, mache ich nicht mehr mit.› Tawfiq und ich waren uns darüber vollkommen einig. Wir waren zu dem Schluß gekommen, daß die da draußen alles ruinieren würden, was wir hier zustande bringen konnten.» Kafarna war genau der gleichen Meinung – auch er hatte etwas dagegen, von der Volksfront im Ausland Befehle entgegenzunehmen. Mabhuh dagegen hatte ein solches Ultimatum nicht nötig. Die Kommunisten hatten ihre Basis vor Ort. Auch die DFLP hatte eine starke, gut organisierte Führung in Gaza und im Westjordanland, und so fühlte sich Zaqut berechtigt, Entscheidungen zu treffen und nach Gutdünken zu handeln.

Zur Beschwichtigung der Hierarchie ihrer Organisationen schrieben die UNL-Mitglieder gelegentlich nachträgliche Berichte über ihre Aktivitäten, die dann an Kontaktleute ihrer jeweiligen Bewegungen weitergeleitet wurden. Abu Husa dagegen blieb in täglichem Kontakt mit Arafats Stellvertreter Abu Jihad in Tunis. In einem denkwürdigen Gespräch versuchte Abu Husa das Ausmaß der Demonstrationen zu beschreiben. «So etwas haben wir noch nie erlebt», versicherte er. «Es ist ... es ist», stotterte er und suchte nach dem richtigen Wort. «Es ist eine *Intifada.*»

Trotz des scheinbar spontanen, fast anarchischen Charakters der UNL arbeitete jeder der vier Anführer (die ihre Rolle geheimhielten) auch mit den Mitgliedern seiner eigenen Organisation zusammen, und die Entscheidungen der UNL drangen unsichtbar bis nach unten durch. Manchmal begaben sich die vier Männer persönlich zu wichtigen Punkten in den Städten und Flüchtlingslagern und übergaben die Flugblätter, die verteilt werden sollten. «Wir sorgten dafür, daß jedes einzelne Haus ein Exemplar bekam», erzählte Ashqar. «Wir arbeiteten in der Nacht, hielten an jedem Gebäude, jeder Wohnung, jeder Straße. Aber am Morgen, bei den Demonstrationen, waren wir nirgends zu sehen.»

Sie verbreiteten die Nachricht von unterschiedlichen Formen der Rebellion, die anderswo im Gazastreifen erfolgreich gewesen waren. «In Rafah sagte uns jemand, daß es wegen seiner Familie schwierig sei, sich nachts aus dem Haus zu schleichen», berichtete Ashqar. «Wir sagten ihm, was wir in al-Shatti gehört hatten: Legt die Flugblätter bei einer Moschee ab. Irgendein Junge wird sie auf alle Fälle finden und verteilen.» Sie verbreiteten Methoden, die Straßen unpassierbar zu machen – zum Beispiel, indem man Öl auf die Kreuzungen schüttete oder, was einem Metallarbeiter eingefallen war, indem man Nägel auf die Straße legte, die so zusammengeschweißt waren, daß sie auf alle Fälle Löcher in die Autoreifen der IDF bohren würden. Sie schlossen sich den Fahrten verschiedener Organisationen an, die Lebensmittel in die Flüchtlingslager und Stadtviertel brachten, in denen Ausgangssperren verhängt waren, und Ashqar hatte immer Fotos von Arafat dabei, die er verteilte. «Meine Generale» nannte sie Arafat, als er von ihrer Tätigkeit hörte.

Alle vier sind sich darüber einig, daß die Wirksamkeit der UNL auf ihrem direkten Kontakt mit der Bevölkerung beruhte. So beteiligte Mabhuh sich zum Beispiel persönlich an der Verteilung von Gemüse im Flüchtlingslager Nuseit in Zentralgaza und sah mit eigenen Augen, wie stark das Gefühl der Solidarität unter den Leuten war. So klopfte er einmal mit einem Gemüsekorb am Arm an eine Tür. Ein Familienmitglied kam heraus, sah den Korb und sagte: «Vielen Dank, aber wir haben gerade erst vor fünf Minuten Gemüse bekommen.» Mabhuh stieß immer wieder auf diese Art von Ehrlichkeit. Einmal verteilte er Flugblätter an eine Gruppe von Arbeitern, die gerade aus Israel zurückkamen. In dem Flugblatt wurde zur Teilnahme an *Intifada*-Aktivitäten aufgerufen. «Gib mir einen Sack Mehl für meine Kinder, dann gehe ich einen Monat lang nicht zur Arbeit», erklärte ihm ein Mann und zeigte Mabhuh damit, daß es Grenzen für die Forderungen gab, die sie an die Leute stellen konnten.

Sie waren dem gleichen Abwehrfeuer ausgesetzt wie alle anderen auch. Ashqar erinnert sich an eine Besprechung mit einigen Kollegen von der Fatah. Sie saßen in einem Auto, als plötzlich ein paar Soldaten auftauchten: «‹Stellt den Motor ab, und steigt aus dem Auto, ihr alle›, brüllten sie. Sie befahlen uns, allen Müll aufzusammeln, der auf der Straße herumlag, und ihn in die Häuser zu werfen. Zuerst weigerten wir uns, und sie fielen über uns her wie die Verrückten und schlugen uns und jeden, der zu nahe herankam.» Trotz allem war Ashqar gerührt über die vielen Leute, die ihre eigene Sicherheit aufs Spiel setzten und versuchten einzugreifen. «Sie kamen aus ihren Häusern und baten die Soldaten, uns in Ruhe zu lassen. ‹Wir werden den Müll aufheben›, sagten sie. Aber die Soldaten bestanden darauf, daß wir es taten.»

In den Monaten vor ihrer Verhaftung schufen diese vier Männer die Grundlagen für alle Führungszellen, die nach ihnen kamen, aber auch für die Beziehung der UNL-Führung zur Bevölkerung von Gaza. Sie lehnten es ab, eine innere Hierarchie zu schaffen, die die relative Macht ihrer Organisationen und die Vormachtstellung der Fatah widerspiegelte, und sie legten Wert darauf, an so vielen Aktivitäten teilzunehmen, wie sie nur konnten. Bis zum August 1988, als Zaqut, der letzte der ursprünglichen vier, verhaftet und deportiert wurde, war an Stelle der ersten UNL eine zweite entstanden.

In Jamal Zaquts Deportationsbefehl ist zu lesen, daß seine Inhaftierung in einem israelischen Gefängnis eine Bedrohung für den Staat Israel darstellen würde. Als er das Land verließ, kündigte Zaqut den Shabak-Offizieren jedoch an, daß er «mit dem Frieden» zurückkehren werde. Er hatte nicht den geringsten Zweifel, daß die *Intifada* weitergehen würde, bis sie ihr Ziel erreicht hätte. «Die allgemeine Unterstützung für den Aufstand machte mich sehr optimistisch. Es konnte einfach nicht sein, daß er abflaute, ohne einen Fortschritt zu erzielen.» Zaqut brach mit der offiziellen Haltung der DFLP, unterstützte die Abkommen von Oslo und nahm an den Verhandlungen teil. Als Geste des guten Willens seitens der Israelis erhielt er 1994 die Erlaubnis zurückzukehren.

Ich lernte ihn am 17. Mai desselben Jahres kennen, an dem Tag, an dem die Zivilverwaltung ihre Aufgaben auf die Autonomiebehörde übertrug und in einer offiziellen Zeremonie die Schlüssel zu ihren Büros übergab. Die Übergabe erfolgte an einem israelischen Stützpunkt im nördlichen Teil des Gazastreifens, wohin die Zivilverwaltung einen oder zwei Monate zuvor umgezogen war. Gleichzeitig war sie in Koordinations- und Verbindungsbüro (CLO) umbenannt worden.

Elegant gekleidet, aber reserviert, nahm Zaqut in seiner Eigenschaft als Mitglied des neuen palästinensischen zivilen Koordinations- und Verbindungskomitees, einer Rolle, die er herunterzuspielen pflegte, an der Zeremonie teil. Täglich würde er sich nun mit den gleichen israelischen Beamten zusammensetzen, die Gaza bislang mit uneingeschränkter Macht regiert hatten, und würde über jedes nur denkbare Thema, das irgendeine Bedeutung für das tägliche Leben im Gazastreifen hatte, mit ihnen verhandeln: wie hoch die Schulden bei der israelischen Elektrizitätsgesellschaft waren; was mit den von der Zivilverwaltung ererbten Geschäftsverträgen geschehen sollte, die von einer Abmachung mit einer Wäscherei in Ashdod bis zu einem Geschäft mit einer Computerfirma in Tel Aviv reichten; wie die ordnungsgemäße Übergabe von Karten und Grundbüchern gehandhabt werden und nach welchen Kriterien die Einreisegenehmigungen nach Israel vergeben werden sollten; was mit dem Dutzend Dienstwagen der Behörde geschehen sollte (gehörten sie Israel oder den Palästinensern?); wie die Übergabe der von den Israelis geführten Einkommensteuerakten organisiert und wie ein Korridor für eine sichere Verbindung zwischen dem Westjordanland und Gaza geschaffen werden könnte. Im Laufe der folgenden Jahre wurde ein Teil dieser Streitfragen in einem erschöpfenden Prozeß endlosen Feilschens beigelegt, das bald zum charakteristischen Kennzeichen der neuen Beziehungen zwischen den beiden Seiten wurde. (Der Mechanismus ist keineswegs neu: Die Palästinenser bitten um etwas, die Israelis gestehen ihnen häppchenweise «Vergünstigungen» zu und erhalten so ein Gleichgewicht der Kräfte aufrecht). Die Verhandlungen über die beiden Themen, die sich am stärksten auf das Leben der Menschen auswirkten – eine sichere Verbindung zwischen Gaza und dem Westjordanland und die Kriterien, nach denen Ausreisegenehmigungen nach Israel vergeben werden sollten –, hatten auch vier Jahre später noch zu keinem Ergebnis geführt.

«Wir verhalten uns ihnen gegenüber höflich», erklärte mir Zaqut bei unserer ersten Begegnung. Ich hatte ihn gefragt, wie es möglich sein sollte, ein Komitee von gleichberechtigten Partnern zu haben, wenn auf der einen Seite des Tisches ein israelischer Offizier saß und auf der anderen ein Palästinenser, der noch vor kurzem den Befehlen ebendieses Offiziers hatte gehorchen müssen. «Wir richten den Blick auf die Zukunft. Wir vermeiden es, darüber zu reden, was die Besatzung uns hinterlassen hat – eine heruntergekommene Infrastruktur, eine funktionsunfähige Wasserversorgung, bröckelnde Gebäude und niedergeschlagene Menschen. Wir können nicht alles auf einmal schaffen. Aber wir haben das erste Ziel der *Intifada* erreicht: Israel hat nun begriffen, daß es keinen Frieden ohne die PLO machen kann. Wer sollte das besser wissen als ich? Schließlich habe ich das erste Flugblatt der UNL verfaßt.»

Wenn sich Zaqut die Anfangszeit der UNL ins Gedächtnis zurückruft, unterscheiden sich seine Erinnerungen etwas von denen der anderen drei Mitglieder. Als ältester Mitarbeiter der Organisation übernahm Zaqut die Rolle des Verbindungsmannes zum Westjordanland. Deshalb war er mehr als die anderen daran beteiligt, die UNL auch dort zu etablieren. Für ihn war der 8. Januar 1988 der entscheidende Tag, an dem, fast einen Monat nach dem Ausbruch der *Intifada*, 150 000 vom «Vereinigten Kommando für die Eskalation der *Intifada*» unterzeichnete Flugblätter im Westjordanland verteilt wurden. Er und seine Kameraden von der Demokratischen Front hatten die Flugblätter einfach geschrieben, nachdem andere Organisationen sich davor gedrückt hatten, eine UNL für das Westjordanland zu gründen. Nach Aussage Zaquts hatte die Fatah zögernd zugestimmt, «wollte sich aber noch weiter über das Thema informieren. Die PFLP gab uns überhaupt keine Antwort, und es war uns noch nicht gelungen, Kontakt zu den Kommunisten aufzunehmen.»

Ähnlich wie die ersten in Gaza verteilten Flugblätter forderte das Flugblatt einen Aktionsplan, genau geplante Streiks, Demonstrationen und andere Konfrontationen mit der IDF. Für Zaqut war die Tatsache, daß die Menschen die in dem Flugblatt gemachten Vorschläge massenweise befolgten, der Beweis, daß man sich im Westjordanland eine einzige Führung wünschte. «In Gaza», erzählte Zaqut, «brauchte ich fünf Minuten dazu, meine Freunde zu überreden, das gleiche Flugblatt zu verteilen, aber hier war es mit einem anderen Namen unterzeichnet – einfach nur Vereinigtes Kommando der *Intifada*. In Gaza war es nicht nötig, von Eskalation zu reden.»

In der UNL gab es keine Repräsentanten der islamischen Organisationen, obwohl von Anfang an junge religiöse Leute an allen Demonstrationen teilnahmen. Schiff und Ya'ari berichten, daß Sheikh Ahmad Yassin, der Führer der Moslembruderschaft im Gazastreifen, zunächst davor zurückschreckte, die Teilnahme an den Aktivitäten zu sanktionieren, und lieber sein Erziehungs- und Predigtprogramm fortführen wollte. Aber seine jüngeren Anhänger versuchten, ihn zu überreden, und argumentierten, daß die Bruderschaft es sich nicht leisten könne, sich auszuschließen. Mitte Dezember stimmte er schließlich einem von der Islamischen Widerstandsbewegung – oder Hamas – unterzeichneten Flugblatt zu, in dem eine Intensivierung des Aufstands gefordert wurde.

Natürlich übernahmen die anderen politischen Organisationen mit Freuden Schiffs und Ya'aris Version, daß die Ältesten der islamischen Bewegung erst von ihren Anhängern gedrängt werden mußten. Einer anderen Version zufolge hatte jedoch der Islamische Jihad (in den frühen achtziger Jahren von militanten Dissidenten in der Bruderschaft gegründet) der *Intifada* von Anfang an seinen Segen gegeben. Und bevor sie zuließ, daß diese kleine Konkurrenzorganisation sich einen Vorsprung sicherte, korrigierte die Moslembruderschaft ihren Fehler. Es hielt sich auch ein hartnäckiges Gerücht, daß verschiedene Mitglieder des Jihad heimliche Partner in der UNL gewesen seien.

Wenn Anhänger der Hamas ihre Version der Ereignisse erzählen, ist von einem spontanen Charakter des Aufstands überhaupt nicht mehr die Rede. In vielen Reden und Publikationen wird behauptet, daß Sheikh Yassin der wahre Initiator der *Intifada* gewesen sei. Wenige Tage vor der Übernahme der Verwaltung durch die Autonomiebehörde im Jahr 1994 teilte ein Imam namens Sheikh Ahmad Bahar seinen begeisterten Zuhörern mit, daß «Sheikh Ahmad Yassin der Vater der *Intifada* ist. Er hat die Entscheidung getroffen, und erst später haben sich die anderen Organisationen beteiligt.» H. N., damals ein aktiver und gläubiger Student an der Islamischen Universität in Gaza, vertritt die Ansicht, daß die Moslembruderschaft tatsächlich die erste Organisation gewesen sei, die den qualitativen Unterschied der Proteste in vollem Umfang erkannt und ihr revolutionäres Potential genutzt habe. Von Anfang an, behauptet er, habe die Bruderschaft die Studenten ermutigt, an den Protesten teilzunehmen und die Leute aufzuwiegeln. Sheikh Salah Shehadeh, der Dekan der Universität (und heimlicher Leiter der militanten Untergrundabteilung der Bruderschaft, Majd), erzählte H. N., daß er den Studenten persönlich befohlen habe, zu den Beerdigungen zu gehen, an denen sich der Aufstand entzündet hatte.

Die Führung der Bruderschaft – Shehadeh, Yassin, Ibrahim al-Yazuri und Abed al-Aziz al-Rantisi – waren anscheinend am Tag nach den Beerdigungen zusammengekommen, um über die Unruhen zu beraten. Sie waren nicht einverstanden mit der an diesem Tag vom Studentenrat der Universität getroffenen Entscheidung, auf den Straßen, aber nicht auf dem Universitätsgelände zu demonstrieren. Das Forum entschied, daß jeder von der Bruderschaft organisierte Protest aufs Ganze gehen müsse – «nicht nur eine Demonstration, sondern ein Krieg», berichtete H. N. An der Universität begannen die Studenten sofort, eine große Demonstration vorzubereiten. «Wir nahmen Eisenrohre und zersägten sie, ein Stück für jeden Studenten. Wir glaubten, daß wir die Soldaten mit den Rohren daran hindern könnten, in die Universität zu kommen», erinnerte sich H. N. «Aber die Universitätsdirektoren, die nicht zur Bruderschaft gehörten und immer ausgezeichnete Beziehungen zur Zivilverwaltung gehabt hatten, bekamen Wind von der Sache und schlossen die Universität.»

Rückblickend führt Abu Husa den Aufstand auf die Fatah und ihr hervorragendes Gespür für den richtigen Zeitpunkt zurück (obwohl er für kurze Zeit selbst der ersten UNL angehört hatte). Wie die Hamas bestreitet er, daß die *Intifada* spontan vom Volk ausgegangen sei. «Der Fatah-Tag ist am 1. Januar», erklärte er. «Aber wir hatten die Flugblätter bereits vorbereitet. Im Jahr 1987, kurz vor dem Ausbruch des Aufstands, war die Situation so angespannt, daß wir darüber nachzudenken begannen, einen Fatah-Tag zu veranstalten.» Der Umzug der Fatah und die wachsende Spannung würden vermutlich fünf bis sechs Tote zur Folge haben, rechneten Abu Husa und seine Kameraden, was wiederum zu Protesten und Konfrontationen führen würde.

Als am 8. Dezember die vier Männer aus Gaza von einem Lastwagen überfahren wurden, hatte Abu Husa die Idee, einen Zusammenhang zwischen dem Unfall und dem Tod eines Israelis im Gazastreifen am Vortag zu konstruieren, in anderen Worten, aus dem Unfall einen Racheakt zu machen. «Mir fiel eine Möglichkeit ein, den Unfall zu benutzen», berichtete Abu Husa. «Ich stellte mich an den Erez-Checkpoint und erzählte allen Leuten, daß es ein Racheakt sei, und als ich nach Gaza-Stadt zuruckkam, kamen mir bereits Leute entgegen, die mir das Gerücht wiedererzählten. Ich dachte mir noch, phantastisch, es hat funktioniert! Das Gerücht verbreitete sich wie ein Lauffeuer – am nächsten Tag erschien es als Titelgeschichte in der *Al-Fajr*.

An diesem Abend, dem 8. Dezember, erging der Befehl an unsere Leute in Jabalia, dafür zu sorgen, daß das ganze Lager auf den Friedhof ging. Wir beschlossen, am nächsten Tag Fatah-Aktivisten zusammen mit den Schulkindern loszuschicken, um am Militärstützpunkt zu demonstrieren. Wir rechneten uns aus, daß zwei oder drei Leute getötet werden würden, und dann wollten wir entscheiden, wie wir weitermachen wollten.»

In ihrem Wettlauf nach politischer Legitimation und einem Anteil an der Macht haben die unterschiedlichsten Organisationen versucht, das

Verdienst, den Aufstand in Gang gebracht zu haben, für sich in Anspruch zu nehmen, und immer berufen sie sich dabei auf ihre entscheidende Rolle während der ersten Tage. Aber in der kollektiven Erinnerung Gazas ist keine der offiziellen Versionen enthalten, wer die *Intifada* organisiert haben soll. Das, was sich allen Bewohnern von Gaza eingeprägt hat, ist die fürchterliche Spannung in den Wochen vor den Protesten und das Gefühl eines spontanen Aufschreis. «Viele Menschen waren an den Straßensperren getötet worden», sagte Jamal Zaqut. «Ein Schulmädchen, Intissar al-Atar, war von einem Siedler erschossen worden, der nach einer Woche aus dem Gefängnis entlassen wurde. Die Leute stellten direkte Fragen, nicht nur nach ihrer politischen Zukunft, sondern nach ihrer nackten Existenz. Sie wollten wissen, wieviel ihr Leben wert sei.»

Es war kein Zufall, daß Mabhuh, Kafarna, Ashqar und Zaqut sich zur ersten UNL-Zelle zusammentaten, obwohl ihr Zusammenschluß kurzlebig und planlos und seine Rolle nicht fest umrissen war. In ihrem Charakter und ihrem politischen Engagement waren die vier Männer beispielhaft für die grundlegende Veränderung, die im Laufe der Jahre in der Vorstellung der Palästinenser vom Kampf gegen die Besatzung stattgefunden hatte. Was sie vor allem anderen leitete, war ihr Zweifel an der fast religiösen Überzeugung, daß kleine, isolierte Untergrundzellen das fremde Regime eines Tages mit Waffen und Sprengstoff vertreiben würden. Die UNL stand für eine andere Überzeugung – daß eine Veränderung nur durch kollektives Handeln des ganzen Volkes zu erreichen sei.

Es war auch kein Zufall, daß sich die erste UNL aus den Gewerkschaften heraus entwickelte, obwohl die Gewerkschaften selbst handlungsunfähig waren. Seit 1967 verdienten mehr und mehr Bewohner von Gaza ihren Lebensunterhalt als billige Arbeitskräfte für israelische Arbeitgeber, und nach zwanzig Jahren waren für ein Großteil der Bevölkerung nationale Unterdrückung und wirtschaftliche Ausbeutung fast zum Synonym geworden. Mit ihrer sozialistischen Ausrichtung gehörten Mabhuh, Kafarna und Zaqut einer Minderheit unter den politisch organisierten Palästinensern an, aber ihre ideologische Ausbildung hatte sie anscheinend zu der Art von Aktivitäten geführt, die in ihrer Welt sinnvoll waren. Die Arbeiter aus Gaza, die Israel gut kennengelernt und die Grenzen der palästinensischen Seite klar erkannt hatten, hatten ihre eigenen Vorstellung von echtem, persönlichem und nationalem Wandel entwickelt. Und auf diesem fruchtbaren Boden überstieg der Einfluß der Gewerkschaftsaktivisten bei weitem die tatsächliche Größe ihrer Organisationen. Hinzu kam, daß ihr Verständnis von der Wirklichkeit die vier Männer dazu bewogen hatte, sich über Parteiengezänk und sektiererische Differenzen hinwegzusetzen und nach Wegen zu suchen, um ihre Aktionen zu koordinieren und einander zuzuhören – eine hervorragende Basis für die provisorischen und improvisierten Anfänge der *Intifada*.

«Alles, was ich für mich und meine Kinder wollte, war, menschenwürdig zu leben, als Menschen behandelt zu werden», sagte einer der Fatah-Aktivisten, der an einer der späteren UNL-Zellen beteiligt war. Im Endeffekt sind soziale Unruhen immer eine Forderung an die Herrschenden – besonders solche, die der Bevölkerung gegen ihren Willen aufgezwungen worden sind –, endlich zuzuhören, wenn alle anderen Versuche, sich Gehör zu verschaffen, fehlgeschlagen sind. Was in Flugblättern und Slogans gefordert wurde, war nur das eine: Die Palästinenser wollten ihren eigenen Staat, und diese Forderung war nicht nur an die Israelis, sondern auch an die palästinensische Führung gerichtet. «Während der Intifada riefen selbst kleine Kinder ‹ein Staat und Frieden›», erzählte mir ein anderes Fatah-Mitglied. «Und das, bevor Arafat überhaupt wußte, was ein Staat ist.»

«Was meinst du, warum wir mit der *Intifada* angefangen haben?» fragte mich Ashqar eines Tages. «Was meinst du, warum wir einen Staat wollen? Nicht wegen des Landes – kein Stück Land ist so viel Blutvergießen wert. Nein, wir wollen einen Staat wegen der Sache selbst.»

Diese «Sache» erschien ihm offenbar so selbstverständlich, daß er gar nicht auf die Idee kam, sie zu erklären. Aber er veranlaßte mich damit, immer weiter zu fragen, was die Palästinenser wirklich gewollt hatten, was der wahre Grund für den Aufstand gewesen war. Und in unzähligen Gesprächen im ganzen Gazastreifen und auf die unterschiedlichste Weise haben sie es mir erklärt: Sie wollten die Grenzen ihrer Entscheidungsfreiheit ausdehnen, persönlich und als Nation. Auf die Dauer wird das Ausmaß ihrer Freiheit als Volk und als Menschen der Maßstab sein, nach dem sie die Osloer Abkommen beurteilen.

II
Familien so wie wir

3
Eine Bougainvillea und ein Haufen Schutt

Am Anfang ist es immer schwer, sich vorzustellen, was ein Schutthaufen an der Stelle zu suchen hat, wo er herumliegt – einige Betonbrocken, ein paar rostige Eisenträger und verrottende Holzbretter mitten auf einer Straße oder in einer belebten Gasse in einem Flüchtlingslager. Es sind Überbleibsel von etwas, das die Zeit fast ausgelöscht hat. Im Laufe der Jahre habe ich mich jedoch an den Anblick gewöhnt und bin nicht mehr schockiert, wenn ich plötzlich vor etwas stehe, von dem ich inzwischen weiß, daß es die Überreste eines zerstörten Hauses sind. Heute gibt es jedoch weniger solcher Schutthaufen, als es der Fall war, bevor die Abkommen von Oslo unterzeichnet wurden und eine Bauflut einsetzte. Heute kennzeichnen Kräne und hydraulische Bohrer die neue Ära. Immer mehr Apartmenthäuser ragen in den Himmel über Gaza, Familien setzen ein neues Stockwerk und dann noch ein zweites auf ihre kleinen, niedrigen Häuser, mit nackten Betonblöcken, die nicht immer regendicht sind. Bulldozer nagen an den letzten Grünflächen, an Orangen- und Olivenbäumen, den Überresten der einst zahlreichen Orangenhaine und Obstgärten, die früher einmal große Flächen des Gazastreifens bedeckten. Land, das von den Camps der israelischen Armee eingenommen wurde, ist nun für den Wohnungsbau für die palästinensische Polizei und für ein paar hundert wohlhabende ehemalige Exilanten freigegeben worden, die nach Gaza zurückgekehrt sind.

Die Schutt- und Trümmerhaufen dagegen zeugen von dem zerstörten Leben der Bevölkerung von Gaza, so wie die Wachstumsringe an einem Baumstamm das Verstreichen der Zeit anzeigen. Fast immer stellt sich heraus, das die abgerissenen Häuser Familien von Männern gehört haben, denen etwas vorgeworfen wurde, was die Israelis als Terrorakte bezeichnen und die Einwohner von Gaza Kampf gegen die Besatzung nennen. Die Familien zogen fort, verteilten sich auf die Wohnungen von Verwandten oder lebten eine Zeitlang neben dem Trümmerhaufen in einem vom Roten Kreuz zur Verfügung gestellten Zelt, bis sie begannen, ein neues Haus neben den Ruinen zu errichten.

Die israelische Armee hat ihre Methode, Häuser zu versiegeln oder einzureißen, immer als Abschreckungsmittel verteidigt. Die Zerstörung ist eine brutale Maßnahme und wird gewöhnlich wenige Tage nach der Verhaftung des Verdächtigen durchgeführt, lange bevor seine Schuld oder Unschuld vor Gericht festgestellt worden ist. Aber wenn mir eine Familie zehn oder zwanzig Jahre später den Trümmerhaufen zeigt, vermag ich kein Zeichen des Bedauerns der Tat zu erkennen, die die Ursache des Abrisses gewesen war, nicht einmal dann, wenn alte Eltern und kleinere Geschwister diejenigen waren, die den Preis hierfür zu bezahlen hatten.

In al-Boureij zeigt man mir trotzig eine halbe, stehengebliebene Wand und gleich daneben eine leuchtend violette Bougainvillea. Am Ende hat die Zerstörung des Hauses einer Familie offenbar immer nur bewirkt, daß ihr Zusammenhalt gestärkt wurde. Der Augenblick des Abrisses und der spätere Wiederaufbau gaben der Familie das Gefühl, am Kampf teilzuhaben. D. L. erzählt mir stolz von seinen Eltern, deren Haus von der Armee versiegelt wurde. Sie lebten in einem Schuppen, bis ein Bruder ein bißchen Geld zusammengespart hatte, dann half auch noch ein zweiter Bruder mit, und zusammen schafften sie es, einen Raum für die ganze Familie zu bauen. Dieser eine Raum ist seitdem zu einem mehrstöckigen Haus vergrößert worden, in dem alle Platz haben. A. R. aus Khan Yunis zeigt mir das einzige Zimmer, das die Zerstörung ihres Hauses überstanden hatte. Während ihre Söhne im Gefängnis waren, hatte die übrige Familie nur den einen Ehrgeiz – daß die Jungen in ein bequemes, neu errichtetes Haus zurückkehren sollten. Jenes einzelne Zimmer ist nun ein Abstellraum neben dem neuen Haus, in dem die Familie lebt.

M. D.s Haus spielte ebenfalls eine Rolle im Kampf gegen die Besatzung, aber auf besondere Weise. Seine Brüder und Vettern halfen ihm, ein billiges Stück Land in einer entlegenen Gegend nördlich von Gaza an der Straße zu einer jüdischen Siedlung zu kaufen. Der Preis war niedrig, weil Grund zu der Annahme bestand, daß die Israelis das Land konfiszieren wollten. M. D. kaufte es in der erklärten Absicht, «einen Streit mit der Besatzung vom Zaun zu brechen» und einen Rechtsstreit zu führen, wenn das Grundstück tatsächlich konfisziert werden sollte. Seine Familie, die das Experiment moralisch und finanziell unterstützte, hatte Glück. Die Gegend ist nicht mehr abgelegen, und ein weitläufiges Wohnhaus ist entstanden, mit abgeschlossenen Apartments für alle Brüder, einschließlich derjenigen, die aus dem Exil zurückgekehrt sind.

Die meisten Leute haben den Absprung aus den heruntergekommenen Wohnvierteln in den überfüllten Städten und Flüchtlingslagern, aus den löcherigen, mit Abwässern überschwemmten Gassen jedoch nicht geschafft. Im Gazastreifen leben 1 022 207 Menschen, zusammengedrängt auf einer Fläche von 378 Quadratkilometern.[1] 20 % dieses Gebiets, die von den jüdischen Siedlungen okkupiert werden, sind für Palästinenser gesperrt. In der durch die Winzigkeit des Lebensraums, den sie miteinander teilen müssen, erzwungenen Gemeinsamkeit unterdrücken die Bewohner von Gaza ihre Sehnsucht nach einem bißchen Privatsphäre. Vielleicht können sie die ständige Erregung, in der sie leben, nicht einmal beim Namen nennen und lassen den Grund dafür lieber offen, denn einmal artikuliert, würde es unmöglich, das Bedürfnis nach einer Rückzugsmöglichkeit zu ignorieren.

In den letzten zwanzig bis dreißig Jahren waren die gemeinsamen Anstrengungen der Großfamilien darauf konzentriert, dafür zu sorgen, daß die jüngeren Mitglieder eine Ausbildung bekamen. Abu Basel weiß ganz genau, daß es das Verdienst seines Bruders A. A. ist – er arbeitete zwei Jahrzehnte lang in Israel –, daß er und seine anderen Geschwister die Universität besuchen konnten. Jetzt, wo A. A. seinen Arbeitsplatz in Israel nicht mehr erreichen kann, kümmern sich die anderen Familienmitglieder um die Ausbildung seiner Töchter. Um Haitham erwartet mit Sehnsucht den Tag, an dem ihre Söhne wieder zur Arbeit gehen können. Dann, sagt sie, «können wir Haitham (ihrem Sohn) in Deutschland wieder Geld für sein Medizinstudium schicken». B. L. würde gerne ein oder zwei Jahre lang auf Reisen gehen, aber er weiß, daß seine Familie durch seine Abreise «wirtschaftlich und emotional ruiniert würde». Er hat das Glück, Arbeit in Gaza zu haben, und sein Einkommen ermöglicht drei Geschwistern den Schulbesuch, zwei Brüdern in Libyen und einer Schwester im Gazastreifen. Er kann es sich nicht erlauben, an seine eigenen Nöte und Bedürfnisse zu denken. Und so ist es bei jeder Familie, die ich kennenlerne. Je ärmer die Familie, desto ausgeprägter ist das Phänomen: Immer ist da ein Bruder, der hart arbeitet, damit seine Geschwister eine Ausbildung und damit die Chance auf einen guten Beruf und ein besseres Leben erhalten.

Für dieses im Gazastreifen so verbreitete Gefühl einer gemeinsamen Verantwortung für die Familie gibt es keine einfache Erklärung. Die üblichen Begründungen – der traditionelle Charakter der arabischen Gesellschaft, die Überbevölkerung, die alle individualistischen Tendenzen unterdrückt – erscheinen mir jedenfalls unzureichend. Wenn ich bei Freunden in den Flüchtlingslagern Khan Yunis oder Rafah zu Besuch war, die Namen des Nachwuchses der sämtlichen Brüder und Schwestern und Cousinen durcheinanderbrachte, die auf der staubigen Straße aufkreuzten und schnell einmal hereinschauten, beobachtete ich die Kinder, die während der langen Ausgangssperren traurig im Hof herumhingen, zornig am Tor rüttelten und jammernd verlangten, hinausgelassen zu werden. Fast unwillkürlich suchte ich dann nach einer anderen Erklärung für die Familiensolidarität.

«In Gaza gibt es nichts als Sand und Kinder», erklärte mir A., ein aus Jabalia stammender Soziologe. Er klagte, daß selbst die jüngeren, modernen Ehepaare nicht aufhören, ein Kind nach dem anderen zu bekommen. In meinem wachsenden Staunen über das Durchhaltevermögen dieser Menschen begann ich, den Grund für ihren außergewöhnlichen Familiensinn zu begreifen. Sie klammern sich unerschütterlich an die Familie, an den Respekt für die Alten und die Sitte, viele Kinder zu haben, weil all dies für sie – wie die Religion – ein Bollwerk gegen die Instabilität und mangelnde Kontinuität in ihrem Leben ist. Seit 1948 sind sie beständigen Umbrüchen unterworfen, drastischen politischen Veränderungen, auf die sie keinen Einfluß haben, wirtschaftlicher Unsicherheit und der ständigen Bedrohung durch plötzlichen, gewaltsamen Tod, letzteres besonders seit dem Beginn der *Intifada* im Jahr 1987. Es ist viel darüber geredet worden, wie stark die *Intifada* die Autorität der Erwachsenen unterminiert hat, aber ebenso wahr ist, daß die unerträgliche Unterdrückung und tägliche Gewalt das Bedürfnis vergrößert hat, bei den eigenen Familienmitgliedern Trost zu suchen und das Zuhause als Gegengewicht gegen den Zusammenbruch des sozialen Gefüges zu betrachten.

Das Ausmaß der Gewalt, die mit dem Aufstand verbunden war, kann kaum hoch genug eingeschätzt werden. Während der ersten vier Jahre der *Intifada* erlitten 60 706 Palästinenser Verletzungen durch Schüsse, Schläge oder Tränengas. Nach einer Studie der Israelisch-Palästinensischen Vereinigung Ärzte für die Menschenrechte (Physicians for Human Rights, PHR) wurden im Jahr 1988 2285 Menschen durch Schüsse verletzt, 7049 wurden schwer geschlagen, und 3295 erlitten Verletzungen durch Tränengas. 1989 wurden 6974 Menschen angeschossen, 10 774 wurden geschlagen, und 3196 wurden durch Tränengas verletzt. (Die Statistik macht keinen Unterschied zwischen scharfer Munition und Gummi- oder Plastikgeschossen).[2] Nach den Listen der UNRWA wiesen zwischen August 1989 und August 1993 1085 der in ihren Krankenhäusern behandelten Patienten Kopfschüsse auf. 302 dieser Patienten waren im Alter zwischen siebzehn und vierundzwanzig, 163 (15 %) waren Frauen, und 545 waren unter sechzehn – 97 davon Kinder unter sechs Jahren. Die PHR weist in ihrer Studie darauf hin, daß während der fünf Jahre der *Intifada* in jeder zweiten Woche ein Kind unter sechs Jahren einen Kopfschuß davontrug – eine erschütternde Statistik.

Am 2. Februar 1989 kam die sechsjährige Lulu Abu Dakhi aus dem Flüchtlingslager Shabura von der Schule nach Hause, bat um Geld für Eis und ging mit einer Freundin auf die Straße hinaus. Ihr Vater erinnert sich, daß an diesem Tag in der Gegend nichts Besonderes los war. «Die Straßen waren ruhig. Plötzlich hörten wir einen Schuß. Ein paar Minuten später kam Lulus Freundin mit ihrem Eis zurückgerannt und schrie: ‹Lulu ist tot!› Sie sagte, daß ein paar Soldaten aus einer Seitenstraße gekommen seien. Die Mädchen hatten angefangen zu rennen, und Lulu wurde von einem Gummigeschoß am Kopf getroffen.»

Tatsächlich war Lulu nicht tot. Nach sieben Jahren liegt sie immer noch im Krankenhaus der West Bank Recuperation Association (Rehabilitationsgesellschaft im Westjordanland), vollkommen abhängig von ihrer Umgebung. Abgesehen von der Fähigkeit, die Augen zu bewegen, zu kauen und zu schlucken, ist sie vollkommen gelähmt. Etwa zweieinhalb Jahre nach Lulus Verletzung eröffnete die israelische Armee ein Ermittlungsverfahren – und auch das nur, weil die Familie hartnäckig darauf bestand –, teilte dann jedoch mit, daß der lange Zeitraum, der seit dem Zwischenfall vergangen sei, es unmöglich mache, «die nötigen Beweise bezüglich der Handlungsweise der IDF an dem fraglichen Datum zu beschaffen». Die Akte wurde geschlossen.[3]*

Am 19. Dezember 1992, während einer fünfundvierzigminütigen Unterbrechung der Ausgangssperre, die zur Verhinderung von Demonstrationen gegen die Massendeportation von Anhängern der Hamas und des Islamischen Jihad verhängt worden war, verließ Rana Abu Tuwior, ein elfjähriges Mädchen aus Khan Yunis, das Haus, um Milch zu holen. Am Nachmittag war ein Jeep durch die Stadt gefahren, um diese erste Unterbrechung seit fünf Tagen anzukündigen. Die Leute wußten nicht, ob es nur Frauen gestattet war, die Häuser zu verlassen, wie es bei anderen Gelegenheiten der Fall gewesen war, wenn die Ausgangssperre vorübergehend unterbrochen wurde. Deshalb wurde Rana von M. S., einem Nachbarn, gebeten, Milch von Abed al-Shafi Farka zu holen, der einen Zitrushain und ein paar Kühe besaß.

Zwei Tage später beschrieb M. S. gequält, was sich ereignet hatte. Er hatte Rana eine Flasche gegeben, und sie war aufgeregt zur Hauptstraße gelaufen. Obwohl die Ausgangssperre unterbrochen war, patrouillierten Soldaten und Militärfahrzeuge durch das Stadtviertel, während sich die Straßen mit Menschen füllten, die sich die Beine vertreten wollten. Fünfzehn Minuten später hörte M. R., ein anderer Nachbar, plötzlich Schüsse. Er und andere liefen los, um zu sehen, was los war. M. R. sah vier Armeejeeps, die neben der dicht bei seinem Haus gelegenen Mädchenschule parkten. Einige Kinder warfen Steine nach ihnen, und die Soldaten schossen zurück. Auch M. S. lief hinaus und sah Rana etwa 150 Meter von den Soldaten entfernt auf Farkas Haus zugehen. Er sah, wie sie das Tor erreichte und dann plötzlich zu Boden fiel. Gemeinsam mit mehreren anderen, die mit angesehen hatten, was passiert war, versuchte er, zu ihr

* Lulu Abu Dakhi starb zu Hause am 2. Dezember 1998, ihrem 16. Geburtstag.

zu gelangen, wurde jedoch durch schweres Gewehrfeuer daran gehindert. Erst fünfzehn Minuten später, während einer Feuerpause, konnten sie das Mädchen ins Krankenhaus bringen, wo der Arzt nur noch ihren Tod feststellen konnte. Sie war von einer Kugel in den Rücken getroffen worden.

Der Armeesprecher gab folgende Erklärung ab: «Als die Ausgangssperre aufgehoben wurde, strömte eine große Zahl von Menschen verschiedenen Alters auf organisierte und absichtsvolle Weise auf die Straße, verursachte Störungen und warf Steine und Ziegel. Zwischen den Unruhestiftern wurde eine Anzahl Bewaffneter beobachtet. Alle durch Schüsse ausgelösten Zwischenfälle waren das Ergebnis eines deutlichen Gefühls der Bedrohung auf seiten der anwesenden Angehörigen der IDF.»

Der zehnjährige Ayman al-Suri wurde am 5. Februar 1994 durch einen Schuß tödlich verletzt, als er ein Buch in die Bibliothek von Jabalia zurückbringen wollte. Zwei Tage zuvor hatte ein kleiner Junge namens Ayman Abu Hajar eine Schußverletzung am Kopf erlitten, durch die er in ein lebenslängliches Koma fiel. Zufällig hatte ein Fernsehkameramann, Marwan al-Ghul, den Vorfall gefilmt. Zwei Militärlastwagen waren durch die Talatini-Straße gefahren und waren, wie gewöhnlich, von Schulkindern mit Steinen beworfen worden. Der Film beweist, daß die Lastwagenfahrer nicht in Gefahr waren, weil sie hoch genug saßen und ihre Fahrzeuge sich schnell bewegten. Dennoch gab der erste Fahrer Schüsse in Kopfhöhe der Kinder ab. Dann fuhr er weiter, ohne eines der Kinder verletzt zu haben. Der zweite Fahrer jedoch begann in die Luft zu schießen, noch bevor irgendwelche Steine nach ihm geworfen wurden. Als die ersten Steine flogen, begann auch er, Schüsse in Kopfhöhe der Kinder abzugeben. Dann zeigt der Film ein Kind in einem weißen Pullover, das in einer Blutlache auf dem Bürgersteig liegt. Sein Kopf ist eine breiige, rote Masse. Der Fahrer wurde zwei Jahre später vor Gericht gestellt und erhielt eine einmonatige Bewährungsstrafe. Jetzt sorgt die ganze Familie Abu Hajar für das halbtote Kind und betet um ein Wunder.

Das gegenseitige Hilfssystem der Großfamilien bewährt sich vor allem überall da, wo materielle Unterstützung notwendig ist und keiner auch nur einen Augenblick lang zögert, diese Hilfe zu geben. Während der Jahre, die ich in Gaza gelebt habe, habe ich miterlebt, wie unentbehrlich diese Hilfe als Sicherheitsnetz in einer Zeit des allgemeinen wirtschaftlichen Zusammenbruchs tatsächlich ist. In den frühen neunziger Jahren erfand Israel eine neue Politik gegenüber den Palästinensern: die allgemeine Abriegelung, die 1991 endgültig eingeführt wurde. Zum erstenmal seit 1970 wurde den Palästinensern der freie Verkehr zwischen den besetzten Gebieten und Israel verweigert. Plötzlich mußten sie sich mit besonderen Pässen ausrüsten, um von einem Gebiet in das andere überwechseln zu können. Diese Pässe werden nur einer sehr kleinen Zahl von Palästinensern zugestanden, einem bestimmten Teil der Bevölkerung und Angestellten, deren Arbeit in Israel für unentbehrlich gehalten wird. Das System, das im Gegensatz zu weitverbreiteten Fehlinformationen lange vor den ersten Terroranschlägen der Islamischen Bewegung in Israel eingeführt wurde, wurde im Laufe der Jahre immer komplizierter: Seit 1993 brauchen die Palästinenser besondere Pässe, um nach Ost-Jerusalem, ihrem wirtschaftlichen, religiösen, kulturellen und medizinischen Zentrum, reisen zu dürfen. Auch hierfür werden nur sehr wenige Pässe ausgegeben. Seit 1994, mit der Einführung der Autonomiebehörde (oder Sulta, wie sie auf arabisch heißt), wurde die physische Abriegelung des Gazastreifens noch vollständiger. Der von Israel errichtete elektrische Zaun, die vielen Straßensperren und ein ausgeklügeltes Überwachungssystem haben den Einwohnern von Gaza jede Möglichkeit genommen, den Gazastreifen ohne Genehmigung zu verlassen.

Der schleichende Abriegelungsprozeß hat weitreichende Schäden für die palästinensische Wirtschaft zur Folge gehabt. Die Zahl der Arbeiter, die in Israel arbeiten durften (seit dem Beginn der Besatzung im Jahr 1967 fast die einzige Möglichkeit, seinen Lebensunterhalt zu verdienen), wurde drastisch reduziert. Folglich ging das Pro-Kopf-Einkommen der Palästinenser 1992 um 7,14 % und 1993 um 26,53 % zurück. Deshalb sind die für die Familien in Gaza typischen gemeinsamen Anstrengungen inzwischen weniger auf langfristige Ziele wie die Ausbildung der Kinder als auf das unmittelbarere Bedürfnis nach Nahrung gerichtet.

Bald nach dem Übergang der Verwaltung auf die Autonomiebehörde kam ich in einen Fahrradladen in der Al-Wahda-Straße, dem wirtschaftlichen Zentrum Gazas. Der Verkäufer gab mir gegenüber zu, daß sein Bruder, der Besitzer des Ladens, ihn nur deshalb hier arbeiten ließ, damit er das Gefühl haben sollte, sich seinen Lebensunterhalt zu verdienen, und sich nicht schämen mußte, finanzielle Unterstützung von seinem Bruders anzunehmen. Obwohl es Sommer war, kamen nur sehr wenige Kunden in den Laden. In diesem Arbeiterviertel konnten Eltern es sich nicht leisten, ihre Kinder mit Fahrrädern auszustatten. Im Nachbarhaus befand sich ein bescheidenes Restaurant. Während der zwei Stunden, die ich dort verbrachte, der Hauptgeschäftszeit nach 12 Uhr mittags, kam nur ein einziger Kunde herein, um sich ein Kebab-Sandwich zu kaufen. «Ich lebe vollständig von meinem Bruder», wiederholte der Mann hinter der Theke die Worte des Fahrradverkäufers. «Mein Bruder kann nichts für seine eigene Familie auf die hohe Kante legen, weil er alles für mich und meine Kinder ausgibt.»

Eine Familienstruktur wie diese, die alle Schicksalsschläge wirtschaftlich und emotional auffängt, ist ein Segen für jede Regierung. Die 1967 eingesetzte Militärregierung und danach die Zivilverwaltung zeichneten sich durch ihre Knauserigkeit aus, durch mangelnde Sorge für die Entwicklung, durch höhere Steuern als die in Israel gezahlten, durch ein Schulsystem, das mit der wachsenden Schülerzahl weder Schritt halten konnte noch es auch nur versuchte, und durch die unglaubliche Vernachlässigung der Infrastruktur, der Straßen, der Wasserversorgung, Kanalisation, Telefonleitungen und des Elektrizitätsnetzes. All dies glichen die Familien mit selbstfinanzierten Improvisationen aus, und die Kosten dafür wurden von Söhnen und Töchtern, Schwägern und Schwägerinnen geteilt. Improvisationen dieser Art waren selbstangelegte Abwassersysteme, private Wassertanks, illegale Brunnen oder einfach eine Batterie Kanister, die mit sauberem Wasser gefüllt waren, das man aus den zu den jüdischen Siedlungen führenden Leitungen zapfte oder aus Sheikh Radwan heranschleppte – all das, um nicht das übelschmeckende Wasser benutzen zu müssen, das in den meisten Häusern aus der Leitung floß, und mit den vielen Unterbrechungen der Wasserversorgung zurechtzukommen. Nachdem die Unberechenbarkeit der Stromversorgung besonders in den letzten Jahren der *Intifada* zur Geißel des Gazastreifens geworden war, kauften sich einige Familien sogar ihre eigenen Generatoren.

Die israelische Elektrizitätsgesellschaft pflegte, unter wohlwollender Duldung der Zivilverwaltung, ganzen Stadtvierteln den Strom abzuschalten, weil einige Kunden, meistens Werkstätten oder kleine Fabriken, ihre Rechnungen nicht bezahlen konnten oder mit Hilfe von illegalen Kabeln und Leitungen Strom geklaut hatten. Die Folge war, daß die Gemeinden, die ihren Verträgen mit der Elektrizitätsgesellschaft zufolge für das Eintreiben der Stromrechnungen verantwortlich waren, ihren eigenen Zahlungsverpflichtungen nicht nachkommen konnten. Ebenso wie die Einwohner konnten die städtischen Beamten und die palästinensischen Ingenieure, die sie beschäftigten, nur schwer verstehen, warum ganze Stadtviertel wegen der Schulden einiger weniger im Dunklen sitzen mußten. Die Zivilverwaltung behauptete, daß das Abschalten des Stroms für ganze Stadtviertel immer aus Sicherheits- und logistischen Gründen notwendig sei.

Das Unterbrechen der Leitungen an den örtlichen Relaisstationen erfolgte immer nachts unter dem Schutz der Ausgangssperre und unter militärischer Bewachung. Schon die Erwähnung des Beamten von der Zivilverwaltung, der die Soldaten begleitete, eines russischen Emigranten, der fließend Arabisch sprach, versetzte die Leute in Angst und Schrecken. Oft mußten ganze Wohnviertel und große Unternehmen tagelang, ja manchmal wochenlang, selbst an Feiertagen ohne Strom auskommen. Und doch, wenn ich große Familien während der elektrizitätslosen Zeiten besuchte – wenn ihre Radios und Fernseher schwiegen, ihre Kühlschränke warm wurden und ihr Essen verdarb –, konnte ich beobachten, wie rasch sie sich darauf einstellten, die Leidenszeit durchzustehen.

Ein solches Netzwerk ist ein unbezahlbarer Vorteil für jede Regierung – sei es die eigene oder eine fremde –, ganz besonders in einer Zeit, in der viele Mitglieder der Gesellschaft Hilfe und Rehabilitation benötigen: Menschen, die während der *Intifada* zu Krüppeln wurden, die Familien von Häftlingen, entlassene Häftlinge, die Familien der Todesopfer der *Intifada*, Arbeitslose, Studenten, die ihre Studien nicht fortsetzen können, traumatisierte Kinder, Menschen, die an Unterernährung und Krankheit leiden, deren Los durch das Fehlen jeder öffentlichen Gesundheitsfürsorge noch erschwert wird. Nach Oslo erhofften sich all diese Menschen eine Verbesserung ihrer Lebensumstände. Aber der Haushaltsplan der palästinensischen Autonomiebehörde für das Jahr 1996 sah keine Verbesserung der sozialen Dienste vor. Alles dafür nötige Geld wurde von Sicherheitsmaßnahmen und der Notwendigkeit, den Polizeiapparat aufzublähen, aufgezehrt. Nach dem Februar 1996, als Israel den Gazastreifen «hermetisch» abriegelte, verschlechterte sich die Situation noch weiter. Die Zahl der Armen wuchs, aber die Prioritäten der palästinensischen Autonomiebehörde veränderten sich nicht.

Angesichts der chronischen Armut im Gazastreifen müßte man eine hohe Kriminalität erwarten, aber ein palästinensischer Polizeioffizier, mit dem ich sprach, versicherte mir: «Wir haben wenig zu tun.» Es gibt Probleme mit Drogenkonsum und Drogenhandel, aber die Polizeistatistik weist nur wenige Diebstähle, Morde oder Vergewaltigungen auf. (Frauen, die aus Gründen der Familienehre getötet werden, tauchen in der normalen Statistik nicht auf, und Morde dieser Art werden nicht als Bedrohung für die öffentliche Sicherheit betrachtet. Ich weiß nicht, wie verbreitet dieses Problem ist, aber die Tatsache, daß es nicht erwähnt wird, zeigt, in welchem Umfang Frauen immer noch als zur häuslichen und nicht zur öffentlichen Sphäre gehörig betrachtet werden und wie sehr sie als Eigentum des Mannes gelten.)*

Es gibt zumindest eine einleuchtende Erklärung für die niedrige Kriminalität: Das enge Zusammenleben verschiedener Familien im gleichen

* In den Jahren 1997 und 1998 stieg die Zahl der Verbrechen, besonders schwerer Verbrechen, deutlich an. Es gab mehrere ungelöste Mordfälle und Auseinandersetzungen mit den palästinensischen Sicherheitskräften, bei denen es Verletzte und sogar Tote gab. Dadurch ist das Gefühl entstanden, daß die traditionellen Werte, die immer für ein Gefühl der Stabilität gesorgt haben, unter der schweren Belastung durch die Abriegelung, die politische Unsicherheit und die wachsende Enttäuschung der Bevölkerung von der palästinensischen Führung zu schwinden beginnen.

Viertel oder Flüchtlingslager schreckt die einzelnen Familienmitglieder davon ab, der Versuchung nachzugeben und gegen den allgemein anerkannten Verhaltenskodex zu verstoßen. Unter den rund eine Million Einwohnern im Gazastreifen scheint jeder jeden zu kennen. Das Wissen, daß ein Unrecht, das einem Familienmitglied angetan wird, als Unrecht an der ganzen Großfamilie betrachtet wird und zu einer ewigen Familienfehde führen kann, wirkt an sich bereits abschreckend genug. Dennoch geschieht es manchmal, daß jemand absichtlich oder unabsichtlich die Grenze überschreitet und einem Mitglied einer anderen Familie Schaden zufügt. Dann senkt sich eine Wolke von Spannung über das ganze Viertel oder Flüchtlingslager, und allseits geachtete Älteste werden von allen Beteiligten herbeigerufen, um die Hitzköpfe zu beruhigen. Ich erinnere mich daran, Anfang 1994 bei einem Zweig der zehntausend Mitglieder starken Abu-Jazar-*Hamula* oder Großfamilie in Rafah zu Gast gewesen zu sein. Eine Woche zuvor war Suleiman Abu Jazar aus Versehen von einem anderen Palästinenser erschossen worden.

An diesem grauen Wintertag verschmolz der Himmel mit dem Sand der Straßen und den unverputzten Betonbauten. Stundenlang saßen zornige Jugendliche am Straßenrand, als warteten sie auf Befehle. Im Haus des getöteten Mannes sprachen die Leute mit gedämpfter Stimme und versuchten, ihren Zorn im Zaum zu halten. Niemand wußte, wer der Todesschütze war. Alles, was man wußte, war, daß er mit ein paar Jungen von der Fatah, die einen Streit mit einer anderen in der Nachbarschaft lebenden Familie hatten, im Lager aufgetaucht war. Einige der Fatah-Jungen waren maskiert gewesen, einige hatten Schußwaffen bei sich gehabt. Suleiman Abu Jazar hatte versucht, die Gegner voneinander zu trennen, ein Pistolenschuß hatte sich gelöst, und Suleiman war getötet worden.

Da der Abu-Jazar-Clan den Namen der Familie, mit der er sich hätte auseinandersetzen müssen, nicht wußte, ging er statt dessen zum örtlichen Fatah-Büro und erklärte, daß der Todesschütze einem religiösen Gerichtshof überantwortet werden müsse, der eine Bestrafung nach dem Prinzip Auge um Auge verhängen würde. Zuletzt steckten mehrere Mitglieder des Abu-Jazar-Clans das Büro in Brand. Daraufhin verkündete die Hamas, daß der Tote ein Mitglied ihrer Organisation gewesen sei. Die Familie bestätigte, daß er ein gläubiger Moslem gewesen sei, erklärte aber, daß sie nichts von einer Mitgliedschaft bei der Hamas wüßte. In einer Predigt rügte der beliebteste Imam in Rafah, Nadir al-Luqa, beide Organisationen für ihre Rolle bei der Eskalation der Spannung. Die Leute in Rafah erwarteten schon, daß eine regelrechte Vendetta zwischen den beiden Bewegungen ausbrechen würde. Aber vielleicht gerade deshalb, weil der Streit aus einer Angelegenheit zwischen zwei Familien zu einer Sache zwischen den beiden Organisationen geworden war, wurde ein Gleichgewicht des Schreckens erreicht, durch das weitere Feindseligkeiten vermieden werden konnten.

Tatsächlich hatte sich in Gaza im Laufe der Jahre parallel zu der traditionellen Familienstruktur eine zweite Form der Gliederung der Gesellschaft entwickelt. Die verschiedenen politischen Organisationen stellten eine weitere Art dar, auf die sich die Gesellschaft in füreinander verantwortliche Gruppen mit emotionaler Bindung aufteilte, jede mit ihren eigenen Merkmalen und Charakteristika und ihrer eigenen Sprache. Diese «Organisationsfamilien», die während der Jahre der direkten Herrschaft Israels entstanden waren, arbeiteten größtenteils im Untergrund, und ihre Mitglieder lebten mit der ständigen Gefahr, verhaftet und vor Gericht gestellt zu werden. Sie verfolgten vorwiegend politische Ziele, suchten sich jedoch Hunderte von Kanälen, über die sie sich betätigten und Einfluß ausüben konnten und die nicht ausschließlich politisch waren. Insbesondere während der *Intifada* hatte man das Gefühl, daß der Gazastreifen in lauter einzelne politische Super-*Hamulas* zerfallen sei. Nicht alle Bewohner Gazas gehörten einer politischen Organisation an, aber die meisten waren durch ihren Kampf gegen die Besatzung miteinander verbunden, und es hatte den Anschein, daß sie alle von den gleichen Strafmaßnahmen betroffen waren. Folglich waren alle auf die eine oder andere Weise miteinander verbündet. Selbst die Insassen der israelischen Gefängnisse durften ihre politischen Bindungen aufrechterhalten. Die Behörden hatten begriffen, daß es eine gute Methode war, den Häftlingen zu gestatten, ihre Zellen und Zelte ihrer ideologischen Bindung entsprechend zu wählen, um Spannungen unter den einzelnen Fraktionen zu vermeiden. Unterschiedliche Ideologien und Temperamente, unterschiedliche Helden, der ununterbrochene Kampf um die Herzen und Gemüter neuer Anhänger – dies alles konnte in einem Gefängnis Streitigkeiten auslösen, die womöglich zu Gewalttätigkeiten führen und sich auf die Bevölkerung ausweiten würden.

Zur Gefängnistradition gehörten auch Schlichtungskomitees, die zu Beginn des Osloer-Prozesses ihre Wirksamkeit bewiesen. An dem Tag im Dezember 1993, an dem die Grundsatzerklärung unterzeichnet wurde, gelang es zwei ehemaligen *Shawishin* – Gefangenenvertretern –, die im Gefängnis zu Freunden geworden waren, Zusammenstöße zu verhindern, die so gut wie unvermeidlich erschienen. Sami Abu Samhadana von der Fatah und Fakher Awad von der Hamas schlugen den komischen, aber logischen Kompromiß vor, den Tag in zwei Hälften zu teilen. Der Vormittag sollte den öffentlichen Veranstaltungen zur Feier des Abkommens vorbehalten bleiben, am Nachmittag sollten dann die Proteste der Abkommensgegner stattfinden. Diese Einteilung der verschiedenen politischen Organisationen trug dazu bei, für den Gazastreifen auf ähnliche Weise eine Ordnung zu finden, wie Stammesloyalitäten Kanäle zur Herrschaftsausübung und für Verhandlungen schaffen.

Im Februar 1994, als sich die Tränengaswolken vorübergehend verflüchtigten, nutzte ich die Gelegenheit, mich zwischen den Wohnungen dreier Männer zu bewegen, von denen jeder einer der drei wichtigsten Super-*Hamulas* angehörte, deren feine, aber bedeutsame Unterschiede ein Mosaik von Treueverhältnissen und Identitäten bildeten. Es war während des Ramadan, der Zeit, in der gläubige Moslems zwischen Sonnenaufgang und Sonnenuntergang weder essen noch trinken, noch rauchen. In Hebron hatte ein paar Tage zuvor ein jüdischer Siedler, Baruch Goldstein, neunundzwanzig betende Moslems ermordet, und im ganzen Gazastreifen suchten die Menschen nach Ausdrucksmöglichkeiten für ihren Schock und ihre Trauer. Die IDF hatte die auf Dauer gültige nächtliche Ausgangssperre im nördlichen Teil des Gazastreifens bis in die Tagesstunden verlängert. Im Süden war eine vorübergehende Ausgangssperre wieder aufgehoben worden, aber nur ein paar junge Leute ließen sich auf den Straßen blicken und provozierten, mehr aus Gewohnheit als nach einem klaren, strategischen Plan, sporadische Zusammenstöße mit der Armee. Zusammen mit ein paar Freunden geriet ich in Rafah in einen dieser Zusammenstöße: Ein paar Steine wurden nach Soldaten geworfen, ein paar Schimpfworte wurden gebrüllt, und eine oder zwei Fernsehkameras warteten auf ein bißchen filmwirksame Aktivität. Weitere Steine folgten, dann die Antwort in Form einer Salve von Tränengas.

Ein Regenschauer sorgte dafür, daß sich die brennende, erstickende Wirkung des Gases schnell verflüchtigte, aber der Regen war für uns eine willkommene Entschuldigung, uns aus dem Staub zu machen. Wir wußten, daß das Steinewerfen lediglich eine Gelegenheit zum Dampfablassen für ein paar Jugendliche war, die nicht einsehen wollten, daß die Leute einfach zu erschöpft waren, um in großen Massen auf die Straßen zu strömen und ihrem Zorn Luft zu machen. Wir suchten Zuflucht im Haus eines Hamas-Aktivisten, der mit meinen Freunden recht gut befreundet gewesen war, als sie alle zusammen im Gefängnis waren. An der Wand in seinem Haus hing ein Foto des Felsendoms in Jerusalem, ein Poster mit verschnörkelten Buchstaben, die verkündeten, daß es keinen Gott gäbe außer Allah, ferner ein Bild Imad Akels, eines Kommandeurs des Iz al-Din al-Quassam, des militärischen Arms der Hamas, der sich den israelischen Sicherheitskräften jahrelang entzogen und dabei elf Soldaten und einen Zivilisten getötet hatte. Akel, ein legendärer Held des Widerstands, und Sheikh Ahmad Yassin, der alternde, an den Rollstuhl gefesselte Gründer der Hamas, der wegen seiner Rolle beim Tod zweier Soldaten eine Haftstrafe in einem israelischen Gefängnis absaß, waren für die

Anhänger der islamischen Opposition zu Symbolfiguren geworden. Ihre Bilder wurden bei Demonstrationen gezeigt und hingen in den Häusern ihrer Anhänger, zierten Hauswände und die Fahnen, die über den Moscheen wehen, und spotteten nicht nur der israelischen Besatzung, sondern auch Arafats Anspruch auf Alleinherrschaft.

Meine Freunde wollten gerne rauchen – etwas, was man während des Ramadan am hellichten Tag einfach nicht tut, am wenigsten im Haus eines Hamas-Anhängers. Sie verfielen auf die fadenscheinige Entschuldigung, daß sie zum Haus eines gleichgesinnten Fatah-Aktivisten weitergehen wollten, mit dem sie sich ebenfalls im Gefängnis angefreundet hatten. Auch hier wurde die politische Ausrichtung des Mannes durch die stolz an den Wänden prangenden Symbole klar zum Ausdruck gebracht: Die Porträts des Fatah-Triumvirats, Abu Amar (Yassir Arafat), Abu Jihad und Abu Iyad (von denen nur einer noch keinem Attentat zum Opfer gefallen ist), lächelten einander von den Wänden an, flankiert von Bildern des Felsendoms – dieses religiösen Symbols, das zum nationalen Wahrzeichen geworden ist – und einer Karte Palästinas vor 1948. «Ihr seid wirklich schreckliche Ungläubige», klagte unser Gastgeber über meine säkularen, linksgerichteten Freunde, als sie sich im Angesicht des muslimischen Symbols ihre Zigaretten anzündeten. Seine Worte trieften vor Ironie. Jahrelang hatten islamische Aktivisten der Linken diese Anklage entgegengeschleudert und damit bösartige Angriffe auf ihre Anhänger und Institutionen ausgelöst. Jetzt hingegen waren die beiden Gruppierungen, die Linke und der islamische Block, angeblich durch ihre gemeinsame Opposition gegen Oslo miteinander verbündet. Tatsächlich waren sie aber so weit voneinander entfernt wie eh und je. All dies war in der sarkastischen Bemerkung unseres Gastgebers enthalten. Als Fatah- Aktivist und Mitglied der stärksten palästinensischen Bewegung wurde von ihm erwartet, daß er die Tradition respektierte, aber er konnte der Versuchung nicht widerstehen und brach das Fastengebot. «Es ist nur wegen euch Israelis. Ihr macht mich nervös», sagte er zu mir und tat es den rauchenden Ungläubigen gleich.

Nach einiger Zeit gingen wir weiter zu einem dritten Haus und den Symbolen einer dritten Super-*Hamula*, der Volksfront für die Befreiung Palästinas. Selbstverständlich hing ein gerahmtes Bild von George Habash, dem in Damaskus lebenden Führer der Volksfront, neben einem noch berühmteren Emblem, einer gestickten Version des als «Handale» bekannten Flüchtlingskindes, das wiederum eine Schöpfung Naji al-Alis, eines Zeichners politischer Karikaturen, ist. Handale steht da, die Hände auf dem Rücken, einen Flicken auf dem Hemd und mit einem Fragezeichen über dem Kopf. Sein Name, die Bezeichnung für einen bitteren Flaschenkürbis, ist eine Anspielung auf die Bitternis des Lebens der Palästinenser. Sein Schöpfer, ein am See Genezareth geborener palästinensischer Flüchtling, der als Anhänger der Volksfront galt, wurde 1987 in London ermordet, vermutlich weil er sich so hervorragend darauf verstand, sich über die PLO und die Größen der arabischen Welt lustig zu machen. Anhänger mit dem Bild Handales, manchmal auch mit einer Karte von Palästina, wurden eine Art Kultsymbol und Erkennungszeichen der palästinensischen Linken. Das Netzwerk von Kliniken der Volksfront ließ sogar Handale-Schlüsselringe aus Blei gießen, die sehr beliebt waren. Die Figuren müssen aber einen Gußfehler gehabt haben, denn nach einem oder zwei Tagen brach Handales rechtes Bein ab und manchmal auch noch das linke. Deshalb laufen Anhänger der Volksfront und alle anderen Liebhaber der Figur mit einem verkrüppelten Handale herum.

In diesem dritten Haus saßen wir in niedergeschlagenem Schweigen da. Fatah-Mitglieder konnten leicht Witze machen und herumalbern – sie gehörten dem kommenden Regime an, und ihre politische wie auch materielle Zukunft war gesichert. Und Hamas-Anhänger strahlen immer Selbstzufriedenheit und Optimismus für die Zukunft aus, weil sie wissen, daß Gott auf ihrer Seite ist und früher oder später das ganze Volk den Wegen des Islam folgen wird. Aber ohne die Schlüssel zum Paradies oder zu einem Amt bei der Regierung hatte die dahinschwindende palästinensische Linke, die sowohl Israel als auch Arafat und den Osloer Abkommen kritisch gegenüberstand, nur die trübsten Zukunftsaussichten anzubieten. So saßen wir denn schweigend beieinander, und die Männer bliesen Rauchringe in die Luft.

Schon immer, besonders aber seit den achtziger Jahren, hatten die verschiedenen palästinensischen politischen Organisationen es sich zur Aufgabe gemacht, Schulen, Wohlfahrtsinstitutionen und Einrichtungen zur Gesundheitsfürsorge zu schaffen. Sie haben Gruppen zur Unterstützung von Häftlingen und ihren Familien, Frauen- und Menschenrechtsvereinigungen, feministische Organisationen und sogar landwirtschaftliche Komitees und Medienbüros gegründet. Die Linke erwies sich als besonders effektiv in der Pflege dieses Aspekts einer protostaatlichen Gesellschaft. Einmal, als ich mir eine Schulter ausgerenkt hatte, wurde ich in einer ihrer Kliniken in Shabura, einem Viertel im Flüchtlingslager Rafah, behandelt. Als ich auf der Straße (auf hebräisch) aufschrie, sammelten sich die Leute sofort um mich, und ein Taxifahrer brachte mich zu einem Dr. Yusuf, der in der nahegelegenen Klinik Dienst hatte. Diese Klinik gehört zu dem Dutzend von der Volksfront und der Demokratischen Front betriebenen Sanitätsstationen, die kostenlose oder billige Medikamente, Untersuchungen und Erste Hilfe anbieten. In einem weiß gestrichenen

UNRWA-Gebäude, einem ehemaligen Flüchtlingsquartier, vor dem ein Mitglied der Belegschaft einen hübschen Garten unterhält, arbeitet ein freiwilliges Team von praktischen Ärzten und verschiedenen Fachärzten. Dr. Yusuf, ein rundlicher, lächelnder Mann, hatte meinen Arm in weniger als einer Minute wieder eingerenkt. Niemand, nicht einmal der Taxifahrer, sprach von Bezahlung.

Eine Vorstellung von der Wirkungsweise einer der Hamas nahestehenden islamischen Institution bekam ich in einem Kindergarten im Flüchtlingslager Khan Yunis. Dort hatte die Belegschaft zum Fastenbrechen nach dem Ramadan eine Mahlzeit für rund tausend Menschen zubereitet, die gerade an einer aufrüttelnden Gedenkveranstaltung der Hamas teilgenommen hatten. Es war zwei Monate vor dem Abzug der Israelis, und die Hamas war immer noch eine illegale Organisation. Aber wer konnte etwas gegen ein gemeinschaftliches Essen einwenden, das von einer Wohltätigkeitsorganisation gestiftet wurde? Die Plazierung der Menschenmenge in großen Kreisen auf kleinen Strohstühlen ging schnell und geordnet vonstatten. In der Mitte eines jeden Kreises befand sich ein leerer Stuhl, auf dem ein riesiges Tablett mit Schüsseln mit *Kidra* stand, einem würzigen Reisgericht mit Rindfleisch, Kichererbsen und geröstetem Knoblauch, das im Hof des Kindergartens in riesigen Töpfen zubereitet worden war.

Seit den siebziger Jahren hatte Israel es den religiösen Institutionen gestattet, ungehindert Spenden aus dem Ausland in Empfang zu nehmen, während die nationalistischen Organisationen mit Tricks aller Art arbeiten mußten, um in den Genuß von PLO-Geldern zu kommen, von denen nur ein Teil für die verschiedenen Wohlfahrtseinrichtungen verwendet wurde. Diese Diskriminierung sorgt noch heute bei vielen für Verbitterung. Die politische Ausrichtung der Institutionen war natürlich kein Geheimnis, aber die israelischen Behörden unternahmen kaum irgendwelche Anstrengungen, um ihre tägliche Arbeit zu behindern, weil sie Dienstleistungen anboten, um die die Besatzung sich nicht kümmerte und in deren Genuß die meisten Familien auf andere Weise nicht hätten kommen können. Dienstleistungen wie die Kindergärten wurden, besonders in den Flüchtlingslagern, als eine Art Erweiterung des Verantwortungsbereichs der Familien betrachtet.

Die von den politischen Organisationen unterhaltenen Institutionen stellten nicht nur eine Bühne für Diskussionen und ideologische Indoktrinierung dar, sie bedeuteten auch Arbeitsplätze für ihre Mitglieder. Anscheinend wurde die Auffassung, daß die Mitgliedschaft zu einer Organisation gleichzeitig als Qualifikation für einen Job gelten könne, allgemein verstanden und toleriert. Schließlich war Arbeit im Gazastreifen etwas sehr Gesuchtes. Natürlich gab es immer wieder Klagen über Unterschlagungen und den Mißbrauch von Geldern, aber vor allem stellte das dichte Netzwerk sozialer und bürgerlicher Institutionen den legalen und offen agierenden Zweig der politischen Untergrundorganisationen dar. Dieses Netzwerk war es auch, das die politischen Aktivitäten in die Familien hineintrug. Institutionen ohne politische Ausrichtung wie das Gaza Community Mental Health Program (Städtisches Hilfsprogramm für geistige Gesundheit) erzog die Menschen zusätzlich dazu, die Verantwortung aufzuteilen und da, wo es möglich war, die Initiative zu ergreifen, anstatt passiv darauf zu warten, daß die Behörden etwas taten.

Diese nichtpolitischen Institutionen und Dienstleistungen (nämlich die von der UNRWA eingerichteten Schulen, Krankenhäuser, Lager und sonstigen Einrichtungen) trugen dazu bei, selbst in den Zeiten, in denen Gaza unter ausländischer Herrschaft stand, parallel zur Quasi-Regierung der UNRWA Nischen einer bürgerlichen Gesellschaft zu schaffen. Diese Nischen bedeuteten, daß die Familie nicht mehr die einzige Quelle sozialer Unterstützung in Gaza war. Sie trugen dazu bei, neue, auf Gegenseitigkeit beruhende Forderungen und Erwartungen zu entwickeln, nicht nur zwischen dem Individuum und dem Regime oder zwischen Familien und Führern, sondern auch zwischen dem Individuum und der Gesellschaft als Ganzer.

Wie immer die politische Ausrichtung einer Super-*Hamula* auch aussah, in den Jahren vor den Osloer Abkommen gab es drei Elemente, die für ihre Legitimation gegenüber der Öffentlichkeit ausschlaggebend waren. Als erstes war da der ideologische Aspekt, nämlich wie die Organisation den nationalen Sehnsüchten der Leute Ausdruck gab und auf welche Weise sie den Kampf zur Befriedigung dieser Sehnsucht vorantrieb. Zweitens war da der Aspekt der materiellen wie auch emotionalen Unterstützung – die Fähigkeit der Organisation, unter den schwierigen Bedingungen der Besatzung und bei weitverbreiteter Armut für die Menschen in der Gemeinschaft zu sorgen. Drittens, als Basis des Dreiecks, wenn die anderen beiden Elemente die beiden Seiten darstellen, war da die Anhängerschaft, die Mitglieder der Organisation, die sich mit ihrer Position identifizierten oder sich in ihr ganz einfach zu Hause fühlten und ihr Stärke und Zusammenhalt gaben. Die relative Bedeutung jedes einzelnen dieser drei Elemente war niemals eindeutig, aber selbst heute, unter der palästinensischen Selbstverwaltung, stellen sie das Dreieck der Legitimität dar.

Es kann nicht überraschen, daß der familiäre Aspekt der politischen Arena von den Super-*Hamulas* dazu benutzt worden ist, ihre Anhänger zu manipulieren. Bei einer Massenversammlung im Flüchtlingslager al-Shatti z. B., die kurz nach dem Abzug der israelischen Truppen abgehalten wurde, schworen die Hamas-Führer, daß das palästinensische

Volk die Osloer Abkommen ausspucken würden, wie die Wellen tote Fische auf den Strand spucken. Dann verlas ein kleiner Junge, der als «General der Steine» vorgestellt wurde, eine Botschaft an Arafat: «Diese Worte werden mit dem Blut unserer Väter und den Tränen unserer Mütter geschrieben werden ... Wer das Blut unserer Eltern und die Tränen unserer Brüder verkauft, spricht nur für sich selbst ... Wir hatten erwartet, daß Arafat uns wie ein Vater behandeln würde.»

Ein Jahr später wurde ich Zeuge, wie das Familienbild in ähnlich manipulativer Weise benutzt wurde, diesmal um Arafats Position zu stärken. Eine kleine Zuhörerschaft hatte sich im Yarmuk-Stadion in Gaza versammelt, um das Eintreffen einer in den Medien stark beachteten Sendung von medizinischen Hilfsgütern und Sportartikeln zu feiern, die von Équilibre, einer von verschiedenen prominenten Israelis und Palästinensern unterstützten französischen humanitären Organisation, gespendet worden waren. Die «Friedenssendung» traf in zehn Lastwagen ein. Führer der Delegation war der jüdisch-französische Schriftsteller Marek Halter, der Arafat dazu aufrief, hart gegen die Gegner des Friedens vorzugehen, und Gaza ermahnte, «ein Vorbild an Demokratie und Gerechtigkeit für die ganze arabische Welt» zu werden.

Die Veranstaltung wurde von Suha Arafat gesponsert, der schwangeren Frau des Präsidenten, die der Delegation dankte, dann darauf hinwies, daß dieser Tag der Tag der palästinensischen Häftlinge sei, und das Schicksal der immer noch in israelischen Gefängnissen inhaftierten Gefangenen beklagte. Vor Beginn der Zeremonie hatten Schulmädchen getanzt und gesungen. «*Ahalan wa-ahalan ya Mama Suha*» – Willkommen oh Mutter Suha –, sangen sie und sprangen herum. Später klatschten sie jedesmal in die Hände, wenn der Name Yassir Arafat erwähnt wurde. Der Wohnungsminister Zakaria al-Agha begrüßte das Publikum im Namen des Präsidenten, der durch «Umstände» – Angriffe auf nahegelegene jüdische Siedlungen, die Abriegelung, die großangelegten (und illegalen) Verhaftungen von Anhängern der islamischen Organisationen und anderes – verhindert war. Falls sich jemand wunderte, warum ausgerechnet der Wohnungsminister die Anwesenden begrüßte (schließlich bestand die Sendung vorwiegend aus medizinischen Hilfsgütern), brauchte er sich nur ins Gedächtnis zu rufen, daß al-Agha in seiner Eigenschaft als Führer der Fatah-Bewegung im Gazastreifen hier stand. Seine Anwesenheit machte deutlich, wie verzweifelt nötig es die Autonomiebehörde hatte, sich auf die Glaubwürdigkeit der Fatah zu stützen. Die Fatah als Super-*Hamula*, Suha Arafat, die Mutter, tanzende Kinder, Nahrung und Sport – alle Symbole einer einzigen großen, glücklichen Familie wurden bei dieser aufgebauschten Zeremonie des guten Willens und der Wohltätigkeit herangezogen.

In ihren privaten Kommentaren und Witzen zeigen die Einwohner von Gaza jedoch, wie skeptisch sie diesem idyllischen Familienbild gegenüberstehen, aber selbst dabei verwenden sie Ausdrücke, die sich auf die Familie und den Stamm beziehen. Einmal fragte ich jemanden, was eine bestimmte palästinensische linksgerichtete Organisation eigentlich täte. «*Fady a mashghoula*», antwortete man mir. «Sie ist wie die Mutter des Bräutigams.» Dies war offenbar ein ägyptischer Ausdruck für jemanden, der Geschäftigkeit vortäuscht. Die Mutter des Bräutigams hat eigentlich nichts zu tun, aber sie tut so, als sei sie sehr beschäftigt. Ein andermal fragte ich, was aus einem Journalisten geworden sei, der enge Beziehungen zur Fatah gehabt hatte. «Er ist wie der Sohn der ersten Frau», war die Antwort. Er war in Ungnade gefallen.

An diesen Ausdruck mußte ich auch denken, als in ganz Gaza alle möglichen Gerüchte über die Aufstellung der Fatah-Kandidaten für das Parlament umgingen. In den Monaten vor den Wahlen im Januar 1996 hatte die Fatah sich bemüht, sich auf das Leben in einer Demokratie einzustellen. Zum erstenmal waren die Führer bei den Parteiversammlungen gewählt und nicht heimlich ernannt worden. Diese Führer hatten ihrerseits ihre Kandidaten für das Parlament ausgewählt. Die Mehrzahl ihrer Stimmen war an Flüchtlinge, geachtete Führer der *Intifada*, ehemalige Häftlinge und ein paar allgemein respektierte Älteste gegangen. Aber Arafat und die oberste Führung seiner Bewegung hatten beschlossen, einige der Namen zu streichen und durch ausgesprochen unbeliebte Vertreter von großen, wohlhabenden *Hamulas* zu ersetzen. «Sämtliche Effendis sind hineingekommen», vertraute mir einer der gestrichenen Kandidaten erbittert an. Auch er muß sich wie der Sohn der ersten Frau gefühlt haben.

Ganz abgesehen von solchen Manipulationen seitens der Führungsspitze, hatten viele den Eindruck, daß das Wahlsystem selbst – die Einteilung Gazas und des Westjordanlandes in sechzehn Wahlbezirke – sektiererische Tendenzen und *Hamula*-Loyalitäten fördern würde. Sie fürchteten, daß Clanbindungen und Fraktionierung die Oberhand über Rücksichten auf das allgemeine Wohl gewinnen könnten, nachdem die Führer der *Intifada* sich bemüht hatten, diese Erscheinungen durch Loyalität gegenüber der Gesellschaft zu ersetzen. Die Abgeordneten, die unter solchen Bedingungen gewählt wurden, würden das Gefühl haben, daß sie ihre Sitze nicht ihren Wählern, sondern Arafat verdankten, und ihr eigenes Abstimmungsverhalten im Parlament würde mehr von ihrer Loyalität für den Präsidenten als von ihrer Sorge um die Öffentlichkeit bestimmt werden. Kritiker warnten vor einem Wiedererstehen der alten, von den Israelis geförderten Ordnung, nach der die wichtigsten Verbindungen für die Kommunikation mit der Regierung über mächtige

Mukhtars oder Würdenträger und Älteste liefen. Eine solche Entwicklung würde das Wachstum der von der *Intifada* entwickelten bürgerlichen Gesellschaft verzögern und die Macht an die Familie und den obersten *Mukhtar* zurückgeben.

Die Hamas, die Volksfront und die Demokratische Front förderten diesen Prozeß, als sie beschlossen, keine eigenen Kandidaten aufzustellen und die Wahlen zu boykottieren. Die Wahlen waren das Ergebnis der Osloer Abkommen, die sie ablehnten, und sie fürchteten, daß ihre Teilnahme gleichbedeutend mit einer indirekten Anerkennung dieser Abkommen wäre. Außerdem würde eine Teilnahme am Parlament sie ihrer Meinung nach zwingen, bei einem Spiel mitzumachen, das von Anfang an von der Fatah bestimmt wurde, einem Spiel mit ständig wechselnden Regeln, die nur Arafat kannte. Anläßlich früherer Wahlen in seiner eigenen Bewegung hatte Arafat seine erschreckende Fähigkeit unter Beweis gestellt, jede unabhängige Kraft zu neutralisieren. Das Ergebnis des Boykotts der Opposition war jedoch, daß sie damit das Feld einer einzigen Super-*Hamula* überließ: der Fatah, die denn auch eine entscheidende Mehrheit im Parlament gewann.

Es gab jedoch etliche führende Hamas-Aktivisten und viele Mitglieder der Volksfront, die für eine Teilnahme an den Wahlen waren. Sie argumentierten, daß die Osloer Abkommen eine neue Realität geschaffen hätten, die man nicht ignorieren könne, und daß man die Chance, diese neue Realität zu formen und zu beeinflussen, nutzen müsse, ganz besonders im Fall eines Parlaments, das durch allgemeine Wahlen zustande kommen sollte.

Am Ende rechtfertigte die Entscheidung der Wähler diese Ansicht. Es ist richtig, daß einige Abgeordnete von wohlhabenden *Hamulas* gestützt werden, daß einige ausgesprochen unpopuläre Kandidaten gewählt wurden und daß es Beschwerden über vorher feststehende Ergebnisse gab. Aber die meisten Wähler bewiesen, daß sie sehr wohl wußten, wer die besten Kandidaten waren. A. K., der im Wahllokal in dem Gemeindezentrum Dienst tat, in dem er arbeitet, erzählte mir von einer älteren Frau, die ihn um Hilfe bat, weil sie nicht lesen konnte. «Wählen Sie für mich», sagte sie. «Nicht um alles in der Welt», antwortete er. «Sie müssen selbst entscheiden.» Sie schlug vor, daß er ihr die Namen vorlesen sollte, und er ging die ganze lange Liste einmal und dann noch ein zweites Mal mit ihr durch. Sie hörte zu, dachte nach, wägte ab und sagte ihm, welche Namen er ankreuzen sollte. Sie ignorierte alle Vertreter von wohlhabenden Familien und sämtliche von den Mächtigen gestützte Schönredner, berichtete A. K. Die Kandidaten, die sie wählte, waren die besten von allen, die Vielversprechendsten, von denen man am ehesten erwarten konnte, daß sie mit Integrität handeln würden.

Jetzt, nach einigen Jahren, weisen jene Kräfte, die gegen eine Teilnahme an den Wahlen waren, darauf hin, daß die Art, wie das Parlament sich entwickelt hat, die Richtigkeit ihrer Entscheidung bestätigt: In den beiden Jahren seit der Inauguration des Parlaments im März 1996 war es nicht in der Lage, den Exekutivrat (i. e. Yassir Arafat) dazu zu bewegen, die Gewaltenteilung zu respektieren, Gesetze zu unterzeichnen, die seine Befehlsgewalt beschränken, Entscheidungen zu treffen, die den Umfang der vielen, ausufernden Zweige der Polizei reduzieren würden, und Korruption und Bestechung zu unterbinden. Für viele ist das Parlament nicht viel mehr als ein Debattierclub, in dem selbst die Hitzköpfe von der Fatah ihre Bestürzung über diese Tatsachen zum Ausdruck bringen. Aber im entscheidenden Augenblick, wenn Arafat ihre Stimmen braucht, gewinnt ihre Loyalität gegenüber dem Vater-Führer und der Fatah-Familie die Oberhand über ihre Prinzipien. Aus ebendiesem Grund gab Hayder abd al-Shafi Ende 1997 seinen Parlamentssitz auf. Die Abgeordneten sind immer noch die Ansprechadresse für lokale Probleme von der Art, die früher den Clanführern vorgetragen wurden, die sie dann an die Behörden weitergaben: eine nicht gepflasterte Straße, eine gebrochene Wasserleitung, ein Streit mit der Nachbarschaft. Und da die Abgeordneten zu den wenigen Glücklichen gehören, die sich noch frei zwischen dem Gazastreifen und dem Westjordanland bewegen können, fungieren sie auch als Verbindung für Familienmitglieder, die auf verschiedenen Seiten der Trennungslinie festsitzen. Welches Parlamentsmitglied könnte die Bitte eines besorgten Vaters abschlagen, einen Topf Suppe zu seiner in Ramallah festsitzenden Tochter zu bringen? Der Vater wird von Israel daran gehindert, seine Tochter zu besuchen, der gewählte Abgeordnete wird von Arafat daran gehindert, seine Funktion auszuüben. Dem machtlosen Parlamentsmitglied bleibt nicht viel anderes übrig, als seinen Platz in der Kette des gegenseitigen Beistands und der materiellen Hilfe einzunehmen.

4 Khalid wechselt die Partei

«Redet mir nicht vom Geld», rief Arafat den invaliden *Intifada*-Veteranen zu, die gekommen waren, um ihn zu ehren. «Die israelische Besatzung hat uns nichts als Trümmer hinterlassen», fuhr er fort. «Aber mit eurem Hunger und eurem Schweiß, meine tapferen Brüder, werden wir auf den Ruinen einen wunderbaren Staat errichten.» Die *Intifada*-Veteranen waren nur eine von vielen Delegationen, unter ihnen die Oberhäupter großer *Hamulas* und Fatah-Anhänger, die täglich an die Türen des Falastin-Hotels klopften, wo Arafat nach seiner Rückkehr in den Gazastreifen im Juli 1994 wohnte. Manche kamen, um ihn zu ehren, andere waren nur neugierig. Manche baten Abu Amar um einen Schiedsspruch in einem Streit, andere wollten ihm ihre Probleme schildern, als sei er eine Art Übervater. Die Wartenden standen auf einem sandigen Hügel vor dem Hotel, genossen die angenehme Brise, die vom Meer herüberwehte, und beobachteten das Sicherheitspersonal, das einen geschlossenen Ring um das Hotel bildete. Staatskarossen mit zugezogenen Fenstern kamen und fuhren wieder ab. Auf Militärfahrzeugen saßen Männer mit grimmigen Gesichtern in Habachtstellung neben auf der Ladefläche verschraubten Maschinengewehren.

Unter den Zuschauern war ein TV-Kameramann, der vertraut aussah. Er lächelte mich breit an und half meinem Gedächtnis mit der Information auf die Sprünge, daß er Khalid, der Sohn des Lebensmittelhändlers, sei. Ich ging regelmäßig in den Laden seines Vaters in der Falastin-Straße im Zentrum von Gaza und kaufte Tomaten, Guavas, ein paar Stücke harten, salzigen Käse aus Nablus, H-Milch aus Israel oder was ich sonst an diesem Tag noch brauchte. Wenn ich einmal nicht genug Geld bei mir hatte, sagte sein Vater mir, ich solle das nächste Mal bezahlen.

«Ich habe Glück gehabt», erzählte Khalid mir stolz. «Ich habe Arbeit gefunden.» Er war gerade erst aus dem Gefängnis entlassen worden, nachdem er vier Jahre einer sechsjährigen Haftstrafe für Aktivität in der Volksfront abgesessen hatte. «Nach den Abkommen von Oslo», erklärte er mir ein bißchen dümmlich, «habe ich angefangen, den Friedensprozeß zu unterstützen, und deshalb bin ich im Gefängnis zur Fatah übergetreten. Und wenn jetzt noch jemand von mir verlangt, daß ich mich mit Politik befassen soll, dann sage ich ihm, daß ich noch mal die Partei gewechselt habe. Jetzt bin ich nur noch bei meiner Frau und meinen Kindern.» Aber er trug immer noch einen Handale, das beliebteste Symbol der Volksfront, an seiner Schlüsselkette.

S. B., ein hochrangiger Aktivist, drückte sich bezüglich des Zusammenhangs zwischen der Chance, Arbeit zu finden, und der Mitgliedschaft bei der Fatah noch deutlicher aus. «Die Leute wissen, daß die Autonomiebehörde, die Sulta, die meisten neuen Arbeitsplätze vergeben wird», sagte er. «Und jeder weiß, daß die Fatah das Rückrat der Sulta ist.» S. B. war überzeugt, daß die Osloer Abkommen zu einer friedlichen Lösung führen würden. Er sah nichts Verkehrtes an seinem Zweckoptimismus. In Israel, antwortete ich ihm, haben wir ein Sprichwort: «*Mapainik, kedainik*» – was soviel bedeutet wie «Mapainik, Gedeihnik» oder: Mapaimitglieder machen Karriere. (Die Mapai war David Ben-Gurions Regierungspartei. Ihre Mitglieder konnten gewöhnlich mit guten Jobs und Beförderungen rechnen.) S. B. grinste breit.

Vor dem Falastin-Hotel traf ich auf eine Gruppe arbeitsloser Männer aus dem Flüchtlingslager al-Shatti. Die meisten von ihnen waren etwa Mitte dreißig oder älter. Sie alle hatten fünfzehn bis zwanzig Jahre lang in Israel gearbeitet, aber nach Baruch Goldsteins Massaker in Hebron und der «hermetischen» Abriegelung des Gazastreifens und des Westjordanlandes durch die Israelis hatten sie ihre Arbeitsplätze verloren. «Was erhofft ihr euch von Abu Amar?» fragte ich sie, nachdem sie zwei Tage lang ausgeharrt hatten. «Wir möchten ihn bitten, Rabin zu überreden, den Erez-Checkpoint (den Grenzübergang zwischen Gaza und Israel) zu öffnen», erklärten sie. Nicht zum ersten Mal war ich überrascht, wie ausschließlich sich die Erwartungen der Leute, selbst jetzt, in den ersten Tagen der Autonomiebehörde, auf ihre praktischen Sorgen bezogen. Anscheinend wußten die Leute ebensogut wie die palästinensischen und israelischen Wirtschaftexperten, daß sich die Wirtschaft in Gaza nicht so schnell erholen würde, wenn die Zehntausende von Arbeitern, die seit dem Golfkrieg im Jahr 1991, als Israel mit seiner Abriegelungspolitik begann, ihres Lebensunterhalts beraubt waren, nicht an ihre Arbeitsplätze zurückkehren durften. Sie durchschauten sehr wohl, daß die Osloer Abkommen die hierarchische Beziehung zwischen Palästinensern und Israelis zementiert hatten, und machten sich keine Illusionen über Souveränität und Unabhängigkeit. Sieben Jahre nach Beginn der *Intifada* mit all ihren nationalen und emanzipatorischen Sehnsüchten konnten sich die Einwohner von Gaza immer noch keine anderen Ziele gestatten als die Behebung ihrer unmittelbaren Nöte: sich aus dem Teufelskreis von

Arbeitslosigkeit, Armut und Unsicherheit zu befreien, aus dem sie, besonders seit 1991, nicht mehr herausgekommen waren.

Während der Verhandlungen in Oslo hatte die Fatah die Gefühle der Menschen richtig beurteilt: Erschöpfung, das Bedürfnis nach Normalität, Sehnsucht nach Frieden und Ruhe. Die Fatah hatte auch begriffen, daß die Palästinenser hofften, daß ihre Langmut und Duldsamkeit belohnt werden würde, daß der in den Abkommen vorgezeichnete schrittweise Prozeß irgendwann zu Unabhängigkeit und Souveränität führen würde. Angesichts dieser Gefühle erklärte sich die Fatah bereit, die ausdrücklich nationalistischen Forderungen der *Intifada* vorübergehend zurückzustellen. Bereitwillig übertrug sie ihre eigene Legitimität auf die palästinensische Autonomiebehörde, deren führende Persönlichkeiten größtenteils erst kürzlich aus dem Ausland zurückgekehrt waren. Die Schaffung der Voraussetzungen für friedliche Verhandlungen mit Israel und die Rechtfertigung ihres Regierungsanspruchs war für die Autonomiebehörde nur dann möglich, wenn die PLO von Israel und der internationalen Gemeinschaft als legitime Vertretung der Palästinenser anerkannt wurde. Ebenso hing sie von dem Ansehen ab, die die PLO unter den Palästinensern durch ihren gut ausgebauten organisatorischen Apparat und ihre militante Untergrundtätigkeit gewonnen hatte. Aber die materielle Not war dringend geworden. Trotz Arafats grandioser Worte vor den Veteranen der *Intifada* wußte die Fatah, daß die Treue von Mitgliedern wie Khalid und S. B. und Tausenden von anderen von nun an von dem materiellen Nutzen, von der sofortigen wirtschaftlichen Erholung abhängen würde, die sich jedermann von dem Abkommen mit den Israelis erhoffte.

Was Israel betraf, so gaben ihm die Osloer Abkommen die Macht, die Legitimität der Autonomiebehörde in den Augen der Palästinenser zu fördern oder zu untergraben, weil das Verhalten Israels ihren Erfolg oder Mißerfolg bestimmen würde. Nach den Abkommen erhoffte sich das palästinensische Volk eine Veränderung der israelischen Politik: das Ende der Abriegelung, durch die die Palästinenser seit 1991 annähernd im Belagerungszustand gelebt hatten; die Freilassung aller palästinensischen Gefangenen in israelischen Gefängnissen, die in den Augen der Palästinenser Kriegsgefangene waren; die Zulassung von ungehindertem Verkehr zwischen dem Gazastreifen und dem Westjordanland; freien Zugang nach Jerusalem, dem wirtschaftlichen, kulturellen und religiösen Zentrum der Palästinenser; die Aufhebung aller wirtschaftlichen Restriktionen; die Zulassung von freiem Verkehr von Arbeitern und Waren von und nach Israel. Die Vereinbarung zwischen der Fatah, der Autonomiebehörde und dem palästinensischen Volk stand und fiel mit diesen Veränderungen.

Aber nicht alle Fraktionen in Gaza waren an dieser Vereinbarung beteiligt. Die Führer des größten oppositionellen Blocks, der von der Hamas repräsentierten islamischen Bewegung, waren entsetzt über die Osloer Abkommen, weil sie der Meinung waren, daß durch sie die heiligsten Rechte der Palästinenser für kümmerliche materielle Gewinne verkauft wurden. «Unsere Leute sind naiv», sagte mir ein hochrangiges Hamas-Mitglied kurz vor der Umgruppierung der israelischen Armee und wollte auch von den wirtschaftlichen und allgemeinen Verbesserungen nichts hören, die vielleicht wirklich eintreten würden. «Wenn der Sohn von jemandem vorzeitig aus dem Gefängnis kommt, wenn jemand wieder zur Arbeit gehen oder seinen Laden am Abend offenhalten kann, dann wird er das Abkommen eine Zeitlang unterstützen. Aber später, wenn die Leute merken, daß wir auf diese Weise unsere nationalen Rechte nicht zurückbekommen, werden sie einen zweiten Aufstand machen.»

Anläßlich einer Massenversammlung der Hamas kurz nach der Einsetzung der Autonomiebehörde sprach Ahmad Nimr, ein hochrangiges Hamas-Mitglied, im Namen eines dreizehnjährigen Jungen, der wenige Tage zuvor von jüdischen Siedlern erschossen worden war. «Dies ist meine Botschaft an das Volk. Wir verurteilen den Verkauf von Beit Daras, Burayr und Barbara (palästinensischen Dörfern, die 1948 verlorengingen), nur damit wir in Gaza eine Kanalisation bauen können.» Wie viele andere Führer der Hamas war er überzeugt, daß die Begeisterung über den vielleicht zu erwartenden neuen Wohlstand allmählich abflauen würde und damit auch die Unterstützung für die Fatah und die palästinensische Autonomiebehörde. Die islamische Bewegung war die einzige, die davon profitieren konnte. Sie würde um so mehr profitieren, wenn es statt neuen Wohlstands eine Rezession geben würde – und genau das geschah. Und als sie eintraf, war die Rezession schlimmer als jede, die vorher im Gazastreifen stattgefunden hatte, weil Israel den Erez-Checkpoint nicht öffnete. Der Gazastreifen blieb abgeriegelt.

Es ist deshalb nicht verwunderlich, daß die PLO und die Autonomiebehörde auf den Druck der Hamas äußerst empfindlich reagierten, besonders in Anbetracht der vielen Anhänger der Bewegung (nach Angaben der Hamas zwischen 40 und 45 % der Bevölkerung), ihrem eindrucksvollen sozialen Wohlfahrtssystem und ihrer Wahlerfolge in den Berufsgenossenschaften. Auch konnte sich die Hamas auf ihren Anteil am bewaffneten Kampf berufen. Bei der Massenkundgebung, auf der Nimr gesprochen hatte, pries ein Redner nach dem anderen die Führungsrolle der Hamas in Sachen Heldentum (wobei sie die Rolle der anderen Organisationen während der *Intifada* und die spontane Wut, die sie ausgelöst hatte, absichtlich herunterspielten). Sheikh Ahmad Bahar sprach mit der sprichwörtlichen Redegewandtheit des Imam, eingeübt in unzähligen Freitagspredigten, und hatte eine geradezu hypnotische Wirkung auf seine Zuhörer. Er riß sie mit, stachelte sie zum Handeln auf, brachte sie dazu, rhythmisch zu singen: «Der Islam ist die Lösung», um dann zu stiller, in sich gekehrter Gebetsstimmung überzuwechseln. Was er zu sagen hatte? Wenn Rabin es eilig habe, das Autonomieabkommen umzusetzen, so liege das nur daran, daß er sich vor dem militärischen Arm der Hamas, Iz al-Din al-Qassam, fürchte. Ein anderer Redner, Ismail Haniye, ging sogar noch weiter. Der Rückzug der Soldaten sei nicht die Folge des Abkommens, sondern ein Zeugnis der Stärke der Hamas und der «Generale der Steine».

Trotz der Kluft zwischen der Hamas und der PLO deutete Haniyes Rede auf den Beginn eines Konflikts in den eigenen Reihen und das Aufweichen der Position einiger Mitglieder hin: Obwohl die Hamas die Abkommen ablehnte, wollte sie dennoch ein gewisses Verdienst dafür für sich beanspruchen. (Ein ähnlicher Widerspruch kennzeichnete die ganze Versammlung. Obwohl sie einberufen worden war, um gegen die Abkommen zu protestieren, bestand ihr erklärter Zweck unter anderem auch darin, die neuen Bataillone der palästinensischen Polizei zu Hause willkommen zu heißen). Die Menschen sahen in dem Truppenabzug – begrenzt wie er war – einen positiven, willkommenen Schritt, einen Grund zur Hoffnung. Als Massenbewegung konnte die Hamas ihre Gefühle nicht gänzlich mißachten. Dieses Eingeständnis drückte sich in einer neuen Formel aus, die von der islamischen Opposition und den kleinen, linksgerichteten Gruppen häufig wiederholt wurde, wenn sie von der «Teilnahme am Aufbau und der Rehabilitation der palästinensischen Gesellschaft» sprachen. Gleich zu Beginn teilte mir ein Hamas-Führer, Khalid al-Hindi, mit, daß die Hamas eine Teilnahme an der Gestaltung der täglichen Angelegenheiten des Gazastreifens für den Fall erwäge, daß das Parlament wirklich auf demokratische Weise gewählt werden sollte.

Gleich von Anfang an machte sich jedoch ein Gleichgewicht der Angst zwischen der islamischen Opposition auf der einen und der Autonomiebehörde und der Fatah auf der anderen Seite bemerkbar. Ein tiefes gegenseitiges Mißtrauen wurde hinter beruhigenden Worten über nationale Einheit und den gemeinsamen Wunsch, die palästinensische Gesellschaft wieder aufzubauen, verborgen. «Wir erwarten, daß die Polizei uns echte Sicherheit bringt und nicht als Knüppel gegen uns eingesetzt wird», sagte Sheikh Ahmad Bahar und drückte damit seine Besorgnis aus, daß die palästinensischen Sicherheitskräfte willkürlich handeln und mit illegalen Mitteln gegen alle jene vorgehen könnten, die nicht automatische Jasager waren. Andere äußerten den Verdacht, daß in der Autonomiebehörde Einfluß käuflich und *Wasta* möglich sei. Einmal verbreitete die Hamas beispielsweise ein Flugblatt, in dem die wachsenden Wirtschaftsunternehmen Nabi Shaats, eines der Chefunterhändler mit Israel, beschrieben wurden. In dieser Hinsicht waren selbst Fatah-Mitglieder besorgt. Ein bedeutender Fatah-Aktivist sprach mit Bitterkeit von Jamil al-Tarifi, einem Unterhändler, der in seiner späteren Position als Minister für innere Angelegenheiten eng mit den israelischen Verhandlungspartnern zusammenarbeitete. Wie kann man von den Israelis erwarten, daß sie Tarifis offizielle Position ernst nehmen, klagte er, wenn sie wissen, daß er mit seinen Geschäften vom guten Willen Israels abhängt? Was er damit sagen wollte, war klar: Repräsentanten der Autonomiebehörde gaben ihren privaten Interessen den Vorrang vor ihren offiziellen Aufgaben.[1]

Obwohl die Fatah-Aktivisten ihren Führern in der Bewegung und der Autonomiebehörde kritisch gegenüberstanden, waren sie der islamischen Bewegung gegenüber nicht weniger mißtrauisch. Sie bezweifelten die Wahrheit der Behauptung des politischen Flügels, daß er keinerlei Einfluß auf den militärischen Zweig und seine bewaffneten Aktionen habe. Die Fatah und die Autonomiebehörde fürchteten, daß diese angebliche Trennung eine Ausflucht sei, die es der Hamas ermöglichen sollte, auf zwei Hochzeiten zu tanzen, nämlich einerseits als legale politische Opposition in einer Demokratie aufzutreten, während sie gleichzeitig Arafats Beziehungen zu Israel und seine Stellung in der palästinensischen Öffentlichkeit mit ihren Bluttaten unterminierte.

Die Fatah und die Autonomiebehörde fragten sich, warum der militärische Arm der Hamas mit seinen massiven Angriffen auf israelische Zivilisten erst 1994, nach der Einsetzung der Autonomiebehörde, begonnen hatte. Während der *Intifada* waren ihre Angriffe ausschließlich gegen Soldaten der IDF und gegen Siedlungen gerichtet gewesen. Die Standardantwort der Hamas, daß die Anschläge auf Zivilisten nach Baruch Goldsteins Massaker in der Ibrahimi-Moschee begonnen hätten, konnte ihre Kritiker nicht überzeugen. Damit hätte man vielleicht eine oder auch zwei Racheakte gegen Zivilisten rechtfertigen können, aber die regelmäßigen Selbstmordattentate auf mit Pendlern besetzte Busse deutete auf eine Strategie hin: der PLO die Macht, so eingeschränkt sie auch war, aus der Hand zu schlagen. Die Fatah befürchtete, daß die Hamas ihre wahren Absichten – die Autonomiebehörde zu destabilisieren und schließlich ihren Platz einzunehmen – hinter ihren ständigen Hinweisen auf die weitverbreitete Ansicht verbarg, daß der Fortbestand der jüdischen Siedlungen und die unverminderte Anwesenheit der israelischen Soldaten bewiesen, daß die Besatzung nicht beendet sei.

Israel selbst hätte Arafats Glaubwürdigkeit stärken können, aber es beharrte auf seiner Abriegelungspolitik und verzögerte die Durchführung anderer Maßnahmen, die die Palästinenser so dringend benötigten.

In ihrer Sorge, daß Israels Unnachgiebigkeit die gerade erst eingesetzte palästinensische Selbstverwaltung schwächen könnte, griff die Autonomiebehörde in zunehmendem Umfang auf «Präventivmaßnahmen» gegen ihre Kritiker zurück. «Wir, nicht sie, haben die Einsetzung dieser Regierung erzwungen, und wir werden alles tun, um diese historische Errungenschaft zu schützen», erklärte Diab al-Luh, der Leiter der Informationsabteilung der Fatah. «Niemand hat uns etwas geschenkt, weder Israel noch Amerika. Es war unser Werk, unser Verdienst.»

Und dann, im November 1994, begann in Gaza ein Alptraum. Das empfindliche Gleichgewicht zwischen den rivalisierenden Kräften war gestört, und eine Kette von Ereignissen setzte ein, die fast zum Ausbruch eines Bürgerkriegs führte. Während der folgenden Jahre begann der Zyklus immer wieder von neuem und brachte Gaza jedesmal an den Rand des Blutvergießens. Als erstes wurde irgendeine führende Persönlichkeit einer islamischen Organisation ermordet, und jedermann, einschließlich der israelischen Beobachter, war überzeugt, daß Israel für das Attentat verantwortlich war. Daraufhin führte eine muslimische Zelle aus Rache einen Anschlag auf israelische Zivilisten durch. Die palästinensische Autonomiebehörde reagierte mit Zwangsmaßnahmen wie Massenverhaftungen von Anhängern der Opposition und von jedem, der verdächtigt werden konnte, Anschläge zu planen. Israel verfügte unterdessen eine hermetische Abriegelung Gazas und des Westjordanlandes, verhängte immer härtere Restriktionen und brachte Elend über die gesamte palästinensische Bevölkerung. Schließlich brachte die Autonomiebehörde alle Kritiker zum Schweigen, bedrohte Journalisten, knebelte die Presse und hielt Verdächtige über lange Zeiträume hinweg in Gefängnissen fest, nachdem sie zuerst gefoltert und gedemütigt worden waren. Das Ende des Kreislaufs kündigte sich dadurch an, daß die Autonomiebehörde ein paar Häftlinge entließ und Israel begann, die Abriegelung zu lockern. Jedesmal, wenn dieser Zyklus von vorne begann, wurde die Kluft in der palästinensischen Gesellschaft größer. Auch wenn Israel und Amerika sich beeilten, Arafats Vorgehen als «entschiedene Maßnahmen im Kampf gegen den Terror» zu loben, empfanden die Palästinenser nichts als wachsendes Mißtrauen gegen ihre Führung.

Am Nachmittag des 2. November 1994 saß ich am Ende eines ruhigen Arbeitstages mit ein paar Journalisten aus Gaza zusammen. Es regnete, was immer einen Stromausfall und eine vorübergehende Unterbrechung aller Telefonverbindungen bedeutete. Wir alle waren erleichtert, daß der Oktober hinter uns lag, der für Israelis und Palästinenser gleichermaßen entsetzlich gewesen war. Einem Terroranschlag der Hamas auf ein Einkaufszentrum in Jerusalem folgten die Entführung eines israelischen

Soldaten und eine verpfuschte Rettungsaktion. Am schlimmsten war das Selbstmordattentat eines Hamas-Anhängers aus dem Westjordanland auf einen Bus im Herzen von Tel Aviv gewesen, bei dem Dutzende von Menschen getötet worden waren. Plötzlich klingelte das Telefon, und ein junger Reporter, der mit dem Islamischen Jihad sympathisierte, hob den Hörer ab. Sein freundliches, lächelndes Gesicht wurde aschgrau, und seine Augen wurden feucht. «Hani Aabed?» stammelte er ungläubig. «Verwundet? Schwer?»

Eine Stunde zuvor war Aabed, ein Physiklehrer am Technischen College in Khan Yunis und Aktivist des Islamischen Jihad, gerade in sein Auto gestiegen, als eine offenbar ferngezündete Bombe explodierte. Hani Aabed starb am selben Abend um 18 Uhr. Seine Ermordung war das erste Attentat in dem gerade erst autonom gewordenen Gazastreifen und war mit Sicherheit von israelischen Agenten durchgeführt worden.

Der israelische Geheimdienst behauptete, daß Aabed Leiter des militärischen Apparats des Islamischen Jihad und für viele militärische Aktionen verantwortlich gewesen sei. Während des Sommers war in unregelmäßigen Abständen auf israelische Soldaten und Siedler im Gazastreifen geschossen worden, und die Armee war überzeugt, daß der Islamische Jihad hinter den Zwischenfällen steckte. Der Jihad – eine kleine, disziplinierte und, wie man auch sagen könnte, elitäre Organisation – hatte keine große Anhängerschaft wie die anderen Parteien und Bewegungen und unterhielt auch kein soziales Wohlfahrtsnetz, das durch offene Angriffe auf die Autonomiebehörde hätte gefährdet werden können. Folglich fühlten sich die Leiter des Jihad mehr an das Wort Gottes (wie sie es interpretierten) als an die unmittelbaren Bedürfnisse der Bevölkerung gebunden. Außerdem waren sie der Meinung, daß nur wenige Menschen in Gaza etwas gegen das Töten von Soldaten einzuwenden hätten.

Aabed war von der palästinensischen Polizei verhaftet worden, hatte jedoch jede Verbindung zu terroristischen Aktionen und dem militärischen Arm seiner Organisation abgestritten und war nach achtzehn Tagen wegen Mangels an Beweisen wieder entlassen worden. Niemand in Gaza bezweifelte, daß der Shabak, unterstützt von palästinensischen Kollaborateuren, für Aabeds Tod verantwortlich war. Sein Auto war in der Nähe einer israelischen Siedlung explodiert, wo sich, wie allgemein geglaubt wurde, die Shabak-Agenten und die Kollaborateure verborgen hatten. Ähnliche Angriffe auf palästinensische Führer überall in der Welt sind tief in das kollektive Gedächtnis der Bevölkerung von Gaza eingegraben. Wenn die Israelis Abu Jihad in Tunis und Ghassan Kanafani in Beirut erwischen konnten, was konnte sie dann daran hindern, Aabed auf einem Hügel in Khan Yunis zur Strecke zu bringen?

Aus Israel war keine offizielle Erklärung zu hören, aber etwa um die gleiche Zeit, zu der Hani Aabed starb, hielt Premierminister Yitzhak Rabin eine Rede bei der alljährlichen Gedenkzeremonie für gefallene Soldaten: «Eine Hand strecken wir in Frieden dem haschemitischen Königreich Jordanien entgegen, mit der anderen drücken wir auf den Abzug des auf die mörderischen Terroristen der Hizbollah und des Islamischen Jihad gerichteten Gewehrs», verkündete er.

Aus meiner Begegnung mit Hani Aabed einige Monate zuvor hatte ich ihn als freundlichen und scharfsinnigen Mann in Erinnerung. Er war gerade erst aus einem palästinensischen Gefängnis entlassen worden, wo er zu seiner Rolle beim Tod zweier israelischer Soldaten am Erez-Checkpoint vernommen worden war. Ich verstand seine Bereitschaft, mit mir, einer israelischen Journalistin, zu reden, als Zeichen dafür, daß der Gazastreifen vielleicht doch noch nicht ganz so fest im Griff von Furcht und Unterdrückung war.

Terror, so sagte er mir, würde den Zielen seiner Bewegung «nicht allzuviel» nützen. Für ihn gehörte zu diesen Zielen immer noch ein Staat in ganz Palästina, obwohl «die physische Befreiung des Landes von außen, von den islamischen Ländern, kommen muß». Seiner Meinung nach könnten die Juden in einem islamischen Palästina verbleiben. «Wir hassen die Juden nicht als Volk», sagte er. «Dies ist ein politischer Konflikt.» Auf die Frage nach einer jüdischen Selbstbestimmung unter dem Islam antwortete Aabed: «Von dem Augenblick an, in dem Mohammed, Frieden und Segen sei mit ihm, die Religion annahm, waren die Anhänger aller anderen Religionen verpflichtet, zum Islam überzutreten. Die Erlaubnis, ihrer eigenen Religion treu zu bleiben, ist eine Vergünstigung, die wir ihnen zugestehen.»

An dem Abend, an dem Hani Aabed starb, wurde es früh dunkel in den Straßen von Gaza. Eine Autoschlange wand sich auf sein Haus zu, wo Trauernde, Demonstranten und Kameraleute sich versammelt hatten und im Trauerzelt kleine Stühle in Reihen aufgestellt wurden. An der Beerdigung am folgenden Tag nahmen mehrere tausend Anhänger des Islamischen Jihad teil, und viele andere waren gekommen, um zuzusehen. Als sie, teilweise bei heftigem Regen, zu dem etwa sechs Kilometer weit entfernten Märtyrerfriedhof marschierten, mußten sie sich ihren Weg durch Abwässer und Schlamm bahnen. Sie brüllten Beleidigungen gegen Yassir Arafat, dem sie nicht gestattet hatten, mit ihnen zu beten, und den sie aus der Al-Omari-Moschee vertrieben hatten, wo der Leichenzug sich in Bewegung gesetzt hatte. Und bei jeder Demonstration im ganzen Gazastreifen verlangten die Leute wütend nach Rache an Israel.

Ich entdeckte in ihren Gesichtern etwas anderes als Zorn. Angst breitete sich in Gaza aus, aber es war eine andere Art von Angst als die vor der Besatzung. Die Regeln des Spiels hatten sich verändert, und niemand wußte, wie es weitergehen würde. Die Menschen erinnerten mich an Kinder, die in der Nacht lärmen, um ihre Angst zu verbergen. «Wenn die Israelis anfangen, auf unserem Territorium Attentate zu verüben, wird das zu einer Libanonisierung des Gazastreifens führen. Sie bringen den ganzen Friedensprozeß in Gefahr», sagte S. B., der Mann, der noch vor vier Monaten so herzlich über meinen Scherz mit der Mapai gelacht hatte und so voller Optimismus gewesen war.

Die Fatah protestierte gegen die unsanfte Vertreibung Arafats aus der Moschee, machte jedoch, ebenso wie alle anderen Organisationen, Israel für das Attentat verantwortlich. Trotz dieser Überzeugung wagten die führenden Männer der Autonomiebehörde es jedoch nicht, förmlich gegen Aabeds Ermordung Beschwerde einzulegen. Bei einer Pressekonferenz nach einem Treffen mit Rabin am 9. November weigerte sich Arafat, die Frage zu beantworten, ob Israel seiner Meinung nach hinter dem Attentat steckte.

Ganz Gaza wartete resigniert auf das Blutvergießen, das nun mit Sicherheit kommen mußte. Es ließ nicht lange auf sich warten. Bei einer der Gedenkversammlungen für Hani Aabed überbrachten zwei maskierte Männer eine Nachricht, die niemanden überraschte: Drei Soldaten waren bei einem Selbstmordattentat in Netzarim, einer jüdischen Siedlung im Gazastreifen, getötet worden. Auf einem Flugblatt des Islamischen Jihad war zu lesen, daß der Selbstmordattentäter, Hisham Hamed, der «Einheit des Märtyrers Hani Aabed» angehört habe und daß die Tat die Antwort «auf Rabins mörderische Handlungsweise» sei. Auf dem Flugblatt hieß es, daß «jeder Zionist in jedem Teil Palästinas vom Jordan bis zum Meer Ziel unserer Kugeln ist. Die Vorstellung von einer roten Linie, die nicht überschritten werden darf, gehört nicht zu unserem Vokabular.» Der Jihad kündigte vier Racheakte an.

Die Palästinensische Autonomiebehörde verurteilte die Ermordung der Soldaten, und die palästinensische Polizei machte sich unverzüglich daran, Aktivisten des Islamischen Jihad zu verhaften. Die Überreste des Selbstmordattentäters wurden heimlich und in Abwesenheit der Familie begraben – «etwas, das», wie Hamas und Jihad erklärten, «nicht einmal die israelische Besatzung getan hatte». Gleichzeitig äußerte ein führendes Fatah-Mitglied offen den Verdacht, daß es das wahre Ziel des Jihad sei, der Autonomiebehörde und nicht Israel Schaden zuzufügen. «Warum hat der Jihad die Soldaten jetzt angegriffen, nach den Abkommen? Warum haben sie während der Verhandlungen nichts unternommen, um zu beweisen, wie wichtig es sei, die jüdischen Siedlungen zu evakuieren?» fragte er. Insgesamt fragte sich die Bevölkerung jedoch, warum Arafat gegen eine palästinensische Organisation mit fast unumschränkter Macht vorgehen konnte, während er Israel gegenüber vollkommen hilflos war. Und dann kam der Tag, an dem es tatsächlich so aussah, als seien libanesische Zustände in Gaza ausgebrochen.

Am 18. November organisierte die Hamas einen Umzug zu Ehren Hisham Hameds, der nach den regulären Gebeten an der Falastin-Moschee beginnen sollte. Ab 11.00 Uhr vormittags begannen schweigende und angespannte Gruppen von Männern, sich vor der Moschee zu versammeln. Die palästinensische Polizei war entschlossen, den Umzug mit der Begründung zu unterbinden, daß kein Antrag auf Genehmigung gestellt worden sei. Noch vor dem Eintreffen der Gläubigen, von denen manche wegen des großen Andrangs auf dem Platz vor dem Gebäude stehen mußten, umzingelten Polizei und Sicherheitskräfte die Moschee. Kurz vor dem Ende des Gottesdienstes umstellten sie einen Lastwagen und konfiszierten die darauf montierten Lautsprecher. Nach der offiziellen Version der Ereignisse begannen die Beter unmittelbar nach dem Gottesdienst, Plakate mit gegen die Autonomiebehörde gerichteten Slogans zu schwenken, der Polizei Beleidigungen zuzurufen, Steine zu werfen und zu schießen. Die Polizei reagierte mit Schüssen – zur Selbstverteidigung, wie sie behauptete – erst in die Luft und dann in die Menschenmenge.

Anwesende Journalisten und Teilnehmer am Gottesdienst, sowohl Hamas-Mitglieder als auch andere, berichteten, daß die Jugendlichen, die den Lastwagen bewachten, begonnen hätten, Steine zu werfen, als während des Gottesdienstes die Lautsprecher konfisziert wurden. Innerhalb weniger Sekunden hätten die Polizisten mit Gewehrsalven geantwortet. Daraufhin seien andere Teilnehmer am Gottesdienst auf die Polizei losgegangen, hätten Steine geworfen, Plakate geschwenkt und Slogans gebrüllt. Die Polizei habe sich ein Stück weit zurückgezogen, aber nicht aufgehört zu schießen. Mahmud al-Zahar, eine hochrangige Persönlichkeit in der Hamas, kletterte auf ein Auto und beschwor beide Seiten, sich zu beruhigen. Die Teilnehmer am Gottesdienst behaupten, daß sie daraufhin begonnen hätten, sich zurückzuziehen, aber die Polizei habe weitergeschossen. Als sich zeigte, daß es Tote gab, wurde die Wut der Menschenmenge noch größer. Die Gewehrschüsse und das Heulen der Sirenen der Sanitätsfahrzeuge versetzten die ganze Stadt in Angst und Schrecken, und immer mehr junge Männer strömten auf die Straßen. Insgesamt wurden dreizehn Menschen vor der Falastin-Moschee getötet.

Der dreiundzwanzigjährige Hazem al-Dalu war an diesem Morgen in den gleichen Kleidern zum Gebet gegangen, die er auch getragen hatte, als er vor einigen Monaten aus einem israelischen Gefängnis entlassen worden war. Er war verdächtigt worden, zur al-Saiqa al-Islamiya zu gehören, einem Zweig der Hamas, der mutmaßliche Kollaborateure ausfindig machte und bestrafte. Nach sechs Monaten war er entlassen worden (ohne vor Gericht gestellt worden zu sein), nachdem er eine Erklärung unterzeichnet hatte, in der er sich verpflichtete, sich in Zukunft an keinen terroristischen Aktivitäten zu beteiligen. Dalu war in Gaza-Stadt geboren worden und hatte seit seinem vierzehnten Lebensjahr als Schneiderlehrling gearbeitet. Er hatte sich in seinem Beruf hochgearbeitet, bis er selbst eine kleine Schneiderei eröffnen konnte, in der er vier bis fünf Leute beschäftigte.

Von den vierzehn Männern, die bei der Falastin-Moschee getötet wurden, war er der erste, der im Krankenhaus seinen Schußverletzungen erlag. Es wurde beschlossen, ihn noch am selben Tag zu begraben. Der Leichenzug wand sich durch das Stadtzentrum und an den Regierungsgebäuden vorbei, «damit jedermann sehen konnte, was die palästinensische Polizei getan hatte», erklärten die Hamas-Anhänger. Die Beerdigungen Dalus und noch eines zweiten Opfers, Hamdi al-Imawi, sorgten für weitere Wutausbrüche in der Stadt. Jugendliche warfen Steine auf das Polizeihauptquartier und rissen den Zaun nieder, von dem es umgeben war. Sie brachen in das Nasser-Kino am Omar al-Mukhtar Boulevard ein (das gerade erst renoviert worden war und in dem wieder Filme gezeigt werden sollten) und demolierten die Einrichtung. Sie zündeten Autoreifen an und verwüsteten mehrere Videoshops, die schon seit den achtziger Jahren ein ständiges Angriffsziel der islamischen Organisationen gewesen waren. Sie rannten heulend durch die Straßen wie verwundete Tiere, brüllten und warfen Steine, ohne die geringste Vorstellung zu haben, was sie eigentlich wollten. Hochrangige Hamas-Angehörige liefen zwischen Arafats Büro und den Oberbefehlshabern der Polizei hin und her und versuchten, jemanden zu erreichen, der der Polizei befehlen konnte, mit dem Schießen aufzuhören, aber alle Türen waren ihnen verschlossen.

Letzte Schüsse waren bis sechs Uhr abends zu hören. Die Polizei verhängte eine Ausgangssperre, und die Straßen begannen, sich zu leeren. Die Familien bereiteten ihre Toten auf die Beerdigung vor, und die Vertreter der politischen Organisationen berieten, wie man die Eskalation beenden und verhindern konnte, daß die Konfrontation am nächsten Tag, an dem neun oder zehn Beerdigungen stattfinden sollten, in einen Bürgerkrieg ausartete.

An diesem Abend fanden mehrere Besprechungen im Hause Hayder abd al-Shafis statt. Zuerst kam die Linke, dann die Hamas und der Islamische Jihad, gefolgt von der Fatah und zuletzt einem Vertreter der Autonomiebehörde. Dann rief Arafats Büro an, und die Vermittlungsversuche gingen hin und her. Schließlich gab Abd al-Shafi bekannt, daß die Polizei sich von den Beerdigungen und Demonstrationen fernhalten würde und die Organisatoren dafür sorgen würden, daß niemand bewaffnet wär. Mit jeder Stunde, die friedlich verlief, machte sich ein spürbares Gefühl der Erleichterung breit. Weitere blutige Konfrontationen waren vermieden und die Vermittlungsbemühungen ausgeweitet worden, aber die heftigen Feindseligkeiten des Tages hatten gezeigt, daß die Gesellschaft nicht nur ideologisch, sondern auch emotional gespalten war.

In den Tagen nach dem Kampf, dem Samstag und Sonntag, bewegte ich mich zwischen zwei Welten – zwischen den Häusern der Trauernden und den Büros der Fatah und der Autonomiebehörde, zwischen Hunderten von entsetzten Menschen in den eilig errichteten Trauerzelten und den energisch auftretenden politischen Aktivisten, die entschlossen waren, das neue Regime und seinen Anführer zu verteidigen und alle Schuld auf die Hamas und den Islamischen Jihad schoben. Ich sah den Ausdruck von Verlassenheit und Trauer in den Gesichtern der Hinterbliebenen, die sich eng zusammenschlossen, einer Trauer, die sich grundlegend von dem alten Schmerz unterschied, den sie empfunden hatten, wenn geliebte Menschen von der israelischen Armee erschossen worden waren. Ich sah die eisigen Gesichter der Anhänger der Fatah und der Autonomiebehörde, die unerschütterlich an ihrer unkritischen Unterstützung des Regimes festhielten. Der Schmerz schien sie nicht zu berühren. Sie hielten sich an ihre vorgefertigten Erklärungen und sprachen von der Stabilität der Regierung. Ein großer Teil des Zorns der Bevölkerung richtete sich gegen die Polizisten, die es nicht wagten, sich in Uniform zu zeigen. «Niemand betritt mein Haus in Uniform», sagte eine meiner Freundinnen zu einem Verwandten, der Polizist war.

Unmittelbar nach der blutigen Konfrontation behaupteten die Polizei und die Autonomiebehörde, daß ein Teil der Toten Polizeibeamte seien. Später hieß es, daß acht von den Toten Fatah-Mitglieder gewesen seien. Eine Zeitlang hielt sich Arafats Regierung an die Behauptung, daß israelische Geheimagenten das Feuer eröffnet hätten. Später sollten es palästinensische Kollaborateure gewesen sein, die mit dem Schießen begonnen hätten. Selbst von «ausländischen Elementen» war die Rede. Zuletzt erklärte die Autonomiebehörde die Toten zu Märtyrern und schloß sich der allgemeinen Trauer an.

Im ersten Flugblatt der Fatah nach dem Zusammenstoß bei der Moschee hieß es: «Die Hamas und der Islamische Jihad haben im vollen Bewußtsein die rote Linie überschritten ... Sie wußten, daß Demonstrationen und Umzüge ohne Genehmigung verboten sind. Sie wollen den Eindruck erwecken, daß sie über dem Gesetz stehen, ein Staat im Staate.» Aber in einer späteren Stellungnahme, die sie gemeinsam mit den kleineren linksgerichteten Parteien herausgab, wurde ein versöhnlicherer Ton angeschlagen. Jetzt prangerten sie den «israelischen Feind und seine Spione» an und wiesen darauf hin, daß außer Israel niemand vom Ausbruch eines Bürgerkriegs profitieren könne.

Als die Tage vergingen, verringerte sich allmählich die Gefahr, daß der bewaffnete Konflikt noch einmal aufflammen könnte. Statt dessen lieferten sich die Parteien einen Wettkampf, wer die größten Massenkundgebungen und Demonstrationen veranstalten konnte, und nahmen den alten Streit wieder auf, welche Bewegung die längste Tradition im Kampf gegen die Besatzung habe. Eine Frage wurde jedoch niemals geklärt: ob die Polizei das verhängnisvolle Feuer auf Befehl von oben (i. e. von Arafat) eröffnet oder ob sie aus Unerfahrenheit und Angst gehandelt hatte. Ein direkter Befehl konnte nur bedeuten, daß Arafats Regime von Anfang an entschlossen war, der Opposition unmißverständliche Grenzen zu setzen und jeden zu eliminieren, der eine Bedrohung für seine Macht darstellen konnte. Ob beabsichtigt oder nicht, genau so wurde die Botschaft verstanden, und während des folgenden Jahres vermieden es die islamischen Aktivisten, die palästinensische Polizei anzugreifen. Die wenigen Zwischenfälle, die es gab, wurden von Einzelpersonen verursacht, und die Opposition identifizierte sich nicht damit. Statt dessen richteten die islamischen Organisationen ihre Aufmerksamkeit auf ein immer verwundbares Ziel – israelische Zivilisten. Nachdem es einen oder zwei Monate lang relativ ruhig geblieben war, führte der Jihad einen verheerenden Selbstmordanschlag in Beit Lid, einer belebten Kreuzung, aus, die nur eine Stunde weit nördlich von Gaza liegt. Dabei wurden einundzwanzig Soldaten und ein Zivilist getötet. Auch dies war ein Racheakt für den Tod Hani Aabeds.

Fünf Monate später, im April 1995, begann der Teufelskreis mit dem Attentat auf Kamal Kheil von neuem. Kheil wurde von den israelischen Sicherheitsexperten als einer der gefährlichsten Männer des Iz al-Din al-Quassam der Hamas eingestuft. Gemeinsam mit einem weiteren Mitglied seiner Zelle und einem dreijährigen Jungen starb er bei einer Explosion, die von der palästinensischen Polizei zunächst als «Arbeitsunfall» bezeichnet wurde, in einem Haus in Sheikh Radwan. Der Vater des Jungen erlag seinen Verletzungen eine Woche später. «Wir nennen ihn *al-majnoun*, den Verrückten», hatte ein Freund von der Hamas mir einmal von Kheil erzählt. «Am liebsten wäre es uns, wenn er einfach verschwinden würde.» Kheil tendierte dazu, auf eigene Faust zu handeln, und die Führung der Hamas beklagte sein brutales Verhalten, ohne zu wissen, wie sie ihm Einhalt gebieten konnte. Der gleiche Freund vertraute mir auch an, daß er selbst zunehmend unglücklich über die Terrorakte seiner Partei sei. Er habe ein Selbstmordattentat als Rache für das Baruch-Goldstein-Massaker in der Ibrahimi-Moschee in Hebron befürwortet, der zweite Anschlag habe ihn jedoch zutiefst beunruhigt. «Was wäre gewesen, wenn du in diesem Bus gesessen hättest, Amira?» fragte er.

Dennoch wurde Kheil in Lobreden gepriesen, mehrere große Kundgebungen wurden zu seinen Ehren veranstaltet, und er erhielt ein riesiges, symbolisches Begräbnis (die Polizei hatte auch diesmal die Leiche heimlich begraben). Die Polizei und die Hamas hielten Abstand voneinander, und alle versuchten, den Eindruck zu unterdrücken, daß das Attentat das Werk des Shabak gewesen sei. Eine weitere Person, die angeblich bei der Explosion verletzt worden war, verschwand spurlos. Das Verschwinden dieses Mannes gab dem Verdacht neue Nahrung, daß der Shabak bei der Explosion seine Hand im Spiel gehabt habe. Diesmal erklärte die Hamas jedoch offen, daß «die Möglichkeit einer Zusammenarbeit der israelischen und palästinensischen Sicherheitskräfte nicht ausgeschlossen werden» könne. Später reagierten Arafat und einige seiner Minister damit, daß sie die israelische extreme Rechte bezichtigten, die Hamas und den islamischen Jihad materiell zu unterstützen.

Eine Woche später drehte sich das Karussell gnadenlos weiter, als zwei Anhänger der Hamas und des Islamischen Jihad sich im Gazastreifen in die Luft sprengten, der erste neben einem Bus, aus dem gerade israelische Soldaten ausstiegen, der zweite neben einem Armeejeep. Sieben Soldaten und eine amerikanische Touristin kamen ums Leben. In einer Erklärung aus Arafats Büro wurden die Anschläge als Versuche verdammt, «die Sicherheit im Gazastreifen zu unterminieren und den Israelis einen Vorwand zu liefern, den Gazastreifen abzuriegeln, so daß die Arbeiter und die Bevölkerung von Gaza hungern müssen. Dieser Angriff war nicht nur gegen uns und den Friedensprozeß gerichtet, sondern gegen unsere Nation.»

Am Erez-Checkpoint beeilten sich die Männer, die in Israel gearbeitet hatten, nach Hause zu kommen. Manche beugten sich unter der Last schwerer Bündel, die sie auf den Schultern trugen. Mit gesenkten Köpfen gingen sie durch den staubigen, mit Stacheldraht eingezäunten und mit Asbestplatten abgedeckten Korridor, der der Faden ist, der Gaza mit Israel verbindet. An seinem einen Ende befindet sich der Checkpoint, an dem die israelische Grenzpolizei steht. Am anderen Ende steht der palästinensische Wachmann. Nachdem der Gazastreifen zehn Tage lang hermetisch abgeriegelt gewesen war, waren die Männer erst vor ein oder zwei Tagen zur Arbeit zurückgekehrt, froh, daß sie den Korridor wieder passieren durften. Jetzt kehrten sie nach einem neuen Terroranschlag so schnell wie möglich in den Gazastreifen zurück, um noch vor der neuen Abriegelung, die mit Sicherheit erfolgen würde, wieder zu Hause zu sein. Meinen Freunden aus Jabalia und Shabura waren die Erschöpfung und Enttäuschung ins Gesicht geschrieben. Auch in diesem Monat würde es keinen Lohn geben. Ich sah, wie hilflos sie den Kräften gegenüberstanden, die mit ihrem Leben spielten, den Terroristen, die Busse in die Luft sprengten, und Israel, das die Grenzen sperrte, ob es nun Anschläge gab oder nicht. «Wir alle wissen, daß nicht ein einziger Arbeiter an den Anschlägen beteiligt ist», versicherten die Männer immer wieder. «Warum müssen wir alle bestraft werden?» «Sieh uns doch an», forderte ein Freund mich auf. «Wir kommen daher, als gingen wir zu unserer eigenen Beerdigung.»

Arafat versprach Rabin, energische Anstrengungen zur Bekämpfung des Terrors zu unternehmen, und gleich am nächsten Tag trat der neugeschaffene palästinensische Staatssicherheitsgerichtshof zu seiner ersten Sitzung zusammen. Der Gerichtshof zeichnete sich durch schnelle, geheime Verhandlungen aus, die grundsätzlich nachts abgehalten wurden. Die Urteile wurden von Militärrichtern gesprochen, die nur eine unzureichende oder gar keine juristische Ausbildung hatten. Die Rechtsanwälte der Angeklagten wurden vor der Verhandlung nicht über die Fälle ihrer Klienten informiert und hatten keine Zeit, ihre Verteidigung vorzubereiten. Die Familien der Angeklagten erfuhren unterdessen nichts über die Vorgänge, und den Angeklagten selbst wurde nicht gesagt, wohin sie gebracht werden würden, wenn sie ohne Vorwarnung mitten in der Nacht aus ihren Häusern geschleppt wurden. Ein mit mir befreundetes Fatah-Mitglied erzählte mir: «Meine Freunde von der Sicherheit waren bei den Verhandlungen dabei. Sie haben mir gesagt, daß sie in ihrem ganzen Leben noch nie etwas derart Schreckliches erlebt hätten.»

Ein psychologisches Schisma – schon fast eine verzweifelte Schizophrenie – schien die Aussagen der Fatah-Führer zu kennzeichnen, wenn sie den Staatssicherheitsgerichtshof vehement verteidigten und im gleichen Atemzug mit Bitterkeit von den endlosen Härten sprachen, die Israel über Gaza verhängte, und über die kaum spürbaren Verbesserungen klagten, die die Abkommen von Oslo gebracht hatten. «Siebenundvierzig Jahre der Kämpfe aller Art haben aus unserer Nation eine lebendige Tatsache gemacht», sagte der Planungsminister Nabil Shaath. «Aber mit den alten Methoden haben wir kein Fitzelchen unseres Landes befreit und nicht einen einzigen Flüchtling nach Hause gebracht. Wir stehen immer noch unter militärischer, politischer und wirtschaftlicher Besatzung. Wir haben monatelang um Routen für freien Durchgang gekämpft, um einen Seehafen, einen Flugplatz, freien Wahrenverkehr. Wir haben es mit einem Gegner zu tun, der es überhaupt nicht eilig hat, seine eigenen Abkommen in die Tat umzusetzen ... Stellen wir die Ehrlichkeit der Israelis auf die Probe ... Liefern wir ihnen keinen Vorwand, die Realisierung der Abkommen zu verzögern.»

Als Vorsitzender der Gaza Bar Association war Freih Abu Medein ein freimütiger Kritiker der Menschenrechtsverletzungen Israels gewesen.

Als Justizminister der palästinensischen Autonomiebehörde war es seine Aufgabe, den Staatssicherheitsgerichtshof zu verteidigen, der «dazu gedacht sei, eine doppelte Regierung zu verhindern», wie er der Ostjerusalemer Zeitung *Al-Nahar* mitteilte. «Es gibt nur eine Sulta, und wir werden anderen nicht gestatten, sie anzugreifen und die Interessen des palästinensischen Volkes zu schädigen.» Anläßlich eines Interviews mit mir äußerte er sich jedoch sehr viel offener. «Wir haben unserem Volk überhaupt nichts zu bieten. Tatsächlich ist ihr Lebensstandard zurückgegangen. Im vergangenen Jahr war der Gazastreifen 172 Tage lang abgeriegelt. Die Leute sind entsetzlich frustriert, und die Fundamentalisten profitieren von der sozialen Situation. Warum erhalten wir keinen freien Zugang zum Westjordanland? Warum gestatten sie uns nicht, Wahlen abzuhalten? ... Manche von den Siedlungen hier müssen unbedingt geräumt werden. Sie kosten einfach zuviel Blut. Es ist richtig, wir haben zugestimmt, sie einstweilen zu belassen, aber die Osloer Abkommen sind nicht der Koran. Ihr Israelis preßt uns Konzessionen ab, weil wir schwach sind. Wir sind in eine unerträgliche Situation hineingezwungen worden, und der Preis dafür sind die Toten.»

Die Massenverhaftungen und die heimtückische Vorgehensweise des Staatssicherheitsgerichtshofs weckten neuen Zorn im Gazastreifen, und viele befürchteten, daß ein weiterer gewaltsamer Zusammenstoß unvermeidlich sei. Um eine Katastrophe abzuwenden, kamen verschiedene Führer der Fatah, der Hamas und der linksgerichteten Fronten, ferner die Kommunisten und der unermüdliche Hayder abd al-Shafi am 13. April zu einer Krisensitzung zusammen, die die ganze Nacht dauerte. In der Erklärung, die am nächsten Morgen herausgegeben wurde, hieß es, daß «die andauernde israelische Besatzung, die Abriegelungen und die Armut, die sie verursachen, für die Spannungen verantwortlich» seien. Alle Versuche, die Situation zu entspannen, würden sich als wirkungslos erweisen, wenn die Besatzung bestehenbliebe. Ferner wurde an die Autonomiebehörde appelliert, die politischen Gefangenen zu entlassen, und an die Opposition, ihre Leute im Zaum zu halten.

Arafat reagierte jedoch mit Empörung auf die Erklärung und lehnte alle Schritte ab, die seiner Meinung nach seinen Verpflichtungen gegenüber Israel widersprachen. «Die PLO hat ein Friedensabkommen unterzeichnet», erklärte er, «und ist gewillt, dieses auch einzuhalten. Die PLO ist die einzig legitime Vertretung des palästinensischen Volkes, und alle anderen Fraktionen müssen sich an ihre Abkommen halten.» Besonders wütend war er auf die Fatah, seine eigene Bewegung. Zum erstenmal hatte Arafat offen die aus dem Exil zurückgekehrten PLO-Mitglieder über die örtliche, bodenständige palästinensische Führung gestellt, besonders über die Fatah in den besetzten Gebieten. Darin zeigte sich nicht nur die wachsende Kluft zwischen der Bevölkerung und der Regierung, sondern auch zwischen den «Neueinwanderern», wie die Leute in Gaza die Heimkehrer aus dem Exil nannten, und den Daheimgebliebenen, die die Besatzung und ihre Methoden am besten kannten.

Während des Frühlings und Sommers 1995 erlebte Gaza eine ununterbrochene Kette von Verhaftungen und Entlassungen und heimlichen Schnellgerichtsverfahren. Die Zeitungen der islamischen Opposition (die einzigen, die über die willkürlichen Verhaftungen berichteten) wurden geschlossen, erhielten jedoch häufig bald wieder die Erlaubnis, erneut zu erscheinen. Unterdessen drangen Informationen an die Öffentlichkeit, daß Verhandlungen mit der islamischen Opposition, die Angriffe auf israelische Ziele einzustellen, Fortschritte machten. Arafat hingegen demonstrierte in erster Linie sein Geschick im Regieren, indem er Meinungsverschiedenheiten und persönliche Rivalitäten für seine Zwecke nutzte, um die Opposition zu spalten.

Die Schlüsse, die die Massenverhaftungen nahelegten, waren verwirrend. Diese Verhaftungen schienen nicht wirklich durchdacht zu sein, jedenfalls berührten sie den harten Kern der militanten Zellen nicht. Die Bevölkerung von Gaza schloß daraus, daß die Autonomiebehörde jede direkte Konfrontation mit den eigentlichen Aktivisten vermeiden wollte. Diese konnten sich größtenteils ungehindert in der Öffentlichkeit bewegen, während Hunderte von einfachen Mitgliedern der islamischen Parteien verhaftet wurden, wahrscheinlich um die Hamas politisch und ideologisch dadurch «aufzuweichen», daß die Regierung versuchte, ihre Mitglieder – notfalls im Vernehmungsraum – dazu zu bewegen, die Autonomiebehörde als legitime Regierung zu akzeptieren.

Angst breitete sich im Gazastreifen aus, und das Gefühl, im Stich gelassen worden zu sein, machte sich in den Gefängniszellen breit. Anscheinend hoffte die Regierung, daß diese Gefühle schließlich auch die führenden Männer erfassen würde, vor allem die, die ihre Finger am Zünder der Bomben hatten. Israel hatte gefordert, daß Arafat gegen den Terror vorgehen sollte, aber in den nächtlichen Gerichtsverhandlungen wurde ein sehr viel größeres Netz ausgeworfen, mit dem Ziel, Arafats Gegnern und ihren Sympathisanten klarzumachen, wer die Macht in der Hand hatte. In Hamas- und Jihad-Kreisen, aber nicht nur dort, kam man schließlich zu dem Ergebnis, daß die Massenverhaftungen des Sommers 1995 vermutlich die Verhandlungen mit Israel erleichtert hatten. Die Israelis waren endlich überzeugt, daß Arafat sich ernstlich bemühte und daß seine oft wiederholten Worte: «Ich habe Verständnis für Israels Sicherheitsbelange» ehrlich gemeint waren.

Im Juli hatte es den Anschein, als könnten die Verhandlungen über die zweite Stufe des Interimsabkommens (das sich mit der Umverteilung der israelischen Truppen im Westjordanland befaßte) endlich aus ihrer Sackgasse herauskommen. Arafat und Shimon Peres nannten den 25. Juli als spätestes Datum für den Abschluß der Verhandlungen. Schließlich dauerte es dann doch bis Ende September, bis das Abkommen endlich stand. Das Westjordanland wurde in drei Kategorien eingeteilt: Zur Region A gehörten die großen Städte (mit Ausnahme von Hebron), wo die Palästinenser für Sicherheit und Verwaltung zuständig sein sollten. In der Region B sollten die Palästinenser für Verwaltung und Politik zuständig sein, während die Sicherheit in der Hand der Israelis blieb. In der Region C – der größten der drei Regionen, die 70 % des Westjordanlandes umfaßte und in der sich die jüdischen Siedlungen und die Armeestützpunkte befanden – sollte Israel die volle Oberhoheit behalten. Die Grenzen zwischen A, B und C sollten einen vorübergehenden Charakter haben. Die Oberhoheit sollte in einem dreistufigen Rückzugsprogramm innerhalb von achtzehn Monaten nach der Inauguration des Parlaments von Israel auf die Palästinenser übertragen werden. Das genaue Ausmaß der geplanten Umgliederungen sollte in zukünftigen Verhandlungen bestimmt werden. (Die Verhandlungen scheiterten schließlich an genau diesem Punkt – wieviel Land Israel bereit war, von einer Kategorie in die andere übergehen zu lassen, und wann).

Trotz der hektischen Berichterstattung in den Medien vertraute mir ein Mitglied der Verhandlungsdelegation an, daß sich «in Gaza niemand für die Verhandlungen interessiert». Er gab damit zu, daß sich inzwischen eine weitere Kluft abzeichnete: zwischen dem Programm der Sulta und den Bedürfnissen der Bevölkerung. «Ich weiß, daß sie alle nur wissen wollen, wann die Grenzen wieder geöffnet werden», meinte er, «ob mehr Arbeiter den Gazastreifen verlassen dürfen, ob die Leute im nächsten Monat Lohn bekommen werden oder nicht. Niemand interessiert sich dafür, wann die Truppen aus Jenin abgezogen werden.»

Insgesamt scheinen die Einschüchterungsversuche der Autonomiebehörde ihren Zweck erfüllt zu haben, nicht nur durch Verhaftungen, sondern durch immer härter werdende Maßnahmen gegen die islamische Opposition. Bei zwei Gelegenheiten machte die Polizei keinen Hehl daraus, daß sie auf Anordnung Israels handelte, als sie versuchte, Aktivisten der Hamas und des Jihad zu fangen. Anfang 1996 tötete die Polizei zwei Mitglieder des Islamischen Jihad, die Israel im Verdacht hatte, an dem Anschlag in Beit Lid und an Angriffen auf die jüdischen Siedlungen beteiligt gewesen zu sein. Sechs Monate lang, von September 1995 bis Februar 1996, führten jedoch weder die Hamas noch einer ihrer Zweige irgendeinen Terroranschlag aus. Der Jihad versuchte allerdings zwei Selbstmordattentate als Rache für die Ermordung seines Führers Fathi Shiqaqi in Malta. Der Racheakt mißlang, war jedoch angesichts des

Schocks über das Attentat auf Yitzhak Rabin am 4. November 1995 rasch vergessen. Der Attentäter, Yigal Amir, war der Mann, dem es solchen Spaß gemacht hatte, in den Straßen von Jabalia Wäscheleinen herunterzureißen.

Die Wahlen für das palästinensische Parlament standen bevor, und die Autonomiebehörde und die Hamas machten energische Anstrengungen, den Frieden zu wahren und die zwischen ihnen bestehende Kluft zu schließen. Als Geste des guten Willens entließ die Autonomiebehörde mehrere führende Hamas-Angehörige aus dem Gefängnis. Ferner fanden Geheimverhandlungen statt, obwohl diese bald nicht mehr allzu geheim waren, und es wurde von Delegationen gesprochen, die mit den Hamas-Führern im Ausland verhandeln sollten. Es wurde keine geschriebene Abmachung verfaßt, aber eine mündliche Einigung erzielt. Die Hamas sagte zu, Handlungen zu unterlassen, die die Autonomiebehörde in Verlegenheit bringen würden – nämlich Terroranschläge –, und die Wähler nicht zu einem Boykott der Wahlen aufzurufen. Die Hamas verpflichtete sich jedoch nicht, ihre Haltung zu den Osloer Abkommen zu revidieren und selbst Kandidaten aufzustellen.

Und dann, ganz plötzlich und ohne jede Rücksicht auf die inneren Entwicklungen in den Palästinensergebieten, wurde im Januar 1996 Yihye Ayash im Gazastreifen ermordet. Ayash, genannt «der Ingenieur», wurde allgemein für den Architekten der entsetzlichen Angriffe auf israelische Busse gehalten. Israelische Quellen hatten schon seit langem behauptet, daß er sich im Gazastreifen versteckt hielt, obwohl er eigentlich im Westjordanland zu Hause war. Anläßlich seines Todes gab Israel keine offizielle Erklärung ab, aber inoffiziell wurde das Geschick des Shabak gepriesen.

Wieder einmal hallte ein Wutschrei durch den Gazastreifen. An der Beerdigung Ayashs nahmen Anhänger aller politischer Parteien in noch nie dagewesener Zahl teil – manche sprachen von hunderttausend Teilnehmern, andere von einer Viertelmillion (eine drastische Übertreibung). Der Gesundheitsminister Riyad Zaanun, ein gemäßigter Politiker, erschien bei der Beerdigung und sagte ruhig: «Ich bin gekommen, um meinen Protest und meinen Zorn über Israels Handlungsweise zum Ausdruck zu bringen. Ayashs Methoden waren nicht die unseren, aber der Mord an ihm ist ein alarmierender Terrorakt, und er kam gerade in dem Augenblick, als wir eine Einigung mit der Hamas erreicht hatten. Es sieht so aus, als stünde hinter dieser Tat die ausdrückliche Absicht, die Abkommen zu Fall zu bringen, und sie zeigt einen Mangel an Respekt für die palästinensische Autonomiebehörde.»

Sami Abu Samhadana, der Kommandeur eines der zahlreichen Sicherheitsbüros und ein bekannter *Intifada*-Aktivist, hatte bei den Bemühungen, Iz al-Din al-Qassam zu überreden, in dieser Zeit Frieden zu halten, eine wichtige Rolle gespielt. Er machte einen zornigen und gänzlich entmutigten Eindruck. «Wenn das die Art ist, mit die der Shabak die Dinge handhaben will, okay, dann spiele ich nicht mehr mit. Die Ruhe und der Frieden, die wir während der letzten fünf Monate erreicht hatten, scheinen keinen Eindruck auf sie gemacht zu haben. Wir haben versucht, Israels Sicherheit dadurch zu schützen, daß wir die Hamas überredet haben, eine politische Bewegung zu werden und ein Abkommen mit uns zu schließen. Der Shabak akzeptiert unsere Art, die Dinge zu regeln, nicht. Aber dann brauchen sich die Israelis auch nicht zu wundern, wenn es neue Terroranschläge gibt. Denn darauf können sie sich verlassen – sie werden sich rächen.»

Durch die vier Selbstmordattentate, die als Antwort auf Ayashs Tod im Februar und März 1996 erfolgten, kamen innerhalb von zwei Wochen siebenundfünfzig Menschen in Israel ums Leben. (Der erste Anschlag fand am 25. Februar statt, der zweite am Jahrestag des Massakers in der Ibrahimi-Moschee.) Wer auch immer diese Anschläge geplant hatte, fühlte sich vermutlich ermutigt durch Arafats Kondolenzbesuche in den Häusern von Hamas-Anhängern, durch die Salven, die die palästinensische Polizei zu Ayashs Ehren abfeuerte, durch die riesige Menschenmenge, die seine Leiche auf den Friedhof begleiteten. Aber offenbar hatten sie es nicht für nötig befunden, mit den glücklichen Männern zu reden, die an dem Tag, an dem der erste Anschlag stattfand, noch vor Sonnenaufgang aufgestanden und zur Arbeit nach Israel gefahren waren, nachdem eine Kette von Abriegelungen in den vorangegangenen Monaten das Id-al-Fitr-Fest vollkommen ruiniert hatte.

Mein Freund Muhammad, ein Subunternehmer aus Rafah, rief mich von einer Baustelle in Tel Aviv aus über sein Handy an, sowie er von dem Anschlag hörte. Seine beiden Brüder waren während der *Intifada* ums Leben gekommen, und er war noch nie ein Befürworter der Osloer Abkommen gewesen. «Aber das rechtfertigt noch lange nicht solche Anschläge», sagte er. «Alle vierzig Leute, die auf dieser Baustelle arbeiten, hängen jetzt fest. Ich könnte heulen. Ich könnte laut schreien. Ich habe mit Leuten von der Hamas geredet. Ich habe zu ihnen gesagt, okay, dann sagt also, daß das kein Frieden ist. Dann sagen wir eben, es ist ein Waffenstillstand. Aber gebt den Leuten doch eine Chance, zwei oder drei Jahre lang in Ruhe und Frieden zu leben. Die Polizei ist um zehn Uhr morgens gekommen und hat uns gesagt, wir sollen mit der Arbeit aufhören und abhauen, aber woher sollen wir jetzt einen Bus nehmen? Die Arbeiter haben Angst, von wütenden Israelis gelyncht zu werden. Deshalb haben sie sich in einem Keller versteckt, während ich nach einem Bus telefoniere. Hörst du die Männer hinter mir? Sie verfluchen die

Hamas und den Jihad. Warum mußte die Hamas warten, bis wir wieder bei der Arbeit waren? Diese großartigen Helden! Hätten sie das nicht während der Abriegelung machen können? Ich bin immer gegen diese Anschläge gewesen. Wer sitzt am Morgen in den Bussen? Frauen, Kinder, alte Leute. Hörst du? Jetzt sagen sie uns auf Wiedersehen, unsere Arbeitgeber, als ob sie nicht wüßten, ob sie uns jemals wiedersehen würden. Bis übermorgen haben sie sich dreißig Arbeiter aus Rumänien geholt, um uns zu ersetzen.»

Die Kluft, die Gaza zerriß, öffnete sich von neuem, und eine neue Verhaftungswelle brach über die Bevölkerung herein. Hunderte, wenn nicht Tausende von Familien von Sympathisanten der islamischen Bewegung lebten in ständiger Angst – vor Verfolgung, vor Informanten, die über ihre Gespräche in den Moscheen und zu Hause berichteten, vor Verhaftungen. Eine ganze Gesellschaftsschicht in Gaza – Leute, die keinerlei Verbindung zu den Terroranschlägen hatten – mußten fürchten, daß die Polizei in ihre Häuser einbrechen und einen Bruder oder sogar eine Frau oder Schwester verhaften könnte, wenn die gesuchte Person nicht zu Hause war. Sie wußten, wie brutal und erniedrigend die Vernehmungen waren.

Die Leute wurden zwei, drei, vier oder mehr Monate lang festgehalten, ohne mit einem Rechtsanwalt zu reden oder vor Gericht gestellt zu werden, ohne daß Anklage gegen sie erhoben wurde, ohne auch nur zu erfahren, was ihnen eigentlich vorgeworfen wurde, ohne ein Mitglied ihrer Familie zu sehen zu bekommen. Niemand glaubte, daß all diese Menschen etwas mit dem Terrorismus zu tun hatten. Ich hörte von Schlägen, von Leuten, die mit Plastikröhren verbrannt worden waren, die gezwungen worden waren, stundenlang in qualvoll verrenkten Stellungen zu stehen, die tagelang mit schmutzigen Säcken über den Köpfen herumsitzen mußten.

Im Gegensatz zum Westjordanland, wo in allen Regionen, die bereits der palästinensischen Autonomiebehörde unterstellt worden waren, Studenten und die Familien der Gefangenen Protestdemonstrationen gegen die willkürlichen Verhaftungen veranstalteten, gab es im Gazastreifen kaum Versuche zu protestieren. Es stellte sich sehr bald heraus, daß die Zehntausende, die anläßlich Ayashs Beerdigung auf die Straße gegangen waren, aus einer bedrohlichen Menschenmenge zu verschreckten, isolierten Individuen geworden waren. Die Stärke, die die Hamas bei der Beerdigung demonstriert hatte, hatte sich schnell verflüchtigt. Vielleicht war sie von Anfang an nur eine Illusion gewesen, die alle Beteiligten täuschte.

Von Zeit zu Zeit versuchten die Repräsentanten der palästinensischen Fraktionen Arafat darauf hinzuweisen, daß die Massenverhaftungen eines Tages schlimme Folgen für die Regierung haben würden. Viele Abgeordnete des neu gewählten Parlaments verbrachten ihre Abende damit zu versuchen, verschiedene Gefangene aufzuspüren, weil ihre Wähler sich verzweifelt in der Hoffnung an sie wandten, sie könnten herausfinden, wo ihre Söhne, Ehemänner oder Väter festgehalten wurden. Die Familien boten alle *Wasta* auf, die sie hatten, um ihre Lieben zu finden und Kontakt mit ihnen aufzunehmen. In Parlamentssitzungen und bei Konferenzen des Komitees versuchten die Abgeordneten, das Schicksal der Häftlinge auf die Tagesordnung zu bringen, aber vier Männer, die es gewagt hatten, wegen der Gerüchte um Folterungen eine Pressekonferenz abzuhalten, verloren um ein Haar ihre parlamentarische Immunität. Das Parlament ordnete an, daß Studenten, die ohne Beweise festgehalten wurden, freigelassen werden sollten, um ihre Examen ablegen zu können, aber die Anordnung wurde ignoriert.

Nicht die von den Selbstmordattentätern angerichteten Blutbäder bewogen die Führung der Hamas zu versuchen, den Anschlägen Einhalt zu gebieten, sondern die Verhaftungswelle, die Angst vor den Abriegelungen und die daraus resultierende Erbitterung der Bevölkerung. Die Führung der Hamas appellierte an den militärischen Arm der Bewegung, die Aktionen einzustellen. Dabei stellte sich heraus, daß sie die Kontrolle über die Situation und die namenlosen Männer, die bereit waren, sich zu opfern, verloren hatte. Wenige Tage später kam es zu einem neuen Selbstmordanschlag.

Hani Aabes, Kamal Kheil, Yihye Ayash – weder in Gaza noch in Israel bezweifelte irgend jemand, daß der Shabak für diese Morde verantwortlich war. Mit den Attentaten wurde versucht, Nutzen aus den internen Konflikten der palästinensischen Gesellschaft zu ziehen. Sie trieben Gaza an den Rand des Bürgerkriegs, weitere Terroranschläge konnten damit jedoch nicht verhindert werden.

Vom israelischen Standpunkt aus gesehen, waren die Palästinenser durch das Interimsabkommen auf den Prüfstand gestellt worden. Sie sollten ihre Fähigkeit unter Beweis stellen, Gewalt und Terror zu beenden. Die Attentate wurden durchgeführt, weil Israel zu dem Schluß gekommen war, daß die Palästinenser als Ganzes – die Autonomiebehörde, die Hamas, der Islamische Jihad und das Volk – die Prüfung nicht bestanden hatten. Aber für die Palästinenser hatte auch Israel auf dem Prüfstand gestanden: Vom jüdischen Staat wurde erwartet, daß er seine alte Rolle als Herr und Spion aufgab, daß er begriff, daß Gewalt und Terror nicht von alleine entstehen, sondern durch Feindschaft genährt werden, und schließlich, daß er die Gewohnheit aufgab, Kollektivstrafen über alle Palästinenser zu verhängen. Auch Israel hatte die Prüfung nicht bestanden, und während der ganzen Zeit zwischen der Umgliederung der IDF im Mai 1994 bis zu den palästinensischen Wahlen im Januar 1996 war die Hoffnung der Autonomiebehörde und der Fatah, das Volk davon überzeugen zu können, daß die Osloer Abkommen sich für die Palästinenser lohnen würden, immer wieder zerschlagen worden. Die Autonomiebehörde konnte auf keinerlei spürbare Verbesserung bezüglich der Arbeitslosigkeit und der allgemeinen Wirtschaftslage verweisen, die als ermutigendes Zeichen für die Zukunft hätte gewertet werden können. Auf diese Weise büßte die Autonomiebehörde ihre wichtigste Waffe gegen die terrorbesessene islamische Opposition ein und griff statt dessen mit wachsender Verzweiflung zu Unterdrückung und Einschüchterung.

Der zweite Jahrestag der palästinensischen Selbstverwaltung, der 17. Mai 1996, kam und ging, ohne daß jemand besondere Notiz davon nahm. Das gespaltene Gaza hatte nichts als seine Sorgen gemein: wie man Essen auf den Tisch bringen sollte, wie viele Ausreisegenehmigungen wohl in der nächsten Woche erteilt werden würden, wie lange Israel den Gazastreifen noch abriegeln würde.

5 Wie es im Koran geschrieben steht

Zwei Jahre nachdem ich nach Gaza gezogen war, passierte es mir zum erstenmal, daß jemand vorschlug, ich solle zum Islam übertreten. Der Vorschlag kam von der Mutter eines Freundes und wurde mit Wärme und Zuneigung und aus echter Sorge um mein Wohl ausgesprochen. Sie gehörte einer Flüchtlingsfamilie an, einer Familie von alten Fatah-Anhängern, die ihre Erfahrungen mit Gefängnissen und Ausgangssperren und Schlägen hatten und nun die Versöhnung mit Israel unterstützten. «Der Koran ist das einzige, endgültige Buch der Offenbarung», beschwor mich die Mutter, «das einzig wahre Buch, das der Thora und dem neuen Testament überlegen ist. Aber natürlich», fuhr sie fort, «erkennen wir den Propheten Musa – Moses – an und den Propheten Isa – Jesus –, Frieden und Segen seien mit ihnen.»

Wir saßen alle zusammen auf einer Matratze am Boden, meine Freunde und ihre Kinder, dazu ein Bekannter aus Nablus, ein Lehrer, der aus Saudi-Arabien zu Besuch hier war, und ein Sohn, der der palästinensischen Polizei im Westjordanland angehörte. Er war für einen schnellen Besuch nach Hause gekommen und saß nun im Gazastreifen fest, weil Israel ihn daran hinderte, zu seiner Einheit zurückzukehren. Irgendwann gesellten sich noch eine Schwester und ihr Mann oder vielleicht auch ein Bruder und seine Frau zu uns. Die Unterhaltung war locker und lautstark und bewegte sich ungezwungen von alten Gefängnisgeschichten über Witze zum Problem eines Onkels, der Kummer mit seinen Augen hatte und keine Ausreisegenehmigung bekam, um die Augenklinik in Ostjerusalem aufzusuchen.

Ich weiß nicht mehr, wie wir auf Religion und Glaubenswechsel zu sprechen gekommen waren, aber plötzlich begann die Mutter, mit Feuereifer die Geschichte des Exodus aus Ägypten und der Wunder zu erzählen, die die Kinder Israels auf ihrem Weg durch die Wüste erlebt hatten – sie kannte diese Geschichte aus dem Koran. Sie erzählte anschaulich und mit großer Anteilnahme, wie sich das Rote Meer geteilt hatte, als ob sie selbst dabeigewesen wäre. Auf dem Höhepunkt der Geschichte, als die Armee des Pharao in den Fluten versank, drückte sie meine Hand. Zorn und Kummer schwangen in ihrer Stimme mit, als sie von all den Sorgen sprach, die Musa, «Frieden und Segen seien mit ihm», mit den Kindern Israels gehabt hatte. Sie seufzte erleichtert auf, als hätte sie entsetzlichen Durst gelitten, als sie beschrieb, wie Musa gegen den Felsen schlug und ein Wasserstrahl daraus hervorbrach.

Am Ende ihrer Geschichte kam sie auf das unvermeidliche Schicksal der Ungläubigen zu sprechen und auf ihren Wunsch, mir dieses Schicksal zu ersparen, damit ich mit allen Gläubigen am Ende das Paradies erlangen möge. Nach einer kurzen theologischen Diskussion unter den Familienangehörigen erklärte mir eine Tochter, daß im Koran ausdrücklich geschrieben steht (in der Sure der Kuh, wie ich später erfuhr), daß «die Ungläubigen dazu bestimmt sind, gedemütigt und gestraft zu werden, weil sie, wenn sie aufgefordert werden ‹zu glauben, was Allah offenbart hat›, antworten: ‹Wir glauben das, was *uns* offenbart worden ist.›» Sie «leugnen, was später offenbart worden ist», heißt es weiter, «obwohl es die Wahrheit ist und ihre eigene Heilige Schrift bestätigt» (2:91).[1] Der Ton der Tochter war zwar nicht aggressiv, zeugte aber auch nicht von der Zuneigung und Sorge ihrer Mutter. Das Wort «Ungläubige» kam mit dem Widerwillen und Abscheu einer Frau von ihren Lippen, die an die buchstäbliche Wahrheit des Wortes Gottes glaubt.

Das Wort Gottes ist in Gaza allgegenwärtig, aber es ist nicht, wie manche frommen Moslems und israelischen Beobachter behaupten, monolithisch und unflexibel, und es deutet nicht unbedingt auf eine einzige – mörderische – Bedeutung hin. Religiöse Parabeln, Anspielungen auf den Koran und historisch-islamische Allegorien gehören ebenso zum Gazastreifen wie die feinen Sandkörner in der Luft und begegnen einem auf Schritt und Tritt, aber sie sind auch äußerst dehnbar und verändern Gestalt und Bedeutung von Sprecher zu Sprecher, oft je nachdem, wie seine oder ihre politische Ausrichtung aussieht.

Mein Freund Abu Basel zum Beispiel ist ein überzeugter Verfechter der Rechte der palästinensischen Arbeiter und hat die Angewohnheit, solche Passagen zu zitieren, die seine sozialistischen Überzeugungen widerspiegeln und gleichzeitig vom Schmerz und der Verzweiflung eines Lebens im heutigen Gaza erzählen. An einem grauen Herbsttag im Oktober 1995, kurz nach dem Attentat auf den Führer des Islamischen Jihad, Fathi Shiqaqi, gingen Abu Basel und ich in Rafah an dem Trauerzelt vorbei, das vom Bruder des Toten aufgestellt worden war. Inzwischen machten diese Trauerzelte mich ganz krank, mit ihren Lautsprechern, die die Gläubigen zum Kampf aufriefen, während in den Augen der Leute nichts als die Erschöpfung ihrer Herzen stand. Die Sonne verbarg sich hinter schweren, schmutziggrauen Wolken, und die gespannte Erwartung der Racheakte gegen Israel und der Abriegelung, die die Folge dieser

Racheakte sein würde, lag in der Luft. Plötzlich unterbrach Abu Basel unser Schweigen. «Im Koran heißt es, daß die Juden das Leben lieben, aber ich glaube, das ist falsch. Wenn ich uns anschaue, dann sehe ich, daß wir das Leben mehr lieben als ihr.»

Die Stelle im Koran, auf die er anspielte, ebenfalls aus der Sure der Kuh, war mir inzwischen vertraut: «Ihr werdet finden, daß sie das Leben mehr lieben als andere Menschen, mehr noch als die Heiden. Jeder von ihnen möchte tausend Jahre leben. Aber auch wenn ihr Leben noch so sehr verlängert würde, würde sie das nicht vor unserem Zorn schützen. Allah sieht alle ihre Taten.» (2:96–97)[2] Zum erstenmal hatte ich diese Passage in weniger freundlichem Zusammenhang gelesen: auf einem Flugblatt des Iz al-Din al-Quassam, des militärischen Arms der Hamas, auf dem weitere Anschläge auf Israel angekündigt wurden. Der Verfasser behauptete, daß die Juden das Leben zu sehr liebten und deshalb bereit seien, viel von ihrer Selbstachtung und Menschenwürde zu opfern, nur um am Leben zu bleiben. «Ihr habt Angst vor dem Tod», schrieb der Autor, «und deshalb erfüllen unsere Drohungen mit Selbstmordattentaten und anderen Aktionen ihren Zweck.»

In der Vorstellung der Israelis ist eine direkte Linie, die vom Koran zu den Selbstmordattentaten führt, die Quintessenz des muslimischen Glaubens und ganz besonders der Religion der Bevölkerung von Gaza. Aber hier stand der sanfte Abu Basel, der selbst kein gläubiger Moslem war, und schöpfte aus der gleichen Quelle nicht Kraft, sondern Ohnmacht, nicht Sicherheit, sondern Verzweiflung. Auch er bezog sich in seinem traurigen Kommentar auf den Koran und stellte dabei seine Worte und ihre Bedeutung in Frage. Die ganz besonderen, konkreten Umstände seines Lebens, die ausschließlich seine eigenen waren, hatten sein muslimisches Bewußtsein geprägt. Und selbstverständlich gibt es so viele Schattierungen von muslimischem Bewußtsein, Verständnis und Handeln, wie es Strömungen im Leben der Menschen in Gaza gibt – manchmal widersprüchlich und unklar, aber immer nuanciert und unterschiedlich und nur aus der Realität des Gazastreifens heraus faßbar.

Auf dem gleichen Spaziergang begann Abu Basel von Mohammeds Nachfolger, dem zweiten Kalifen Omar ibn al-Khattab, zu reden. Wie zum Beweis der Dehnbarkeit religiöser Anspielungen und der Bedeutung des Zusammenhangs wurde Ibn al-Khattab mir gegenüber nach unserem Gespräch nicht weniger als dreimal innerhalb einer Woche erwähnt, und jedesmal zu vollkommen unterschiedlichen Zwecken. Ibn al-Khattab, von dem in den Predigten in den Moscheen ständig die Rede ist, regierte zwischen 634 und 644 nach Christus. Mit seinen Eroberungen legte er den Grundstein für das muslimische Reich und nahm sogar Jerusalem ein. Er begründete ein hierarchisches Pensionssystem für seine Eroberungsarmee, von dem nichtarabische muslimische Soldaten jedoch ausgeschlossen waren. Trotz dieser Ungerechtigkeit zitierte Abu Basel einen Akt der Barmherzigkeit. «Er bestrafte niemals Menschen, die während einer Dürre etwas stahlen», erzählte er und sagte damit mehr über Abu Basel aus als über den Kalifen.

Es war ein für Gaza typischer Zufall, daß ich schon wenige Stunden, nachdem ich mich von Abu Basel getrennt hatte, wieder von ibn al-Khattab hörte, diesmal im Hause Ismail Faqawis, eines säkularen Lehrers im Flüchtlingslager Khan Yunis. Während der *Intifada* war Faqawi um drei Uhr morgens in seinem Haus verhaftet worden. Man hatte ihm die Augen verbunden, Handschellen angelegt und ihn nach Ansar II, einem großen Gefangenenlager in Gaza, gebracht. Auf dem Weg war er mit Gummiknüppeln auf Knie und Schultern geschlagen worden. Im Lager angekommen, war er gezwungen worden, auf einem großen, offenen Hof zu knien und auf seine Vernehmung zu warten. Diese begann viele Stunden später, und als Faqawi sich weigerte zuzugeben, daß er Demonstrationen organisiert habe, was er tatsächlich nicht getan hatte, schickten die Vernehmer ihn wieder hinaus und ließen ihn in Handschellen und mit verbundenen Augen für den Rest der Nacht im Hof knien.

In der Einsamkeit und Kälte hörte er plötzlich eine freundliche Stimme. Dem Wachmann, der ihn bewachen sollte, war aufgefallen, daß Faqawi nicht ein einziges Mal um Wasser gebeten oder gesagt hatte, er müsse auf die Toilette. Mitleidig und fürsorglich lud er Faqawi in sein Zelt ein, wo er ihm Augenbinde und Handschellen abnahm und ihm Zigaretten anbot. Es stellte sich heraus, daß der Wachmann Druse war, Mitglied einer Religionsgemeinschaft, die sich im elften Jahrhundert vom Islam getrennt hat. (Im Gegensatz zu den anderen arabischen Israelis werden die Drusen auch zum Dienst in der IDF herangezogen.) «Hast du keine Angst, bestraft zu werden?» fragte Faqawi. «Wir haben ein Warnsystem», antwortete ihm der Wachmann. «Wenn wir einen jüdischen Kameraden kommen hören, ruft einer von uns ‹Wer möchte rauchen?›»

Die Freundlichkeit des Drusen bewog Faqawi, über die Geschichte zu sprechen, die sie miteinander gemein hatten. «Omar ibn al-Khattab hat eure Ahnen, die tapfersten aller Krieger, von der arabischen Halbinsel nach Syrien und in den Libanon gebracht, damit ihr gegen Byzanz kämpfen und die Nordgrenze sichern solltet.» In diesem Augenblick repräsentierte Ibn al-Khattab, der Fürst aller gläubigen Moslems, das gemeinsame Schicksal und den gemeinsamen Ursprung von Gefangenem und Aufseher. Für Faqawi erklärte diese ferne Geschichte, warum der Wachmann es gewagt hatte, seinen Befehlen zuwiderzuhandeln und ihm nicht nur den Trost einer Zigarette, sondern auch freundschaftliche Solidarität anzubieten.

Trotz dieser historischen Anspielung gilt Faqawi im allgemeinen keineswegs als religiös. Erstens pflegt er die Verbreitung des Islam in seiner Gesellschaft mit marxistischen Theorien zu erklären, und zweitens hatte er einen Zusammenstoß mit strenggläubigen Moslems, als er sich weigerte, säkulare Bücher aus der von ihm betreuten Bibliothek zu entfernen, was ihm die Bezeichnung «Volksfeind» eintrug. Sein Name tauchte 1980 auf einer von der Moslembruderschaft veröffentlichten Liste von «Ungläubigen» auf, wodurch er zum Ziel von Drohungen und Schikanen wurde, die ihren Höhepunkt erreichten, als ihm zwei Verbrecher Säure ins Gesicht schütteten. Nach dem Säureangriff erklärte sich Faqawi bereit, einen symbolischen Besuch in einer Moschee zu absolvieren und dadurch die Konfrontation zunächst einmal zu beenden.

In dieser Woche begegnete mir Omar ibn al-Khattab auch noch ein drittes Mal – in einer Predigt, die der Führer der Hamas, Sheikh Ahmad Bahar, in der Falastin-Moschee hielt. Bahar war gerade erst nach dreimonatiger Haft aus einem palästinensischen Gefängnis entlassen worden. Der Verdacht gegen ihn war vage, aber er war eine Schlüsselfigur in der islamischen Bewegung, und seine Verhaftung war von Israel als wichtiger Schritt «im Kampf der Autonomiebehörde gegen den Terror» beachtet worden. Wenn hochrangige Mitglieder der islamischen Opposition aus dem Gefängnis entlassen werden, werden ihre ersten öffentlichen Erklärungen von allen Seiten mit besonderer Aufmerksamkeit geprüft. Sind sie nachgiebiger geworden oder gar gebrochen? Würden sie mit ihrer Kritik an der Autonomiebehörde in Zukunft vorsichtiger sein? Nach mehrfachen Verhaftungen und längeren Gefängnisaufenthalten wurden die Predigten vieler Hamas-Aktivisten tatsächlich verschlüsselter und befaßten sich weniger ausdrücklich mit aktuellen Ereignissen.

Aber für die Gläubigen ist der Koran ewig, und eine Erwähnung der Kalifen – die ja unsterblich und für die gesamte Geschichte bedeutsam sind – ist für sie immer aktuell und direkt. Im Herbst 1995, als Bahar seine Predigt hielt, bemühten sich die Hamas und die Autonomiebehörde gerade um eine Wiederaufnahme des Dialogs, und für aufmerksame Zuhörer untermauerten die islamischen Anspielungen des Sheikhs die Positionen der Hamas. Der zweite Kalif, erzählte der Sheikh, wollte den Brautpreis festsetzen, den ein Mann der Familie seiner zukünftigen Frau zu zahlen hatte. Als er diese Absicht bekanntgab, erhob sich eine Frau in der Menschenmenge. «Du willst etwas festsetzen, das nicht einmal Allah festgesetzt hat», rief sie ihm zu. Der Kalif hörte ihre Worte, gab vor der ganzen Gemeinde seinen Irrtum zu und nahm den Vorschlag zurück. Der Islam, wollte Sheikh Bahar damit offensichtlich sagen, begrüßt und ermutigt jede freie Meinungsäußerung und erkennt sogar das Recht an, Kritik an einer Entscheidung des Herrschers zu üben. Er folgerte, daß echter Dialog nur dann möglich ist und Fehler nur dann vermieden werden können, wenn die Menschen frei reden können und ihre Meinung auch gehört wird. Der Bezug auf die Autonomiebehörde war unüberhörbar. (Bahar und andere verteidigen ihren Glauben vehement gegen die Forderungen der Demokratie und des Feminismus. Hier schien der Sheikh jedoch anzudeuten, daß im Islam auch Raum ist für die Meinung einer Frau sei. Die Leute klärten mich eilig dahingehend auf, daß die Frauen in den Tagen Mohammeds, Frieden und Segen seien mit ihm, während der Gottesdienste hinter den Männern saßen. Erst später wurden Trennwände und dann eine eigene Abteilung für die Frauen üblich. Aber, so sagte man mir, die Meinung der Frauen wurde immer gehört. Sie kämpften sogar in den Kriegen mit und hatten gleichen Anteil an den Entscheidungen.)

In der gleichen Predigt sprach Bahar auch von Abu Sufyan, dessen Sohn während der Herrschaft des zweiten Kalifen Gouverneur von Syrien war. Eines Tages begegnete Ibn al-Khattab diesem Mann, der gerade von einem Besuch bei seinem Sohn zurückkehrte und dessen Karawane mit Reichtümern beladen war. «Wo kommt all das her?» fragte der Kalif. «Ich bin ein Kaufmann», antwortete Abu Sufyan, «und mein Sohn hat mir geholfen.» Ibn al-Khattab wurde wütend. «Ich habe deinen Sohn als Gouverneur und nicht als Kaufmann nach Syrien geschickt», erklärte er, konfiszierte die Waren und verleibte sie dem Staatsschatz ein.

Das mußte niemandem in der Falastin-Moschee erklärt werden. Wehe den Mächtigen, die ihre Stellungen dazu mißbrauchen, in ihre eigenen Taschen zu wirtschaften – und alle Anwesenden wußten ganz genau, wer sie waren, diese Mächtigen. In Gaza gibt es keine Geheimnisse. Wenn jemand in Saja'ya schnarcht, sagt man scherzhaft, wachen die Leute in ganz Palästina auf. Der Polizeioffizier, der sich gerade ein Luxusapartment gekauft hat, das er sich nur mit seinem Gehalt niemals leisten könnte, der Minister, der nebenbei ein paar kleine Geschäfte macht – auch wenn die palästinensische Presse nichts über solche Einzelheiten berichtet, weiß doch jeder im ganzen Gazastreifen darüber Bescheid. Die unausgesprochene Aussage von Bahars Predigt lautete, daß ein starker Führer der Korruption seiner Beamten ein Ende machen würde. Die Zahl der islamischen Prediger, die von der Polizei der Autonomiebehörde verhaftet werden, läßt darauf schließen, daß ebendiese Beamten die Kritik der Prediger mindestens ebenso fürchten wie das Potential der islamischen Bewegung, bewaffnete Anschläge durchzuführen.

Die verschiedenen Fraktionen der PLO (die Fatah, die PFLP, die DFLP – alles, was gemeinhin als «nationalistisch» eingestuft wird), die mit der islamischen Bewegung um Anhänger konkurrieren, beanstanden, daß die demonstrative Frömmigkeit der Prediger der Hamas von der Partei als Werkzeug mißbraucht wird, um sich die Kontrolle über die palästinensische Gesellschaft im allgemeinen und die Institutionen der Regierung im besonderen zu sichern. Die Anhänger der Hamas machen kein Geheimnis aus ihrer Hoffnung und Überzeugung, daß ein zukünftiger palästinensischer Staat eines Tages dem islamischen Gesetz gehorchen wird, aber sie versichern, daß dies nur durch den Willen und die Überzeugung des Volkes und nicht durch Zwang geschehen kann. (Die gleichen Leute ziehen es vor, sich nicht mehr an die Einschüchterungskampagnen zu erinnern, die besonders in den frühen achtziger Jahren gegen die Anhänger der Linken in Gaza geführt wurden. Die Gewalttätigkeiten begannen 1980 mit Angriffen auf Hayder abd al-Shafi und den Roten Halbmond in Gaza, dem er vorstand.) Nach ihrem Verständnis sind Religion und Staat untrennbar miteinander verbunden. Der Islam ist eine Art zu leben, die zwischen der Privatsphäre und dem öffentlichen Leben keinen Unterschied kennt.

Wie auch immer die Motive der islamischen Organisationen aussehen mögen, die großen Menschenmengen, die jeden Freitag zu den Mittagsgebeten in die Moscheen strömen, besonders in solche, deren Prediger einen besonderen Ruf als Redner haben, beweisen, wie groß die Anziehungskraft von Gebet und Predigt ist. Und je direkter eine Predigt das Leben und die Erfahrungen der Gläubigen anspricht, desto mehr regt sie sie zu Diskussionen aller Art über religiöse, ideologische, politische und soziale Themen an. Die Grenzen sind fließend.

Eine Folge der Beliebtheit der Moscheen ist, daß die führenden Männer der Autonomiebehörde sich ebenfalls gezwungen sehen, an den Gottesdiensten teilzunehmen. Seit Yassir Arafat im Juli 1994 sein Büro in Gaza aufgemacht hat, betet er jeden Freitag demonstrativ in einer anderen Moschee, immer begleitet von einem Hofstaat von Polizeibeamten und hochrangigen Beratern. Das palästinensische Fernsehen erscheint ebenfalls, um für die Ewigkeit zu dokumentieren, daß Arafat «wie ein ganz gewöhnlicher Mensch» am Gebetsgottesdienst und an der Predigt teilnimmt. Am dritten Tag nach seiner Ankunft betete Arafat in der ältesten Moschee in Gaza, der großen Al-Omari-Moschee. An diesem Tag gelang dem Imam, Yassin Jamusi, der politisch nicht gebunden ist, eine außerordentliche Demonstration, wie man in einer Predigt über alle Zeiten hinweg eine Verbindung zwischen den aktuellsten Ereignissen der Gegenwart und den fernen Wurzeln des Islam schaffen kann.

Die Lautsprecher trugen die Stimme des Imam über die Gemeinde hinweg bis hinaus in die Stadt, als er begann: «Dem Propheten Mohammed, Frieden und Segen seien mit ihm, gelang es, einen Staat auf einem Stück Land zu errichten, das kleiner war als der Gazastreifen und Jericho», womit er die Grenzen des Selbstverwaltungsgebiets ansprach, das Arafat zunächst unterstellt wurde. «Seine Nachfolger dehnten die Grenzen aus und begründeten eine großartige Zivilisation, die sich weit nach Ost und West erstreckte», fuhr der Imam fort. «Wir sind von der Hoffnung erfüllt, daß auch unser Staat sich ausdehnen wird, bis wir all unser Land und alle unsere Rechte wiedergewonnen haben.» Damit brachte der Imam unmißverständlich seine Unterstützung für seinen ranghöchsten Zuhörer und das Gaza-Jericho-Abkommen zum Ausdruck, daß dieser unterschrieben hatte. Jamusi widersprach damit der Ansicht der Opposition, die behauptete daß das Osloer Abkommen unweigerlich in eine Sackgasse führen würde. «Das wichtigste ist», schloß er und zerstreute damit die letzten Zweifel an seiner politischen Position, «daß wir die Einheit des Volkes bewahren und zusammen mit der Regierung an unserem gemeinsamen Ziel arbeiten.»

Überall in Gaza sahen sich die Imame durch Arafats Anwesenheit veranlaßt, in ihren hochaktuellen Predigten mit besonderem Nachdruck von der Beziehung Mohammeds zu seinen Anhängern zu sprechen. Nadir al Luqa, der beliebteste Imam im Flüchtlingslager Rafah und ebenfalls politisch unabhängig, widmete einen großen Teil seiner Predigt in der Bilal-Moschee der Flucht des Propheten, der *Hijra*, aus Mekka und schließlich seiner Rückkehr in die Heilige Stadt. Luqas Interesse galt mehr der Geistesverfassung Mohammeds als seinen territorialen Eroberungen. Der Prophet sei geflohen, sagte er, um seinen Prinzipien treu bleiben zu können. Erst als er eine starke Armee um sich geschart hatte, kehrte er stolz als Sieger zurück, ohne eine Spur von Demütigung. Die Entscheidung, ob Luqa auf eine Ähnlichkeit oder auf den großen Unterschied zwischen der Rückkehr Arafats und der des Propheten hinweisen wollte, blieb seinen Zuhörern überlassen. Er betonte jedoch, ob es nun als Rat oder als Bitte verstanden werden sollte, daß Mohammed sich gegen die Bewohner von Mekka großzügig verhalten habe. «Freut Euch über die Rückkehr eures Bruders», rief der Imam. «Aber handelt nicht gegen eure Moral», fügte er im Hinblick auf die vielen Palästinenser hinzu, die mit Arafat aus dem Exil zurückgekehrt waren. Zum Abschluß äußerte er sich mit leichtem Vorwurf gegen die städtischen Machthaber: «Ich hätte mir gewünscht, daß Arafat früher gekommen wäre», sagte er. «Dann hätte die Stadt unsere Straßen ein bißchen schneller gereinigt.»

Vom nationalen Stolz und nationaler Demütigung bis hin zur Müllabfuhr, der Imam kannte die Nöte seiner Leute, und er zeigte ihnen, daß ihre Sorgen auch die seinen waren. Die Bilal-Moschee lag eingebettet zwischen Sanddünen im hellen Sonnenlicht. Schekel für Schekel war sie von den mageren Ersparnissen der Flüchtlinge erbaut worden, und sie hallte wider vom harmonischen Klang der traditionellen Gebete, von Geschichten über den Propheten und von behutsamer Kritik an den Machthabern der Gegenwart. Für die Gemeinde, die aus Flüchtlingen und den Söhnen von Flüchtlingen bestand, war die Art des Imams, alle diese Elemente miteinander zu vermischen, eine Selbstverständlichkeit, ein vollkommen natürlicher Bestandteil all ihrer Wünsche und Ziele, der nationalen wie der geistigen.

Natürlich kennt auch Yassir Arafat die Wirksamkeit der Methode, patriotische Reden mit Anspielungen auf die vertrauten Geschichten aus dem Koran zu spicken. Am Tag nach seiner Ankunft hielt er eine Ansprache bei einer Kundgebung im Flüchtlingslager Jabalia. Die Versammlung wurde im Hof der Faluja-Schule abgehalten (wo die *Intifada* begonnen hatte), der mit Menschen vollgepackt war. «Wer auch immer für sein Vaterland kämpft, kämpft für Allah!» begann Arafat, und seine Worte hätten ebensogut von einem Führer des Islamischen Jihad gesprochen werden können. Die Menschen, die im Schulhof zusammengedrängt standen und von Balkonen und Hausdächern herunterhingen, antworten wie aus einem Munde: «*Allahu akbar*, Allah ist groß!» Schulter an Schulter drängte die Menge vorwärts, und ein paar Männer von der Fatah reichten sich die Hände und bildeten einen schützenden Kreis um mich und eine andere Journalistin, um zu verhindern, daß die umstehenden Männer uns versehentlich streiften.

«Ich bin nicht der einzige, der sagt, daß unser Volk stark ist, ein Volk von Jabarin», fuhr Arafat fort. «Auch im Koran steht es geschrieben.» Die Jabarin, so erklärte man mir, lebten in Kanaan, bevor die Kinder Israels das Land eroberten. Sie waren ein gottloses Volk von Götzenanbetern, aber bemerkenswert stark. Gewöhnlich schätzen gläubige Moslems es nicht, wenn man sie mit den Jabarin vergleicht, aber in dem Zusammenhang, in dem Arafat von ihnen sprach, erhielten seine Worte eine ironische Wendung. «Oh Moses!» beginnt die entsprechende Passage im Koran in der Sure des Tisches, «ein Volk von Riesen wohnt in diesem Land. Wir werden den Fuß nicht dorthin setzen, bevor sie nicht verschwunden sind. Sobald sie fort sind, werden wir hineingehen.» (5:22)[3] Die Sprecher in der Passage sind die Kinder Israels. Die Menschen, von denen sie reden, sind die Jabarin, und diese sind die ursprüngliche Bevölkerung des Landes. Auf diese Weise hatte Arafat darauf hingewiesen, daß die Palästinenser die wahren Bewohner Palästinas sind. Mit seinem poetischen Wortspiel hatte er klarstellen wollen, daß der Koran nicht das exklusive Eigentum der islamischen Opposition sei, und er wurde mit dem wissenden Lächeln seiner Zuhörer belohnt.

(Mit dichterischer Freiheit kann man eine negative islamische Anspielung leicht in eine positive verwandeln oder sie sogar zu einem Scherz benutzen. Abu Ali Shahin, ein Veteran und Held der Fatah, stieg einmal zusammen mit einem Freund und mir in einen Lift. «Ich bin der Satan», erklärte er, als sich die Tür schloß. Mir war zwar klar, daß er einen Witz machte, aber ich verstand trotzdem nicht, was er meinte. Als er mein ratloses Gesicht sah, versuchte er, es mir zu erklären. «Du bist eine Frau, und er ist ein Mann», sagte Shahin und deutete auf seinen Freund. «Im Koran heißt es, wenn ein Mann und eine Frau miteinander alleine sind, tritt der Satan zwischen sie. Also», schloß er strahlend, «bin ich der Satan!»)

Auch die Bemühungen der Autonomiebehörde, sich die Gunst gläubiger Wähler zu sichern, führen dazu, daß islamische Redewendungen in den politischen Sprachgebrauch aufgenommen werden. Hinter dem Podest des Sprechers des palästinensischen Parlaments hängt ein großes Spruchband mit der Aufschrift: «Es möge *Shura* herrschen.» *Shura* ist ein Ausdruck aus dem Koran, der «Beratung» bedeutet. (Ein aus Tunis zurückgekehrter PLO-Beamter, der Schwierigkeiten hatte, sich auf die neuerdings von der Autonomiebehörde gepflegte religiöse Etikette einzustellen, meinte scherzhaft: «Wenn von uns erwartet wird, daß wir fünfmal am Tag beten, dann beten wir eben sechsmal.») In den Augen frommer Moslems bestätigt das Spruchband jedoch nur ihr Argument, daß im Koran von vornherein demokratische Prinzipien enthalten sind.

Das Ausleihen von Ausdrücken ist jedoch keine Einbahnstraße, und gläubige Moslems sind manchmal gezwungen, auf Worte zurückzugreifen, deren Ursprung außerhalb ihrer Tradition liegt. Der islamische Block, so hatte man mir immer gesagt, lehnte den Begriff Demokratie als westliches Konzept ab und behauptete, daß der Islam über eine eigene Version dieser Idee verfüge – *Shura*. Aber der Koran enthält keine Erklärung, wie diese Beratung auf den Entscheidungsprozeß angewendet werden soll. Außerdem fehlt dem Konzept der *Shura* sowohl die Vorstellung, daß sich die Souveränität vom Willen des Volkes herleitet, als auch die Idee von gewählten Vertretern. Da es im Islam keine Ausdrücke gab, um diese beiden Prinzipien zu beschreiben, wurde der Widerstand gegen den Gebrauch des Wortes «Demokratie» im Laufe der Zeit immer schwächer. Heute reden auch gläubige Moslems häufig von Demokratie und halten sie sogar für ein erstrebenswerteres System als die in vielen arabischen Staaten herrschenden Regime.

Als Arafat nach Gaza zurückkehrte, lag Optimismus in der Luft. Die Folge davon war, daß äußerliche Demonstrationen von Frömmigkeit seltener zu werden schienen. Ich hatte diese Dynamik schon früher, während der multilateralen Verhandlungen in Madrid im Jahr 1991, beobachtet. Im gleichen Maß, wie die Leute neue, hochgespannte Hoffungen faßten, lockerten sich die selbstverhängten Verbote der *Intifada*, und die Soldaten verhielten sich weniger aggressiv. Ein Anzeichen für diese Stimmung, erzählte mir ein aufgeregter Freund, war, daß die Leute wieder angefangen hatten, Fußball zu spielen. Die Männer verließen die Moscheen, um im Fußballstadium zu jubeln. Während des Aufstands waren die Moscheen der einzig sichere Ort für Zusammenkünfte und Diskussionen. Öffentliche Veranstaltungen waren verboten, Jugend- und Sportclubs waren geschlossen – daher die Beliebtheit der Gottesdienste.

Drei Jahre später, 1994, machte sich die gleiche Dynamik bemerkbar: Zum erstenmal seit Jahren besuchten mehr Gläubige die der Fatah nahestehenden Moscheen in Rafah als solche, die mit der Hamas identifiziert wurden. Daraus konnte man schließen, daß auch die Menschen, die in ihrem religiösen Eifer nicht nachlassen wollten, sich lieber der Bewegung zuwandten, die weltlichere und sofortige Verbesserungen versprach. Ein weiteres Anzeichen war, daß die Nachfrage nach Haarpflegeprodukten plötzlich anstieg. Jedermann in Gaza wußte ganz genau, welche Schlüsse man aus diesem Phänomen zu ziehen hatte: Die Frauen hatten die Absicht, sich dem während der *Intifada* strikt durchgeführten religiösen Gebot, den Kopf zu verhüllen, nicht länger zu beugen und ihr Haar unbedeckt zu lassen. Die Hoffnung auf Veränderungen hatte die unmittelbare Folge, daß die Macht der islamischen Fundamentalisten untergraben wurde und die Frauen sich einfach das Recht nahmen, selbst über ihr äußeres Erscheinungsbild zu entscheiden. Heute bedecken jedoch die meisten Frauen in Gaza, besonders in den Flüchtlingslagern und den ärmeren Stadtvierteln, nach wie vor ihre Haare, vielleicht weil ihre Hoffnungen schwanden, als sich die Tage der Abriegelung häuften und ihre Männer müßig zu Hause saßen, oder weil sich die tiefverwurzelte Kraft der Tradition letztlich als stärker erwies.

Hamas-Anhänger sind sich über die symbiotische Beziehung zwischen Hoffnung und Religiosität durchaus im klaren. Einige Monate nach der Rückkehr Arafats ging ich mit einem Freund von der Hamas zu einer Kundgebung zur Feier der Gründung der Fatah. Tausende von Menschen drängten sich in das Yarmuk-Stadium in Gaza und warteten auf den Auftritt und die Rede Arafats. Es gab nicht genügend Sitzplätze für alle, und die Leute standen auf den Zehenspitzen, um einen Blick auf die Bühne zu erhaschen. Als wir uns umsahen, machten mein Freund und ich eine schockierende Entdeckung: Männer und Frauen saßen beieinander. Wer auch immer diese Kundgebung organisiert hatte, hatte keine eigenen Sitzplätze für die Frauen vorgesehen, wie es bei öffentlichen Veranstaltungen sonst üblich ist, und die Leute mischten sich fröhlich und ungezwungen. «Wird die Hamas versuchen zu verhindern, daß so etwas noch einmal passiert?» fragte ich und versuchte, mir meine Freude nicht zu sehr anmerken zu lassen. «Wir wollen den Leuten unseren Willen nicht aufzwingen, wenn von vornherein klar ist, daß wir damit keinen

Erfolg haben können», antwortete mein Freund. «Im Augenblick denken die Leute in eine vollkommen andere Richtung.»

Nirgends kam dies klarer zum Ausdruck als am Strand, der in diesen frühen Tagen der zuverlässigste Indikator für die Fähigkeit – oder Unfähigkeit – der Hamas war, das Verhalten der Leute zu bestimmen. Mit dem Abzug der IDF gehörten die nächtlichen Ausgangssperren der Vergangenheit an. Augenblicklich begannen Tausende von Menschen, allabendlich nach der Arbeit zum Strand zu strömen, sich am Meer zu erfreuen und die neue Erholungsmöglichkeit zu genießen. Wie durch Zauberei wuchsen kleine Hütten als Umkleideräume aus dem Boden, und Stände, an denen Falafel und gebratene Maiskolben verkauft wurden, säumten den Strand. Schnell reagierende Unternehmer vermieteten Stühle, auf denen die Eltern sitzen und zuschauen konnten, wie die abendliche Flut hereinströmte und ihre Kinder Muscheln sammelten und in den Wellen herumsprangen. An Freitagen, den regelmäßigen Feiertagen, erschienen die Leute zu einem Morgenbad – junge Männer und Kinder natürlich, aber auch Frauen, die ins Meer hineinwateten und deren Röcke sich auf der Wasseroberfläche blähten wie riesige Pilze. Und bei Sonnenuntergang verabredeten sich junge Paare miteinander und wanderten gemeinsam am Strand entlang – ein wirklich revolutionärer Anblick.

Anfangs versuchte die Hamas, dem allabendlichen Strandkarneval einen Riegel vorzuschieben. Sie verteilte Flugblätter mit düsteren Schilderungen von schmutzigem Betragen: Männer und Frauen zusammen, Alkohol und alle Arten von Zügellosigkeit. Aber die Leute ignorierten die Flugblätter und lachten darüber. «Als ob wir eine Besatzung bräuchten, um über unsere Moral zu wachen», spotteten sie. «Wo sonst sollen wir uns erholen, ein bißchen Spaß haben und frische Luft schnappen, wenn nicht am Strand?» Faiz aus al-Boureij machte der Diskussion ein Ende. «Die Hamas-Leute kommen doch auch her», sagte er, und das frivole Treiben am Meer ging weiter. Schließlich wurde die Küste von einer Reihe von teuren (aber mittelmäßigen) Restaurants erobert, deren Gäste Angehörige der Autonomiebehörde und ausländische Besucher sind – zu teuer für meine Freunde aus den Flüchtlingslagern.

Ein gläubiger Moslem wie Kh. denkt beim Anblick der Schönheit des Meeres in erster Linie an das Wirken Gottes. «Die Welt ist nicht durch Zufall entstanden», erklärte er seinen Glauben. «Die Errungenschaften des Menschen bestehen nur darin, die Gesetze zu entdecken, die Allah geschaffen hat. Flugzeuge, Landwirtschaft, Gebäude – alles beruht auf göttlichen Gesetzen. Es steht uns frei, die praktischen Aspekte unseres Lebens nach Gutdünken zu organisieren, aber wir müssen an den Richtlinien des Glaubens festhalten.» Kh. kann sich nicht mehr erinnern, seit wann er gewußt hat, daß es einen Gott gibt. «Wir erzählen unseren Kindern vom frühesten Alter an von Allah und von der Hölle und dem Paradies. Das ist ein natürlicher Bestandteil unserer Gesellschaft.»

Natürlich! Wie könnte der Islam den Gläubigen nicht natürlich erscheinen, wenn der Ruf des Muezzin fünfmal am Tag erklingt und Tage und Nächte so pünktlich und zuverlässig unterteilt wie Sonne und Mond? Fünfmal am Tag ruft er die Gläubigen zum Gebet, unterbricht ihren Schlaf, ihre Arbeit, ihr Spiel. Es ist verboten, beim Auf- oder Untergang der Sonne zu beten, damit das Gebet nicht als Sonnenverehrung mißverstanden werden kann. Deshalb wird die Dunkelheit anderthalb Stunden vor der ersten Spur des Tageslichts vom durch Lautsprecher verstärkten Schrei des Muezzin unterbrochen. Die Stille der Nacht trägt den Ruf weiter, der von allen Moscheen gleichzeitig ertönt, von der in nächster Nachbarschaft bis hin zu der im angrenzenden Stadtviertel, und der warme Klang der Koranverse hallt durch die stille Luft, schleicht sich in die Häuser und die Träume der Menschen.

Fünfmal am Tag sind selbst Nichtmoslems versucht innezuhalten. Der Muezzin zeigt das Vergehen der Zeit an, wie die Blätter der Bäume den Wechsel der Jahreszeiten. Aber der immer wiederkehrende Ruf scheint die Zeit auch anzuhalten, seine ewige Kontinuität läßt Vergangenheit und Gegenwart miteinander verschmelzen. In Gaza kann selbst ein Atheist wie ich verstehen, welch ein Gefühl der Sicherheit dieser Zyklus den Gläubigen gibt – ein Anker für Menschen, die ihre Vergangenheit verloren und so wenig Einfluß auf ihre Gegenwart haben. Eine Frau, W., hat mir erklärt, daß die Religion ihr Flexibilität und Entscheidungsfreiheit zurückgibt, weil jeder seinen Glauben auf seine eigene Weise leben kann. Als Heranwachsende fühlte sich W. von der Volksfront und ihrer Lehre von der Gleichheit aller Menschen angezogen, obwohl ihr Vater religiös war. «Aber während der *Intifada*», erzählte sie, «begann ich, an Gott zu glauben. Ich begann, mit Ihm zu reden. Und während des Aufstands war es auf diese Weise leichter für uns, auf die Straße hinauszugehen und den Soldaten entgegenzutreten, mit anzusehen, wie einer von uns getötet wurde. Wir hatten den Glauben, daß das kein Tod war, daß der Tote ins Paradies kommen würde.»

Von Imad Akel, dem Kommandeur des militärischen Flügels der Hamas, war bekannt, daß er während der *Intifada* elf Soldaten der IDF und einen israelischen Zivilisten getötet hatte. Während des Aufstands kamen acht Menschen in der Straße in Jabalia ums Leben, in der seine Familie wohnte. Die Kinder aus seinem Flüchtlingslager warfen Steine nach den Soldaten und riefen: «Wir sind alle Imad! Wir sind alle Imad!» Als die Armee ihn endlich aufspürte, starb Imad im Kugelhagel. «Aber die Kugeln haben ihm nicht weh getan», sagte sein Bruder Adel. «Imad ist vielen Leuten im Traum erschienen und hat ihnen gesagt, daß er nur ein leichtes Zwicken gespürt hat. ‹Wo bist du?› haben sie ihn gefragt. ‹Bist du wirklich mit Mohammed im Paradies, mit Salah al-Din?› ‹Ja›, hat er geantwortet. ‹Es ist wirklich wahr.› Bei seiner Beerdigung habe ich einfach gewußt, daß er auf uns herunterschaute und uns sagte, wir sollten nicht weinen. Wir wissen, daß er lebt», schloß Adel. «So steht es im Koran geschrieben.»

Imad war seit seinem dreizehnten oder vierzehnten Lebensjahr gläubig. Adel dagegen gehörte zur Fatah und hatte seit 1982 jedes Jahr ein paar Monate im Gefängnis verbracht, weil er Autoreifen verbrannt, die palästinensische Fahne gezeigt oder Slogans an Wände geschrieben hatte. «Warum betest und fastest du und liest den Koran», hatte er Imad gefragt. «Warum hältst du dich mit diesem ganzen Unsinn auf?» 1988, zu Beginn des Aufstands, wurden beide Brüder verhaftet und für achtzehn Monate in das Gefangenenlager Ansar III geschickt. Während dieser Zeit begann Adel, sich zu ändern, und trat zur Hamas über. «Ich begann einzusehen, daß wir in der *Intifada* kämpften und starben, aber niemand nahm davon Notiz, niemand half uns. Deshalb habe ich mich Gott übergeben – nur Gott hält, was er verspricht.»

Darauf verlassen sich die Menschen in Gaza in Notzeiten mehr denn je. Während der langen, harten Zeiten der Abriegelung, als die Palästinenser von Ärzten und Krankenhäusern in Israel abgeschnitten waren, blühten die Geschäfte islamischer Heiler, die alle Arten von Erkrankungen heilen, wie nie zuvor. Meine erste Begegnung mit islamischer oder koranischer Behandlungsweise fand in einer von Ziad al-Tatar geführten Praxis in dem bitterarmen Stadtviertel Saja'ya statt. Als erstes versucht er festzustellen, ob der Patient an einem physiologischen Problem leidet. Wenn er zu dem Ergebnis kommt, daß der Patient von einem bösen Geist, einem Jinn, besessen ist, ruft er die Macht Allahs an und versucht, den Dämonen zu vertreiben. Um eine Diagnose zu stellen, bittet al-Tatar seinen Patienten, sich auf einen niedrigen Untersuchungstisch zu legen. Er setzt sich an das Kopfende, setzt dem Patienten Kopfhörer auf und spielt ein Tonband mit Versen aus dem Koran ab. Wenn der Schmerz an einem Punkt am Körper des Patienten bleibt, schließt Tatar daraus, daß die Ursache eine physiologische ist. In diesem Fall rezitiert er heilige Texte über einem Behälter mit Olivenöl und streicht das Öl auf die schmerzende Stelle. Wenn man über einen Zeitraum von zwei Monaten wiederholt zwanzig oder dreißig Minuten lang heilige Texte rezitiert, kann der Schmerz oft geheilt werden, erklärt er, je nach Art des Patienten und seines Problems. «Es ist nicht das Öl, das heilt», versichert Tatar, «sondern Allah, und die Anwendung des Korans ist Seine Munition.»

Wenn der Patient von einem Jinn besessen ist, veranlaßt der Klang der Koranverse den Dämonen dazu, im Körper des Patienten herumzuspringen, und der Schmerz bewegt sich dementsprechend mit. Für gläubige Moslems gibt es zwei Welten: Die eine ist die Welt der menschlichen Wesen («der Kinder Adams») und die andere die der Dämonen («der Kinder des Satans»). Wie Tatar mir erklärt, hat Allah es den Dämonen verboten, in einen Menschen hineinzufahren, aber manchmal mißachten sie seinen Befehl und tun es trotzdem. Koranverse verwirren den Jinn, und er beginnt, wie eine Maus in der Falle herumzuspringen. Er rennt hin und her und sucht nach einer Möglichkeit zu entkommen, und der Schmerz hüpft ebenfalls von einem Punkt zum anderen. Zuerst kann er zum Beispiel in der Ferse sitzen und dann plötzlich in die Schulter springen. Die Symptome sind unterschiedlich, je nach der Stärke des Dämonen. In besonders hartnäckigen Fällen verabreicht Tatar dem Patienten eine Infusion, über der er Verse aus dem Koran deklamiert hat. Der Koran gelangt mit der Infusion in den Blutkreislauf und vertreibt den Jinn. Nach der Behandlung kann sich der Patient oft an nichts erinnern.

Manchmal kann ein Patient anfangen zu zittern, und der Dämon kann sogar sprechen. «Wo kommst du her?» fragt Tatar dann vielleicht, oder «Warum bist du hier?» Die häufigsten Gründe sind der böse Blick oder ein Augenblick der Schwäche, wenn der Patient Angst hat oder wütend ist oder von einem unkontrollierbaren Bedürfnis erfaßt wird. Ein Jinn kann sogar in einen Fötus im Mutterleib eindringen und viele Jahre lang dort schlafen. «Wie der Prophet Mohammed uns lehrt, Frieden und Segen seien mit ihm, ist der böse Blick ein Pfeil im Köcher des Satans», belehrte mich Tatar. Der Jinn dringt an der Stelle in den Körper ein, an der er vom bösen Blick getroffen wird. Manchmal wollen Dämonen sich auch rächen. Einige Moslems glauben, daß sie in den Abwasserkanälen leben und daß man sie aus Versehen töten kann, wenn man Wasser verwendet. In einem solchen Fall wird der Sohn des Dämonen versuchen, sich zu rächen. Schließlich ist es auch möglich, daß ein und derselbe Dämon in verschiedenen Menschen auftaucht.

Ziad al-Tatars Familie lebt seit Generationen im Gazastreifen und stammt, wie er behauptet, von den Tataren ab. Bis 1993 arbeitete er als Elektriker in Israel. Dann sah er zum erstenmal, wie die Schwester eines Freundes durch die koranische Heilmethode von verschiedenen Schmerzen und Beschwerden geheilt wurde. Die Methode machte solchen Eindruck auf ihn, daß er seine eigene Praxis eröffnete. Ein Heiler braucht ein starkes und furchtloses Herz – jede Schwäche könnte den Jinn anziehen – und einen unerschütterlichen Glauben an Gott. Der Patient muß nur ein gläubiger Mensch sein, unabhängig von der Religion. Tatar ist bereit, Muslime, Christen und Juden zu behandeln, und behauptet, daß er auch mit Hilfe der Thora heilen könnte – es kommt nur auf den Glauben an.

Täglich kommen fünfzehn bis zwanzig Menschen zu ihm, und in 60 Prozent der Fälle kann er helfen. Ein Mann bezeugt in mehreren schriftlichen Berichten, daß er nach siebenjähriger Leidenszeit von seinen Kopfschmerzen befreit worden sei, ein anderer wurde ein Geschwür los, und ein Dritter wurde von den epileptischen Anfällen geheilt, unter denen er litt, seit er von Soldaten schwer geschlagen worden war.

An dem Tag, an dem ich die Praxis besuchte, kam eine kleine, magere Frau herein und lächelte zuversichtlich. Sie erschien alleine, und Tatar hätte sie fortgeschickt, wenn ich nicht dagewesen wäre, weil der Koran es Männern nicht gestattet, mit einer Frau alleine zu sein. Sie hatte bereits eine viermonatige Behandlung hinter sich, nachdem die konventionelle Medizin sie weder von ihrer hartnäckigen Blasenentzündung befreit noch ihren Diabetes stabilisiert hatte. Tatar war überzeugt, daß ein Jinn sich in ihr festgesetzt hatte, obwohl er noch nicht gesprochen hatte. Bevor er sein Tonbandgerät einschaltete, legte er eine Hand auf die Stirn der Frau und begann zu singen: «Mit Gottes Hilfe, komm heraus, oh Geist, komm heraus!» Als die Frau die ersten Koranverse hörte, verspürte sie Hitze und ein Prickeln in Füßen und Handflächen – ein sicheres Zeichen, daß der Dämon versuchte, vor den heiligen Worten zu fliehen. Dennoch sprach er auch diesmal nicht, und die Behandlung würde fortgesetzt werden müssen.

Während der *Intifada* versuchte die UNL, den Ansturm auf Heiler und Exorzisten zu unterbinden, besonders auf solche, die sich ihre Dienste bezahlen ließen. Die UNL war überzeugt, daß die von solchen Heilern behandelten Leiden in erster Linie psychosomatisch und eine Folge der Besatzung mit ihren vielen Frustrationen seien. Ihrer Meinung nach lenkten koranische Heilmethoden nur von dem eigentlichen Problem und einer echten Lösung ab: sich gegen die Soldaten zur Wehr zu setzen, sich von Passivität und sinnlosem, messianischem Glauben zu befreien und die Initiative zu ergreifen.

Es überraschte mich nicht, daß M. S., ein säkulares Mitglied der palästinensischen Linken und ein Flüchtling, der im Westjordanland studiert und in Israel gearbeitet hatte, die Ansicht der UNL teilte. Dennoch schwor auch er, daß er einmal eine erfolgreiche Behandlung miterlebt habe. Seine Schwägerin war von einem Jinn besessen und schien den Verstand zu verlieren. Ein alter Onkel, der ausschließlich Familienmitglieder behandelte, erklärte sich bereit, einen Heilungsversuch zu machen. M. S., sein Vater und sein Bruder hörten alle drei, wie die Frau redete, aber mit einer Stimme, die nicht ihre eigene war. Sie waren vollkommen perplex. «Bis zum heutigen Tag können wir einfach nicht glauben, was wir gesehen haben», berichtete er.

Der Onkel forderte den Dämonen auf, ihren Körper zu verlassen. «Komm heraus!» befahl er. «Ich will nicht», antwortete der Jinn. «Dann werde ich dich jetzt schlagen», verkündete der Onkel und schlug zu. Der Dämon sprang in einen anderen Körperteil der Frau, und M. S. und sein Vater wurden aufgefordert, ebenfalls auf sie einzuschlagen. Nach einigem Zögern begann auch M. S., den Dämonen zu verprügeln, bis der Onkel eine Flasche neben den großen Zeh der Frau stellte. «Und plötzlich flog ihr Zehnagel ab und verschloß die Flasche», erzählte er und lachte vor Verwunderung. Die Frau wachte auf und konnte sich an nichts erinnern. Nur der Zehnagel in der Flasche bewies, was geschehen war.

1996 blühte das Geschäft der koranischen Praxen, und die Menschen suchten sie mit Kopfschmerzen und schwer behandelbaren Leiden auf. «Die Luft muß von Dämonen nur so wimmeln», meinte M. S. trocken und erzählte mir die Geschichte von einer anderen Wunderkur, einem Zauberfisch: «Es war einmal ein Fischer, der einen seltsamen Fisch fing. Er war quadratisch und flach und leuchtete in bunten Farben. Als der Fischer seinen Fang ins Boot zog, begann der Fisch, mit hoher, klarer Stimme zu sprechen: ‹Fischer, lieber Fischer›, sagte er, ‹töte mich nicht – ich kann alle deine Krankheiten heilen.› Dann teilte sich der Fisch in drei Teile, und jeder neue Fisch teilte sich wieder. Und wenn man das Wasser trinkt, in dem der Fisch schwimmt, werden alle Schmerzen geheilt.»

M. S. hielt inne, und als er weitersprach, begriff ich, daß der Rest der Geschichte keine Fabel war. «Manche Leute sagen, daß der Fisch im Jemen gefangen wurde, und die palästinensische Polizei hat ihn hierhermitgebracht. Aber ich habe auch gehört, daß der Fisch ursprünglich aus Libyen kam und im Gazastreifen vor der Küste von Rafah gefangen wurde. Manche Leute schwören, daß sie hier in einigen Häusern solche Fische in gläsernen Kugeln hätten schwimmen sehen, und alle möchten gerne selbst einen haben. Ich für meine Person», schloß M. S. «ziehe Wodka vor.»

Kaum hatte ich mich von M. S. verabschiedet, als ich auf eine große Menschenmenge traf, die sich um ein Sulta-Gebäude in der Nähe des Strandes versammelt hatte. Sie müssen nach dem Fisch suchen, dachte ich mir und sah zu, wie ein paar Polizisten versuchten, Ordnung in das Chaos zu bringen. Wie es sich bald herausstellte, war ich mit meiner Vermutung nicht weit von der Wirklichkeit entfernt – die Leute waren gekommen, weil sie auf ein anderes, nicht weniger phantastisches Wunder hofften. Und das war nicht weiter erstaunlich: Der Gazastreifen war abgeriegelt, 60 bis 70 Prozent der Männer waren arbeitslos, die Vorratsschränke waren leer, die Männer flüchteten aus ihren Häusern, um dem Geheul ihrer hungrigen Kinder zu entkommen, die Frauen rangen die

Hände und fragten sich, wie sie das Wunder vollbringen sollten, Essen auf den Tisch zu bringen.

«Was machen sie hier?», fragte ich einen der Polizisten, der mit hektischen Handbewegungen versuchte, eine Gruppe von Frauen von der Mitte der Straße zu verscheuchen. «Sie glauben, daß die Sulta jedem, der eine Fotokopie seiner Identitätskarte vorlegt, 150 Schekel auszahlt.» Das Gerücht hatte sich wie ein Lauffeuer verbreitet, und die Leute waren meilenweit zu Fuß gelaufen, um den halben Schekel Fahrgeld zu sparen, den sie brauchten, um die Fotokopie machen zu lassen. Sie alle wurden enttäuscht fortgeschickt. Es gab kein Geld, keinen Zauberfisch, der alle Schmerzen heilte.

Im Laufe der Zeit gewöhnte ich mich an manche Dinge in Gaza – an den Sand, der jedes Buch, jeden Stuhl und Teller bedeckt und zwischen meinen Zähnen knirscht, an die beißende Winterkälte, die durch keine Heizung gemildert wird. Ich habe mich daran gewöhnt, vor den Wohnungstüren die Schuhe auszuziehen, fast alles mit den Fingern zu essen und mit einem Stück Pitabrot aufzuwischen, überschwengliche Begrüßungen wie «Hallo! Wo bist du gewesen? Ich habe dich vermißt!» als gewöhnliche Höflichkeitsfloskel und nicht als Ausdruck persönlicher Zuneigung zu bewerten, ich habe mich an die halbstündigen Besuche gewöhnt, die sich immer drei Stunden lang hinziehen, und sogar an die nächtlichen Schüsse, die ich inzwischen als Streit zwischen zwei verschiedenen Sicherheitsorganisationen abtue.

Aber ich habe mich nicht an die Redensarten gewöhnt, mit denen die meisten Gespräche über den Gazastreifen enden: «Mit Gottes Hilfe wird schon alles gut!» oder «Gott sei gedankt für diese und jede andere Situation.» Die Seufzer sind lang und die Worte passiv, voll der Hoffnung, es werde ein Wunder geschehen. Im Gegensatz zu allen gängigen Vorurteilen sind die Leute in Gaza nicht hitzköpfig, sondern geduldig und nur schwer in Zorn zu bringen. Ihre Leidensfähigkeit grenzt an Apathie, und sie setzen ihre Hoffnungen oft auf Wunschträume. «Wir machen weiter, bis wir explodieren», hörte ich sie oft sagen, und niemand kann voraussagen, wann die Explosion erfolgen wird. Ihre Passivität macht den Ausbruch der *Intifada* um so bemerkenswerter. Während des Volksaufstandes gelang es, eine Anzahl politischer Ziele präzise und realistisch zu definieren. Durch ihre Organisation und ihre Vorbereitungen schafften es die Mitgliedern der UNL, den Zorn der Palästinenser in Initiative und die Hoffnung auf gottgesandte Rettung in durchdachte und koordinierte Aktionen umzusetzen.

Im gleichen Maß, in dem die Hoffnung auf eine echte Verbesserung der Lage schwand, nahmen die Leute ihre Zuflucht jedoch wieder zu historischen Mythen und Visionen, die mit dem Jetzt und Hier absolut nichts zu tun haben. Verzweifelte Menschen beschwören die ruhmreichen Siege der Anfänge des Islam und trösten sich mit dem Traum von einer triumphalen Wiederkehr jener Erfolge in der heutigen Zeit. So ist die Hinwendung der Palästinenser zur islamischen Bewegung eng an das Gefühl der Machtlosigkeit geknüpft, und die Führung der Hamas ist sich dessen sehr wohl bewußt. «Wenn Israel die PLO 1988 nach ihrer Unabhängigkeitserklärung anerkannt und an einer Zwei-Staaten-Lösung gearbeitet hätte, gäbe es heute keine Hamas», erklärte mir einmal ein Hamas-Aktivist, womit er zum Ausdruck brachte, daß Religiosität nicht notwendigerweise bedingungslose Bejahung der extremsten politischen und militärischen Standpunkte der Hamas bedeutet (wie der Forderung nach einem islamischen Staat in ganz Palästina, bewaffnetem Kampf und *Jihad*, dem heiligen Krieg).

Nur bei wenigen Ereignissen kam der Zusammenhang zwischen der Machtlosigkeit der Palästinenser und ihrer Unterstützung der islamischen Bewegung so klar zum Ausdruck wie anläßlich des Leichenzugs für den Hamas-Kämpfer Yihye Ayash nach dessen Ermordung. Die Zehntausende von Menschen, die mitmarschierten, die donnernden Rufe «*Allahu Akbar!*», Gott ist groß, die erhobenen, geballten Fäuste und die maskierten Männer, die Gewehrsalven in die Luft feuerten, vermittelten den Eindruck, daß der ganze Gazastreifen dem Fundamentalismus verfallen sei. Aber neben den Anhängern der religiösen Bewegung marschierten zahlreiche säkulare Palästinenser und Fatah-Leute, die einfach das Bedürfnis hatten, ihre verletzten Gefühle zum Ausdruck zu bringen. «Wenn Ayash bei einer militärischen Operation getötet worden wäre, hätte ich mir nicht die Mühe gemacht zu kommen», erklärte A. M., ein säkularer, alter Volksfrontmann, der sich früher mit Vergnügen mit der Moslembruderschaft herumgestritten hatte. «Aber nachdem er durch ein Attentat ums Leben gekommen ist, habe ich das Gefühl, als seien Diebe in mein Haus eingebrochen.» Und Z., eine der Volksfront nahestehende Frau, meinte, daß sie sich seit Ayashs Tod fühle, als seien ihr die Kleider vom Leibe gerissen worden. Der arabische Ausdruck, den sie verwendete, ist gleichbedeutend mit dem islamischen Begriff von Schande und Entehrung.

Die Hinwendung zum islamischen Block konnte jedoch auch sehr viel mehr eine Auflehnung gegen das Establishment in Gestalt der Autonomiebehörde zum Anlaß haben als ein Befürhworten der militanten Aspekte des islamischen Programms. Im Mai 1996 trugen die islamischen Kandidaten bei der Wahl des Exekutivkomitees der UNRWA einen überlegenen Sieg davon. Die Bevölkerung in Gaza verstand das Wahlergebnis jedoch als Revolte gegen die konkurrierenden Kandidaten der Fatah und der Volksfront (der «Nationalen») und damit der Autonomiebehörde und nicht als Ausbruch religiösen Eifers. Bemerkenswert ist, daß viele Stimmen für die Hamas von den Doktoren und Lehrern kamen, während die Fatah vorwiegend von den Angestellten im Servicesektor gewählt wurde, d. h. von ärmeren Leuten, deren Familien durch die Abriegelungen mehr zu verlieren hatten. Der Wahlsieg der Hamas war eindeutig ein Protest gegen das herrschende Regime – die einzig mögliche Form des Widerstands in einer Zeit der wachsenden Angst und der zunehmend rücksichtslosen Unterdrückung durch die Sulta. (Aus diesem Grund wurde der Wahlsieg von der palästinensischen Presse verschwiegen, die regelmäßig behauptete, daß die Hamas infolge der vielen Verhaftungen und Vernehmungen und des Volkszorns wegen ihrer Verantwortung für die endlosen Abriegelungen vernichtet sei.)

Trotz allem erhielten auch die Kandidaten der Fatah und der Volksfront eine beachtliche Anzahl von Stimmen. (Die 5500 Angestellten der UNRWA wählten sechs islamische Repräsentanten und drei Nationale). Ein UNRWA-Hausmeister, der immer ein unerbittlicher Kritiker der Autonomiebehörde gewesen war, unterstützte dennoch die Nationalen und meinte dazu: «Die Leute von der islamischen Bewegung wissen immer am besten, was Allah will, und wir haben gar nichts zu sagen. Wenn sie an die Macht kämen, könnten Sie sich darauf verlassen, daß es keine Demokratie gäbe.»

Der Hausmeister hatte auf ein Problem hingewiesen, das in Hamas-Kreisen sehr viel Kopfzerbrechen verursachte, nämlich auf den Konflikt zwischen einer strengen Auslegung religiöser Gesetze auf der einen Seite und den Bemühungen, auf die Nöte und Wünsche der Wählerschaft einzugehen, auf der anderen. Ein Hamas-Anhänger beschwerte sich: «Jedermann in der Bewegung befürwortet den bewaffneten Kampf, den *Jihad*, bis zur endgültigen Befreiung von ganz Palästina, aber die meisten Leute sind nicht bereit, den Preis für ihren Glauben zu bezahlen.» Ich dagegen hatte den Eindruck, daß fünf oder sechs Hardliner alle anderen dazu zwangen, den Preis in Form von Verhaftungen, Folter und den Abriegelungen zu bezahlen. Nach der Interpretation der Aktivisten von Hamas und Jihad lieferte der Koran die Rechtfertigung von Selbstmordanschlägen gegen Israel. Für die Mehrzahl der Palästinenser hatten die Selbstmordanschläge jedoch mehr mit den Abriegelungen zu tun als mit dem Islam.

Dieser Konflikt war besonders im Jahr 1994 unübersehbar, als die Autonomiebehörde eingesetzt wurde. Wie sollte die Hamas auf die neue, von den Osloer Abkommen geschaffene Situation reagieren? Einige Kräfte innerhalb des islamischen Blocks waren der Meinung, daß die Auseinandersetzung zwischen ihrer Bewegung und der säkularen Autonomiebehörde sich auf die Beziehungen zu Israel konzentrieren müsse. Die militärischen Operationen müßten weitergehen. Wenn der Kampf auf die besetzten Gebiete beschränkt bliebe, dann würde die Autonomiebehörde mit Sicherheit beginnen, die Führer der Hamas und des Islamischen Jihad von ihren einflußreichen Posten in den Moscheen zu entfernen (was ab 1996 tatsächlich geschah). Die Palästinenser würden die Autonomiebehörde in dieser Angelegenheit mit Sicherheit unterstützen, erklärte man mir, weil sie dabei als regierende Partei innerhalb ihrer Befugnisse handeln würde. Wenn es hingegen gelang, die Autonomiebehörde als Sklavin der israelischen Sicherheitsinteressen auf Kosten des palästinensischen Volkes darzustellen, würde das den Interessen des islamischen Blocks mehr dienen. Nur wegen der mageren Krumen, die durch Arbeit in Israel zu gewinnen wären, die Operationen einzustellen, wäre der leichteste Ausweg, sagte man mir. «Aber wir können ein heiliges Prinzip nicht in ein rein materielles Thema umwandeln.»

Die Hamas stand also vor dem Widerspruch zwischen strikter Befolgung des Koran und dem Wunsch – oder der Behauptung –, die Interessen der Palästinenser besser zu vertreten als ihre international anerkannten Vertreter. Ich kann mir sehr gut vorstellen, was der UNRWA-Hausmeister zu dem ganzen Theater gesagt hätte. «Ich habe Angst vor euch, wenn ihr euch ganz und gar vom Volk und den Realitäten ihres Lebens abschneidet», hätte er vermutlich gesagt, «wenn ihr auf eurer eigenen Interpretation des Korans besteht. Ihr interessiert euch nicht für unsere Meinungen und Gefühle, weil ihr das Wort Gottes und damit die oberste Befehlsgewalt habt.»

Die Nationalisten und die islamische Opposition sind jedoch nicht die einzigen Teilnehmer an der Diskussion über die wahre Bedeutung des Wortes Gottes. Es gibt noch eine dritte Gruppe von Interessenten: die selbsternannten israelischen Arafat- und PLO-Experten, ehemalige Geheimdienst-Offiziere, die ihre Kenntnisse über die Palästinenser in den Vernehmungsräumen erworben haben. Manche Erkenntnisse schöpfen sie auch aus der Auswertung der arabischen Medien, die sich ebenfalls als recht geschickt darin erwiesen haben, Passagen aus dem Koran aus ihrem historischen Kontext herauszureißen und auf die Gegenwart anzuwenden. Arafats Reden werden regelmäßig durchforstet und wegen provokativer Zitate aus dem Koran gegeißelt, besonders wegen des häufigen Gebrauchs des Wortes *Jihad*.

In einer Rede vor einer muslimischen Zuhörerschaft in Südafrika im Mai 1994, kurz bevor er seine Unterschrift unter das Gaza-Jericho-Abkommen setzte, versicherte Arafat seinen Zuhörern, daß der *Jihad* weitergehen würde, bis zur Befreiung Jerusalems. Er fuhr damit fort, das Abkommen mit dem Sulh Hudaibia zu vergleichen, dem zehnjährigen Nichtangriffspakt, den der Prophet Mohammed mit dem Quraysh-Stamm unterzeichnet hatte. Israelische Arabisten betonten, daß Mohammed den Vertrag zwei Jahre später gebrochen habe, als seine Armee stark genug geworden war, um Mekka zu erobern. Der Nahostspezialist Moshe Sharon äußerte dazu: «Worte haben Gewicht im Nahen Osten. Ein Wort kann die Massen in Bewegung bringen, und wer daran zweifelt, sollte an die Massaker (in Hebron und anderen Orten) von 1929 denken, die als Folge der provokativen Reden des Mufti begannen.» Sharon fuhr fort: «Arafats Anspielungen und unmißverständlichen Kommentare in Johannesburg sollten nicht auf die leichte Schulter genommen werden. Wer seine Worte als nichts als orientalische Phantasien abtut, macht einen gravierenden Fehler.»

Sharons Bemerkungen, die in der *Ha'aretz* wiedergegeben wurden, stammten aus einer Rede, die er bei einer Konferenz der extremen Rechten gehalten hatte, obwohl Sharon versicherte, daß er als Nahostexperte und nicht als Anhänger der Rechten teilgenommen habe. Laut Mohammed, so bemerkte Sharon, war der Vertrag mit den Quraysh gebrochen worden, weil «Verträge und Kriege dem Wohl des Islam zu dienen haben. Damals war es gut für den Islam, den Vertrag zu schließen, heute ist es gut für den Islam, ihn zu beenden.»[4] Für Sharon besagte Arafats Rede, daß er dem Abkommen mit Israel nicht mehr Bedeutung zumaß als Mohammed seinem Vertrag mit dem Quraysh-Stamm.[5]

In Gaza, im palästinensischen Umfeld dagegen, wurde Arafats Rede selbst von den gläubigsten Moslems in völlig anderem Licht gesehen. Schließlich ließ das Abkommen, unter das Arafat gerade seinen Namen gesetzt hatte, zu, daß sämtliche jüdische Siedlungen in Gaza und im Westjordanland bestehenblieben. (Die Forderung nach einer Entfernung der Siedler aus Hebron, für die Palästinenser nach dem Baruch-Goldstein-Massaker ein absolutes Muß, war gar nicht erst gestellt worden.) Ferner gab es keine Zusicherung, daß die palästinensischen Gefangenen in israelischen Gefängnissen (die für die Palästinenser Kriegsgefangene sind) freigelassen würden. Die chronische wirtschaftliche Abhängigkeit der Palästinenser von Israel wurde zementiert. Das Thema einer Entschädigung durch Israel für den durch die Besatzung entstandenen Schaden wurde nicht angesprochen. Und auch eine Zusicherung der Israelis, ihre Bautätigkeit in Ostjerusalem einzustellen, war in dem Abkommen nicht enthalten. Für die Zuhörer in Gaza bewies Arafats Bedürfnis, sich des islamischen Lexikons zu bedienen, nichts als seine Schwäche. Nachdem er mit seiner Unterschrift auf die Erfüllung fast aller palästinensischen Wünsche verzichtet hatte, gab er sich große Mühe, einen tröstlichen, quasihistorischen Vergleich anzubieten, der seinem Volk vielleicht das bittere Gefühl der Ohnmacht und Frustration ein wenig versüßen würde.

In Gaza wären ähnliche Reden vielleicht sogar begeistert begrüßt worden, aber aus so ziemlich dem gleichen Grund, aus dem so viele Bewohner von Gaza sich auf koranische Heiler und Zauberfische verlassen. Arafats illusionistische Ausdrucksweise schützt Stärke vor, wo keine ist. «Je extremer und aggressiver seine Sprache ist, je mehr seine Leute von den militantesten Zitaten aus dem Koran Gebrauch machen, desto besorgter sind wir», wurde mir von Hamas-Anhängern erklärt. «Solche Reden bedeuten nur, daß die Sulta Israel noch mehr Konzessionen gemacht hat und ihre Position noch schwächer geworden ist.

Shimon Perez und der ehemalige stellvertretende Außenminister Yossi Beilin haben Arafat gedrängt, das Wort *Jihad* in seinen Reden nicht mehr zu gebrauchen, weil die Israelis diesen Ausdruck als Aufruf zur Vernichtung Israels interpretieren. Insgesamt tendieren israelische Kommentatoren und Politiker dazu, Vorstellungen und Zitate aus dem Koran zu sammeln und sich einzubilden, damit einem wohldurchdachten Schlachtplan, einer Art von strategischem Entwurf, auf die Spur zu kommen. Gleichzeitig hören die Palästinenser dieselben Worte und ringen die Hände über die Inkompetenz, mit der ihre Regierung derart wichtige Verhandlungen führt, und über die inneren Rivalitäten, die nur der Gegenseite dienen. Sie könnten vielleicht sogar mit anderen Zitaten aus dem Koran antworten, aus denen eine ehrliche Sehnsucht nach Frieden und das Gefühl sprechen, daß dieser Frieden dringend gebraucht wird.

Israels Mißinterpretation der Absichten der Palästinenser hat ihre Wurzeln in den eigenen Illusionen, in der verdrehten Vorstellung der israelischen Gesellschaft von der Wirklichkeit, wobei sie ihre eigene krasse Überlegenheit auf jedem Gebiet, sei es das Militär, die Wirtschaft, die Technologie oder Bildung, ganz einfach nicht zur Kenntnis nimmt. Die ererbte, aber auch manipulierte Angst der Juden, die Vorstellung ihrer selbst als ewiges Opfer und die alte Furcht vor den Christen wird auf das andere Volk projiziert, das mit ihnen im gleichen Land lebt. In diesem Licht wird das Verhalten der Palästinenser an vergangenen jüdischen Erfahrungen gemessen, und alle islamischen religiösen Texte und Äußerungen werden dementsprechend ausgelegt, nämlich ausschließlich als die Äußerungen von Fanatikern.

Bei meinen Besuchen in den Trauerzelten mußte ich oft an diese israelischen Experten und ihre Blindheit für die Nuancen, ja sogar Widersprüche im religiösen Leben der Palästinenser denken. Von einer Familie, die um einen Sohn oder Vater trauert, der in der *Intifada* oder bei einem Selbstmordattentat in Israel ums Leben gekommen ist, wird erwartet, daß sie glücklich sein soll – der geliebte Mensch ist als Märtyrer gefallen und ist «nicht tot». Tatsächlich versichern Eltern, Frauen und Kinder vor der Fernsehkamera auch, wie glücklich sie sind, und sie bieten süßen Saft als Zeichen der Freude an. Wenn man jedoch genau hinsieht, entdeckt man die verräterischen geschwollenen Augen und hört das Weinen hinter geschlossenen Türen. «Die Heilige Schrift ist eine Sache», gab N., ein religiöser Mann, mir gegenüber zu, «und die Gefühle sind eine andere. Im Haus eines *Shahid*, eines Märtyrers, trinke ich den Saft, und er bleibt mir jedesmal im Halse stecken.»

Das verworrene Gespinst aus Politik und Frömmigkeit, die Geschicklichkeit, mit der Schwäche in Stärke verkehrt wird, der unmögliche Balanceakt, mit dem die harte Wirklichkeit mit islamischen Träumen in Einklang gebracht wird – all dies kam in einem Witz zum Ausdruck, der Anfang 1994, also in einer Zeit intensiver Verhandlungen und Vereinbarungen, in Gaza und dem Westjordanland kursierte:

«Abu Amar», fragten die Leute Arafat, «was wird mit Jerusalem geschehen?»

«Ihr werdet sehen», sagte Arafat, «es wird alles gut. Jeden Freitag werde ich in der Heiligen Stadt, in Jerusalem, sein und in der Al-Aqsa-Moschee beten.»

«Aber Abu Amar», fragte ein Mann, «wie kommst du durch den israelischen Checkpoint? Wie kommst du zu einer Ausreisegenehmigung?»

«Kein Problem», antwortete Arafat. «Habt ihr vergessen, daß ich über vierzig bin?» [6]

Nur ein Fetzen Papier Im Gegensatz zum Koran, der unterschiedlich interpretiert und auf vielerlei Weise verstanden werden kann, ist die Satzung der PLO (Palestinian National Covenant), die 1964 bei der Gründung der PLO abgefaßt und 1968 vom Palästinensischen Nationalrat (Palestinian National Council, PNC) modifiziert wurde, vollkommen eindeutig in ihrer Aussage. In dieser Satzung, die zur damaligen Zeit die bestimmende Verlautbarung der palästinensischen Befreiungsbewegung war, heißt es:

Die einzige Möglichkeit, Palästina zu befreien, besteht in bewaffnetem Kampf. Aus diesem Grund ist er die allgemeingültige Strategie und nicht nur eine taktische Phase ... Kommandoaktionen sind der Kern des Befreiungskrieges des palästinensischen Volkes ... [jeder Palästinenser] muß bereit sein, am bewaffneten Kampf teilzunehmen und seinen Besitz und sein Leben zu opfern, um sein Vaterland zurückzugewinnen ... Der Anspruch der Juden, durch Geschichte und Religion mit Palästina verbunden zu sein, ist unvereinbar mit den historischen Tatsachen und der richtigen Definition dessen, was einen Staat ausmacht. Das Judentum ist eine Religion und kann deshalb keine unabhängige Nationalität begründen. Ebensowenig stellen die Juden eine einzelne Nation mit einer eigenen Identität dar ...[7]

Im Zuge der Osloer Verhandlungen hatte Arafat Yitzhak Rabin versprochen, sämtliche Mitglieder des PNC zusammenzurufen (wozu eine Reihe von Männern gehörten, die von Israel gesucht wurden und die deshalb weder Israel noch die besetzten Gebiete betreten durften) und alle Teile der Satzung zu streichen, die zu einem ewigen Krieg gegen den Zionismus aufrufen, den Zionismus als imperialistisch oder rassistisch bezeichnen und die Existenz einer jüdischen Nation leugnen. Durch die Wahl des palästinensischen Parlaments im Januar 1996 wurde die palästinensische Regierung eingesetzt und damit die Möglichkeit geschaffen, den PNC im April desselben Jahres einzuberufen. «Die Zurücknahme der Satzung» wurde schell zu einer Schlüsselfrage der Regionalpolitik und zum Gegenstand heftiger Spekulationen.

Tatsächlich hatte die Mehrzahl der Palästinenser, selbst ehemalige Häftlinge und *Intifada*-Aktivisten, die Satzung niemals gelesen. Sie war ein längst überholtes Dokument, in dem die Möglichkeit eines unabhängigen Staates nicht einmal erwähnt wird. Auf Wunsch der Bevölkerung veröffentlichte die Presse den Text, und viele Palästinenser bekamen diesen umstrittenen Gegenstand von so viel bedeutungsschwangerem Symbolismus zum erstenmal zu sehen. Die Bezeichnung «bewaffneter Kampf» jedoch, die aus der Satzung stammt, hatte Einzug in den palästinensischen Sprachgebrauch gehalten und war zu einer Art Befreiungsmantra geworden, lange bevor die Hamas und der Islamische Jihad ihre ersten selbstgebastelten Waffen einsetzten. «Wenn ich eine Handgranate warf, hatte ich das Gefühl, als würde ich ganz Palästina befreien», erzählte A. S. Aber ebenso wie viele tausend andere merkte er sehr bald, daß das Ziel des «bewaffneten Kampfes» nichts als leerer Wahn war, daß die Vorstellung, man könne Israel so einfach ausradieren, angesichts des wahren Kräfteverhältnisses absolut lächerlich war. Dennoch klammerten sich die Leute an die Formulierung als Symbol für Unabhängigkeit und Freiheit und das Recht, dafür zu kämpfen.

Als Spielmarke sei die Satzung eine leere Karte, eine Konzession ohne Sinn, sagte Salah Tamari, ein alter Fatah-Kämpfer, vor dem PNC-Kongreß, der am 22. April 1996 zusammentrat. Israel schien in dem Text eine strategische Bedrohung zu sehen, aber für Tamari war die Satzung «nichts als ein Fetzen Papier, den jedermann zerreißen kann». Die Anwesenheit der Palästinenser dagegen sei eine Tatsache, über die nicht verhandelt werden könne, schloß er. «Unser Kampf ist nicht beendet, aber er wird mit anderen Methoden ausgefochten» – wobei mit dem Kampf, von dem er sprach, eindeutig die Bemühungen gemeint waren, einen unabhängigen Staat zu bekommen, nicht die Befreiung von ganz Palästina.

Aber nicht alle Delegierten nahmen die Rücknahme der Satzung so leicht. Gut, sie sei nur eine Spielmarke, aber eine, für die die Palästinenser etwas bekommen sollten. In den Augen dieser Delegierten waren der Oslo-Prozeß und seine Realisierung etwas, das von Israel und seinen Forderungen beherrscht wurde. Das einzige Druckmittel der Palästinenser bestand darin, selbst an ausgedienten nationalen Symbolen festzuhalten und sie nur im Austausch gegen weitreichende und grundlegende Veränderungen in der Haltung der Gegenseite aufzugeben. Die Satzung könne nicht zurückgenommen werden, argumentierten sie, solange Israel das Recht der Palästinenser auf Selbstbestimmung und einen eigenen Staat nicht anerkenne. Selbst Hayder abd al-Shafi, der im Jahr 1947 dem Teilungsplan zugestimmt hatte, unterstützte diese kompromißlose Haltung.

Die Sitzung des PNC – die nebenbei eine emotionsgeladene Wiedervereinigung mit alten Kameraden aus Exiltagen war, die einander jahrelang nicht gesehen hatten – wurde mit einer Erklärung Arafats und seines Stellvertreters Abu Mazen eröffnet, in der sie die Satzung als ein Dokument darstellten, dessen Geist, wenn auch nicht dessen Buchstaben, durch eine Kette von PLO-Resolutionen schon seit 1969 radikal verändert worden sei. Abu Mazen legte dar, daß die damals angenommene Resolution, die den Konflikt mit einem «säkularen, demokratischen Staat» lösen sollte, «in dem Muslime, Christen und Juden vollkommen gleichberechtigt zusammenleben sollten», tatsächlich den Artikeln der Satzung widerspreche. 1974 habe der PNC beschlossen, «in jedem befreiten Stück des palästinensischen Territoriums»[8] einen palästinensischen Staat zu errichten, und die Unabhängigkeitserklärung des PNC von 1988 beinhalte ebenso eine Anerkennung Israels wie die im September 1993 ausgetauschten Briefe zur gegenseitigen Anerkennung und die Grundsatzerklärung.

Schließlich wurde ein Kompromiß zwischen Befürwortern und Gegnern einer Zurücknahme der Satzung erreicht. Der Wortlaut der Resolution, die am 25. April von einer überwältigenden Mehrheit von 504 gegen 54 Stimmen angenommen wurde, war ausgesprochen unbeholfen und verwirrend: «Hiermit wird beschlossen, die Erklärung dahingehend zu ändern, daß alle Artikel zurückgenommen werden, die dem Inhalt der von Arafat und Rabin gewechselten Briefe zur gegenseitigen Anerkennung widersprechen.» Selbstverständlich stürzte sich sofort eine große Zahl von israelischen Kritikern und Arafatologen, die schon hinter den Kulissen bereitgestanden hatten, auf die vage und wachsweiche Formulierung und wies darauf hin, daß keine bestimmten Artikel genannt seien und daß der PNC es versäumt habe, eine neue Satzung vorzuschlagen. (Die gegenwärtige Satzung blieb weitgehend in Kraft. Der PNC ermächtigte jedoch ein Komitee, eine neue Satzung zu formulieren.) Jene Israelis sahen in dem Kompromiß lediglich einen neuen Beweis für die Schlauheit und Doppelzüngigkeit des Feindes.

Damals hörte ich den Bericht des israelischen Rundfunks, der weitgehend mit der Auffassung übereinstimmte, daß der PNC Israel ausgetrickst und sich unter Zuhilfenahme von verdrehtem Rechtschinesisch davor gedrückt habe, die Satzung zu streichen. Gleichzeitig hörte ich die Berichterstattung über die PNC-Sitzung im Shawa Center in Gaza, wo man einen vollkommen anderen Eindruck von dem Prozeß bekam. Mehrere Mitglieder des Komitees, das mit der Formulierung des Vorschlags betraut war, waren ständig in Kontakt mit dem israelischen Außenministerium und berieten sich mit dem Rechtsberater Joel Singer und dem Generaldirektor Uri Savir. Einige Mitglieder schlugen vor, den Text, der gestrichen werden sollte, durch die Unabhängigkeitserklärung von 1988 zu ersetzen. «In der Satzung heißt es, daß die Palästinenser weder Selbstachtung noch Stolz, noch Freiheit besitzen, solange Palästina nicht befreit ist», sagte ein Delegierter höhnisch. «Sollen wir das wirklich beibehalten? Ich bin noch nie auf die Idee gekommen, daß ich weder Stolz noch Selbstachtung hätte.»

Die Antwort aus Israel lautete, daß man die Unabhängigkeitserklärung von 1988 anstelle der Satzung nicht akzeptieren würde. Außerdem erfuhren die PNC-Mitglieder, daß Israels Position durch einen von 100 amerikanischen Senatoren unterzeichneten Brief des Inhalts unterstützt wurde, daß eine förmliche Aufnahme der Unabhängigkeitserklärung in die Satzung vermutlich den Zusammenbruch des Friedensprozesses zur Folge haben würde. Tatsächlich sagten mir mehrere Mitglieder des Komitees, daß Israel, oder genauer gesagt die Arbeitspartei, die PLO gebeten habe, keinen neuen Text vorzulegen – in dem zwangsläufig auch von einem unabhängigen Staat und von Jerusalem die Rede sein müßte, was eine neue Kontroverse mit Israel zur Folge haben würde.

Ein Text, in dem nicht wenigstens ein unabhängiger Staat gefordert wurde, hätte jedoch keine Chance, von den Palästinensern akzeptiert zu werden. Und wären in der Kompromißformulierung tatsächlich alle Artikel aufgeführt worden, die den Briefen zur gegenseitigen Anerkennung widersprachen, erklärten einige Witzbolde, wäre außer dem Artikel 33, in dem eine Zweidrittelmehrheit für jede Veränderung verlangt wurde, nichts von der Satzung übriggeblieben. Das mag ein wenig übertrieben sein, aber der PNC mußte dem palästinensischen Volk einen Text vorlegen, der wenigstens nicht gänzlich kastriert wirkte. Was für viele Israelis ein Beweis für die Unaufrichtigkeit der Palästinenser war, war in Wirklichkeit eine geschickte und geradezu elegante Art, seine Schwäche zu verbergen. Am Ende erklärten die israelische Regierung samt ihrem Sicherheitsapparat und das Weiße Haus doch noch, daß mit der

PNC-Resolution Arafats Versprechen, die strittigen Artikel zurückzunehmen, erfüllt sei.*

Als die Sondersitzung des PNC zu Ende ging und die israelische Rechte samt den Nahostexperten über den neuen Vorschlag nachdachte und abwägte, ob der Drohung der Palästinenser, Israel auszulöschen, damit endgültig die Spitze abgebrochen sei, stand ein Dutzend Lastwagen, die Orangen aus dem Gazastreifen zum Hafen von Ashdod bringen sollten, am Erez-Checkpoint herum. Sie saßen schon seit dem Vortag fest, und die Fahrer hatten die Nacht in der Kabine ihrer Fahrzeuge verbracht. Es standen nicht genügend IDF-Soldaten zur Verfügung, um den vermehrten Verkehr am Checkpoint zu kontrollieren, obwohl man wegen des schon seit langem vorausgeplanten Endes der PNC-Konferenz und des bevorstehenden Id-al-Adha-Festes mit einer starken Zunahme des Verkehrs hatte rechnen müssen, was in der Planung hätte berücksichtigt werden können.

Ein Autokonvoi, bestehend aus den Fahrzeugen verschiedener palästinensischer VIPs, ausländischer Beobachter und mir, stand an die vier Stunden lang in der Tageshitze herum, während die Soldaten abgelöst wurden, ihre Mittagspause machten und, vollkommen gleichgültig gegen die Proteste und die Unannehmlichkeiten, die sie verursachten, gemächlich ihrer Arbeit nachgingen. Um drei Uhr nachmittags wendeten die Lastwagen mit den Orangen und fuhren wieder zurück nach Gaza – der Hafen Ashdod würde sowieso bald geschlossen sein, und die Früchte würden in jedem Fall verderben.

«Das ist vielleicht ein Urlaub», sagte einer der Lastwagenfahrer, als Dutzende von PNC-Mitgliedern, viele von ihnen alt, einer mit Krücken und alle mit Koffern beladen, die Wegstrecke zur Kreuzung zu Fuß zurücklegten. Ihre zeitlich begrenzten Reisepapiere gestatteten ihnen auch nicht den kürzesten Besuch bei ihren Familien in Israel oder im Westjordanland und nicht einmal einen raschen Blick auf ihre ehemaligen Dörfer. «Möchten Sie wissen, was ich über die Satzungsänderung denke?» fragte mich ein Mann aus dem Westjordanland. «Ich habe noch Glück!» Er hatte es geschafft, seine Familie im Gazastreifen zu besuchen, indem er sich als Chauffeur eines PNC-Delegierten eingeschlichen hatte. «Die Israelis können mich daran hindern, bei meiner Familie zu sein, und trotzdem fürchten sie sich vor einem Stück Papier.»

* Spätere Behauptungen des Likud-Blocks, daß der PNC seine Verpflichtungen bezüglich der Satzung nicht erfüllt habe, sind angesichts der Tatsache, daß Israel die Sondersitzung – von der Festsetzung des Datums und der Ausgabe von Ein- und Ausreisegenehmigungen für im Exil lebende PNC-Mitglieder bis hin zur Formulierung des Resolutionstexts – voll und ganz bestimmt hat, nicht aufrichtig.

III
Verluste

6
Steuern auf das nackte Leben

Eines Morgens im Jahr 1991, als noch israelische Soldaten durch die Straßen von Gaza patrouillierten, saß ich im Büro von Freunden an der verkehrsreichen Kreuzung zwischen der Nasser- und der Al-Wahda-Straße. Draußen floß der Verkehr wie gewöhnlich, als wir plötzlich hörten, wie der Strom der Fahrzeuge abrupt zum Stillstand kam. Selbst hinter unseren dicken Glasfenstern und geschlossenen Türen spürten wir die Wolke von Angst, die sich über die Straße legte. Es stellte sich heraus, daß eine Gruppe von Soldaten sich an der Kreuzung aufgestellt hatte. Einige richteten ihre Gewehre auf die vorbeifahrenden Autos. Zwei Soldaten hielten ein Fahrzeug nach dem anderen an, untersuchten sie, überprüften die Papiere und winkten den Fahrern weiterzufahren. Schließlich fuhr ein Lieferwagen vor, und der Fahrer streckte die Hand mit den Papieren zum Fenster hinaus. Einer der Soldaten sah die Papiere an, sagte ein paar Worte, und der Fahrer stieg aus. In Sekundenschnelle waren die Soldaten in den Lieferwagen gesprungen, schossen davon und ließen den Fahrer auf der Straße stehen. Augenblicklich begann der Verkehr wieder zu fließen, und jedermann ging wieder seinen eigenen Geschäften nach.

Meine Freunde beeilten sich, mir den Vorgang zu erklären: Die Soldaten würden den Lieferwagen an andere Soldaten weitergeben, die verdeckt und als Palästinenser verkleidet arbeiteten. Diese würden das Fahrzeug zwei oder drei Tage lang benutzen, um irgendwelchen gesuchten Männern aufzulauern oder um einen Kollaborateur von einem Ort zum anderen zu transportieren. Unterdessen würde der Fahrer herumrennen und fieberhaft nach seinem Wagen suchen. Wenn er Glück hatte, würde er ihn schließlich auf irgendeinem Militärstützpunkt finden, auf dem sich auch ein Büro des Shabak befand, schlammbedeckt, mit eingedrücktem Scheinwerfer oder abgebrochenem Außenspiegel und etlichen Kratzern. Jeder in Gaza kannte diese Prozedur. Das Konfiszieren von Fahrzeugen war nur einer von vielen Verstößen gegen das Eigentumsrecht der Bevölkerung, die die Besatzungsarmee sich zuschulden kommen ließ.

Ein weiterer derartiger Verstoß wurde sehr viel häufiger praktiziert und war noch wesentlich traumatischer. Bei drei verschiedenen Gelegenheiten kam ich in Häuser, die kurz zuvor von der Armee nach Verdächtigen durchsucht worden waren. Das Bild war immer das gleiche. In Hunderten von anderen Häusern hatte ähnliches stattgefunden, und es hatte nichts mit der politischen Ausrichtung und der Schwere des Vergehens zu tun, das dem Verdächtigen vorgeworfen wurde. Eine große Anzahl von Soldaten, häufig von einem oder zwei Shabak-Offizieren begleitet, brach mitten in der Nacht, gelegentlich aber auch am hellichten Tag, in das Haus ein, ballerte herum und inszenierte eine Zerstörungsorgie. Sie leerten Kleiderschränke aus und rissen die Kleidungsstücke auseinander (es könnten ja Waffen darin versteckt sein), durchlöcherten die blechernen Wände und Zimmerdecken mit Schüssen (der Raum könnte ja eine doppelte Decke haben) und schlitzten Matratzen auf (in der Füllung könnte ja Munition versteckt sein). Was ich jedoch niemals verstehen konnte, war, warum Fernsehgeräte, Radios, Stühle, Betten und Frisierkommoden grundsätzlich irreparabel zerstört werden mußten, warum Spiegel zertrümmert und Telefondrähte aus den Wänden gerissen wurden, und das alles anscheinend mit uferlosem Haß.

Das Haus von A. in Shabura war auf diese Weise verwüstet worden, und ich sah seine Familie wie betäubt in dem Chaos herumirren. Wie so viele andere Palästinenser, deren Wohnungen ebenso zugerichtet worden waren, war A.s Familie an den Ereignissen, die die Soldaten zum Anlaß genommen hatten, in ihr Haus einzudringen, nicht einmal direkt beteiligt gewesen. Ein Fatah-Mitglied namens Salim Muafi war von verdeckt arbeitenden Soldaten in der Nähe von A.s Haus angeschossen worden. Blutend war er um sein Leben gerannt, hatte an alle Türen gehämmert und die Leute angefleht, ihn hereinzulassen. Als die Soldaten ihn einholten, schossen sie abermals und töteten ihn. Dann brachen sie in alle umliegenden Häuser ein und suchten nach Komplizen. (Von seiten der Armee wurde behauptet, daß Muafi sich nicht ergeben wollte und als erster geschossen habe. Diese Schilderung widerspricht jedoch den Aussagen von Augenzeugen vor Fatah-Leuten und Mitarbeitern von Menschenrechtsorganisationen.)

Selbst die Palästinenser, die von Hausdurchsuchungen verschont blieben, hatten unter mangelnder Respektierung ihres Eigentumsrechts zu leiden. Um den Aufstand zu unterdrücken, wurden während der *Intifada* ständig Soldaten mitten in dichtbevölkerten Wohngebieten stationiert. Häufig richteten sie Beobachtungsposten auf den Hausdächern ein, und die Bevölkerung beschwerte sich, daß sie Solaranlagen zerstörten, auf den Treppen defäkierten und entsetzlichen Lärm machten. Natürlich warfen die Kinder aus den umliegenden Häusern Steine nach den Soldaten, wobei sie häufig ihr Ziel verfehlten und die Fenster ihrer Nachbarn zertrümmerten. (Noch heute haben meine Freunde in Khan Yunis einen Soldaten in freundlicher Erinnerung, der unter Zurücklassung seines Gewehrs vom Hausdach herunterstieg und bat, mit den Kindern reden zu dürfen. «Seht mal», sagte er, «es macht mir überhaupt keinen Spaß, hier zu sein, und ich möchte, daß ihr wißt, daß ich ganz bestimmt nicht auf euch schießen werde. Aber es ist eine Schande, mit Steinen zu schmeißen und euren Nachbarn die Fenster einzuwerfen.»)

Wie auch immer die Armee ihr Vorgehen erklären mochte, welche Rechtfertigung sie auch immer für die Verheerungen vorbrachte, die sie regelmäßig hinterließ, es gab keinen Grund, der das Zerstören des Fernsehers rechtfertigte, der häufig der einzige Trost für eine Familie war, die Abend für Abend in ihrer überfüllten Ecke des Flüchtlingslagers eingesperrt war. Die Vernichtung des Doppelbetts, der Frisierkommode, des Spiegels prägten sich in das Gedächtnis einer Familie als weiterer, völlig sinnloser Schlag gegen ihr Hab und Gut und ihr Wohlbefinden ein. Kinder, die mit angesehen haben, wie Soldaten den einzigen Ausguß des Hauses mit dem Gewehrkolben zertrümmerten, werden schwerlich so etwas wie Bedauern empfinden, wenn jüdischer Besitz in Flammen aufgeht. Söhne und Töchter, die miterlebt haben, wie Soldaten das Auto ihres Vaters konfiszierten, werden vermutlich wenig Sinn für die Vorstellungen der Mittelklasse von Privateigentum und seiner Unverletzlichkeit haben – am wenigsten, wenn es sich um das Eigentum von Israelis handelt. Wahrscheinlich reagieren sie schließlich sogar gleichgültig auf die Zerstörung von palästinensischem Eigentum.

In Gaza war der Vandalismus der Soldaten nur ein Aspekt der Indifferenz der Israelis gegen das Wohlbefinden der Palästinenser. Die systematische Verletzung des Rechts auf Eigentum und Ressourcen begann mit den Soldaten auf der Straße, aber sie wurde in der einen oder anderen Form von den Beamten der Zivilverwaltung, den Zoll- und Steuerbeamten bis hinauf zum israelischen Finanz- und Verteidigungsminister fortgesetzt. Folglich wurden Eigentumsdelikte wie Steuerhinterziehung und Diebstahl als legitime Reaktion oder sogar als unentbehrliche Form der Schmerzbegrenzung betrachtet – als Teil des schwarzen Marktes, der sich unter jeder Besatzung und jedem autokratischen Regime entwickelt. Und die ruinösen Auswirkungen der Politik Israels im Gazastreifen endeten nicht mit den Osloer Abkommen. Tatsächlich ist die Stagnation der Wirtschaft in den besetzten Gebieten weitgehend eine Folge dieser Politik. Die Auswirkungen von dreißig Jahren der Aushöhlung konnten nicht mit dem 17. Mai 1994, an dem die Schlüssel an die palästinensische Autonomiebehörde übergeben wurden, schlagartig beendet sein. Israel wurde lediglich von der Verantwortung für die Folgen seiner Versäumnisse und den unvermeidlichen Wiederaufbau befreit.

Die größte wirtschaftliche Belastung waren die Steuern. Ich erinnere mich an einen Taxifahrer, der mich bei meinem ersten Besuch in Gaza herumfuhr und der sich bitter über die Steuerlast beklagte. Den Tränen nahe, fragte er mich – als ob ich die Besatzung verkörperte –, wie in aller Welt er angesichts der Ausgangssperren, Streiks und Abriegelungen seine Steuern in voller Höhe bezahlen solle. Er zog ein Blatt Papier voller unverständlicher Computersymbole aus der Tasche. Irgendwo zwischen den Hieroglyphen mußte die Summe stehen, die er dem Finanzamt schuldete, aber weder er noch ich wurden aus dem Computerausdruck schlau.

Damals betrug das niedrigste steuerpflichtige Einkommen in Gaza etwa 500 neue israelische Schekel (nach dem Wechselkurs von 1991 etwa $ 200). In Israel dagegen waren es 1200 NIS ($ 480). Ein Beamter der Zivilverwaltung erklärte diese Diskrepanz folgendermaßen: «In Gaza ist eine ganze Kiste Tomaten billiger als ein Pfund in Israel. Die Lebenshaltungskosten sind hier viel niedriger.» Seine Antwort stellte ein einmaliges Beispiel für die Anwendung falscher Beurteilungsgrundlagen dar. Er verschwieg bequemerweise alle fundamentalen Waren und Dienstleistungen, die in Gaza ebensoviel kosten wie in Israel, manchmal sogar mehr, weil hier Wasser und Elektrizität nicht wie in Israel von der Regierung subventioniert wurden. Ebensohoch wie in Israel waren die Preise für Benzin, Milchprodukte, die meisten Früchte, Elektrogeräte, Autos und Zement, nur um einige wichtige Dinge zu nennen. Die Mehrwertsteuer mußte in Gaza ebenso bezahlt werden wie in Israel. Im Laufe der Jahre dachten sich die israelischen Beamten eine neue Erklärung für die hohe Besteuerung aus: «Wir haben eine Menge israelisches Geld in Gaza investiert», behaupteten sie. Die von der Weltbank veröffentlichten Zahlen sprechen eine andere Sprache und beweisen, daß Israel im Gazastreifen erheblich mehr Steuern einnahm, als es investierte. Aber selbst wenn man von solch unwiderleglichen Beweisen aus berufener Quelle absieht, zeigt ein Blick auf die zusammenbrechende Infrastruktur Gazas – das Fehlen von sauberem, fließendem Wasser, gepflasterten Straßen, zuverlässiger Stromversorgung und moderner Kanalisation –, daß die Behauptung, Israel habe große Investitionen getätigt, nicht zutrifft.

Während der Friedensgespräche in Madrid im Jahr 1991 und später in Washington wurden Experten der Weltbank gebeten, die wirtschaftlichen Probleme und «Entwicklungsaufgaben, die im Nahen Osten, insbesondere im Gazastreifen und dem Westjordanland, gelöst werden müssen», zu analysieren und die finanziellen Bedürfnisse und Aussichten für eine Friedenswirtschaft in der Region zu untersuchen. 1993 wurde die aus fünf dicken Bänden bestehende Studie der Weltbank der palästinensischen Autonomiebehörde als Entwicklungsvorschlag übergeben. In einer wegen ihrer Höflichkeit, Objektivität und Kürze bemerkenswerten

Sprache zeichnete die Weltbank die Geschichte des wirtschaftlichen Niedergangs in den besetzten Gebieten auf und bezeichnete sie als Ergebnis der israelischen Politik.

In einer leidenschaftslosen Zusammenfassung spricht die Weltbank auch das unterschiedliche Steuerniveau für Israelis und Palästinenser an:

«Ein Arbeitnehmer in Israel mit einer nicht arbeitenden Frau und drei Kindern mit einem jährlichen Einkommen von NIS 12 000 ($ 4800) zahlt keine Einkommensteuer, während er in den besetzten Gebieten NIS 464 ($ 185,60) oder etwa vier Prozent seines Einkommens bezahlt. Für ein jährliches Einkommen von NIS 30 000 ($ 12 000) zahlt ein israelischer Steuerzahler NIS 1999 ($ 799) oder etwa sieben Prozent seines Verdienstes, während er in den besetzten Gebieten NIS 5088 ($ 2035) oder siebzehn Prozent seines Einkommens bezahlt.»[1]

Die Weltbank hatte bessere Chancen, gehört zu werden, als die Palästinenser, die schon seit Jahren über die diskriminierende Besteuerung geklagt hatten.

Wären die israelischen Behörden willens gewesen, diese Klagen zu beachten, hätten sie nicht lange nach einer zuverlässigen Bestätigung suchen müssen. 1991 hatte die Zivilverwaltung den Wirtschaftsfachmann Ezra Sadan gebeten, Vorschläge zur Lösung der Krise auszuarbeiten, in die Gaza nach dem Golfkrieg und der sechswöchigen Ausgangssperre geraten war, die den Krieg begleitet hatte. (Viele Palästinenser hatten ihre Arbeitsplätze in Kuwait und Saudi-Arabien wegen Yassir Arafats Unterstützung für Saddam Hussein verloren. Ihr Lohn oder Gehalt war in vielen Fällen das einzige Einkommen für ihre ganze Familie in Gaza gewesen.) Außerdem dachte die Zivilverwaltung auch schon voraus. Während Sadan nicht wissen konnte, daß die Abriegelung Gazas zu einer Dauermaßnahme werden würde, war die Zivilverwaltung selbstverständlich darüber informiert. Sadan war Mitglied der rechtsgerichteten Tehiya-Partei, die die Siedlungspolitik Israels befürwortet, aber seine politische Couleur verminderte seine Mißbilligung der hohen Steuern, mit denen die Palästinenser belastet wurden, nicht. In seinem trockenen, emotionslosen Bericht schreibt er:

«Zusätzlich zur relativen Belastung durch diese Steuern werden durch sie unnötige Friktionen geschaffen und der Haß geschürt, dessen Motive nationalistisch sind und der durch die täglichen Härten verstärkt wird. Ferner basiert das Verfahren zur Eintreibung der Steuern weitgehend auf der Ausstellung von Dokumenten zur Bestätigung der Freiheit von Steuerschulden, die benötigt werden, um Einreisegenehmigungen nach Israel zu erhalten. Die Geschäftsleute halten dieses Verfahren für äußerst lästig, schikanös und willkürlich, und es ist in keiner Weise geeignet, ein Vertrauensverhältnis zwischen der Regierung und der Unternehmerschicht in der Gesellschaft des Gazastreifens zu schaffen.[2]

1994, als die palästinensische Autonomiebehörde die Staatskasse übernahm, versprach sie den Sponsoren des Oslo-Prozesses und den diversen Geberländern, die der Selbstverwaltungsbehörde mit beträchtlichen Finanzhilfen unter die Arme griffen, daß sie das Steuereinzugssystem verbessern werde, um ihr ständig wachsendes Budget abzudecken. Dieses unter Aufsicht und mit Hilfe der Weltbank ausgearbeitete Budget kann schwerlich als populistisch bezeichnet werden. Tatsächlich erklärte das Finanzministerium geradeheraus, daß in absehbarer Zeit keine Möglichkeit bestünde, die Sozialausgaben zu erhöhen. Dennoch hat es das Finanzministerium seit 1995 geschafft, die Steuern beträchtlich zu senken – ein weiterer Beweis für die ungerechtfertigte Höhe der von Israel erhobenen Abgaben.

Die Tabelle 1 zeigt die vom Finanzministerium eingeführten Veränderungen, ausgehend von einem Monatseinkommen von 1000 Schekel.

Tabelle 1: Vom Arbeitgeber einbehaltene Steuern (in NIS)

Familienstand	1993	1994	1995
Ledig	58,20	53,44	27,50
Verheiratet	35,40	33,36	12,00
Verheiratet + 1	33,60	31,36	8,50
Verheiratet + 2	31,80	29,36	5,00
Verheiratet + 3	29,90	27,36	1,50
Verheiratet + 4	28,10	25,36	0

Während Sadans Bericht den Willen einiger israelischer Beamter erkennen läßt, etwas gegen die Wirtschaftskrise in den besetzten Gebieten zu unternehmen, ging die Zivilverwaltung bei ihrer Berechnung der Steuerschuld von zunehmend unsinnigen Kriterien aus, mit dem Erfolg, daß ganz normale Palästinenser dem Finanzamt auf einmal astronomische Summen schuldeten. Als ich die Leute in Gaza zum erstenmal von einer «Lebenssteuer» reden hörte, glaubte ich, daß da orientalische Übertreibung am Werke sei. Dann erfuhr ich jedoch, daß die Bezeichnung «Lebenssteuer» scherzhaft für die Summe verwendet wurde, die, wie es im offiziellen Jargon hieß, «nach bestem Wissen bei Nichtvorlage einer Steuererklärung» geschätzt wurde. Um zu verstehen, wie zutreffend die Bezeichnung ist, braucht man sich nur das Beispiel Feisals vor Augen zu halten. Seine Magnetkarte lief im Juni 1991 ab, und ohne sie konnte er nicht nach Israel einreisen und sich Arbeit suchen. Diese Karten wurden 1989 als zusätzliches Identifikationsdokument eingeführt und enthalten auf einem Magnetstreifen die gleichen Informationen wie die normalen ID-Karten (Daten von Verhaftungen, Gefängnisaufenthalte und Parteizugehörigkeit), wurden jedoch nur an «saubere» Antragsteller ausgegeben. Offensichtlich sollten sie dazu dienen, *Intifada*-Aktivisten und Mitglieder politischer Parteien, die als potentielles Sicherheitsrisiko galten, auszusortieren und ihre Einreise nach Israel zu verhindern. Im Laufe der Zeit jedoch wurde die Neuausgabe oder – wie in Feisals Fall – Erneuerung einer Magnetkarte an die Bedingung geknüpft, daß man zuvor seine Steuerschuld und sonstigen Schulden beglich. In anderen Worten, Feisals Recht zu arbeiten, lag in der Hand der Finanzabteilung der Zivilverwaltung. Eine ausstehende Stromrechnung von, sagen wir, NIS 243 (etwa $ 97) konnte verhindern, daß man eine Magnetkarte erhielt, ohne die man den Gazastreifen nicht verlassen, etwas verdienen und sich seiner Schulden entledigen konnte, wodurch Zinsen und Säumniszuschläge anfielen, die sich vermehrten wie Schimmel an einer feuchten Wand.

Es stellte sich jedoch heraus, daß Feisal sehr viel höhere Schulden hatte als nur eine unbezahlte Stromrechnung. Bei der Zivilverwaltung, zu der er ging, um seine Magnetkarte zu erneuern, erhielt er ein sogenanntes Schuldnerformular, eine in geschraubtem Hebräisch abgefaßte Aufforderung, seine Angelegenheiten mit der Steuerbehörde und dem Shabak zu regeln. Beim Shabak erhielt er eine «Sauberkeitsbestätigung», aber bei der Steuerbehörde glaubte er, der Himmel sei eingestürzt. Der Computer spuckte ein Blatt mit unverständlichen Symbolen aus, aber die Ziffern am Ende waren eindeutig: Feisal schuldete dem Finanzamt die stattliche Summe von NIS 66 872 (etwa $ 27 000) für ein geschätztes Einkommen von NIS 130 000 ($ 52 000) im Jahr 1987. «Wie in aller Welt soll ich jemals so viel verdient haben?» fragte er entsetzt. «Ich bin ein Sohn von Flüchtlingen, ein Hilfsarbeiter, der seit fünfundzwanzig Jahren tageweise bezahlt worden ist.» «Sie sind selbständig, ein Subunternehmer», antwortete der Beamte und zeigte auf den entsprechenden Code auf dem Computerausdruck. «Ich? Ein Subunternehmer? Schön wär's!» schrie Feisal. «Ich stelle mich nur an die Kreuzung und warte darauf, daß mich jemand für einen Tag engagiert. Ich arbeite auf Baustellen für fünfzig Schekel am Tag.» Daraufhin beschimpfte ihn der Beamte, weil er keine Einkommensteuererklärung eingereicht habe, und schlug dann einen Kompromiß vor: NIS 1600 ($ 640). Feisal hatte noch Glück. Den meisten Leuten in seiner Situation wurde ein Abschlag von 3000 Schekel ($ 1200) angeboten.

In den Jahren nach dem Golfkrieg waren die palästinensischen Gewerkschaften und die Vereinigung der Steuerberater in Gaza mit Hunderten von verzweifelten Beschwerden überschüttet worden. Viele Beschäftigte hatten nach dem Krieg und den anschließenden langen Abriegelungen ihren Job (und ihre Lohnnachzahlungen) verloren. Noch mehr Arbeiter hatten ihre Magnetkarten eingebüßt, besonders diejenigen, deren israelische Arbeitgeber sich davor gedrückt hatten, die Steuern für sie zu entrichten, und Wanderarbeiter wie Feisal, die immer bar bezahlt worden waren. Hinzu kam, daß die Voraussetzungen, unter denen eine Einreise nach Israel und damit Zugang zu den Arbeitsplätzen gestattet wurde, noch komplizierter geworden waren. Jetzt brauchten die Arbeiter nicht nur einen Ausweis und eine Magnetkarte, sondern auch noch eine eigene Arbeitsgenehmigung und eine Bestätigung, daß sie beim israelischen Arbeitsamt registriert waren.

Ein Arbeiter, der sich auf seine bürokratische Odyssee zum Erbeuten neuer Papiere machte, stolperte als erstes über einen Steuerbescheid, in dem ihm eine riesige Summe abverlangt wurde und der auf der falschen oder irrtümlichen Annahme basierte, daß er selbständig sei und es versäumt habe, eine Steuererklärung einzureichen. (In Israel werden die Steuern vom Arbeitgeber einbehalten, und nur Selbständige sind verpflichtet, eine Steuererklärung vorzulegen.) In einigen Fällen hatte der israelische Arbeitgeber behauptet, daß der palästinensische Arbeiter ein Subunternehmer sei, um die Steuer für ihn nicht bezahlen zu müssen. Aber in erster Linie war die «Lebenssteuer» eine Möglichkeit für die Zivilverwaltung, das Steueraufkommen in die Höhe zu treiben, eine Möglichkeit, von der seit Beginn der *Intifada* zunehmend mehr Gebrauch gemacht wurde.

Ich habe festgestellt, daß diese mysteriöse «Steuerschätzung nach bestem Wissen bei Nichtvorlage einer Steuererklärung» innerhalb von Israel gelegentlich zur Anwendung kommt, um eine Steuerhinterziehung zu verhindern. Aber in Gaza wußten die Finanzbeamten, daß sie es nicht mit Straftätern und Steuerhinterziehern zu tun hatten, daher auch ihre sofortige Bereitschaft, ihre vollen Forderungen fallenzulassen und eine Steuerschuld von NIS 60 000 auf 1600 zu reduzieren. Selbständige in Gaza – Ladenbesitzer, Inhaber kleiner Werkstätten und Taxibesitzer – hatten schon seit vielen Jahren ihre Steuererklärungen vorgelegt. Nur die Zehntausende von Wanderarbeitern und Palästinensern mit festen Arbeitsplätzen hatten keine Ahnung von der «Lebenssteuer», ebenso wie die meisten israelischen Arbeitnehmer noch nie etwas davon gehört hatten.

Das israelische Gesetz schreibt vor, daß ein Rechtsstreit über Steuerzahlungen nur stattfinden kann, wenn das Finanzamt einen formellen Steuerbescheid und eine offizielle Rechnung herausgegeben hat. Aber in Gaza hatten viele nichts als einen Computerausdruck in der Hand, wenn sie kamen, um mit der Steuerstelle zu verhandeln. Der Steuerbescheid konnte angefochten werden, aber nur schriftlich und innerhalb von dreißig Tagen, und die meisten Leute wurden niemals offiziell von ihrer angeblichen Schuld benachrichtigt. Manche Arbeiter, die sich plötzlich als Subunternehmer wiederfanden, erhielten jedoch mit der Post kleine Büchlein mit Steuervorauszahlungscoupons inklusive eines Begleitschreibens, in dem eigens darauf hingewiesen wurde, daß Einsprüche nur persönlich erhoben werden könnten. Steuerberater, die dennoch schriftlich Einspruch erhoben, erhielten keine Antwort. Zum Schluß mußte der Arbeiter gewöhnlich seinen Fall doch persönlich gegenüber dem Finanzbeamten vertreten, der ganz offensichtlich in der stärkeren Position war und gar nicht daran dachte, den Bittsteller dahingehend zu informieren, daß gegen einmal ausgehandelte Kompromisse kein Einspruch mehr möglich war.

Die Menschen in Gaza waren ratlos angesichts einer derart verdrehten Logik, die es möglich machte, daß ein Arbeitsloser für ein hypothetisches Einkommen besteuert werden konnte. «Ich bin arbeitslos», sagte der Arbeiter dem Finanzbeamten in einem solchen Fall. «Wovon lebst du dann?» fragte daraufhin der Finanzbeamte (als ob er keine Ahnung von dem gegenseitigen Hilfssystem der Familien hätte) und belegte den arbeitslosen Mann mit einer Steuer. Wenn dieser dann das Finanzamt verließ, klang ihm der bizarre Wortwechsel noch in den Ohren: «Wovon lebst du? Von nichts? Dann zahle!» Die Besatzung, sagten die Leute, ließ sie «für das nackte Leben» zahlen. Der Ausdruck «Lebenssteuer» schlich sich in den allgemeinen Sprachgebrauch ein und wurde seltsamerweise sogar von manchen israelischen Beamten übernommen.

Für mich war die «Lebenssteuer» ein Beispiel für die Methoden, mit denen die Beamten der Zivilverwaltung das tägliche Leben der Palästinenser ebenso mühsam gestalteten, wie die Soldaten es mit ihrem Auftreten taten: Eine starre, willkürliche Politik wurde auf höchster Ebene von der israelischen Regierung beschlossen und dann je nach Laune des jeweiligen Beamten in arroganter Weise umgesetzt. Ein palästinensischer Arbeiter erzählte von seinen Erfahrungen mit der Steuerbehörde. «Du zahlst Steuern für die Luft, die du atmest», wurde ihm mitgeteilt, und sein Erlebnis war keineswegs ein einmaliger Fall.

Die Steuerberater in Gaza beschwerten sich bei der Zivilverwaltung über die willkürliche Festsetzung der Kompromißsummen durch die Steuerbeamten. Ganz offensichtlich gab es keine einheitlichen Kriterien, und die jeweiligen Lebensbedingungen im Gazastreifen wurden nicht berücksichtigt. Die vermeintliche Höhe der Steuerschuld und des Kompromisses hingen nur von der Laune des jeweiligen Steuerbeamten und einem Wunschziel ab, das an anderer Stelle – in den fernen Hallen der israelischen Ministerien – festgelegt worden war. Als die besagten Steuerberater eine Besprechung mit den Finanzbeamten abhielten, um zu klären, ob es angesichts der hohen Arbeitslosenzahlen im Gazastreifen legal sei, eine «Steuer bei Nichtvorlage einer Steuererklärung» zu verhängen, teilte man ihnen mit: «Es gibt einfach keine andere Möglichkeit. Wir müssen eine feste Summe zusammenbringen» – nämlich die Summe, die dem Budget der Zivilverwaltung entsprach.

Außerdem wurde bei der unaufrichtigen Antwort der Zivilverwaltung der politische Kontext vollkommen außer acht gelassen: Während des ersten Jahres der *Intifada* waren die Palästinenser auf Anordnung der UNL in einen Steuerstreik getreten, um gegen die hohe Steuerbelastung und die illegale Verteilung des Steueraufkommens durch die Israelis zu protestieren. (Die Palästinenser hatten schon lange bemängelt, daß die Steuereinnahmen nicht in vollem Umfang zugunsten der einheimischen Bevölkerung verwendet wurden, wie das Völkerrecht es verlangt. Die Weltbank bestätigte diese Behauptung.) Israel hatte mit noch aggressiveren Steuereintreibungsmethoden reagiert. Begleitet von Soldaten, begannen die Beamten der Zivilverwaltung, Eigentum zu beschlagnahmen und die Ausweise der säumigen Steuerzahler und ihrer Verwandten zu konfiszieren. Ich vermute, daß auch die «Lebenssteuer» zum Instrumentarium der repressiven Besteuerung gehörte.

Krasse Ungerechtigkeiten in der Besteuerung gab es nicht nur gegenüber Einzelpersonen. In seinem Bericht von 1991 beleuchtete Ezra Sadan den Würgegriff, mit dem die israelischen Behörden das gesamte Geschäftsleben und die industrielle Entwicklung in Gaza umklammert hielten.

«Bedingungen, die eine Entwicklung zulassen, können nicht entstehen, solange die verschiedenen administrativen Restriktionen und bürokratischen Hindernisse nicht zurückgenommen werden, durch die die Entwicklung von Initiativen und Geschäften im Gazastreifen *gezielt behindert* [Hervorhebung durch die Verfasserin] werden, insbesondere die Entwicklung solcher Initiativen und Geschäfte, die eine Konkurrenz für israelische Unternehmen darstellen.»[3]

Offensichtlich hatte Sadan erkannt, daß die negativen Auswirkungen israelischer Einmischung nicht nur auf die Politik der Regierung zurückzuführen waren, sondern auch auf die Unberechenbarkeit, mit der einzelne israelische Beamte ihre Macht ausübten:

«Ebensowenig können die notwendigen Bedingungen für eine Entwicklung entstehen, solange es keine Sicherheit gibt, daß bei der Steuererhebung bürokratische Behinderungen und absichtliche Erschwernisse, die bürokratische Behinderungen zur Folge haben, unterbunden werden. Es wird daher notwendig sein, (gewöhnlich) eine Vermischung der indirekten Steuer (Mehrwertsteuer, Zölle) mit der Festsetzung und Eintreibung der direkten Steuern zu vermeiden.»[4]

Eine besondere Form israelischer Verschleppungspolitik, die die Firmen in Gaza knebelte, war die verspätete Rückerstattung der Mehrwertsteuer durch die Zivilverwaltung. Im Juni 1994 – wenige Monate bevor die Autonomiebehörde die Besteuerung übernahm – beschwerten sich mehrere Steuerberater in Gaza, daß verschiedene Produktions- und Handelsfirmen die Mehrwertsteuer auf den Ankauf von Waren nicht zurückerstattet bekommen hatten. Man zeigte mir eine Liste von sieben Firmen, die auf Rückerstattungen in einer Höhe zwischen NIS 16 000 ($ 5000 nach dem Wechselkurs von 1994) bis NIS 487 000 ($ 152 187) warteten. Zwei Baufirmen waren gezwungen gewesen, sich Geld in Höhe der ausstehenden Summe von der Bank zu leihen, und konnten keine großen Aufträge auf Kredit annehmen, bis die Rückerstattungen eintrafen. Sie konnten auch kein neues Material kaufen. Sie brauchten Bargeld. Nach israelischem Recht muß die Mehrwertsteuer innerhalb von vierzig Tagen nach der Beantragung zurückerstattet werden, widrigenfalls müssen Zinsen gezahlt und der geschuldete Betrag dem Wechselkurs des Schekels gegenüber dem Dollar angeglichen werden (ein Vorgang, der «Verflechtung» genannt wird). «Wir sind so froh, wenn die Mehrwertsteuer endlich kommt», sagten die Steuerberater, «daß kein Mensch mehr an Zinsen und Verflechtung denkt.» Bis zum Januar 1994, erzählten sie weiter, gab es bei der Rückerstattung der Mehrwertsteuer außer Verspätungen kaum Probleme, aber einige Monate bevor die palästinensische Autonomiebehörde eingesetzt wurde, blieb das Geld plötzlich im Mehrwertsteuerbüro der Zivilverwaltung hängen.

Die Steuerberater sahen voraus, was passieren würde: Sie fürchteten, daß die Mehrwertsteuerakten in dem Moment, in dem die Büroschlüssel an die Palästinenser übergeben würden, durch die Ritzen fallen und Israel sich aus der Verantwortung herausstehlen würde. Zwei Wochen vor der Übernahme durch die Autonomiebehörde hatten sie eine Besprechung mit mehreren Beamten der Zivilverwaltung, um ihre Beschwerde vorzutragen. Der Chef der Zivilverwaltung machte sich Notizen und versprach, sich um die Sache zu kümmern, aber nach Aussage der Steuerberater erklärte der für die Mehrwertsteuer zuständige Beamte: «Ich habe das Geld zur Zeit nicht zur Verfügung, aber ihr schuldet uns ja sowieso eine Menge Geld, der Elektrizitätsgesellschaft zum Beispiel.» Damit war natürlich der ganze Gazastreifen gemeint. Außerdem erklärte die Zivilverwaltung, daß einige der Firmen neu gegründet seien und daß sie erst von den Beamten inspiziert werden müßten, bevor diese einer Mehrwertsteuerrückerstattung zustimmen könnten. Diese Inspektionen waren jedoch aus Sicherheitsgründen verschoben worden. Zudem waren einige der Anträge auf Rückerstattung erst drei oder vier Tage vor der Übernahme durch die Autonomiebehörde eingegangen. Die Steuerberater erklärten, daß eine der neuen Firmen keine Produktionsfirma sei, deshalb hätte eine Fotokopie der Zulassung ihrer Firmenfahrzeuge genügen müssen, wie es in der Vergangenheit immer der Fall gewesen sei. Was die Sicherheitsgründe betraf, so befanden sich die anderen beiden neuen Firmen an einer Straße, die täglich von den Beamten der Zivilverwaltung benutzt wurde. Was die Anträge auf Rückerstattung betraf, die erst spät eingegangen waren, so hatte die Zivilverwaltung ihr Büro bereits einen Monat vor der Übernahme durch die Autonomiebehörde geschlossen und war an ihren neuen Standort umgezogen, hatte es dann jedoch versäumt, neue Antragsformulare auszugeben. Dennoch, bemerkten die Steuerberater, hatte die Zivilverwaltung bis zum letzten Augenblick Geld eingetrieben, war aber trotzdem nicht in der Lage, die Rückerstattungen auf die Reihe zu bekommen.

Drei Monate später, im September 1994, gab ein israelischer Sprecher eine Erklärung mit vorhersehbarem Inhalt ab:

«Jetzt, nach der Unterzeichnung der Abkommen, ist das israelische Mehrwertsteuerbüro nicht mehr befugt, direkt mit palästinensischen Firmen zu kommunizieren, sofern nicht ein offizielles Gesuch des palästinensischen Mehrwertsteuerbüros vorliegt, und auch dann erst, nachdem das israelische Mehrwertsteuerbüro die in seinem Besitz befindlichen Akten überprüft hat ... Wenn das israelische Mehrwertsteuerbüro das Gesuch der palästinensischen Autonomiebehörde überprüft hat, wird jede Rückerstattung individuell abgewickelt. Bisher liegt jedoch noch kein Gesuch des Mehrwertsteuerbüros der palästinensischen Autonomiebehörde vor.»

Wie die Steuerberater es vorausgesagt hatten, waren die Mehrwertsteuerakten, ebenso wie viele andere Unterlagen, durch die Ritzen gefallen. Das scheinbare Verschwinden all dieser Papiere wurde natürlich mit tausend Entschuldigungen gerechtfertigt. «Die Sache wird von den Palästinensern verzögert» oder «Die Autonomiebehörde hat uns die Anträge noch nicht geschickt» oder «Sie haben uns in dieser Sache noch nicht zu Rate gezogen.» Es ist richtig, es gibt eine bedeutende Verbesserung: Jetzt bleibt den Palästinensern wenigstens die direkte Auseinandersetzung mit den israelischen Beamten erspart. Alle Anträge werden jetzt an das palästinensische zivile Verbindungskomitee gestellt, das seit Mai 1994 mit den Leuten in Gaza spricht und dann ihre Bedürfnisse – Mehrwertsteuerrückerstattungen, Ausreisegenehmigungen, Reisepapiere – an die Israelis weiterleitet. Aber jeder Versuch, den Grund für Verspätungen oder Ablehnungen herauszufinden, ist Detektivarbeit, die den Glauben an die Ehrlichkeit beider Seiten auf eine harte Probe stellt. Und, nebenbei gesagt, die sieben Firmen warten immer noch auf ihre Mehrwertsteuerrückerstattung.

Und dann gibt es da noch das, was die Wirtschaftsexperten als «fiskalisches Loch» bezeichnen, das betrügerische Verschwinden von Geldern – des Pensionsfonds der palästinensischen Angestellten des öffentlichen Dienstes zum Beispiel. Im Jahr 1991 – wiederum kurz vor der Übernahme der Verwaltung durch die Palästinenser – wandte sich das Komitee der Angestellten des öffentlichen Dienstes im Ruhestand an einen bekannten Geschäftsmann, der aus einer wohlhabenden *Muwatanin*-Familie stammte, Mansur al-Shawwa, und bat ihn, es zu vertreten. Das Komitee hoffte, daß Shawwa, der Sohn des ehemaligen Bürgermeisters von Gaza, eine überzeugende Wirkung auf die israelischen Behörden haben würde. «In dem Pensionsfonds haben sich rund drei Milliarden Schekel angesammelt», berichtete mir Shawwa. «Natürlich wäre es sinnvoll, wenn das Geld in Gaza geblieben wäre, aber es ist in Israel investiert worden. Die Pensionisten haben mich gebeten, die Israelis dazu zu überreden, einen Teil des Pensionsfonds nach Gaza zu transferieren und dafür einen entsprechenden Betrag von ihren Pensionen abzuziehen. Sie brauchten etwa $ 300 000, um hier so etwas wie eine Industrie aufzubauen, Fabriken zu gründen, Arbeitsplätze zu schaffen. Einer nach dem anderen sind wir zur Zivilverwaltung gelaufen, aber nichts hat geholfen.» Auch der Pensionsfonds der UNRWA-Mitarbeiter ist im Ausland angelegt, in Wien. «In diesem Fond sind mehr als anderthalb Milliarden Dollar», erklärte Shawwa. «Wenn dieser Fond nach Gaza und dem Westjordanland gebracht würde, zusammen mit den anderen Geldern, die die Israelis uns gestohlen – oder von uns geliehen haben, wenn Ihnen das lieber ist –, dann würden wir keine Hilfsgelder aus dem Ausland brauchen. Dann kämen wir alleine zurecht.»

Lange vor der Umgruppierung der israelischen Armee fiel mir ein weiteres fiskalisches Loch auf, oder besser gesagt, eine wahre Flut. In einem Lebensmittelgeschäft an der Falastin-Straße stellte ich fest, daß Waren, die aus dem Ausland importiert waren – Kaffee, Tee, Schokolade, Cracker, Reinigungsmittel, Kosmetika, Schüsseln und Töpfe –, mit einem Stempel versehen waren, auf dem die Adresse des Brokers angegeben war, und der Broker war immer ein Israeli. Als ich einmal ein Elektrogerät kaufen wollte, stellte ich zu meiner Überraschung fest, daß der Zoll für die Palästinenser ebensohoch war wie für Israelis (gewöhnlich 50 bis 100 Prozent des Ladenpreises). Auf diese Weise erhöhten die Palästinenser auch die israelischen Zolleinnahmen. «Aber natürlich», meinte der Geschäftsinhaber mit resigniertem Lächeln. «Schließlich sind wir doch ein zusammengehöriges Land.»

Nach 1967 wurden der Gazastreifen und das Westjordanland in eine unfreiwillige und eingleisige Zollunion mit Israel eingegliedert: Ungehinderten Warenverkehr gab es nur in eine Richtung – von Israel in die besetzten Gebiete. Ausländische Waren und Rohmaterialien wie Benzin gelangten über Israel in die besetzten Gebiete und unterlagen den israelischen Zöllen, Steuern und Sonderzuschlägen. Die Zölle, die für die meisten importierten Waren erhoben wurden, die in den besetzten Gebieten gekauft wurden, flossen jedoch nicht in die Kassen der Zivilverwaltung (i. e. zur Verwendung für die palästinensische Bevölkerung), sondern wanderte direkt in den israelischen Staatshaushalt. Das, worauf es ankam, war nicht der Wohnort des Konsumenten, sondern der Zollhafen, in dem das Produkt ins Land gebracht wurde. Die einzigen Zölle, die der Zivilverwaltung zugeführt wurden, waren die für die wenigen Waren, die aus Jordanien oder Ägypten in die besetzten Gebiete kamen. Einige palästinensische Firmen, wenn auch nur sehr wenige, schafften es, Güter direkt zu importieren. Im allgemeinen legte Israel den palästinensischen Firmen eine Unzahl administrativer Hindernisse in den Weg und zwang sie, in irgendeiner Form mit israelischen Firmen zusammenzuarbeiten, die frei von solchen Behinderungen arbeiten konnten.

Klagen über diese fiskalischen Löcher – und die Abhängigkeit, die sie zur Folge hatten – wurden von vielen palästinensischen Wirtschaftsexperten und Analytikern immer wieder vorgebracht. Sie argumentieren, daß eine langfristige Abhängigkeit von Geberländern, der Weltbank und dem Internationalen Währungsfonds hätte vermieden werden können. Eine Delegation, die bei den Verhandlungen mit Israel entschlossener aufgetreten wäre, die sich gründlich mit Einzelheiten befaßt hätte, hätte eine Entschädigung für den durch die Besatzung entstandenen wirtschaftlichen Schaden zur Sprache gebracht oder wenigstens eine Rückzahlung der Schulden verlangt, die dadurch angehäuft wurden, daß die israelische Regierung Steuern erhoben und nicht in die besetzten Gebiete zurückgeführt hat. In den Osloer Abkommen werden diese seit langem bestehenden Mißstände überhaupt nicht erwähnt, so daß die Verträge nur dazu dienen, die Rechnung abzuschließen.

Israels negative Investitionen im Gazastreifen waren natürlich schwerlich nur auf die Launen eines einzelnen Beamten oder die lähmenden bürokratischen Hindernisse zurückzuführen, sondern waren das Ergebnis einer systematischen israelischen Politik. Infolge dieser Politik wurde schon seit 1967 für die Verwaltung der besetzten Gebiete oder, genauer gesagt: für die Bedürfnisse der Palästinenser nur ein minimales Budget aufgewendet. In den Kalkulationen des Steueraufkommens war niemals eine Aufstellung der riesigen Summen enthalten, die von den palästinensischen Steuerzahlern entrichtet wurden und die für immer in der israelischen Staatskasse verschwanden. «Es gibt gewisse Anzeichen dafür», schrieben die Wirtschaftsexperten der Weltbank in ihrem trockenen Stil, «daß nicht das ganze Steueraufkommen, das von den israelischen Behörden von der Bevölkerung in den besetzten Gebieten erhoben wurde, der Zivilverwaltung zugeleitet wurde.»[5] Die umfassende physische Vernachlässigung in den von den Palästinensern bewohnten Gebieten ist vielleicht der greifbarste Beweis für diese verschwundenen Gelder. Und das betrübliche Fehlen jeglicher Entwicklung oder auch nur der grundlegendsten Wartung der Infrastruktur steht in krassem Gegensatz zu der zügigen und unübersehbaren Bautätigkeit, die überall dort stattfand, wo Land für jüdische Siedler enteignet wurde (die nicht auf das Budget der Zivilverwaltung angewiesen waren und in den Genuß von Subventionen für Steuern, Baukosten und den Wasserpreis kamen, die ihren palästinensischen Nachbarn verweigert wurden).

Nach einer Schätzung des Palästinensischen Instituts für Wirtschaftsforschung (die von den Verfassern als vorsichtig betrachtet wird) gingen den besetzten Gebieten von 1979 bis 1987 jährlich 110 bis 224 Millionen Dollar an Steuern, Importzöllen und anderen Abgaben für Waren verloren, die von den Palästinensern verbraucht worden waren. Alle diese Gelder verblieben in der israelischen Staatskasse.[6] Auch die Weltbank beschäftigt sich mit diesem Thema: «Als erstes werden wir versuchen, die Höhe der Steuern zu schätzen, die von den Bewohnern der besetzten Gebiete bezahlt wurden und die nicht dem Budget der Zivilverwaltung zugute kamen.» In diesem Bericht wird die Summe für das Jahr 1991 auf NIS 400 Millionen geschätzt.[7]

Dann wird in dem Bericht die Antwort der israelischen Regierung auf diese Behauptung angeführt: «Als zweites stellen wir die Schätzungen der israelischen Behörden für den finanziellen Wert der Vorteile vor, in deren Genuß die palästinensischen Einwohner der besetzten Gebiete durch die Beziehungen mit Israel gekommen sind.» Der Löwenanteil dieser Vorteile – jährlich rund NIS 1,676 Milliarden – fällt unter die Rubrik «Ausgaben für die Sicherheit».

«Nach Angaben der Israelis ist die Besatzungsmacht nach internationalem Recht befugt, von der Bevölkerung zu verlangen, daß sie für die Kosten für ihre Regierung selbst aufkommt. Seit der *Intifada* sind die

Kosten für Sicherheitsmaßnahmen drastisch gestiegen. Die für die israelische Armee im Zusammenhang mit dem Aufstand entstandenen Kosten betragen jährlich NIS 600 Millionen. Zusätzliche Ausgaben, die nicht mit dem Aufstand in Verbindung stehen, und die Kosten, die anderen Sicherheitsorganisationen entstanden sind, ließen die Sicherheitsausgaben in den letzten Jahren auf rund NIS 1 Milliarden ansteigen.»

In anderen Worten, Israel behauptete, daß die Palästinenser von dem Geld profitierten, daß zur Unterdrückung ihres Aufstands ausgegeben wurde, daß jedoch nicht von ihnen verlangt würde, die Kosten selbst zu tragen. Im Gazastreifen hingegen meinte man ironisch: «Mit unseren Steuern werden die Munition und das Tränengas finanziert.»

Als weitere finanzielle Leistungen zugunsten der Palästinenser in den besetzten Gebieten wird folgendes aufgeführt:

«Straßennutzung. In den besetzten Gebieten befinden sich Straßen von 150 Kilometern Länge, deren Bau von Israel mit NIS 500 Millionen finanziert wurde. Die jährlichen Kapitalkosten betragen 8 Prozent, und der Anteil der Nutzung durch die Palästinenser wird auf 80 Prozent der Gesamtnutzung geschätzt. Der Wert der Nutzung der Straßen durch die Palästinenser wird auf jährlich NIS 30 Millionen geschätzt. Wenn man die gleichen Berechnungsmaßstäbe zugrunde legt, beträgt der Wert der Nutzung des 15 000 Kilometer langen israelischen Straßennetzes durch Palästinenser schätzungsweise NIS 180 000 (wobei die Nutzung durch Palästinenser auf etwa 5 Prozent der Gesamtnutzung geschätzt wird).»

«Transfer von Arbeitskräften: Täglich reisen etwa 120 000 Arbeiter aus den besetzten Gebieten nach Israel ein. Etwa 80 000 davon haben einen festen Arbeitsplatz. Nach Angaben der Israelis bedeutet der Export von Arbeit nach Israel den Import von Arbeitslosigkeit. Wenn man eine Rate von zwei zu eins für den Ersatz israelischer Arbeiter durch solche aus den besetzten Gebieten zugrunde legt, ergibt sich für Israel aus dem Export von Arbeitslosigkeit aus den besetzten Gebieten nach Israel die Notwendigkeit einer Bezahlung von Arbeitslosenunterstützung an 60 000 Personen. Die daraus resultierenden Kosten für Israel betragen NIS 90 Millionen im Jahr.»

In dieser Antwort vermieden es die Israelis, die angeführten Ausgaben gegen die Profite abzuwägen, die israelische Arbeitgeber durch den Gebrauch billiger palästinensischer Arbeitskräfte machten. Die Wirklichkeit sah jedoch so aus, daß die neue Quelle billiger Arbeitskräfte eine der wichtigsten Komponenten des gewaltigen Wirtschaftsaufschwungs darstellte, der während der gesamten siebziger und achtziger Jahre in Israel stattfand. Außerdem wird in dieser Analyse die Tatsache ignoriert, daß israelische Arbeitskräfte sich gewöhnlich weigerten, die Art von Arbeit zu übernehmen, die den Palästinensern zugewiesen wurde. Ferner hat die israelische Regierung selbst die Entscheidung getroffen, ihre Grenzen für Arbeiter aus den besetzten Gebieten zu öffnen, und zwar mit dem Ziel, eine wirtschaftliche Abhängigkeit zu schaffen, die eine spätere politische Trennung von Israel von vornherein unmöglich machen würde.

Es geht weiter:

«Gewinne durch von Israel subventionierte Waren: Waren, die von Israel subventioniert werden, stehen auch den Bewohnern der besetzten Gebiete zur Verfügung. In Israel betragen die Kosten für Subventionen auf Grundgüter und landwirtschaftliche Produkte jährlich NIS 1,2 Milliarden. Wenn man annimmt, daß die Einwohner der besetzten Gebiete rund 5 Prozent dieser Waren konsumieren, kann man die Höhe der Subventionen, die ihnen dadurch zugute kommen, auf NIS 60 Millionen schätzen.»

Man sollte jedoch auch berücksichtigen, daß die besetzten Gebiete der zweitgrößte Absatzmarkt für israelische Waren sind.

«Technologie und Know-how: Die Ausgaben für Forschung und Entwicklung in Israel werden auf jährlich NIS 1,2 Milliarden geschätzt. Der Nutzen für die Einwohner der besetzten Gebiete aus israelischer Forschung und Entwicklung wird auf NIS 40 Millionen jährlich geschätzt.»

In dem Bericht werden noch verschiedene weitere Vorteile aufgeführt, die die Israelis in ihren Berechnungen nennen: subventionierte Gesundheitsdienstleistungen, die Nutzung von Seehäfen und Flugplätzen für den internationalen Handel, landwirtschaftliche Subventionen, der Anspruch auf Absetzungsmöglichkeiten bei der Einkommensteuer. In diesem Teil des Berichts kommt die Weltbank zu dem Ergebnis, daß der direkte, nicht mit der Sicherheit zusammenhängende Transfer von Geldern in die besetzten Gebiete 2 Prozent des palästinensischen Bruttoinlandsprodukts betrug, während die verlorenen Steuergelder, die in Israel verblieben, 8 Prozent des Bruttoinlandsprodukts betrugen.

Der im Westjordanland lebende Wirtschaftsexperte Samir Abdallah nahm an den Verhandlungen in Oslo teil und übernahm dann die Leitung des Palästinensischen Wirtschaftskomitees für Entwicklung und Wiederaufbau (Palestinian Economic Council for Development and

Reconstruction, PECDAR), zu dessen Aufgaben unter anderem die Koordinierung des wirtschaftlichen Wiederaufbaus unter palästinensischer Selbstverwaltung gehörte. Beim Studium der Unterlagen stellte er fest, daß Israel zwischen 1967 und 1994 jährlich durchschnittlich $ 15 pro Kopf der Bevölkerung in die Infrastruktur des Gazastreifens investiert hat. In Israel betrug die entsprechende Summe $ 1000 pro Kopf.

Die Ausgaben der Zivilverwaltung wurden weitgehend aus den von der örtlichen Bevölkerung erhobenen Steuern bestritten – mindestens 70 Prozent des Budgets. Der Rest wurde durch Transfer von Geldern aus der israelischen Staatskasse finanziert und machte eine geringe Prozentzahl des Geldes aus, das in unterschiedlichen fiskalischen Löchern verschwunden war, von denen nicht alle hier erwähnt sind. Das Budget selbst deckte nur die Verwaltungskosten und die Gehälter für die rund 200 Israelis und 7000 Palästinenser, die vorwiegend in den Bereichen Erziehung und Gesundheitsfürsorge arbeiteten. Es reichte kaum aus, um den Verfall des wenigen zu verhindern, das an Infrastruktur existierte, geschweige denn für die Finanzierung von Entwicklung und Expansion. Ephraim Kleiman, ein Wirtschaftler von der Hebräischen Universität, der Spezialist für die besetzten Gebiete ist, bestätigt, daß «Israel praktisch kein eigenes Geld in die wirtschaftliche Infrastruktur in den besetzten Gebieten im allgemeinen und im Gazastreifen im besonderen investiert hat. Alle Investitionen wurden aus dem Steueraufkommen der örtlichen Bevölkerung finanziert und wurden in den Aufbau von Institutionen und nicht in die physische Infrastruktur gesteckt.»[8]

Durch mein Leben in Gaza wußte ich aus eigener Erfahrung, was Samir Abdallahs Statistik und Ephraim Kleimans Beobachtungen für das tägliche Leben bedeuteten: die endlosen Stromausfälle, wenn die Außentemperatur sich der 40°-Grenze näherte, das armselige Rinnsal, das aus der Dusche tropfte, und das übelschmeckende Wasser, das aus dem Wasserhahn in der Küche kam. Wie jeder andere Einwohner von Gaza bekam ich zu spüren, was für eine geringe Rolle das Individuum im Denken der Besatzer spielte. Aber im Gegensatz zu den anderen Menschen in Gaza konnte ich jede Woche nach Tel Aviv zurückkehren, wo Annehmlichkeiten wie reichlich fließendes Wasser, gepflasterte Bürgersteige und ein Telefon, das nicht plötzlich und grundlos verstummte, mir einen Vergleichsmaßstab verschafften, über den sie nicht verfügten.

Im Jahr 1996, kurz vor den ersten palästinensischen Wahlen – für mich eine Zeit frenetischer Berichterstattung –, hatte ich zwei wunderbare Tage, als mein Telefon nach monatelangem Schweigen auf einmal wieder funktionierte. Zwei herrliche Tage lang genoß ich den Luxus, von zu Hause aus telefonieren zu können. Aber als ich am dritten Tag aufwachte, klopfte der Wind an meine Fensterscheiben, und das Telefon war tot. Von den acht Monaten, die ich in meinem Apartment in Rimaal wohnte, verbrachte ich vier ohne ein funktionierendes Telefon – eine von vielen Unbequemlichkeiten, die mich an die lächerliche Summe erinnerte, die für die Infrastruktur von Gaza aufgewendet wurde. Wenn es nicht am Regen lag, dann war ein teures Kabel kaputt gegangen, und es war kein Geld vorhanden, um ein neues in Israel zu kaufen. Wenn das Telefon doch einmal funktionierte, knackte und krachte es in der Leitung. Die großen technischen Fortschritte, die Israel gegenüber der Weltbank ins Feld führte, schienen keine Auswirkungen auf das Telefonnetz im Gazastreifen zu haben: Die antiquierten handbetriebenen Schalttafeln wurden erst 1992 ersetzt, und bis zum heutigen Tag hängen die wenigen Telefonkabel ungeschützt über den Straßen. Versuchen Sie nur einmal, während der Morgenstunden eine Verbindung zu bekommen.

Dennoch hatte ich es vergleichsweise leicht. Meine Freunde in Jabalia hatten im Jahr 1982 ein Telefon bestellt und warteten vierzehn Jahre später immer noch darauf. 1991 kam in Israel ein Telefon auf zwei Einwohner. In Gaza gab es ein Telefon für fünfzig Einwohner.[9] Bis Anfang 1995 waren es dann 22 000 Telefonanschlüsse (für eine Bevölkerung von einer Million). Was die Versuche anbelangt, eine Firma zu führen, so waren 1992 von 1909 Firmen im Gazastreifen 1040 (54 %) ohne Telefonanschluß.[10]

Wie alle anderen Menschen in Gaza lernte ich, ohne Telefon zurechtzukommen. Wie sie gewöhnte ich mich sogar daran, die Ausfälle mit einer Geduld zu akzeptieren, die an Apathie grenzte, und fatalistisch darauf zu vertrauen, daß sich die Dinge schon irgendwie einrenken würden. Solange ich ein Auto hatte, konnte ich zu einem funktionierenden Telefon gelangen – das heißt, wenn ich auf die Löcher und Pfützen in den Straßen achtete, die zu tief waren, um hindurchzufahren. Ich merkte mir, wer von meinen Freunden ein funktionierendes Telefon hatte und welche von ihnen ich in letzter Zeit nicht zu oft belästigt hatte. Konnte ich zur Taxizentrale in Jabalia gehen, oder sollte ich lieber die Frau aufsuchen, die gerade Mutterschaftsurlaub hatte und deshalb zu Hause war? Ich wechselte zwischen meinen Freunden vom Menschenrechtsbüro, Bekannten vom Informationsministerium und einer anderen Journalistin ab, wenn ihr Telefon gerade funktionierte. Meine unfreiwilligen Expeditionen erfüllten zumindest einen guten Zweck: Mein Auto und ich, besonders die Reifen und der Auspuff, lernten den Zustand der Straßen von Gaza wirklich genau kennen.

Als der Stadtbaumeister von Gaza, Zaher Kheil, im August 1995 seinen Posten antrat, stellte er fest, daß nicht ein einziger Abschnitt des vierhundert Kilometer langen Straßennetzes der Stadt, seien es große Durchgangsstraßen oder kleine Seitenstraßen, in halbwegs gutem Zustand war.

Bis zum Winter 1996 hatte die Stadt nicht mehr als die dringendsten Reparaturarbeiten an 15 Kilometern Straße geschafft, eine mühsame Prozedur, in deren Verlauf eine neue Kanalisation und Regenwasserkanäle gebaut, Röhren verlegt, die Straße gepflastert und Bürgersteige angelegt werden mußten. Die vielen Schlaglöcher in den Straßen hatten den Verschleiß sowohl des Unterbaus als auch der Fahrzeuge beschleunigt, die auf diesen Straßen fuhren. Nach Jahren ohne Wartung war das ganze System ruiniert. Die Weltbank stellt fest:

«Der physische Zustand der von der palästinensischen Bevölkerung genutzten Straßen ist so schlecht geworden, daß der Geldwert, den sie darstellen, verlorengeht, wenn nicht augenblicklich etwas zu ihrer Sanierung geschieht. Was das Verhältnis der Länge des Straßennetzes zur Bevölkerungszahl betrifft (ein allgemein üblicher vergleichender Indikator zur Feststellung der Zugänglichkeit, die durch das vorhandene Straßennetz gewährleistet wird), so ist die durch das Straßennetz in den besetzten Gebieten gewährleistete Zugänglichkeit (1,2 km pro 1000 Menschen) geringer als irgendwo sonst in der Region, mit der Ausnahme von Ägypten – 1,4 in Jordanien, 2,0 in Syrien und 0,6 in Ägypten. Zum Vergleich: Israel, das ein höheres Bruttoinlandsprodukt hat, besitzt fast das Zweieinhalbfache des Straßennetzes der besetzten Gebiete pro 1000 Menschen – 2,75 km verglichen mit 1,2 km.»[11]

Am Tag vor den palästinensischen Wahlen hatte ich mich mit dem Gedanken abgefunden, daß ich ohne Telefon über das Ereignis würde berichten müssen, als mein Auto nicht mehr ansprang. Ich hatte es vor dem Rashad-al-Shawwa-Kulturzentrum geparkt, wo Jimmy Carter, der prominenteste unter den Beobachtern, die gekommen waren, um die Wahlen zu überwachen, eine Pressekonferenz abhielt. Als ich zurückkam, sprang der Motor nicht mehr an. Ich stöhnte und dachte an die riesige Pfütze vor dem YMCA, zwei Straßen von meinem Haus entfernt. Sie hatte flach genug ausgesehen, um hindurchzufahren, bis ich sie zur Hälfte durchfahren hatte.

Mit Hilfe einiger Passanten gelang es mir, das Auto bis zu einer Tankstelle am Rande des Al-Shatti-Flüchtlingslagers zu schieben. Die Männer in der Tankstelle waren mit ihrem Wahlinformationspool beschäftigt, aber sie boten mir Kaffee an und wechselten augenblicklich ins Hebräische, als sie hörten, daß ich aus Israel kam. «Na, wie steht es denn da drüben?» fragten sie mich (sie alle hatten früher in Israel gearbeitet). «Was halten Sie vom Frieden? Werden sie den Erez-Checkpoint aufmachen, damit wir den Gazastreifen verlassen können, wie ganz normale Menschen?» Innerhalb von dreißig Minuten sah es so aus, als hätte die Tankstellenbelegschaft das halbe Flüchtlingslager mobilisiert, einschließlich eines Elektrikers und etlicher Automechaniker. Eine gute Seite der fiskalischen Ungerechtigkeiten und der mangelnden Entwicklung in Gaza ist, daß jeder zum Automechaniker geworden ist.

Der Regen rauschte ununterbrochen durch die Dunkelheit, aber im Licht einer Neonlampe, die einer der Tankwarte herübergebracht hatte, reparierte der Elektriker mein Auto. Fünfzehn Minuten später sprang der Wagen wieder an, und eine ganze Menschenmenge von Flüchtlingen winkte mir zum Abschied nach. «Auf Wiedersehen und alles Gute», riefen sie mir auf Hebräisch nach. Den ganzen Tag hatte der israelische Rundfunk dringend davor gewarnt, am Wahltag in die besetzten Gebiete zu fahren. Jeder, der dies täte, hieß es, setze sein Leben aufs Spiel.

Wäre ich auf einer «jüdischen Straße» gefahren, einer Straße, die zu einer der Siedlungen führt, wäre mein Auto gar nicht erst kaputt gegangen. Die Straßen, die zu den Siedlungen führen, sind grundsätzlich sehr viel besser als alle anderen im Gazastreifen. Seit einigen Jahren waren die wenigen Abschnitte dieser Straßen, die von Palästinensern benutzt werden durften, nach und nach für sie gesperrt worden. Begründet wurde dies mit Angriffen auf Siedler und Soldaten. Jetzt war die örtliche Bevölkerung auf Nebenstraßen angewiesen, die annähernd unpassierbar waren. Dazu schreibt die Weltbank:

«Seit 1967 dienten Investitionen in die Transportinfrastruktur hauptsächlich dem Zweck, (i) die Sicherheit Israels zu verbessern und (ii) die israelischen Siedlungen in den besetzten Gebieten mit der israelischen Wirtschaft und Sozialstruktur zu verbinden. Diese politische Zielsetzung hat zum Bau moderner Schnellstraßen geführt, die die Siedlungen mit den großen Zentren in Israel verbinden, wobei palästinensische Städte und Dörfer oft umgangen werden. Andererseits wurde das Straßennetz für die arabische Bevölkerung weitgehend vernachlässigt. Das Ergebnis sind zwei verschiedene, kaum miteinander verbundene Straßennetze, die zwei vollkommen getrennten Transportbedürfnissen dienen. Auch wenn die Verbindungsstraßen für die Siedlungen von allen benutzt werden dürfen, sind die Straßen, die ausschließlich den Palästinensern dienen ..., vollkommen unzureichend für die Anforderungen, die durch die Bemühungen um eine Wirtschaftsentwicklung in den besetzten Gebieten an sie gestellt werden.»[12]

Obwohl die israelische Regierung den Wunsch der Bewohner von Gaza nach Telefonen und passierbaren Straßen ignoriert hat, hat sie in einem großen Teil des Gazastreifens für Wasseranschlüsse und Abwassersysteme in den Häusern und für ein elektrisches Leitungsnetz gesorgt. In den Flüchtlingslagern sprechen die Leute immer noch lobend von dieser

Maßnahme. Dennoch hängt Gaza für seine Stromversorgung nach wie vor von der israelischen Elektrizitätsgesellschaft ab, die den Strom im ganzen an die Kommunen und andere Verwaltungseinheiten liefert. Diese treiben im Gegenzug das Geld von den Verbrauchern ein. Aber das Stromnetz ist hoffnungslos überfordert. Statt einer jährlichen Leistung von 3500 Kilowattstunden pro Kopf der Bevölkerung wie in Israel beträgt die Kapazität des Stromnetzes im Gazastreifen, wie Ezra Sadan schreibt,[13] nur 400 Kilowattstunden pro Kopf und Jahr. Ständige Stromausfälle, das Fehlen von Transformatoren und einem Hochspannungssystem bedeuten, daß man mit wechselnden Spannungen von 120 bis 180 Volt statt der normalerweise üblichen 220 Volt rechnen muß – ein Problem, das sich besonders auf Fabriken auswirkt, die auf eine regelmäßige Versorgung mit Elektrizität angewiesen sind. Zwei Jahre nach Sadans Bericht rechnete die Weltbank mit einer Versorgung des Westjordanlandes und Gazas mit 679 Kilowattstunden pro Kopf und Jahr, einer Zahl, die sie als «niedrig im Vergleich zu Ländern mit ähnlichem Einkommensniveau» einstufte: «Ägypten 815, Kolumbien 1198, Jordanien 1054, Tunesien 615, Syrien 699, Türkei 893 und Simbabwe 891.» Die Weltbank erklärt diesen Zustand folgendermaßen:

«Der Hauptgrund für den schlechten Zustand der Infrastruktur und die unzureichenden sozialen Dienste hängt mit der Art zusammen, auf die die besetzten Gebiete regiert werden. Erstens ist die institutionelle Struktur zur Formulierung, Durchführung und Verwaltung von Investitionen unzureichend, und die Palästinenser sind kaum am Entscheidungsprozeß beteiligt. Das Fehlen wirksamer Mechanismen, mit deren Hilfe auf die Wünsche der Bevölkerung eingegangen werden könnte, hat zur Formulierung von politischen Zielen und Investitionen geführt, die den Bedürfnissen der besetzten Gebiete nicht in ausreichendem Maß dienen.»[14]

Von allen Mängeln in der Infrastruktur von Gaza besteht wohl der schlimmste in der schlechten Qualität und unregelmäßigen Zufuhr fließenden Wassers. «Oh, es gibt kein süßes Wasser», sagten meine Freunde und boten Kaffee statt Tee an. Anfangs war ich verblüfft, aber nach einem Jahr sagte ich genau das gleiche. In den meisten Häusern in Gaza kommt salziges Wasser aus der Leitung, und der schlechte Geschmack ist im Tee deutlicher zu merken als im Kaffee. Selbst das «süße» Wasser ist mit Abwässern kontaminiert – und verursacht Verdauungsprobleme, wenn nicht Schlimmeres. Jeder, der es sich leisten kann, einen Ersatz zu verwenden, tut es.

Ausländer mit empfindlichem Gaumen und Darm – Diplomaten, Mitarbeiter der UN, amerikanische und europäische Wirtschaftsberater –

kaufen Mineralwasser in Flaschen. Die einheimische Bevölkerung ist schon froh, wenn sie überhaupt Süßwasser bekommen kann, und fährt oft zu Verwandten oder Freunden, deren Wasser aus Brunnen in Gegenden kommt, in denen der Grundwasserspiegel noch nicht unter Meereshöhe gesunken und deren Wasser nicht salzig ist. 1996 brachte die Stadtverwaltung von Gaza in mehreren Stadtvierteln öffentliche Wasserhähne an, einen davon an der Ecke meiner Straße. Aus diesen Wasserhähnen läuft salzfreies Wasser, und alle Kinder des Viertels werden dorthin geschickt, die kleinen mit großen Plastikflaschen, die großen mit gelben oder grünen Kanistern. Sie füllen ihre Behälter und kommen mit Wasser nach Hause, das gut genug zum Teekochen ist. Familien, die keine glücklichen Verwandten oder öffentlichen Wasserhähne in ihrer Nähe oder nicht die Zeit für einen Ausflug zu einem Wasserhahn haben, aus dem Süßwasser kommt – und das sind die meisten Familien –, gehen das Risiko ein, das verunreinigte Wasser aus ihren eigenen Leitungen zu trinken, oder trinken sehr wenig. (Ich vermute, daß das der Grund sein könnte, warum in Gaza so viele Menschen unter ständigen Kopfschmerzen leiden). Eine Untersuchung der Europäischen Union ergab, daß das Trinkwasser fast im ganzen Gazastreifen mehr als 200 Milligramm Chlor pro Liter enthält (die oberste zulässige Grenze für Trinkwasser). Der Chloranteil bewegt sich zwischen 200 und 1000 Milligramm pro Liter, im östlichen Teil des Gazastreifens sind es sogar mehr als 1000 Milligramm.

Israel erklärt das Problem folgendermaßen: Als Israel den Gazastreifen 1967 eroberte, fand es bereits ein desolates Wasserversorgungssystem vor. Nach 1948, als der Flüchtlingsstrom, der nach Gaza flutete, die Bevölkerungszahl auf das Dreifache ansteigen ließ, begannen die ägyptischen Behörden, die Grundwasservorräte unterhalb von Gaza, die einzigen Wasservorkommen im Gazastreifen, zu überpumpen. Die Wassermenge, die dem Grundwasservorrat alljährlich zufließt, wird auf 50 bis 70 Millionen Kubikmeter geschätzt; nicht genug, um die verbrauchte Wassermenge zu ersetzen. Seit 1948 stieg das Defizit jährlich um rund 30 Millionen Kubikmeter an. Nach 1967 behielt Israel das traditionelle System privater Wasserbesitzrechte bei, legte den Brunnenbesitzern – Stadt- und Gemeindeverwaltungsbehörden und Privatleuten – jedoch eine Anzahl von Restriktionen auf. Sehr viel Wasser wird durch mangelnde Wartung der Wasserleitungen, unzureichende Regenwasserkanalisation und leckende Abwasserleitungen verschwendet, aber die Behebung dieser Mängel sei immer Sache der örtlichen Behörden, also der Palästinenser, gewesen. Ende 1993 baute Israel in einer Stadt in Gaza eine Meerwasserentsalzungsanlage, die 20 Prozent des in der Region benötigten sauberen Trinkwassers liefert.

Die Weltbank zeichnet ein anderes Bild, eines, das der Sicht der Palästinenser erheblich näher kommt: Die Versäumnisse der Zivilverwaltung hatten ihre Gründe unter anderem in «einer komplizierten Mischung verschiedener Gesetzgebungssysteme, ergänzt durch Befehle von seiten des Militärs, die nicht für alle Beteiligten durchschaubar sind und der Zivilverwaltung fast unbegrenzte Machtbefugnisse in der Anwendung und Interpretation von Gesetzen und Vorschriften gibt». Zweitens «haben die lokalen Behörden nur eine sehr begrenzte Kontrolle über die Ressourcen, führen die Gelder für öffentliche Versorgungsbetriebe anderen Zwecken zu und haben bei den gegenwärtigen Verwaltungsregelungen Schwierigkeiten, die Gelder zusammenzubekommen. Schließlich «sind die Verfahren, durch die Investitionen oder Finanzierung von außen durch die Zivilverwaltung ausgewählt werden, weder transparent noch vorhersehbar, und unter den Palästinensern ist allgemein eine mangelnde Bereitschaft zu beobachten, mit der Zivilverwaltung zusammenzuarbeiten.» Damit weist die Weltbank in vorsichtiger Form auf die Praxis der Zivilverwaltung hin, ausländische Hilfsgelder und Investitionen in Gaza nur im Austausch gegen «Wohlverhalten» zuzulassen. Insgesamt hatten das magere Budget der Gemeinden und das gänzliche Fehlen von Investitionen zur Folge, daß fast überall 40 bis 60 Prozent des fließenden Wassers verlorengehen.[15]

In den Arbeiten von Zaher Kheil und zwei weiteren Stadtbaumeistern von Gaza, die 1995 eine vollständige Zusammenstellung der dringendsten Bedürfnisse der Stadt niederschrieben,[16] fand ich eine sehr viel direktere Formulierung. «Die Entwicklung der Stadt Gaza wurde unter der israelischen Besatzung schwer behindert», schreiben sie. «Die Stadtverwaltung von Gaza sorgte nur für die allernotwendigsten Dienstleistungen, wie die Müllabfuhr und das Einziehen der Bezahlung für Wasser und Strom. Sie durfte weder eine irgendwie geartete Städteplanung durchführen noch in irgendeiner Form zur Entwicklung der örtlichen Wirtschaft beitragen.« In dem gleichen dicken Band findet sich ein detaillierter Fünfjahresplan für alle zwölf Stadtteile nebst spezifischen Projekten für die Erneuerung und den Aufbau der Stadt, aufgeführt in der Reihenfolge ihrer Dringlichkeit: das Wasser- und Abwassersystem, die Straßen, das Stromnetz, öffentliche Parkanlagen, öffentliche Gebäude. Die Gesamtkosten für die vorgeschlagenen Projekte betrugen $ 137 Millionen, «obwohl eine echte Sanierung (für die Stadt Gaza alleine) eine Milliarden Dollar kosten würde. Das hier ist nur Kleingeld», sagte Kheil.

Die Tatsache, daß viele der Projekte so billig gewesen wären, bestätigt den Vorwurf langfristiger Vernachlässigung. So hätte zum Beispiel ein Generator für $ 35 000 das Problem mit der Pumpstation in Sheikh Radwan lösen können, wo bei jedem Stromausfall die Wasserversorgung unterbrochen wird. Und für $ 50 000 hätte man Filter für die Stadtviertel Rimaal und Tufah kaufen können, um den Sand aus dem Trinkwasser herauszufiltern. $ 21 000 hätten für 450 Meter Abwasserrohr für die Hauptverbindungsstraße zwischen der Innenstadt von Gaza und Jabalia ausgereicht und den regelmäßigen Abwasserüberschwemmungen ein Ende gemacht. Sieben verschiedene Projekte für insgesamt $ 2,3 Millionen hätten die Regenwasserkanalisation der Stadt beträchtlich verbessert.

Wiederum sind Qualität und Wassermenge für die jüdischen Siedlungen erheblich höher. Die Statistik spricht für sich selbst: Die Palästinenser in den besetzten Gebieten erhalten 93 Liter pro Kopf und Tag (101 Liter in Gaza und 85 im Westjordanland). Die in den besetzten Gebieten ansässigen Israelis erhalten 280 Liter am Tag. Israelische Sprecher erklären die Ungleichheit als natürliche Folge von kulturellen Unterschieden und unterschiedlichem Einkommensniveau. Aber in Tunesien beträgt der tägliche Wasserverbrauch 115 Liter pro Kopf, in Jordanien 142 und in Ägypten 230 Liter.[17] Nach Aussage der Weltbank übersteigt der Wasserbedarf in den besetzten Gebieten den gegenwärtigen Verbrauch, die Wasserentnahme aus dem Grundwasser wird aber durch Verbote und Restriktionen niedrig gehalten, die die dort ansässigen Juden nicht betreffen. Auch sind die Palästinenser niemals in den Genuß der Wassersubventionen gekommen, die für Israelis im allgemeinen und Siedler im besonderen gelten.

Die Palästinenser behaupten, daß die Siedlungen im Gazastreifen ihnen einen beachtlichen Teil des Grundwassers der Region wegnehmen, aber Israel versichert, daß Gaza dadurch kompensiert wird, daß eine ähnliche Wassermenge aus Mekorot, dem israelischen Wasserreservoir, zugeführt wird. Die Palästinenser werfen den Israelis auch vor, daß sie einen Großteil des Regenwassers, das im Wadi Gaza zusammenfließt, für ihre eigenen Zwecke abzweigen, bevor es im Gazastreifen ankommt. Außerdem hat Israel an der Grenze von 1967 (allgemein als «grüne Grenze» bekannt) Brunnen gebohrt und Wasser abgeleitet, das sonst dem Grundwasser im Gazastreifen zufließen würde.[18]

Israel hat diese Vorwürfe zurückgewiesen, und die Weltbank scheint dies in ihren Berichten zu akzeptieren. Aber eine Tatsache ist nicht zu leugnen: Israel hat das Wassersystem des Gazastreifens immer als autarke, eigenständige Einheit betrachtet. Die Situation ist vergleichbar mit beispielsweise der im Negev – wenn diese trockene und unwirtliche Region nur auf das dort vorhandene Grundwasser angewiesen wäre und ihr kein zusätzliches Wasser vom See Genezareth zugeführt würde, einer Region mit größeren Wasserressourcen. Zu keiner Zeit, weder unter direkter israelischer Herrschaft noch während der Interimsperiode, als die palästinensische Autonomiebehörde eingesetzt wurde, wurden die arabischen Einwohner des Gazastreifens als Teil der gesamten palästinensischen Bevölkerung betrachtet, die zumindest Anspruch auf die Wasserressourcen im Westjordanland hatten. In der 1993 unterzeichneten Grundsatzerklärung wird jedoch ausdrücklich erklärt, daß beide Seiten das Westjordanland und den Gazastreifen als eine geschlossene territoriale Einheit betrachten, in der das palästinensische Volk lebt. Die jüdischen Siedler in Gaza hingegen (ebenso wie die im Westjordanland) kommen in den Genuß des Wassers aus den gemeinsamen israelisch-palästinensischen Wasservorkommen im gesamten Land: den wasserführenden Schichten in den Bergen, die hauptsächlich von Regenfällen im Westjordanland gespeist werden und deren Wasser nach Israel abfließt, dem Jordan und dem Grund- und Oberflächenwasser des Gazastreifens. Die wasserführenden Schichten des Westjordanlandes und Israels liefern jährlich schätzungsweise zwischen 580 und 830 Millionen Kubikmeter Wasser. Die Palästinenser im Westjordanland verbrauchen 110 bis 133 Millionen Kubikmeter dieses Wassers, also nur 15 bis 20 Prozent des Wassers aus der gesamten Region.[19] Alles übrige wird den jüdischen Siedlern und den Bewohnern Israels zugeführt. In anderen Worten, die Wasservorräte des ganzen Landes werden als gemeinsame, von allen genutzte Ressource betrachtet, wenn es um Israelis geht. Aber wenn es um den Wasserbedarf der Palästinenser geht, gelten auf einmal wieder die Grenzen von 1967, und die gleiche gemeinsame Ressource steht nicht für die Bewohner von Gaza zur Verfügung, von denen erwartet wird, daß sie mit den begrenzten Wassermengen auskommen, die dem Grundwasser im Gazastreifen entnommen werden können.[20]

Der ungleichen Wasserverteilung lag die gleiche Logik zugrunde, die auch für den Finanzhaushalt in den besetzten Gebieten angewendet wurde. Auf der einen Seite wurden das Westjordanland und der Gazastreifen als eigene, autarke Einheiten betrachtet, die ihre laufenden Ausgaben und ihre Entwicklung selbständig aus «internen» Steuereinnahmen zu finanzieren hatten. Das bedeutet, wenn es um die Bedürfnisse der Palästinenser ging, erkannte Israel die Grenzen von 1967 an. Wenn es aber um israelische oder, besser gesagt: jüdische Bedürfnisse ging, lösten sich die Grenzen plötzlich auf, und die besetzten Gebiete wurden zu einem integralen Teil Israels: Die Einkünfte aus Zöllen, indirekten Steuern, Mehrwertsteuern und Einkommensteuern flossen auf direktem Weg in die israelische Staatskasse. Vom palästinensischen Standpunkt aus gesehen, war die gleiche Logik am Werk, als Israel die besetzten Gebiete für jüdische Siedlungen öffnete. Die Siedlungen bewiesen den Palästinensern, daß das Land, in dem sie lebten, eine gemeinsame Ressource war, die die Juden nach Gutdünken benutzen, sie selbst aber nicht entwickeln durften. Das Land unter israelischer souveräner Jurisdiktion hingegen –

innerhalb der Grenzen von 1967 – war eine Ressource, die den Israelis alleine gehörte.

Nach der Übernahme der Verwaltung durch die Palästinenser im Jahr 1994 wurde ein Teil dieser Ungleichheiten beseitigt. Das Budget der Autonomiebehörde basierte teilweise auf Steuern und Zöllen, die bislang nach Israel geflossen waren. Aber im Hinblick auf Wasserressourcen und Landreserven – zwei wesentliche Themen, die die zukünftige Entwicklung der palästinensischen Gesellschaft unmittelbar berühren – änderte Israel seine Grundeinstellung nicht im mindesten, und die diskriminierende Logik wird weiterhin angewandt. Für die Millionen Einwohner von Gaza, die zusammengedrängt in dem engen Landstreifen leben, den die Geschichte ihnen zugewiesen hat, unterscheidet sich die Gegenwart nicht von der Vergangenheit. Die Lösung der Konflikte um Land und Wasser wurde den Verhandlungsdelegationen überlassen, und wie immer die Einigung schließlich auch aussehen mag, sie wird die relative Stärke der Verhandlungspartner widerspiegeln und nicht irgendeine höhere Gerechtigkeit.

Allein durch ihre Existenz zementieren die achtzehn jüdischen Siedlungen im Herzen des Gazastreifens alle Formen der Enteignung und Diskriminierung, die die Palästinenser seit 1948 täglich erfahren haben. Die fünf- bis sechstausend jüdischen Siedler, die, nur einen Steinwurf von den überfüllten, elenden Flüchtlingslagern entfernt, in großzügig angelegten, gepflegten und geräumigen Häusern leben, lassen das immerwährende Gefühl der Ungerechtigkeit und die Sehnsucht der Flüchtlinge nach ihrem 1948 verlorenen Land nur noch schmerzhafter spürbar werden. Mit ihren getrennten Budgets, ihrem eigenen Wasser, eigenen Straßen, Gesetzen und historischen Rechten verkörpern sie jeden Aspekt der israelischen Ausgrenzungspolitik. Ein Fatah-Anhänger aus dem Flüchtlingslager Khan Yunis, dessen Familie aus dem Dorf Beit Daras (heute das israelische Beit Ezra) vertrieben worden ist, fragte mich einmal: «Wie kommt es, daß ich nicht das Recht habe, in die Heimat meiner Eltern zurückzukehren, während ein französischer Jude herkommen und direkt neben mir leben kann?»

Die Siedlungen sind hauptsächlich in zwei Regionen konzentriert: im nördlichen Gazastreifen nahe der Grenze von 1967 und in der Mawassi-Region (für Israelis der Katif-Block), einer hübschen Gegend mit Sanddünen und reichlichem Wasservorkommen, die vielleicht der schönste Ort im ganzen Gazastreifen ist. Drei isolierte Siedlungen außerhalb dieser Blöcke – Morag im Süden, Kfar Darom in der Mitte und Netzarim gleich im Süden der Stadt Gaza – haben die israelische Regierung gezwungen, neue Umgehungsstraßen durch palästinensisches Ackerland zu bauen oder den palästinensischen Verkehr auf den vorhandenen Straßen zu beschränken. Keine dieser Siedlungen hat mehr als zweihundert Einwohner.

Insgesamt nehmen die Siedlungen und die israelischen Straßen rund 72,5 Quadratkilometer ein, das sind 19,36 Prozent des gesamten Gebiets.[21] In anderen Worten heißt das, daß ein Fünftel des Gazastreifens auch nach den Osloer Abkommen einem halben Prozent der Menschen vorbehalten ist, die in seinen Grenzen leben. Oder anders ausgedrückt, ein Fünftel des Landes ist nur für die Juden da.

Oftmals habe ich die weit verstreuten Lichter von Mawassi von den engen Wohnungen meiner Freunde im Flüchtlingslager aus funkeln gesehen. Manchmal, wenn der Strom wieder einmal ausgeschaltet war, saßen wir in Dunkelheit gehüllt, und das Gefühl der Diskriminierung wurde so spürbar und mächtig wie der Unterschied zwischen Nacht und Tag. Viele hundert palästinensische Familien leben schon seit langem in der Katif-Block-Region und verdienen ihren Lebensunterhalt mit Landwirtschaft. Auch heute noch ist es ihnen verboten, ihre Wohnungen an das Stromnetz anzuschließen, und sie müssen sich mit privaten Generatoren oder Kerzenlicht behelfen. Einmal, als die Straßen der Siedlungen noch von palästinensischen Fahrzeugen benutzt werden durften, fuhr ich nach einem Besuch bei Freunden in Khan Yunis zur Siedlung Neve Dekalim. Meine Freunde hatten den ganzen Tag lang kein fließendes Wasser gehabt. Am Abend schaltete die Familie einen lärmenden Generator an und füllte den Tank auf dem Dach auf – mit salzigem Wasser, das oft schon am Nachmittag zur Neige ging oder nur noch als dünnes Rinnsal aus der Leitung tropfte. Als ich in Neve Dekalim ankam, lief ich in die Toilette der Lokalverwaltung und ließ mir den kühlen, dicken Wasserstrahl über Gesicht und Hände laufen. So süß und erfrischend es war, so hatte das reichlich fließende Wasser doch einen Nachgeschmack, den bitteren Geschmack – ich konnte es nicht anders nennen – von Apartheid.

7
Wir stammen aus demselben Dorf

Auf der Hauptstraße, die durch den Markt des Dorfes Jabalia führte, mußten wir unser Tempo dem vor uns her holpernden klapprigen Eselskarren anpassen – einer Ansammlung roh zusammengenagelter Bretter, die an einem windschiefen Fahrgestell festgebunden waren. Zwei oder drei Kinder in schäbigen Kleidern saßen mit rückwärtsgewandten Gesichtern und baumelnden Beinen auf der Ladefläche. Die Kinderbeine schwangen im Rhythmus des Karrens, der jedesmal wild schwankte, wenn er durch eine besonders tiefe Pfütze mit Regen- oder Abwasser rollte (man wußte nie so recht, was es war) oder sich aus einem Schlagloch herausarbeitete, daß der Schlamm nach allen Richtungen spritzte. Jeder Stoß wurde vom Gekreisch der Kinder begleitet, die aus allem ein Spiel machen konnten. Sie sahen uns kichernd an und freuten sich ganz offensichtlich am Triumph ihres Karrens über unser Auto. Abu Ali, der hinter dem Lenkrad saß, vergaß einen Augenblick lang, daß er selbst kein Kind mehr war, und setzte an, das langsame Gefährt zu überholen. Der Kutscher war eine alterslose, gebeugte Gestalt in Djelaba und Keffiyah und brachte offenbar mehrere schwarzgekleidete Frauen in die Stadt, wo sie die Säcke mit Orangen verkaufen wollten, die neben ihnen lagen.

Die israelische Armee war in den dichtbesiedelten Gebieten immer noch präsent, aber während der Tagesstunden zogen sie sich aus den Flüchtlingslagern zurück, so daß man den Eindruck von Normalität gewinnen konnte. Ein leichter Nieselregen behinderte Abu Alis Sicht, aber selbst wenn er den Wagen gesehen hätte, der uns entgegenkam, hätte er wohl dennoch kaum der Versuchung widerstehen können, seinen Motor hochzujagen, das Steuer herumzureißen und sich auf die linke Seite der engen Straße zu setzen, nur um den kichernden Kindern ein Schauspiel zu bieten. Schließlich war er ein Mann von einunddreißig Jahren, der zweieinhalb Jahre Gefängnis hinter sich hatte.

Und natürlich geschah das Unvermeidliche: Mit kreischenden Bremsen kamen die beiden Wagen Stoßstange an Stoßstange zum Stehen. Hinter beiden sammelte sich eine lange Schlange von Fahrzeugen, die vergeblich versuchten, an den anderen Autos und Eselskarren vorbeizukommen – nur weil mein Freund sich wie ein Kind aufgeführt hatte. Mehrere Ladenbesitzer, die in ihren Buden Schutz vor Regen und Schlamm gesucht hatten, kamen heraus, um zu helfen. Sie hatten sowieso nicht viel zu tun, weil nur wenige Kunden ihre Waren oder das Fleisch kauften, das an riesigen Haken in den Türen der Metzgerläden hing. Jeder gab einen anderen Rat, wie man die Verstopfung wieder auflösen könnte, bis eine Stimme sich über die anderen und die anschwellende Kakophonie der Hupen erhob. Geduldig dirigierte der Mann uns ein paar Zentimeter nach rechts, dann den anderen Fahrer einen Zentimeter rückwärts, dann uns wieder zwei Zentimeter weiter, um nicht in ein Schlagloch im altersbröckeligen Asphalt zu geraten, bis schließlich Abu Alis linke Hand fast die Hand des Fahrers berührte, dem wir den Weg abgeschnitten hatten.

Ich machte mich bereits auf ein munteres Wettbrüllen gefaßt, aber statt dessen sah ich den Fahrer und seine drei Passagiere von einem Ohr zum anderen grinsen. «Wo kommst du her?» fragte er Abu Ali, als wollte er sagen: «Wo bist du geboren, daß du wie ein Narr fährst?» «Aus Simsim», antwortete Abu Ali. Wo früher Simsim war, steht heute der Kibbuz Gvaram. Ich war verwirrt. Ich wußte, daß Abu Ali aus einem Dorf namens Burayr stammte, dem heutigen Kibbuz Bror Hayil. Das heißt, seine Familie stammte aus Burayr. Er selbst war im Flüchtlingslager Jabalia geboren, aber er hatte alle Erinnerungen seiner Eltern in sich aufgenommen, bis hin zur Farbe des Weizens und der Maiskolben, dem Aussehen der Pflaumen, Orangen und Trauben und dem Duft der fruchtbaren Erde. Meine Verwirrung erinnerte Abu Ali daran, daß ich nicht im Flüchtlingslager geboren war, wo jeder der 80 000 Bewohner jeden kannte, und er erklärte mir die Sache: «Das ist Ashraf, und er kommt aus Simsim – das heißt, seine Eltern kommen aus Simsim, unserem Nachbardorf –, und ich habe ihn ausgelacht, wie alle Leute aus Burayr immer über die Leute aus Simsim lachen und umgekehrt. Er wollte mir sagen, daß ich wie ein Idiot fahre, weil ich aus Burayr bin, und ich habe ihm mehr oder weniger gesagt, daß nur ein Trottel aus Simsim so fahren würde.»

Aber Abu Ali hatte auch noch etwas anderes ausgedrückt, und das hieß: «Wir Flüchtlinge in Gaza halten an unserer Bindung zu Dörfern fest, die uns nicht mehr gehören, jeder von uns zu seinem eigenen Dorf und zu unseren Nachbarn aus dem nächsten, anderthalb Kilometer weit entfernten Dorf auch, selbst wenn wir nun schon seit fünfzig Jahren in diesem Meer aus grauen Häusern und sandigen Gassen zusammengedrängt leben und uns den Hals verrenken müssen, wenn wir ein bißchen offenen Raum und ein Stückchen Himmel sehen wollen.»

Später hörte ich noch mehr Witze über die Bewohner von Burayr, einem Dorf im Süden am Rand der Wüste Negev, deren Dialekt ein eigenartiger Singsang ist. Die Leute aus Burayr machen sich dafür über die Simsimer lustig, die, so behaupten sie, immer notorische Diebe gewesen seien, obwohl sie es natürlich niemals gewagt hätten, in Burayr etwas zu stehlen. Und alle zusammen schimpfen über die Stadtleute aus Majdal (dem heutigen Ashkelon), die immer noch auf die Dorfleute heruntersehen, nur weil die Majdaler Geschäftsmänner und Kaufleute waren, die Bargeld in der Hand hatten, als sie sich auf die *Hijra*, die Flucht nach Gaza, machen mußten.

Abu Ali und ich hatten schon mindestens zehnmal geplant, sein Dorf Burayr zu besuchen. Zusammen wollten wir versuchen, das Mosaik seiner Erinnerungen zusammenzufügen, die Erinnerung an Häuser und Felder, die er von seiner Familie geerbt hatte, und sie mit den heutigen Feldern von Bror Hayil in Einklang zu bringen. Einen weiteren Ausflug hatte ich mit Abu Basel und seinem Vater Abu Aouni geplant, der achtzehn Jahre alt war, als er die Gewehre der anrückenden jüdischen Armee hörte und aus Burayr floh. Wir wollten all die Orte in der Region südlich von Jaffa aufsuchen, wo einst Dutzende von arabischen Dörfern gewesen waren. Der alte Mann konnte sie alle noch aufzählen: welches Dorf auf jenem grünen Hügel gestanden hatte, von dem alle Überreste verschwunden waren, oder in diesem unschuldig aussehenden Sonnenblumenfeld neben jenem so palästinensisch aussehenden verlassenen Haus, das einsam und würdevoll in seiner Trostlosigkeit an einer Kreuzung stand.

Allmählich wurden meine Fahrten von und nach Gaza zu Entdeckungsreisen, auf denen ich die unsichtbare Landkarte der südlichen Küste und der daran anschließenden Ebene aufzuzeichnen begann. Je mehr Leute ich kennenlernte, desto mehr Ortsnamen tauchten auf meiner Reiseroute auf, die vollständig von der Landkarte Israels verschwunden waren. Eine zweite Karte begann vor meinem inneren Auge Gestalt anzunehmen: Wenn ich über die üppigen, grünen Hügel blickte, die das Auge zum fernen Horizont lenkten, lernte ich die verschwundene Landschaft meiner Freunde zu sehen, die nun schon seit einem halben Jahrhundert in den Flüchtlingslagern des Gazastreifens zusammengepfercht lebten.

Burayr war das erste Dorf, dessen Verlust mich persönlich berührte. Ende März 1993 verbrachte ich eine Woche bei Freunden in Shabura. Eines Tages hielt eine plötzliche Ausgangssperre mich im Haus Abu Aounis und seiner Familie fest. Wir saßen in einem kleinen Hof mit Asbestdach und Betonboden. Eine selbstgebaute Küche, eine Toilette und vier Schlafzimmer waren um den Hof herum angeordnet. Das Ganze war das Zuhause für Abu Aouni und seine vier Söhne, zwei Schwiegertöchter und sechs Enkelkinder. Über uns kreiste mit unerbittlichem, aufgeregt surrendem Geräusch ein israelischer Hubschrauber, der unser Gefühl, gefangen zu sein, noch verstärkte. So suchten wir uns eine Fluchtmöglichkeit anderer Art und sprachen über die arabisch-israelischen Kriege von 1948, 1956 und 1967.

Abu Aouni war dreiundsechzig Jahre alt. Wie alle Flüchlinge aus Burayr, die ich seither kennengelernt habe, war er groß. Während des Gesprächs sprang er plötzlich von der Matratze auf, auf der er mit gekreuzten Beinen gesessen hatte, legte die Hand auf die Brust und erklärte: «Der Mais, den wir anbauten, war so hoch, daß er mir bis hierher reichte, das schwöre ich, kein Scherz.» Und mit den Worten «so hoch, bis hierher, das ist keine Übertreibung» hatte mein Vater den Weizen beschrieben, den er auf den Feldern seiner Familie in Rumänien geerntet hatte, bevor die faschistische Regierung ihr Land konfiszierte und sie in die Ghettos von Transnistria deportiert wurden. Die Regentropfen, die auf das Asbestdach in Shabura schlugen, erinnerten Abu Aouni auch jetzt noch an sein regennasses Land, nachdem er seit sechsundvierzig Jahren davon abgeschnitten war. Seine Finger zerbröckelten imaginäre Erdklumpen, und seine Sehnsucht nach dem Geruch des Landes mischte sich mit meinen eigenen Erinnerungen an die Erzählungen meines Vaters von seiner schweren, feuchten Erde.

Ein oder zwei Jahre später lernte ich Ahmad G.s Großvater kennen, der damals dreiundneunzig Jahre alt war und einen Stoffladen an der Hauptstraße von Burayr besessen hatte. Der Wochenmarkt von Burayr hatte Menschen aus der ganzen Region angezogen, die kamen, um einzukaufen und ihre eigenen Waren anzubieten. Während er seine Geschichte erzählte, sah ich an seiner Stelle meinen Großvater mütterlicherseits mit seinem roten Tarbusch in seinem eigenen Stoffladen am Marktplatz von Sarajevo sitzen, wo er mit seinen jüdischen Nachbarn Ladino sprach und Serbokroatisch mit den muslimischen, orthodoxen und katholischen Kunden, die seine Stoffballen betasteten oder nur hereinschauten, um ein paar Höflichkeiten auszutauschen.

«Einmal kam der Mukhtar von Dorot, dem nahegelegenen Kibbuz, zu Besuch», erzählte Ahmads Großmutter stolz. Dorot lag unmittelbar neben Huj, einem freundlichen arabischen Dorf, dessen Freundlichkeit seine Bewohner nicht davor bewahrt hatte, im Mai 1948 vertrieben zu werden. «Der Mann vergaß seine Tasche im Laden», fuhr sie fort. «Am nächsten Tag kam er wieder, um sie zu holen, und machte sich nicht einmal die Mühe, hineinzusehen.» Solch ein Vertrauensverhältnis herrschte zwischen uns, schien sie damit sagen zu wollen. Auch ihre Erinnerung vermischte sich mit den Erinnerungen meiner eigenen Familie, mit dem Andenken an die Integrität meines Großvater, der in dem von den Nazis besetzten Sarajevo ums Leben kam: Während einer Wirtschaftskrise, als der Zusammenbruch der Banken alle kleinen Geschäftsleute wie ihn ruinierte, hatte er gewissenhaft seine Schulden zurückgezahlt, bis auf den

Palästinensische Siedlungen,
die 1948 zerstört wurden
Tel Aviv-Jaffa
Lydda (Lod)
Ramla (Ramle)
Mittelmeer
Zarnuka (Rehovot)
Yibne (Yavne)
Maghar (Beit Elazari)
Qatra (Kidron)
Isdud (Ashdod)
Khayma (Revadim)
Yasour (Hatzor-Armeelager, Bnei Ayish)
Masmiyya (Bnei Re'em)
Beit Daras (Beit Ezra, Givati, Moschaw Azrikam)
Kastina (Kiryat Malakhi)
al-Batani (Azrikam)
Hamama (Nitzanim)
Majdal, Jura (Ashkelon)
Julis (Hoddiya)
Beit Tima (Beit Shikma)
Faluja (Kiryat Gat)
Barbara (Moschaw Mavkiim)
Jiya (Gea)
Hulayqat (Heletz)
Hirbiya (Kibbuz Carmiah,
Zikkim und Yad-Mordechai)
Beit Jirja (Kibbuz Gvaram)
Simsim (Kibbuz Gvaram)
Burayr (Kibbuz Bror Hayil)
Dimra (Kibbuz Erez)
Gaza-
streifen
Huj (Dorot)
Diese Karte zeigt nur einige der mehr als
400 palästinensischen Siedlungen, die zerstört wurden.
Die meisten israelischen Siedlungen befinden sich an der Stelle
der einstigen palästinensischen Städte oder Dörfer; einige
liegen in deren unmittelbarer Umgebung.
Quellen:
Benny Morris, The Birth of the Palestinian Refugee Problem,
1947-1949, 1989, Cambridge University Press, Cambridge
Walid Khalidi/Muhammad A. Khalidi, All That Remains:
The Palestinian Villages Occupied and Depopulated by Israel in
1948, 1992, Institute for Palestine Studies, Washington, D.C.
N
0
10 km

letzten Pfennig und den letzten Baumwollfaden. Einmal in der Woche ritt Ahmads Großvater auf einem Maulesel oder Kamel zur nächsten großen Stadt, Gaza, und er kann immer noch die Namen aller Dörfer aufzählen, an denen er auf seinem Weg vorbeikam – Najd, Dimra, Beit Hanun –, ebenso wie mein Vater bis zu seinem letzten Tag die Namen der Dörfer aufzählen konnte, an denen er vorbeikam, wenn er auf seinem Pferd zur Regionalhauptstadt Suceava ritt.

Das Gefühl des Verlustes und die Sehnsucht meiner Eltern wurde seit meiner frühen Kindheit an mich weitergegeben, und in Gaza schienen ihre Geschichten sich im Schmerz der Palästinenser zu wiederholen – in der störrischen Art, in der die Flüchtlinge sich an ihre verlorenen Dörfer klammerten, in dem Hauch von Rustikalität, der selbst ihren Nachkommen anhaftete, die lange nach der Vertreibung und Flucht geboren wurden. Auf meinem Weg nach Süden, von Tel Aviv nach Gaza, wurden die Moschawim und Kibbuzim, an denen ich vorbeifuhr, zu Merkpunkten für die verschwundenen Dörfer, die einmal an ihrer Stelle gestanden hatten. Ich sah die zerstörten Gebäude, die immer noch in der Landschaft verteilt liegen, und wünschte mir einen meiner Freunde her, der mir hätte sagen können, zu welchem Dorf, welcher Familie sie gehört hatten. Auch drei Jahre nachdem ich nach Gaza gezogen war, entdeckte ich immer noch neue Dörfer, die über das Land verstreut lagen und deren Bewohner einst den Boden bearbeitet und die Wüste zum Blühen gebracht hatten.

Die Straße nach Gaza führt mich an der Abzweigung nach Yavne vorbei, die mich an Wijdans Vater erinnert, der sie einmal mitnahm, um ihr zu zeigen, wo der alte Marktplatz war, wo er seine Waren zu verkaufen pflegte. Er erinnerte sich an einen riesigen Baum, an den manche Budenbesitzer ihre Waren hängten – leuchtendbunte Schals und Halsketten. Und tatsächlich stand der Baum noch immer da, mitsamt den Nägeln, die in seinen Stamm geschlagen waren. Wijdans Vater hatte dort einmal eine Halskette für ihre Mutter gekauft, die jung gestorben war und Wijdan in doppelter Hinsicht beraubt zurückgelassen hatte, als Waise und als Flüchtling.

Ein Stückchen weiter im Süden, nahe Ashdod (oder Isdud), stand einst das Dorf Hamama. Der Vater meiner Freundin Souad stammte aus Hamama, das für seine vielen Liebesgeschichten berühmt war. Er hatte Souad einmal erzählt, daß die Felder und Obstgärten von Hamama (das arabische Wort für Turteltaube) besonders dicht bepflanzt waren, um den Sand festzuhalten. Es gab unzählige Oliven-, Aprikosen-, Mandel- und Feigenbäume – und waghalsige Liebespaare hielten sich im Schutz der Blätter an den Händen. Souad selbst lebte im Flüchtlingslager al-Shatti, einer Betonwüste mit improvisierten Wellblechzäunen und löcherigen Gassen, in denen das Abwasser stand. In al-Shatti gab es keine Früchte – das meiste Obst wurde aus Israel importiert und war zu teuer –, aber wenn Souad sich an ihre Eltern erinnerte, konnte auch ich mir die saftigen Feigen vorstellen und die runden, goldenen Aprikosen.

Ein paar Kilometer weiter kann man den Wegweiser nach Ashkelon, einst Majdal, erkennen, und ich muß an M. denken, die mir erzählt hat, daß die Leute aus Majdal fürchterliche Schwätzer sind. «Aber meine Schwägerin», versicherte sie und stellte mir eine junge Frau von neunzehn Jahren vor, «ist nicht so. Sie ist mehr wie wir aus Hamama.» Ich stellte fest, daß sie recht hatte. Alle Leute aus Majdal, die ich kennenlernte – Majdi und seine Brüder, Um Yusuf und ihr Mann, die alle im Flüchtlingslager geboren sind –, redeten schnell, waren niemals um Worte verlegen und verfielen niemals in unbehagliches Schweigen.

Von Um und Abu Yusufs Apartment aus, hoch oben am Rand von Beit Lahia gelegen, kann man die glitzernden Lichter von Ashkelon mit schmerzhafter Deutlichkeit erkennen. «Dort liegt unser Majdal», sagen sie und deuten auf die Stadt ihrer Eltern, denn sie selbst sind im Flüchtlingslager al-Shatti geboren und aufgewachsen. Der erst einunddreißigjährige Abu Jamil bezeichnet sich ebenfalls als Majdaler. «Wir wurden immer als die Juden Palästinas betrachtet, weil wir so gebildet waren. Wir alle haben die High School besucht, und von überallher kamen Schüler nach Majdal, aus Burayr und Barbara und Beit Daras» – die es nicht mehr gibt. «Es gab auch eine Landwirtschaftsschule, und wir hatten keine Geldsorgen, weil wir Geschäftsleute waren.» «Und ihr habt sehr viel geredet», fügte ich hinzu.

Wo die Straße sich verengt, komme ich am Gemischtwarenladen und Restaurant des Moschaw Mavkiim vorbei, wo wir halten und uns erfrischen können. In dem gleichen Gebäude befand sich früher eine Schule, die Ihab al-Ashqars Vater aus Barbara besuchte. Der Vater war besonders stolz auf die Qualität der Trauben, die in seinem Dorf gezogen wurden – jeder kannte die Trauben von Barbara, sagte er, sogar in Tel Aviv. Er erinnerte sich auch noch an die Bäume, die am Dorfeingang gepflanzt worden waren, Eukalyptus und Olivenbäume, die groß und majestätisch heranwuchsen. «Wenn ich mit Ihnen dorthin fahren könnte, bräuchte ich nur die Sabra-Kakteen anzuschauen, um Ihnen sagen zu können, wem welches Stück Land gehört hat.» Die Straße nach Gaza ist von dichten Gruppen von Sabrakakteen gesäumt, die vor dem Hintergrund von hohen Zypressen oder stattlichen Palmen stehen. Für die Handvoll Menschen aus Gaza, die diese Straße noch auf dem Weg zur und von der Arbeit in Israel benützen dürfen, sind diese Sabra-Kakteen eine bleibende Erinnerung an die Anwesenheit der Palästinenser. Es wird erzählt, daß ein paar Dorfälteste sich nach 1967 zum erstenmal seit der *Hijra* auf den achtzehn Kilometer langen Marsch von Gaza zu ihrem Dorf machten. Sie kamen nach al-Shatti zurück und starben an gebrochenem Herzen.

An einem jener glücklichen Tage, als Abu Basel noch eine Einreisegenehmigung nach Israel bekam, legten wir die Heimfahrt von Tel Aviv nach Gaza gemeinsam in dem Extrabus für die Arbeiter aus Gaza zurück, dem einzigen Verkehrsmittel, das diese in Israel benutzen durften. Gleich südlich der Kreuzung von Bnei Darom bemerkte ich eine Veränderung in seinem Gesicht, und sein Ausdruck wurde ernst. Ich fragte ihn, was los sei, aber eigentlich wußte ich die Antwort bereits. «Dieser große Baum, an dem wir gerade vorbeigefahren sind, der muß schon lange vor 1948 dort gestanden haben. Mein Vater und die anderen alten Leute sind vermutlich, Gott weiß, wie oft, daran vorbeigegangen. Vielleicht haben sie sogar darunter gespielt. Und jetzt steht auf dem Wegweiser Beit Ezra und Givati. Das da drüben, das war Beit Daras. Gerade sind wir an zwei israelischen Arbeitern vorbeigefahren, die durch die Felder nach Hause gingen, und da mußte ich an die Leute denken, die durch die Felder nach Burayr nach Hause gegangen sind. Sie müssen wirklich müde geworden sein, auf diesem langen Heimweg.»

Vor vielen Jahren bat Ismail Salehs Vater seinen Sohn, mit ihm zu ihrem Dorf Hulayqat zu fahren. Die Britisch-Irakische Ölgesellschaft hatte einmal in der Nähe nach Öl gesucht. In seiner ärmlichen Flüchtlingsbehausung scherzte Ismail mit mir: «Sie haben wirklich Öl auf unserem Grund gefunden. Stellen Sie sich das mal vor, wir hätten reich werden können.»

Ismail mietete sich ein Taxi und fuhr mit seinem Vater nach Hulayqat. «Es war das erste Mal, daß ich dorthin kam», erzählte er. «Ich hatte nicht einmal gewußt, wo Hulayqat lag. Sie hatten mir gesagt, daß es östlich von Ashkelon war, aber ich wußte nicht genau, wo. Mein Vater sagte: ‹Wenn wir hinkommen, werde ich es wissen. Ich werde wissen, wo unser Haus war.› Und dann, irgendwo zwischen den Feldern, sagte er dem Taxifahrer, er solle anhalten, und wir stiegen aus dem Taxi. Ich nahm seine Hand, und wir gingen fünfzehn oder zwanzig Minuten lang zu Fuß weiter. Plötzlich sagte er: ‹Das Gartentor zu unserem Haus war genau hier.› Ich sah mich um, konnte aber nichts erkennen als Felsen und Sabra-Gebüsche in der Ferne. ‹Woher weißt du das?› fragte ich ihn. Er deutete auf einen Baumstumpf und sagte: ‹Das ist der Maulbeerbaum, der neben unserem Haus stand. Er war drei Meter vom Gartentor entfernt. Als die Engländer die Ölpipeline bauten, die hier vorbeiführt, habe ich dort ein bißchen Zement geholt und das Tor gebaut.› Ich sah nichts, aber er wußte genau, daß es der richtige Ort war. Er fühlte es. Er buddelte ein bißchen herum, und wirklich, da war der Zementpfosten. In dem Augenblick hatte ich das Gefühl, als hätte auch ich dort gelebt. Wir gingen zu dem Platz, an dem das Haus gestanden hatte, und er zeigte mir alles. ‹Hier haben wir unsere Gäste empfangen, an dieser Stelle habe ich deine Mutter geheiratet, und da drüben hat dein Bruder beinah deine Schwester erstochen. Damals waren sie vielleicht acht oder neun Jahre alt.› Er zeigte mir das Haus meines Vetters, das nicht weit von dem unseren entfernt war. Er entdeckte die Hauptstraße, zeigte mir verschiedene Stellen und beschrieb sie mir. Es war nichts mehr übrig, aber wir wanderten zusammen durch das ganze Dorf. Alles war verschwunden. Es gab nichts als Steine und Baumstümpfe. Aber er erkannte alles wieder, nur an den Baumstümpfen.»

Bei meinen Fahrten auf der Straße von Tel Aviv nach Gaza wurde mir allmählich die große Leere bewußt, die einst von einer blühenden Gemeinschaft ausgefüllt worden war, aber ich fand das Spiegelbild dieser Gemeinschaft im engen Gazastreifen wieder, wo es bewahrt und gepflegt wurde. Nach der Vertreibung und Flucht im Jahr 1948 war die Karte der südlichen Küste und des dazugehörigen Binnenlandes mit all ihren Städten und Dörfern zusammengepreßt und in ihrer Gesamtheit auf den Gazastreifen übertragen worden. Eine kleine Kopie Palästinas entstand, und die Tatsache, daß Gaza zwischen 1948 und 1967 von Ägypten nicht annektiert worden war, war ein zusätzlicher Grund, warum seine Bewohner ihren Flüchtlingscharakter und das immerwährende Gefühl der Heimatlosigkeit niemals abgelegt hatten.

Ein Flüchtling zu sein, sei es in Gaza, Syrien, dem Libanon oder Jordanien, bedeutet, sich nach seiner Heimat zu sehnen. Aber ein Flüchtling in Gaza zu sein beinhaltet mehrere ganz besondere Elemente, die diesen Zustand zum extremsten Beispiel palästinensischer Erfahrung machen. Erstens ist in diesem kleinsten Territorium von allen die größte Zahl von Flüchtlingen in der Diaspora konzentriert, wodurch es gleichzeitig dichter bevölkert ist als alle anderen – mehr als eine Million Menschen wohnen in einem Gebiet von weniger als 390 Quadratkilometern. Nicht einmal das Westjordanland ist ähnlich überbevölkert. Zweitens ist die Zahl der Flüchtlinge bei weitem größer als die der ursprünglichen Bewohner des Gazastreifens und ihrer Nachkommen.

Wie im Westjordanland wurden die Menschen in Gaza zu Flüchtlingen im eigenen Land – manche leben nicht weiter als 25 Kilometer von den Ruinen ihrer Heimatdörfer entfernt –, und viele sagen, das sei härter, als Flüchtling in einem fremden Land zu sein. Aber die Annexion des Westjordanlandes durch das hashemitische Königreich im Jahr 1950 machte die dort lebenden Palästinenser zu jordanischen Staatsbürgern, während Ägyptens Weigerung, Gaza zu annektieren, die dortigen Flüchtlinge staatenlos machte. Dies galt auch für die alten Familien – die

Muwatanin, die schon vor 1948 in Gaza ansässig gewesen waren – wodurch der ganze Gazastreifen zum gesetzlichen Niemandsland wurde.

Der winzige Landstreifen war nicht nur durch die Sehnsucht nach Heimkehr gekennzeichnet, sondern auch durch die individuelle und allgemeine Trauer um materielle wie spirituelle Verluste. Zusammen mit dem Schmerz kamen die Armut, die Arbeitslosigkeit und die vollständige Abhängigkeit von der UNRWA (United Nations Relief and Works Agency for Palestine Refugees in the Near East). Ob mit Recht oder auch nicht, die Flüchtlinge fühlten sich auch von den *Muwatanin* verachtet, was ihr Gefühl der Fremdheit noch verstärkte. Die israelische Eroberung im Jahr 1967 und die Vorkehrungen für die nachfolgende Besatzung in Gaza und dem Westjordanland schnitt sie auch noch von ihren Leuten in anderen arabischen Ländern ab. Dies hatte zur Folge, daß sie, obwohl sie sich weiter nach ihrer Heimat sehnten, eine andere Vorstellung von den Israelis bekamen. «Wir waren die ersten, die zu normalen Beziehungen mit den Israelis bereit waren – vor allen arabischen Staaten», erklärte Ihab al-Ashqar. Die Palästinenser in Gaza und dem Westjordanland machten sich von den Israelis allmählich ein dreidimensionales und menschliches Bild, im Gegensatz zu der undifferenzierten Monstervorstellung der Palästinenser im Ausland.

Ab Mai 1948 befanden sich rund 200 000 Menschen, die im Süden Palästinas gelebt hatten, auf der Flucht vor der anrückenden israelischen Armee, die Dorf um Dorf einnahm. Sie flüchteten vor dem Unbekannten, jedoch in der Überzeugung, daß sie nach zwei oder drei Monaten zu ihren Weizenfeldern, ihren Weinreben und den Mehlsäcken in ihren Vorratsräumen würden zurückkehren können. In Gaza überschwemmten sie die dortigen rund 70 000 Einwohner. Die Statistik der UNRWA zeigt, daß die Zahl der Flüchtlinge und ihrer Nachkommen sich bis zum März 1996 auf 700 789 Personen von einer Bevölkerung von etwas über einer Million vermehrt hatte.

Dem israelischen Historiker Benny Morris zufolge handelte 1948 jedes Dorf als autonome Einheit.[1] Das Dorf als Ganzes beschloß entweder, gegen die jüdische Armee zu kämpfen oder zu versuchen, mit seinen jüdischen Nachbarn in Frieden zu leben. Die Solidarität des Dorfes war eine Quelle der Stärke, aber auch der Verwundbarkeit, denn jedes Dorf fühlte sich isoliert in seiner Panik, als der Krieg immer näher kam und sich die Gerüchte über ein Massaker in Dir Yassin und die militärische Macht der Juden verbreiteten.

Jeder, der sich noch daran erinnert oder davon gehört hat, malt das gleiche Bild von der panischen Flucht. Mütter trugen ihre Babys, und die Großmütter führten die übrigen Kinder. Wer immer es schaffte, warf sich einen Sack Mehl über die Schulter oder ergriff die Brotreste des

Tages. Obwohl jede Gemeinde scheinbar eine sorgfältig durchdachte, autonome Entscheidung traf, als die Dorfbewohner in die Hügel oder nach Majdal oder andere Gebiete flohen, die noch unter ägyptischer Herrschaft standen, waren sie in Wirklichkeit Spieler in einem sehr viel größeren politischen Spiel, auf das sie keinen Einfluß hatten. Morris stellt fest, daß die Dorfbewohner im Süden erst aus ihren Häusern flohen, nachdem sie oder ihre Nachbarn angegriffen worden waren. Außerdem machte die Armee niemals ein Geheimnis aus ihrer Absicht, die Einwohner zu vertreiben, und in einigen Fällen wurden sie gewaltsam verjagt.

Mit ihrer charakteristischen Zähigkeit und Hingabe machten die Dorfbewohner sich in den Zeltlagern des Gazastreifens gegenseitig ausfindig, bis die alten Dorfgemeinschaften in der neuen Umgebung wiedererstanden, mit den gleichen Animositäten und Loyalitäten, die früher vorhanden gewesen waren: Hier war Zarnuka und dort Yavne, da drüben Bir Salam und Burayir. Auf diese Weise entstanden dauerhafte Denkmäler für die Dörfer, die einst diese Namen getragen hatten. So trotzten Hunderte von Dörfern ihrer Zerstörung, lange nachdem die Israelis die leeren Häuser niedergerissen oder Juden in ihnen angesiedelt und die Felder abgeerntet oder angezündet hatten, um zu verhindern, daß die Flüchtlinge wiederkamen und ihr Land zurückforderten.

Hirbiya ist heute Kibbuz Yad-Mordecai, Kibbuz Zikkim und Kibbuz Carmiah. Dimra ist Erez, Huj ist Dorot, Nabi Rubin ist Palmahim. Al-Hima heißt heute Revadim, Najd ist Sderot und Or Haner. Al-Batani liegt gleich neben den Moschawim Azrikam und Beit Ezra. Jura wurde von Ashkelon geschluckt. Yasour ist das heutige Armeelager Hatzor. Dies sind nur einige wenige der Namen, von denen im Laufe eines normalen Gesprächs die Rede ist. Selbst wenn die meisten Menschen in Gaza heute bereit sind, die politischen Konsequenzen des Verlustes ihres Landes zu akzeptieren, so werden sie doch gefühlsmäßig immer die alten Dörfer als ihre Heimat betrachten.

Aber nicht alle haben sich mit diesen politischen Konsequenzen abgefunden. Die vierzigjährige Um Saber zum Beispiel ist eine begeisterte Anhängerin der Fatah, die die Osloer Abkommen dennoch mit gemischten Gefühlen betrachtet. Sie empfindet ihre Entwurzelung durch die Nähe ihres Dorfes, Burayr, um so schmerzhafter. «Das Dorf liegt gleich hier vor unserer Nase, aber wir dürfen nicht hingehen und es ansehen. Wie würden Sie sich in einer solchen Situation fühlen? In meiner Seele hatte ich immer gehofft, wieder dorthin zurückzukehren», fuhr sie fort. «Wir sind in dem Bewußtsein aufgewachsen, daß wir dort Grund und Boden besitzen. Und hier hatten wir nichts. Natürlich wollten wir immer Palästina befreien, weil wir Palästinenser sind und nicht Leute aus Gaza oder dem Westjordanland. Gaza ist eine Stadt in Palästina. Ebenso Majdal, Isdud, Faluja, Burayr, Beit Daras – sie alle zusammen sind Palästina. Israel ist auch ein Teil von Palästina. Tel Aviv heißt eigentlich gar nicht Tel Aviv. Kein einziger Israeli ist wirklich ein Palästinenser. Sie kamen alle aus Deutschland, aus Europa oder aus Sarajevo, wie du. Wir sind Palästinenser und müssen daran denken, unser ganzes Land zu befreien. Sieh, wir strecken Euch die Hände in Frieden entgegen, wir wollen in Frieden leben. Aber Israel weigert sich. Israel ist das Land, das alles verzögert. Sie lassen die Gefangenen nicht frei.» Mit dem Wort «Frieden» meinte Um Saber die Errichtung eines Palästinenserstaates in Gaza und dem Westjordanland, eines Staates, der neben Israel existieren würde. Aber in ihrem Herzen ist sie unfähig, ganz Palästina aufzugeben. «Ich glaube nicht an diesen Frieden», sagte sie. «Diese Situation ist uns aufgezwungen worden.» Um Sabers jüngerer Bruder mischte sich ein: «Als ich noch in Israel arbeiten konnte, bin ich immer an unseren Feldern vorbeigefahren, und dann habe ich mir gedacht, womit haben wir das verdient?»

Als Ismail Saleh von seinem Besuch in Hulayqat erzählte, sagte er: «Ich hatte das Gefühl, als ob ich dort hingehörte, zu einem Ort, an dem ich nie gelebt hatte. Es ist ein seltsames Gefühl, als ob ich hier keinen Platz hätte. Als ich im Ausland war, dachte ich nie an unser Dorf. Da dachte ich immer an Gaza und die Kinder und die Familie. Politisch habe ich meinen Frieden gemacht mit dem, was heute geschieht, und ich hoffe, daß es zwei Staaten geben wird, die nebeneinander existieren.» Ich fragte ihn, was er von einem Staat für beide Völker hielte. «Darauf habe ich gehofft, aber ich kenne die Israelis, und ich kann mir nicht vorstellen, daß sie sich jemals einen Staat mit uns teilen würden.»

Das bleibende Gefühl der Verbundenheit mit dem Dorf und der Familie setzt sich über alle politischen Trennungen und Parteizugehörigkeiten hinweg fort. Mitglieder der Hamas wie der Fatah identifizieren sich gleichermaßen mit den Dörfern, aus denen sie stammen. Haniye, ein Hamas-Anhänger aus Jura, hatte vor, seinen Kindern alles über ihr Land zu erzählen, sobald sie alt genug wären, es zu verstehen. Aber ein anderer Hamas-Aktivist, Said al-Siam, dessen Familie aus dem gleichen Dorf stammt, ist weniger entschlossen. Weder er noch sein Vater haben mit seinen Kindern über ihr Land geredet, «weil die Vergangenheit Vergangenheit ist», erklärte Siam. «Es gibt Dinge, die sind vorbei und werden niemals wiederkommen.» Als ich ihn fragte, ob er die Hoffnung habe, irgendwann in sein Dorf zurückzukehren, winkte der Vater ab. Er hielt diese Vorstellung für eine verlorene Sache.

In den Jahren, in denen ich in Gaza gelebt habe, verging nicht ein Tag, an dem nicht jemand von seinem Haus oder der Größe des Landes sprach, das seine Familie besessen hatte, oder von der Größe seines Dorfes. In Barbara hatten 2500 Menschen auf 14 Quadratkilometern gelebt. 2750 Menschen waren es in Beit Daras, das sich über 16 Quadratkilometer erstreckte. Burayr war mit 46 Quadratkilometern für etwa 2800 Menschen die größte Ansiedlung von allen, und im kleinsten Dorf, Dimra, lebten 520 Menschen auf 8,5 Quadratkilometern. Ich kann mich zwar nicht erinnern, ob der bärtige junge Außendienstmitarbeiter vom örtlichen Gesundheitszentrum Hamas-Mitglied ist, aber ich weiß, daß er aus Beit Jirja stammt, weil er sich damit vorstellte, um mich auf die Probe zu stellen, obwohl ich nichts Falsches an seiner Standhaftigkeit und Treue finden konnte.

Bei den palästinensischen Wahlen mobilisierten die Kandidaten die Leute aus ihren Dörfern für sich. Ich hörte, wie ein Schmied sagte, daß er für Marwan Kanfani stimmen würde, «weil er einer von uns ist». Ich war überrascht, weil der Schmied aus Jaffa stammte, während Kanfanis Familie aus Akko kam. Aber das machte nichts. Es gab keine Gemeinschaft ehemaliger Einwohner von Akko im Gazastreifen, aber es gab viele, die aus Jaffa stammten, und Kanfanis Vater hatte oft geschäftlich in Jaffa zu tun gehabt. Der Kandidat aus Burayr dagegen, S. B., der so optimistisch über den «*Mapainik, Kedainik*»-Witz gelacht hatte, lief beleidigt und übellaunig herum, weil die anderen Leute aus Burayr sich nicht hinter ihn gestellt hatten.

Im Laufe der Zeit lernte ich sogar, Familiennamen mit bestimmten Dörfern in Verbindung zu bringen. «Sie sind aus Beit Daras, nicht wahr?» sagte ich, als ich Fayez Abu Shamalla, einen Mitbegründer der palästinensischen Friedensbewegung und jetzigen zweiten Bürgermeister von Khan Yunis, zum erstenmal sah. Er antwortete mit einem Glitzern in den Augen. Ich stellte fest, daß Kastina, Masmiyya und Julis mehr sind als nur die Namen von Highway-Abzweigungen in Israel. Es stellte sich heraus, daß die Familie Mohana, die ich kennengelernt hatte, früher einmal die Tankstelle in Masmiyya besessen hatte, an der ich manchmal hielt. Heute besitzen mehrere der Söhne eine erfolgreiche Baufirma in Gaza.

Einmal hörte ich ein Gespräch zwischen einem Kommandeur der neuen palästinensischen Sicherheitskräfte mit einem Zivilbeamten, der die Waren auflistete, die in den Gazastreifen ein- oder aus ihm ausgeführt wurden. «Wo kommen Sie her?» fragte der Offizier den Beamten. «Aus Dimra», antwortete er, obwohl er im Flüchtlingslager Jabalia wohnte. «Und Sie?» fragte der Beamte den Offizier. «Al-Batani», antwortete dieser, obwohl er im Lager al-Boureij lebte. Beide Männer waren im Gazastreifen geboren und kannten die Dörfer nur aus Erzählungen ihrer Eltern und Großeltern. Aber mit dem Nennen der Namen ihrer Dörfer nahmen die beiden ihren Platz in der menschlichen Kette ein, die sich der Geschichte widersetzt und dem Verstreichen der Zeit mit einer individuellen und kollektiven inneren Wahrheit trotzt, die einfach nicht sterben will.

An einem Herbstnachmittag, an dem ich mich auf Abu Aounis Hausdach ausruhte, erlebte ich, wie Familientraditionen, die von den Feldern eines Bauernhofes auf ein Betondach übertragen werden, dazu beitragen können, die Dorfatmosphäre zu erhalten, das landwirtschaftliche Erbe weiterzugeben und die Zeit zum Stillstand zu bringen. Das Geräusch tanzender kleiner Füße auf der nackten Betontreppe, die vom unteren Stockwerk heraufführte, weckte mich aus meiner Siesta. Die Kinder wollten, daß ich aufstand, hopsten vergnügt auf mir herum und glaubten, daß sie endlich jemanden gefunden hätten, der mit ihnen spielen würde. Aber dann füllte sich das Dach mit Erwachsenen, die einer nach dem anderen die Treppe heraufkamen. Einer trug eine große Plastikplane, ein anderer brachte zwei große Behälter, ein jüngerer Bruder schleppte zwei mit Oliven gefüllte Eimer herauf, und die achtjährige Maha hatte die Ehre, Salz und ein Ei zu tragen, deren Zweck ich sehr bald erfahren sollte. Die ganze Familie war zusammengekommen, um an dem Ritual des Einlegens der Oliven teilzunehmen. Traditionsgemäß ist die Zeit, in der die Oliven eingelegt werden, auch die Zeit, in der Abu Aounis verheiratete Töchter ihren Vater und ihre Brüder besuchen und er mit ihrer Schönheit prahlen kann. Die Zeremonie ist einer der Fäden, auf die die Erinnerungen an das Dorf aufgereiht sind wie Perlen. Jede Erinnerung bedeutet eine andere Sehnsucht, eine weitere Geschichte von Verlust und Anpassung.

Während die Kinder um uns herumsprangen, setzten Abu Aouni, seine drei Söhne, zwei Schwiegertöchter und ich uns an den Rand der Plastikplane. Muein goß die Oliven auf die Plane, und wir alle begannen, sie mit Steinen und Holzhämmern zu zerstampfen. Dabei unterhielten wir uns über dies und das. Unterdessen füllte Aouni, der älteste Sohn, einen Behälter mit kochendem Wasser, schüttete Salz hinein, nahm das Ei, das Maha so sorgsam in den Händen hielt, und ließ es in die Flüssigkeit gleiten. Das Ei versank im Wasser, dann begann es, sich um eine unsichtbare Achse zu drehen. Aouni fügte noch etwas Salz hinzu, und das Ei drehte sich weiter, begann aber auch, an die Wasseroberfläche zu steigen. «Das hat mir meine Mutter beigebracht», sagte er, als er den verblüfften Ausdruck in meinem Gesicht sah. «Wenn das Ei zur Oberfläche steigt, ist die Salzmenge gerade richtig.» Viele Chilischoten, Knoblauch und Zitronenscheiben wurden in das Wasser geworfen, und beide Behälter wurden mit genügend Oliven für sechs Monate gefüllt. Einmal im Jahr wurden die Oliven geerntet, gewöhnlich im frühen Herbst, zu Beginn der zweiten

Septemberhälfte. Im Dorf hatten die Leute ihre Oliven natürlich selbst gepflückt. In Gaza mußten sie sie kaufen, aber sie zerstampften sie selbst und legten sie zu Hause ein. Im Dorf hatte man diese Arbeit im Hof verrichtet, aber hier hatte man wenigstens ein Dach.

Religiöse Bräuche, Familienbande, die Arbeiten der Frauen im Haus – all das sind Bollwerke gegen das Vergehen der Zeit. Und im Gegensatz zur Arbeit der Männer wurde die Hausarbeit der Frauen niemals durch Ausgangssperren, Abriegelungen oder Schießereien auf der Straße unterbrochen. Selbst der ländliche Tagesrhythmus hat die Dörfer überlebt. Am frühen Abend, nach dem Gebet, gehen die älteren Männer – und viele von den Jüngeren, die ohne Arbeit sind –, angetan mit weißen oder grauen Djelabas, auf die Straße hinaus und suchen sich, je nach Jahreszeit, einen sonnigen oder schattigen Platz. Sie sitzen zu mehreren oder alleine im Sand oder auf einer zusammengefalteten Matte und kochen Tee oder Kaffee auf Kohlen, die unter einem rußigen Gitter glühen. Die Enkelkinder kommen einen Augenblick lang zu ihnen, dann laufen sie fort, um zu spielen. Leute gehen vorbei, senken grüßend die Köpfe oder bleiben stehen, um ein paar Worte zu wechseln: Frauen, die vom Markt heimkommen oder ihre Wäsche aufhängen wollen, gelangweilte Jugendliche auf dem Weg von oder zu einem Fußballspiel, die einen Gruß murmeln, Schulkinder auf dem Heimweg von späten Unterrichtsstunden, gebeugt unter dem Gewicht riesiger Rucksäcke. Wenn die Menschen ihren Feierabend in der Öffentlichkeit genießen, wird dadurch eine Intimität geschaffen, die nach Dorfleben riecht. Obwohl sie schon als Kinder von ihren Dörfern abgeschnitten wurden, haben diese Männer noch immer die Rhythmen und Zyklen im Blut, die die Arbeit in der Landwirtschaft bestimmen, und zwei oder drei Stunden am Tag machen sie die Geschichte ungeschehen und ruhen sich aus, als hätten sie ein hartes Tagewerk in den Weingärten oder bei den Obstbäumen hinter sich.

Ich sah zu, wie die Männer ins Leere blickten, nach den feinen Sandkörnern, die die Luft erfüllten, und entdeckte in ihren Augen eine fast mystische Erwartung – eine passive Hoffnung auf einen von außen kommenden politischen Wechsel, der ihr Leben verändern würde. Es ist schwer, den Grund ihrer Passivität zu begreifen – ob es an ihren religiösen Überzeugungen liegt oder an ihren Erfahrungen als Flüchtlinge –, aber diese Passivität erfaßt auch die Jungen. «Ich wußte, daß die Hoffnung auf Heimkehr nicht realistisch war», sagte Abu Ali, wenn er von seinen Phantasien von einer Rückkehr in sein Dorf sprach. «Aber sie gab mir eine Alternative, einen Ausweg aus unserer Situation.»

Selbst die Architektur in der Welt der Flüchtlinge hat einen provisorischen Charakter. Ihre zusammengeschusterten, selbstgebauten Häuser bieten wenig Komfort, und es wird wenig daran verbessert. Wo man wenig Platz hat, ist viel Raum für Erinnerungen, und die Dimensionen der Zeit haben keine Grenzen. Ob die Vergangenheit nun wirklich oder beschönigt und die Zukunft mehr illusorisch als realistisch ist, beide haben die Macht, die Flüchtlinge aus der Gegenwart fortzutragen. Ich machte es mir zur Angewohnheit, alte Leute zu fragen, an welche Dinge aus ihrem Dorf sie sich am meisten erinnerten. Am Ende sagte ihre fast einheitliche Antwort mehr über die Gegenwart und ihre Hoffnungen für die Zukunft aus als über die Vergangenheit: «Freiheit», sagten sie. «Ein Leben ohne Angst.»

Es wird oft vermutet, daß die UNRWA mit ihrer Arbeit die Passivität, die so charakteristisch für viele Bewohner Gazas ist, gefördert habe. Die Organisation wurde 1949 zur Unterstützung der palästinensischen Flüchtlinge eingerichtet und ging ursprünglich von der Voraussetzung aus, daß die meisten von ihnen bald in ihre Heimatdörfer zurückkehren und die übrigen in den umliegenden arabischen Ländern Zuflucht suchen würden. Diese Hoffnung erfüllte sich jedoch nicht, und die Aufgaben der UNRWA weiteten sich stetig vom Versorgen der Flüchtlinge mit den wichtigsten Nahrungsmitteln und einem medizinischen Notdienst zur Einrichtung von Schulen, Jugendclubs und einer regelmäßigen Gesundheitsversorgung aus. Nach und nach wurde die UNRWA nach der ägyptischen Verwaltung zum wichtigsten Arbeitgeber im Gazastreifen, aber ihr Bedarf an Mitarbeitern war nicht groß genug, um die Arbeitslosigkeit wesentlich zu lindern. Nach der UNRWA nahm noch eine zweite Institution ihre Arbeit in den Lagern auf, das Entwicklungsprogramm der UN, das sich mit der Infrastruktur befaßte. Das blaue Symbol der UN und die von gepflegten Grünanlagen mit Oleander und Geißblatt umgebenen UNRWA-Gebäude mit ihren türkisfarbenen Fenstern und Türen sind zu einem integralen Bestandteil des Gazastreifens geworden, ebenso wie die Citroëns der UN, die zwischen den Lagern herumflitzen, und die zahlreichen, mehr oder weniger aufopfernd arbeitenden Ausländer, die die verschiedenen Zweige der UN leiten.

Vielleicht hat die Existenz der UNRWA es für Israel erst möglich gemacht, die Resolution 194 des UN-Sicherheitsrats vom Dezember 1948, in der entweder eine Repatriierung oder eine Entschädigung der Flüchtlinge gefordert wurde, ganz einfach zu ignorieren. Gleichzeitig hat sie möglicherweise die arabischen Länder in die Lage versetzt, das Elend der Flüchtlinge zu politischen Manövern auszuschlachten, die zu nichts führten. Schließlich hat die von der UNRWA geleistete Hilfe die Flüchtlinge in Gaza vielleicht daran gewöhnt, in Abhängigkeit zu leben und mit einem Existenzminimum auszukommen, das gerade noch mit ihrer Selbstachtung vereinbar war.

«Was hätten wir denn tun sollen? Hätten wir sie verhungern lassen sollen?» fragte der UN-Generalkommissar Alter Turkman ärgerlich, als ich diese Themen zur Sprache brachte. Sein Zorn war weitgehend gerechtfertigt. Das natürliche soziale Geflecht der Palästinenser, das sich in Jahrhunderten entwickelt hatte, wurde nach ihrer Vertreibung innerhalb von Monaten zerstört. Das UNRWA-Programm könnte tatsächlich die einzige Möglichkeit gewesen sein, den traumatisierten Menschen zu helfen, die Scherben ihres Lebens aufzusammeln und noch einmal von vorne zu beginnen, während sie eine Metamorphose nach der anderen durchmachen mußten: Aus Bauern (die den Großteil der Flüchtlinge ausmachten) wurden Arbeitslose, die von 1948 bis 1967 von der UNRWA abhingen, ab 1967 wurden sie zu Arbeitern und ab 1991 wieder zu Arbeitslosen. Während all dieser Veränderungen half die UNRWA, Jugendclubs, Kliniken, Bibliotheken, Ferienlager, Studiengruppen und Fußballvereine aufzubauen – damit das Individuum nicht ganz in Vergessenheit geriet.

Am Anfang stand das von der UN-Hilfsorganisation (der Vorgängerin der UNRWA) im November 1948 errichtete Zeltlager. Alte Leute erinnern sich heute noch an Kopfläuse, Krankheiten und Schlamm. Dann kamen die Lehmhütten, danach die trostlosen Betonklötze und endlich ein paar Rosenbüsche und Bougainvilleabäume, deren leuchtend-rote und violette Blüten einen verblüffenden Kontrast zum endlosen Grau der Armut bilden.

Unter den Ägyptern waren die meisten Leute in Gaza arbeitslos. Sie verbrachten ihre Zeit damit, auf das Wunder zu warten, daß sie in ihre Heimatdörfer zurückbringen würde, sich um die Jobs bei der UNRWA zu streiten und gelegentlich als Saisonarbeiter in der Landwirtschaft zu arbeiten. Die Kinder gingen in die UNRWA-Schulen, dann in die kostenlosen ägyptischen High Schools und endlich auf die Universität nach Ägypten, die ebenfalls gebührenfrei war und wo die Studenten sogar Stipendien für ihren Lebensunterhalt bekamen. Irgendwann baute die wachsende Familie einen Raum an ihr Haus an, dann eine provisorische Dusche im überdachten Hof, der eingezäunt wurde, um ein bißchen Privatsphäre zu schaffen. So wurden die Straßen zwischen den Reihen von Betonhäuschen zu engen, klaustrophobischen Gassen.

In den frühen siebziger Jahren wurde von der israelischen Besatzungsarmee eine große Zahl von Häusern abgerissen, so daß in den Lagern geräumige Plätze entstanden. Ariel Sharon, damals Oberkommandierender der israelischen Truppen im Süden, hatte den Abriß angeordnet, um der Armee die Suche nach Mitgliedern der Palästinensischen Befreiungsarmee zu erleichtern. Es gelang Sharon, dieses erste Aufflackern von Widerstand zu unterdrücken, aber der Preis waren rund zweitausend Häuser, die allein im August 1971 zerstört wurden. Sechzehntausend Flüchtlinge wurden obdachlos, zum zweitenmal entwurzelt.[2] In dieser Zeit wurde auch das Haus in al-Shatti zerstört, in dem Jamal Zaqut wohnte. Die Armee schlug vor, daß seine Familie in ein Haus in Kalkilya umziehen sollte, das einem von den Israelis gesuchten Mann gehört hatte, dessen Familie in die Sinaiwüste verbannt worden war. Zaqut berichtete: «Mein Vater sagte zu dem Offizier, der das Angebot machte: ‹Okay, das ist ein schöner Ort, aber ich ziehe nur unter der Bedingung dorthin, daß ihr mir rund um die Uhr eine Leibwache von vierzehn Soldaten zur Verfügung stellt, denn wenn jemand mein Haus übernehmen würde, dann würde ich ihn umbringen.›»

Es gibt noch ein anderes Dach, auf dem ich mich gerne ausruhe, das von Ihyams Haus in Jabalia (obwohl es in der Erinnerung ihrer Eltern ebenfalls in Burayr liegt). Selbst im Sommer weht dort immer ein angenehmer Wind. Von dem flachen Betondach aus sind nur die Gipfel zweier großer Eukalyptusbäume und das Minarett der Moschee sichtbar. Einmal jedoch sahen wir eine schwarzgekleidete Beduinenfrau, die ein paar magere Ziegen vor sich hertrieb und sich vermutlich auf dem Heimweg von den offenen Grünflächen in Beit Lahia befand. Der Anblick weckte in Ihyams Eltern, die im Mai 1948, als ihr Dorf angegriffen wurde, gerade fünf oder sechs Jahre alt waren, eine ganze Kette von Erinnerungen.

«Es war am Morgen», begann Ihyams Mutter. «Meine Mutter weckte mich, als sie die Schüsse hörte. Wir hatten ein großes Lehmhaus, und die Ziegen im Hof fingen an, wie verrückt herumzurennen, immer vor und zurück. Mein Vater war bei der Arbeit im Orangenhain, und wir Kinder waren bei unserer Mutter zu Hause. Wir wußten nicht, was wir machen sollten. Wir wußten nicht, was da draußen los war, wir hörten nur eine Menge Lärm. Wir wußten nicht, ob andere Leute wegliefen. Plötzlich kam mein Vater atemlos zurück. Er sagte etwas zu meiner Mutter und ließ die Ziegen aus dem Hof. Meine Mutter nahm uns kleine Mädchen auf den Arm und folgte dem Vater hinaus. Wir alle gingen mit dem Vater nach Beit Tima, wahrscheinlich weil da Männer von der palästinensischen Miliz waren, die versuchten, das Dorf zu verteidigen. Wir ließen alle unsere Sachen im Haus – unsere Kleider, Töpfe, Pfannen und den ganzen Weizen. Als wir in Beit Tima untergebracht waren, gingen meine Mutter und die älteste Schwester in der Nacht zurück nach Burayr, um die Weizensäcke zu holen. Während des Tages trieben mein Vater und die Jungen die Ziegen auf die Weide, und meine Mutter und wir Mädchen saßen und zerstießen den Weizen in einem Mörser mit einem Stößel. Nach zwei Monaten oder vielleicht auch weniger kamen die Juden nach Beit Tima und griffen uns immer wieder an. Manche Leute kamen ums Leben, und alle, die übrigblieben, flohen nach Majdal, wo die Ägypter waren.»

«In Majdal waren so viele ägyptische Soldaten», fiel Ihyams Vater ein, «daß sie Tel Aviv hätten erreichen können, ohne einen einzigen Schuß abzugeben, wenn sie nur gewollt hätten.»

«Wir waren ungefähr fünf Monate lang in Majdal», fuhr Ihyams Mutter fort. «Die Leute gingen immer wieder nach Burayr zurück. Manche hatten Gold versteckt und gingen, um es zu holen. Aber wir hatten meistens nichts zu essen, und so war das, bis sie Majdal angriffen.»

Ihyams Vater berichtete von den Angriffen, die im Oktober 1948 anfingen. «Sie hatten es auf die zivilen Orte abgesehen, damit die Leute flohen. Nach einer Woche zogen sich die Ägypter mit ihren Fahrzeugen auf der Küstenstraße in Richtung Gaza zurück, und wir gingen zu Fuß hinterher, jede Familie mit ihren Kindern und alten Leuten. Manche Leute aus Burayr waren auch direkt nach Gaza gegangen, auch als die Ägypter Majdal noch hielten.»

«In Majdal wohnten wir neben einem Orangenhain», erzählte Ihyams Mutter. «Einmal schlug eine Granate dort ein und traf das Haus. Eine schwangere Frau wurde getroffen und war sofort tot. Ich sah sie mit eigenen Augen sterben. Ich konnte gar nicht wieder aufhören zu weinen. Alle unsere Kleider waren verbrannt. Mein Vater betete in der Moschee, und meine Mutter ging mit mir dorthin und schrie ihn an. ‹Was machst du hier?› schimpfte sie. ‹Du betest, während das ganze Haus niederbrennt.› Wir brachen noch am selben Tag auf. Wir hatten nichts mehr. Einige von den Ziegen waren schon verhungert. Die, die noch übrig waren, nahmen wir mit.»

Ihyams Onkel Fauzi hatte eigene Erinnerungen hinzuzufügen. «Unsere Eltern sprachen immer von einer Tante, deren Mann sich weigerte, aus Burayr fortzugehen. Sie entschloß sich, zurückzugehen und nach ihm zu suchen, aber jemand aus Majdas sagte ihr, daß er tot sei. Sie ging trotzdem los, nahm eine Hacke und ihren jüngeren Bruder mit, und sie gingen den ganzen Weg nach Burayr zu Fuß. Sie fanden ihren toten Mann, schleiften ihn in einem Sack zum Dorffriedhof und begruben ihn. Die Juden sahen sie und fingen an zu schießen. Als ihr Vater hörte, was passiert war, beschimpfte er sie. ‹Dein Mann ist nicht der einzige, der umgekommen ist›, brüllte er. ‹Und du hast meinen einzigen Sohn mitgenommen. Warum? Sollte er auch noch getötet werden?›»

Ihyams Mutter erzählte, wie sie und ihre Familie, als sie in Gaza ankamen, zuerst in das Flüchtlingslager Khan Yunis gingen. Als es im Februar 1949 einen Waffenstillstand gab, zogen sie auf einen offenen Platz in Jabalia, der *Jorn* genannt wurde und auf den die Dorfbewohner ihren Weizen zum Dreschen brachten. Heute ist er ganz und gar mit Flüchtlingshütten bedeckt. «Wir waren die erste Familie dort, und sie gaben uns ein Zelt. Einige von unseren Ziegen starben, und die übrigen verkauften wir. Danach fingen alle Familien an, nach ihren Verwandten zu suchen, damit sie alle in das gleiche Zelt ziehen konnten.»

«Die kleinen Zelte waren ungefähr zwei mal zwei Meter groß und wurden Fallschirme genannt», setzte Ihyams Vater den Bericht fort. «Die waren für kleine Familien. Größere Familien bekamen ein *Jaras*, ungefähr vier mal vier Meter groß. Die größten Familien lebten in einem Zelt zusammen, das *Kuch* hieß. Ein *Kuch* war dreieinhalb mal sieben Meter groß und war für drei Familien gedacht. Es machte keinen Unterschied, ob sie verwandt waren oder nicht.»

«Wir bekamen zwei Zelte», fiel Ihyams Mutter ein, «bis wir anfangen konnten zu bauen. Die UN gab uns Mehl. Wir Kinder begriffen nicht, was los war. Aber wir hörten die Erwachsenen sagen: ‹Morgen, *inshallah* – so Gott will –, gehen wir wieder in unser Dorf, morgen, *inshallah*, gehen wir nach Hause.›»

«Und seitdem ist ihr Leben nichts als ein ewiges Warten auf etwas gewesen, das sich immer weiter von ihnen entfernt», warf Baasam, einer ihrer Söhne, ein.

Ihyams Vater fuhr fort: «Zuerst fingen die Erwachsenen im Lager damit an, sich gegenseitig ihren Grund und Boden in Burayr zu verkaufen. Jeder, der Geld hatte, kaufte Grund von jemand anderem. Auf diese Weise arrangierten sie auch die Hochzeiten. Sie verkauften ein Stück Land, damit sie einen Brautpreis hatten, und jeder wußte ganz genau, welches Stück Land gemeint war.»

«Unsere Familien hatten kurz vor der Flucht aus Burayr noch Land gekauft», warf Ghassan, einer der Söhne, ein. «Mutter hatte zwei Hektar, und Vater hatte dreißig Hektar Grund. Wir waren reich, wie die Effendis hier in Gaza.»

«Im Winter, wenn der Wind kam, wurde das Zelt weggeblasen», erzählte sein Vater weiter. «Wir saßen auf einmal im Regen, wurden naß und ertranken fast in den Pfützen.»

Onkel Fauzi war in Jabalia geboren. «Nach 1967 wollte unser ältester Bruder Burayr sehen. Ich war damals noch klein», berichtete er. «Wir gingen zusammen und suchten nach unserem Haus. Es war das einzige Betonhaus im ganzen Dorf, weil unser Vater der einzige Sohn seiner Eltern war und das ganze Land geerbt hatte. Sie mußten es nicht unter vielen Brüdern aufteilen. Darum konnte er Grund an andere Dorfleute verpachten und Geld verdienen, und deshalb konnte er sich auch ein Haus bauen, das aus Beton und nicht aus Lehm war. 1974 holten wir einen eisernen Türpfosten aus den Ruinen unseres Hauses und brachten ihn nach Jabalia. Wir haben ihn für unsere Haustür hier verwendet.»

Die Familie wohnte vierzig Jahre lang, bis 1994, in dem gleichen, abgewohnten UNRWA-Gebäude. Vier Räume waren aneinandergereiht wie Eisenbahnwaggons, mit nur einem kleinen Fenster, um ein bißchen Luft hereinzulassen. Der Platz reichte nicht aus für die wachsende Familie und ihre unterschiedlichen Bedürfnisse – von denen ein bißchen Privatsphäre nur eines war –, aber erst am 17. Mai 1994, dem Tag, an dem die palästinensische Autonomiebehörde ihre Tätigkeit in Gaza aufnahm, begannen sie, die Wände einzureißen und die Baugrube für ihr neues, dreistöckiges Haus auszuheben.

Sie hatten nicht das Geld für einen professionellen Bauunternehmer und Bauarbeiter. Deshalb wurde die gesamte Volksfront von Jabalia – Freunde der Söhne und Töchter – für den Bau herangezogen. Sie gossen Zement, bauten Gerüste, trugen Matratzen und Schränke und Papiere von einem Raum in den anderen, bauten die erste neue Wand, legten die Sparren für die Decke aus, hackten Fensteröffnungen und verlegten die elektrischen Drähte. Schließlich hatten sie alle zu irgendeiner Zeit auf Baustellen in Israel gearbeitet und waren nun sowieso arbeitslos. Jedesmal, wenn Israel wieder eine Abriegelung verfügte – und wer wußte noch, wie oft das geschehen war –, ruhte die Arbeit an dem Haus für einen oder zwei Monate, weil Fauzi und Ghassan ihre Jobs in Kastina (Kiryat Malakhi für die Israelis) und damit ihre Einkommen verloren. Einmal fehlte es am Geld für die Türen und Fenster, ein andermal konnten sie die Fliesen für den Fußboden oder die elektrischen Kabel nicht bezahlen.

«Warum habt ihr bis 1994 gewartet, bevor ihr angefangen habt, euer Haus zu vergrößern?» fragte ich die Familie. Die Brüder hatten jahrelang in Israel gearbeitet und hätten doch sicher etwas Geld zusammensparen können. Der Vater antwortete mit einem bitteren Lachen. «Es mußten erst die Osloer Abkommen unterzeichnet werden, bevor ich wirklich geglaubt habe, daß wir niemals in unser Dorf zurückkehren werden.»

Ihyams Vater war zu jung, um sich noch erinnern zu können, wie die Männer von Burayr versuchten, gegen die jüdische Armee zu kämpfen. Aber Abu Aouni sprach mit Stolz vom Widerstand seines Dorfes: «Natürlich hatten wir Waffen im Dorf. Einige Leute hatten ihr Land verkauft, um welche zu kaufen. Wir schossen auf die Konvois der jüdischen Armee, die auf der Hauptstraße vorbeifuhren und Nahrungsmittel zu den Siedlungen im Negev brachten. Natürlich haben wir das getan. Sie waren gezwungen, eine weniger bequeme Straße zu benutzen. Als die Armee das Dorf umzingelte, ließen sie zwei Fluchtwege offen, nach Westen und nach Süden, damit wir fliehen würden. Nach ein paar Tagen kam ich in der Nacht zurück, um mir ein paar Kleidungsstücke zu holen. Die Straße war mit Leichen bedeckt, und ich habe sie begraben. Ich weiß von fünfundvierzig Menschen, die bei der Schlacht um das Dorf getötet wurden.»

Fast fünfzig Jahre sind seither vergangen, aber Ahmads Großmutter wählt ihre Worte immer noch mit Vorsicht. «Unsere Leute haben nur auf die Armee-Jeeps geschossen, die dauernd mitten ins Dorf kamen. Ihre Motoren machten einen abscheulichen Lärm, dr-r-rum, dr-r-rum. Die Soldaten hatten immer Waffen, und sie hielten neben unserem Brunnen. Darum haben wir auf sie geschossen.» Ahmads Großvater erinnert sich: «An dem Tag, an dem sie das Dorf einnahmen, umzingelten sie uns auf drei Seiten. Sie ließen uns einen Fluchtweg nach Süden offen. Sie wollten, daß wir in diese Richtung flohen.»

Im nachhinein erscheint vielen der Flüchtlinge ihr Verhalten von 1948 absurd, und der Held der Familie Zakut ist ein Onkel, der in seinem Haus blieb und sich hartnäckig weigerte, aus Isdud zu fliehen. Die Israelis zwangen ihn, nach Ashkelon zu gehen und dann nach Ramle, wo er bis 1972 unter Hausarrest stand. «Aber er ist dort, und wir sind hier.» Und bis zum heutigen Tag versteht S.' Vater aus Baseet nicht, warum er fortgegangen ist. «Wir hätten fest bleiben sollen», sagt er, «wir hätten durchhalten und nicht aufgeben sollen.»

Viele Flüchtlinge in Gaza merken sich die Daten an den Früchten, die gerade geerntet wurden. Abu Aouni erinnert sich, daß die Probleme in Salame (südlich von Tel Aviv) während der Orangenzeit, im Dezember, 1947 anfingen. Er verließ Burayr im Frühling, als die Tage länger wurden und der Weizen schnittreif war. Obwohl der Tag, an dem Burayr angegriffen wurde, nachweislich der 12. oder 13. Mai 1948 war, ist Ihyams Vater überzeugt, daß seine Familie am 17. Mai flüchtete, dem Tag, an dem sechsundvierzig Jahre später die Autonomiebehörde eingesetzt wurde. In seiner Erinnerung hat er eine mythische Verbindung zwischen Zeiten und Ereignissen, zwischen Katastrophe und Enttäuschung geschaffen, die den zyklischen Rhythmen der Natur gleicht.

Auch manche Worte sind in ihrem Sinn verdreht und mit besonderer Bedeutung befrachtet worden. Das Wort *Hijra*, das für die Vertreibung und Flucht aus den Dörfern verwendet wird, dient auch zur Bezeichnung der Reise des Propheten Mohammed von Mekka nach Medina. Dem Historiker Albert Hourani zufolge hat es «nicht einfach die negative Bedeutung einer Flucht aus Mekka, sondern auch die positive des Schutzsuchens durch Ansiedelung an einem anderen Ort als dem eigenen. In späteren Zeiten des Islam bedeutete das Wort das Verlassen einer heidnischen oder bösartigen Gemeinschaft zugunsten einer solchen, die im Einklang mit den moralischen Lehren des Islam lebte.»[3] Aber in dem zutiefst islamischen Gaza hat das Wort *Hijra* ironischerweise keinerlei positive Bedeutung, abgesehen davon, daß es dem israelischen Zuhörer das emotionsgeladene Wort *Nakba* (Katastrophe) erspart, das die Palästinenser verwenden, wenn sie von 1948 sprechen.

Auch das Wort «innerhalb» wurde auf den Kopf gestellt. Das Land innerhalb der israelischen Grenzen von 1967 einschließlich aller palästinensischen Städte und Dörfer wird als «innerhalb» bezeichnet, teilweise um den Namen Israel nicht aussprechen zu müssen, aber auch wegen der geopolitischen Tatsache, daß bis 1967 alle Flüchtlinge von innerhalb der Grenzen außerhalb dieser Grenzen lebten. Aber das Wort «innerhalb» blieb auch nach 1967 gebräuchlich und ist immer noch eine oft benutzte Redewendung, was sich auch nach 1991 nicht änderte, als die Abriegelung des Gazastreifens zur regelmäßigen politischen Praxis wurde. Die Leute fragen mich: «Wann fahren Sie wieder nach innerhalb?» oder «Wann brechen Sie nach innerhalb auf?» oder sogar «Ich würde zu gerne hier herauskommen und mit Ihnen nach innerhalb fahren.» In diesem 378 Quadratkilometer großen Landstreifen ohne Ausgang ist das Wort «innerhalb» zu einem Synonym für weite, offene Flächen geworden.

Selbst die Morgengeräusche im Flüchtlingslager scheinen Zeit und Ereignisse zu verkehren – der Ruf des Muezzin zum Gebet wird von einem Orchester ländlicher Geräusche begleitet: Hähne krähen, Vögel zwitschern in den wenigen Bäumen, die jemand in seinem Heimweh gepflanzt hat, Tauben gurren, und wenn das Tageslicht beginnt, die Straßen zu erhellen, schreien Esel, und Räder rollen klappernd über die Steine. Aber wenn man die Türe öffnet, wird die ländliche Illusion durch den Anblick der Außenwelt zerstört. Alles ist grau, die Betonhäuser und Asbestschuppen, die vollgestopften Hütten mit ihren Wellblechdächern, eingezäunt mit jedem Gerümpel, das gerade zur Hand war. Betonklötze und allerlei Krempel sind über die Wellblechdächer verstreut, teilweise aus Mangel an Abstellraum, meistens aber um zu verhindern, daß das Dach fortgeblasen wird. Die engen Gassen scheinen sich unter dem Gewicht der Gebäude aufzubäumen, die auf beiden Seiten angehäuft sind. Sie ergießen sich in die Hauptstraße, die vollgestopft ist mit Straßenverkäufern und alten, qualmenden Autos, Massen von Fußgängern, baufälligen Buden, in denen Obst und Gemüse von schlechter Qualität angeboten wird, Karrenleuten, die in Öl gebackene Falafel für einen halben Schekel anbieten, ein paar Lebensmittelgeschäften, in denen Konserven und Kekse verkauft werden.

Vielerorts kommt nur an sechs Stunden oder weniger am Tag fließendes Wasser aus der Leitung – Brackwasser in schwachem Strahl, das stark nach Chlor riecht. 1996 waren nur 27 Prozent der Häuser an die Kanalisation angeschlossen, verglichen mit 40 Prozent der Häuser außerhalb der Lager. Aber alle achten sorgfältig darauf, die Lager sauberzuhalten. Die UNRWA ist für die Müllabfuhr verantwortlich, und die Straßen sind ebenso makellos sauber gekehrt wie die Höfe der Leute. Kein Wunder – ohne ein Mindestmaß an Ordnung in den Lagern wäre die Übervölkerung unerträglich: Bei etwa der Hälfte der Flüchtlinge in den Lagern müssen sich drei oder mehr Personen einen Raum teilen.

Es gibt acht Flüchtlingslager im Gazastreifen, und rund 393 000 Menschen, etwa 55 Prozent der Flüchtlinge, sind dort zu Hause. Die übrigen Flüchtlinge, etwa 320 000 Personen, sind über die neuen und alten Wohnviertel von Gaza verteilt. Im Flüchtlingslager al-Shatti am Stadtrand von Gaza leben 66 000 Menschen auf einer Fläche von 75 Hektar. Al-Boureij im Zentrum des Gazastreifens war ursprünglich ein britischer Militärstützpunkt. 1948 wurden einige der 13 000 Flüchtlinge, die dort zusammenströmten, in den alten Armeebaracken untergebracht, während die anderen in Zelten auf einer Fläche von insgesamt 53 Hektar hausten. Heute ist ihre Zahl auf 27 000 angewachsen. Das kleinste der Flüchtlingslager ist Dir al-Balah, wo 18 000 Menschen auf einer winzigen Fläche leben, die an die Stadt gleichen Namens angrenzt. Jabalia ist das größte Flüchtlingslager mit 86 000 Menschen auf anderthalb Quadratkilometern. Die 52 000 Einwohner des Flüchtlingslagers Khan Yunis hausen auf 55 Hektar Grund westlich der Stadt Khan Yunis, die bis 1948 ein bedeutendes Wirtschaftszentrum an der Handelsstraße war, die von Ägypten nach Palästina, dem Libanon und Syrien führte. 18 000 Menschen leben in dem 60 Hektar großen Flüchtlingslager Meghazi im mittleren Teil des Gazastreifens. Im benachbarten Lager Nuseirat sind 50 000 Flüchtlinge auf 59,5 Hektar zusammengedrängt. Die größte Anzahl von Flüchtlingen – 41 000 – floh 1948 nach Rafah, dem südlichsten und am weitesten von den Kämpfen entfernten Punkt. Heute wohnen 76 000 Menschen im Flüchtlingslager Rafah (zu dem auch Shabura gehört).

Die Flüchtlingslager wurden neben bereits existierenden Städten und Dörfern errichtet, aber dicht daneben liegen überraschend grüne Flächen, die mit Weingärten und Orangenhainen bedeckt sind, wo Maulbeerbäume mit breiten Kronen dazu einladen, sich in ihrem Schatten auszuruhen. Diese Grünflächen sind mit Ausnahme des Strandes die einzigen noch vorhandenen Orte, die Erholung und Trost für das Auge bieten, aber die meisten von ihnen gehören einer kleinen Zahl alteingesessener Familien aus Gaza und stehen für die Flüchtlinge, die sich nach Ausflügen ins Freie sehnen, nicht zur Verfügung. Basaam machte seine Mutter aus Qatra (Kidron für die Israelis) sehr glücklich, als er ihr von einem der Grundbesitzer in Gaza ein kleines Stückchen Land kaufte. Das Grundstück war ein Orangenhain gewesen, der keinen Profit mehr abwarf. Der Besitzer hatte die Bäume ausgerissen und den Orangenhain stückweise an Leute verkauft, die ein paar Ersparnisse angesammelt hatten. Basaams Eltern fahren jeden zweiten Tag dorthin, ziehen liebevoll Tierfutter, Paprika, Auberginen und Kürbisse und halten ein paar Hühner, denen seine Mutter so gerne zusieht, wenn sie in der Erde herumpicken – in richtiger Erde. «Jetzt bin ich zum erstenmal glücklich, seit wir aus dem Dorf vertrieben worden sind», sagt sie.

Trotz all dem scheint die Härte des Lebens im Flüchtlingslager für eine Weile aufgehoben zu sein, wenn ich meine Freunde in Jabalia, Khan Yunis oder Rafah besuche. In einem der Lager kündigt das kleine Mädchen eines Freundes laut meine Ankunft an, und ich bin augenblicklich von Kindern umringt, von denen einige sich an mein Auto hängen, während ich versuche, den Wagen zwischen einer schwerbeladenen Wäscheleine und einem Lichtmast mit wirr herabhängenden Drähten zu parken. Ein Junge versucht, auf Hebräisch zu zählen, um mich zu beeindrucken, ein Mädchen bemüht sich, mir das Versprechen zu entlocken, daß ich die Nacht in ihrem Haus verbringen werde, ein anderes Kind bettelt mich an, sie wenigstens zum Strand zu fahren.

Die bedrückende Ärmlichkeit von Khan Yunis ist schnell vergessen, wenn ich sehe, wie die älteren Kinder sich irgendwo ein Fleckchen suchen – am Tisch, auf dem Fußboden, über einen Stuhl gebeugt –, wo sie sich auf ihre Bücher konzentrieren können, obwohl das Gespräch der Erwachsenen um sie herumschwirrt. Sie lassen sich nicht ablenken von den Diskussionen über den Wahlkampf, über die Wahlveranstaltung eines bestimmten Kandidaten, bei der die Leute schwierige Fragen stellten. Sie beachten es nicht, wenn die Eltern mit ihren guten Noten prahlen. Die Armut scheint in weite Ferne gerückt, wenn Kauthar, nachdem sie den ganzen Tag an der Schule unterrichtet, dann ihren neugeborenen Sohn gestillt, die anderen beiden Kinder gefüttert und siebenunddreißig Pitas gebacken hat, sich hinsetzt, um für einen Kurs an der islamischen Universität über Hamlet nachzugrübeln, «weil das Leben doch nicht nur aus Essen und Kindern bestehen kann». Oder wenn Y. offen darüber spricht, wie er und andere, die wie er den Sicherheitskräften der Autonomiebehörde beigetreten sind, allmählich ihre Sensibilität einbüßen; oder wenn M. mir erzählt, wie frustriert sie wegen ihrer Schwägerinnen ist, die zufrieden damit sind, die Hausarbeit zu verrichten und ihre Männer und Kinder zu bedienen, und nicht begreifen wollen, daß sie das Haus verlassen und ihre Fähigkeiten entwickeln müssen; oder wenn Khalid Oud spielt und ein Gedicht vorliest, das er geschrieben hat, während der Duft nach Kaffee die Luft erfüllt und sein alter Vater den Raum mit einem beladenen Tablett betritt, um den Gästen seiner Kinder etwas vorzusetzen. Wie kann man an das Abwasser denken, das durch Shabura fließt, wenn Khalid S., Herausgeber der Literaturzeitschrift *Al-Ashtar*, aufgeregt von unveröffentlichten Gedichten und Kurzgeschichten erzählt, die die Zeitschrift aus dem Irak erhalten hat, von denen nicht eine auf normalem Papier geschrieben ist? Die internationalen Sanktionen haben dort solche Versorgungslücken und weitverbreitete Armut verursacht, das alles auf winzigen, zusammengeknüllten, handbeschriebenen Papierfetzen bei ihnen ankam, auf Resten von Zigarettenpackungen, Arztrezepten und Stromrechnungen.

Wenn die jüngeren Flüchtlinge über ihr gemeinsames Aufwachsen reden, erinnern ihre gleichförmigen Erlebnisse mich in vieler Hinsicht an die Geschichten, die die Kibbuzkinder über das Zusammenleben in den Kinderhäusern erzählen. Aber diese Kinder wußten schon, daß sie Flüchtlinge waren, bevor sie die Bedeutung des Wortes begriffen und gesehen hatten, wie andere Leute lebten. Nur die Flüchtlingskinder mußten zu den Gemeinschaftsduschen gehen. Bis die Flüchtlingslager an die Wasserversorgung und das Stromnetz angeschlossen wurden (eine von den Israelis eingeführte Verbesserung, die alle zu schätzen wissen), gingen die Kinder jeden Donnerstag gleich nach der Schule zum Duschen in das UNRWA-Center. «Da war eine jüdische Frau, Um Muhammad, die mit einem Palästinenser verheiratet war», erzählte mir Fayez aus al-Bureij. «Sie schrubbte alle dreihundert Kinder ab. Sie war stark. Hinterher bekamen wir dort auch noch ein Mittagessen. Wenn wir fortgingen, schaute jemand nach, ob wir auch nichts gestohlen hatten. Ich versteckte immer etwas – ein Stück Pita im Strumpf, eine Gurke in der hinteren Tasche, eine Tomate im Ärmel. Um Muhammad tat immer so, als ob sie das nicht sehen würde, aber es gab noch eine andere, ein richtiges Ekel, die mich immer erwischte und am Ohr zog.»

Aber abgesehen von der Härte ihres Lebens und ihren Erinnerungen, gibt es eine noch stärkere Verbindung unter den Flüchtlingen. «Ich bin stolz auf die Flüchtlinge», erklärte Ihab al-Ashqar. «Wir haben ein Sprichwort, das lautet: ‹Ich bin der Hirte, und es ist meine eigene Hand, die mich aufhebt.› Das bedeutet, daß ich unabhängig bin. Unsere Armut hat uns stark gemacht und uns Erfahrung gegeben, so daß nichts uns einschüchtern kann. Denken Sie daran, daß wir mit der *Intifada* angefangen haben.» Auch Abu Ali erinnerte mich: «Wir haben gleich nach 1967 gegen die israelische Besatzung revoltiert.» Und Fayez Abu Shamalla aus Beit Daras, Leiter des Flüchtlingskomitees in Khan Yunis, des ersten seiner Art, erzählte: «Als ich im Gefängnis war, habe ich mich darüber informiert – nur fünf Prozent der Häftlinge waren keine Flüchtlinge. Die tägliche Armut hat uns zu Kämpfern gemacht.» Als Abu Taher seinen Freund N. vorstellte, beeilte er sich, ihm das Kompliment zu machen: «Seine Familie stammt aus Gaza, aber er denkt und fühlt wie ein Flüchtling.»

«Woher nehmt ihr euer Selbstvertrauen?» fragte ich meine jüngeren Freunde unter den Flüchtlingen, die schon im Elend der Lager geboren und aufgewachsen waren. «Das werde ich Ihnen erklären», antwortete Abu Jamil, der Mann aus Majdal, dessen mittlerer Name nicht genannt werden darf. «Meine Mutter hat mir immer gesagt, daß die Flüchtlinge von Anfang an wußten, daß sie alles verloren hatten, und daß sie deshalb soviel wie irgend möglich in die Ausbildung ihrer Kinder investieren müßten. Und die Politik der Ägypter machte das möglich. Die Ägypter investierten nichts in die Infrastruktur, und die meisten Leute waren arbeitslos, aber Schulen und Universitäten kosteten nichts. Deshalb bekamen wir eine gute Ausbildung. Das änderte sich in den siebziger Jahren, als viele Jungen schon als Teenager zur Arbeit nach Israel gingen, aber das Geld, das sie verdienten, gab ihnen eine andere Art von Selbstvertrauen, und unsere Eltern sorgten weiter dafür, daß wenigstens die anderen Kinder eine gute Ausbildung bekamen.»

Jamal Jaqu besuchte die Falastin High School in Gaza-Stadt gemeinsam mit den Kindern wohlhabender, alteingesessener Familien. «Ich habe mich immer mit ihnen verglichen, und zusammen mit unseren harten Lebensbedingungen hat mich das angespornt, mich anzustrengen. Die Ägypter erlaubten uns nicht, unsere Häuser mit Toiletten und Badezimmern auszustatten, und ich erinnere mich immer noch an das Schlangestehen vor den Gemeinschaftstoiletten im Lager al-Shatti. Wegen solcher Dinge hatte ich das Gefühl, daß ich überall der Beste sein müßte. Ich werde nie vergessen, wie der Regen durch das Dach tropfte. Jede Nacht wachte ich auf, und mein Kopfkissen war klatschnaß. Deshalb schwor ich mir, daß ich alles tun würde, um wie ein Mensch leben zu können. Ich habe immer versucht, schöne Kleidung zu tragen, und ich weiß noch, daß mein Vater, der für die UNRWA arbeitete, sein eigenes Sparprogramm hatte. Die Hälfte des Jahres rauchte er nicht, damit er uns neue Kleidung für die Schule kaufen konnte. Er wollte, daß wir das Gefühl haben sollten, genausogut zu sein wie unsere Klassenkameraden.»

Basaams Mutter zog sieben Kinder in zwei gemieteten Zimmern auf, die im Winter naß und kalt und im Sommer glühendheiß waren. «Wir haben alles in die Kinder investiert», sagt sie stolz. «Die Kinder sind unser Haus.» Jetzt ist einer ihrer Söhne Arzt, ihre Tochter ist eine Dichterin, und ihr jüngster Sohn interessiert sich für Soziologie. S. war das erste Mädchen aus Rafah, das in Ägypten Jura studierte. Ihr Vater bestand auf ihrem Recht, dies zu tun, obwohl alle anderen meinten, sie sollte einfach heiraten. In den vierziger Jahren verließ er sein Dorf, Baseet, um in Orangenhainen zu arbeiten, die Juden gehörten, und er konnte mir immer noch auf Hebräisch wiederholen, was seine Arbeitgeber damals zu ihm gesagt hatten: «Wie schade! Es paßt nicht zu dir, ein Araber zu sein.» Er erzählte dies mit einer Mischung aus Kummer über so viel Überheblichkeit und Stolz darüber, daß er sich über manche Fesseln seiner Gesellschaft hinweggesetzt und seiner Tochter gestattet hatte, ihre Fähigkeiten zu entwickeln.

«Vor dreißig Jahren gab es im Flüchtlingslager Khan Yunis nichts als Sand, nicht einmal einen Baum. Wir liefen barfuß, weil wir kein Geld für Schuhe hatten, und der heiße Sand verbrannte uns die Sohlen», erinnerte sich Fayez Abu Shamalla. «Heute hat trotz der Überfüllung und des spärlich tröpfelnden Leitungswassers jedes Haus einen Baum, eine Pfefferminze, irgend etwas Grünes. Bis 1955 lebten meine beiden Onkel und ihre Frauen alle zusammen in einem Zelt, mit nichts als einer Decke als Trennwand. Stellen Sie sich das mal vor! Und dann, in den sechziger Jahren, gingen die Kinder fort, um zu studieren oder zu arbeiten. Einer schickte Geld vom Persischen Golf, ein anderer arbeitete für die UNRWA und teilte sein Einkommen mit der Familie.»

Ihab al-Ashqar erzählte von seinem Onkel, der es kaum schaffte, die High School abzuschließen, und der jetzt Geschäfte um den ganzen Erdball macht. Sein Onkel, sagte er, war Bauer und Flüchtling. «Diese Leute hatten nichts, und sie haben etwas aus sich gemacht. Was ist schon dabei, Arzt oder Rechtsanwalt zu werden, wenn dein Vater Grundbesitzer in Khan Yunis ist. Aber jemand, dessen Vater gar nichts hat und der trotzdem Arzt oder ein bedeutender Geschäftsmann wird – der ist wirklich selbständig.»

«Dadurch, daß uns auch die grundlegendsten Menschenrechte verweigert wurden», faßte Ismail aus dem Lager Khan Yunis – und Jaffa – zusammen, «ist aus jedem von uns ein nachdenklicher, ernsthafter Mensch geworden, der nicht nachgibt, bis sich die Situation ändert.»

Das Selbstvertrauen, der Stolz und das Gefühl, eine Aufgabe zu haben, war jedoch gleichzeitig von einem Gefühl des Verlustes und des Kummers begleitet. «Ich kann mich nicht erinnern, eine Kindheit gehabt zu haben», erzählte mir einmal der dreißigjährige Ashraf aus dem Lager Jabalia, der von einer Beduinenfamilie aus Beersheba abstammte. «Wir haben niemals richtig gelacht, wir haben nicht wirklich gespielt, wir haben einfach nicht so gelebt, wie Kinder leben sollten. Und nach 1967 fingen viele von uns Jungen an, im Sommer auf dem Markt in Tel Aviv oder Beersheba zu arbeiten oder auf den Feldern der Moschawim.» Saber erinnert sich, daß er seine Eltern mit zwölf Jahren gefragt hat: «Warum habt ihr mich überhaupt bekommen? Es wäre besser, wenn ich nie geboren wäre.» An der Universität las Basaam aus Saja'ya mit den anderen Studenten aus den Flüchtlingslagern mit Vorliebe Nietzsche. «Er paßt zu unserer Situation. Er ist so voller Verzweiflung.» Ihab al-Ashqars Mutter versicherte mir, daß ich, soviel ich auch schreiben würde, niemals genug Worte finden könnte, um den Schmerz der Flüchtlinge zu beschreiben. «Wir haben immer das Gefühl, etwas verloren zu haben», sagte H., eine neunundzwanzigjährige Mathematiklehrerin aus Lod, eine gläubige

Muslimin, die in al-Bureij geboren und aufgewachsen war. «Wir haben unser Selbstvertrauen verloren», erklärte sie, obwohl meine Erfahrung genau gegenteilig war. Aber die Flüchtlinge vergleichen sich immer mit den alteingesessenen Familien, den *Muwatanin*. «Sie haben einfach nicht die gleichen Verluste durchgemacht, mit denen wir ständig leben müssen», meinte H.

Abu Majeds Haus liegt im Stadtviertel Nasser in Gaza-Stadt, wo Flüchtlinge und *Muwatanin* Seite an Seite leben. Vor vier Jahren kam seine Tochter ins Schulalter und sollte in die UNRWA-Schule für Flüchtlingskinder eingeschult werden. «Wir werden zusammen zur Schule gehen können», sagte sie glücklich zu einer Freundin. Die Freundin, die aus einer *Muwatanin*-Familie stammte, antwortete hochmütig: «Nein, das können wir nicht. Du bist eine *Mehajera*, ein Flüchtling. Du mußt im Flüchtlingslager in die Schule gehen.» «Es war das erste Mal, daß sie das Wort hörte», erzählte Abu Majed, «und sie kam zu mir und fragte, was es bedeutet. Sie dachte, daß das Mädchen sie beschimpfte. Ich habe ihr erklärt, daß es eine Ehre sei, als Flüchtling bezeichnet zu werden. Es bedeutet, daß wir zwar fortgegangen sind, daß wir aber Land in Beersheba besitzen und daß ihr Großvater und ihre Eltern dort gelebt haben. Ich hatte immer gehofft, daß ich es ihr nicht würde sagen müssen, und jetzt fragt sie mich andauernd, wann wir mit ihr nach Beersheba fahren. Manchmal kommen wir uns wie die Zigeuner in Europa vor, wie Leute, die nicht respektiert werden. Wenn einer von uns ein Mädchen aus Gaza heiraten will, sagen sie als erstes, daß er ein Flüchtling ist. Das tut weh.»

Die dreißigjährige M. ist im Flüchtlingslager Khan Yunis aufgewachsen. «Immer wenn ich mit meiner Mutter zum Markt ging, zeigte sie mir die Grenze zwischen dem Lager und der Stadt.» An der staatlichen High School, an der Kinder aus Gaza und Flüchtlingskinder gemeinsam unterrichtet wurden, begann M., den Unterschied tatsächlich zu spüren. «Wir gingen auf die Straße, um gegen die Soldaten zu demonstrieren, aber die *Muwatanin*-Kinder machten nicht mit. Und wenn wir vor den Soldaten in die Orangenhaine flüchteten, jagten die *Muwatanin* uns fort, weil sie Angst hatten. Deshalb glaubte ich schon, daß die Stadtkinder gute Beziehungen zu den Soldaten hätten. Ich fing an, ein Vorurteil gegen sie zu entwickeln, und erst an der Universität fand ich heraus, daß sie das gleiche Ressentiment hatten wie wir.»

Während der *Intifada* versteckte B. aus dem Flüchtlingslager Jabalia (und Burayr) illegale Flugblätter im Haus seiner Eltern und riskierte eine Verhaftung, indem er während der Ausgangssperren hinauslief und sie verteilte. Er erinnert sich noch daran, wie sein Vater ihn nachsichtig ansah und seufzte, wenn er die Tür für Jugendliche öffnete, die Steine geworfen hatten und auf der Flucht vor den Soldaten waren. «Warum tust du das alles?» fragte ihn sein Vater. «Du weißt doch, daß nur die einen davon profitieren würden, wenn sich etwas verändern würde.» B. wußte, wen sein Vater meinte – die *Muwatanin*, die Grundbesitzer, Leute, die etwas hatten.

Eines Tages rief mich Fayez aus al-Boureij an und schüttete mir sein Herz aus. Er hatte zwanzig Jahre lang in Israel gearbeitet und sogar eine Zeitlang in Tel Aviv gewohnt. Jetzt arbeitete er für die palästinensische Autonomiebehörde und kam mit einem bestimmten, hochrangigen Kollegen, einem *Muwatanin*, nicht aus. «Ich sag dir, Amira», versicherte er, «das ist Antisemitismus. Die Art, wie die Leute aus Gaza mit uns Flüchtlingen umgehen, das ist einfach Antisemitismus.»

Manche jungen *Muwatanin* verteidigten sich zornig, wenn ich sie nach den Gefühlen der Flüchtlinge fragte. Ich bekam billige nationalistische Slogans zu hören, besonders von den Grundbesitzern und den Kindern wohlhabender, alter Familien. «Wir sind alle Palästinenser, wir haben alle die gleichen Gefühle», versicherten sie. «Wir sind nicht schuld an ihrem Verlust, wir sind nicht dafür verantwortlich.» Aber mit dem gleichen Atemzug gaben sie zu, daß sie noch nie einen Fuß in eine Ecke des Lagers al-Shatti gesetzt hatten, das nur wenige Minuten von ihren bequemen Wohnungen im Schatten der Poinciana-Bäume entfernt liegt.

Ein mit mir befreundeter *Mutawanin* verbrachte einige Zeit mit Z., einem Flüchtling, im Gefängnis. «Ich habe noch nie einen Menschen so viel essen sehen», sagte mein Freund verächtlich und beschrieb, wie Z. die Rationen seiner Zellengefährten verschlungen hatte. Später, als ich Z. kennenlernte, fragte ich ihn nach seiner stärksten Kindheitserinnerung. «Der Hunger», sagte er ohne Zögern. «Morgens hatten wir Glück, wenn wir ein Glas Tee bekamen. Wir teilten die Pitas auf und tunkten sie in den Tee. Mittags kochte meine Großmutter Zwiebeln mit Wasser und Öl, und das aßen wir mit einem kleinen Stück Brot.» Ich schämte mich für die Gedanken, die ich über ihn gehabt hatte.

M. K.s Mutter war ein Flüchtlingskind, aber Familienverbindungen ermöglichten es ihr, mit den Dorfkindern von Beit Hanun aufzuwachsen, so daß ihr das Flüchtlingselend erspart blieb. Sie war sich nicht einmal dessen bewußt, daß die Flüchtlinge sich diskriminiert fühlten, und begann erst darüber nachzudenken, als ich ihr Fragen zu diesem Thema stellte. «Stellen Sie sich vor», erzählte sie mir ungläubig, «eine von meinen Freundinnen hat gerade zugegeben, daß sie bis zu ihrem ersten Universitätsjahr physisch nicht in der Lage war, im Haus von Flüchtlingen etwas zu essen oder zu trinken. Ihr war immer gesagt worden, daß die Flüchtlinge Diebe seien und schmutzig und nicht so wie wir.»

Ärmere Leute aus den älteren, heruntergekommenen Stadtvierteln verteidigen sich ebenfalls. Sie weisen darauf hin, daß zum Beispiel die

UNRWA-Schulen viel besser seien als die staatlichen Schulen. «Auch wir leben in Armut, und auch bei uns ist es überfüllt, und Orangenhaine haben wir auch nicht», erklärte H., ein Hamas-Aktivist. «Aber in unserer Bewegung gibt es auf keiner Ebene irgendeine Art von Diskriminierung.»

Die Heiratsstatistik beweist jedoch, daß zwischen der Gesellschaft von Gaza und den Flüchtlingen tatsächlich eine Art Rassentrennung herrscht: Der Anteil der «gemischten» Ehen – zwischen Flüchtlingen und alteingesessenen Bürgern von Gaza – ist minimal. Den Unterlagen zufolge wurden 1995 8788 Ehen geschlossen,[4] davon 45,8 Prozent von *Muwatanin*-Paaren und 45 Prozent von Flüchtlingspaaren. Nur 5,1 Prozent der Ehen wurden zwischen einem Flüchtlingsmann und einer *Muwatanin*-Frau geschlossen und 4,1 Prozent zwischen Flüchtlingsfrauen und männlichen *Muwatanin*. Dabei war in diesem Jahr die Zahl der «Mischehen» gegenüber den vergangenen Jahren bereits angestiegen. Im Jahr 1992 zum Beispiel gab es 7280 Eheschließungen, und nur 6,1 Prozent davon waren Mischehen.

«Wir waren wie die Bauern», kommentierte mein Freund Abu Basel aus Rafah die Tatsache, daß das Lager niemals an das ägyptische Stromnetz angeschlossen wurde. Im Flüchtlingslager al-Boureij gab es bis 1978 keinen Strom und kein fließendes Wasser. «Am ersten Tag, an dem wir Elektrizität hatten, tanzten wir unter der Glühbirne, als ob sie der Sonnengott wäre», erinnert sich Fayez, der damals noch ein Teenager war. Ich fragte Abu Basel, warum diese Notwendigkeiten der modernen Zeit so spät kamen. «Weil kein Geld da war, aber hauptsächlich deshalb, weil wir Idioten waren», antwortete er halb scherzhaft, halb voller Selbstvorwürfe. Zusätzlich zu den anderen Mängeln gestatteten die Ägypter es der wachsenden Bevölkerung der Flüchtlingslager nicht, sich über die Grenzen der Lager hinaus auszubreiten, weil sie fürchteten, daß dies als politische Konzession an die Israelis aufgefaßt werden könnte, als Eingeständnis, daß der Status der Flüchtlinge bleibend sei, und damit als Verzicht auf ihren Anspruch auf ihre Dörfer. «Heute verfluchen wir sie und uns. Die ganze Gegend westlich von Khan Yunis ist zum Beispiel von Juden besiedelt worden», erklärte mir Abu Basel.

Während der fünfziger und sechziger Jahre verboten die Ägypter sogar der UNRWA, Gebäude zu errichten, die als bleibend bezeichnet werden konnten. Fundamente und Dächer aus Beton waren verboten, und alle Gebäude durften nur ein Stockwerk haben. Darum konnten sie nur in horizontaler Richtung, auf die Straße zu, vergrößert werden. Die Flüchtlinge selbst wehrten sich gegen jeden Umsiedlungsplan – unter ägyptischer Herrschaft zum Beispiel in den Sinai –, weil sie fürchteten, daß sie damit das Recht auf Heimkehr verlieren würden. So weigerte sich auch Basaams Großvater, ein Grundstück im Gazastreifen zu kaufen, obwohl er ein bißchen Geld hatte. Statt dessen mietete er eine Wohnung. Bis zu seinem Tod blieb er dem Land treu, das er zurückgelassen hatte, und so verpaßte seine Familie die Chance, sich ein richtiges Haus zu bauen, solange dies noch möglich war, bevor die Grundstückspreise in die Höhe schossen. Am Ende brachten die meisten Flüchtlinge dann doch Verbesserungen an ihren Häusern an, weil die Macht der Ereignisse und ihre eigenen materiellen Bedürfnisse sich als stärker erwiesen als alle emotionalen Hemmnisse und die politischen Restriktionen, die ihnen von den umliegenden arabischen Ländern aufgezwungen wurden.

Nachdem Israel den Gazastreifen im Jahr 1967 besetzt hatte, rückte der Gedanke an Heimkehr in weite Ferne, und die temporäre Welt der Flüchtlinge schien einen zunehmend dauerhaften Charakter anzunehmen. Als Israel die Grenzen öffnete und die Palästinenser in einen ständig wachsenden Markt für billige Arbeitskräfte gesogen wurden, war das Land, das sie verlassen hatten, auf einmal wieder zugänglich für sie und doch unerreichbarer denn je. Die arbeitslosen Massen der Flüchtlinge machten einen Proletarisierungsprozeß durch. Ihre Löhne bewegten sich am untersten Rand der israelischen Lohnskala, und sie wurden stärker ausgebeutet als irgendein anderer Teil der Arbeitnehmerschaft. Aber als eine wachsende Zahl von Palästinensern zu festbezahlten Arbeitern wurde, waren sie auf einmal in der Lage, greifbarere Forderungen zu stellen, nicht nur für die Zukunft, sondern auch für die Gegenwart. Sie konnten sich private Duschen einrichten, ihre Häuser ans Stromnetz anschließen, sich Kühlschränke kaufen. Gleichzeitig befürworteten sie den bewaffneten Kampf, ohne darin einen Widerspruch zu sehen, und unterstützten damit die Bemühungen, die Vergangenheit zurückzuholen.

Tatsächlich versuchten die israelischen Behörden, die Flüchtlinge dazu zu bewegen, die Lager zu verlassen und in neugebaute Wohnviertel zu ziehen. Das Angebot, bessere Lebensbedingungen zu erhalten, war jedoch nur für einen hohen politischen Preis zu haben. Dahinter stand eindeutig die Absicht Israels, die Vergangenheit auszulöschen. Alle, die sich für eine staatseigene Wohnung anmeldeten, mußten eine Erklärung unterzeichnen, mit der sie auf ihren Flüchtlingsstatus und alle Ansprüche verzichteten, die sich aus diesem ergeben könnten. Sie mußten ihre Häuser in den Lagern abreißen oder Strafe zahlen. Insgesamt bauten die israelischen Behörden zwanzig neue Wohnviertel, und bis 1989 waren etwa zehn Prozent der Flüchtlinge dorthin gezogen.[5]

Zwar versuchten die israelischen Behörden, mit den neuen Wohngebäuden das Elend der Flüchtlinge zu lindern, aber sie verbanden auch noch andere Erwartungen damit. Ich erinnere mich an eine Informationsveranstaltung der israelischen Zivilverwaltung im Frühling 1992.

«Sehen Sie, wir haben ihnen die Wohnungen in Sheikh Radwan gebaut, und sie haben sich mit ihrer *Intifada* trotzdem gegen uns gewandt, sie werfen immer noch Steine nach uns», sagte ein hochgestellter Beamter ziemlich ungehalten über die Undankbarkeit der Palästinenser. Damit hatte der Sprecher die in Israel weitverbreitete Annahme zum Ausdruck gebracht, daß materielle Verbesserungen – so begrenzt sie im Vergleich zum israelischen Lebensstandard auch waren – die nationalen Bestrebungen der Palästinenser abschwächen, wenn nicht sogar ganz eliminieren würden. Verteidigungsminister Moshe Dayan war – neben anderen Überlegungen – von der gleichen Annahme geleitet worden, als er die Grenzen und den israelischen Arbeitsmarkt für die Palästinenser öffnete.

Wie stark das Bedürfnis der Israelis war, die Geschichte der Palästinenser umzuschreiben, kam auch in den Identitätskarten zum Ausdruck, die an vor 1948 geborene Flüchtlinge ausgegeben wurden. Wenn der Besitzer der Karte im Gazastreifen geboren war, wurde als Geburtsort der Name einer bestimmten Stadt oder eines Dorfes wie Khan Yunis oder Jabalia eingetragen. War der Besitzer der Karte jedoch innerhalb der Grenzen des späteren Staates Israel geboren, wurde als Geburtsort nur das Wort «Israel» angegeben. Der Geburtsort des Flüchtlings war nicht nur physisch eliminiert, sondern auch aus den Akten der israelischen Bürokratie gestrichen worden. (In den neuen, von der palästinensischen Autonomiebehörde und Israel gemeinsam herausgegebenen Identitätskarten wiederholt sich dieser Vorgang. Nur zwei Bestandteile des Dokuments sind verändert worden: Die palästinensischen Nationalfarben erscheinen nun auf der Karte, und der hebräische Text steht unter dem arabischen.)

Laut dieser Identitätskarte wurde Abu Aouni, der aus Burayr stammt und in Shabura lebt, 1930 in «Israel» geboren, einem Staat, der zum damaligen Zeitpunkt noch gar nicht existierte. Der PLO-Führer Abu Mazen wurde 1933 in Safed geboren. Auch sein Geburtsort ist «Israel». Mit einem Griff auf die Tastatur kann der israelische Innenminister jeden palästinensischen Flüchtling in einen Prozeß einbeziehen, der Israel einen Platz außerhalb der historischen Zeit sichert und den Flüchtling seiner eigenen Geschichte beraubt.

Am Ende waren es jedoch nicht die politischen Überlegungen, die die Leute daran hinderten, in die neuen Wohnviertel zu ziehen. Die Erfahrung hatte sie gelehrt, Papiere und leere Schlagworte zu ignorieren. Aber ein Umzug kostete einfach mehr Geld, als die meisten Flüchtlinge zur Verfügung hatten. Eine Verbesserung der Häuser, die sie bereits hatten, war die einzige Möglichkeit, die ihnen blieb. Nach den Buchstaben des Gesetzes gehörte der Grund und Boden in den Flüchtlingslagern der UNRWA oder war von ihr gepachtet worden, aber für größere strukturelle Veränderungen an einem Haus war eine israelische Baugenehmigung erforderlich, und in den ersten Jahren der Besatzung wurden solche Genehmigungen nur selten erteilt.[6] Während der *Intifada*-Jahre und besonders nach dem Golfkrieg begann sich die Situation allmählich zu ändern. Manche Flüchtlinge besaßen sogar die Kühnheit, feste Häuser ohne Baugenehmigung zu bauen – große, geräumige, zwei- oder dreistöckige Häuser, die im Einerlei der Lager als überraschende Ausnahmen ins Auge fallen. Ich glaube nicht, daß Geld alleine die Ursache war, daß diese wenigen in der Lage waren, ihre Lebensumstände zu verbessern, während so viele Flüchtlinge in einer Zeitschleife zu stecken scheinen.

Einmal, gegen Ende der *Intifada*, begleitete ich Abu Basel, der bei der Zivilverwaltung in Rafah etwas zu erledigen hatte. Das Gebäude hatte zwei Eingänge, einen schattigen Vordereingang für Soldaten und die im Gebäude arbeitenden Beamten und einen Hintereingang, eine mit Stacheldraht abgezäunte und von einem bewaffneten Soldaten bewachte Drehtür für alle übrigen Palästinenser. Abu Basel und ich gingen durch die Vordertür hinein. Ich wußte damals nicht einmal, daß es eine Hintertür gab, und Abu Basel meinte wohl, wenn ich vorne hineinging, könnte er das auch. Wir müssen sehr selbstbewußt gewirkt haben, denn der wachhabende Soldat hielt uns nicht an.

Wir setzten uns auf eine der Bänke, zusammen mit zwei Dutzend anderen, die gekommen waren, um irgendwelche bürokratischen Angelegenheiten zu erledigen. Vor den Verwaltungsbüros, die auf den Warteraum hinausgingen, schlenderten bewaffnete Soldaten hin und her. Offensichtlich stand uns eine lange Wartezeit von mindestens den zwei üblichen Stunden bevor. Plötzlich fiel einem Soldaten oder einem der Beamten auf, daß ich anders aussah als die anderen Frauen, die alle in schwarze Djelabas und leichte weiße Kopftücher gehüllt waren, und er kam herüber, um mich zu überprüfen. Ich sagte ihm auf hebräisch, daß ich nur einen Freund begleite, und augenblicklich brach die Hölle los. Der Mann rannte zu einem Büro und zischte jemandem im Inneren etwas zu. Ein Offizier, der mit fest auf den Boden gepflanzten, gespreizten Beinen Wache gestanden hatte, rief mich zu sich. «Wir haben ein Problem», sagte er. «Ich bin mir nicht sicher, ob Sie einfach so in Rafah herumlaufen dürfen. Sie sollten vorsichtig sein. Und jetzt wollen wir einmal sehen, was mit der Genehmigung von Ihrem Freund los ist.» Dann telefonierte er mit dem Armeesprecher und erfuhr, daß ich tatsächlich in Rafah herumlaufen durfte. «Aber Sie dürfen nicht hier herein, ohne sich zuerst anzumelden», schloß er. «Nur die Leute, die hier wohnen, kommen hierher. Und er hätte durch die Hintertür kommen müssen.» Dennoch ließ der Offizier uns durch die Vordertür hinausgehen, und Abu Basels Anliegen war innerhalb weniger Minuten erledigt.

Schweigend überquerten wir den Platz, der von israelischen Soldaten wimmelte. Dann erreichten wir die Rafah-Kreuzung und wandten uns in Richtung Yavne, vorbei an einer Müllgrube voller stinkender Abfälle auf der einen Seite und einem unidentifizierbaren Haufen von Erde und Steinen auf der anderen. Ein alter Mann zog mühsam seine Füße über den rissigen Asphalt. Plötzlich unterbrach Abu Basel das Schweigen. «Glaub nicht, daß du uns wirklich siehst. Wir sind nur eine Hülle. Innen ist alles hohl.»

Ich wendete diesen Satz immer wieder hin und her. Er erschien mir als der Schlüssel zum Verständnis des komplizierten und oft verwirrenden Charakters der Menschen in Gaza. Er erklärte die Widersprüche in so vielen von ihnen, die impulsiv und dennoch passiv, warmherzig und doch unzugänglich waren. Er erklärte ihr Gefühl des Ausgegrenzt- und Andersseins und die Art, wie sie zwischen Stolz und Verzweiflung und Verletzlichkeit, zwischen Hilflosigkeit und Glauben schwankten. Unser Gang zur Zivilverwaltung und Abu Basels hingeworfener Satz hatten mir gezeigt, wie leicht und rücksichtslos ein Offizier der Besatzungsarmee beschließen konnte, ob man eine oder acht Stunden oder drei Tage auf die Erlaubnis warten mußte, irgend etwas ganz Alltägliches zu tun. Ich sah, wie die Notwendigkeit, die beiden Eingänge zu akzeptieren und sich all den anderen Vorschriften zu fügen, einen Zorn weckt, der unterdrückt werden muß, denn das, worauf es ankommt, ist, die Genehmigung zu erhalten, eine Unterschrift von dem diensthabenden Soldaten zu bekommen. Ich verstand, daß man sich niemals an den Stacheldraht gewöhnt, niemals das leichte Zittern vergißt, das jedesmal in der Stimme mitschwingt, wenn man mit einem uniformierten Israeli reden muß. Ein Flüchtling lernt, größere Verletzlichkeit und mehr Leiden zu ertragen, damit die mangelnde Entscheidungsfreiheit nicht das ganze Leben paralysiert und ihn daran hindert, alltägliche Dinge zu tun, die wenigstens den Anschein der Normalität aufrechterhalten: die Kinder zu Bett zu bringen, ihre Schulranzen zu überprüfen, dafür zu sorgen, daß genug Mehl im Haus ist, für den Fall, daß die Israelis eine Ausgangssperre verhängen oder den Gazastreifen abriegeln, einer kranken Tante Essen zu bringen.

Ich begann zu erkennen, daß die Menschen in Gaza die Gewehre, die Khakiuniformen und die Pistolen im Gürtel des Offiziers bewußt oder unbewußt als Glieder einer Kette sehen, die mit dem Verlust ihrer Dörfer, der Vertreibung und Flucht begann und mit Hunger, Armut und Tod ihre Fortsetzung fand. Und immer wieder stellte ich fest, daß selbst Leute, die unter den quälenden Bedingungen der Lager geboren und aufgewachsen sind, Leute, die niemals etwas anderes gekannt haben, sich ständig dessen bewußt sind, daß sie beraubt worden sind. Und das bringt sie in Wut. «Wir können alles ertragen und sogar unsere Leiden der Vergangenheit vergessen, wenn wir das Gefühl haben, daß wir dadurch Hoffnung für unsere Zukunft erkaufen», sagte Jamal Zaqut, als wir über die Osloer Abkommen und das bei den Palästinensern vorherrschende Gefühl sprachen, daß die Abkommen ungerecht seien. Said al-Siam von der Hamas konnte nicht sagen, daß er die Existenz Israels akzeptiert habe, aber er hat sich mit der Wirklichkeit abgefunden. «Ich hasse die Israelis nicht als Israelis oder als Juden, sondern weil sie uns so schlecht behandelt haben, dessentwegen, was die Besatzung uns angetan hat.» Siam war der Meinung, daß Israel erst anerkennen müsse, daß den Palästinensern Unrecht geschehen sei. Ob das Unrecht 1948 oder 1967 begonnen hat, war für ihn keine entscheidende Frage. «Ihr erkennt immer noch nicht an, daß das Westjordanland und der Gazastreifen besetzt sind und daß wir Rechte haben. Die erste Bedingung für eine Veränderung ist, daß ihr das Unrecht anerkennen müßt, das uns angetan worden ist.» «Wir müssen nach einer Lösung suchen, die der Geschichte standhalten kann», sagte Fayez Abu Shamalla, «eine Lösung, die uns helfen kann, den Haß aus unseren Herzen zu reißen, der sich dort seit unserer Vertreibung aufgestaut hat.»

Abu Shamalla und andere wie er machen sich Sorgen. Die Flüchtlingslager verkörpern mehr als jeder andere Aspekt des Konflikts sämtliche Widersprüche, die gelöst werden müssen. Aber die Osloer Abkommen wurden gezielt so abgefaßt, daß die Verhandlungen über alle schwierigen Sachfragen wie die Zukunft der Siedlungen, die Flüchtlinge und Jerusalem sowie die Frage nach Grenzen und Souveränität aufgeschoben wurden. Geplant war, diese Fragen allmählich, Schritt für Schritt, in Angriff zu nehmen, nachdem Ansatzmöglichkeiten für Dialog und Verständigung hergestellt worden waren. Als erstes sollte Vertrauen geschaffen werden, und dazu mußten die palästinensischen Sicherheitskräfte den Terror verhindern.

Im Zuge der Abkommen wurde die israelische Armee im Gazastreifen umgruppiert und zog sich aus den dichtbevölkerten palästinensischen Gebieten zurück. Die Zivilverwaltung verzichtete darauf, das Leben der Menschen direkt zu kontrollieren. Diese Schritte sollten eine versöhnliche Atmosphäre schaffen, die die Verhandlungen begünstigen und den Palästinensern Gelegenheit geben sollte, sich in der Regelung ihrer eigenen Angelegenheiten zu üben. Aber in den Augen der Menschen in Gaza bestand der wichtigste Zweck des Prozesses darin, die allerbrennendsten Probleme zu lösen, vor allem die wirtschaftlichen. Für die meisten Flüchtlinge waren das zwei Dinge: Arbeit – in aller erster Linie in Israel, «wie es vor dem Golfkrieg immer war» – und Bewegungsfreiheit, eine Freiheit, die ihnen 1991 genommen wurde.

Aber bisher haben fast alle Verbesserungen außerhalb der Lager stattgefunden. Der Grund ist einleuchtend: Die Zukunft der Flüchtlingslager ist ein wesentlicher Bestandteil der Verhandlungen um bleibende Lösungen. Die palästinensische Autonomiebehörde hatte immer die Absicht, die Frage der Lager mit der Resolution 194 des Sicherheitsrats der UN zu verbinden, die entweder Repatriierung oder Entschädigung der Flüchtlinge verlangt. Es ist jedoch mehr als zweifelhaft, daß die Autonomiebehörde das durchsetzen kann, und es ist durchaus denkbar, daß sie die Forderung bereits aufgegeben hat. Jedenfalls könnte eine gründliche Renovierung der Flüchtlingslager Israel den Vorwand liefern zu behaupten, daß Problem sei bereits gelöst. Ebenso wäre es kaum lohnend, Millionen dafür auszugeben, Reparaturarbeiten in den Flüchtlingslagern durchzuführen, wo doch die einzig logische Vorgehensweise darin bestünde, sie vollständig abzureißen und gänzlich neu zu bauen.

Einige alteingesessene Familien in Gaza haben vorgeschlagen, die Flüchtlinge in das Westjordanland umzusiedeln und auf diese Weise die unerträgliche Übervölkerung im Gazastreifen zu beheben. (Zu den Befürwortern dieses Vorschlags gehören die Besitzer des Landes, auf dem ein Teil der Lager steht.) Eine Umsiedlung der Flüchtlinge ins Westjordanland würde jedoch von vielen Fragen abhängen: vom Umfang des Territoriums, das am Ende unter palästinensischer Herrschaft stünde, ob es ein zusammenhängendes Territorium wäre oder ob es von jüdischen Siedlungen und israelischen Straßen in isolierte Enklaven zerstückelt wäre, ob Israel einem solchen Schritt zustimmen würde, und natürlich davon, ob die Flüchtlinge selbst ihre Zustimmung dazu geben würden, ein zweites Mal entwurzelt zu werden.

Selbst wenn sich die palästinensische Autonomiebehörde dazu entschließen sollte, alle Flüchtlinge im Gazastreifen zu belassen und ihnen vollkommen neue Städte zu bauen, würden die jüdischen Siedlungen – die 20 Prozent des Landes einnehmen – trotzdem auch weiterhin ein Problem darstellen. Und obwohl beispielsweise das Lager al-Shatti die Möglichkeit gehabt hätte, sich nach Norden auszudehnen, hat die Autonomiebehörde dieses kostbare, staatseigene Land mit einem Luxushotel bebaut. Unterdessen wird durch das Einfrieren aller wirksamen Sanierungsarbeiten in den Lagern der Unterschied zwischen den *Muwatanin* und den Flüchtlingen immer größer. Die furchtbaren Härten, die die Folge der Abriegelungen sind, betreffen auch die ärmeren *Muwatanin* in den Städten, aber in den Lagern, wo Arbeitslosigkeit und Armut noch viel schlimmer und verbreiteter sind, ist das Problem erheblich akuter.

Nur sehr wenige Flüchtlinge können die $ 45 000 bis $ 60 000 für die Wohnungen aufbringen, die in den neuen Hochhäusern in Gaza-Stadt entstanden sind. Die Wohnungen der hochrangigen Beamten der Autonomiebehörde kosten noch wesentlich mehr – ihre Preise werden nur im Flüsterton genannt. Manche von den 1500 Apartments, die mit internationaler Hilfe gebaut wurden, sind dazu gedacht, mit Hilfe von Hypotheken zu bequemen Bedingungen verkauft zu werden, aber auch diese können die allgemeine Wohnungsnot nicht lindern. Aus reiner Notwendigkeit sind sie für die Zehntausenden von Palästinensern vorgesehen, die aus dem Ausland nach Gaza zurückkehren und die dringend ein Dach über dem Kopf brauchen. Ein großer Teil der Hilfsgelder und der Aufbau- und Renovierungsanstrengungen wurden für die Innenstadt von Gaza aufgewendet, wo die Institutionen und das Personal der Autonomiebehörde konzentriert sind, wo Diplomaten und Journalisten für einen Tag vorbeischauen und sich vom Tempo der Entwicklung auch entsprechend beeindruckt zeigen.

Im Sommer 1996 kamen mehrere hundert Flüchtlinge in der Turnhalle des Sportclubs von Jabalia zusammen. Bei öffentlichen Veranstaltungen wie dieser begannen die Menschen, ihrer Frustration und Ungeduld über die ungelösten Widersprüche in ihrem Leben Ausdruck zu geben. «Wir wollen hier keine Mukhtars und VIPs sehen. Wir wollen, daß ganz normale Leute kommen», sagte mir einer der Organisatoren. Und dann, als die Leute ihren Sorgen Luft machten, wurden offene und einsichtige Worten gesprochen, wie man sie in der palästinensischen Presse vergeblich sucht, die aber ständig auf der Straße zu hören sind: «Flüchtlinge sind wir in Wahrheit nur noch auf dem Papier. Jedermann weiß, daß wir nie in unsere Dörfer zurückkehren werden. Wir sind nur noch ein Pfand, und wir werden behandelt wie Schaustücke im Zirkus. Sie führen die Vertreter der Geberländer durch die Lager, damit sie schockiert sind, und dann geht das ganze Geld nach Rimaal. Warum pflastern sie unsere Straßen nicht? Warum pflanzen sie nicht ein paar Bäume? Warum sollen wir nicht ein bißchen Schatten haben? Warum hängen überall die elektrischen Leitungen herunter und gefährden unsere Kinder? Warum legen sie keine Parks für unsere Kinder an? Warum dürfen wir den Strand nicht benutzen? Der Strand ist der einzige Ort, an dem wir Luft schnappen und unsere Sorgen ein bißchen vergessen können. Aber sie machen hier ein Hotel auf und da einen Offiziersclub, und mitten drin ist irgendwas für Arafat. Der Norden und der Süden, das ist alles, was noch übrig ist, und wißt ihr, was dort ist? Die Siedlungen!»

8 Sie sind nicht dabei

Der einfache Raum war mit einer Reihe von Fotos geschmückt, auf denen die Männer der Familie abgebildet waren. Ich befand mich im Haus von Anhängern der Volksfront, die einmal als Avantgarde säkularer Gesinnung in Palästina gegolten hatte. Die Schwiegertochter, die den Raum betrat, war in fortgeschrittenem Stadium schwanger, hielt einen Säugling im Arm und war gerade einmal achtzehn Jahre alt. «Warum sind keine Fotos von Frauen an der Wand?» fragte ich sie zu einem späteren Zeitpunkt. «Das ist so Sitte», antwortete sie. «Es wäre eine Schande, ihre Gesichter zu zeigen. Schließlich kommen doch auch Männer zu Besuch, wissen Sie?» In all meinen Jahre in Gaza habe ich fast niemals etwas über die untergeordnete Stellung der Frauen in der palästinensischen Gesellschaft und die emotionellen und intellektuellen Folgen ihrer Situation geschrieben. Ich war mit der rastlosen Jagd nach Neuigkeiten beschäftigt, und diejenigen, die die Nachrichten machten, waren Männer. Die Umgruppierung der IDF, die Ankunft Arafats – all dies waren ausschließlich männliche Ereignisse. Die Leiter der Organisationen, die ich interviewte, waren Männer, die militärischen und religiösen Führer, die Gewerkschaftler, die Politiker, die Wirtschaftsexperten waren fast ausschließlich Männer. Selbst die meisten Journalisten, Fotografen, Gesprächspartner und Chauffeure waren Männer. Heimlich wie die Füchse schlichen wir hinter den männlichen Machern von Schlagzeilen und Ereignissen des Tages her. Im Eifer des Gefechts vergaß ich, über eine Dynamik besonderer Art zu berichten: In einer patriarchalischen Gesellschaft wie der des Gazastreifens wird der Ausschluß der Frauen aus dem öffentlichen Leben zu einer bestimmenden Kraft. Die Frauen wurden in den Häusern versteckt gehalten und selbst am Umgang mit anderen Frauen gehindert, dennoch hatten sie begonnen, sich zu organisieren. Schüchtern hatten sie angefangen, sich offen gegen ihre häusliche Unterdrückung aufzulehnen, sie zu einem öffentlichen und politischen Thema zu machen und die allgemeine Aufmerksamkeit darauf zu lenken. Während der *Intifada* waren feministische Entwicklungen und Äußerungen besonders augenfällig. So gründeten Frauenkomitees Lernzentren, wo die Frauen im Lesen und Schreiben, im Nähen, in der Saftherstellung und anderen Fertigkeiten unterwiesen wurden, mit denen sie zum Unterhalt der Familie beitragen konnten. Zentren wie diese zusammen mit der plötzlichen Verwandlung vieler Frauen in Haushaltsvorstände, während sich ihre Männer im Gefängnis befanden, ermutigten die Frauen, ihre Meinungen zu äußern, sich bemerkbar zu machen und Forderungen an die Gesellschaft und die Männer zu stellen, die diese beherrschten. Als Frau und Journalistin bedauerte ich es sehr, daß ich erst zu einem Zeitpunkt in den Gazastreifen kam, als diese Entwicklung schon wieder im Abflauen begriffen war.

Ich machte die Erfahrung, daß die Trennung zwischen öffentlicher und privater Sphäre selbst innerhalb der Häuser sorgfältig eingehalten wurde. Als Gast fühlte ich mich oft wie ein *Jasusa*, ein Kollaborateur, wenn ein Ehemann oder Bruder den Frauen mit einer Handbewegung befahl, mir Kaffee zu kochen, oder wenn ich, der israelische Gast, an einem Gespräch über Politik oder Arbeit teilnahm, von dem die Frauen ausgeschlossen wurden. Oder wenn ich auf der Männerseite des Tuches saß, das uns von der Frauenseite trennte, oder wenn die Frau, die die Erfrischungen zubereitete, ihrem Mann zurief, er solle sich aus der Wolke von Zigarettenrauch losreißen und das Tablett abholen, oder wenn wir alle loszogen, um irgendwelche interessanten Leute zu besuchen, und die Frauen zu Hause blieben, um sich um die vielen Kinder zu kümmern. Manchmal machte ich eine Bemerkung darüber, daß die Männer während der Ausgangssperren oder wenn sie nicht zur Arbeit gehen konnten, zu Hause herumsaßen, ohne einen Finger zu rühren, während die Frauen die ganze Hausarbeit erledigten.

In Gaza ist das Fehlen der Frauen im öffentlichen Leben ebenso auffallend wie ihre Anwesenheit zu Hause. Als Journalistin verbrachte ich die meiste Zeit meines Lebens außerhalb des Hauses, in der Welt, und ich stellte fest, daß ich eigentlich nur sehr wenige Frauen kannte. Diejenigen, die ich gut kannte, die über ihr Leben mit mir geredet hatten, waren sich der untergeordneten Stellung der Frauen in Gaza durchaus bewußt und nahmen an den Bemühungen teil, etwas daran zu ändern. Ich hätte gerne geglaubt, daß ihr Bewußtsein und ihr Protest typische Erscheinungen seien, daß die palästinensischen Frauen sich überall gegen ihre Fesseln wehrten, aber ich hatte zu wenige derartige Gespräche geführt, um dies verallgemeinern zu können.

M. H. aus dem Flüchtlingslager Khan Yunis ist eine entschlossene Feministin und Mitglied der Volksfront. Sie ist fünfunddreißig Jahre alt, Mutter von vier Kindern und hat ihre Stellung im einem Kindergarten verloren, als dieser nicht mehr das Geld hatte, sie zu bezahlen. M. H. hadert mit der Tatsache, daß sie nur teilweise am öffentlichen Leben teilnehmen kann. Sie hat einen klaren Kopf und äußert sich ungehemmt über ihren Schmerz und Ärger. Einmal wurde mir erzählt, wie eine Frau versuchte, zwischen ihrem Sohn, der Ingenieur war, und M. H. eine Ehe zu stiften, eine traditionelle Ehe, bei der sich das verlobte Paar bis zur Hochzeit nicht kennenlernen würde. M. H. war strikt gegen solche arrangierten Heiraten, aber sie gab der Mutter ihre ablehnende Antwort in höflicher und freundlicher Form. Als die Mutter nicht aufgeben wollte, hob M. H., wie ihre begeisterten Freunde erzählten, einen Tisch auf und warf ihn der entsetzten Frau vor die Füße. Die Mutter flüchtete und mit ihr auch gleich alle anderen potentiellen Ehestifter.

An der Islamischen Universität, wo M. H. Biologie studierte, organisierte sie 1985 mit ihren Freundinnen eine Demonstration der Volksfront zur Erinnerung an das Massaker von Dir Yassin im Jahr 1948. Aber die Abneigung der Moslems gegen die Kommunisten erwies sich als stärker als die nationale Sache, und die Demonstration wurde nicht genehmigt. Sie fand trotz des Verbots statt, und M. H. wurde schließlich von der Universität verwiesen.

M. H. *Als Kind träumte ich davon, ein Kämpfer zu sein wie mein Vater und meine Brüder. Mit zehn Jahren hatte ich schon einen Bruder in einem israelischen Gefängnis. Er war einer der ersten, die in den siebziger Jahren eingesperrt wurden. Mein Vater war Offizier der ägyptischen Geheimpolizei. Als die Israelis 1967 die Macht übernahmen, bestanden sie darauf, daß er weiter als Nachrichtendienstoffizier arbeiten sollte, aber er weigerte sich, ebenso wie elf andere Männer, die lieber zu Hause bleiben wollten, obwohl sie keine Arbeit hatten. Jetzt arbeiten sie alle für die palästinensische Autonomiebehörde.*

Meine Rollenvorbilder waren also die Männer in meiner Familie. Meine Mutter war immer im Haus eingesperrt. Vielleicht war das der Grund, warum ich glaubte, mich wehren zu müssen, und unbedingt aus dem Haus wollte, obwohl ich die Dinge damals noch nicht richtig analysierte. Ich merkte nur, daß irgend etwas nicht in Ordnung war. Immer wenn mein Bruder hinausging, sagte meine Mutter, daß ich ein Mädchen sei und zu Hause bleiben müsse. So war es immer, während meiner ganzen Schulzeit. Als ich die Schule hinter mir hatte und auf die Universität ging, wurde es etwas leichter. Aber ich war die einzige von meinen Schwestern, die sich so verhielt. Sie sagten, daß ich seltsam sei, aggressiv und stur. Ich stritt mich mit meiner Mutter, damit sie mich an den Protesten teilnehmen und mit den anderen Jugendlichen zum Demonstrieren auf die Straße ließ.

Bis zu einem gewissen Grad war es der Kampf gegen die Besatzung, der mich zum Feminismus führte. Dadurch lernte ich auch, nicht einfach blindlings zu gehorchen. Ich sehe, wie meine Schwestern gehorchen, und ich sehe, wie schwierig ihr Leben ist. Auf der anderen Seite ist es für sie möglicherweise leichter, weil sie gar nicht wissen, wie es draußen ist. Sie wissen nicht, was sie versäumen. Dennoch sind sie manchmal eifersüchtig auf mich. Sie fragen ihre Männer, warum ich meine Entscheidungen selbst treffen kann, während sie das nicht dürfen. Und sie fragen mich, warum unsere Männer alles entscheiden. Sie sagen mir immer, daß ich stark sei, aber ich sage ihnen, daß wir alle stark sein können.

Meine Schwester beschwert sich zum Beispiel, daß ihr Mann seinen ganzen Lohn seinen Eltern gibt. Wenn sie Geld braucht, muß sie es sich von ihnen holen. Auf diese Weise wird meine Schwester von ihrem Mann und ihrer Schwiegermutter unterdrückt. Viele Frauen müssen sowohl ihre Schwiegereltern als auch ihre Männer um Erlaubnis fragen, wenn sie ihre Familie besuchen wollen.

Mit der Intifada *begannen die Dinge, sich zu ändern. Während der Ausgangssperren gingen die Frauen und nicht die Männer hinaus, um Essen zu beschaffen. Wenn die Soldaten versuchten, die Kinder zu fangen, stritten sich die älteren Frauen mit ihnen herum und kämpften sogar mit ihnen. Nach der Tradition ist es den Frauen nicht gestattet, die Haustür zu öffnen, aber während der* Intifada *waren es die Frauen, die den Soldaten die Tür aufmachten. Auf diese Weise begann unsere Gesellschaft, sich an Verhaltensweisen zu gewöhnen, die immer als ungehörig gegolten hatten. Außerdem brachten die Männer nicht mehr so viel Geld nach Hause, und so wurden die Frauen ermutigt, hinauszugehen und sich Arbeit zu suchen, sich mehr Freiheit zu verschaffen.*

Und das machte sich auch in den Beziehungen innerhalb der Familie bemerkbar. Solange ich im Kindergarten arbeitete, hatte ich das Gefühl, daß ich eine wichtigere Rolle spielte, das ich in einer stärkeren Position war. Man hörte mehr auf mich. Jetzt verdiene ich nichts mehr, und meine Position ist schwächer geworden. Wenn ich etwas kaufen will, muß ich es S., meinem Mann, erklären, weil er derjenige ist, der das Geld in der Hand hat. Jetzt kann ich keine eigenen wirtschaftlichen Entscheidungen mehr treffen, und das macht mich beschämt und wütend. S. ist ziemlich okay, aber seine nahöstliche Art, die Dinge zu sehen, reizt mich manchmal und macht mich rebellisch. Wenn wir etwas zu entscheiden haben, gewinnt immer er, weil er der Mann ist. Als ich mich bereit erklärte, ihn zu heiraten, hat er versprochen, daß ich weiterstudieren dürfe, daß er bei der Hausarbeit helfen werde und daß ich weiter im Frauenkomitee mitarbeiten dürfe. Jetzt beschwert er sich, wenn ich einmal nicht zu Hause bin, und ich muß ihn ständig an seine Versprechungen erinnern. Manchmal entschuldigt er sich. Trotzdem unterscheidet sich seine Einstellung von der der meisten Männer, und das ist wirklich bemerkenswert. Meine

Mutter und meine Großmutter haben mir erzählt, daß ihre Männer sie immer schlecht behandelt und sie daran gehindert hätten, alles mögliche zu tun. Jetzt verstehe ich, daß meine Mutter immer deprimiert war, besonders weil sie mit den Eltern ihres Mannes zusammenleben mußte. Sie haben sich ständig in unsere Erziehung eingemischt.

Vielleicht habe ich erst über meine Bedürfnisse nachgedacht, nachdem ich verheiratet war. Wenn ich vorher über mich selbst nachgedacht habe – abgesehen von den politischen Aktivitäten an der Universität –, war mir klar, daß ich heiraten mußte. Die Erfordernisse meiner Gesellschaft machten das unvermeidlich. Ich war nicht besonders scharf darauf – S. fragte mich dreimal, bevor ich endlich zustimmte. Damals war ich schon zweiundzwanzig, was als sehr alt gilt.

Die meisten von meinen Freundinnen warteten so lange wie ich, aber meine Schwester heiratete mit sechzehn. Ihr Mann ist bis heute derjenige, der alles bestimmt. Er behandelt sie wie ein kleines Mädchen, dessen einzige Aufgabe darin besteht, Kinder zur Welt zu bringen. Wenn man so jung heiratet, bedeutet das, daß der Mann die Frau nach seinen Vorstellungen formen kann, daß er ihr eine richtige Gehirnwäsche verpassen kann. Manchmal wird meine Schwester von ihrem Mann regelrecht tyrannisiert, und sie läuft davon zu unseren Eltern.

Einmal, als sie bei unseren Eltern war, überredete ich sie, nicht wieder nach Hause zu gehen, bevor unser Vater mit ihrem Mann geredet hatte. Weil die Unterschrift unseres Vaters auf dem Ehevertrag steht, müssen alle Probleme ihm vorgetragen werden. Als sie zum erstenmal weglief, war er wütend. Er stellte sich auf die Seite ihres Mannes und befahl ihr, zu ihm zurückzugehen. Aber als er anfing, sie zu schlagen, stellte sich unser Vater auf ihre Seite. S. und ich haben darüber gestritten. Er versuchte, das Verhalten seines Schwagers zu erklären, und sagte, die wirtschaftlichen Schwierigkeiten seien daran schuld, daß er sich so schlecht benehme. Das brachte mich wirklich in Wut, und wir stritten uns weiter, bis er genug hatte und sagte: «Okay, deine Schwester hat nicht unrecht, aber ihr Mann auch nicht.»

Seit Oslo hat sich die Stimmung ein bißchen verändert. Die Frauen werden teilweise ermutigt, außerhalb des Hauses zu arbeiten, aber hauptsächlich in den Städten und nicht in den Flüchtlingslagern. In den Familien dagegen hat sich nichts geändert, und wir haben sogar an Boden verloren. Die Männer haben keine Arbeit, also laufen sie aus dem Haus, um den Kindern und der Frau zu entkommen. Es ist schwer für sie, mit den Forderungen der Familie fertig zu werden, wenn sie nicht einmal einen Beitrag für den Lebensunterhalt leisten können. Gleichzeitig haben wir Frauen das Gefühl, daß wir uns in der gegenwärtigen Situation nicht auch noch beschweren und Forderungen stellen können.

Jetzt habe ich nur noch einen Traum – in einem Haus für uns alleine zu leben, ich, mein Mann und die Kinder, ohne die übrige Familie. Das ist alles, was ich noch will. Ich unterdrücke alle anderen Träume, die ich je gehabt habe. Wenn ich mir gestatte, darüber nachzudenken, bin ich entsetzlich traurig darüber, daß ich damit zufrieden bin, von einem Haus zu träumen, nicht von etwas, das wirklich für mich ist. Und dann spüre ich den Druck der ganzen Traurigkeit unserer Gesellschaft, und ich kann nicht mehr an mich selbst denken.

M. H. und ich verließen ihr Haus und gingen zwischen den Blechschuppen und Hohlblocksteinhütten von Khan Yunis entlang, und sie beeilte sich, sich ein *Mandil*, ein Kopftuch, um den Kopf zu wickeln. An der Universität hatte sie sich bis zu den Augäpfeln verhüllt, erzählte sie mir. «Selbst wenn ich mit langen Hosen und einer langärmeligen Bluse ausgehe, nennen mich die Leute hier immer noch eine *Safra*, eine nacktgesichtige Frau, die den Gesetzen des Islam nicht gehorcht. Deshalb kann ich wirklich nicht ohne *Mandil* auf die Straße gehen. Es ist mir einfach nicht wichtig genug, daß ich um das Recht kämpfen würde, mich nicht zu verhüllen. Es macht mir viel mehr Sorgen, daß die Leute auf beiden Seiten es für so wichtig halten. Wenn der soziale Druck nachläßt, dann nehme ich das Kopftuch ab.»

Ich lernte H. und A. im Haus einer Freundin kennen. H. ist Mathematiklehrerin, und A. arbeitet in einem Kindergarten, der von einer der Hamas nahestehenden Wohltätigkeitsinstitution betrieben wird. Meine Freundin und ich standen in der Tür und blickten auf die Straße hinaus. «Da kommen sie», sagte meine Freundin, die zwei Frauen entdeckt hatte, die von Kopf bis Fuß in Schals und traditionelle Kleider gehüllt waren, die die Umrisse ihrer Körper vollständig verdeckten. Sowie wir im Haus waren und sie sich vergewissert hatten, daß kein Mann sie sehen konnte, begannen die beiden Frauen, sich der Schichten zu entledigen. Als erstes legten sie die Schleier ab, die ihre Gesichter verhüllten. Ich ertappte mich dabei, daß ich ihre schrägstehenden Augen und langen Wimpern anstarrte, ihre vollen, runden Münder und lächelnden Lippen. Dann zogen sie die Handschuhe von den Händen und entblößten lange, schlanke Finger. Als die Frauen sich hinsetzten, wurden ihre Fußgelenke unter ganz normalen Jeans sichtbar. Es mutete fast pervers an, wieviel Sinnlichkeit und sexuelles Bewußtsein die beiden beim Ablegen der Handschuhe ausstrahlten.

H. *Wir verhüllen uns, weil es so im Koran geschrieben steht. Allah hat dem Propheten Mohammed befohlen, seinen Frauen und den Frauen* *seiner Gefährten zu befehlen, sich in ihre Kleider zu hüllen und ihre Gesichter zu bedecken, damit niemand ihnen etwas zuleide tun konnte. Ich ziehe mich seit meiner Hochzeit so an. Vorher habe ich nur das* Mandil *getragen, aber später habe ich aus innerer Überzeugung beschlossen, meinen ganzen Körper zu verhüllen.*

Es sind nicht die Männer, die so gefährlich sind, sondern die Frau, die von Natur aus eine Versucherin ist. Sie ist darauf aus, den Mann zu verführen und seine Ehe zu zerstören, wenn sie schöner ist als seine Frau. Deshalb befiehlt der Islam den Frauen, sich zu verbergen. Unverhüllte Frauen könnten auch zur Prostitution verführen, weil unverheiratete Männer in Versuchung kommen und den Drang verspüren würden, für Geld mit ihnen zu gehen.

Es ist eine Tatsache, daß die Familienbeziehungen im Westen vollkommen zerrüttet sind. Familien, die die Gesetze des Islam nicht befolgen, sind nicht sicher. Es ist richtig, daß nicht alle Männer schwach sind, und wir dürfen das nicht verallgemeinern. Aber diese Vorschriften sind dazu gedacht, diejenigen zu schützen, die es sind. Ich selbst fühle mich sicherer. Ich weiß, daß meine Kleidung einem Mann augenblicklich Grenzen setzt. Ich bin nicht böse auf Frauen, die sich anders anziehen, aber ich hoffe, daß Gott sie führen wird, damit sie sich der islamischen Lehre entsprechend betragen.

Während der *Intifada* wurde unsere Gastgeberin – eine säkulare Frau – von einer Gruppe junger Männer angegriffen, weil sie sich ohne Kopfbedeckung auf der Straße befand. Der Zwischenfall ereignete sich weit von ihrem eigenen Wohnviertel entfernt, wo, wie sie sagte, sicher niemand gewagt hätte, sie anzugreifen, «weil wir einander kennen». Die jungen Männer bezeichneten sie als *Jasusa*, als Kollaborateurin, und verlangten, in ihre Tasche zu sehen. Sie weigerte sich, und die wütenden jungen Männer begannen unter hysterischem Geschrei, auf sie einzuschlagen. Zum Glück kam zufällig ein Freund ihres Bruders vorbei und holte schleunigst Hilfe. Die Nachricht von diesem und anderen Zwischenfällen verbreitete sich schnell und machte jeder Frau klar, daß sie gut daran tat, ihren Kopf zu bedecken. Als ich H. kennenlernte, behauptete sie, nichts von derartigen Methoden zu wissen. «Ich habe noch nie etwas von physischem Zwang gehört», sagte sie. «Ich weiß, daß auf Flugblättern und Graffiti der Gedanke verbreitet wurde, daß Frauen sich entsprechend den Gesetzen des Islam kleiden sollten.»

Wie viele gläubige Moslems ist H. überzeugt, daß nichts eine Frau daran hindern kann, am öffentlichen Leben teilzunehmen – daß sie an Demonstrationen teilnehmen, arbeiten oder an einer Universität studieren kann –, solange sie die traditionelle Kleidung trägt. Nach ihrer Überzeugung gibt es auch nichts, was eine Frau daran hindern könnte, außerhalb des Hauses zu arbeiten, solange sie ihre Pflichten der Familie gegenüber nicht vernachlässigt. Wenn sie Gesicht und Körper verhüllt, kann sie sich aus dem öffentlichen Leben heraushalten, obwohl sie daran teilnimmt. Manche Frauen sehen darin eine Quelle der Kraft: Sie können sehen, ohne gesehen zu werden. Fremde können nicht erkennen, wer sie sind.

H. *Als ich jung war, träumte ich davon, meine eigene islamische Familie zu haben, und die habe ich nun. Ich hatte mir einmal gewünscht, Ärztin zu werden, aber hier gibt es keine medizinischen Fakultäten, und mein Vater wollte nicht, daß ich ins Ausland ging. Ich habe seinen Standpunkt akzeptiert und nachgegeben, und ich bin mit meinem Leben zufrieden. Es ist ganz natürlich, daß sich jede Frau, wenn sie erwachsen wird, eine gute Ehe wünscht. Ich wollte einen muslimischen Mann, weil ich an die Worte des Propheten glaube, Frieden und Segen seien mit ihm: Jeder muslimische Mann, der seine Frau liebt, soll sie mit Großmut und Gnade behandeln. Selbst ein muslimischer Mann, der seine Frau nicht liebt, muß sie gerecht behandeln. Ich höre von vielen Problemen in anderen Familien, und ich bin überzeugt, daß ein Mann, der ein wahrer Moslem ist, seiner Frau nichts Böses tun wird. Wie der Prophet Mohammed sagt, wird der beste Moslem nach seiner Familie und seiner Ehe beurteilt. Tatsächlich bügelt mein Mann und hilft bei der Hausarbeit.*

Was die Erlaubnis betrifft, das Haus zu verlassen, so ist das nur natürlich. Der Prophet Mohammed sagt, daß eine Frau, die ohne Erlaubnis ihres Mannes ausgeht, von den Engeln verflucht sein wird, bis sie wieder nach Hause kommt. Als mein Mann im Gefängnis war, habe ich ihm gesagt, daß ich das Haus verlassen müsse, um alles mögliche zu erledigen, und er hat mir eine Blankoerlaubnis dafür gegeben, solange er im Gefängnis war.

Zu der Zeit, als unser Gespräch stattfand, befand sich A.s Mann zusammen mit anderen Gefangenen von der Hamas und dem Islamischen Jihad in einem palästinensischen Gefängnis. A. ist seine zweite Frau. Sie erklärte sich erst bereit, ihn zu heiraten, nachdem sie das *Istikhara*, das Gebet der Wahl, rezitiert hatte, durch das Allah den Bittsteller zur rechten Wahl führt. «Ich hatte schon einmal ein Heiratsangebot bekommen», erzählte sie, «und ich hatte ein erstickendes Gefühl. Ich wußte nicht, wie ich mich entscheiden sollte. Ich sprach dieses besondere Gebet, hatte aber immer noch das Gefühl zu ersticken. Deshalb sagte ich nein. Bei dem Mann dagegen, den ich geheiratet habe, rezitierte ich ebenfalls dieses Gebet und fühlte mich augenblicklich heiter und beruhigt, obwohl er schon verheiratet war.» A. berichtete, daß die erste Frau ihres Mannes diejenige war, die den Vorschlag gemacht hatte, daß er sie heiraten solle. «Aber warum?» hatte A. gefragt und erfuhr, daß die Frau krank sei. Als sie einen Monat lang verheiratet war, stellte A. fest, daß die erste Frau schön und gepflegt war und sich liebevoll um ihre Kinder kümmerte. «Ich war wütend, und mein Mann spürte das», berichtete A. «Ich fragte ihn, warum er mich geheiratet habe, obwohl seine Frau gesund sei, und er sagte, die Zeit werde das erweisen. Die Wahrheit ist, daß ich im Laufe der Zeit merkte, daß die Frau reizbar und ruhelos war und daß ihr nichts an ihrem Mann lag.»

Eine junge Frau – eine zweite Ehefrau – kam in J.s Hof im Flüchtlingslager al-Shatti, um ihre ältere Nachbarin um Rat zu fragen. Die erste Frau ihres Mannes hatte einen jungen Sohn, der ein sechzehnjähriges Mädchen geheiratet hatte. Nach einmonatiger Ehe war das Paar unglücklich. Der Sohn wollte eine neue Frau heiraten und das Mädchen aus dem Haus jagen.

Die fünfundfünfzigjährige J. hörte höflich zu und verbarg ihren Ärger über die Unterbrechung. «*Ya ukhti*, meine Schwester», sagte sie zu der jungen Frau, die ständig ihr Haar glättete und an ihrem *Mandil* herumzog, während sie uns erzählte, wie schwierig es sei, sich das Haus mit dem Sohn ihres Mannes und seiner unglücklichen Frau zu teilen. «*Ya ukhti*», sagte J. noch einmal, «Du kannst einen Fehler nicht dadurch wiedergutmachen, daß du einen zweiten begehst. Es war falsch von euch, ihn so früh zu verheiraten. Und auch noch mit einem so jungen Mädchen. Jetzt macht nicht noch einen weiteren Fehler, indem ihr sie fortschickt.»

Das Elend der Frauen, die so jung heiraten, spiegelt sich in der Scheidungsstatistik wider: Im Jahr 1995 waren rund 39 Prozent der Frauen, die geschieden wurden, zwischen fünfzehn und zwanzig Jahre alt. Ihr Anteil an der Scheidungsrate ist seit Jahren stabil, obwohl die Zahl der Frauen, die in diesem Alter heirateten, von 30 Prozent im Jahr 1992 auf 25 Prozent im Jahr 1995 gesunken ist. Andererseits ist die Gesamtzahl der Scheidungen seit 1991 stetig gestiegen: von 9,7 Prozent im Jahr 1991 auf 14,2 Prozent im Jahr 1995 oder auf 1239 Paare, die sich scheiden ließen, von 8698 Paaren, die heirateten.[1]

Allerdings müssen sich die etwas älteren Frauen ebenso wie die ganz jungen den Forderungen der Gesellschaft beugen, in der große Familien die Norm sind. An einem ganz normalen Tag, an dem ich eine der UNRWA-Kliniken in den Flüchtlingslagern besuchte, kamen acht Frauen, um sich bei der für Familienplanung zuständigen Schwester nach Verhütungsmöglichkeiten zu erkundigen. Einige von ihnen hatten bereits drei oder vier Kinder, obwohl sie erst zweiundzwanzig oder dreiundzwanzig Jahre alt waren, und wünschten sich eine Pause. Manchmal, erzählte mir die Schwester, sind die Frauen vierzig Jahre oder älter und wollen aus Gesundheitsgründen nicht mehr schwanger werden. Eine der Patientinnen dieses Morgens hatte fünf Töchter und keinen Sohn. Die Schwester war überrascht. «Ihr Mann ist einverstanden, daß Sie ein Verhütungsmittel verwenden?» Die Frau erklärte die Situation: «Gestern haben wir uns alle schlecht gefühlt, ich und die Mädchen. Ein paar von ihnen lagen einfach nur herum und wimmerten. Da habe ich gesagt, daß ich genug habe, daß ich erschöpft bin, und mein Mann hat zugestimmt, daß ich aufhören darf, schwanger zu werden. Deshalb bin ich sofort herübergekommen. Wenn seine Mutter das herausfinden würde, würde sie niemals zustimmen.» An diesem Tag sollten eigentlich nur Beratungen stattfinden und keine Diaphragmen eingesetzt werden, aber die Schwester war bereit, die Frau auf der Stelle zu versorgen.

«Es ist wirklich ein Problem», erzählte mir die Schwester. «Eigentlich hat sich die Erkenntnis, daß es unsinnig ist, zu viele Kinder zu haben, allgemein durchgesetzt. Aber die Schwiegermütter bestehen darauf, die alten Traditionen einzuhalten. Je mehr Kinder da sind, desto sicherer fühlen sie sich im Alter. Sie glauben, daß es dann immer jemanden geben wird, der sich um sie kümmert. Und die Frauen haben Angst, daß ihr Mann eine zweite Frau nimmt, wenn sie nicht jedes Jahr ein Kind bekommen.» Andere Beratungseinrichtungen für Familienplanung berichten von einer wachsenden Zahl von Frauen, die sich nach Verhütungsmöglichkeiten erkundigen. Eine solche Einrichtung befindet sich im Zentrum für Frauenheilkunde im Flüchtlingslager al-Boureij, dem ersten Zentrum seiner Art. Es bietet eine breite Auswahl von Dienstleistungen an, die im Zusammenhang mit der Gesundheitsfürsorge für Frauen stehen, von Gymnastikgruppen bis zu psychologischer Beratung.

Eine verhältnismäßig große Anzahl von Paaren muß auf traurige Weise erfahren, daß viele Kinder noch lange keine Garantie für das Alter bedeuten. In Gaza gibt es nur sehr wenige Institutionen, an die man sich um Hilfe für die vielen Kindern mit genetischen Defekten wenden kann – Heiraten zwischen Vettern und Cousinen ersten Grades sind im Gazastreifen relativ häufig. Für Kinder, die an einer erblichen geistigen Behinderung leiden, gibt es jedoch die Vergißmeinnicht-Zentren, die eine im Gazastreifen einmalige Art von Unterstützung anbieten. Diese gehen auf eine Idee Naama al-Hilus zurück, einer ungewöhnlichen Frau, die bei den Wahlen als Kandidatin der Palästinensischen Demokratischen Union (FIDA) antrat.

Hilu war eine von vierzehn weiblichen Kandidaten. Sie wurde nicht gewählt, aber von den siebenunddreißig gewählten Repräsentanten waren zwei Frauen aus Gaza. Im Zuge ihres Wahlkampfes kam Hilu mit

Hunderten von Frauen zusammen und stellte fest, daß ihre Hauptsorgen der niedrige Bildungsstandard der Frauen (ich kenne zwei Schuldirektoren, deren Frauen Analphabeten sind) und die Mehrehe waren. «Die Frauen verlangten, daß wir ein Gesetz beschließen sollten, daß die Heirat mit einer zweiten Frau untersagte. Sie forderten, daß wir etwas gegen die Praxis unternehmen sollten, Mädchen zur Heirat zu zwingen, und sie beklagten sich, daß gebildete Frauen keine Arbeit finden.» Aber das Parlament ist nicht bereit, die religiöse Grundlage der Polygynie anzugreifen. Als es begann, über die palästinensische Verfassung zu diskutieren, wurde klar, daß es sich nicht in die islamischen Ehegesetze einmischen würde.*

Hilu war Mitbegründerin der Demokratischen Front im Gazastreifen (und der Absplitterung FIDA, die die Osloer Abkommen befürwortet) und war viermal, insgesamt vierzehn Jahre lang, in israelischen Gefängnissen inhaftiert. Jedermann in ihrem Büro erinnerte mich mit Stolz daran, daß sie eine der ersten Frauen war, die am bewaffneten Kampf teilnahm. 1970 warf sie eine Handgranate nach einer Einheit der IDF neben ihrem Haus im Flüchtlingslager. Bei der Explosion und dem anschließenden Gewehrfeuer verlor sie die rechte Hand und ein Auge. Zu Beginn der *Intifada* stand sie auf der Liste der von Israel gesuchten Personen und wurde schließlich zu vier Jahren Gefängnis verurteilt. In den beiden Jahren vor ihrer Verhaftung gründete sie jedoch den ersten Kindergarten für geistig behinderte Kinder. Später richtete sie für diese Kinder auch eine Grundschule und eine Berufsschule ein. Ihr Unternehmen weitete sich aus, und inzwischen arbeiten 25 Kindergärten und dreißig Unterrichtsgruppen für Frauen unter ihrer Leitung. Bei einer ihrer Wahlveranstaltungen hielt Yassir abd Rabbo, eine führende Persönlichkeit in der FIDA, eine Rede über Hilus Erfahrungen im palästinensischen Kampf: «Sie hat ihr Leben für ihr Volk gegeben. Statt Mutter zu sein, hat sie sich ge-

* 1996 gründeten palästinensische Feministinnen ein Modellparlament, das über Themen diskutiert, die mit dem Status der Frauen und der Gleichheit der Geschlechter zusammenhängen. Sie organisierten überall in Gaza und dem Westjordanland Arbeitsgruppen zur Bewußtseinsbildung, und sie entwarfen in ihren «Parlamentssitzungen» «Gesetzesvorlagen», die der palästinensischen Gesetzgebenden Versammlung als Arbeitsvorschläge vorgelegt werden sollten. Der in Gaza arbeitende Teil des Modellparlaments (die Abriegelungen verhinderten ständig gemeinsame Sitzungen mit den Mitgliedern im Westjordanland) zog sich beträchtlichen Zorn von seiten der religiösen Führer zu, als er erklärte, daß das islamische Gesetz, die *Sharia*, nur eine von vielen Grundlagen für die Gesetzgebung sei, zu denen unter anderem universale Prinzipien und internationale Konventionen zählen. Bei einer weiteren Abstimmung sprach sich eine klare Mehrheit von achtundachtzig Mitgliedern (Männer von verschiedenen Bezirksorganisationen nehmen ebenfalls teil) für ein Gesetz aus, das die Mehrehe verbietet.

opfert.» Selbst unter politischen Aktivisten wurde Hilus Entschluß, sich dem häuslichen Leben zu entziehen und nicht zu heiraten, für ein Opfer gehalten.

Mutterschaft ist für D. aus dem Flüchtlingslager al-Shatti die wichtigste Berufung in ihrem Leben. Sie ist vierunddreißig Jahre alt, lebt seit 12 Jahren von ihrem Mann getrennt und hat ihre Kinder alleine aufgezogen. Um ein bißchen Geld zu verdienen, hat sie einen Kindergarten in ihrem Haus eröffnet, aber im Laufe des Jahres 1996 ist die Zahl der Kinder, die ihren Kindergarten besuchen, drastisch zurückgegangen – die langen Monate der Abriegelung hatten zur Folge, daß nur noch wenige Eltern die monatliche Gebühr von NIS 20 ($ 6) aufbringen konnten. Ich lernte D. im Hause ihrer Schwester S. kennen, die sie davon überzeugte, daß sie ohne Angst mit mir reden könne.

D. *Sehen Sie, in meinem ganzen Leben ist mir nichts Gutes passiert. Nichts Gutes mein ganzes Leben lang. Das Beste, was je passierte, war, daß mein Vater wieder nach Gaza zurückkehren durfte. Er hatte das Land vor dem Krieg von 1967 verlassen, als ich noch in der Volksschule war, und dann ließen die Israelis ihn nicht mehr nach Hause. Schließlich bekam er eine Einreisegenehmigung von Israel, aber das war, nachdem mein Bruder getötet worden war.*

Ich lache, aber das ist nur wegen der Traurigkeit in meinem Leben. Wegen meiner Tragödie. Ich muß die ganze Verantwortung für meine Kinder tragen. Das ist mein Schicksal. Ich glaube an das Schicksal. Und ich habe intelligente, gesunde Kinder. Alles kommt von Gott, aber ich habe viel zu leiden. Ich muß für meine Kinder Mutter und Vater sein. Es hat keinen Sinn, sich offiziell scheiden zu lassen. Wozu? Die Ehe ist nur dazu da, Kinder zu bekommen, und die habe ich.

Als ich ein Kind war, wollte ich nur studieren. Meine Eltern zerstörten meinen Traum, als sie meine Verheiratung arrangierten. Ich war die Beste in der Klasse, aber mein Vater beschloß, mich zu verheiraten, und meine Mutter war zu schwach, um sich zu widersetzen. Damals begriff ich, was für ein großer Unterschied zwischen Söhnen und Töchtern besteht. Für meine eigenen Töchter wünsche ich mir, daß sie die Schule zu Ende machen und gute Ehemänner und Ehen haben, denn darin besteht das Glück im Leben.

Unsere Gesellschaft zerstört unsere Träume. Ich träume davon, alleine nach London zu fahren, aber unsere Gesellschaft würde das niemals zulassen. Aber einen Traum habe ich doch. Ich würde gerne ein Stück Land besitzen, auf dem ich einen Modellkindergarten bauen könnte. Dort würde es ganz viele Erzieher geben, und ich wäre verantwortlich.

S., D.s Schwester *Während wir aufwuchsen, sahen wir ständig, wie unsere Mutter sich aufopferte. Ihr Leben ist auch heute noch freudlos. Ihr großer Fehler war es, uns für dieselbe Art von Leben zu erziehen. Aber jetzt lerne ich allmählich, mir etwas für mich selbst zu nehmen. Ich habe mich für einen Videokurs angemeldet. Und ich sehe, daß unsere Töchter anders sind.*

J. ist fünfundfünfzig Jahre alt und wurde von ihrem Vater gezwungen, früh zu heiraten. Deshalb schwor sie sich, ihre Töchter nicht zur Heirat zu drängen. Heute ist eine Tochter dreißig Jahre alt und unverheiratet, und J. verzehrt sich vor Schuldbewußtsein und Sorge. «Vielleicht habe ich einen Fehler gemacht. Vielleicht ist sie von einem *Jinn*, einem Dämonen, besessen. Glauben Sie an Dämonen?» M., eine achtundzwanzigjährige Ingenieurin, hat drei Verlobungen aufgelöst. «Vielleicht ist ein *Jinn* in mich gefahren», überlegte sie. «Glauben Sie an Dämonen?»

Um Ahmad *Ich hatte mich für die neunte Klasse angemeldet. Ich kann mich noch erinnern, daß ich fünfundzwanzig Lira bezahlt hatte. Es war Spätsommer, und ich arbeitete auf den Feldern. Mein Schwager hat ein Stück Land, und da arbeiteten wir. Ich sagte meinem Vater, daß ich am nächsten Tag in die Schule gehen müsse und nur noch an den Wochenenden würde arbeiten können. Er sagte nein, daß ich eine junge Frau sei und ein bißchen Geld nach Hause bringen müsse. Ich weinte die ganze Nacht, ich war so wütend. Das ist nun zwanzig Jahre her, und ich bin immer noch wütend. Das ist der Grund, warum die Ausbildung meiner Kinder für mich das Wichtigste von allem ist. Sehen Sie sich meine Nachbarn an. Eine hatte eine dreizehnjährige Tochter und wollte, daß sie im Haus helfen und heiraten sollte. Eine andere Nachbarin hat eine neunzehnjährige Tochter, die seit der sechsten Klasse im Haus geholfen hat. Ihr zweites Mädchen ist zu Hause, obwohl sie in der Junior High School sein sollte. Ich bin zornig auf diese Leute. Wenn ich mit ihnen zusammensitze, rede ich immer über diese Dinge, Ausbildung und Heirat, aber sie sagen, daß ein zwölf oder dreizehnjähriges Mädchen sowieso nur eine Hausfrau wird und deshalb ebensogut gleich damit anfangen kann.*

Aber unser Leben hat sich trotz allem ein bißchen verbessert. Vor zwanzig Jahren hätten Sie im ganzen Dorf noch keinen Mop und keine Flasche Bleichmittel finden können – wir mußten am Boden knien und ihn mit einem Lappen mit der Hand schrubben. Heute gibt es viele Kurse für Frauen, so daß sie Lesen und Schreiben lernen können. Hier gibt es junge Frauen, die überhaupt nie in die Schule gegangen sind – können Sie sich das vorstellen? Eine zwanzigjährige Frau, die nicht Lesen und

Schreiben kann? Die UNRWA organisiert die Kurse. Manchmal sind wir hingegangen, um unsere Kenntnisse ein bißchen aufzufrischen. Ich habe an alle Türen geklopft, um die Frauen dazu zu überreden, mit mir zu kommen.

Und jetzt haben wir eine richtige Kanalisation. Es ist viel leichter für die Frauen, wenn der hygienische Standard besser ist. Bevor mein Mann ins Gefängnis kam, hatten wir kein Wasser im Haus. Wir hatten keine Badewanne und keine Toilette. Manchmal habe ich über einem offenen Feuer gekocht, mit Holz, daß ich von draußen geholt hatte. Mein Mann redete ständig davon, daß er in ein anderes Haus ziehen wollte, aber es war immer morgen, niemals jetzt. Aber als er im Gefängnis war, habe ich diesen Raum hergerichtet und die Badewanne da drüben installiert. Ich habe ihn nicht gefragt. Ich habe das Geld zusammengespart und mich mit Freunden beraten. Wir konnten so nicht weiterleben, es war unmöglich. Ich hatte Geld von Näharbeiten, die ich angenommen hatte, und die UNRWA half uns mit Mehl und solchen Dingen.

Mein Mann ist derjenige, der die Entscheidungen trifft. Ich schäme mich nicht, das zu sagen. Als er im Gefängnis war, sagte er mir, ich sollte alles tun, was getan werden mußte. Aber jetzt, wo er wieder frei ist, entscheidet er, was ich tue. Ich muß seine Mutter in die Klinik bringen, obwohl er nicht arbeitet. Ich streite mich deshalb nicht mit ihm. Ich bin daran gewöhnt, nicht zu widersprechen. Er glaubt, daß er das Richtige tut, wenn er die Entscheidungen für mich trifft, und ich glaube das auch. Eines Tages beschloß er, daß ich aufhören sollte zu rauchen, und ich habe gehorcht. Das war gut. Er raucht immer noch, aber ich kann nicht für ihn entscheiden, was er tun soll. So ist das bei den Arabern immer gewesen – der Mann entscheidet. Aber mein Mann will, daß unsere Töchter studieren. Er ist nicht wie mein Vater. Er würde alles darum geben, daß ich weiterlernen könnte. Er hat mir Geld gegeben, um Auto fahren zu lernen, und ich bekam meinen Führerschein gerade, als sie ihm den seinen wegnahmen. Während der Intifada *fuhr ich nach Gaza-Stadt und holte frisches Gemüse für die ganze Nachbarschaft. Ich brachte Maiskolben und bereitete sie zu. Alle warteten darauf, daß ich nach Hause kam, weil ich gute Waren einkaufte und keinen zu großen Profit verlangte. Ich hatte ein gutes Gefühl, weil ich etwas tun konnte.*

Vor einiger Zeit habe ich Verwandte in Israel besucht. Sie haben vier Söhne und eine Tochter und sind sehr reich. Der jüngste Sohn ist aus dem Bett gefallen und hat sich den Arm gebrochen. Als er noch ein zweites Mal aus dem Bett fiel und sich den Kopf verletzte, kam ein Sozialarbeiter ins Haus. Sie dachten, daß die Eltern ihn prügeln würden. Ich dachte mir, sie sollten mal nach Gaza kommen und sehen, wie die Leute sich hier aufführen. Manche Frauen schlagen ihre Kinder wirklich arg. Aber das liegt am Druck. Die Mütter stehen so sehr unter Druck – von der wirtschaftlichen Situation und der täglichen Schufterei, aber hauptsächlich wegen ihrer Männer und ihrer Schwiegermütter. Meine Schwiegermutter trifft die Entscheidungen für uns alle, und ich streite mich nicht mit ihr. Das, wovon ich träume, ist ein bißchen Privatsphäre in einem eigenen Haus. Mein ältester Sohn sagt, daß er eines Tages ein Päckchen Dynamit nehmen und das Haus in die Luft sprengen wird. Dann bauen wir uns ein neues.

Der Anteil der Frauen, die außerhalb ihres Hauses arbeiten, ist im Gazastreifen kleiner als im Westjordanland. Eine 1992 entstandene Studie eines norwegischen Forschungsinstituts, der FAFO, besagt, daß etwa 8 Prozent der Arbeitnehmer im Gazastreifen Frauen waren, verglichen mit 19 Prozent im Westjordanland. Das palästinensische Planungsministerium setzt ihre Zahl sogar noch niedriger an, vermutlich weil es im Gegensatz zur FAFO-Studie die Frauen, die als Putzfrauen außerhalb ihres Hauses oder als Näherinnen zu Hause arbeiten, nicht berücksichtigt.[2] Wie dem auch sei, die niedrige Prozentzahl ist auf eine Kombination mehrerer Faktoren zurückzuführen: die traditionelle Neigung, das Haus für den angemessenen Platz für eine Frau zu halten, Haushaltspflichten, die es einer Frau sehr schwermachen, noch zusätzliche Arbeit zu übernehmen, chronische Arbeitslosigkeit im Gazastreifen, die die Frauen daran hindert, sich Arbeit zu suchen, oder sie auf Tätigkeiten für Ungelernte beschränkt, und grundsätzliche Zweifel an den Fähigkeiten der Frauen.

1995 waren nach der Statistik des Planungsministeriums 6200 von 131 000 Arbeitnehmern Frauen. Das sind 4,7 Prozent, aber diese Zahl war bereits eine Verbesserung gegenüber den vorangegangenen Jahren: 1991 waren 2900 bzw. 2,7 Prozent von insgesamt 107 000 Arbeitnehmern Frauen, die außerhalb ihres Hauses arbeiteten.[3] Anfang 1995 war die Zahl der zivilen Arbeitnehmer im Gazastreifen (d. h. Leute, die in Israel, im Gazastreifen oder für die UNRWA, jedoch nicht für die palästinensischen Sicherheitskräfte arbeiteten) allgemein zurückgegangen. Bis zum Jahresende war die Zahl der Arbeitnehmer im Gazastreifen im ganzen und in den Ministerien der Autonomiebehörde im besonderen angestiegen, und die Zahl der arbeitenden Frauen hatte sich verdoppelt. Erstens waren im Gefolge der palästinensischen Selbstverwaltung gebildete und gut ausgebildete Frauen aus dem Ausland zurückgekehrt. Die Zahl der Stellen für Geistliche war gestiegen, ebenso die im öffentlichen Sektor, besonders in den Ministerien für Erziehung und Gesundheit. Außerdem versuchte die Autonomiebehörde gezielt, die Zahl der arbeitenden Frauen zu erhöhen. Manche sahen darin einen willkommenen

Aspekt des Kampfes zwischen der Autonomiebehörde – oder der säkularen Tradition der PLO – und der islamischen Opposition.*

Ende 1995 gab das palästinensische Innenministerium ein Dekret heraus, wonach Anträge auf Ausreisegenehmigungen für Frauen vom Mann oder Vater der Frau oder einem anderen männlichen Beschützer unterschrieben sein mußten. Vermutlich hoffte die Autonomiebehörde, mit der neuen Vorschrift ihre islamischen Rivalen zu besänftigen (und die Hamas war auch entsprechend erfreut darüber), obwohl darin auch zum Ausdruck kommt, wie tief verwurzelt das Patriarchat in der Gesellschaft Gazas ist, und dies trotz der Versuche der Autonomiebehörde, die Frauen zur Teilnahme am öffentlichen Leben zu ermutigen. Die Frauenorganisationen und die weiblichen Kandidaten für die Wahlen protestierten. «Warum haben wir keine Erlaubnis von den Männern gebraucht, als wir gegen die Besatzung kämpften? Warum Demokratie vorschützen, wenn die Frauen diskriminiert werden?» wurde auf einem Flugblatt gefragt, das eine Woche vor den Parlamentswahlen im Umlauf war. Obwohl die Vorschrift nach den Wahlen zunehmend ignoriert wurde, wird sie je nach Laune des Beamten noch immer gelegentlich angewendet.

Ashraf, der ursprünglich religiös war und dann säkular wurde, kehrte nach zehn Jahren im Gefängnis nach Gaza zurück und war schokkiert über den Rückschritt im Status der Frauen. «Die Frauen, diese armen Geschöpfe, das ist doch kein Leben, wenn man nichts selbst entscheiden darf.» Er stellte sehr schnell fest, um wieviel stärker die Institution der Familie während seiner Abwesenheit geworden war. Umfrageergebnisse des Zentrums für Medien und Kommunikation in Jerusalem ergaben:

«Ihres Landes und des Rechts beraubt, unabhängig und frei zu leben, ist die palästinensische Familie zu einer der wenigen Institutionen geworden, in der die Palästinenser so leben und handeln konnten, wie sie es gewohnt waren. Auf diese Weise hat die Familie eine enorme Bedeutung als Hort der nationalen Identität und der palästinensischen Kultur bekommen.

Das Heim und die Familie, der ‹innere Kreis›, der die Domäne der Frauen ist, wurde zum einzigen Schauplatz, an dem die Männer ihr sonst überall eingeschränktes Bedürfnis, zu befehlen und zu dominieren, durchsetzen konnten. Das Heim wurde auch sehr viel stärker als früher zum einzigen Ort, an dem die Männer Zuflucht vor psychologischen

* In den folgenden Jahren fiel die Zahl der arbeitenden Frauen mit der allgemeinen, durch die Abriegelungen verursachten Arbeitslosigkeit im Gazastreifen.

Verwundungen suchen konnten und an dem die Frauen der Familie sich ihrer annahmen.

Eine große Familie bedeutete immer auch eine stärkere Familie, und so wurde das Gebären von Kindern zu einer nationalen Pflicht, der die Frauen mit Stolz nachkommen.

Einerseits wurden durch die israelische Besatzung die traditionellen Pflichten der Frau betont, aber ironischerweise hat sie auch zur Entwicklung und Veränderung der Position der Frau in der Gesellschaft geführt, indem sie die Frauen mit Situationen und Umständen konfrontiert hat, denen sie in einer geordneten, konservativen und patriarchalischen Gesellschaft wie der palästinensischen unter normalen Umständen niemals ausgesetzt wären.»[4]

Die FAFO lieferte eine statistische Bestätigung des konservativen Trends unter den jungen Frauen:

«Der vielleicht interessanteste Unterschied ist der, der regelmäßig in der Haltung der Frauen der Altersgruppe zwischen 15 und 19 und der Einstellung der Frauen zwischen 20 und 29 Jahren zu beobachten ist. Die jüngste Altersgruppe ist in jeder Hinsicht beträchtlich konservativer als die Frauen zwischen zwanzig und dreißig. Von Bedeutung ist dabei nicht so sehr das Ausmaß, sondern das regelmäßige Auftreten dieser Unterschiede. Dies läßt darauf schließen, daß es einen größeren Komplex miteinander verknüpfter Vorstellungen von der korrekten Rolle der Frau in der Gesellschaft gibt, die sich gerade auf die jungen Frauen, die während der letzten Jahre der *Intifada* heranwuchsen, besonders stark auswirkten. Genauer gesagt, scheinen die Daten Beobachtungen zu bestätigen, daß während der *Intifada* ein allgemeiner Abbau der gesellschaftlichen Stellung der Frauen stattfand, wobei die Frauen zwischen zehn und zwanzig am stärksten von neuen konservativen Ideologien berührt wurden.»[5]

Positive Antworten auf die Frage, ob es «akzeptiert werden könne, daß Frauen außerhalb ihres Hauses arbeiten», waren wie folgt verteilt: 71 Prozent der Frauen zwischen 15 und 19 antworteten mit ja. In der Altersgruppe zwischen 20 und 29 Jahren waren es wesentlich mehr – 87 Prozent. In der Altersgruppe zwischen 30 und 39 Jahren waren es 66 Prozent und bei den Frauen zwischen 40 und 49 Jahren 77 Prozent. Und auf die Frage, ob es «akzeptiert werden könne, wenn Frauen ihre Kinder in Kindertagesstätten schicken», antworteten 46 Prozent der jüngsten Frauen zwischen 15 und 19, 59 Prozent der Frauen zwischen 20 und 29 und 58 Prozent der Frauen zwischen 30 und 39 mit ja.

Um Saber und Abu Saber sind beide vierzig Jahre alt. Ihre Ansichten sind sowohl in persönlicher als auch in nationaler Hinsicht von emanzipatorischen Ideen geprägt. Sie leben mit ihren sieben Kindern in Gaza-Stadt im Ortsteil Nasser. Abu Majed, ein Freund, kam zufällig zu einem Gespräch vorbei, während ich sie besuchte.

Um Saber Als ich noch ein Mädchen war, träumte ich davon, Stewardeß oder Journalistin zu werden. Aber ohne Paß gab es keine Möglichkeit, Stewardeß zu werden, so daß nur der Journalismus blieb. Aber bevor ich mich versah, hatte ich mich in einen Fortgeschrittenenkurs für Ehemann, Heim und Kinder eingeschrieben. Ich wurde verheiratet, als ich gerade fünfzehn war, noch ein richtiges Kind.
Abu Saber Das lag daran, daß ich um ihre Hand angehalten hatte. Ich sah sie, wir lernten uns kennen, und das war's für sie.
Um Saber Gott sei Dank, ich bin zufrieden mit meinem Leben. Ich bin aktiv im Frauenkomitee der Fatah und helfe den Frauen, ihre Stärke zu entdecken. Frauen sollten in der Lage sein, zu allem nein zu sagen, das sie zu Hause nicht mögen, statt immer nur *khader* – zu deinen Diensten. Wir sprechen über die Rolle der Frauen in der Gesellschaft, über die Erziehung der Kinder, daß sie den Frieden lieben und Recht von Unrecht unterscheiden lernen. Aber wir haben immer noch keinen festen Platz, wo wir uns treffen und die Frauen zusammenbringen können.
Abu Saber Die Bewegung hat immer noch nichts für das Frauenkomitee gefunden. Ich weiß, daß Um Saber darum gekämpft hat. Sie wollte auf einem Stück Land in der Nähe unseres Hauses bauen, aber sie haben noch nicht zugestimmt.
Um Saber Wir haben uns am Wahlkampf für die Kandidaten der Fatah beteiligt. Wir wollten, daß die guten Leute gewählt wurden, die, die Abu Amar ausgewählt hatte. Wir gingen von Haus zu Haus und erklärten, wie das mit den Wahlen funktionierte. Aber wir haben nicht für die unabhängigen weiblichen Kandidaten geworben. Wir kannten sie nicht. Wir hatten noch nichts von ihnen gehört, von Leuten wie Rawya al-Shawwa und ihren Zeitungsartikeln. In der palästinensischen Gesellschaft sind wir Frauen von allem abgeschnitten, was draußen vorgeht. Wir sind unkultiviert. Wir kennen uns gegenseitig nicht.

Es gibt Dinge, an die ich mich gewöhnt habe. Der Gedanke an ein Studium ist eine verlorene Sache. Damit war es vorbei, als ich Abu Saber heiratete. Ich war ein junges Mädchen, und man hat zum Lernen keinen Platz im Kopf, wenn man sich die ganze Zeit um Kinder kümmern muß. Jetzt möchte ich meinen Kindern alles geben, was ich versäumt habe. Ich möchte, daß meine Töchter an die Universität gehen, und ich dränge sie stärker als meine Söhne. Ich bin zufrieden mit meinem Leben, aber ich war zornig, daß sie mich so früh verheiratet haben. Als Abu Saber verhaftet wurde, hätte ich mehr für die Kinder tun können, wenn ich einen Beruf, ein Diplom gehabt hätte.

Abu Saber Wissen Sie, wie schwer es für eine Frau ist, ohne Geld und ohne Beruf alleine zu bleiben?

Abu Majed Meine Frau ist zurechtgekommen. Wir haben eine große Familie. Als ich verhaftet wurde, haben sie sich um sie gekümmert, aber ich habe bei meinen Freunden gesehen, wie schwer es für deren Familien war. Manche Frauen arbeiteten als Näherinnen, während ihre Männer im Gefängnis waren. Bis die Männer nach Hause kamen, konnten die Frauen nichts mehr sehen, so müde waren ihre Augen. Sie hatten Tag und Nacht gearbeitet, um ein bißchen Geld heranzuschaffen.

Abu Saber Als ich vor einem Jahr aus dem Gefängnis kam, hatte ich Freunde, deren Frauen sich so verändert hatten, daß sie eine zweite Frau nehmen wollten. Ich habe sechs Monate gebraucht, bis ich die Veränderungen verstehen konnte, die Um Saber durchgemacht hatte. Als ich verhaftet wurde, ließ ich eine unerfahrene Frau zurück. Ich hatte zu Hause alles gemacht. Die neue Situation hatte sie stärker, männlicher gemacht. Vor 1985 wäre sie nie alleine zum Markt gegangen. Wir gingen zusammen, kauften zusammen ein und gingen zusammen wieder nach Hause. Jetzt geht sie alleine aus. Sie war in Ägypten und Jordanien, während ich im Gefängnis war. Das Leben ohne mich hat sie gezwungen, selbst zu denken. Sie ist sicherer in ihren Meinungen geworden.

Um Saber Während der *Intifada* mußte ich mich um die Erziehung der Kinder kümmern, mußte aufpassen, daß sie nicht verhaftet und nicht verletzt wurden, daß sie vor der Ausgangssperre wieder zu Hause waren, daß etwas zu Essen für sie im Haus war.

Abu Saber Während ich im Gefängnis war, konnte sie Dinge tun, die zu jeder anderen Zeit als ungehörig betrachtet worden wären. Sie hat sehr viel Selbstvertrauen gewonnen, was ihr half, die Dinge zu erledigen, ohne daß die Leute etwas Falsches daran fanden. Jetzt geht sie aus dem Haus, ohne es mir auch nur zu sagen, und ich habe mich daran gewöhnt. Wenn eine Frau in dieser Zeit alleine gelebt hat, dann hat sie einfach durch das Leben gelernt zurechtzukommen. Wenn sie dagegen bei der *Hamula*, dem Klan, lebte, dann blieb alles beim alten.

Abu Majed Es ist schlecht für eine Familie, wenn eine von den Schwiegertöchtern zur Arbeit gehen muß, um Essen nach Hause zu bringen. In unserem Haus kümmert sich mein Vater um alles. Aber die Frauen werden mit Respekt behandelt. Wir sitzen nicht über sie zu Gericht. Als ich im Gefängnis war und die Kinder geimpft werden mußten, hat mein Vater sie in die Klinik gebracht. Jetzt, wo ich wieder zu Hause bin, lasse ich meine Frau mit ihnen gehen. Mein Vater ist nicht glücklich über die Situation, aber er hat sie zu sehr verhätschelt.

Um Saber Sieh mal, Charakter kommt nicht aus dem Nichts. Er entwickelt sich mit der Erfahrung. In unserer Gesellschaft ist eine Frau, die am Abend spät nach Hause kommt, eine schlechte Frau. Aber ihre Persönlichkeit entwickelt sich durch ihren Mann, wenn er ihr Gelegenheit dazu gibt, wenn er sie vorwärtsschiebt, wenn er ihre Bemühungen unterstützt. Eine Frau braucht die Unterstützung ihres Mannes, um unabhängig zu sein. Übereinstimmung zu Hause ist sehr wichtig, aber wenn eine Frau von der Meinung ihres Mannes nicht überzeugt ist, sollte sie an ihrer eigenen festhalten.
Abu Saber Sie hat immer gesagt, daß ich ihr in allen Dingen freie Hand gelassen habe, sogar dazu, über die Dinge mit mir zu diskutieren.
Abu Majed Gott sei Dank ist meine Frau nicht so.

An windigen Tagen fährt meine Freundin M. gerne früh am Morgen zum Strand, wenn es dort leer ist und sie einen abgeschiedenen Flecken finden kann. Weit von den Menschen entfernt wendet sie das Gesicht zum Meer und schreit in den Wind.

Z., Psychologin *Wir sind nicht gewohnt, zu schreien und zu brüllen und unsere Gefühle zu zeigen. Das können wir nicht, weil alle so eng beieinander leben. Sicher möchten die Männer auch schreien, aber sie dürfen sich nicht gehenlassen. Vor kurzem habe ich angefangen zu beten. Wir Frauen haben keine Stärke, aber ich habe festgestellt, daß das Gebet mir Kraft gibt. Es beruhigt mich, wie Biertrinken andere Leute beruhigt. Eine Frau, deren Mann sie schlägt, hat mich gefragt, wo sie hingehen soll. Wer würde sie hinterher noch nehmen, wenn sie wieder zu ihren Eltern ginge? Ich habe ihr gesagt, sie solle warten, bis ihre Kinder erwachsen sind. Dann würde Allah das Problem lösen. Wenn wir woanders wären, würde ich ihr sagen, sie soll ihn verlassen. Aber hier ist es schwer für eine Frau, eine Scheidung zu erreichen, und ich darf ihre Situation nicht noch schlimmer machen, ganz besonders jetzt, mit den Abriegelungen, wo bei uns wirtschaftlich alles zusammenbricht. Diese Krise hat jeden Teil unseres Lebens erfaßt. Das ist jetzt unser größter Kampf, einfach zu überleben. Frauen und Männer kämpfen in der gleichen Schlacht, und solange diese Schlacht unser Leben beherrscht, können wir für nichts anderes kämpfen. Wie das Denken der meisten unterdrückten Menschen ist das Denken unserer Frauen deformiert. Sie werden Zeit brauchen, bis sie ihren Platz in der Geschichte einnehmen können und nicht nur von ihr getrieben werden. Das war die große Errungenschaft der* Intifada, *die wir jetzt so sehr vermissen: Frauen nahmen am Kampf teil. Frauen trafen Entscheidungen.*

Nebenbei gesagt «Sie meinen, Sie sind Jüdin?» sagten die Frauen dann mit gesenkter Stimme und verschluckten die letzte Silbe. Mit ihrer begrenzten Erfahrung mit Israel und den Israelis waren es hauptsächlich die Frauen in Gaza, die Überraschung und Unbehagen äußerten, wenn sie merkten, daß ich tatsächlich Jüdin bin. Manchmal richteten sie die Frage an meinen Freund oder Gastgeber, der mich in ihren Kreis gebracht hatte. «Du meinst, sie ist Jüdin?» Sie senkten den Blick, ihre Stimme wurde leise, verwirrt und unsicher, und das Wort «Jüdin» kam im Flüsterton heraus, hauptsächlich wegen ihrer guten Manieren, schien es mir, um mich nicht mit einer neugierigen, vorsichtigen Frage zu beleidigen, so ähnlich wie viele Israelis dazu neigen, sich zu räuspern und zu zögern, bevor sie das Wort «Araber» aussprechen.

Ich hatte gleich zu Beginn meiner Zeit in Gaza beschlossen, die heikle Frage augenblicklich anzusprechen, und sagte jedermann sofort, daß ich sowohl Israeli als auch Jüdin bin. Die Reaktionen reichten von verlegenem Schweigen bis zu offener und direkter Akzeptanz, die jedes Unbehagen zerstreute. Vielleicht war es kein Zufall, daß sich gewöhnlich herausstellte, daß diejenigen, die mit Humor und ohne jede Befangenheit reagierten, Anhänger der Volksfront waren. In einem Haus in Khan Yunis saß ich gerade mit sämtlichen Tanten, Schwestern und Großmüttern zusammen und schälte Erbsen. «Und ich hatte gedacht, Sie wären Italienerin», sagte eine Tante, als ich ihr erklärte, daß ich aus Tel Aviv kam. «Hey», rief sie aus. «Wir haben eine Jüdin hier!» Dann führte sie eine komische Persiflage des gewalttätigen Palästinensers auf und kam auf mich zu. Wir mußten alle lachen. An einem Gemüsestand auf dem Markt von Faras stellte der junge Mann, der mich bediente, die unvermeidliche Frage. Ich weiß noch, daß dieser Tag besonders spannungsgeladen war – ein Mann vom Islamischen Jihad war von israelischen Sicherheitskräften ermordet worden, und die zu erwartenden Racheakte hatten bereits stattgefunden. Um die Dinge noch schlimmer zu machen, war im Gazastreifen die Cholera ausgebrochen, was noch mehr Restriktionen für den Export von Waren zur Folge hatte. Auf meine Antwort hin grinste der Mann und rief seinen Freunden mit gespielter Wut zu: «Schnell, schnell, sie ist Jüdin, bringt ein Messer!»

Es gab auch immer ein paar Leute, die das israelische Bild vom blutdürstigen Palästinenser verinnerlicht zu haben schienen und die mir rieten, um meiner eigenen Sicherheit willen niemals meine Identität zu verraten. (Bei einem stellte sich heraus, daß er ein kleiner Kollaborateur war, aus den Papieren eines anderen ging hervor, daß er geisteskrank war.) Allen, die sich um meine Sicherheit sorgten, erzählte ich von meinem Freund Aouni in Shabura, bei dem ich häufig die Nacht verbrachte. «Hat sie denn keine Angst?» fragten seine Nachbarn. «Warum, sind wir denn so furchterregend?» gab er zurück. Ich sprach auch von den vielen Menschen, die bereitwillig in der Öffentlichkeit in meiner eigenen Sprache mit mir redeten und mir auf Märkten und in den Flüchtlingslagern einen hebräischen Gruß zuriefen. (Sie tun es immer noch, obwohl die IDF-Soldaten von den Straßen verschwunden sind.) «Ein positiver Beweis, daß es in Gaza nichts zu fürchten gibt», sagte Diab al-Luh, ein Fatah-Führer. «Schade, daß die Israelis nicht begreifen, daß das nichts Ungewöhnliches ist, daß sie, wenn sie uns normal behandeln, auch eine normale Reaktion bekommen.»

Verdrehte Vorstellungen kommen jedoch auf beiden Seiten vor. Bei einem meiner Aufenthalte in Aounis Haus in Shabura zeigten seine Kinder, die alle während der *Intifada* geboren sind, auf den Fernsehbildschirm, wo UN-Soldaten in Sarajevo herumfuhren. «Juden, Juden», schrien sie. Ihre Mutter entschuldigte sich und erklärte, daß ihre Kinder das gleiche auch von ägyptischen Soldaten sagten. Wenigstens bis zum Mai 1994 wurden Uniformen, Gewehre, Tod und Schüsse immer mit den Israelis – den Juden – und der Besatzung in Verbindung gebracht. «Wenn du ein Jude bist», fragte die zehnjährige Yihye, «wo ist dann dein Gewehr?» Und dann fragte sie noch: «Wenn du eine Ausreisegenehmigung bekommen kannst, nimmst du mich dann mit zu meiner Großmutter?»

Besatzung und Vertreibung sind jedoch nicht die einzigen negativen Assoziationen, die mit dem Wort *Jude* verbunden werden. «Der Koran lehrt uns, daß die Juden ihre Verträge nicht einhalten», bekam ich mehr als einmal im Zusammenhang mit den Osloer Abkommen von Hamas-Mitgliedern zu hören. «Der Koran lehrt uns, daß die Juden unsere schlimmsten Feinde sind.»

In abgeschwächter Form schleichen sich Mißtrauen und Antipathie auch in die Sprache säkularer Palästinenser ein. Einmal versprach ich meinem erklärtermaßen säkularen Freund M. S., ihm mein Auto zu verkaufen, wenn ich es nicht mehr im Gazastreifen fahren könnte. Später begann ich, mein Versprechen zu bedauern, und erklärte ihm, daß ich unsere Vereinbarung nicht einhalten wolle. «Ich habe in meinem Leben zwei große Fehler gemacht», sagte er mit bitterem Humor. «Der erste war, geboren zu werden, und der zweite war, ein Geschäft mit einem Juden zu machen.» Als ich einem anderen Freund, R. S., von einem persönlichen Problem erzählte, antwortete er: «Möge es nicht auf dein Haupt, sondern auf die Häupter der Juden fallen.» Aber dann begann er zu lachen, weil er sich selbst ausgerechnet aus Sorge um mich diese volkstümliche palästinensische Redensart verwenden hörte (mit der er nicht einverstanden ist). R. S. legt immer großen Wert darauf zu betonen, daß der Kampf der Palästinenser nicht den Juden, sondern der israelischen Gesellschaft gilt.

Wenigstens bis zur Besetzung im Jahr 1967 waren die Juden einfach seltsam und fremdartig. R. N. war zehn Jahre alt, als die IDF den Gazastreifen 1956 kurzfristig besetzte. Er erinnert sich noch daran, daß er hinter jedem israelischen Soldaten herrannte und fasziniert sein Hinterteil anstarrte. «Was in aller Welt machst du da?» fragte ihn sein Vater. «Ich möchte seinen Schwanz sehen», erklärte das Kind. Ähnliche Geschichten habe ich auch von anderen Leuten in Gaza gehört, die sie aus ägyptischen Schulbüchern hatten und die sich später ziemlich töricht vorkamen, weil sie sie geglaubt hatten. Und obwohl die Leute zur Zeit an den Anblick von Israelis gewohnt sind, haben sich einige antisemitische Legenden gehalten. M. S. versuchte, mir zu erklären, daß die Juden eine beherrschende Kraft in der Welt seien, weil sie so reich sind. Er war ziemlich entsetzt, als ich ihm erklärte, daß diese Behauptungen (die in der Charta der Hamas auftauchen) aus Schriften entnommen sind, die aus dem dekadenten Westen stammen.

Ismail Haniye, ein führender Hamas-Aktivist, führte die antisemitischen Stellen in der Charta auf die bitteren Erfahrungen der Palästinenser mit den Juden zurück, auf die Gegenwehr des Schwachen gegen den Starken. Von Abu Taher, einem Freund von der Hamas, lernte ich, daß mit «Judengeld» etwas gemeint ist, das in großen Mengen vorhanden ist und getrost verschwendet werden darf. «Was glaubst du, was das ist? Judengeld?» schalt er seinen Sohn, der das Fleisch auf seinem Teller nicht aufessen wollte. Danach machte ich mir ein oder zweimal einen Spaß daraus, Obst oder Schokolade mitzubringen, wenn ich Abu Tahers Familie besuchte, und zu erklären, daß das Geschenk Judengeld sei.

Im Endeffekt beweisen mir die Reaktionen der meisten Leute auf die Eröffnung, daß ich Israeli und Jüdin bin, in erster Linie, wie gut die Menschen in Gaza Israel kennen. «Wirklich?», sagen sie. «Sie kommen aus Tel Aviv?» Und dann zählt der Kellner, Polizist oder Student eine ganze Reihe von Autowerkstätten, Restaurants oder Baustellen auf, an denen er gearbeitet hat, die Namen seiner Arbeitgeber oder des Mannes, der ihn zu einer Bar-Mizwa in seiner Familie eingeladen hat, der zu seiner Hochzeit gekommen ist oder der seinen Militärdienst im Gazastreifen abgeleistet hat.

So sind die Gefühle, die viele Menschen in Gaza gegenüber den Juden haben, durch persönliche Erfahrungen und ihre Kenntnis von Individuen geprägt. Jeden Tag wurde ich daran erinnert, daß der Gazastreifen mehr als zwanzig Jahre lang eine Art Schlafzimmervorstadt Israels war und daß die Menschen dort wissen, daß es viele verschiedene Israels gibt: die ultraorthodoxe Welt der Yeshiva-Studenten, die Slums der Arbeitslosen, in denen die Palästinenser illegal übernachteten, die Vororte der reichen Bourgeoisie, wo sie die Straßen kehrten. Und ich wurde auch daran erinnert, daß zwar die Frauen in Gaza ihre Schlachten zu Hause schlugen, die Männer jedoch alles, was sie über Israel wußten, wenn nicht in den Läden und Fabriken, dann in den Gefängnissen Israels gelernt hatten.

9 Bringt die Kriegsgefangenen nach Hause

Abu Jamil und Abu Nader genossen es immer wieder, vor einem Teller Humus in einem der Strandlokale zu sitzen, die in den letzten Jahren eröffnet worden waren. Das von ihnen bevorzugte Restaurant war trotz der Qualität des Essens auch eines von meinen Lieblingslokalen, weil es zu den wenigen gehörte, in denen eine Frau alleine sitzen konnte, ohne angestarrt zu werden. Der Strand war einer der wenigen Orte, an denen man Erholung und Entspannung fand. Hier konnte man dem alten israelischen Militärgerichtshof und dem von Betonblöcken und häßlichen Stacheldrahtrollen umgebenen Polizeihauptquartier den Rükken zuwenden und zusehen, wie die Fischerboote in den zwölf Seemeilen breiten Küstenstreifen hinaussegelten, der den Fischern in Gaza zur Verfügung stand. Und jetzt, nach dem Rückzug der IDF, war das Restaurant auch nach sieben Uhr abends geöffnet, und ohne den Polizeilautsprecher, der pausenlos und mit dröhnender Lautstärke hebräische Lieder und die Dienstpläne der Soldaten über ganz Rimaal und al-Shatti hinausgeschmettert hatte, herrschte beseligende Stille.

Die Unternehmer hatten das Restaurant als eines der ersten Strandlokale mit einem Kredit einer palästinensischen Investmentagentur gebaut. Sie hatten sich darauf verlassen, daß der chronische Mangel an Erholungs- und Entspannungsmöglichkeiten zusammen mit den Bedürfnissen der aus dem Exil zurückkehrenden Palästinenser, den vielen jungen Leuten, die ihr Studium wiederaufnahmen, und ehemaligen Gefangenen, die versuchten, die Scherben ihres Lebens aufzusammeln, das Lokal zu einem sicheren Erfolg machen würde. Auf einem kleinen Hügel, der sich am Strand erhob, hatten sie Platten für eine Terrasse gelegt und große Sonnenschirme aufgestellt. An einem milden Sommerabend des Jahres 1995 saß ich mit Abu Jamil und Abu Nader zusammen an einem Tisch. Der Blick hatte sich verändert. Mehrere Strandhotels waren wie Pilze aus dem Boden geschossen, der Militärgerichtshof war in eine palästinensische Feuerwehrzentrale umgewandelt worden, und in dem alten Polizeihauptquartier, das von Betonklötzen und Stacheldraht befreit worden war, waren nun «Arafats Waisenkinder» untergebracht, Kinder, deren

Eltern im Kampf für die Sache der PLO gefallen waren und die der Vorsitzende «adoptiert» hatte.

Abu Nader stocherte in seinem Humus herum, während Abu Jamil eine Schale Linsensuppe schlürfte. Plötzlich verharrte Abu Jamil mit dem Löffel in der Luft, und seine Augen nahmen einen starren, nachdenklichen Ausdruck an. «Das erinnert mich an die Suppe in Ansar», sagte er. Ansar war das riesige Gefangenenlager, das Israel in der Wüste Negev errichtet hatte, um mit dem Volksaufstand fertig zu werden. Ich war erschüttert über die Nostalgie in seiner Stimme, zumal ich Ähnliches auch bei anderen Ex-Gefangenen beobachtet hatte. Ich mußte an Jalal, einen Taxifahrer, denken, der mich einmal am Erez-Checkpoint abgeholt hatte. Während wir nach Gaza-Stadt fuhren, sprachen wir über die gefährliche Kluft, die sich zwischen der Hamas und der palästinensischen Autonomiebehörde gebildet hatte. Jalal, ein waschechter Fatah-Mann, der vier Gefängnisaufenthalte hinter sich hatte, unterbrach unser Gespräch, um mich auf die neuen Bürgersteige aufmerksam zu machen (die mit Steinplatten aus Gaza gepflastert waren) und einen Park beim Denkmal des Unbekannten Soldaten zu rühmen, der mit Büschen und Palmen geschmückt und mit Bänken ausgestattet war. «Sehen Sie nur, wie hübsch er ist», schwärmte er. «*Inshallah*, mit Gottes Hilfe wird es bald viele solcher Parks geben.» Er sprach mit Liebe und Verehrung von Abu Amar – Arafat – und erzählte von seiner Hoffnung, daß diese Bautätigkeit auf die baldige Entstehung eines palästinensischen Staates schließen ließ. Plötzlich und ohne Vorwarnung veränderte sich sein Ton. «Wie ich das Gefängnis vermisse!» rief er aus. «Im Gefängnis war alles klar. Wir wußten, wann es Essen gab und was richtig und was falsch war. Wir wußten, wer gut und wer böse war und wann unsere Haftstrafen vorbei sein würden.»

Jalal wußte es vielleicht nicht, aber seine Empfindungen entsprachen einer langen Tradition postrevolutionärer Enttäuschung. Seine Gefühle wurden auch von Ihab al-Ashqar geteilt, einem der vier Männer der Vereinigten Nationalen Führung der *Intifada*. «Vor ein paar Tagen», erzählte er mir, «ging ich am Gefängnis vorbei. Ich weiß nicht, warum, aber auf einmal erinnerte ich mich an den Geruch meiner Einzelzelle, an den modrigen Geruch, den sie hatte, und ich vermißte ihn. Es ist seltsam, sich nach einer Gefängniszelle zu sehnen, aber das waren unsere besten Augenblicke, in denen wir wirklich das Gefühl hatten, den Preis dafür zu bezahlen, daß wir andere verteidigten.»

Seither habe ich viele Gefängniserinnerungen gehört, oftmals voller Stolz, Nostalgie und sogar einer Art von Zuneigung, aber ich bin nicht mehr versucht, die Erfahrungen in israelischen Gefängnissen zu romantisieren. Es ist richtig, daß die meisten Gefangenen ein ausgezeichnetes

Hebräisch lernten, und viele lernten zusätzlich auch noch Englisch. Manche schlossen die High School ab, und einige schrieben sich für Fernkurse bei der Offenen Universität über Themen wie Antisemitismus und moderne europäisch-jüdische Geschichte ein. Ein erfahrener Häftling hatte sich im ganzen Gazastreifen einen Ruf als seelischer Beistand der jüngeren Männer erworben, die ihre ersten Haftstrafen abbüßten. Ein junger Gefangener hatte sich einen Namen gemacht, als er es fertigbrachte, ein Dutzend Transistorradios in das Zeltlager zu schmuggeln. So bewegend diese Geschichten auch sind, so lernte ich doch sehr bald, daß sie den tiefen Schmerz und Kummer über die verlorene Zeit, verpaßte Chancen und Jahre der Entbehrungen nur schwer übertünchen können.

Als ich einmal darauf wartete, ein hochrangiges Mitglied der Sicherheitskräfte der Autonomiebehörde zu interviewen, plauderte ich unterdessen mit den Bodyguards dieses Mannes. «Ich kenne Israel gut», erzählte mir einer von ihnen. «Ich bin in sämtlichen israelischen Gefängnissen gewesen.» Im Laufe seiner rund zehnjährigen Haft war er von einem Gefängnis ins andere verlegt worden, insgesamt in sieben verschiedene Haftanstalten, und die Liste hörte sich an wie eine Karte des ganzen Landes: Gaza, Ashkelon, Ramle, Beersheba, Nafha, Tel Mond und Ayalon. Sein Kollege stimmte ein und berichtete, daß er sechs Jahre lang inhaftiert gewesen sei. «Nur sechs?» fragte ich, ohne nachzudenken. «Was meinen Sie mit *nur* sechs?» gab er zurück. «Ich erinnere mich an jeden einzelnen im Gefängnis verlorenen Tag.» Ein ähnlicher Lapsus unterlief mir, als ich mich mit Fayez Abu Shamalla unterhielt, der zu den Gefangenen gehörte, die infolge der Osloer Abkommen vorzeitig entlassen worden waren, nachdem er die Hälfte seiner achtzehnjährigen Haftstrafe abgesessen hatte. «Dann haben Sie also neun Jahre gewonnen», sagte ich und hätte mir im nächsten Augenblick am liebsten die Zunge abgebissen. «Im Gegenteil», antwortete er. «Ich habe neun Jahre verloren.»

Für die Palästinenser spielen ihre Gefängnisaufenthalte eine ähnliche Rolle, wie es die Palmach, der jüdische Kampfverband in der Zeit vor der Staatsgründung, für die israelische Gesellschaft getan hat: ein mörderischer Initiationsritus, durch den unter sehr vielen Palästinensern lebenslange Bindungen entstanden sind. Im großen und ganzen war die Gefängniserfahrung auf die Männer beschränkt, wodurch die traditionelle, religiös begründete Trennung der Geschlechter noch verschärft wurde. Andererseits wurden dadurch ganze Familien zur Unterstützung ihrer abwesenden Verwandten mobilisiert und zusammengeschweißt. Tatsächlich findet man im ganzen Gazastreifen kaum noch eine Familie, die nicht die Inhaftierung wenigstens eines Familienmitglieds durchgemacht hat. Jeden Tag mache ich eine neue Bekanntschaft mit jemandem, der nächtliche Verhaftungen, Verhöre durch den Shabak, Inhaftierung ohne Gerichtsverfahren oder lange Einzelhaft hinter sich hat. Seit 1967 sind 280 000 Bewohner von Gaza durch israelische Gefängnisse und Befragungsräume gegangen. Nach Angaben der Vereinigung der ehemaligen palästinensischen Kämpfer und Häftlinge waren es allein während der *Intifada* 80 000. Überall in Gaza, wo Menschen zu öffentlichen oder privaten Veranstaltungen zusammenkommen, treffen sich alte Gefängniskameraden. Gefängniserinnerungen, Gefängnisklatsch und Gefängnisjargon beherrschen jedes Gespräch. Im Laufe der Zeit erfuhr ich, wer sich mit wem die Zelle geteilt hatte, wer mit wem in Hungerstreik getreten war, welche von den Gefangenenvertretern ihre Stellung mißbraucht hatten, wer sich in der Schlange vor der Toilette vorgedrängelt und wer den Inhalt seiner Essenspakete von zu Hause nicht mit den anderen geteilt hatte.

Bei all den Gefängnisgesprächen sagen die meisten Exhäftlinge jedoch wenig über die Traumatisierung, die sie davongetragen haben, und zwar gerade deshalb, weil so viele die gleichen Erfahrungen gemacht haben, aber auch, weil die Menschen in Gaza nur selten von den emotionalen Aspekten ihrer Leiden reden. Palästinenser, die Jahre mit zwölf anderen Männern in einer winzigen Zelle oder einem umdichten Zelt im Gefangenenlager Ansar verbracht haben, sind selten bereit, über ihre seelische Traumatisierung zu sprechen. Sie reden lieber von ihrem Stolz auf ihre Reife und Stärke und die Einigkeit ihrer Gruppe. Im Gespräch wechseln sie rasch das Thema und erzählen von ihrem neuen Leben, davon, wie froh sie sind, arbeiten zu können. Nur sehr wenige Männer werden zugeben, daß eine Diskrepanz besteht zwischen ihrer erfolgreichen Wiedereingliederung ins öffentliche Leben und ihren quälenden persönlichen Verhältnissen, ihrer schwierigen Anpassung an eine Welt, die sich ohne sie weitergedreht hat.

«Du bist nicht mehr der Mann, den ich geheiratet habe», sagte Ibrahim Abu Nadas Frau drei Tage nach seiner Entlassung aus dem Gefängnis. «Die Worte waren wie ein Messerstich in meine Seele», vertraute er mir an, aber sie machten ihn auch auf die Not seiner Mitgefangenen und ihrer Familien aufmerksam. «Wenn es tausend Gefangene gab, dann gab es auch tausend Frauen, die verletzt worden waren», sagte Abu Nada. Er hatte ein Jahr in einem israelischen Gefängnis verbracht. Viele andere waren sehr viel länger eingesperrt. Manche Männer brüllen ihre Frauen an, manche schlagen sie auch. Andere drücken ihre Entfremdung und Isolation durch langes Schweigen aus. Viele verbringen die Nächte außerhalb des Hauses mit ihren Freunden. Sie sind reizbar und ungeduldig gegen ihre Kinder, denen es schwerfällt, mit ihren Vätern zurechtzukommen. «Mein Sohn kommt nicht zu mir, wenn er Geld braucht, sondern zu seiner Mutter, weil er das so gemacht hat, während ich im Gefängnis war», erzählte mir S. mit bitterem Lächeln.

Abu Nada ist Krankenpfleger und arbeitet im städtischen Zentrum für Psychiatrie in Gaza. Dort leitet er ein Experiment für Gruppentherapie mit etwa zwanzig ehemaligen Häftlingen. Der Leiter des Zentrums, Eyad al-Sarraj, hofft, das Projekt ausweiten zu können und Hunderte von Männern anzusprechen, und die Hoffnung, daß infolge der Abkommen von Oslo mehr Gefangene heimkehren werden, hat ihn veranlaßt, seine Anstrengungen zu beschleunigen. Neben der Beratungsarbeit bemüht sich das Zentrum, der palästinensischen Gesellschaft klarzumachen, daß die Gefängniserfahrung nicht mit der Entlassung des Häftlings endet und daß psychologische Hilfe nicht weniger wichtig ist wie physische Rehabilitation.

Der erste Schritt der Therapie besteht darin, die Männer dazu zu bewegen, sich auszusprechen, ihre Verlegenheit abzuschütteln und öffentlich über das zu reden, was sie durchgemacht haben. Die meisten Gefangenen haben die Tendenz, auch vor sich selbst nicht zuzugeben, daß ihre Selbstachtung beschädigt ist, ein Gefühl, das sie alle verfolgt. Die Hausdurchsuchung ist der erste Einbruch in die Privatsphäre, der seine Spuren hinterläßt, ob eine Verhaftung stattfindet oder nicht. Wenn ein Dutzend Soldaten nachts in das Haus eindringen, das Mobiliar zertrümmern und Familienmitglieder vor den Augen einer alten Mutter oder verstörter Kinder demütigen, sind Scham und Schock die unvermeidliche Folge. Nach der Durchsuchung reagiert man mit Schrecken auf jeden Lärm, aber was noch schlimmer ist, ist der Verlust des Vertrauens. Man beginnt seine Kollegen und Nachbarn zu verdächtigen, dem Shabak Namen genannt zu haben. Man ist sich ganz sicher, daß ein Kollaborateur beteiligt gewesen sein muß. Wie sonst hätten einen die Soldaten in dem Labyrinth der Gassen des Lagers finden sollen?

Dann kommt die Verhaftung. Tawfiq al-Mabhuh von der Vereinigten Nationalen Führung erinnert sich an seine Verhaftung im Jahr 1988. Es war nicht seine erste, aber deshalb nicht weniger traumatisch. «Meine Frau stand kurz vor der Entbindung. Während der ganzen ersten Monate der *Intifada* kamen die Soldaten ständig in unser Viertel, brachen in das Haus ein und suchten nach mir, aber meine Familie wollte nicht, daß ich mich stellte. Eines Nachts kamen die Soldaten wieder um Mitternacht. Sie warfen eine Tränengasgranate ins Haus, schlugen meine Frau, meine Kinder und meine Mutter und sagten, daß sie uns auslöschen würden, wenn ich mich nicht stellen würde. Meine Frau atmete sehr viel Tränengas ein, und sie brachten sie bewußtlos ins Shifa-Hospital. Jemand, der wußte, wo ich mich versteckt hielt, rief mich ins Krankenhaus. Als ich dorthin kam, hatte sie einen Jungen, Shafiq, geboren, aber sie war immer noch bewußtlos. Ich wartete eine Stunde oder länger, bis sie wieder zu sich kam. ‹Jetzt möchte ich, daß du dich stellst›, sagte sie. Ich hatte meinen Nachfolger in der UNL eingearbeitet und gerade zwei neue Flugblätter verfaßt. So hinterließ ich alles in guter Ordnung.»

Mabhuh ging zum Gefängnis von Gaza. «Der für das Flüchtlingslager Jabalia zuständige Shabak-Mann macht nur die Verhaftungen, aber er führt keine Verhöre durch. Also verband er mir die Augen und schickte mich mit zwei Soldaten in den *Maslakh*, den Warteraum.» Dort hält der Shabak die Männer fest, die zum Verhör hergebracht worden sind. Ihre Hände sind mit Handschellen hinter dem Rücken gefesselt, über den Kopf wird ein Sack gestülpt. Die Männer müssen stundenlang auf niedrigen Stühlen in rückwärts gebogener Stellung warten, was unerträgliche Schmerzen verursacht. «Als sie mir die Augenbinde abnahmen», fuhr Mabhuh fort, «sah ich die aufgerissenen Augen der Offiziere. ‹Oh, gut daß du hier bist›, sagten sie.» Wie die meisten anderen ehemaligen Gefangenen wollte Mabhuh nicht über das Verhör selbst sprechen.

Etwas mehr über die Verhöre erfuhr ich von A. I., der 1985 wegen des Verdachts verhaftet wurde, während des Libanonkrieges auf seiten der palästinensischen Truppen gekämpft zu haben (tatsächlich hatte er sich als Student in Osteuropa aufgehalten). «Sie zogen mir einen Sack über den Kopf», berichtete er, «und banden mir die Hände auf dem Rücken zusammen. Manchmal banden sie meine Hände an einer Röhre hinter meinem Rücken fest. Manchmal schnürten sie mich zusammen und ließen mich stundenlang oder sogar tage- und nächtelang auf dem Fußboden liegen. Ein- oder zweimal am Tag holten sie mich zum Verhör, schlugen mich, quetschten meine Hoden, machten die Handschellen enger und gossen mir Eiswasser auf den Rücken. Sie sagten ständig, daß sie alles über mich wüßten, aber daß ich ihnen jetzt selbst alles sagen müßte, was ich getan hätte. Tatsächlich rückten sie aber mit sehr wenig heraus, was sie wußten. Es war ein Katz-und-Maus-Spiel. Diab al-Luh, ein Mitglied der Fatah, wurde tagelang mit am Rücken gefesselten Händen liegengelassen. Nach seiner Entlassung mußten seine Freunde ihn füttern, weil er die Hände nicht bewegen konnte. Die Aussagen mehrerer hundert ehemaliger Gefangener, die in Eyad al-Sarrajs psychiatrischem Zentrum behandelt wurden und die Fragebogen ausfüllten, ließen darauf schließen, daß die Verhöre Wunden hinterließen, die auch noch nach zehn Jahren weiterschwärten. Tausende von Häftlingen haben ähnliche Methoden und Mißhandlungen beschrieben, die auch in keinem Zusammenhang mit der Schwere des Vergehens standen, das dem jeweiligen Verdächtigen vorgeworfen wurde. Es handelte sich also wohl eher um eine routinemäßige Vorgehensweise als um Einzelfälle. Abu Nada vom psychiatrischen Zentrum beschreibt die Prozedur:

«Vier Shabak-Männer legen den Gefangenen auf den Rücken. Einer springt auf seinen Beinen herum, der zweite auf seiner Brust, der dritte auf seinen Genitalien. Der vierte hält dem Gefangenen Mund und Nase zu, so daß er nicht atmen kann. Jemand schaut dabei auf die Uhr. Manchmal ist auch ein Arzt anwesend, der die Prozedur überwacht. Dann ziehen sie dem Gefangenen einen stinkenden Sack über den Kopf. Der Gefangene kann nichts sehen und Tag und Nacht nicht unterscheiden. Er verbringt Tage ohne Schlaf, ohne ausreichende Nahrung und ohne auf die Toilette gehen zu dürfen. Nach diesem Aufweichverfahren oder auch gleichzeitig beginnen sie mit dem Verhör, das zusätzlich zur physischen Folter auch immer noch von psychologischen Demütigungen begleitet ist: «Wenn wir dich hier rausschleifen, wirst du kein Mann mehr sein. Du wirst keine Kinder mehr zeugen können. Wir holen deine Frau und deine Mutter her und bumsen sie vor deinen Augen.» Manchmal stoßen sie homosexuelle Drohungen aus. Männer, die sich tagelang zurückgehalten haben, um nicht in die Hosen zu urinieren oder defäkieren, entwickeln physische Leiden wie Nierensteine. Andere, die sich nicht mehr zurückhalten konnten, verlieren ihre Selbstachtung und fühlen sich noch lange danach gedemütigt. Die sexuelle Erniedrigung kann noch Jahre später sexuelle Funktionsstörungen verursachen. Manche Männer werden durch die Verletzung ihrer Geschlechtsorgane zeugungsunfähig.»

Ein Gefangener, der später von den palästinensischen Sicherheitskräften verhört wurde, hebt die Effektivität der Methoden des Shabak hervor: «Ersticken, Schläge auf die Genitalien, Druck auf die Brust – sie beherrschen das alles ganz hervorragend. Sie hinterlassen keine verräterischen Spuren. Nicht wie die Verletzungen, die unsere Leute den Gefangenen zufügen, die sie dann wochenlang in eine Zelle stecken müssen, bis die Spuren wieder verschwinden.»

Ghazi Abu Jiab, ein Volksfront-Aktivist, wurde 1969 im Alter von siebzehn Jahren zu mehrfach lebenslänglicher Haft verurteilt, wurde jedoch nach sechzehn Jahren anläßlich eines Gefangenenaustauschs entlassen. Von sich aus erzählt er gewöhnlich sehr wenig über seine Gefangenschaft. Aber als wir einmal zufällig über den Shabak redeten, erinnerte ihn irgend etwas an eine bestimmte Nacht während der *Intifada*, in der er sich in einer Gruppe von Gefangenen befand, die von regulären Soldaten bewacht wurde. Die Shabak-Offiziere wollten eine Pause einlegen und waren fortgegangen. Im Raum waren etwa zwanzig Gefangene, alle mit Säcken über den Köpfen. Die Soldaten, die anscheinend ein bißchen Spaß haben wollten, befahlen jedem einzelnen Häftling, laut seinen Namen zu sagen und dann zu erklären: «Ich bin andersrum, und Arafat ist ein Hundesohn» oder etwas in diesem Sinn. Abu Jiab war der dritte oder vierte in der Reihe. Unter seinem modrigen Sack erhob er die Stimme, so daß alle Anwesenden ihn hören konnten: «Ihr träumt wohl, daß ihr glaubt, daß ich das sagen werde.» Obwohl er fließend Hebräisch sprach, sagte er es auf arabisch, damit die anderen Gefangenen ihn verstanden und seinem Beispiel folgten. Die Soldaten trauten ihren Ohren nicht und befahlen Abu Jiab noch einmal, seinen Namen zu nennen und die Beleidigung nachzusprechen. Er weigerte sich. «Selbst wenn ihr mir befehlen würdet zu sagen, daß (der damalige israelische Premierminister) Yitzhak Shamir ein Hundesohn ist, würde ich es nicht tun», antwortete Abu Jiab den Soldaten. Nach jahrelanger Haft wußte er, daß die Aufseher und das ganze Gefängnissystem immer versuchen, die Gefangenen dadurch zu schwächen, daß sie innere Zwistigkeiten stiften, so daß jeder einzelne der geballten Macht des Systems alleine gegenübersteht. Aber die Soldaten drehten den anderen Gefangenen den Rücken zu, stürzten sich auf Abu Jiab und schlugen auf ihn ein. Sie hörten auch nicht auf, als er schon längst das Bewußtsein verloren hatte, bis schließlich jemand zu den Shabak-Offizieren rannte, die die Soldaten zur Ordnung riefen.

Im Gegensatz zu Abu Jiab und Mabhuh muß man Abu Mustafa nicht erst lange überreden, über seine Gefängniszeit zu sprechen. Vor der *Intifada* wurde er mehrfach verhaftet und verhört und schließlich wegen Zugehörigkeit zu einer Kampfeinheit der Fatah vor Gericht gestellt. «Jeden Augenblick stoße ich auf etwas, das mich an das Gefängnis erinnert. Vor ein paar Tagen habe ich mit meinen Töchtern ferngesehen, und wir sahen einen Mann, der seinen Esel schlug. Ich machte eine nervöse Bewegung, und die Mädchen fragten, was los sei. Ich hatte daran gedacht, wie sie mich einmal im Jahr 1973 mit einem Stock schlugen. Einmal hielten sie mich drei Tage lang fest und schlugen mich mit dicken, elektrischen Kabeln. Das ist nun dreiundzwanzig Jahre her, aber neulich vor dem Fernseher waren die Erinnerungen wie aus dem Nichts plötzlich wieder da.

Bei einer anderen Gelegenheit spuckte mir der Mann, der mich verhörte, in den Mund. Das war 1979, und ich rede nicht gern über diese Dinge. Es war ein Shabak-Mann, Abu Ishaq oder Abu Ibrahim – sie legen sich immer arabische Namen zu. Sie haben uns auch die Hoden gequetscht. Das machten sie bei jedem. Aber wenn sie mich folterten, fühlte ich mich nicht gedemütigt. Nur als dieser Kerl mich anspuckte. Ich wußte nicht, was er vorhatte, meine Augen waren verbunden. Er sagte, ich sollte den Mund aufmachen, und als er hineinspuckte, hätte ich fast gekotzt. Jemand hatte ihnen gesagt, ich hätte eine Kiste Handgranaten. Deshalb verhafteten sie mich und verhörten mich zweiundsiebzig Tage lang. Aber ich hatte diese Handgranaten nie gehabt.»

Abu Mustafa glaubt, daß die Shabak-Offiziere einfach das Gefühl haben, ihren Job zu machen. «Er ist ein Mann wie wir. Er hat Kinder, eine Frau. Er ist fähig, Menschen zu lieben, mit ihnen auszukommen. In meinen Augen ist er ein großes Tier, aber für andere ist er ein Mensch. Er erledigt nur seine Arbeit, und es ist eine abscheuliche Arbeit. So sehe ich das.» Jahre später erfuhr Abu Mustafa, daß der Shabak-Offizier bei einer Explosion im Libanon ums Leben gekommen war. «Ich muß zugeben, daß ich glücklich war, sogar sehr glücklich. Ich sah sein Bild im Fernsehen, und ich weiß noch, daß ich vor Freude gesprungen bin. Er war der einzige, der mich jemals so entsetzlich gedemütigt hat.»

Ein anderes Fatah-Mitglied, Abu Majed, wurde im Alter von fünfzehn Jahren sechs Monate lang eingesperrt und während der *Intifada* wegen Zugehörigkeit zur UNL (Unified National Leadership) verhaftet. «An einem Freitag», erzählte er mir, «brachte der Shabak-Mann mich in den Duschraum. Dort band er meine Hand an den Duschkopf, drehte das kalte Wasser an und ging für das Wochenende nach Hause. Vermutlich war er die ganze Zeit mit seiner Familie zusammen, machte einen Ausflug mit seinen Kindern oder besuchte ihre Großmutter, während ich mit über dem Kopf festgebundenem Arm unter der Dusche stand. Vorher hatten sie mich eine oder zwei Stunden lang festgebunden, vielleicht auch einmal fünf Stunden lang. Und der wachhabende Offizier wollte die Verantwortung nicht übernehmen, mich zu befreien, und so blieb ich bis zum Samstagabend unter der Dusche. Was dann passierte, weiß ich nicht mehr, aber ich wachte im Krankenhaus auf. Mein Arm war ein Jahr lang gelähmt, bis ich allmählich meine Finger wieder bewegen konnte. Meine Freunde mußten mir die Hand massieren. Ich kann sie immer noch nicht richtig gebrauchen. Jeden Winter tut sie weh. Ich kann nichts Schweres heben.»

Die Überfüllung in Abu Majeds Zelle muß die Schmerzen in seinem Arm noch verstärkt haben. «Wir waren vierunddreißig Mann in einer Zelle von 6 × 6 Metern», berichtete er. «Vierundzwanzig Mann schliefen auf Betten, die anderen auf dem Fußboden. Können Sie sich vorstellen, wie schlimm das auch nachts ist? Einer kann nicht schlafen, ein anderer wälzt sich herum, und der nächste hat einen Alptraum. Die Leute schrien und seufzten in der Nacht. Ich gewöhnte mir an, am Tag zu schlafen und nachts zu lesen. Es war verboten, das Licht anzudrehen, aber mein Bett war gleich neben dem Gang, und dort brannte das Licht.»

Alle ehemaligen Gefangenen sagen übereinstimmend aus, daß die Familienbesuche ihre Rettung waren. Die Familien waren die einzige Verbindung der Häftlinge zur Außenwelt, aber seit Israel in den frühen neunziger Jahren begann, den Gazastreifen abzuriegeln, konnten die Familien ihre Verwandten, die noch in Gefängnissen in Israel saßen, kaum noch besuchen. «Das ist das Allerschlimmste», sagte Abu Mustafa, «wenn die Besuchszeit vorbei ist, und niemand ist gekommen. Wenn ich auf jemanden wütend war oder ein Problem in meiner Zelle hatte oder wußte, daß irgend etwas Schlimmes passieren würde, erzählte ich es meiner Familie. Wir erzählten ihnen alles ganz genau, einfach, wie wir behandelt wurden.»

Es war bei den Häftlingen allgemein üblich, zwischen sich selbst und den Angehörigen außerhalb des Gefängnisses eine Solidarität zu schaffen, indem sie ihnen von ihren Erfahrungen berichteten. «Die Familien waren Partner in allen Dingen», erklärte Abu Majed. «Sie bereiteten sich auf die Besuche vor. Sie beförderten unsere Briefe. Selbst kleine Kinder lernten, Briefe herein- und hinauszuschmuggeln, ohne daß das Wachpersonal etwas merkte.»

Im Gegensatz zu vielen anderen Frauen fühlte sich Um Mustafa niemals vom Gefängnisleben ihres Mannes ausgeschlossen. «Fragen Sie sie, was wir jeden Tag zu Essen bekamen», forderte er mich auf. «Sie kann Ihnen alles sagen.» Und das tat Um Mustafa auch: «Am Morgen bekamen sie Tomaten und einen Becher Joghurt für drei oder vier Leute, nicht einmal genug für ein Kind. Sie bekamen ein bißchen Suppe mit Gemüse – nicht viel zu beißen und eine Menge Wasser.»

«Einmal in der Woche bekamen wir ein Huhn für acht Personen», fuhr Abu Mustafa fort. «Und Linsen gab es ohne Ende. Jeden Tag gab es Linsen.»

Anfangs durften Abu Mustafa und andere kein Essen von außen bekommen. Erst nach längeren Kämpfen mit der Gefängnisleitung durften die Angehörigen etwas mitbringen. «Wir brachten Minze, Sonnenblumensamen und Tee, alles auf eigene Kosten», erzählte Um Mustafa. «Man hätte meinen können, es wäre ein Hotel, für das wir bezahlen mußten.»

«Früher oder später», fügte Abu Mustafa hinzu, «werden die Israelis Bezahlung für Kost und Logis von uns verlangen.»

Die Häftlinge durften fernsehen, was eine Möglichkeit darstellte, die *Intifada* zu verfolgen und zu erfahren, was sich draußen tat. Einmal sah Abu Mustafa sogar, wie sein Sohn verhaftet wurde. «Ich sah Mustafa in einem Armeejeep, aber ich war nicht ganz sicher, daß er es wirklich war. Dann sah ich, wie meine Schwiegermutter sich auf die Soldaten stürzte, und da wußte ich Bescheid. Als ich erfuhr, was er getan hatte – er hatte Steine nach einem Shabak-Fahrzeug geworfen –, war ich stolz auf ihn, aber zuerst hatte ich nur Angst, was sie ihm antun würden. Die Soldaten hielten ihn ein paar Stunden lang fest. Er war doch nur ein Junge. Aber dann ließen sie ihn laufen.»

Zehntausende von Palästinensern lernten die Israelis durch ihre Erfahrungen in den Gefängnissen und Gefangenenlagern kennen. Sie alle haben Geschichten über gute und schlechte Aufseher zu erzählen, über solche, die sich human betrugen, und andere, die voller Haß waren. Abu Shamalla wurde während seines Gefängnisaufenthalts mehrfach in die Klinik eingeliefert, und er sagte mir, daß er Ella nie vergessen werde, eine Krankenschwester in Ramle, die sich um ihn kümmerte. Auf diese Weise veränderte sich für viele Gefangene das stereotype Bild der Israelis. Tatsächlich beeilten sich alle, mit denen ich sprach, mit Erinnerungen an freundliche Aufseher aufzuwarten.

«Ich brachte meinen Freunden Hebräisch bei», erzählte Abu Mustafa, «und einer von den Aufsehern stand an der Tür und hörte zu. Als ich fertig war, fragte er mich, wo ich die Sprache gelernt hätte, und wir kamen ins Gespräch. Er stammte aus Indien, ein Bursche von sechsundzwanzig oder siebenundzwanzig Jahren, der sich von den anderen unterschied. Er behandelte uns alle fair. Bald erzählte er mir von seinem kleinen Sohn, und ich zeigte ihm Fotos von meiner Familie. Am nächsten Tag brachte er einen Kuchen mit, den seine Frau für mich gebacken hatte. Es war verboten, aber er tat es trotzdem. Wir wurden niemals wirklich Freunde, aber ich mochte ihn gern, und ich erfuhr auf diese Weise, daß es auch andere Israelis gibt. Als sie es herausfanden, versetzten sie ihn woandershin.»

Abu Majed berichtete von Aufsehern, die bereits eine Gefahrenzulage erhielten, sich aber noch zusätzlich etwas verdienten, indem sie für Geld verbotene Waren für die Gefangenen hereinschmuggelten. «Die Israelis, die ich kennengelernt habe, denken in erster Linie an ihr Portemonnaie. Der Rest von Israel ist ihnen vollkommen gleichgültig.» Dennoch erinnert auch er sich an unerwartete Augenblicke menschlicher Kontakte. Einer der Männer, die ihn verhörten, war ziemlich übergewichtig. Als dieser Mann auf ihm herumsprang, seine Hoden quetschte und versuchte, ihn dazu zu bewegen, seine Kameraden zu verraten, keuchte Abu Majed: «Sie müssen dir doppeltes Gehalt für deinen fetten Arsch zahlen.» Es erscheint kaum glaublich, aber der Vernehmer bog sich vor Lachen und verließ den Raum. Auch für Abu Majed spielten die guten Aufseher eine besonders wichtige Rolle. «Mein Bruder und ich waren 1980 lange im gleichen Gefängnis inhaftiert. Wir saßen in Einzelhaft in benachbarten Zellen, aber sie gestatteten uns nicht, miteinander zu reden. Einmal am Tag durften wir die Zelle verlassen, um auf die Toilette zu gehen – obwohl es für den Rest des Tages einen Kübel gab –, und es gab einen Aufseher aus der Sowjetunion, aus Georgien, der uns jedesmal miteinander reden ließ, wenn wir auf die Toilette gingen. Und er erzählte mir auch, warum: Er und sein Bruder waren im gleichen Lager in Sibirien eingesperrt, aber sie bekamen sich nie zu sehen. Nach acht Jahren stellte er fest, daß sein Bruder direkt neben ihm gestorben war. Diesen Mann werde ich nie vergessen. Er war menschlich.»

Die Aufseher, an die Abu Jiab sich am besten erinnert, stammten ebenfalls aus Georgien. Viele von ihnen waren Mitte der siebziger Jahre in einer Immigrationswelle nach Israel gekommen. «Sie waren anders als die Israelis – sie waren sehr gefühlsbetont. Während eines unserer ersten Hungerstreiks konnten sie uns nicht ansehen. Sie sahen, wie uns die Schläuche für die künstliche Ernährung in den Hals gestoßen wurden, fingen zu weinen an und liefen davon. Sie waren ebenso leicht erregbar wie wir Araber. Einmal stritt ich mich mit einem Aufseher und spuckte ihm ins Gesicht. Ich stand in dem Ruf, sehr beherrscht zu sein, und er war schockiert. Er nahm den Zellenschlüssel, warf ihn auf den Fußboden und ging hinaus. Können Sie sich das vorstellen? Daß er die Schlüssel einfach liegenließ? Das ist das größte Verbrechen! Es tat mir leid, daß ich ihn verletzt hatte, und ein anderer Aufseher griff ein und brachte die Sache wieder in Ordnung.» Abu Jiab erinnert sich an Aufseher, die den Häftlingen alle möglichen Dinge verschafften – Nahrung, Zigaretten, sogar heißes Wasser. «Es war wirklich wunderbar, daß wir einen Aufseher bitten konnten, den Boiler einzuschalten, damit wir um Mitternacht oder vor dem Morgenappell Kaffee trinken konnten. Dafür bin ich selbst heute noch dankbar.» Schließlich, so berichtet Abu Jiab, wurden auch die hilfsbereiten georgischen Aufseher korrumpiert. «Zuletzt betrugen sie sich wie die Israelis.»

«Was macht einen guten Soldaten aus?» fragte ich Rafat al-Najjar, der kurz vor unserem Gespräch aus Ansar entlassen worden war. Jeden Morgen um sechs mußten sich die Gefangenen in Ansar auf dem Platz neben ihren Zelten zum Morgenappell versammeln. Sie mußten auf dem Boden knien, den Oberkörper über die Knie gebeugt, bis alle Gefangenen in sämtlichen Sektionen und Blocks aufgerufen worden waren. «Ein guter Soldat dehnt den Morgenappell nicht absichtlich aus, um es uns noch schwerer zu machen», antwortete Najjar. «Ein guter Soldat zielt mit seinem Gewehr nicht auf unsre Kehlen. Er senkt den Lauf.» Ein guter Soldat klaute Zigaretten und Kaffee aus dem Vorratsraum und warf sie in den Häftlingscompound, wenn ihnen die Vorräte ausgingen. Schließlich wurde der Mann vor Gericht gestellt und zu einer Gefängnisstrafe verurteilt, aber die Lagerinsassen, die gegen ihn aussagen sollten, bestritten, daß er jemals derartiges getan hätte. Diesen Soldaten hat Najjar immer noch in freundlicher Erinnerung.

Einige Soldaten entwickelten Freundschaften mit einzelnen Häftlingen, und ihre Geschichten sind zu Sagen der Besatzungszeit geworden. Da ist zum Beispiel der Soldat, der sich wünschte, daß ein ehemaliger Häftling aus Gaza an seiner Hochzeit teilnehmen sollte. Aber im Gazastreifen herrschte Ausgangssperre. Darum gab er anderen, mit ihm befreundeten Soldaten einen Auftrag. Sie stahlen sich mit einem Armeejeep nach Gaza, holten den palästinensischen Freund in seinem Haus im Flüchtlingslager Khan Yunis ab, zogen ihm eine Decke über den Kopf und fuhren zum Checkpoint. «Wo wollt ihr mit ihm hin», fragte der Wachmann am Checkpoint und deutete auf den Palästinenser. Die Soldaten im Jeep antworteten im Flüsterton: «Es ist schon in Ordnung. Wir bringen ihn zu einem Verhör.»

Im Laufe der Zeit hörte ich die gleiche Geschichte mit leichten Variationen von verschiedenen Seiten. Ich glaube, sie hatte das Reich der historischen Wahrheit verlassen und war zum Symbol für etwas Größeres geworden als eine Freundschaft zwischen einem einzelnen Soldaten und einem Gefangenen. Die Geschichte und die Art und Weise, auf die sie weitererzählt wird, sagen etwas über den Traum und das Bedürfnis aus, die nationale Feindschaft zu überwinden. Im Gefängnis gab es Gelegenheiten, die Israelis nicht als zweidimensionale Ungeheuer, sondern als komplexe menschliche Wesen zu sehen. Diese seismische Veränderung erforderte eine neue Sichtweise, nicht nur zwischen Individuen, sondern auch politisch.

In Gefängnissen, wo Palästinenser zusammen mit Kriminellen, also jüdischen Strafgefangenen, inhaftiert waren, konnten sie sich ein noch nuancierteres Bild verschaffen. «Ich mag die israelischen Kriminellen», behauptete mein Freund, der Rechtsanwalt Raji Sourani. «Sie haben Stil.» Als ich mich skeptisch äußerte, winkte er ab. «1985 war ich in Beersheba im Gefängnis. Wir waren von den Kriminellen durch eine Trennwand zwischen den beiden Flügeln getrennt, aber wir konnten uns gegenseitig hören und Gegenstände austauschen. Einmal hörte ich jemanden rufen und um ein paar Zigaretten bitten, und ich warf ein paar Päckchen hinüber. Er fragte nach meinem Namen und bedankte sich, und das war alles. Am nächsten Tag sagte er: ‹Hallo, Freund, sag mir, was ihr da drüben braucht.› Ich antwortete ‹Frauen›, aber er ließ nicht locker. Er wollte wissen, ob wir ein Radio hätten, und dann tauchten Zeitungen und ein Radio aus dem Nichts auf. Eine Woche später hatte ich einen Streit mit einem Aufseher, der mich wirklich in Wut brachte, und ich war nahe daran, ihn zu schlagen, was ein schweres Vergehen gewesen wäre. Der Kriminelle von nebenan rief herüber und beruhigte mich. Als nächstes hörte ich, daß dem Aufseher das Gesicht zerschlagen worden war.»

Diese Art von Erfahrungen aus erster Hand mit den Israelis waren es, die den Glauben vieler Palästinenser an die Befreiung ganz Palästinas durch bewaffneten Kampf ins Wanken brachten. Im Gefängnis entdeckte Abu Shamalla, wie er sich ausdrückt, «ein Volk, das leben möchte». Bis dahin war er überzeugt gewesen, daß die Existenz Israels mit der der

Palästinenser nicht vereinbar sei. A. I. begann, zwischen Qualitäten und schlechten Eigenschaften der Israelis zu unterscheiden. «In Israel erhalten begabte junge Leute die Chance, ihre Fähigkeiten zu entwickeln. Deshalb hat Israel es in kurzer Zeit so weit gebracht. Aber die Israelis reden von Demokratie und Menschenrechten, ohne sie zu respektieren. Ein Demokrat muß auch andere demokratisch behandeln, selbst wenn sie seine Feinde sind.»

Andere, wie Abu Mustafa, kamen durch die vielen Bücher, die sie im Gefängnis lasen, zu einem neuen Verständnis. «Ich habe mir Wissen angeeignet und bin zu dem Schluß gekommen, daß wir die Dinge anders anpacken müssen. Ich hatte zum Beispiel nicht gewußt, daß Israel einen Atomreaktor besitzt. Ich hatte nicht gewußt, daß Israel über die besten Waffen der Welt verfügt. Ich hatte nicht gewußt, daß die ganze Welt Israel unterstützt, selbst unsere eigenen Araber.»

Wenn die Palästinenser durch ihre Gefängniserfahrungen zu einem nuancierteren, komplexeren Verständnis des Feindes gelangten, so entstand dadurch bis zu einem gewissen Grad auch ein neues palästinensisches Zusammengehörigkeitsgefühl, eine Brücke zwischen verschiedenen Parteien und politischen Gruppierungen, zwischen denen eine tiefe Kluft geherrscht hatte. Politische Gefangene von der Fatah und der Kommunistischen Partei, Leute von der Volksfront, der Demokratischen Front und von den Gewerkschaften waren zusammen mit Kämpfern eingesperrt, die einsaßen, weil sie auf Soldaten geschossen, Bomben gelegt und Kollaborateure umgebracht hatten. Es ist richtig, daß bis in die späten achtziger Jahre vorwiegend Angehörige der PLO in den Gefängnissen saßen. Die Hamas existierte noch nicht, und der Islamische Jihad und die Moslembruderschaft waren nur spärlich vertreten. Dennoch waren alle Palästinenser in ihrer Unterstützung der Gefangenen als Pioniere und Helden miteinander vereinigt. Für sie waren sie alle Soldaten, die dem Ruf und ihren innersten Überzeugungen gefolgt waren.

Das Gefängnis ist eine Insel, auf der alle normativen sozialen Strukturen zusammenbrechen und den Häftlingen wenig anderes übrigbleibt, als eine neue Struktur aus allem zu schaffen, was sich dazu anbietet. Das Bedürfnis, mit irgend jemandem Kontakt aufzunehmen – sei es Aufseher oder Gefangener, Krimineller oder politischer Häftling –, spielt in der neuen Struktur ebenfalls eine Rolle. Und der Gefangene wird nicht nach seiner Stellung in der Außenwelt beurteilt oder nach dem, was er dort erreicht hat, sondern nach seinem Verhalten hinter Gittern, gegenüber anderen Gefangenen. Als die Palästinenser begannen, sich gegen die Besatzung zu wehren, betrachtete Israel die Gefängnisse nicht nur als Mittel zur Bestrafung von Einzelpersonen, sondern auch zur Abschreckung aller anderen, als Möglichkeit, das Zusammengehörigkeitsgefühl zu zerstören, die Selbstachtung zu untergraben und dadurch allmählich den Widerstand zu brechen. Trotz der traumatischen Wirkung auf unzählige Gefangene hat Israel sein Ziel eindeutig verfehlt. Erstens hat kein einziger, mit dem ich gesprochen habe, den Kampf gegen die Besatzung aufgegeben. Viele haben mehrere Haftstrafen verbüßt. Außerdem haben die Palästinenser im Gefängnis einige entscheidende Siege errungen: Während der frühen Jahre der Gefängniserfahrungen – in den siebziger und frühen achtziger Jahren – haben die Gefängnisinsassen immer und immer wieder um bessere Haftbedingungen und menschliche Behandlung gekämpft. Sie kämpften gemeinsam um ihre Rechte, und im Endeffekt haben ihre Schlachten die Einigkeit und den Stolz der Palästinenser gefördert und keine geringe Rolle in der Geschichte der palästinensischen Identität gespielt.

In der ersten Zeit der Besatzung waren die Gefängnisse so etwas wie ein Mikrokosmos der israelisch-palästinensischen Beziehungen. Auf der einen Seite war der Versuch, zu trennen und zu demütigen, auf der anderen Widerstand und Konfrontation, die letztendlich zu einer Art von Einigung führten, zu einer Veränderung der Haltung Israels und verbesserten Haftbedingungen. Nach dem Krieg von 1967 wurden die ersten Palästinenser, die gegen die Besatzung kämpften, in das Gefängnis in Ashkelon geschickt, wo Israel eine Art von Umerziehung versuchte. Wie Ghazi Abu Jiab berichtet, der 1969 inhaftiert wurde, glaubte Israel, daß man nur die erste Welle von Häftlingen brechen müßte, um den bewaffneten Widerstand ein für allemal zu ersticken. Abu Jiab erinnert sich noch an den ersten Aufseher, der für seine Sturheit und Grausamkeit bekannt war. Sein Vertreter war nicht weniger gefühllos. Die Gefangenen bezeichneten ihn als Nazi, «weil er Aschkenasi war und ein deutsches Aussehen hatte». Der Versuch, den Widerstandsgeist der Gefangenen zu brechen, begann augenblicklich. Gleich bei der Ankunft wurden ihnen die Haare abrasiert, und sie wurden mit DDT besprüht. «Die Aufseher glaubten, daß wir Araber unsere Schnurrbärte für ein Symbol unserer Männlichkeit hielten und uns gedemütigt fühlen würden, wenn sie abrasiert wurden. Mir waren meine Haare egal. Ich war erst siebzehn. Ich wollte nur nicht, daß sie mich schlugen.» Außerdem mußten die Gefangenen die Aufseher mit *Sidi*, dem arabischen Wort für Herr, anreden. Die Bedingungen waren hart. Es gab keine Kopfkissen und Matratzen, und die Häftlinge mußten auf dem Fußboden schlafen. Jeder bekam vier Decken und benutzte seine Schuhe als Kopfkissen. Während des Tages wurde eine Matte ausgebreitet, aber diese wurde nachts zusammengerollt und an einem für den Aufseher gut sichtbaren Ort aufbewahrt. Zum Essen gab es Schalen, die die Häftlinge nach dem Essen zu einer Pyramide an der Wand aufstapeln mußten. Während des Tages trugen sie hohe Armeestiefel, die sie außer zum Beten nicht ausziehen durften.

Schreibfedern, Papier und Bücher waren verboten. Eine Füllung des Füllfederhalters wurde zum Schreiben von Briefen an die Familie zur Verfügung gestellt. «Es gab da einen Mann, der wußte alles über die bolschewistische Revolution», erinnert sich Abu Jiab. «Er schrieb die ganze Geschichte der Bolschewisten auf Margarinepapier, und ich versteckte sie in meinen Schuhen. So stellten wir Lesestoff her, der dann von einem Gefangenen zum anderen weitergegeben wurde. Solche Dinge lernten wir von einem Mann, der in ägyptischen Gefängnissen gewesen war.» Wann immer die Häftlinge ihre Zelle verließen, mußten sie die Hände hinter dem Rücken halten – während des Spaziergangs, bei Familienbesuchen, auf dem Weg zur Dusche. Wenn ein Gefangener aus irgendeinem Grund außerhalb seiner Zelle auf irgend etwas warten mußte, mußte er mit dem Gesicht zur Wand stehen. «Wir konnten nicht einmal duschen wie ein Mensch», erzählte mir Abu Jiab. «Es gab da ein Arschloch von Aufseher, Giorno, ein echter Hundesohn, der zählte bis zehn. Wir mußten alles erledigen, während er zählte – ausziehen, duschen und uns wieder anziehen, bis er bei zehn ankam.» Das Essen war kärglich, und seit 1970 gab es eine neue Vorschrift, die es den Familien untersagte, Essen in das Gefängnis zu bringen.

Der erste von Dutzenden von Hungerstreiks fand 1971 statt, nachdem es in Ashkelon zu Gewalttätigkeiten gekommen war, in deren Verlauf alle Insassen geschlagen wurden, weil einige von ihnen einen besonders brutalen Aufseher angegriffen hatten. «Die Hungerstreiks waren legal», erklärte Abu Jiab, «und es war eine Möglichkeit, einzelne Häftlinge daran zu hindern, etwas Unbesonnenes zu tun. Wir mußten gemeinsam handeln.» 1971 forderten die Gefangenen unter anderem, die Aufseher nicht mehr mit *Sidi* anreden zu müssen, längere Besuchszeiten, längere Spaziergänge und die Erlaubnis, beim Duschen Schwämme zu benutzen. Forderungen nach besseren hygienischen Bedingungen waren ein immer wiederkehrender Bestandteil sämtlicher Streiks.

«Die allergrundlegendsten Dinge wurden uns absichtlich vorenthalten, um uns zu unterdrücken», berichtete Abu Jiab. «Genau wie jetzt mit den Abriegelungen wurde alles mit Sicherheitsgründen erklärt. Wenn wir Betten forderten, behaupteten sie, wir würden die Eisenstangen benutzen, um zu flüchten.» Bei den ersten Streiks bestimmte die Gefängnisleitung die Gefangenenvertreter, aber die Häftlinge kämpften um das Recht, sie selbst zu wählen. Als ihnen erst einmal gestattet war, Bücher zu haben, kämpften sie für das Recht zu bestimmen, was für Bücher das sein sollten und wer sie beschaffte. Die Gefängnisleitung wollte keine Bücher zulassen, die von den Familien der Gefangenen mitgebracht oder aus dem Ausland geschickt wurden, und duldete keine marxistische Literatur. Auch um die Zeitungen gab es Kämpfe. Lange Zeit waren hebräische Zeitungen nicht gestattet.

Abu Jiab behauptet, daß Arbeit in den Gefängnissen nur zu dem Zweck eingeführt wurde, Meinungsverschiedenheiten unter den Gefängnisinsassen auszulösen. «Die eine Hälfte der Leute arbeitete, und die andere weigerte sich, und die Stimmung zwischen den beiden Gruppen wurde feindselig. Die Männer, die arbeiteten, büßten die Disziplin ein, die sie von ihren Organisationen her mitgebracht hatten. Ihr Wunsch, sich weiterzubilden und gegen die Gefängnisleitung zu kämpfen, wurde schwächer. Sie verdienten ein bißchen Geld und waren dann eher bereit, sich zu fügen. Uns waren Einigkeit und gemeinsames Handeln das Wichtigste, aber die Gefängnisleitung schaffte es, uns aufzuspalten, indem sie einer kleinen Gruppe von Leuten, die arbeiteten, Privilegien zugestand.»

Der lange Hungerstreik von 1975 war die härteste Prüfung in Abu Jiabs Leben. «Er dauerte fünfundvierzig Tage. Wir hatten uns niemals träumen lassen, daß er so lange weitergehen würde. Nur fünfundfünfzig von den ursprünglichen vierhundertfünfzig Streikenden hielten bis zum Ende durch. Die Behörden taten immer so, als ob die Streiks aus dem Ausland oder aus den besetzten Gebieten importiert wären, als ob wir Befehle von außen bekämen. Sie behandelten uns genauso wie die PLO – keine Anerkennung unserer Organisation und unserer Leitung. Aber sie gaben nach, wenn sie unsere Vermittlung brauchten.» Eine Delegation von hochrangigen Leuten aus Gaza wurde ins Gefängnis geholt, um einen Kompromiß auszuhandeln. Der Streik wurde im Austausch für bestimmte Versprechungen abgebrochen, aber die Gefangenen wurden über das Ohr gehauen. «Sie erklärten sich bereit, uns Kämme zu geben», fuhr Abu Jiab fort. «Der Streik dauerte sieben Wochen, und am Ende bekamen wir jeder einen Kamm! Deshalb beschlossen wir einen Monat später, noch einmal zu streiken, und diesmal taten sie alles, was sie nur konnten, um unseren Widerstand zu brechen. Die Streikenden wurden auf verschiedene Gefängnisse verteilt. Dort gab es keine Fenster, und die Lichter brannten die ganze Zeit. Es gab weder Tag noch Nacht, und das war schwerer zu ertragen als der Hunger. Sie haben uns wirklich gequält. Einmal behaupteten sie, sie hätten eine Nadel in der Zelle gefunden, und das sei ein Teil von einem Fluchtversuch. Dann fesselten sie uns und besprühten uns mit Tränengas. Mein Freund R. versuchte, sich umzubringen. Er fing an, den Kopf gegen die Eisengitter zu schlagen.

Irgendwann fingen sie an, uns zwangsweise mit einer Mischung aus Milch und Eiern zu ernähren. Das war schrecklich, weil man die Milch in die Lunge bekommen kann. Ein paar Jahre später sind im Nafha-Gefängnis mehrere Leute auf diese Weise gestorben. Wir waren in einer winzigen Zelle und schliefen über- und untereinander. Irgendwann beschlossen wir, die Eiermilch zu trinken, weil beide Seiten, die Israelis und wir Häftlinge, uns darauf geeinigt hatten, daß es kein Streikbruch sei, wenn wir die Mischung tranken. Zum Schluß besiegten sie uns doch. Wir konnten unsere Forderungen nicht durchsetzen, und unsere Moral war auf dem Tiefpunkt. Wenn so etwas passiert, fangen alle an, ihren Führern Vorwürfe zu machen und allen anderen auch.»

Aber überall, wo ein neues Gefängnis eröffnet wurde, gingen die Insassen augenblicklich in Streik. 1980 wurde Nafha aufgemacht, um die palästinensischen Führer von den übrigen Gefängnisinsassen zu trennen. Die Gefangenen waren kaum dorthin transportiert worden, als sie auch schon zu streiken begannen. Das gleiche passierte im Gefangenenlager Ansar im Negev, wo Tausende in einzelnen Blöcken von Zelten gefangen gehalten wurden. «Man durfte sich nicht zwischen den Zelten bewegen», erzählte Abu Jiab. «Es war wie ein riesiger Käfig in der Wüste.»

Als Abu Jiab 1985 anläßlich eines Gefangenenaustauschs entlassen wurde, waren 90 Prozent der ursprünglichen Forderungen der Gefangenen erfüllt worden, und sie hatten mehr als nur materielle Verbesserungen erreicht. Die Veteranen brachten den jüngeren Insassen bei, wie man die Entbehrungen ertragen, den Verstand trotzdem lebendig halten und seine Fähigkeiten entwickeln kann. A. I. erinnert sich daran, einige Zeit mit einem Aktivisten von der Demokratischen Front, Omar al-Qassem, zusammengewesen zu sein. Er litt an einer Nierenerkrankung und starb schließlich im Gefängnis. «Er sagte mir, was ich tun müßte, um mir meine körperliche und geistige Gesundheit zu erhalten: mich soviel wie möglich bewegen, nicht rauchen und viel lesen. Was das Rauchen betraf, war ich nicht überzeugt, bis er mich aufforderte, mit ihm zu laufen. Wir rannten im Hof, und er machte immer weiter, während ich ziemlich schnell außer Atem war. Da schämte ich mich und gab das Rauchen auf.»

A. I. ist überzeugt, daß das Gefängnis ihn zu einem ruhigeren, reservierteren und ernsthafteren Menschen gemacht hat. «Je weniger man redet, desto mehr wird man respektiert. Man muß auf sich achten und seine Selbstachtung aufrechterhalten. Es ist unmöglich, in einer so winzigen Zelle zu leben, wie wir es taten. Wenn man darüber nachgedacht hätte, daß man die Zelle nicht verlassen durfte, wäre man verrückt geworden. Also mußte man an andere Dinge denken und zum Beispiel lesen. Ich fing an, mich für Moscheen zu interessieren, und baute Modelle aus Pappe und Leim.»

Es gab eine ganze Reihe von Strategien, mit deren Hilfe die Gefangenen ihre Haftzeiten überstanden. Über viele davon möchten sie mit Rücksicht auf die Männer, die noch im Gefängnis sind, nicht reden. Vor

1985, als Radios und Batterien zugelassen wurden, wurden sie in die Gefängnisse geschmuggelt. Ein Gefangener hörte sich heimlich die Nachrichten an, schrieb sie nieder und verteilte seine Notizen in allen Zellen. Die Gefangenen zapften die elektrischen Leitungen an, so daß sie auch nach dem Zapfenstreich noch Licht hatten und später auch fernsehen konnten. A. I. erinnert sich, daß sie Filme mit einer Videokamera machten, die sie in das Gefängnis in Nafha geschmuggelt hatten. Sie bohrten Löcher in Fußböden und Wände, in denen sie die Kamera versteckten. Gewöhnlich nahmen die Gefangenen diese Schmuggelwaren mit hinaus auf den Spaziergang, damit sie nicht in ihren Zellen entdeckt wurden.

In den Anfangszeiten waren nicht nur die Haftbedingungen für die Gefangenen schwer zu ertragen. Sie verlangten auch viel von sich selbst und stellten eine Reihe strenger, selbstverhängter Regeln auf. «Wir dachten ständig an Frauen, aber wir sprachen höchstens im Flüsterton davon», schilderte A. I. eine dieser Regeln. «Nachdem wir Radios bekommen hatten, verboten wir zum Beispiel das Anhören bestimmter Lieder, weil wir glaubten, sie würden uns korrumpieren. Es war auch verboten, sich mit den Aufsehern zu verbrüdern, als ob wir damit das Brot mit dem Feind brechen würden. Alle diese Regeln gingen über unsere menschlichen Bedürfnisse hinweg und wurden deshalb allmählich gelockert.»

Die Zelle war auch ein Forum für ideologische Diskussionen. A. I. wandte sich gegen das Konzept der Familienehre. Abu Jiab sprach sich gegen Flugzeugentführungen aus, mit denen Lösegelder und nicht die Befreiung von Gefangenen bezweckt wurden. Die Gefängnisinsassen sammelten Monatszeitschriften mit Artikeln, Gedichten und Geschichten, die sie in Hefte abschrieben und in den verschiedenen Flügeln des Gefängnisses verteilten. Verbotene Texte wurden hereingeschmuggelt, abgeschrieben und in Studiengruppen verwendet. Diab al-Luh, der ebenfalls anläßlich des Gefangenenaustauschs von 1985 entlassen wurde, glaubt, daß die Angehörigen seiner Häftlingsgeneration ganz besonders gebildet waren, weil sie so viel lasen. Nach 1985, als in den Gefängnissen Fernsehgeräte zugelassen wurden, wurde diese Praxis zunehmend vernachlässigt. Offizielle, von den Behörden sanktionierte Leihbüchereien wurden durch die Texte der politischen Organisationen bereichert. Luh erinnert sich daran, daß die Fatah ihren Mitgliedern untersagte, sich marxistische Bücher auszuleihen, die von der Volksfront beigesteuert wurden. Die Fatah wandte sich nicht gegen Texte über nationale Revolutionen, sondern nur gegen solche mit antikapitalistischer Tendenz, die im Widerspruch zu dem Bild standen, das sie von sich selbst als zukünftiger Regierungspartei verbreitete. Wie Abu Jiab berichtete, weigerte sich jede Organisation, ihre Bücher auch an andere auszuleihen. Zehn Jahre später nannte er diese Politik im Gespräch mit mir dumm und typisch für die Rivalitäten und das herrschende Sektierertum.

Politische Rivalitäten waren jedoch nicht der einzige Anlaß für Friktionen. «Der Tag war angefüllt mit unzähligen Reibereien zwischen den Häftlingen. Sie stritten sich wegen der unbedeutendsten Dinge – um eine Scheibe Brot, die Reinigung der Zelle, ihren Platz in der Schlange vor der Dusche, um Zigaretten», erinnert sich Abu Jiab. Aber die schlimmsten Spannungen, auf die die Gefangenen viel Zeit und Energie verschwendeten, wurden durch den Verdacht verursacht, daß es Spione gäbe. Dieser Verdacht wurde vielfach zum Anlaß für entsetzliche Grausamkeit. Das Gefängnis ist ein Mikrokosmos der palästinensischen Welt, und in der Grausamkeit gegen mutmaßliche Verräter im Gefängnis spiegelte sich die Unfähigkeit der Gesellschaft wider, in angemessener Form auf das Phänomen der Kollaboration zu reagieren. Abu Jiab war einer der ersten, die sich gegen die Tötung von Kollaborateuren aussprachen. Er schreckte vor der Barbarei zurück und machte sich Sorgen um die Folgen, die diese auf die Dauer für die palästinensische Gesellschaft haben würde. «Ich bin schon vor langer Zeit zu dem Schluß gekommen, daß der Shabak all diese Informanten nicht nur zu dem Zweck anwirbt, sich Informationen zu verschaffen – es ist nicht schwer, diese Informationen zu bekommen, weil alle so viel reden. Es ist sehr viel mehr eine Methode, unser Volk zu korrumpieren und Zwietracht zu säen. Es ist den Israelis gelungen, uns einzureden, daß der Shabak alles weiß und alle Aspekte unseres Lebens beherrscht. Der Erfolg des Shabak bestand darin, daß wir an uns selbst zu zweifeln begannen und uns gegenseitig verdächtigten.»

Es gibt keine konkreten Schätzungen, wie viele Kollaborateure Israel anwerben konnte. Der Anreiz war beträchtlich: Ausreisegenehmigungen, Baugenehmigungen, Geschäftslizenzen und die Möglichkeit, auch anderen solche Vorteile zu verschaffen. Den Palästinensern war ihre eigene Unterlegenheit in diesem Wettbewerb schmerzhaft bewußt. Bis zum Beginn der *Intifada* konnten Kollaborateure im Schutz der Privilegien, die sie genossen und um sich streuten, ziemlich offen arbeiten. Aber als die Israelis mit vermehrter Unterdrückung auf den Aufstand reagierten, ließ die Bevölkerung ihren Zorn, ihre Verzweiflung und Frustration an den Opfern aus, die am leichtesten zu fassen waren, an Palästinensern, die verdächtigt wurden, den Feind zu unterstützen.

Leute, die unter dem Verdacht standen, Kollaborateure zu sein, wurden von kleinen, militanten Gruppen gefangengenommen und vielfach auf brutale Weise gefoltert. Oftmals fungierte der Inquisitor gleichzeitig als Richter und als Henker. In vielen Fällen erwies der Verdacht sich als unbegründet, aber meistens zu spät. Jahrelang haben die Palästinenser nichts dagegen unternommen, daß Israel so viele Spione anwerben konnte. Gleichzeitig schließen sie jedoch die Augen vor der Schuld, die manche Palästinenser durch ihre gnadenlosen Morde an Landsleuten auf sich geladen haben, denen nicht einmal Gelegenheit gegeben wurde, sich zu verteidigen.

A. I. hat zugegeben, im Gefängnis einen Kollaborateur ermordet zu haben, und er zeigt keine Reue. Der Informant hatte sich jahrelang als studierender PLO-Aktivist ausgegeben und unzählige vertrauensvolle Studenten verraten. A. I. behauptet, daß die Grausamkeit dieses Mannes bei weitem die Grausamkeit aufwog, mit der er ermordet wurde. Als sie ihn verhörten, hatte er zugegeben, daß die Israelis ihn nur zu dem Zweck eingesperrt hatten, ihn als Widerstandskämpfer um so glaubwürdiger zu machen. A. I. behauptet, daß er den Mann auf Befehl von außen ermordet habe, andere bezeugen jedoch, daß er den Mord nicht selbst ausgeführt habe, sondern lediglich als ranghöchstes Mitglied seiner Organisation im Gefängnis die Verantwortung übernommen habe. Die Identität des wirklichen Mörders wird oft verheimlicht, um zu verhindern, daß die Familie des Opfers sich an ihm rächt. In diesem Fall, so behauptet A. I., habe der Vater des Mannes den Hintergrund seines Sohnes überprüft, habe festgestellt, daß der Verdacht begründet war, und sich von ihm distanziert. «Das ist das Gute am Gefängnis», meinte A. I. «Es ist leicht, die Informanten zu enttarnen.»

Abu Jiab wandte ein, daß der Druck, als Verräter verdächtigt und ständig beobachtet zu werden, manche Häftlinge fast um den Verstand gebracht habe. A. I. hielt dagegen, daß die Gefängnisinsassen immer wissen, wer die Informanten sind. «Man kennt die anderen Gefangenen besser als seine eigene Frau. Mit niemandem verbringt man jemals so viel Zeit wie mit seinen Zellengefährten.»

Im Endeffekt ist es die Hoffnung auf ein Ende der Haft, die den Gefangenen hilft, die Härten des Gefängnisses zu überstehen. Im Gegensatz zu kriminellen Häftlingen, die sich an die Hoffnung auf vorzeitige Entlassung wegen guter Führung klammern können, sind politische Gefangene auf Entwickelungen außerhalb des Gefängnisses angewiesen, aber solche Entwicklungen fehlten niemals ganz. «Es ging immer irgendwas vor, es gab immer einen Grund zur Hoffnung», berichtete Abu Jiab. «Am Anfang war unsere Organisation auf dem Höhepunkt ihrer militärischen Aktivitäten – Flugzeugentführungen, Geiselnahmen und andere bewaffnete Operationen –, deshalb bestand immer die Aussicht, bei einem Gefangenenaustausch freizukommen. Das hielt uns aufrecht, der Gedanke, daß irgend etwas – der Oktoberkrieg von 1973, der Libanonkrieg – zu unserer Entlassung führen würde. Die Hoffnung war der Grund, daß wir nicht den Verstand verloren, die Hoffnung und die Familienbesuche.»

Um Muhammad ließ sich schwer auf einen Stuhl fallen. Sie hatte sich einen großen, weißen Schal um den Kopf gewickelt, und ihre Hände waren mit Henna rot gefärbt. Sie griff in ihre Bluse und holte etwas heraus, das wie eine Handvoll Tabletten aussah. Es stellte sich jedoch heraus, daß die kleinen Kapseln Briefe aus dem Gefängnis enthielten, winzige Streifen von dünnem Papier, eng beschrieben, zusammengefaltet und in Plastikfolie gewickelt. Um Muhammad war gerade von einem Besuch bei ihrem Sohn zurückgekehrt, der seit 1991 in einem Gefängnis in Israel saß. Sie hatte einen Protestbrief aller Häftlinge aus dem Gefängnis geschmuggelt, in dem gegen den Tod eines Fatah-Kämpfers protestiert wurde, der von der palästinensischen Autonomiebehörde festgehalten worden war. Aber Um Muhammad machte sich hauptsächlich Sorgen wegen der Unregelmäßigkeit ihrer Besuche bei ihrem Sohn – dies war der erste in sieben Monaten gewesen. Und solange die Abriegelungen anhielten, konnte sie nicht nach Israel einreisen, um ihn zu sehen.

«Früher wäre das nie passiert. Während der ganzen *Intifada*, sogar während der Ausgangssperren, konnte ich ihn alle fünfzehn Tage besuchen. Jetzt geht das nicht mehr. Es gibt immer Probleme. Warum?» fragte sie. «Mein Sohn sagt, daß alles in Ordnung sei, und die Gefangenen lächeln immer, wenn wir kommen. Sie wollen nicht, daß wir uns Sorgen machen, aber ich weiß, wie schwer es für sie ist.»

Es ist kaum zu glauben, daß das Schicksal der Gefangenen bei den Verhandlungen von 1993 überhaupt nicht zur Sprache kam und in der Grundsatzerklärung nicht erwähnt wird. Die palästinensischen Unterhändler – Mitglieder der PLO, die im Ausland lebten – hatten nicht dafür gesorgt, daß in irgendeiner Form auf die 11 000 Palästinenser Bezug genommen wurde, die für das Verbrechen, Widerstand gegen die Besatzung geleistet zu haben (so sehen es jedenfalls die Gefangenen), in israelischen Gefängnissen festgehalten wurden. In diesem unglaublichen Versäumnis kam einmal mehr die Kluft zum Ausdruck, die zwischen der Führung im Ausland und den Menschen bestand, die unter der Besatzung leben mußten. Bei unvoreingenommener Betrachtung konnte man von den Israelis selbst jedoch kaum erwarten, daß sie das Argument der Palästinenser akzeptierten, daß die Gefangenen Soldaten seien, die in einer Zeit des Krieges Befehle befolgt hätten und somit als Kriegsgefangene behandelt werden müßten.

Nach einer Serie von Demonstrationen wurde das Versäumnis wenigstens zum Teil in dem im Mai 1994 unterzeichneten Kairoer Abkommen korrigiert, in dem die Grundlagen der ersten Stufe der palästinensischen Selbstverwaltung festgelegt wurden. Die Rubrik «vertrauenbildende Maßnahmen» sah unter anderem die Entlassung von 5000 Gefangenen aus dem Gazastreifen und dem Westjordanland vor, wenn auch unter einer ganzen Serie von Bedingungen und Auflagen (viele der

Männer durften den Gazastreifen bzw. Jericho nicht verlassen.) Nach der Unterzeichnung des Abkommens sollten die Vertragspartner die Verhandlungen über die Entlassung weiterer Häftlinge fortsetzen.

Die palästinensische Delegation für diese Gespräche wurde von Hisham Abed al-Razeq von der Fatah angeführt. Er hatte einundzwanzig Jahre im Gefängnis verbracht, danach wurde er Mitglied des Parlaments. Im Dezember 1994 war er tief enttäuscht über die Art, auf die Israel die Entlassung der Gefangenen handhabte. Die ersten 5000 Häftlinge waren entlassen worden, und darunter waren auch mehrere hundert Mitglieder der Hamas und des Islamischen Jihad gewesen, die eine Verpflichtung unterzeichnet hatten, in Zukunft auf terroristische Aktivitäten zu verzichten. Aber Abed al-Razeq beschwerte sich darüber, daß die Häftlinge in so kleinen Gruppen entlassen wurden, daß dadurch jede öffentliche Feier verhindert wurde, die den Status der Autonomiebehörde und der Befürworter der Abkommen hätte stärken können. Der schlimmste Schlag war jedoch die Tatsache, daß Israel vollkommen freie Hand hatte zu bestimmen, wer entlassen wurde.

«Unsere Repräsentanten haben die Entscheidung den Israelis überlassen, und die haben nicht eine einzige Person freigelassen, die eine aktive Rolle im Krieg gegen sie gespielt hat.» Selbst Männer, die nun das Friedensabkommen akzeptierten, blieben im Gefängnis, wenn sie Israelis getötet oder verletzt hatten, erklärte Abed al-Razeq. «Entlassen wurden nur Leute, die in der *Intifada* aktiv gewesen waren oder palästinensische Kollaborateure getötet hatten.» Als Leiter des Gefangenenkomitees besucht Abed al-Razeq seine inhaftierten Kameraden auch weiterhin jede Woche. «Ich kann ihnen keine Erklärung dafür geben, warum sie immer noch im Gefängnis sind. Sie fühlen sich, als seien sie von ihren Kommandeuren auf dem Schlachtfeld verlassen worden.»

Zu diesen Kommandeuren zählt Abed al-Razeq jeden von Yassir Arafat abwärts. «Die Gefangenen können es kaum glauben, daß palästinensische Minister sie in israelischen Gefängnissen besuchen. Sie fühlen sich betrogen. In der Grundsatzerklärung wurden sie überhaupt nicht erwähnt, und bei den Verhandlungen in Kairo gelang es der palästinensischen Führung nicht, einen für beide Seiten akzeptablen Zeitplan für ihre Entlassung durchzusetzen.» Wenn die Unterhändler Söhne im Gefängnis hätten, meinen die Gefangenen, hätten sie sich etwas einfallen lassen.

Von den 6000 Häftlingen, die 1995 immer noch im Gefängnis saßen, hatten sich 650 direkt an der Tötung von Israelis oder, wie Abed al-Razeq es nennt, am Krieg gegen die Israelis beteiligt. Ich erklärte ihm, daß diese Gefangenen in den Augen der Israelis Blut an den Händen hatten, jüdisches Blut. «Sowohl Rabin als auch Arafat haben Blut an den Händen, und dennoch haben sie sich die Hände geschüttelt», entgegnete

Abed al-Razeq. «Die Gefangenen sind Soldaten, die Befehle erhalten haben, ebenso wie die Soldaten der IDF den Befehl erhalten haben, sie zu verhaften, sie zu schlagen, ihnen Arme und Beine zu brechen. Zu schießen, zu töten, sie zu foltern. Die besetzten Gebiete wochenlang abzuriegeln. Land zu enteignen und den jüdischen Siedlern zu geben. Die Schulen zu schließen und die Schüler mit Tränengas zu besprühen.»

Seit meinem Gespräch mit Abed al-Razeq sind als Folge des im September 1995 in Washington unterzeichneten Interimsabkommens – Oslo 2 – nach und nach weitere 3000 Gefangene in kleinen Gruppen entlassen worden. Diejenigen, die immer noch im Gefängnis waren, versuchten im Juni desselben Jahres einen Hungerstreik. Die palästinensische Autonomiebehörde und andere Organisationen veranstalteten Demonstrationen innerhalb der Selbstverwaltungsgebiete. Gleichzeitig baten die Repräsentanten der Autonomiebehörde die Gefangenen jedoch, den Streik zu beenden. Viele waren der Meinung, daß die Autonomiebehörde befürchtete, daß einige der Gefängnisinsassen bei dem Hungerstreik als Märtyrer sterben könnten, was allgemeine Unruhen unter den Palästinensern ausgelöst hätte, und der Autonomiebehörde wäre die Schuld an allem in die Schuhe geschoben worden.

Abed al-Razeq war überzeugt, daß die Palästinenser früher oder später wegen der Gefangenen auf die Straße gehen würden. «Das ist ein Vulkan», sagte er damals. «Weiß der Himmel, was passiert, wenn er ausbricht. Ich komme mit den Familien der Gefangenen zusammen, und ich fühle den Ausbruch kommen.»* Aber die Explosion kam nicht, nicht einmal als der israelische Präsident Ezer Weizmann und Brigadegeneral Ilan Biran vom Zentralkommando der IDF sich weigerten, fünf palästinensische Frauen zu begnadigen, die in Jerusalem wohnten und daher dem israelischen Gesetz unterworfen waren. (Hierzu sollte beachtet werden, daß im Washingtoner Abkommen von 1995 eindeutig vereinbart wurde, daß alle weiblichen Häftlinge gleich bei der ersten Stufe der Entlassungen freigelassen werden sollten.) Sechsundzwanzig weitere weibliche Häftlinge weigerten sich, das Gefängnis zu verlassen, bevor ihre Kameradinnen ebenfalls entlassen wurden. Mehrere hundert männliche Gefangene dagegen beteiligten sich nicht an diesem Akt der Solidarität, sondern verließen das Gefängnis zur vorgesehenen Zeit. Seit den palästinensischen Parlamentswahlen im Jahr 1996 und einer Serie von Selbst-

* Abed al-Razeqs Worte erwiesen sich als prophetisch. Im Dezember 1998 begannen die noch verbliebenen Gefangenen einen Hungerstreik, und an mehreren israelischen Checkpoints fanden massive Demonstrationen zu ihrer Unterstützung statt. Fünf Demonstranten wurden von der IDF getötet. Die Proteste richteten sich gegen die Entscheidung der Israelis, normale Kriminelle anstelle von Männern zu entlassen, die gegen die Besatzung gekämpft hatten.

mordattentaten befinden sich die Verhandlungen über die Gefangenen in einer Sackgasse. Das Recht auf regelmäßige Familienbesuche wurde nicht respektiert, und die Gefangenen waren untereinander noch nie so uneinig. «Da ist ein Mann, der sitzt schon seit dreiundzwanzig Jahren», erzählte mir A. I. «Er gehörte zu einer Einheit, die einen Polizeioffizier in Gaza getötet hat, und sie lassen ihn einfach nicht gehen, obwohl es nun schon dreiundzwanzig Jahre her ist. Das ist nicht fair. Es gibt israelische Offiziere, die viele Palästinenser getötet haben, aber die sitzen am Verhandlungstisch. Warum wird einer, der einen jüdischen Offizier getötet hat, so lange bestraft?»

IV
Gaza – ein großes Gefängnis

10
Die Ausreisegenehmigung von gestern

«Das einzige, was uns hier in Gaza noch fehlt, ist der Morgenappell», meinte Abu Majed. Wir saßen auf dünnen Matratzen – den einzigen Einrichtungsgegenständen des Raumes –, tranken Tee und aßen Plätzchen, eine Spezialität für den Id al-Fitr, den Feiertag, mit dem das Ende des Fastenmonats Ramadan begangen wird. Die Biographie Abu Majeds hört sich an wie die Geschichte eines Jedermann der Fatah: gelegentliche Aushilfsarbeiten in Israel, Verhaftungen und Verhöre im Teenageralter, zehn Jahre in einem israelischen Gefängnis und schließlich ein Posten als palästinensischer Polizeibeamter. Ich sehe ihn vor mir, einen drahtigen Jungen, der in Beersheba Zement mischt oder auf dem Karmel-Markt in Tel Aviv Obst- und Gemüsekisten schleppt und sich, so gut es geht, mit seinen wenigen hebräischen Sätzen behilft. Zunächst wird er beeindruckt gewesen sein von den hohen Gebäuden und den breiten Straßen der Stadt, und er wird heimliche Blicke auf die Frauen geworfen und sich im nächsten Augenblick für seine Schwäche geschämt haben. Ich stelle mir vor, wie er am Abend nach Gaza zurückkam, mit einem bißchen Geld für seine Familie in der Tasche und einem kleinen Geschenk für seine Schwester. Und dann die *Intifada*, die Mitarbeit in der UNL-Zelle, Verhaftungen und wieder Verhaftungen, Gerichtsverhandlungen und Gefängnis.

Abu Majed war auch derjenige, der mich auf die Verbindung zwischen Gaza, dem Gefängnis und den kleinen, scharfen, grünen oder roten Pfefferschoten aufmerksam machte, die, fein geschnitten mit Tomaten und Knoblauch, dem Salat in Gaza seine berühmt-berüchtigte Schärfe geben. «Diese Pfefferschoten haben uns im Gefängnis gefehlt», erklärte er, «weil sie einem Tränen in die Augen treiben. Dann hätten wir vorgeben können, daß wir wegen der Pfefferschoten weinten und nicht wegen unseres Heimwehs.» Und dann erzählte Abu Majed eine Geschichte, die er von irgendeinem Israeli gehört hatte – einem Gefängnisaufseher oder einem seiner Bosse, er wußte nicht mehr, von wem sie stammte. Als die IDF im Jahr 1970 eine Serie von Angriffen auf Farmen in Nordisrael an der libanesischen Grenze untersuchte, kam sie zu dem Schluß, daß die

Eindringlinge aus Gaza stammen mußten, obwohl sie aus dem Libanon gekommen waren. Sie hatten Wasserleitungen zerstört, Gewächshäuser zertrümmert und Felder verwüstet. Nur eine Pflanzensorte war zwar ein wenig geplündert, aber nicht ernsthaft beschädigt worden: die Büsche mit den kleinen grünen und roten Pfefferschoten. Jetzt, schloß Abu Majed wehmütig, hatten die Leute in Gaza wenigstens genügend Pfefferschoten. «Nur der Morgenappell fehlt.» Der und die ständige Anwesenheit der Israelis. «Es ist so lange her, daß ich Hebräisch gesprochen habe. Sie sind die erste Israelin, die ich in den zwei Jahren seit meiner Entlassung aus dem Gefängnis getroffen habe. Sie sind ein richtiges Museumsstück.»

Seit diesem Gespräch brachte ich Abu Majeds Bonmot mit dem Morgenappell bei jeder Gelegenheit an. In Gaza reagierten die Leute, ehemalige Häftlinge und andere, mit schallendem Gelächter. «Warum ist uns das nicht schon früher eingefallen?» bekam ich mehr als einmal zur Antwort. Israelis hingegen mußte der Witz erst einmal erklärt werden, und auch dann war ich mir nicht so sicher, daß sie den Ausspruch besonders witzig fanden. Die meisten Israelis glauben nach wie vor, daß die Abriegelungen – durch die die gesamte Bevölkerung von Gaza eingesperrt wird – nichts als eine Reaktion auf den Terror und ein Mittel sind, diesen zu verhindern, und daß es keine andere Möglichkeit gibt, dafür zu sorgen, daß keine Busse in die Luft fliegen. Viele verbinden mit den Abkommen von Oslo nur die grausigen, blutigen Bilder, die sich den Israelis mit so erschreckender Regelmäßigkeit geboten haben. Aber was die Israelis für ein Gegenmittel halten, ist in den Augen der Palästinenser eine Kollektivstrafe. Für die Bewohner von Gaza provoziert die Belagerung des Gazastreifens nur die Wut, die der Nährboden für die Selbstmordattentate ist, und zementiert die Lebensumstände, die diese bis zu einem gewissen Grad erklären. In Gaza sind die Worte «Oslo» und «Friedensprozeß» inzwischen gleichbedeutend mit Masseneinsperrungen und erstickenden Einschränkungen. Es ist unmöglich, die Entwicklungen in Gaza seit dem Beginn der palästinensischen Selbstverwaltung im Jahr 1994 zu verstehen, ohne die unerträglichen Folgen mit einzukalkulieren, die die ständige Abriegelung des Gazastreifens für das tägliche Leben hatte.

Seit 1991 – seit 1994 jedoch zunehmend anhaltender – waren die 1 000 000 Einwohner von Gaza mit Unterbrechungen in dem 378 Quadratkilometer großen Gazastreifen eingesperrt. Zwanzig Prozent dieses Gebiets sind ausschließlich den jüdischen Siedlern vorbehalten und dürfen von Palästinensern nicht betreten werden. Für die meisten Bewohner von Gaza gibt es keine Möglichkeit zu entkommen, nicht nach Israel, nicht nach Ägypten und nicht ins Westjordanland.

«Eine Ausreisegenehmigung bekommst du höchstens, wenn du im Sterben liegst», bemerken die Leute in Gaza trocken. Nach Aussage des israelischen Koordinations- und Verbindungsbüros (CLO) – der nach den Abkommen von Oslo eingeführten Reinkarnation der Zivilverwaltung –, das auch für die Ausreisegenehmigungen zuständig ist, gibt es mehrere Kategorien von Leuten, die eine Ausreisegenehmigung beantragen können, jedenfalls wenn die Checkpoints gerade geöffnet sind: Arbeiter mit festen Jobs in Israel, Besitzer von Lastwagen, die Waren ex- oder importieren (aber nur mit einer israelischen Militäreskorte), Geschäftsleute, Kranke, Leute, die aus «persönlichen Gründen» (zum Beispiel, um einen kranken Verwandten zu besuchen oder eine Flugreise ins Ausland anzutreten) eine Sondergenehmigung erhalten haben, hochrangige palästinensische Beamte und Polizisten. Im Juni 1996 durften 17 000 Arbeiter den Gazastreifen verlassen, dazu 300 von 2000 Lastwagen, täglich 20 bis 40 von 1200 Taxis, 28 Geschäftsleute und täglich zwischen 10 und 20 Kranke. (Für die Zeit vor 1991 gibt es keine Zahlen, weil die Ein- und Ausreisenden nicht registriert wurden – die Menschen in Gaza benötigten keine Ausreisegenehmigungen und konnten sich frei zwischen dem Gazastreifen, Israel und dem Westjordanland bewegen. Aber selbst nach vorsichtigen Schätzungen betrug die Zahl der Arbeiter aus Gaza, die vor 1991 in Israel arbeiteten, mindestens 80 000.)

«Früher träumte ich von einem Staat», erzählte mir ein palästinensischer Kameramann. «Jetzt träume ich nur noch davon, auf die andere Seite des Erez-Checkpoints zu kommen.» Im Artikel 4 der Grundsatzerklärung heißt es eindeutig: «Beide Seiten betrachten das Westjordanland und den Gazastreifen als territoriale Einheit, deren geographische Integrität während der Interimsperiode aufrechterhalten werden wird.» Dennoch ist der Gazastreifen seit der Unterzeichnung der Abkommen vom Westjordanland abgeschnitten. Um das Prinzip der territorialen Integrität zu gewährleisten, wurde im Kairoer Abkommen, das im Mai 1994 unterzeichnet wurde, festgelegt, daß ein «sicherer Korridor» den Gazastreifen mit den Gebieten im Westjordanland verbinden sollte, die unter palästinensischer Selbstverwaltung standen. Bis heute haben die Verhandlungen über den sicheren Korridor – wer ihn kontrollieren und wer befugt sein soll, ihn zu benutzen – zu keinem Ergebnis geführt. In einigen Fällen sind Palästinenser, die dringende Geschäfte im Westjordanland hatten, über Ägypten nach Jordanien und von dort über die Allenby-Brücke gereist, nur weil sie keine Genehmigung für die zweistündige Fahrt durch Israel bekamen.

Man kann weder einem plötzlichen Impuls folgen und Freunde in Ramallah besuchen noch etwas erledigen, das nur in Ostjerusalem erledigt werden kann (der religiösen, wirtschaftlichen und kulturellen Hauptstadt der Palästinenser), und auch seine Verwandten in Israel kann man nicht besuchen. Selbst in den seltenen Fällen, in denen eine Ausreisegenehmigung erteilt wird, darf man niemals über Nacht bleiben. Es hat wenig Sinn, mehrere Stunden lang zu seinem Ziel unterwegs zu sein, nur um augenblicklich wieder kehrtmachen und nach Hause fahren zu müssen – außerdem sind die Kosten für eine solche Reise sowieso nur für wenige in Gaza erschwinglich. Diese Beschränkungen der Bewegungsfreiheit werden nicht nur nach einem Terrorangriff verhängt, sie gelten ununterbrochen.

Manchmal ist es sogar unmöglich, Gaza zu einem offiziell sanktionierten Zweck zu verlassen. So konnte zum Beispiel ein Arzt aus Gaza keine Genehmigung bekommen, seine todkranke Mutter ins Krankenhaus nach Tel Aviv zu begleiten. Sie starb allein. Der Bruder des Arztes, ein bekannter palästinensischer Schriftsteller, durfte das Westjordanland nicht verlassen, um an der Beerdigung seiner Mutter in Gaza teilzunehmen. Einer palästinensischen Journalistin, die eingeladen worden war, als Lektorin an einem Kurs in den USA teilzunehmen, wurde die Erlaubnis verweigert, ihr Visum bei der amerikanischen Botschaft in Tel Aviv abzuholen. Ein junger Mann aus dem Flüchtlingslager Meghazi war mit einer Frau aus dem Lager Jelazun im Westjordanland verlobt und durfte sie fünf Monate lang nicht besuchen. Einem anderen jungen Mann, dessen Verlobte in Jordanien lebte, wurde die Ausreisegenehmigung aus Sicherheitsgründen verweigert. Als ich über diesen Fall berichtete, erhielt er eine Genehmigung, aber als er zwei Monate später wieder hinfahren mußte, wurde er abgewiesen. Eine Frau durfte nicht nach England fliegen, um ihre Doktorarbeit vorzustellen, obwohl ihr Mann Leiter eines palästinensischen Ministeriums war. Eine Gruppe beim palästinensischen Gesundheitsministerium angesellter Ärzte durfte nicht zu einer Konferenz ihres Ministeriums in Ramallah fahren. Ein Paar, daß sich wegen Unfruchtbarkeit einer Behandlung in Israel unterziehen wollte, erhielt für das Datum des Behandlungstermins nur eine Ausreisegenehmigung – nur für die Frau.

Ganze Kategorien von Menschen dürfen den Gazastreifen überhaupt nicht verlassen. Männer unter vierzig zum Beispiel erhalten nur äußerst selten eine Ausreisegenehmigung. Unverheiratete Männer dürfen auch dann nicht ausreisen, wenn sie über vierzig sind. Viele Studenten aus Gaza, die bei Colleges und Universitäten im Westjordanland eingeschrieben sind, haben inzwischen mindestens drei Jahre ihres Studiums versäumt. Selbst wenn sie eine Ausreisegenehmigung erhielten, war es ihnen verboten, über Nacht im Westjordanland zu bleiben. Manche Studenten, die dieses Verbot mißachteten, erhielten keine neuen Ausreisegenehmigungen mehr, wenn sie für die Ferien nach Hause fuhren.

Der ununterbrochene Kampf um Ausreisegenehmigungen, die Beschränkungen und Hindernisse, die widersprüchliche und unverständliche Logik, die hinter der Erteilung oder Verweigerung einer Ausreisegenehmigung steht, beherrscht inzwischen das ganze Leben im Gazastreifen. In den meisten Fällen werden Sicherheitsgründe vorgeschützt, und in den meisten Fällen, einschließlich der oben genannten, ergibt diese Begründung keinen Sinn.

«Was wollt ihr denn? Wir machen doch Fortschritte», erklärte ein Fatah-Aktivist den verbitterten Bewohnern von Gaza in einer Versammlung. Der Mann war in dem riesigen Gefangenenlager Ketziot im Negev, auch als Ansar bekannt, inhaftiert gewesen. «In Ketziot gab es sieben Blöcke von Zelten, und wir durften nicht von einem Block in den anderen gehen. Jetzt haben wir nur noch drei Blöcke – Gaza, das nördliche und das südliche Westjordanland. In Ketziot waren wir nur Männer. Hier haben wir wenigstens unsere Kinder, Frauen und Eltern bei uns. In Ketziot durften wir überhaupt nirgends hingehen. Hier können wir in Gaza herumfahren. Und es ist wirklich gut, daß die Straßen in so schlechtem Zustand sind», fuhr er fort. «Um von einem Ende des Gazastreifens zum anderen zu fahren, braucht man eine ganze Stunde, so daß man gar nicht merkt, wie klein er ist. Wenn man ganz langsam fährt, sagen wir 20 Kilometer in der Stunde, dann kann man so tun, als ob man sehr weit fahren würde.»

Seit dem Beginn der palästinensischen Selbstverwaltung im Jahr 1994 sind folgende Schritte erforderlich, um den Gazastreifen verlassen zu können:

Als erstes muß bei dem entsprechenden palästinensischen Ministerium ein schriftlicher Antrag eingereicht werden: Wer eine ärztliche Behandlung benötigt, muß sich an das Gesundheitsministerium wenden, Arbeiter an das Arbeitsministerium, Geschäftsleute an das Ministerium für Handel und Industrie, Lastwagen- und Taxifahrer an das Transportministerium und Studenten an das Erziehungsministerium. (1996 wurde die Zuständigkeit für Studenten auf das palästinensische zivile Verbindungskomitee übertragen, das die Interessen der Palästinenser direkt gegenüber dem israelischen CLO vertritt.) Man kann eine eintägige, mehrtägige oder mehrwöchige Ausreisegenehmigung nach Israel oder in das Westjordanland beantragen oder eine Genehmigung, über den Grenzübergang Rafah nach Ägypten oder über die Allenby-Brücke nach Jordanien einreisen zu dürfen.

Als Schritt Nummer zwei bringen die palästinensischen Beamten die Anträge in das Hauptquartier des CLO am Erez-Checkpoint im nördlichen Teil des Gazastreifens. Die Mitarbeiter des CLO sind teils israelische Zivilbeamte und teils Angehörige der israelischen Streitkräfte. Die meisten von ihnen haben bereits in der alten Zivilverwaltung gearbeitet, und viele nehmen einen hohen militärischen Rang ein. Manche haben die palästinensische Bevölkerung seit fünf, zehn oder sogar zwanzig Jahren regiert. Seit 1994 haben sich lediglich ihre Titel geändert. So heißt ein Stabsoffizier jetzt «Koordinator». Alle, die den Gazastreifen regelmäßig verlassen müssen, wie die Arbeiter, müssen die bereits erwähnte Magnetkarte besitzen; eine zusätzliche Identitätskarte, die zu Beginn der *Intifada* eingeführt wurde, um die Bevölkerung noch wirksamer kontrollieren zu können. Die Magnetkarte ist das einzige Dokument, das die Palästinenser ohne Vermittlung palästinensischer Repräsentanten direkt vom CLO erhalten. Die Magnetkarten werden entweder von Beamten des Shabak oder von Soldaten ausgefertigt, die dem Shabak unterstellt sind.

Als nächstes prüfen die Beamten des CLO den palästinensischen Antrag, wobei sie unter anderem die Angaben des Shabak zur Person des Antragstellers kontrollieren. Kranke Personen erhalten gewöhnlich innerhalb eines Tages eine Ausreisegenehmigung. In besonders dringenden Fällen kann die Genehmigung per Telefon oder Fax erteilt werden. Aber viele Anträge werden auch abgelehnt. Manche werden zu spät bearbeitet, und der Antragsteller oder die Antragstellerin versäumen ihren Termin, den Flug oder die Konferenz. Im Laufe der letzten Jahre haben sich die meisten Bewohner von Gaza ganz einfach damit abgefunden, daß sie den Gazastreifen nicht verlassen können. Sie unterdrücken alle Wünsche und Sehnsüchte, die für die Menschen überall sonst in der Welt vollkommen selbstverständlich sind. Sie machen nicht einmal den Versuch, das System zu testen und das Recht auf Bewegungsfreiheit einzufordern, das zu den grundlegenden Menschenrechten gehört.

Wenn Israel zu der extremsten Maßnahme greift und den Gazastreifen «hermetisch» abriegelt, verlieren sämtliche Ausreisegenehmigungen automatisch ihre Gültigkeit. Vielleicht hatte der Inhaber einer Ausreisegenehmigung sechs Monate lang auf einen Termin bei einem Spezialisten in Jerusalem gewartet, vielleicht handelte es sich sogar um einen Operationstermin. Ein anderer hatte vielleicht einen Auslandsflug gebucht. Dennoch darf niemand den Gazastreifen verlassen. Das Wort «hermetisch» ist wörtlich zu verstehen: Niemand kommt in den Gazastreifen hinein, und niemand verläßt ihn. Wenn die Abriegelung allmählich gelockert wird, müssen alle Ausreisegenehmigungen neu beantragt werden.

Das Gerücht, daß ich als Israelin helfen könnte, verbreitete sich schnell. Tatsächlich war meine Fähigkeit, etwas zu erreichen, sehr begrenzt, und ich war auch der Meinung, daß ich gut daran täte, mich nicht in Einzelfälle einzumischen. Aber die Leute standen hilflos vor dem Dschungel von Einschränkungen, Vorschriften und Kriterien, vor der undurchschaubaren Funktion eines Willkürsystems, und sie waren überzeugt, daß es möglich sein müsse, der Maschinerie das kostbare Stück Papier zu entlocken, wenn man es nur richtig anstellte, und so setzten sie ihre Hoffnungen in mich. Die Menschen klammerten sich an jeden Strohhalm und erzählten jedem ihre Geschichte, der bereit war zuzuhören. Nach Jahren direkter Kontakte mit der Besatzung und ihren willkürlichen Entscheidungen waren die meisten Menschen in Gaza der irrigen Überzeugung, daß jeder Israeli in der Lage sei, irgendwie mit den Behörden «zu mauscheln». «Könnten Sie denn nicht mit jemandem dort reden?» fragten sie mich. Ob ich denn wirklich nichts beim CLO, dem Shabak oder der IDF ausrichten könne? Gewöhnlich wies ich die Bitten zurück, die auf der Annahme beruhten, daß ich irgendwelche Verbindungen zur Führung der IDF hätte – und erwarb mir sehr schnell den Ruf, ziemlich reizbar zu sein. «Schon gut, schon gut, jetzt sind Sie wütend», sagten die Leute dann. «Keine Sorge, dann vergessen wir das Ganze einfach.»

Dennoch verging kaum ein Tag, ohne daß mir eine ganze Reihe von Anliegen vorgetragen wurden. Um 8 Uhr morgens klingelte das Telefon (sofern es gerade funktionierte), und ein mir unbekannter Arbeiter, der treulich jede Woche anrief, wollte wissen, warum es ihm nicht gestattet sei, in Jericho im Westjordanland zu übernachten. Er arbeitete in Jerusalem und mußte jeden Abend nach Gaza zurückkehren, was drei Stunden in Anspruch nahm. Es gibt keine direkte Busverbindung, und die Fahrten kosteten ihn fast die Hälfte seines Lohns. «Es wäre so viel sinnvoller, bei Freunden im Westjordanland zu übernachten und einmal in der Woche mit mehr Geld in der Tasche nach Gaza zurückzukommen», meinte er. (Vor der Umgliederung der israelischen Truppen im Jahr 1994 hatte er es immer so gemacht.) Er hoffte, daß ich ein Wunder bewirken könne, und brachte jedesmal von neuem höflich seine Enttäuschung zum Ausdruck.

Um 11 Uhr rief Abu Basel an: Mehrere Arbeiter waren am Erez-Checkpoint zurückgewiesen worden und durften den Gazastreifen nicht verlassen. Die Männer hatten alle seit mindestens fünfzehn Jahren feste Anstellungen in Israel gehabt. Erst am Vortag waren sie wie gewöhnlich zur Arbeit gefahren. Und jetzt sollten sie auf einmal ein Sicherheitsrisiko darstellen. Warum? Wer hatte diese Entscheidung getroffen? Gab es irgendeine Möglichkeit, etwas dagegen zu tun?

Eine Stunde später meldete sich dann Abu Naji, der Besitzer einer kleinen Textilfabrik. Er hatte fünfundzwanzig Lastwagenladungen fertiggenähter Kleidung, die nach Tel Aviv gebracht werden mußten, und er hatte die Militäreskorte organisiert, die den Transport begleiten sollte. Aber nun standen die Lastwagen schon seit acht Stunden müßig am Erez-Checkpoint herum. Niemand wußte, warum. Auf der Rückfahrt sollten sie

Stoffe für Abu Najis nächsten Auftrag mitbringen. Jetzt konnten seine Waren nicht ausgeliefert werden, und er hatte weder Stoffe noch Knöpfe, um seine Arbeiter zu beschäftigen. Was sollte er machen?

Am Nachmittag rief Dr. P. an, der gerade an einem Kurs an einem palästinensischen Krankenhaus in Ostjerusalem teilgenommen hatte, als der Gazastreifen hermetisch abgeriegelt wurde. Er war in Jerusalem geblieben, um im Krankenhaus auszuhelfen, weil ein Großteil der Ärzte und des Pflegepersonals infolge der Abriegelung nicht zur Arbeit erscheinen konnte. Jetzt war es Zeit für ihn, nach Gaza zurückzukehren, aber seine Ausreisegenehmigung war abgelaufen. Er wußte, daß er am Erez-Checkpoint verhaftet werden würde, weil er illegal in Jerusalem geblieben war. «Ich habe gehört, daß Sie mir vielleicht helfen können», sagt er.

Manchmal riefen mich die Leute auch einfach nur an, um ihr Herz auszuschütten. Außerdem wußten sie, daß ich als Journalistin Informationen brauchte. Also sammelte ich Geschichten, zum Beispiel die von einem mit Blumen beladenen Lastwagen, der einen ganzen Tag lang in brütender Hitze am Checkpoint warten mußte, oder von einem Krankenwagen, der zwei Stunden lang aufgehalten wurde, oder die von einem palästinensischen Polizisten, der die Bedingungen seiner Ausreisegenehmigung verletzt hatte und sich in einem israelischen Gefängnis wiederfand. Ohne diese Geschichten zu kennen, kann man nichts von dem verstehen, was im Gazastreifen vor sich geht.

Gelegentlich konnte ich tatsächlich jemandem einen Rat geben. Wenn es sich um eine Ausreisegenehmigung aus Gesundheitsgründen handelte, verwies ich die Leute an die Vereinigung israelischer und palästinensischer Ärzte für die Menschenrechte (Physicians for Human Rights, PHR) in Tel Aviv. Mit Verwaltungsfragen schickte ich sie zu Tamar Peleg, einer Rechtsanwältin für Menschenrechte, die sich unter anderem um Leute aus dem Westjordanland kümmerte, die zwei Monate lang im Gazastreifen festsaßen, wenn die Checkpoints geschlossen wurden. Nur in äußerst seltenen Fällen konnte ich etwas bewegen, indem ich einen Artikel schrieb oder eine offizielle Stellungnahme zu einer willkürlichen Entscheidung forderte. In einigen besonders krassen Fällen wandte ich mich direkt an israelische Politiker und bat sie einzuschreiten, besonders wenn es sich um Gesundheitsprobleme handelte. Gewöhnlich wandte ich mich dann an die Knesset-Mitglieder Yossi Sarid, Naomi Hazan oder Yael Dayan. Im Lauf der Zeit handelte ich mir einen schlechten Ruf beim CLO und sogar bei einigen weniger ranghohen Unterhändlern ein. «Sie hilft den Leuten, und das ist nicht recht», beschwerten sie sich bei meinen Journalistenkollegen. «Das ist ein Interessenkonflikt.» Es wurde sogar gemunkelt, ich hätte ein Beratungsbüro in Gaza City eröffnet – was etwas ganz anderes ist als das Annehmen von Telefonanrufen in meiner Mietwohnung.

Nur einmal verstieß ich gegen meine eigene Regel, als die herzkranke Mutter einer Freundin in einem Krankenhaus in Tel Aviv im Sterben lag. Schon seit Wochen waren immer wieder hermetische Abriegelungen verhängt worden, zuletzt nach einem Selbstmordattentat in Jerusalem, bei dem vier Menschen ums Leben gekommen waren. Nur in «humanitären Fällen» machten IDF und CLO eine Ausnahme. Drei Tage nach dem Attentat stellte sich heraus, daß der Täter aus Dahriya im Westjordanland stammte, aber Gaza blieb abgeriegelt.

Während dieser Zeit rief mich meine Freundin A. an und bat mich, mehrere Röntgenbilder, Arztberichte und zwei Schlafanzüge für ihre Mutter in ein Krankenhaus in Tel Aviv zu bringen. In der Hektik ihres Transports von Gaza nach Tel Aviv waren diese Dinge vergessen worden. Die Ärzte in Gaza waren schon zwei Tage zuvor zu dem Schluß gekommen, daß A.s Mutter sofort zur Behandlung nach Tel Aviv gebracht werden müßte, aber es hatte einen ganzen Tag gedauert, die Ausreisegenehmigungen für die Frau und eine Tochter, R., zu bekommen. Am folgenden Tag waren Mutter und Tochter um 6 Uhr morgens in einem Krankenwagen zum Erez-Checkpoint aufgebrochen, nur um dort fast drei Stunden lang aufgehalten zu werden, weil die Soldaten erklärten, daß niemand passieren dürfe. Schließlich verlor R. die Geduld, der palästinensische Beamte, der für die Zusammenarbeit an der Grenze zuständig war, wurde gerufen, und nach einer Sicherheitskontrolle erhielt der Krankenwagen die Erlaubnis weiterzufahren. R.s Ausreisegenehmigung beinhaltete jedoch nicht die Erlaubnis, die Nacht in Israel zu verbringen, und eine Verletzung dieser Einschränkung konnte zu einer Verhaftung oder sogar zum Verlust des Anrechts auf zukünftige Ausreisegenehmigungen führen. In der Überzeugung, daß der Zustand ihrer Mutter stabil sei, entschloß sich R. daher, noch am selben Abend nach Gaza zurückzukehren.

Am nächsten Tag, einem Donnerstag, beantragte R. eine neue Genehmigung, die sie jedoch erst drei Tage später erhielt. Ihre Schwester A., die in Israel arbeitete, hatte eine vierwöchige Ausreisegenehmigung, aber an diesem Tag wurde eine neue Regelung eingeführt: Leute mit Langzeitgenehmigungen sollten von nun an verpflichtet sein, sich jeden Abend vor ihrer Ausreise beim palästinensischen Verbindungskomitee registrieren zu lassen. Die Liste sollte dann an das israelische CLO weitergegeben werden. (Die Regelung wurde sehr schnell zurückgenommen, weil es den Betroffenen ganz einfach nicht möglich war, sie zu befolgen.) Unterdessen hatten auch A.s Vater und eine dritte Schwester Anträge auf Ausreisegenehmigungen gestellt und warteten auf das Ergebnis. Der einzige Sohn der Familie war unter dreißig und somit unter dem Mindestalter, das ein Mann erreicht haben mußte, um den Gazastreifen verlassen zu dürfen. Deshalb erschien es zu diesem Zeitpunkt nicht als sinnvoll, einen Antrag auf Ausreisegenehmigung für ihn einzureichen.

Am selben Donnerstagabend besuchte ich die Mutter und überbrachte ihr die Dokumente, die Schlafanzüge und einen Kuß ihrer Tochter. Ich war schockiert, sie so schwach und dünn und mit stark geschwollenen Beinen zu sehen. «Wann kommen meine Kinder?» flüsterte sie. «Was ist mit meinem Sohn? Ich möchte meine Kinder sehen.» Ich brachte ihr ein Glas Wasser und schüttelte ihre Kissen auf. Zwei Tage später kam ich auf Bitten der Töchter noch einmal. Die Mutter war in einen anderen Raum gebracht worden und hing an vielen Schläuchen. Ein Ärzteteam stand um das Bett herum. «Wo ist die Familie?» fragte mich einer von ihnen. «Diese Frau wird den Tag nicht überleben.»

Ich rief die Töchter an und sagte ihnen, sie müßten augenblicklich zum Büro des zivilen Verbindungskomitees laufen und Ausreisegenehmigungen verlangen, obwohl das israelische CLO an Samstagen geschlossen ist. Anschließend rief ich den örtlichen Sprecher der IDF an und wurde zu einem Repräsentanten des CLO durchgestellt, der die Personalien der Familienmitglieder aufnahm und versprach, daß die Ausreisegenehmigungen sofort beim Erez-Checkpoint abgeliefert werden würden. So konnten Vater und Töchter ausreisen, bekamen aber keine Erlaubnis, über Nacht zu bleiben. Dennoch konnte der Vater mehrere Stunden bei seiner Frau verbringen, dann eilte er nach Gaza zurück, bevor seine Genehmigung auslief (all dies mit einem Taxi, weil Fahrzeuge mit Gazaer Nummernschild außerhalb des Gazastreifens nicht zugelassen sind). A. beschloß, das Risiko einzugehen und über Nacht zu bleiben. Die älteste Tochter, M., die im Westjordanland lebt, hatte keine Ausreisegenehmigung, fand jedoch eine Möglichkeit, «sich über die Grenze zu stehlen». Ich bot den beiden Illegalen meine Wohnung in Tel Aviv als Nachtquartier an oder wenigstens als einen Ort, wo sie sich während des Tages ein paar Stunden lang ausruhen konnten. An diesem Abend zeigte die Mutter Anzeichen einer leichten Besserung. Ohne Zweifel gab der Besuch ihrer Familie ihr Kraft.

Während der nächsten Tage kämpfte die Familie um Ausreisegenehmigungen und fuhr ständig zwischen Gaza und Tel Aviv hin und her. Die älteste Tochter blieb als feindlicher, illegaler Eindringling am Bett ihrer Mutter. Eine Woche nach ihrer Einlieferung ins Krankenhaus fiel die Mutter ins Koma, und die ganze Familie, mit Ausnahme des Sohnes, G., setzte sich über alle Verbote hinweg und blieb die Nacht über bei ihr. Ein einflußreicher Verwandter – vermutlich mit Verbindungen zum palästinensischen Geheimdienst – schaffte es, nachträgliche Ausreisegenehmigungen zu beschaffen, die auch das Recht beinhalteten, in Israel zu übernachten. Dann begann G. seine Odyssee, aus dem Gazastreifen herauszukommen. Tatsächlich gelang es ihm problemlos, eine Magnetkarte zu ergattern, ohne die ein lediger Mann seines Alters keine Ausreisegenehmigung erhält. Er reichte einen Antrag auf Einreisegenehmigung nach Israel ein und legte einen Brief des Krankenhauses bei, in dem der Zustand seiner Mutter beschrieben wurde, erhielt jedoch die Mitteilung, daß er bereits eine Einreisegenehmigung habe – das CLO hatte seinen Namen mit dem seines Vaters verwechselt. Nachdem der Irrtum aufgeklärt war, wurde ihm eine Genehmigung für den folgenden Tag versprochen, aber bevor G. im Krankenhaus ankam, war seine Mutter bereits verstorben.

Um ihre Leiche nach Gaza zurückzutransportieren, mußte eine Ausreisegenehmigung für den Fahrer beantragt und die Nummer des städtischen Leichenwagens erfragt werden, der für derartige Transporte nach Israel fahren darf. Ein Fahrer wurde gefunden, aber er erhielt keine Einreisegenehmigung nach Israel. Bis die Familie einen zweiten Fahrer auftreiben konnte, vergingen mehrere Stunden, und sie beschlossen, nicht mehr länger zu warten. Die Tote wurde mit einem israelischen Krankenwagen bis zum Gazastreifen gebracht und sollte dort in ein palästinensisches Fahrzeug umgeladen werden, eine Prozedur, die man sich nach Möglichkeit erspart. Als der Krankenwagen am Erez-Checkpoint ankam, ging ein palästinensischer Polizist zum diensthabenden israelischen Soldaten und erklärte ihm die Situation. Damit die beiden Krankenwagen sich auf einer Seite des Checkpoints treffen konnten, war eine Sondergenehmigung erforderlich. Der Soldat telefonierte mit seinen Vorgesetzten und benutzte dabei den am Erez-Checkpoint üblichen Ausdruck für das Umladen von Waren von einem israelischen Lastwagen auf einen palästinensischen. «Ich muß eine Leiche ‹back to back› transportieren», erklärte er. Zum Glück wurde die Erlaubnis erteilt. Dafür wurde die Familie durch weitere Verbote daran gehindert, bei der Beerdigung und während der Trauerzeit zusammenzusein. M., die älteste Tochter, erhielt die Genehmigung, vom Westjordanland nach Gaza zu kommen, aber ihr Mann, der ebenfalls aus Gaza stammte und während der Trauerzeit mit der Familie seiner Frau zusammensein wollte, wurde abgewiesen. Er durfte das Westjordanland «aus Sicherheitsgründen» nicht verlassen, aber niemand wußte, was das für Gründe sein sollten. Der Mann war noch nie verhaftet worden und lebte in einem Gebiet, das der israelischen Armee noch direkt unterstand. Wenn er wirklich eine Bedrohung für die Sicherheit dargestellt hätte, hätte man ihn längst verhaften können.

Innerhalb weniger Monate palästinensischer Selbstverwaltung stellte sich heraus, daß die Leidensgeschichte dieser Familie kein Einzelfall bleiben würde. Vielen anderen erging es noch schlimmer. Ich schrieb nur über einen Bruchteil der Fälle, von denen ich erfuhr. Solche Geschichten waren sehr bald ein alter Hut, und die Leser wurden ihrer müde, sofern sie nicht irgendeinen neuen, schockierenden Aspekt enthielten. Auch eine genaue Beschreibung der herzlosen bürokratischen Prozeduren, die sich mehr und mehr verfestigten, wollte niemand lesen. Ich fand mich in einer zunehmend widersprüchlichen Situation wieder. Ich hatte gehofft, daß meine Berichte die Aufmerksamkeit der Israelis auf die Geschehnisse im Gazastreifen lenken würden, aber auch wenn die Leser ein Recht darauf haben zu erfahren, was vorgeht, so sind sie dennoch nicht verpflichtet, die Wahrheit zur Kenntnis zu nehmen, und erst recht nicht, ihr Wissen in Taten umzusetzen. Dieser Widerspruch begann allmählich, den Stil und die Häufigkeit meiner Berichte über die Abriegelungen zu beeinflussen, die so beherrschend für das Leben in Gaza und so weit entfernt von allem waren, was die Israelis bewegte. Ich stand vor einem Dilemma, das typisch ist für die Arbeit eines Journalisten: Sollte ich über die Dinge schreiben, die die Leser interessierten, oder über das, was tatsächlich geschah? Obwohl ich weiterhin über das berichtete, was vor meinen Augen stattfand, schienen meine Artikel kein zusammenhängendes Bild von dem zu vermitteln, was sich am Erez-Checkpoint abspielte, und sie zwangen die Leser auch nicht zu den notwendigen Schlüssen, zumal sie verstreut und in Fragmenten veröffentlicht wurden. Die gelegentlich eingestreuten Geschichten, die menschliches Interesse wecken sollten – ein gern angewandter journalistischer Trick –, verstärkten nur den Eindruck, daß solche Vorfälle bedauerliche Einzelfälle seien und nicht, wie ich zu beweisen versuchte, alltägliche Vorkommnisse. Statt eine Warnglocke anzuschlagen, schien jeder neue Bericht mit dem vorangegangenen zu verschmelzen und wurde selbst von denjenigen mit Gleichgültigkeit und Ablehnung aufgenommen, die am meisten dazu berufen waren zu reagieren – den Friedensaktivisten und Menschenrechtsorganisationen wie Peace Now, der Gesellschaft für Bürgerrechte in Israel (die in wenigen ausgesuchten Fällen einen müden Versuch machte, auf dem Rechtsweg etwas zu erreichen), dem Internationalen Zentrum für den Frieden und der israelischen Menschenrechtsorganisation B'tselem (die die Dinge ewig verschleppte, bevor sie sich dazu durchrang, sich umfassend mit dem Thema Abriegelungen zu befassen). Angeblich war der Frieden ja schon da, und der Lärm der Gratulationen und des gegenseitigen Sich-auf-den-Rücken-Klopfens schien alle Anzeichen zu übertönen, daß der Geist der Besatzung fröhlich weiterlebte und die grundlegendsten Menschenrechte mehr verletzt wurden als je zuvor. Ehemalige militante Friedensaktivisten unternahmen regelmäßige Pilgerfahrten zu palästinensischen Führern und der Spitze der Fatah, priesen den Oslo-Prozeß und ignorierten alles, was die Vergangenheit sie hätte lehren sollen, nämlich daß die Not von einer Million Menschen ein Meer aus Nitroglyzerin ist.

Ich müßte natürlich lügen, wenn ich behaupten wollte, daß mein Interesse an den Abriegelungen ein rein journalistisches gewesen sei. Im Gegensatz zu meinen palästinensischen Freunden stand es mir frei, Gaza zu verlassen, sooft ich wollte. Wer hätte besser wissen sollen als ich, wie groß und dringend das Bedürfnis war, dem Gazastreifen zu entkommen? Seele und Verstand schrien förmlich nach den weiten Horizonten jenseits des Erez-Checkpoints, nach Gesprächen über andere Themen als Ausreisegenehmigungen und Magnetkarten, nach der Möglichkeit, meilenweit zu fahren, ohne auf Stacheldraht, Beton und Straßensperren zu stoßen. Besser als jeder andere kannte ich das Bedürfnis, vor all dem zu fliehen, und die zerstörerischen Folgen der Unfähigkeit, den Wunsch in die Tat umzusetzen. Tag für Tag sah ich zu, wie meine Freunde ihre Spontaneität einbüßten und jeden Auftrieb, ja sogar jedes Bedürfnis verloren, aus reiner Lebensfreude etwas zu unternehmen und irgendwo hinzufahren.

Ich erfuhr auch etwas über uns Israelis, etwas, das man nicht auf den ersten Blick in den Cafés und Parks von Tel Aviv erkennen kann. Eine große Zahl meiner Mitbürger arbeitete hart daran, Methoden zu ersinnen, wie man die Menschen daran hindern konnte, den Gazastreifen zu verlassen, und scharfsinnige Sicherheitsgründe zu erfinden, mit denen sie ihre Handlungsweise rechtfertigten. Und viele andere – die tägliche Lippenbekenntnisse zu den Fortschritten des Friedens ablegten – vermieden es ängstlich, den Status quo zu stören, indem sie die Belagerung von Gaza in Frage stellten. Es fiel mir schwer, nicht ständig an eine Bemerkung zu denken, die Ihab al-Ashqar einmal gemacht hatte: «Das Problem mit euch Israelis ist», hatte er erklärt, «daß ihr euch einbildet, daß wir andere Menschen seien als ihr.»

Gleichzeitig hatte ich als Zeitzeuge die seltene Gelegenheit, den Ablauf eines historischen Prozesses zu beobachten, der eines Tages in wenigen Absätzen zusammengefaßt werden wird. Ich konnte verfolgen, wie sich die Beziehung zwischen denjenigen entwickelte, die die Befehle erteilten, und den gewöhnlichen Sterblichen, die diese Befehle entweder ausführten oder mit ihren Folgen leben mußten. Ich wollte wissen, ob die israelischen Soldaten und Beamten ausdrückliche Anordnungen ausführten oder eine nicht genau umrissene Politik interpretierten. Ich bewegte mich zwischen Tel Aviv und Gaza, zwischen der israelischen und der palästinensischen Wahrnehmung der Ereignisse hin und her, und ich wollte wissen, ob die vielzitierten Sicherheitsgründe eine ausreichende Erklärung für das Verhängen der Abriegelungen waren oder ob es ein anderes politisches Motiv dafür gab.

Auf diese Weise wurde jeder Antrag auf Ausreisegenehmigung zum historischen Rohstoff, der einen Hinweis auf den wahren Grund für diese gegen die Palästinenser verhängte Maßnahme gab. Als erstes machte ich die Erfahrung, wie begrenzt die Befugnisse der Palästinenser sind und wie sich in einem Aspekt, beispielsweise der Gesundheitsfürsorge, das System widerspiegelte, das hinter den Dingen steckte. Eine der schlimmen Hinterlassenschaften der israelischen Besatzung war ein unterentwickeltes und unterfinanziertes Gesundheitssystem, das weit hinter dem Standard der medizinischen Versorgung in Israel zurückblieb. Obwohl dem palästinensischen Gesundheitsministerium ein erheblich aufgestocktes Budget zur Verfügung gestellt wurde, erwartete niemand, daß das Niveau der medizinischen Versorgung sich augenblicklich verbessern konnte. Auch nachdem die Verantwortung vorgeblich an die Autonomiebehörde übergegangen war, gingen viele Kranke aus Gaza weiterhin zur Behandlung nach Israel oder in die palästinensischen Krankenhäuser in Ostjerusalem. Natürlich profitierten die Patienten aus Gaza vom hohen Standard der medizinischen Versorgung, in dessen Genuß sie in Israel kamen. Gleichzeitig wurde jedoch durch das Abwandern der Patienten die schlechte Qualität der Versorgung vor Ort zementiert. Die Ärzte in Gaza hatten keine Chance, ihre Kenntnisse zu verbessern, bleibende Beziehungen zu ihren Patienten zu entwickeln und ihr Vertrauen zu gewinnen. Die beste Lösung des Problems hätte darin bestanden, die lokalen Ärzte zu Fortbildungskursen in bessere Institutionen wie das Al-Maqassed-Krankenhaus in Ostjerusalem oder auch nach Israel oder ins Ausland zu schicken. Die Abriegelungen machten jedoch alle Bemühungen in dieser Richtung zunichte.

Die israelischen Soldaten und zivilen Verwaltungsbeamten waren nur der IDF und der israelischen Regierung verantwortlich, nicht jedoch dem Volk, das sie regierten. Eine nicht gewählte Verwaltung übt ihr Amt von Natur aus nach willkürlich erlassenen Gesetzen aus. Zu den Gründen, die schließlich zur *Intifada* führten, zählten ohne Zweifel auch die undurchsichtigen und launenhaften Entscheidungen israelischer Organe, gegen die niemals Einspruch erhoben werden konnte und mit denen die Palästinenser täglich in der einen oder anderen Form zu kämpfen hatten, vom Soldaten an der Straßensperre bis zum Verwaltungsbeamten, der aus unerklärlichen Gründen eine Geschäftslizenz, eine Auslandsreise oder die Genehmigung, ein Haus aufzustocken, verweigerte. Als die Verwaltungsaufgaben auf die Palästinenser übergingen, bestand die Hoffnung, daß das tägliche Leben der Menschen nun nicht mehr von einer fremden Macht beherrscht werden würde, die im Interesse einer ausländischen Besatzung handelte. Eine solche Veränderung hätte nicht nur die Lebensqualität in Gaza verbessert, sondern auch die Unterstützung der Menschen für den Verhandlungsprozeß gewonnen, der zu einer friedlichen Regelung mit Israel führen sollte.

Die Realität in der Zeit nach den Osloer Abkommen erwies sich jedoch als entsetzliche Enttäuschung. In vieler Hinsicht machten die Abkommen das Leben sogar noch schwieriger. Die Wirtschaft der Palästinenser und alle ihre Institutionen hingen nach wie vor von Israel ab, das sich die Oberhoheit über die besetzten Gebiete weiterhin vorbehalten hatte. Im Interimsabkommen wurde vereinbart, daß verschiedene Zuständigkeiten und Dokumente – darunter die Register der Einwohnermeldeämter, Steuerakten, Karten, die Unterlagen zu Wirtschaftsverträgen mit israelischen Firmen, die Vorschriften für den Im- und Export, Unterlagen zu Zahlungen der palästinensischen Autonomiebehörde an israelische Institutionen und zum Steuertransfer – in Form eines fortschreitenden Verhandlungsprozesses unter israelischer Oberaufsicht an die Autonomiebehörde übergeben werden sollten, wobei Komitees für Wirtschafts- und Rechtsfragen («Koordinations- und Verbindungskomitees») beständig neue Vereinbarungen ausarbeiten sollten. Es zeigte sich jedoch, daß die Abhängigkeit der Palästinenser von Israel auf fast jedem Gebiet, einschließlich des Verkehrs zwischen Gaza und dem Westjordanland, dazu führte, daß diese Komitees fast ausschließlich damit beschäftigt waren, Ausreisegenehmigungen auszustellen.

Während die Nachrichtendienste beider Seiten Informationen austauschten und die Polizeikräfte gemeinsam Streifendienst machten, wurden keine Anstrengungen unternommen, gemeinsam und mit festen Kriterien festzulegen, wer nicht befugt sein sollte, Gaza zu verlassen. In einem neu eingerichteten System, das auf Kooperation zwischen zwei gleichberechtigten Partnern beruhte, wäre es logisch gewesen, daß die Einschränkung der Bewegungsfreiheit eines Individuums Gegenstand der Prüfung und Kontrolle durch beide Seiten gewesen wäre. Bei der Festlegung von Quoten für Arbeiter, Geschäftsleute und medizinisches Personal hätten sowohl die israelischen Sicherheitsinteressen als auch die wirtschaftlichen und menschlichen Bedürfnisse der Palästinenser berücksichtigt werden müssen. In Wirklichkeit waren die Repräsentanten der palästinensischen Autonomiebehörde jedoch wenig mehr als Briefträger, wie sie sich selbst bezeichneten, die die Entscheidungen des CLO übermittelten, das seinerseits seine Anweisungen von der israelischen Regierung erhielt.

Zusätzlich zu den normalen Verwaltungsaufgaben war die Autonomiebehörde dafür zuständig, zwischen den israelischen Behörden und den einzelnen Palästinensern zu vermitteln. Ein Kriterium, nach dem die Autonomiebehörde beurteilt wurde, war nicht nur ihre Fähigkeit, das Leben der Palästinenser zu verbessern, sondern auch durchzusetzen, daß Israel sein Verhalten gegenüber palästinensischen Zivilisten änderte. Das israelische Establishment war sich der Anforderungen des neuen Zeitalters durchaus bewußt. Die Armee und die ehemalige Zivilverwaltung hielten sogar Kurse für ihre Belegschaft ab, bei denen die neuen Verhaltensmaßstäbe vermittelt werden sollten. «Eine neue Platte auflegen», hieß dieser Umschwung im Militärjargon. Jetzt sollten die Palästinenser auf einmal mit Respekt behandelt werden.

Aber die Serie abscheulicher Selbstmordattentate, die nach dem Baruch-Goldstein-Massaker in Hebron im Februar 1994 begannen, überschatteten alle anderen Überlegungen. Mehrere Männer aus Gaza waren direkt in die Attentate vom Oktober 1994 und Januar 1995 verwickelt. Bei einem späteren Versuch sollte Sprengstoff verwendet werden, der in einem mit Hühnern beladenen Lastwagen aus dem Gazastreifen herausgeschmuggelt worden war. Informierte Kreise in Israel sind überzeugt, daß ein beträchtlicher Anteil des bei den verschiedenen Anschlägen verwendeten Sprengstoffs aus dem Gazastreifen stammte und daß auch einige der führenden Köpfe dort lebten. Zwei Selbstmordattentäter sollen sich als Blinde ausgegeben und so den Gazastreifen über den Erez-Checkpoint verlassen haben. Das CLO behauptet, daß auch gefälschte Arztberichte verwendet worden seien, um nach Israel zu gelangen.[1] Anscheinend ist es selbst dem wachsamsten System nicht vollständig gelungen zu verhindern, daß Leute ohne Ausreisegenehmigung aus dem Gazastreifen herausgelangten.

Dennoch bestand die Reaktion auf die Möglichkeit, daß Terroristen nach Israel gelangen könnten, darin, daß die Sicherheitsvorkehrungen im Frühling 1995 noch beträchtlich verschärft wurden. Der Gazastreifen wurde mit einem elektrischen Zaun umgeben. Den Palästinensern wurde jeder Zugang zu den jüdischen Siedlungen in Gaza untersagt. Täglich durften nur dreihundert Lastwagen den Gazastreifen verlassen, und auch das nur, um Waren abzuholen oder zu liefern. Diese Trucks benötigten nun eine israelische Militäreskorte und wurden mit Hilfe von Montagegruben sorgfältig nach Sprengstoffen untersucht. Auch Krankenwagen wurden untersucht, und nur Patienten in kritischem Zustand entgingen einer Leibesvisitation. Arbeiter durften den Gazastreifen nicht mehr in Fahrzeugen aus Gaza verlassen und wurden mit israelischen Bussen befördert. Nur wenige Geschäftsleute erhielten die seltene Genehmigung, ihre eigenen Fahrzeuge zu benutzen.

Jeder Einwohner von Gaza wurde, ungeachtet seiner Religion, seines Geschlechts und seines Alters, verdächtigt, ein präsumtiver Terrorist zu sein. Aber wie jede Besatzungsmacht in der Geschichte hatte Israel – obwohl es die besetzten Gebiete seit 1967 beherrscht hatte – immer noch nicht gelernt, daß Widerstand und Terror Reaktionen auf die Besatzung selbst und die Form von Terror sind, die die fremden Herren verkörpern. Ebensowenig hatte Israel gelernt, zwischen Widerstand, der sich im Werfen von Steinen und Beschießen von Soldaten innerhalb der besetzten Gebiete äußerte, und dem Töten von Zivilisten innerhalb der internationalen Grenzen Israels zu unterscheiden. Beide Manifestationen wurden als ein Virus betrachtet, der die gesamte palästinensische Bevölkerung ohne Unterschied infizieren konnte. Obwohl die PLO sich 1994 verpflichtet hatte, auf jede Gewaltanwendung zu verzichten, und nur noch ein kleiner Teil der Palästinenser weiterhin Terroranschläge durchführte, weigerte sich Israel, diesen Unterschied zur Kenntnis zu nehmen.

Selbstverständlich konnte eine Politik der lückenlosen Belagerung – unter Verletzung des Geistes des Oslo-Prozesses – den Virus nur stärken und nicht isolieren. Aber ebenso wie in der Vergangenheit schloß das israelische politische Establishment die Augen und verstopfte sich die Ohren. Hinzu kommt, daß diese Entscheidung nicht von hochrangigen Offizieren oder Beamten in die Praxis umgesetzt wurde, sondern von den Menschen am untersten Ende der Befehlskette, den Soldaten am Checkpoint und den Angestellten im CLO, die die Politik unfehlbar auf die härteste Weise interpretierten: In ihrer Angst, die Verantwortung für einen möglichen Anschlag auf sich zu laden, sahen sie in jeder einzelnen Person, die den Checkpoint passieren wollte oder eine Ausreisegenehmigung beantragte, einen potentiellen Terroristen.

Ich hatte der durch die Abriegelungen verursachten Gesundheitskrise wenig Beachtung geschenkt, bis ich mehrere Wochen vor dem Übergang der Verwaltung auf die Palästinenser im Büro der Fatah in Gaza-Stadt die Bekanntschaft von Ziad S. machte. Zur damaligen Zeit herrschte dort große Aufregung, und das Büro war zum Magneten für Journalisten und Aktivisten geworden, die sich in der Hoffnung auf künftige Veränderungen dort einfanden. Am Ende eines brütendheißen Nachmittags schleppte sich Ziad S., ein fünfundvierzigjähriger Mann, in den Hof, um um Hilfe zu bitten. Er hatte einen erschöpfenden Tag wartend vor dem Gebäude der Zivilverwaltung verbracht und war vollkommen verschwitzt. Er zog ein Papiertaschentuch aus der Tasche, wischte sich den Schweiß von der Stirn und erzählte mir, daß er eine Ausreisegenehmigung benötige, um seine Frau Samira zu einer Strahlenbehandlung zu begleiten. In einem Brief ihres Arztes wurde erklärt, daß die Therapie zwei Monate lang an fünf Tagen in der Woche durchgeführt werden müsse. Der Arzt erbat die Erlaubnis für Ziad, seine Frau zu begleiten. Samira sprach kein Hebräisch und kannte sich in Israel nicht aus. Außerdem wünschte sie sich ganz einfach, ihren Mann bei sich zu haben. Gerade als die Behandlung beginnen sollte, wurde der Gazastreifen im Anschluß an Baruch Goldsteins Massaker in Hebron hermetisch abgeriegelt, obwohl die Hamas ihre Racheakte noch nicht durchgeführt hatte.

Zunächst erhielt Ziad eine Ausreisegenehmigung für seine Frau, aber nur für die ersten beiden Tage der Behandlung. Er selbst erhielt eine eintägige Genehmigung. Durch Hartnäckigkeit schaffte er es, mit zwei hochrangigen israelischen Beamten zu sprechen. Der eine war ein russischer Immigrant, der gut Arabisch sprach, der andere ein israelischer Druse. Sie verschafften ihm eine einmonatige Ausreisegenehmigung für seine Frau und sich selbst. Die beiden Beamten hatten auf eigene Verantwortung gehandelt. Es gab keine klaren Richtlinien, nach denen es möglich war, die Situation von Menschen wie Ziad und Samira zu erleichtern, und es hatte einiger Überredungskunst bedurft, um eine eigentlich selbstverständliche menschliche Entscheidung zu bekommen.

Aber nach einem Selbstmordattentat eines Mannes aus dem Westjordanland in der israelischen Stadt Afula wurden sämtliche Ausreisegenehmigungen annulliert, und Samira versäumte ihre Behandlung. Für Ziad bedeutete das, daß er wieder bei der Zivilverwaltung antreten mußte, wo er nur eine eintägige Ausreisegenehmigung für seine Frau erhielt, die er an die ungültige einmonatige Genehmigung heftete. Am nächsten Tag beschloß das Ehepaar, das Risiko auf sich zu nehmen und Samira mit der inzwischen abgelaufenen eintägigen Ausreisegenehmigung nach Israel zu schicken. Zum Glück taten gerade ältere Reservisten am Checkpoint Dienst. Diese Leute sind im allgemeinen weniger scharf als die jungen Wehrpflichtigen. Eine kranke Frau in einem Krankenwagen, der Brief eines Arztes und eine abgelaufene Ausreisegenehmigung – das war genug für den Mann am Checkpoint, um das Fahrzeug durchzuwinken. Der Reservist hatte sich für die menschliche Lösung entschieden, die die Zivilverwaltung abgelehnt hatte, aber er konnte nicht so weit gehen, auch das Recht eines Mannes zu respektieren, seine Frau ins Krankenhaus zu begleiten. Samira mußte allein zu ihrer Strahlenbehandlung fahren.

Als ich Ziad kennenlernte, war er verzweifelt. Er hatte endlich eine zweitägige Genehmigung erhalten – aber das Ablaufdatum auf dem Papier war das Datum des vorangegangenen Tages. «Ich verliere einen ganzen Arbeitstag und warte den ganzen Tag lang wie ein Idiot, meine Frau ist alleine, und dann geben sie mir eine Ausreisegenehmigung für gestern.» Ziad war den Tränen nahe, als er mir dies erzählte. Es war nicht das letzte Mal, daß ich «neue» Ausreisegenehmigungen zu sehen bekam, die bereits abgelaufen waren. Ich ließ alle professionelle Unparteilichkeit fallen und verwies Ziad an die PHR, die Vereinigung der Ärzte für die Menschenrechte.

Am nächsten Morgen entdeckte ich ihn wieder in der langen Schlange vor dem Gebäude der Zivilverwaltung. Mit ihm warteten Ladenbesitzer, die versuchten, nach Tel Aviv zu gelangen, um ihre Vorräte aufzufüllen, Ärzte, die in Ostjerusalem arbeiteten und nicht zu ihrer Arbeit zurückkehren konnten, Lastwagenfahrer, Taxifahrer, eine Frau, die ihre Familie in Jordanien besuchen wollte, jemand, der dringende Geschäfte in Nablus hatte. Das Büro wurde erst um 8 Uhr geöffnet, aber die Leute kamen schon um 6.00, um einen Platz möglichst weit vorne in der Schlange zu bekommen. In den Stunden, die ich dort herumstand, während die Leute verzweifelt versuchten, die hebräischen Formulare auszufüllen, begann ich zu begreifen, was für ein chaotischer, kafkaesker Tanz der Kampf um die Ausreisegenehmigung war.

«Auf jeden Fall, um den wir uns kümmern», erzählten mir die Mitarbeiter der PHR, «kommen Dutzende von verzweifelten Menschen, die nicht wissen, an wen sie sich wenden sollen.» Als ich begann, über diese Fälle zu schreiben, bat ich die Zivilverwaltung um eine Erklärung. Eine der Fragen, die ich stellte, war die, warum es keine eigene Warteschlange für Ausreisegenehmigungen aus medizinischen Gründen gebe. Die Antwort war höflich:

«Die Zivilverwaltung ist sich der Schwierigkeiten, die durch die Abriegelungen verursacht werden, durchaus bewußt. Aus diesem Grund ist der größte Teil unserer Belegschaft und unserer Ressourcen mit ebendiesen Schwierigkeiten beschäftigt. Der Druck auf unsere regionalen Büros ist jedoch enorm. Die meisten Anträge, die uns erreichen, sind wichtig und dringend, und die Zivilverwaltung kann nicht für jedes Sachgebiet eine eigene Warteschlange einrichten. Jeder Antragsteller hält sein Problem für besonders dringend, und unsere Beamten können nicht in allen Fällen Prioritäten setzen. Im Prinzip sollte die Abriegelung niemanden daran hindern, medizinische Hilfe zu erhalten oder aus humanitären Gründen nach Israel einzureisen. Verschiedene Menschenrechtsorganisationen und die PHR haben uns auf Ausnahmen aufmerksam gemacht – Entscheidungen, die im Gegensatz zu den normalen Vorgehensweisen stehen –, und wir bemühen uns um eine sofortige Lösung.»

Die Antwort der Zivilverwaltung entsprach einer langen Tradition, alle derartigen Fälle als Ausnahmen abzutun, den ausführenden Organen die Schuld daran zu geben und die Frage der Verantwortung zu umgehen. Die Soldaten und Beamten, deren Aufgabe es ist, die Politik in die Praxis umzusetzen, sind gewöhnlich die niedrigsten auf der Rangliste des israelischen Regimes und dennoch diejenigen, die am leichtesten zu fassen sind. In den meisten Fällen sind sie die Zielscheibe für die Wut der Palästinenser – wegen ihres verächtlichen Gehabes, ihrer Arroganz und ihres mangelnden Mitgefühls. Manche Spalte in israelischen Zeitungen war dem Schaden gewidmet, den solches Betragen auf die Dauer anrichtet.

Meiner Meinung nach wird dadurch jedoch nur die Aufmerksamkeit vom System abgelenkt. Die Politik der israelischen Besatzung wäre auch dann nicht fairer gewesen, wenn sie höflich, geduldig und mit einem Lächeln durchgesetzt worden wäre. Schließlich hat der Soldat die Aufgabe, eine Politik in die Praxis umzusetzen, die ihrer Natur nach diskriminierend ist und alle Menschen in den besetzten Gebieten als bedrohlich einstuft. Ich habe den Eindruck, daß seine Verachtung seine Selbstverteidigung gegen die Diskrepanz ist, die zwischen den moralischen Grundsätzen seiner eigenen Gesellschaft und den Bestimmungen der Besatzung besteht, mit deren Durchsetzung er betraut ist. Andererseits ist es natürlich auch möglich, daß ein Soldat sich daran gewöhnt hat, Macht auszuüben, und daß er sich die feindselige und unmoralische Politik ganz einfach zu eigen gemacht hat.

Wie dem auch sei, ein sofort spürbarer Vorteil der palästinensischen Selbstverwaltung war das Ende des direkten Kontakts zwischen dem offiziellen Israel und der örtlichen Bevölkerung. Da jedes palästinensische Ministerium für die Ausreisegenehmigungen zuständig war, die sein Arbeitsgebiet betrafen, wurden die verschiedenen Kategorien nicht mehr in einen Topf geworfen, und man mußte nicht mehr Schlange stehen. Die Leute reichten ihre Anträge am Morgen ein und holten sich ihren Bescheid am Abend ab. Aber 1994 erhofften sich die Menschen erheblich mehr fundamentale Verbesserungen ihrer Lebensqualität – eine wirtschaftliche Erholung durch die Öffnung des Gazastreifens für die Arbeiter und eine allgemeine Lockerung der Beschränkungen an den Grenzen. In anderen Worten, die Palästinenser hofften, ihre Bewegungsfreiheit wiederzubekommen, wenigstens zwischen Gaza und dem Westjordanland durch den sehnsüchtig erwarteten sicheren Korridor. Außerdem hoffte jedermann, daß sich der Geist der veränderten Umstände im Verhalten der israelischen Soldaten und Beamten niederschlagen würde, die weiterhin mit den besetzten Gebieten zu tun hatten. Tatsächlich hing die Unterstützung des Friedensprozesses vom Eintreten dieser Veränderungen ab. Aber fast augenblicklich wurde vierhundert Studenten die Ausreisegenehmigung für das Sommersemester in das Westjordanland verweigert. Selbst die Genehmigung eines palästinensischen Menschenrechtsaktivisten wurde wiederrufen. Die optimistische Stimmung wurde unerbittlich zerstört. Meine Fragen nach der israelischen Politik und ihrer Durchsetzung waren nach Beginn der palästinensischen Selbstverwaltung ebenso aktuell wie zuvor.

In Gaza gibt es keine Einrichtung für die Strahlenbehandlung von Krebspatienten. Die staatlichen Krankenhäuser verfügen nicht über das notwendige Gerät für Computertomographien und Mammographien. Die

Ärzte sind nicht in der Lage, eine Biopsie vorzunehmen, und Rehabilitationseinrichtungen für physische Behinderungen und Kopfverletzungen sind so gut wie nicht vorhanden. Herzoperationen und die Behandlung von Nierenerkrankungen sind überhaupt nicht möglich. Jeder, der entsprechende Bedürfnisse hat, ist darauf angewiesen, daß sein Zustand als «dringend» beurteilt wird, da er sonst keine Möglichkeit hat, den Gazastreifen zu verlassen, wenn er gerade abgeriegelt ist. Der achtzehnjährige A. K. wurde nicht als dringender Fall eingestuft. Mehrere Jahre zuvor, während der *Intifada*, war er von einer israelischen Kugel getroffen worden und ist seitdem vollständig gelähmt. Seine Familie führte einen Rechtsstreit mit der IDF um eine Entschädigung. Der Rechtsbeistand des Angeklagten – das Büro des israelischen Generalstaatsanwalts – hatte angeordnet, daß A. K. zu einer medizinischen Untersuchung in Jerusalem zu erscheinen habe, aber aus Sicherheitsgründen wurden ihm und seinem Vater die Ausreisegenehmigung verweigert. Ich traf den Vater zufällig im Haus von Freunden. Er war damit beschäftigt, zwischen den Ministerien der Autonomiebehörde und mehreren Rechtsanwälten hin und her zurennen. Ich schrieb einen Brief über den Fall seines Sohnes an den Sprecher des CLO und drängte den Vater, sich an das Knesset-Mitglied Naomi Hazan zu wenden, die in der Vergangenheit in ähnlichen Fällen geholfen hatte. Sie und ich erhielten vom CLO gleichlautende Antworten: «Es ist ein Fehler unterlaufen.» Zum Glück fand A. K.s Untersuchung einen Tag vor der erneuten Schließung der Grenzen statt. Vierundzwanzig Stunden später wäre es in einem nicht dringenden Fall wie dem seinen «bis auf weiteres» nicht möglich gewesen, den Gazastreifen zu verlassen.

Im Laufe des Jahres 1995 wurde die Unterscheidung zwischen dringenden und nicht dringenden Fällen zu einer festen Einrichtung. «Nur Krebspatienten können Ausreisegenehmigungen erhalten», wurde mir im palästinensischen Gesundheitsministerium mitgeteilt. Nach der Definition des CLO wurde als «dringend» jeder medizinische Zustand aus den Gebieten «Krebs, Kardiologie, Dialyse und Chirurgie» bezeichnet, «den die PA nicht in einem der Krankenhäuser innerhalb der Grenzen ihrer Jurisdiktion behandeln kann». Das CLO behauptete, daß alle einen solchen Zustand betreffenden Ausreiseanträge genehmigt würden. Dennoch begegnete ich einem wütenden Mann, dessen Verwandter, ein Krebspatient, keine Genehmigung erhalten hatte, den Gazastreifen zu verlassen. Der Antrag war zusammen mit den Anträgen von sechs weiteren Krebs- und zwei Herzpatienten mit der Begründung abgelehnt worden, daß der Zustand der Betroffenen nicht «dringend» sei. Am nächsten Tag legte das Ministerium alle neun Anträge erneut vor. Diesmal wurden den sieben Krebspatienten Ausreisegenehmigungen erteilt, den beiden Herzpatienten jedoch nicht. Auf meine Anfrage antwortete das CLO wie folgt: «Uns ist nichts von Anträgen bekannt, die zuerst eindeutig abgewiesen und später ohne Erklärung bewilligt wurden.» Man gab mir zu verstehen, daß die Anträge zunächst nicht korrekt ausgefüllt und erst nach Korrektur des Fehlers bewilligt worden seien. Diese Erklärung des CLO stand im Widerspruch zur Darstellung des Vorgangs von seiten der palästinensischen Autonomiebehörde. Seither habe ich unzählige widersprüchliche Darstellungen gehört.

So behaupteten die Palästinenser zum Beispiel, daß ihre Beamten angewiesen worden seien, alle Anträge auszusortieren, die nicht von Krebspatienten stammten. Auf meine Anfrage hin wies das CLO diesen Vorwurf zurück: «Es steht der PA frei, jeden beliebigen Antrag vorzulegen. Das CLO hat der PA keine besonderen Kriterien für die Vorlage von Anträgen genannt. Im Gegenteil, jeder Antrag, der in Übereinstimmung mit allen Bestimmungen vorgelegt wird, wird überprüft, und unsere Antwort wird der PA übermittelt.»

Die medizinische Interpretation des Wortes «dringend» war jedoch niemals so eindeutig, wie das CLO es darstellt. Ein einjähriges Mädchen, das eine Augenoperation in Tel Aviv hinter sich hatte, sollte zu einer Nachuntersuchung erscheinen. Der Einreiseantrag der Mutter wurde jedoch abgelehnt. Ebenso abgelehnt wurden die Anträge eines Querschnittsgelähmten, der einen Termin für eine Routinebehandlung hatte, und eines Herzpatienten, dessen Herzschrittmacher eine neue Batterie benötigte. Ein Herzpatient, der einen Termin für eine Katheterisierung hatte, erhielt gar nicht erst eine Antwort vom CLO. (Eine weitere Kategorie von Patienten wurde regelmäßig abgewiesen: Privatpatienten, die ihre Behandlung selbst bezahlen wollten. Nach dem Übergang der Verantwortung auf die palästinensische Autonomiebehörde bestimmte das Gesundheitsministerium, wer eine Behandlung außerhalb des Gazastreifens benötigte, und übernahm die Behandlungskosten. Aus Gründen, die niemand nachvollziehen konnte, erhielten Privatpatienten fast niemals die Erlaubnis, den Gazastreifen zu verlassen.)

Marwan al-Zaim, der Leiter der Public-Relations-Abteilung des Gesundheitsministeriums, bemerkte zu den «dringenden» Fällen: «Bei der Behandlung dieser Menschen ist der Zeitfaktor ausschlaggebend, wenn eine Verschlechterung ihres Zustands vermieden werden soll. Die Behandlung aufzuschieben macht einfach keinen Sinn.» Er beschwerte sich auch über eine zweite Nebenwirkung der israelischen Politik: «Das Zurückweisen von Patienten, deren Fälle nicht als dringend eingestuft werden, verursacht Spannungen und Verbitterung. Die Leute kommen zu uns, nicht zu den Israelis, die die Politik machen, und sie machen uns dafür verantwortlich.»

Die für die Verbindung mit dem CLO zuständige Abteilung des Gesundheitsministeriums hat ihren Sitz auf einem kleinen Hügel auf dem Gelände des staatlichen Shifa-Krankenhauses, direkt an der Grenze zwischen dem grünen und baumbestandenen Stadtviertel Rimaal und der Betonwüste des Flüchtlingslagers al-Shatti. Die Palästinenser kommen mit ihren Anträgen zu einem schmalen Fertighaus, das wie ein Eisenbahnwaggon aussieht. Eine frischangelegte Rasenfläche und weiß angestrichene Betonklötze trennen das Gebäude vom Krankenhaus. Der Raum selbst ist mit drei Tischen und zwei Schränken ausgestattet, von denen einer die Aufschrift «Eigentum der Zivilverwaltung» trägt. Im Sommer dreht sich ein quietschender alter Ventilator. Während der ersten Monate nach der Eröffnung des Büros mußten die Leute ihre Papiere durch ein vergittertes Fenster schieben, das zu hoch war, um hinaufreichen zu können. Später wurde ein Betonklotz unter das Fenster gestellt, auf dem sie stehen konnten.

Die Mitarbeiter des Ministeriums überprüften, ob dem Antrag die notwendigen Papiere beigelegt waren – ein Brief von einem Arzt oder Krankenhaus in Israel, die Kostenübernahmeerklärung der Autonomiebehörde –, und nahmen die Personalien des Antragstellers in hebräischer Sprache auf. Ein Arzt prüfte die Formulare, unterschrieb sie und legte sie auf den Stapel von Anträgen, die jeden Nachmittag zum CLO gebracht wurden. Am selben Abend wurden die Dokumente zurückgebracht, genehmigt oder abgelehnt. Schließlich wurde es den Antragstellern gestattet, in das Büro hineinzukommen. Die Tür blieb sogar offen, und die Leute konnten mit ihren Fragen direkt an den Schreibtisch des Beamten kommen: «Meine Tochter hat übermorgen eine Augenoperation. Warum ist die Ausreisegenehmigung noch nicht da?» «Ich habe einen Termin bei dem Arzt in Ashkelon, der mich operiert hat. Sie haben mich schon zweimal abgewiesen. Warum?» Demütigung und Verwirrung hingen wie eine Wolke über dem Raum. Manche Leute erhoben in ihrer Frustration die Stimme. Auch die palästinensischen Mitarbeiter verloren manchmal die Geduld und warfen die Arme hoch, als ob der Patient selbst an allem schuld sei. «Es liegt nicht in unserer Hand», war das einzige, was sie den Menschen sagen konnten.

Fathi Z. durfte an dem Fenster vorbeigehen und direkt in das Büro kommen. Jedermann kannte Fathi. Er war neununddreißig Jahre alt und hatte in den letzten sechs Jahren neun Krebsoperationen durchgestanden – Schnellschnitte, Teilamputationen, Entfernung betroffener Organteile –, dazu Chemotherapie. 1995 war im Hadassah-Krankenhaus in Jerusalem seine rechte Niere entfernt worden, und er sollte sich innerhalb eines Monats zur Nachuntersuchung in der urologischen Klinik einfinden. Außerdem brauchte er regelmäßige onkologische Untersuchungen und hatte die Anweisung erhalten, sich im Fall einer Verschlechterung seines Zustands sofort bei der Notaufnahme zu melden. Es war Oktober, und der Gazastreifen war immer wieder von neuem abgeriegelt worden. Nur für die allerdringendsten medizinischen Fälle wurden Ausnahmen gemacht. Jetzt wurden die Restriktionen allmählich gelockert, aber die meisten Einschränkungen, die kranke Personen betrafen, waren noch in Kraft.

Fathi Z. brachte jedesmal seine verschiedenen Genehmigungen und Arztbriefe mit, an Stelle von Identitätspapieren genügten seine Narben. Auch den israelischen Behörden war sein Fall gut bekannt. Ursprünglich hatte die alte Zivilverwaltung seiner Behandlung in Israel zugestimmt. Dennoch weigerte sich das CLO, ihm in diesem Oktober eine Langzeitgenehmigung zu erteilen, und zwang ihn damit, für jeden einzelnen Termin einen neuen Antrag zu stellen. Mitte Oktober heftete er zwei Terminzettel vom Hadassah-Krankenhaus an seinen Antrag, einen für den 22., den zweiten für den 30. Oktober, und das palästinensische Gesundheitsministerium bat um eine neuntägige Ausreisegenehmigung, die für beide Termine ausreichen würde. Das CLO antwortete mit einer eintägigen Genehmigung und schrieb auf den zweiten Terminzettel: «Neuer Antrag am Ende des Monats». Kaum war Fathi von seiner ersten Reise nach Jerusalem zurückgekehrt, als er sich auch schon zum Shifa-Krankenhaus schleppen mußte, um seinen neuen Antrag einzureichen. Am nächsten Tag mußte er wiederkommen, um die Antwort abzuholen. Sein rechtes Bein war «wegen unzureichender Blutzufuhr als Folge des postoperativen Zustands» geschwollen, wie es in seinem Arztbericht hieß, und er hinkte leicht. Einmal war Fathi zum Hadassah-Krankenhaus gefahren, um seinen Termin wahrzunehmen, und war aufgefordert worden, am nächsten Tag wiederzukommen, weil sein Zustand sich verschlechtert hatte. Er hatte jedoch keine Ausreisegenehmigung. Es ist richtig, daß man den Gazastreifen in Notfällen verlassen kann, aber jede zusätzliche Anstrengung verschlimmerte Fathis Gesundheitszustand.

Auch die dreijährige Fatma G. hatte Krebs. Im Oktober desselben Jahres verwies das palästinensische Gesundheitsministerium das Kind zur Behandlung nach Tel Aviv, und ihr Vater sollte sie begleiten. Es ist allgemein üblich, daß ein Patient von einem Mann der Familie begleitet wird – die Männer sprechen meistens einigermaßen gut Hebräisch und kennen sich in Israel aus, während die Frauen nur selten Hebräisch können und nach Jahren der Isolation zu Hause schüchtern und ängstlich im Umgang mit einer so vollkommen fremden Gesellschaft sind.

Das CLO erkannte in seiner Antwort auf den Antrag von Fatma G. und ihrem Vater zwar die Notwendigkeit einer medizinischen Behandlung des Mädchens an, verweigerte jedoch dem Vater die Genehmigung, seine Tochter zu begleiten. Eine Erklärung wurde nicht gegeben, aber die palästinensischen Beamten nahmen an, daß die gleichen Bestimmungen angewandt worden waren wie für die Arbeit in Israel, die besagten, daß Männer unter vierzig nicht in Israel arbeiten durften. Bis Fatmas Antrag noch einmal mit weiblicher Begleitung gestellt war, hatte das Kind seinen Behandlungstermin versäumt. Nach einiger Zeit konnten die Beamten die israelischen Reaktionen voraussehen, und die Familien wußten, daß sie ältere Frauen als Begleiter ihrer kranken Kinder schicken mußten.

Die Staroperation des siebzigjährigen Z. S. mußte zweimal verschoben werden, und auch S. R.s Augenoperation wurde verzögert. N. A. und ihr Mann warteten lange auf einen Termin bei Yosef Shenkar in dessen renommierter Abteilung zur Behandlung von Unfruchtbarkeit im Hadassah-Krankenhaus, zumal der Termin mit N. A.s Ovulation koordiniert werden mußte. Sie erhielten jedoch keine Ausreisegenehmigung, weil ihr Problem nicht als dringend betrachtet wurde. Auch der Fall des sechsjährigen Muhammad Barud wurde nicht als dringend eingestuft. Er konnte seine rechte Hand nicht mehr bewegen und sollte von einem Neurochirurgen in Tel Aviv untersucht werden, aber der Antrag auf Ausreisegenehmigung für ihn und seine Mutter wurde abgelehnt. Der zwanzigjährige Hussein Abed al Hamid Shehadeh war auf einem Auge blind und war auf dem besten Wege, auch auf dem zweiten Auge zu erblinden, weil er weder ordentlich diagnostiziert noch behandelt werden konnte. Auch ihm wurde die Ausreisegenehmigung verweigert.

Die von Ruhama Marton geleitete Vereinigung palästinensischer und israelischer Ärzte für die Menschenrechte setzte sich ununterbrochen für diese und andere Patienten ein, unter anderem für einen sechzehnjährigen Jungen, der durch einen Unfall ein Bein verloren hatte und dessen einer Arm gelähmt war, und für eine achtzehnjährige Frau mit einem schweren Gehörschaden. Trotz der Bemühungen der PHR tat das CLO diese Fälle als nicht lebensbedrohend ab, obwohl sich der Zustand der Patienten laufend verschlechterte.

Im Fall von Muhammad Barud schrieb eine PHR-Aktivistin, Hadas Ziv, an Premierminister und Verteidigungsminister Yitzhak Rabin: «Obwohl das Leben des Kindes nicht in Gefahr ist, wird seine Lebensqualität mit jedem Tag, um den die Behandlung hinausgezögert wird, schwerer beeinträchtigt.» Weiter schrieb sie an Rabin, daß die Abriegelungen in vielen Fällen gesundheitliche Schäden zur Folge haben. «Häufig wird lange vor der Abriegelung des Gazastreifens ein Termin vereinbart, der dann immer wieder verschoben werden muß, weil die Abriegelungen immer wieder neu verhängt werden. Selbst wenn das Leben eines Patienten nicht in Gefahr ist, hat die Verzögerung der Behandlung längeres Leiden und in manchen Fällen eine Verringerung der Chancen auf vollständige Genesung zur Folge.» Ziv sagte nichts davon, wie schrecklich es ist, immer wieder neue Termine vereinbaren und die Ärzte nerven zu müssen. (Sie wies auch nicht darauf hin, daß das Verschieben von Terminen immer nur auf Kosten anderer wartender Patienten möglich ist.) Weder Rabin noch einer seiner Sprecher antworteten auf den Brief.

Die gleichen Restriktionen berauben auch das medizinische Personal seiner Bewegungsfreiheit und zementieren die Abhängigkeit Gazas von medizinischer Versorgung von außen. Riyad al-Zaanun, der palästinensische Gesundheitsminister, nahm an einem Festakt in der Ichilov-Klinik in Tel Aviv teil, mit dem der Beginn eines von einem ausländischen Hilfsfonds finanzierten Fortbildungskurses für Ärzte aus Gaza begangen wurde. Am nächsten Tag, an dem der eigentliche Kurs beginnen sollte, erschienen die Ärzte in Zaanuns Büro in Gaza. Sie waren am Erez-Checkpoint abgewiesen worden, weil ihre Ausreisegenehmigungen ungültig waren. Ron Pundak, ein israelischer Akademiker, der 1993 an den ersten, geheimen Gesprächen in Oslo teilgenommen hatte und durch dessen Initiative der Fortbildungskurs in der Ichilov-Klinik zustande gekommen war, übte *Wasta* auf höchster Ebene zu ihren Gunsten aus. Nur auf seine Intervention hin konnten die Ärzte Gaza verlassen, aber auch Pundak konnte sie nicht in Tel Aviv halten: Einen Monat später wurde der Gazastreifen erneut abgeriegelt, und die Ärzte versäumten ihre Fortbildung.

Jedesmal, wenn der Gazastreifen hermetisch abgeriegelt wird, können Ärzte und Pflegepersonal aus Gaza, die in Krankenhäusern und Behandlungszentren im Westjordanland arbeiten, nicht an ihre Arbeitsplätze gelangen, und medizinisches Gerät im Gazastreifen steht unbenutzt herum, weil es an technischem Personal fehlt. Hunderte von Ärzten, Krankenpflegern und Physiotherapeuten sitzen oft monatelang in dem einen oder anderen Teil der besetzten Gebiete fest. Mehrere Einrichtungen im Westjordanland und in Ostjerusalem waren schon nahe daran, dem Personal aus Gaza zu kündigen, weil sie mit der ständigen Abwesenheit der Leute nicht zurechtkamen. Selbst hochrangige Angehörige des Gesundheitsministeriums, zu deren Arbeitsbereich auch Teile des Westjordanlands gehören, wurden oft im Gazastreifen festgehalten.

Die Vereinigung für Bürgerrechte in Israel (ACRI) hat die Restriktionen, durch die medizinisches Personal daran gehindert wird, sich zwischen dem Gazastreifen, dem Westjordanland und Ostjerusalem zu bewegen, als illegal bezeichnet und dagegen protestiert. In einem Appell an Brigadegeneral Oren Shahor, den Koordinator der IDF in den besetzten Gebieten, und Oberstleutnant Amos Giora, einen militärischen Rechtsberater in Gaza, nahm die ACRI auf die Al-Maqassed-Klinik in Ostjerusalem Bezug, das modernste Krankenhaus in den besetzten Gebieten, in dem 700 Menschen arbeiten. 428 davon leben im Westjordanland und

48 im Gazastreifen, die übrigen in Ostjerusalem. Wenn eine hermetische Abriegelung verhängt wird, muß die Klinik mit erheblich reduzierter Belegschaft arbeiten. Die ACRI bat darum, die Soldaten an den Grenzübergängen anzuweisen, «medizinisches Personal frei von Gaza und dem Westjordanland nach Ostjerusalem und wieder zurück reisen zu lassen». Daraufhin wurde einem Teil der Leute gestattet, wieder in Ostjerusalem zu arbeiten, aber sie waren gezwungen, gegen die Gesetze zu verstoßen. Das Recht, an ihrem Arbeitsplatz zu übernachten, war in ihren Genehmigungen nicht enthalten, obwohl jeder, der in der Gesundheitsfürsorge arbeitet, verpflichtet ist, auch Nachtschichten zu übernehmen.

In den gesamten besetzten Gebieten leiden die palästinensischen Institutionen zur Gesundheitsfürsorge unter den Langzeitfolgen ruinöser Restriktionen und unzuverlässig erscheinenden Mitarbeitern. Ärzte aus dem Westjordanland wurden daran gehindert, in den Gazastreifen einzureisen, um Operationen durchzuführen, so daß medizinische Behandlungen auch innerhalb des Gazastreifens verschoben werden mußten. Und während in der Al-Maqassed-Klinik beispielsweise Gallensteine mit modernen Mitteln behandelt werden, durch die eine Operation vermieden werden kann, verfügen die Ärzte in Gaza weder über das nötige Gerät noch über die Kenntnisse dazu und müssen weiterhin mit veralteten, gefährlicheren Methoden arbeiten. Beide in Gaza tätigen Pathologen schicken ihre Biopsie-Proben zur Untersuchung in die Al-Maqassed-Klinik, aber wenn der Checkpoint geschlossen ist, bleiben die Proben auf dem Weg zum Laboratorium hängen.

Der Chefradiologe des Radiologischen Zentrums für medizinische Diagnose, einer neuen, privaten Einrichtung in Gaza-Stadt, lebt in Ostjerusalem und wurde schon häufig daran gehindert, zur Arbeit zu kommen. Außerdem muß das technische Gerät des Zentrums regelmäßig gewartet werden, und in Gaza gibt es keinen Techniker, der dazu qualifiziert ist. Das Mammographie-Gerät, das einzige seiner Art im Gazastreifen, stand wochenlang unbenutzt herum, weil der Techniker, ein israelischer Palästinenser, nicht nach Gaza gelangen konnte.

In einigen Fällen hat David Levanon, der Koordinator des CLO, der die den Ausreiseanträgen beigefügten medizinischen Informationen prüft, zu einer Behandlung in einem Krankenhaus in Gaza geraten, obwohl der palästinensische Arzt eine Behandlung an anderem Ort empfohlen hatte. Samir H. zum Beispiel hatte sich einer orthopädischen Operation in der Al-Maqassed-Klinik unterzogen, und seine Ärzte in Gaza fühlten sich außerstande, die notwendige Nachbehandlung durchzuführen. Das CLO entschied, daß eine Behandlung an Ort und Stelle ausreichend sei. Mit der gleichen Begründung wurden Patienten daran gehindert, Behandlungen im Westjordanland fortzusetzen. Das bedeutet, daß die für das Gesundheitswesen zuständigen Beamten des CLO sich das Recht nehmen zu bestimmen, wo palästinensische Ärzte ihre Patienten hinschicken dürfen, obwohl die Zuständigkeit für die Gesundheitsfürsorge ausdrücklich auf die palästinensische Autonomiebehörde übertragen worden ist.

Im Oktober 1995 veröffentlichte ich einen langen Artikel über die Krise im Gesundheitswesen. Auch diesmal erhielt ich eine höfliche Antwort des CLO.

«Die Entscheidungen der Gesundheitsabteilung des Koordinations- und Verbindungsbüros beruhen auf den Regelungen des Kairoer Abkommens und Oslo 2 und auf Vereinbarungen, die in Zusammenarbeit mit der palästinensischen Autonomiebehörde im Rahmen ständig zusammentretender medizinischer Subkomitees erreicht werden. Bei jeder Vereinbarung werden auch die Sicherheitsfragen berücksichtigt. Die Gesundheitsabteilung des CLO steht den Belangen kranker Personen, die die autonomen Gebiete verlassen müssen, sehr aufmerksam und wohlwollend gegenüber, und die Fälle aller Personen, die eine medizinische Behandlung in Israel benötigen, werden in Übereinstimmung mit den in den gemeinsamen Komitees vereinbarten Vorgehensweisen prompt bearbeitet. Es wird darauf aufmerksam gemacht, daß das palästinensische Gesundheitsministerium den Grad der Dringlichkeit der Behandlung, die ein Patient benötigt, alleine definiert. Selbst während der Abriegelungen arbeitet das CLO aus eigenem Antrieb und aus Verantwortungsgefühl auf allen Ebenen, um die Abreise kranker Personen, deren Fälle als dringend eingestuft worden sind, ohne unnötige Verzögerungen zu ermöglichen. Patienten, deren Fälle nicht als dringend eingestuft werden, sind solche, deren Leben nicht in Gefahr ist und deren Gesundheitszustand nicht geschädigt wird, wenn eine routinemäßige Behandlung nicht stattfinden kann. Während der Abriegelungen stehen Repräsentanten der Gesundheitsabteilung des CLO an den Checkpoints bereit, um den raschen Abtransport der Kranken zu erleichtern, obwohl Israel durch die Abkommen nicht dazu verpflichtet ist. In den meisten Fällen, die wir untersucht haben, konnten wir keine Fehlbeurteilungen in irgendeinem Zuständigkeitsbereich feststellen. In einigen Fällen war dem Patienten ein Fehler unterlaufen. So hatte ein Mann, dem die Genehmigung, den Gazastreifen zum Zwecke von Untersuchungen in einem israelischen Krankenhaus zu verlassen, verweigert wurde, keine finanzielle Garantie beigefügt ... Die Kommunikationswege zwischen dem Gesundheitsministerium der palästinensischen Autonomiebehörde und den verschiedenen Abteilungen des CLO sind vierundzwanzig Stunden am Tag geöffnet.

Alle Anträge, die uns auf diesen Wegen erreichen, werden selbst nach der regulären Arbeitszeit positiv beantwortet ... Viele Anträge erreichen uns infolge von Verspätungen, die durch die Beamten der palästinensischen Autonomiebehörde wegen ihrer eigenen bürokratischen Probleme verursacht werden, leider zu spät.»

Das CLO beantwortete keine meiner zahlreichen detaillierten Fragen und begründete dies damit, daß ich sie dem Büro nur vier Tage vor dem Erscheinen meines Artikels in der Presse vorgelegt hätte. In den folgenden Monaten sandte ich weitere Fragen an das CLO, jedesmal lange vor dem Termin, zu dem meine Artikel vorliegen mußten. Man teilte mir jedoch mit, daß eine Antwort auf Anfragen zu individuellen Fällen einen Bruch der ärztlichen Schweigepflicht darstellen würde.

Meine allgemeinen Fragen blieben jedoch ebenfalls unbeantwortet. So war es mir nicht möglich herauszufinden, wer die Kriterien festgelegt hatte, nach denen zwischen dringenden und nicht dringenden Fällen unterschieden wurde – die israelische Regierung, der Generalstab der IDF, der Koordinator für Verwaltungstätigkeiten in den besetzten Gebieten oder das CLO selbst. Ich konnte nicht feststellen, ob die Einstufung unter Mitwirkung irgendeines militärischen oder zivilen Arztes vorgenommen wurde und wer bestimmte, wie lange sie ihre Gültigkeit behielt. Ich wollte wissen, welche Beamten entschieden hatten, daß die Techniker, die das medizinische Gerät warteten, nicht in den Gazastreifen einreisen durften oder daß es einem Vater untersagt wurde, seine kranke Tochter zu begleiten. Würden ebendiese Beamten die Politik, die sie in die Praxis umsetzten, auch dann noch für richtig halten, wenn sie dazu führen würde, daß sie selbst ihre eigenen Kinder alleine in eine Klinik schicken müßten?

Weniger als drei Monate nach dem Brief des CLO trat eine weitere Verschlechterung der Situation ein. Ende 1995 hörte das CLO ohne Vorwarnung auf, eine schriftliche Begründung für ablehnende Bescheide mitzuliefern, was es bis zu diesem Zeitpunkt, wenn auch in sehr kurzer Form, immer getan hatte. Auf dem ursprünglichen Antragsformular war ein Platz für die Antwort der israelischen Seite vorgesehen. Jetzt wurde diese Antwort abgerissen und von der CLO einbehalten, und die Entscheidung wurde dem palästinensischen Verbindungsbeamten mündlich mitgeteilt. Durch das Fehlen eines schriftlichen Bescheids wurde der bürokratische Ablauf weder effektiver noch transparenter. Die Folge war nur, daß es nun unmöglich war zu erkennen, was für Kriterien den einzelnen Entscheidungen zugrunde lagen, und daß die Antragsteller nun häufig die Schuld auf die palästinensischen Beamten und ihre Nachlässigkeit schoben. Es entstand der Eindruck der Mißachtung der palästinensischen Bevölkerung. Ferner wurden neben der Antwort auf den

Antrag nun auch die Fotokopien der Identitätskarten einbehalten, die den Anträgen beigefügt sein mußten.

Dann tauchten Berichte über hochrangige palästinensische Funktionäre und Ärzte auf, die gegen Bezahlung gefälschte medizinische Dokumente ausgestellt hatten, mit deren Hilfe die Leute dann den Gazastreifen verließen. Die wachsende Zahl junger Leute mit Augenkrankheiten, die angeblich im Gazastreifen nicht behandelt werden konnten (und die gewöhnlich nur bei älteren Patienten auftreten), hatte die Soldaten auf den Schwindel aufmerksam gemacht.[2] Da die wenigen Fälle, in denen falsche medizinische Papiere ausgestellt worden waren, immer wieder als Begründung für die Verdächtigung aller kranken Antragsteller angeführt wurden, wollte ich wissen, ob etwas dagegen unternommen worden sei – ob die dafür verantwortlichen Palästinenser von ihren Ämtern entfernt worden seien – und ob das tatsächliche Ausmaß des Betrugs bekannt sei. Deshalb versuchte ich noch einmal, das CLO zu einer detaillierten Antwort zu bewegen. Unter anderem hatte ich gefragt, ob die mit Hilfe falscher Angaben erschlichenen Ausreisegenehmigungen ein Ansteigen der Zahl von Bombenanschlägen und Angriffen zur Folge gehabt hätten. Ich wollte wissen, ob ein israelischer Augenspezialist festgestellt habe, daß in den fraglichen Fällen ein Betrug vorlag, oder ob die Einstufung nur aufgrund der Annahme erfolgt sei, daß derartige medizinische Probleme bei jungen Leuten nicht auftreten.

Ich sprach auch das Problem der Leute an, die kranke Verwandte in Kliniken in Israel, Ostjerusalem oder dem Westjordanland besuchen wollten und nicht wußten, wohin sie ihre Anträge schicken sollten. Wenn die Anträge über das Gesundheitsministerium eingereicht wurden, erklärte das CLO, daß sie über das zivile Verbindungskomitee kommen müßten. Wenn jedoch das Komitee die Anträge weitergab, wurde den Antragstellern mitgeteilt, daß sie sich an das Gesundheitsministerium wenden müßten. Welches war also der korrekte Dienstweg?

Ich fragte, warum so viele Patienten, die an die Al-Maqassed-Klinik in Ostjerusalem überwiesen werden sollten, keine Ausreisegenehmigung erhielten, darunter ein vierjähriges Mädchen, das eine orthopädische Behandlung brauchte, und ein vierundfünfzigjähriger Herzpatient. War die Person, die über die Ablehnung dieser Anträge entschied, ein Arzt? War der Arzt ein Spezialist? Gab es eine politische Entscheidung, keine Patienten aus Gaza zu palästinensischen Institutionen in Ostjerusalem zu schicken? Warum erhielt die überwiegende Mehrzahl der Patienten, die an die St.-John's-Augenklinik in Ostjerusalem überwiesen wurden, keine Ausreisegenehmigungen? Gab es eine Vorschrift bezüglich des Alters männlicher Begleiter von kranken Kindern? Wenn ja, welches Mindestalter wurde vorausgesetzt? Wer erließ derartige Vorschriften? Gab es allgemeine Richtlinien für den Umgang mit privaten Patienten? Warum wurden so vielen Privatpatienten die Ausreisegenehmigungen verweigert? Ein Patient, der zu seinem ersten Termin bei seinem Arzt fuhr, konnte noch keine Angaben zu den Zahlungsbedingungen machen. Was für Unterlagen würde das CLO in solchen Fällen für ausreichend erachten?

Ich beschloß meinen Brief mit dem Fall von Ibrahim Sarsawi, der in der Notaufnahmestation eines israelischen Krankenhauses gestorben war. Palästinensische Beamte sagten aus, daß sein Krankenwagen am Erez-Checkpoint aufgehalten und mit großem Zeitaufwand durchsucht worden sei, während sich sein Zustand so weit verschlechtert habe, daß jede Hilfe zu spät kam. (Selbst in extremen Notfällen wird es Ärzten niemals gestattet, ihre Patienten über die Grenzen des Gazastreifens hinaus zu begleiten.) Das CLO hatte diese Behauptung zurückgewiesen. Warum hatte der Transport dann so lange gedauert, obwohl bereits eine Ausreisegenehmigung ausgestellt worden war?

Diesmal war die Antwort des CLO kurz und handgeschrieben und nicht ganz so höflich wie die vorherigen:

1. Das gesamte Problem der Einreise von Kranken nach Israel wird gemeinsam vom CLO und der palästinensischen Autonomiebehörde koordiniert. Das Verfahren ist wie folgt: Die PA legt der CLO den Antrag vor. Nach Prüfung des Antrags wird die Ausreisegenehmigung augenblicklich ausgestellt. Den Abkommen entsprechend, soll ein Gesuch innerhalb von vierundzwanzig Stunden nach Vorlage des Antrags genehmigt werden. In der Praxis geben wir unsere Genehmigungen sehr viel schneller, in dringenden Fällen sogar sofort!
2. In manchen Fällen legt die Autonomiebehörde einen Antrag dem CLO nicht vor, weil die kranke Person ihrer Meinung nach auch an Ort und Stelle behandelt werden kann und keinen Grund hat, den Gazastreifen zu verlassen, um in Israel behandelt zu werden. In vielen Fällen wird die Abreise des Patienten nach der Erteilung der Ausreisegenehmigung durch das CLO verzögert, und der Krankenwagen trifft zu spät am Erez-Checkpoint ein.
3. Israels Sicherheitschecks sind so genau, weil in der Vergangenheit feindliche Elemente versucht haben, den Gazastreifen mit falschen Papieren zu verlassen. Wir erinnern daran, daß Israel kranken Leuten gestattet, Gaza zu verlassen, solange ihre Ausreise die Sicherheit israelischer Bürger nicht gefährdet.

Angeheftet an diese handgeschriebene Antwort fand ich einen maschinengeschriebenen Brief des CLO-Sprechers.

An: *Ms. Amira Hass*
Betreff: *Antwort auf Ihre Anfrage zur Gesundheitsfürsorge.*

1. Ich wäre sehr glücklich, wenn Sie die beigefügte Antwort in voller Länge veröffentlichen würden.
2. Wir haben uns entschlossen, nicht auf jede einzelne Frage zu antworten, obwohl wir uns vollkommen sicher sind, daß die meisten palästinensischen Beschwerden jeder Grundlage entbehren.
3. Sämtliche Vorwürfe gegen Israel, das CLO und das Koordinationsbüro für israelische Verwaltungstätigkeiten in den besetzten Gebieten haben den Zweck, die Abriegelungen zu beenden, die, wie Sie wissen, auf brutale Angriffe innerhalb von Israel hin verhängt worden sind.
4. Zu meinem Bedauern können wir Sie nicht als objektive Journalistin betrachten, die von der Wahrheit geleitet wird, und angesichts unserer bitteren Erfahrungen mit Ihrer negativen Einstellung – einer Haltung, die selbst palästinensische Journalisten bei ihrer Arbeit nicht an den Tag legen – sehen wir auch in Zukunft keine Möglichkeit, Ihre Fragen detailliert zu beantworten.

Was mir widerfuhr, war keineswegs eine Sonderbehandlung. Auch palästinensische Beamte waren nicht in der Lage, feste Kriterien für die Entscheidungen des CLO auszumachen, obwohl die Israelis immer wieder versicherten, daß alle Dinge mit der palästinensischen Autonomiebehörde abgesprochen würden. Auch konnten die Palästinenser nie herausfinden, warum Menschen, die für eine private medizinische Versorgung in Israel selbst aufkommen wollten, keine Ausreisegenehmigungen erhielten. Im Prinzip haben die Palästinenser das Recht, gegen die Ablehnung ihrer Anträge Einspruch zu erheben und diese von hochrangigen Beamten des Gesundheitsministeriums entweder telefonisch oder persönlich ihren jeweiligen Gesprächspartnern beim CLO noch einmal vorlegen zu lassen. Gelegentlich wird ein negativer Bescheid zurückgenommen, oder die Antwort trifft nach langer Verzögerung ein. Gewöhnlich kommen Änderungen eines Bescheids jedoch nur auf Druck der PHR vor oder wenn jemand über die Köpfe des CLO hinweg *Wasta* oder Druck ausübt. Soviel zu eindeutigen Kriterien ... Ich habe wieder und wieder erlebt, daß israelische Intervention auf hohem Niveau eine Entscheidung der mittleren Ebene ändern konnte.

M. B. war Verbindungsbeamter zwischen dem Gesundheitsministerium und dem CLO. Wie die meisten Palästinenser in ähnlichen Positionen hatte er zuvor unter israelischem Kommando als Angestellter bei der Zivilverwaltung gearbeitet. Die Israelis kannten ihn also gut, und sie wußten auch, daß er und seine Frau lange Zeit keine Kinder hatten bekommen können. In einem meiner Artikel über die Gesundheitsfürsorge hatte ich M. B. mit Zustimmung von Marwan al-Zaim, dem Leiter der Public-Relations-Abteilung des Ministeriums, mit vollem Namen zitiert. Einige Monate später erfuhr ich, daß M. B.s Ausreisegenehmigungen zurückgenommen worden waren und daß er das CLO-Hauptquartier nicht mehr betreten durfte – all dies aus Sicherheitsgründen. Folglich war das palästinensische Gesundheitsministerium gezwungen, ihn durch jemand anderen zu ersetzen.

Alle Bemühungen, neue Ausreisegenehmigungen für ihn zu bekommen, erwiesen sich als fruchtlos, und die Mitglieder des palästinensischen Verbindungsbüros waren überzeugt, daß er auf der schwarzen Liste gelandet war, weil er erstens in meinem Artikel zitiert worden war und zweitens dazu neigte, sich mit dem CLO herumzustreiten, wenn Ausreisegenehmigungen verweigert wurden. Nach diesem Vorfall beschloß ich, niemanden mehr namentlich zu zitieren, außer Arafat, Allah und M. B., dessen Identität bereits bekannt geworden war. Das CLO weigerte sich zu erklären, wieso M. B. eine Bedrohung für die Sicherheit darstellte, handelte jedoch auch nicht so, als ob eine Bedrohung bestünde, indem es die Autonomiebehörde aufforderte, M. B. zu verhaften, zu verhören oder zu entlassen. Dennoch schien die Bedrohung internationale Ausmaße anzunehmen, als er und seine Frau am Grenzübergang Rafah aufgehalten und daran gehindert wurden, über Ägypten nach Jordanien zu reisen. In dieser Lage bat ich ein Mitglied der Knesset, Yossi Sarid, zu intervenieren. Am nächsten Tag bestätigte Sarids parlamentarischer Assistent, daß M. B. tatsächlich als «ernste» Bedrohung für die Sicherheit gelte, daß ihm jedoch in diesem einen Fall gestattet werden würde, nach Jordanien zu reisen.

Die IDF und das CLO benutzen das Wort «humanitär» zur Beschreibung ihrer Handlungsweise in Fällen, die sie noch einmal überdenken wollen. Das Wort, das ein fester Bestandteil im militärischen Sprachgebrauch in bezug auf die Palästinenser geworden ist, gestattet es den Behörden, die Härten, die sich aus der Nichtbeachtung der Menschenrechte ergeben, sprachlich auszuklammern. Zwar ist die Zahl der Ausreiseanträge aus medizinischen Gründen klein im Vergleich zu dem Heer der Arbeiter, Geschäftsleute, Lastwagen- und Taxifahrer, die täglich daran gehindert werden, den Gazastreifen zu verlassen. Aber die israelischen Behörden hatten fest zugesagt, daß gerade diese Menschen nicht unter den Abriegelungen zu leiden haben würden. Und gerade im Umgang mit den Kranken wären mehr Rücksichtnahme und Mitgefühl als Zeichen einer echten Veränderung in der Haltung Israels aufgenommen worden.

Tatsächlich ist aber weniger Rücksichtnahme erkennbar als je zuvor. Ich habe Verständnis für die Angst der Beamten, womöglich für Attentate in Israel verantwortlich zu sein, aber ich bin auch überzeugt, daß keiner der ablehnenden Bescheide, die ich beschrieben habe – einer Dreijährigen eine Operation zu verweigern, einem Mann eine Behandlung seiner Unfruchtbarkeit zu untersagen, einen Sohn daran zu hindern, bei seiner sterbenden Mutter zu sein –, irgend etwas mit Sicherheit zu tun hat. Es wird Aufgabe der Historiker sein herauszufinden, wer, wenn überhaupt jemand, den Befehl gegeben hat, die medizinische Behandlung dieser Menschen zu verhindern, oder ob es den ausführenden Organen freistand, allgemein gefaßte Anordnungen nach Gutdünken zu interpretieren. Vielleicht werden die Historiker auch die Frage stellen, warum das Friedenslager – die von der Israelischen Arbeitspartei angeführte Koalition der Befürworter des Friedens – es versäumt hat, beispielsweise ein ziviles Aufsichtskomitee einzusetzen. Ohne Zweifel wäre ein Komitee aus Zivilisten, die nicht schon seit Jahren als allmächtige Herrscher der palästinensischen Bevölkerung fungieren, besser geeignet, mit größerer Objektivität, mehr Selbstvertrauen und ohne Herrschsucht zu entscheiden, wie wahrscheinlich es ist, daß eine vierundfünfzigjährige Frau mit einer fortgeschrittenen Erkrankung der Herzkranzgefäße einen Terroranschlag plant, wenn sie den Antrag stellt, den Gazastreifen verlassen zu dürfen.

11 Warten, bis man vierzig wird

Sommer 1996. Der belebteste Ort im Gazastreifen, vielleicht sogar im ganzen Land, ist der Erez-Checkpoint zwischen zwei und sechs Uhr morgens. Während die Familien noch schlafen, durchlaufen fünfzehn- bis zwanzigtausend Menschen, die das Glück hatten, eine der kostbaren Ausreisegenehmigungen zu ergattern, die Sicherheitskontrollen und klettern in die Busse, die sie zu ihren Arbeitsplätzen in Israel bringen sollen. Am Eingang eines großen Parkplatzes, der von mehreren Wachtürmen der palästinensischen Polizei umgeben ist, steigen die Arbeiter aus Taxis oder stellen ihre Autos und Lieferwagen ab – die regelmäßig überquellen von Arbeitskollegen und Nachbarn. Dann machen sie sich auf den fast einen Kilometer langen Fußmarsch über den Parkplatz zum Grenzübergang. «Am Anfang des Weges sind zwei Strecken, wo der Sand sehr tief ist», erzählt Ahmad, ein fünfundvierzigjähriger Ingenieur aus Rafah. «Wenn man genug Zeit hat, ist es nicht so schlimm – man geht eben ein bißchen langsamer, und dann bleibt man stehen und schüttelt Sand und Steine aus den Sandalen. Aber wenn man spät dran ist, ist es schwierig, und wegen der Sicherheitsinspektion muß man immer eine halbe Stunde früher da sein.»

An seinem Nordende mündet der Parkplatz trichterförmig in einen engen Gang, der auf beiden Seiten von einem hohen, doppelten Maschendrahtzaun eingeschlossen und mit einem Asbestdach abgedeckt ist. Von der Außenseite her, wo die ausländischen Diplomaten und die palästinensischen VIPs die Grenze überschreiten, ist der Gang nicht zu sehen. Auf einer Seite ist er hinter einer Reihe weißgetünchter Betonplatten verborgen, auf der anderen verhindern dicke Stacheldrahtrollen, daß sich jemand hinausschleicht. Überall liegt Müll herum: Haufen rostiger Mineralwasserdosen und vergilbtes Zeitungspapier, das der Wind vor sich hertreibt. Die Tausende Menschen, die sich allmorgendlich durch den Trichter zwängen, nennen den Gang den Melk- oder Viehgang, wobei sie selbst die Rinder sind.

Die Israelis haben diesen Gang aus Asbest und Stacheldraht während des Winters 1994, nach dem Beginn der palästinensischen Selbstverwaltung, errichtet. Er ist etwa 275 Meter lang und so schmal, daß höchstens drei Männer nebeneinander gehen können. Deshalb kommt man nur langsam voran. Alle zehn oder fünfzehn Minuten halten die israelischen Soldaten den Strom der Männer (und der wenigen Frauen) an, damit der Druck in der Menschenschlange am Ausgang nicht zu groß wird. Dann wird die Luft dick und das Atmen schwer. Die Menschen, die Rücken an Bauch gedrängt stehen, beginnen zu husten und mit den Händen zu wedeln, um der Hitze und der Klaustrophobie Herr zu werden. Dann kommt das Signal weiterzugehen, die Menschen drängen vorwärts und bringen murmelnd ihre Erleichterung zum Ausdruck. «Gott sei gedankt für diese und jede andere Situation», sagen drei oder vier ältere Männer im Chor. Es könnte ja auch schlimmer sein. Sie könnten zu Hause festhängen. Einmal, bei strömendem Regen, hörte ich jedoch auch etwas anderes: «Soll der Teufel uns doch alle holen, Juden und Araber.»

Die Straßenhändler draußen auf dem Parkplatz kommen sogar noch früher. Sie treffen kurz nach Mitternacht ein, breiten ihre Waren auf dem Boden aus oder rollen sie auf Wagen herum. Sie verkaufen Kartons mit Joghurt und saurem Rahm, heiße Falafel direkt aus der Ölpfanne, Halvah, Kekse und Rugelah, amerikanische Schirmmützen und schlabberige Kibbutznik-Hüte. Alle fünf Minuten fährt ein Taxi vor. Die Passagiere, die nach Gaza-Stadt gefahren werden möchten, treffen nicht vor acht Uhr ein, aber die Taxifahrer kommen früh, um einen guten Platz in der Warteschlange zu ergattern. Die meisten Taxis kommen aus dem nahegelegenen Dorf Beit Hanun. Einige Fahrer bringen ihre sieben- bis achtjährigen Kinder oder Nichten und Neffen mit. Sie stehen mit Schachteln herum, die ihnen an Schnüren um den Hals befestigt sind, und verkaufen Waffeln für einen Schekel das Stück. Viel später, nachdem alle Arbeiter verschwunden sind, erscheint eine ganze Familie aus Beit Hanun, ein Vater mit all seinen Kindern. Für zwanzig Schekel reinigen sie den Parkplatz und sammeln Mineralwasserdosen, Obstschalen und sonstigen herumliegenden Müll auf.

Zwischen ein und drei Uhr morgens treffen die ersten Arbeiter ein, deren Arbeitsplätze am weitesten entfernt, nördlich von Tel Aviv, liegen. Der israelische Checkpoint wird erst um drei Uhr geöffnet, aber mehrere tausend Arbeiter stellen sich in dem langen Gang auf und nehmen die lange Wartezeit in Kauf, um dem Ansturm zuvorzukommen und ihre Busse rechtzeitig zu erreichen. Nach drei Uhr kann es länger als eine halbe Stunde dauern, bis man den Checkpoint passiert hat, je nachdem, wie die Durchsuchungen ablaufen, und nach der sechsmonatigen hermetischen Abriegelung dieses Jahres ist jede Arbeitsstunde kostbar.

Parkplatz und Gang sind mit starken Flutlichtlampen erhellt, die alles in ein flackerndes, gelbliches Licht tauchen. Tau und Nebel verwandeln den Sand in Leim, aber nach Tagesanbruch beginnt der Staub in Spiralen unter den trampelnden Füßen der Arbeiter aufzusteigen, verdunkelt das Flutlicht und kriecht in die Münder, Augen und Nasen der Männer. «Morgens, wenn man ausgeschlafen ist», meint Fawzi, «ist es nicht so schlimm. Aber wenn man nach einem Arbeitstag zurückkommt und noch irgendwas nach Hause schleppt, sind die Hitze und der Staub in der Kehle einfach schrecklich.» (An seinem Arbeitsplatz wird Fawzi von seinen Arbeitgebern übrigens mit einem hebräischen Namen, Uzi, gerufen, damit es keine Probleme mit den Kunden gibt.)

Nach drei Uhr wird der Strom der Arbeiter zum Wasserfall. Aouni aus Rafah erscheint erst anderthalb Stunden später, obwohl er um 3.20 Uhr von zu Hause aufgebrochen ist. Wie immer ist er makellos gekleidet und lächelt. (Gelegentlich sehe ich Aouni nach seiner Rückkehr von der Arbeit um fünf oder sechs Uhr abends in seinem Haus in Shabura. Dann sieht er ebenso gepflegt aus wie zu Tagesbeginn und bewegt sich immer noch mit federnden Schritten. Eine Stunde später reden seine Töchter im Flüsterton miteinander, um ihn nicht zu wecken, was mich daran erinnert, daß sein Arbeitstag um 2.30 Uhr morgens beginnt und etwa fünfzehn Stunden später endet.) Zum Glück ist Aounis Arbeitslohn für hiesige Verhältnisse relativ hoch, NIS 150 am Tag. Manche Arbeiter erhalten nur 60 bis 80 Schekel für einen ebenso langen Arbeitstag. Aber auch sie sind froh um ihre Jobs in Israel – innerhalb des Gazastreifens verdienen die Leute nur 20 bis 50 Schekel am Tag. Aouni trifft gemeinsam mit Muhammad, einem Subunternehmer aus dem Stadtteil Brazil in Rafah, am Checkpoint ein. Mit seinen herabhängenden Augenlidern sieht Muhammad immer müde aus, aber auch er verläßt sein Haus jeden Morgen geschniegelt und gebügelt. Bis er am Erez-Checkpoint ankommt, ist ihm ein Hemdzipfel aus der Hose gerutscht, und einer seiner aufgekrempelten Ärmel hängt tiefer herunter als der andere.

Aouni bleibt stehen, lächelt, sagt Shalom und fragt mich mit seiner ruhigen Stimme, wann ich ihn wieder in seinem Haus besuchen werde. Ohne seine Schritte zu verlangsamen, brüllt Muhammad mir auf hebräisch zu: «Wie geht's? Sie müssen verrückt sein! Es ist vier Uhr morgens!» Der Menschenstrom spült ihn weiter in den Trichter hinein. Manche Männer gehen in Gruppen zu dritt oder zu viert und reden miteinander, andere gehen allein. Alle rufen den palästinensischen Polizisten einen freundlichen Gruß zu oder nicken mit den Köpfen und werden herzlich zurückgegrüßt. Einer scherzt mit einem Polizisten aus dem gleichen Flüchtlingslager. Ein Mann trägt einen Korb, ein anderer einen Sack, aber die meisten kommen mit leeren Händen, um bei der Durchsuchung durch die Israelis Zeit zu sparen.

Alle Arbeiter sind Männer mittleren Alters. Um den Gazastreifen verlassen zu dürfen, müssen sie verheiratet sein. Jedesmal, wenn die hermetische Abriegelung gelockert wird, sind die ersten Arbeiter, die hinausgelassen werden, vierzig und darüber. Dann wird die Altersgrenze allmählich gesenkt, aber seit dem Frühjahr 1995 ist sie nie mehr unter dreißig gesunken.*

Ich erinnere mich an ein Grillfest am Strand, das von Fathi organisiert worden war. Fathi hatte das Glück, Arbeit in einem Supermarkt in Kastina (Kiryat Malakhi) gefunden zu haben, das nur zwanzig Minuten vom Checkpoint entfernt liegt. Seine ganze Familie hatte jahrelang dort gearbeitet, aber jetzt durften seine Brüder, die achtundzwanzig und dreißig Jahre alt waren, den Gazastreifen nicht mehr verlassen. Manchmal brachte Fathi tiefgefrorenes Fleisch mit nach Hause, das sein Chef ihm zu einem Discountpreis verkaufte. Dann traf er sich mit einer Anzahl arbeitsloser Freunde aus Jabalia am Strand, wo sie das Fleisch grillten und feierten, obwohl es eigentlich nichts zu feiern gab. Ein Freund hatte eine kleine Schneiderwerkstatt besessen, aber die Abriegelungen hatten ihn gezwungen, seinen Betrieb zu schließen. Ein anderer war ein ehemaliger Häftling, der sich weigerte, bei einer der verschiedenen palästinensischen Sicherheitsorganisationen zu arbeiten. Ein dritter Freund hatte das Glück, Mathematiklehrer zu sein und 1000 NIS im Monat zu verdienen. Aber Fathis Bruder Fawzi war zu jung, um den Gazastreifen verlassen zu dürfen. «Was macht ihr jetzt?» fragte ich ihn, und Fawzi antwortete ohne Zögern: «Wir warten darauf, vierzig zu werden.»

Arbeiter, die nach Israel wollen, müssen fünf verschiedene Kontrollpunkte passieren. Der erste ist eine Straßensperre an der Beit-Lahia-Kreuzung, wo ein palästinensischer Polizist jedes Fahrzeug anhält und die Insassen anschaut. Der zweite ist der Eingang zum Parkplatz am Erez-Checkpoint, wo palästinensische Polizisten in Uniform oder Zivil Parkzettel ausgeben, die Männer ansehen und ihr Alter zu schätzen versuchen. «He, du da! Wie alt bist du? Achtzehn? Raus mit dir! Du kannst unmöglich eine Ausreisegenehmigung haben.» Da hilft dem jungen Mann kein Bitten und Betteln.

Der letzte palästinensische Kontrollpunkt befindet sich unmittelbar vor dem Viehgang. Im Vorbeigehen halten die Arbeiter zwei palästinensischen Polizisten ihre Papiere unter die Nase – ID-Karte, Magnetkarte, Arbeitsgenehmigung. Gelegentlich halten die Polizisten eine mit Körben beladene Frau an, durchsuchen ihre Habseligkeiten und prüfen ihre Papiere. Manchmal holen sie jemanden aus der Schlange, der seine Ausrei-

* Die Altersgrenze wurde mehrere Jahre lang laufend verschoben, aber im Jahr 1998 lag sie beständig bei fünfundzwanzig. Unverheiratete Männer durften den Gazastreifen jedoch immer noch nicht verlassen.

segenehmigung nicht vorgezeigt hat. Am vierten Kontrollpunkt am Ende des eingezäunten Ganges warten israelische Soldaten hinter Betonklötzen und Sandsäcken, die Gewehre in Bereitschaft. Am vorderen Ende der Schlange hören die Palästinenser auf zu reden, und die wohlbekannte Wolke der Angst senkt sich auf die Menge herab. Die Männer warten, unsicher und immer auf einen unerwarteten Schlag gefaßt – ein verächtliches Wort von einem Soldaten mit Kindergesicht, den Piepton, mit dem der Computer eine Magnetkarte zurückweist. «Das ist das dritte Mal, daß du versuchst, dich durchzuschleichen», brüllt der Soldat einen Jungen an, der nicht älter als fünfzehn Jahre sein kann. «Willst du unbedingt verhaftet werden?» Mehrere israelische Grenzpolizisten beobachten die schweigende Menge, die sich durch das erste Drehkreuz schiebt. Ein Mann wird aus der Schlange herausgerufen – auch er sieht verdächtig jung aus. Aus seinen Papieren geht hervor, daß er alt genug ist, aber die Grenzpolizisten mustern ihn immer noch mit Skepsis.

Der fünfte Kontrollpunkt ist eine Reihe von neunzehn Drehkreuzen, die auf den sogenannten «Israelischen Platz» hinausführen. Hier sorgen Computerbildschirme, Metalldetektoren und elektronische Tore für lükken- und erbarmungslose Sicherheit. Sollte jemand bis hierher durchgeschlüpft sein – weiter wird er nicht kommen. Ein älterer Mann, vielleicht sechzig Jahre alt, ist den Soldaten kein Unbekannter mehr. Er ist bereits mehrfach ohne Ausreisegenehmigung am Checkpoint aufgetaucht. Nur infolge seines Alters ist es ihm gelungen, bis zum fünften Kontrollpunkt durchzukommen: Die palästinensischen Polizisten kommen nicht auf die Idee, einen Mann in seinem Alter zu inspizieren. Immer wieder versucht er sein Glück auf diese Weise. Er hofft, daß ein Soldat Mitleid mit ihm haben könnte oder daß der verschlafene Grenzpolizist im trüben Morgenlicht übersieht, daß er weder Magnetkarte noch Ausreisegenehmigung hat. Aber der diensthabende Soldat, der selbst höchstens einundzwanzig Jahre alt ist, nimmt die ID-Karte des Mannes und sperrt ihn in eine von mehreren winzigen, luftlosen Zellen aus Fertigbauteilen gleich hinter den Drehkreuzen. Der Mann ruft durch die Gitterstäbe des kleinen Fensters der Zelle: «Soldat! Bitte komm doch mal eine Minute lang her. Laß mich raus.»

«Du hast versucht, dich durchzumogeln», antwortet der Soldat. «Warum hast du nicht gefolgt, als sie dir gesagt haben, daß du gehen sollst?»

«Gib mir einfach meine ID-Karte, und laß mich gehen. Ich komme auch nicht wieder», gibt der Mann zurück. «Mir ist übel. Ich fühle mich nicht wohl.»

«Ich habe dir gesagt, du sollst abhauen, aber du hast trotzdem versucht, dich durchzuschleichen», wiederholt der Soldat.

«Einmal habe ich ihn erwischt, wie er in Ashkelon herumlief», mischt sich ein anderer Soldat ein. «Er behauptete, daß ihm dort jemand hundert Schekel schuldet.»

«Glaubt mir doch, alle meine Kinder sind unter dreißig. Sie können nicht in Israel arbeiten», ruft der Mann. «Was soll ich denn machen? Ich muß arbeiten, wir haben kein Brot im Haus.»

«Tut mir leid», ruft der erste Soldat zurück. «Dafür bin ich nicht der richtige Mann. Ich kann dich nicht nach Israel lassen.»

«Sei endlich still», fügt der zweite hinzu. «Bis auf weiteres bleibst du erst mal in dieser Zelle.»

«Bitte ruft den Offizier. Ich bin alt genug, um euer Vater zu sein. Ich bin doch kein Dieb.»

«Doch, das bist du. Du hast dich über die Grenze gestohlen. Auf hebräisch nennt man so jemanden einen Dieb.»

In ihrem scheltenden, überheblichen Ton reden die jungen Soldaten mit dem Mann wie mit einem Kind, das durch Strafe und Belehrung lernen muß, sich anständig zu benehmen. Vielleicht ist das die einzige Art der Selbstverteidigung für die Soldaten, ihre einzige Möglichkeit, die wahre Bedeutung ihrer schwierigen Aufgabe vor sich selbst zu verbergen: nicht nur die Infiltration von Terroristen zu verhindern, sondern auch einen alten Mann aufzuhalten, der auf Arbeit für einen Tag hofft, auf einen Verdienst von hundert Schekel, mit dem er seine Familie drei oder vier Tage lang über Wasser halten könnte.

Bald nach dem Übergang der Verwaltung auf die Palästinenser war für die Arbeiter am Erez-Checkpoint das Maß des Erträglichen überschritten. Am 17. Juli 1994, nur drei Monate nach Beginn der palästinensischen Selbstverwaltung, erfolgte endlich die Explosion, und es kam zu Ereignissen, die später als «Brot-*Intifada*» bekannt wurden. Die Arbeiter hatten es satt, noch vor Tagesbeginn aufzustehen und endlos Schlange zu stehen, um sich inspizieren zu lassen, immer in der Angst, aufgehalten zu werden und dadurch einen Tagesverdienst zu verlieren. Sie litten unter der demütigenden Behandlung durch die Soldaten, sie waren erschöpft von der bitteren Armut zu Hause und den wachsenden emotionalen Spannungen. Als mehrere Leute ohne Ausreisegenehmigungen versuchten, sich durch den Checkpoint zu schleichen, und die diensttuenden Soldaten die Warteschlange aufhielten, hatten die Männer die Nase voll. Einige von ihnen schoben die Wachleute zur Seite, und als die Soldaten Anstalten machten, das Feuer zu eröffnen, begannen sie, mit Steinen zu werfen. Ein Aufruhr brach aus – das Asbestdach wurde zertrümmert, die Zäune niedergerissen, und alles, was brennbar war, wurde angezündet. Am Ende des Tages waren vier Tote zu beklagen: Drei Palästinenser waren von israelischen Soldaten erschossen worden, und die palästinensische Polizei hatte einen israelischen Wachmann getötet.

Aouni und Muhammad und der sechzigjährige Delinquent haben die Folgen der Wirtschaftspolitik der israelischen Besatzer zu tragen. Wie tausend andere begann Muhammad im Alter von dreizehn Jahren, einen Beitrag zum Einkommen seiner Familie zu leisten, indem er als Träger zwischen den Ständen des Karmel-Marktes herumrannte oder während der Sommerferien auf einem der Moschawim an der Grenze zum Gazastreifen Tomaten pflückte. Er lernte ein paar Dutzend hebräischer Worte und begriff die Syntax sehr schnell. Später nahm er einen Bruder und einen Nachbarsjungen mit zur Arbeit. Als er siebzehn war, fanden sie alle Arbeit auf einer Baustelle in Ramat Gan und lernten allmählich, die hebräische Schrift zu lesen, indem sie sich die Namen der Läden und Straßen zusammenbuchstabierten. Sie machten Überstunden, arbeiteten als Tellerwäscher in einem Restaurant und kamen einmal die Woche mit Geld für die ganze Familie, ein paar neuen hebräischen Sätzen und Erzählungen von verbotenen Eskapaden nach Hause. All dies war möglich, weil der Verteidigungsminister Moshe Dayan nach 1967 eine integrierte israelisch-palästinensische Wirtschaft und offene Grenzen befürwortete. Er setzte sich mit seinen Vorstellungen, die darauf abzielten, eine territoriale Trennung auch in Zukunft unmöglich zu machen, gegen die Opposition des Finanzministers Pinhas Sapir durch, der dazu neigte, eine unabhängige, getrennte Entwicklung zu fördern.

Unmittelbar nach dem Sechs-Tage-Krieg begann Dayan, sich um die Integration der Wirtschaft Gazas und des Westjordanlandes zu bemühen – was im Endeffekt auf eine Unterordnung ihrer Wirtschaft unter die israelische hinauslief. Folglich erteilte die israelische Armee, damals die oberste Autorität in den besetzten Gebieten, allen Palästinensern im Westjordanland eine unbegrenzte Einreisegenehmigung nach Israel. Die Bewohner des Gazastreifens erhielten eine ähnliche Genehmigung erst im Jahr 1985, aber tatsächlich war die Regelung schon Jahre zuvor eingeführt worden. Die augenblickliche Folge davon war, dass die palästinensischen Arbeiter zum integralen Bestandteil des israelischen Arbeitskräftepotentials wurden, zuerst im Baugewerbe, in der Landwirtschaft und der Müllabfuhr, dann in Restaurants, Fabriken und Autowerkstätten. Gleichzeitig wurden die palästinensischen Märkte für israelische Produkte geöffnet.

Bis 1967 waren weit mehr als die Hälfte der Bewohner von Gaza – die meisten von ihnen Flüchtlinge und ihre Kinder – arbeitslos und lebten von der Unterstützung, die sie von der United Nations Relief and Works Agency (UNRWA) erhielten, und von Gelegenheits- und Saisonarbeit in der Landwirtschaft oder von Geld, das ihnen von Verwandten im Persischen Golf geschickt wurde. Moshe Dayan glaubte, daß ein relativer Wohlstand die nationalistische Gesinnung schwächen und die Palästinenser daran hindern würde, sich allzuviel mit dem Streben nach Unabhängigkeit zu befassen. Der zweite Aspekt dieser politischen Zielsetzung bestand darin, die wirtschaftliche und industrielle Entwicklung der besetzten Gebiete durch geringe Finanzmittel, hohe Steuern und ein Gewirr strenger bürokratischer Restriktionen und Verfahren zu unterbinden, die jede Investition und jeden Unternehmergeist erstickten.

Von Anfang an bestand eine deutliche Diskrepanz zwischen dem allgemein verbesserten Lebensstandard für viele (und der erheblichen Verbesserung für wenige) und dem Bemühen, die wirtschaftliche Entwicklung der Palästinenser als Gemeinwesen zu blockieren. Besonders bezüglich Gaza stand hinter der Blockierung jeder wirtschaftlichen Entwicklung das nicht allzugeheim gehaltene politische Ziel, einen Massenexodus herbeizuführen: Einwohner von Gaza, die den Gazastreifen verließen, verloren daraufhin ihre Bürgerrechte.[1] Israels Kontrolle über das Recht der Palästinenser zu arbeiten war ein leicht durchschaubares politisches Instrument, dessen Endziel in der endgültigen wirtschaftlichen, nationalen und geographischen Verdrängung der palästinensischen Bevölkerung bestand. Der Bau jüdischer Siedlungen, der sehr rasch begann und wertvolles Land und Wasserressourcen beanspruchte, war ein weiterer Aspekt derselben Strategie.

Im Büro des Leiters des palästinensischen Arbeitsministeriums, Said Medallal, hängt eine große Schautafel (Tabelle 2), auf der die Geschichte der Wirtschaft unter der Besatzung dargestellt ist, der schrittweisen Herausbildung einer chronischen Abhängigkeit von Israel und der Entwicklung von Bindungen, die fast jede Familie in Gaza an die israelische Kolonialmacht fesseln. In der Tabelle ist die Zahl der palästinensischen Arbeiter aus Gaza verzeichnet, die beim staatlichen israelischen Arbeitsamt angemeldet waren, was seit 1970 gesetzlich vorgeschrieben war. Tausende von weiteren Männern aus Gaza haben als nicht registrierte Arbeitskräfte tageweise gearbeitet, und viele andere waren, besonders in der Landwirtschaft und in Restaurants, jahrelang für Arbeitgeber beschäftigt, die ihre Leute niemals bei der israelischen Steuerbehörde angemeldet haben. Aus der Tabelle geht also nicht hervor, wie viele Leute aus Gaza tatsächlich in Israel gearbeitet haben, sie zeigt jedoch die Trends bezüglich der Arbeitsverhältnisse auf.

Nach einer internationalen Aufstellung der UNRWA vom Februar 1995 betrug die Anzahl der registrierten und nicht registrierten Arbeiter aus Gaza in Israel vor der *Intifada* etwa 80 000 von insgesamt 120 000 Arbeitskräften. Vor dem Ausbruch des Golfkriegs im Jahr 1991 waren es nach der gleichen Aufstellung der UNRWA noch 56 000. Andere Quellen, insbesondere die Gewerkschaften in Gaza, setzen die Zahl noch höher an und schätzen, daß vor dem Golfkrieg mindestens 100 000 Arbeiter aus Gaza in Israel arbeiteten. In jedem Fall wurde vor Beginn der palästinensischen Selbstverwaltung der Löwenanteil des Bruttosozialprodukts des Gazastreifens – 40 bis 50 % – in Israel verdient. Das restliche Einkommen stammte aus dem Gazastreifen selbst und dem Ausland. Hinzu kommt, dass das in Israel verdiente Geld die indirekte Quelle für weitere 10 bis 20 % des Bruttosozialprodukts war, weil es sich direkt auf den Handel und den Bargeldfluß innerhalb des Gazastreifens auswirkte.[2]

Die auffallendsten Veränderungen in Medallas Tabelle fallen auf die Jahre 1989 und 1991. Es waren Jahre, die ihre Spuren an Aouni, Muhammad, Fawzi und Tausenden anderen hinterließen, Jahre des Richtungswechsels in der Besatzungspolitik und in der Geschichte der katastrophalen Abhängigkeit des Gazastreifens von Israel. 1989 verhängte Israel die erste Einschränkung der Bewegungsfreiheit, die Moshe Dayan den Palästinensern im Jahr 1970 zugestanden hatte. Im Juni dieses Jahres begann die Zivilverwaltung, durch die Einführung der Magnetkarten bestimmten Gruppen das Recht zu verweigern, nach Israel einzureisen. Wer vorbestraft war (nach israelischer Definition) oder sich einen oder mehrere Verstöße gegen die Sicherheit hatte zuschulden kommen lassen (ebenfalls nach israelischer Definition), durfte von vornherein nicht nach Israel.[3] Alle übrigen Männer bis zum Alter von fünfzig Jahren sollten Magnetkarten erhalten, die ein Jahr lang gültig sein sollten. Die Zivilverwaltung kündigte an, dass sie 150 000 Magnetkarten ausstellen werde. 30 000 Menschen sollte das Verlassen des Gazastreifens untersagt werden.

Die Führer der *Intifada* verurteilten die Magnetkarten als zusätzliches Instrument der Unterdrückung und Mittel, die Allmacht der Israelis noch zu verstärken und die Bewohner von Gaza in eine noch größere Abhängigkeit von der Zivilverwaltung hineinzuzwingen. Seit den ersten Tagen des Aufstands hatte die Vereinigte Nationale Führung (Unified National Leadership, UNL) die Bevölkerung dazu gedrängt, die Steuern nicht zu bezahlen und alle bürokratischen Dienstleistungen der Zivilverwaltung zu boykottieren. Aber die Menschen waren einfach nicht in der Lage, den von der UNL geforderten Boykott in die Tat umzusetzen, und alle Versuche, die Verteilung der Karten dadurch zu hintertreiben, daß man sie konfiszierte und verbrannte oder die israelischen Behörden auf andere Weise lähmte, führten zu nichts.

Da es immer noch möglich war, sich ohne Magnetkarte aus Gaza herauszuschleichen (der Gazastreifen war noch nicht vollständig eingezäunt), arbeiteten viele Menschen «illegal» weiter. Aber die Botschaft der Palästinenser an die Führung der *Intifada* war unmißverständlich. Muhammad erinnert sich an ein paar Jugendliche aus Rafah, die versuchten, ihn davon abzubringen, vor dem Gebäude der Zivilverwaltung Schlange zu stehen.

Tabelle 2: Beschäftigung bei registrierten Arbeitern aus Gaza

Jahr	Registrierte Arbeiter	Registrierte Arbeiter mit Anstellungen in Israel
1967	4 840	2 665
1968	14 256	4 412
1969	12 618	8 795
1970	16 908	10 685
1971	18 715	14 001
1972	19 862	13 350
1973	12 932	11 860
1974	15 995	10 839
1975	14 349	11 273
1976	16 137	11 046
1977	23 323	13 599
1978	24 019	15 939
1979	25 469	14 469
1980	23 204	14 377
1981	22 944	13 279
1982	19 447	11 619
1983	18 726	11 877
1984	20 082	13 258
1985	23 424	13 537
1986	21 184	12 490
1987	23 298	13 745
1988	22 571	14 398
1989	21 009	9 826
1990	24 467	20 656
1991	60 520	44 531
1992	62 765	37 134
1993	58 368	29 138
1994	59 824	21 294

An der nationalen Gesinnung seiner Familie konnte niemand zweifeln: Seine beiden Brüder, die beide *Intifada*-Aktivisten gewesen waren, waren von der israelischen Armee getötet worden. «Seid ihr verrückt», sagte er zu ihnen. «Wie sollen wir zurechtkommen, ohne zu arbeiten? Könnt ihr mir Arbeit geben, daß meine Kinder und die Kinder meiner Brüder ein anständiges Leben führen können? Wir können nicht nur von heroischen Sprüchen und Erinnerungen leben!» Bis zum Oktober 1989 war es der

Zivilverwaltung gelungen, 73 000 Magnetkarten auszugeben, eine Zahl, die die Sicherheitsorganisationen als großen Triumph einstuften.[4] Bis zum Januar 1990 war die Zahl auf 120 000 gestiegen.

Die *Intifada* hatte den Israelis bewiesen, daß auch ein gewisses Maß an persönlichem wirtschaftlichen Wohlstand nicht ausreichte, um die nationalen Bestrebungen zu unterdrücken. Aber die Zahl der registrierten Arbeiter mit Anstellungen in Israel stieg von 9826 im Jahr 1989 auf 20 656 im Jahr 1990. Dieser Sprung zeigte an, daß es den palästinensischen Organisationen nicht gelungen war, die Zielsetzung der von Israel seit 1970 verfolgten Politik zu hintertreiben. Die Bevölkerung der besetzten Gebiete konnte ohne Arbeit in Israel nicht mehr existieren.

Die zweite bemerkenswerte Information, die aus der Statistik hervorgeht (der sprunghafte Anstieg der Zahl der registrierten Arbeiter in Israel im Jahr 1991), zeigt an, daß Israel sowohl die Möglichkeit als auch die Absicht hatte, seine Beziehungen zu den Palästinensern einseitig auf einen Schlag zu verändern. Anfang 1991, während des Golfkriegs, verhängte Israel eine langandauernde Ausgangssperre, die die palästinensische Wirtschaft zum Stillstand brachte. Die allgemeine Ausreisegenehmigung wurde zurückgenommen, und die Palästinenser mußten nun persönliche Genehmigungen vorweisen, um nach Israel einreisen zu können. Ursprünglich galt diese Regelung nur für Männer über sechzehn, dann wurde sie jedoch auf die gesamte Bevölkerung ausgedehnt. Gleichzeitig begann Israel, eine einundzwanzig Jahre alte Vorschrift durchzusetzen, nach der Palästinenser nur über das offizielle Arbeitsamt eingestellt werden konnten. Der Sprung in der Statistik dieses Jahres zeigt also weniger ein Anwachsen der Zahl der Arbeiter an, die außerhalb des Gazastreifens arbeiteten, als die Tatsache, daß sich mehr Arbeiter registrieren ließen. Theoretisch hätten die Arbeiter von der Registrierung profitieren müssen, weil es für die israelischen Arbeitgeber nun weniger leicht war, die Vorschriften über Mindestlöhne und andere Verpflichtungen, wie die Lohnfortzahlung im Krankheitsfall, Beihilfe zur Arbeitskleidung und bezahlten Urlaub, zu umgehen. Die Registrierung hätte dazu dienen können, die gröbsten Auswüchse der Ausbeutung am Arbeitsplatz, unter denen die Palästinenser bisher gelitten hatten, zu eliminieren.

In der Praxis jedoch ging lediglich die Prozentzahl der registrierten palästinensischen Arbeiter mit Anstellungen in Israel drastisch zurück, und seit 1992 wurde die Diskrepanz zwischen der Zahl der registrierten Arbeitssuchenden und der Arbeiter, die einen Arbeitsplatz in Israel fanden, laufend größer. Der Grund für die Rücknahme der allgemeinen Ausreisegenehmigung war nicht nur der Wunsch der Israelis, die Bewegungen der Palästinenser besser unter Kontrolle zu halten, sondern auch das Bedürfnis, die Zahl der Palästinenser, die in Israel «herumlaufen», wie manche

Politiker sich ausdrücken, möglichst gering zu halten. Im Oktober 1990 wurden 20 palästinensische Gläubige vor der Al-Aqsa-Moschee von der israelischen Polizei getötet, die verhindern wollte, daß die Juden, die an der darunter liegenden Klagemauer beteten, mit Steinen beworfen wurden. Auf diese zwanzig Todesfälle hin führten Palästinenser im November innerhalb von Israel eine Welle tödlicher Angriffe mit dem Messer durch – lange bevor jemand auf die Idee der alptraumhaften Angriffe auf Busse in Israel gekommen war –, und die israelische Armee verhängte die erste hermetische Abriegelung über die besetzten Gebiete. Durch die Maßnahme kam vielerorts in Israel die Arbeit zum Erliegen, aber sie wurde von einigen einflußreichen Persönlichkeiten begrüßt, die glaubten, die beste Art, für Sicherheit in Israel zu sorgen, bestehe darin, die Anzahl der in Israel «herumlaufenden» Palästinenser möglichst einzuschränken.

Der Schrei nach Abriegelung der besetzten Gebiete als fester Bestandteil der Politik hätte niemals so offene Ohren gefunden, wären nicht gleichzeitig so viele Immigranten aus der ehemaligen Sowjetunion nach Israel gekommen und hätten die Israelis nicht angenommen, daß die Neuankömmlinge viele der Arbeitsplätze benötigen würden, die bisher von Palästinensern eingenommen worden waren. Als sich diese Annahme als falsch erwies, wurde den Palästinensern jedoch trotzdem nicht gestattet, ihre Arbeit wieder aufzunehmen. Israel holte sich einfach Gastarbeiter aus Afrika, Osteuropa und von den Philippinen. Tatsächlich waren bereits zu Jahresbeginn Gastarbeiter nach Israel geholt worden, womit Israel schon zu diesem Zeitpunkt seine Absicht demonstriert hatte, die Zahl der palästinensischen Arbeiter zu reduzieren.

Nach dem Golfkrieg wurde die Abriegelung zur ständigen Politik. Während des Krieges war sie wegen Arafats Unterstützung Saddam Husseins und der Sympathie, die viele Palästinenser für den Irak zum Ausdruck brachten, als Maßnahme in einer Katastrophensituation betrachtet worden. Aber auch nach dem Krieg wurde die allgemeine Ausreisegenehmigung nicht wieder eingeführt, was ein bezeichnendes Licht auf die langfristigen Absichten Israels wirft. Die Rücknahme der allgemeinen Ausreisegenehmigung wurde zu einem Instrument zum Erzwingen einer demographischen Trennung der Palästinenser von den Israelis, ohne daß gleichzeitig eine geographische oder politische Trennung stattfand. Diese demographische Trennung war jedoch zu allen Zeiten einseitig: Die jüdischen Siedler durften und dürfen sich weiterhin frei in den besetzten Gebieten bewegen. Und obwohl die Abriegelungen schon lange vor den ersten Selbstmordattentaten auf israelische Busse zum festen Bestandteil der Politik geworden waren, fühlten sich die Israelis, die diese Angriffe als allgemeinen islamischen Krieg gegen die Juden auffaßten, berechtigt,

Hunderttausenden von Menschen tage- und wochenlang die Bewegungsfreiheit und damit den Zugang zu Arbeit, Nahrung und anderen Lebensnotwendigkeiten zu verweigern.

Schon 1992 waren die Weichen für eine Verdrängung der Palästinenser aus der israelischen Landschaft gestellt. Seit diesem Jahr war die Beschäftigung von Palästinensern nicht mehr so leicht und einträglich, wie sie es einmal gewesen war. Bürokratische Hindernisse, Bußgelder und neue Restriktionen trugen dazu bei. So durften die Arbeitgeber palästinensische Arbeiter zum Beispiel nicht mehr für Nachtarbeit einsetzen. Die Polizei begann, systematisch nach Palästinensern zu fahnden, die die Bedingungen ihrer Aufenthaltsgenehmigung verletzten (so war es bereits ein «Verstoß», wenn jemand auch nur ein kurzes Stück von seinem Arbeitsplatz entfernt auf der Straße angetroffen wurde). Wer bei einem solchen Verstoß erwischt wurde, wurde mit einer hohen Geldstrafe belegt, und seine Papiere wurden konfisziert. Mehr und mehr Arbeitgeber stellten daraufhin einfach keine Palästinenser mehr ein.

Als die israelische Regierung die allgemeine Ausreisegenehmigung zurücknahm, wies sie die Zivilverwaltung an, ihre Maßnahmen zur Behinderung der Entwicklung innerhalb der besetzten Gebiete zu lockern. Eine Serie von Konzessionen wurde erteilt, und Anreize für Unternehmer wurden geschaffen, um die Entstehung von Arbeitsplätzen zu begünstigen. Auf Empfehlung des Wirtschaftsexperten Ezra Sadan begann die Regierung, Industrieparks im Gazastreifen zu planen, weil die wohlbegründete Sorge bestand, daß die Massenarbeitslosigkeit im Gazastreifen unerträgliche Spannungen zur Folge haben und dadurch die Sicherheit Israels gefährden würde.

Aber angesichts der eingeschränkten Bewegungsfreiheit, des wirtschaftlichen Niedergangs und der Unberechenbarkeit der Besatzung schreckten die Palästinenser am Ende der *Intifada* vor Investitionen zurück. Nur ein Wirtschaftswunder hätte innerhalb eines Jahres die 40 000 bis 50 000 Arbeitsplätze schaffen können, die benötigt wurden, um die verlorenen Arbeitsplätze in Israel zu ersetzen. In den drei Jahren zwischen 1991, als die Israelis begannen, zunehmend längere Abriegelungen zu verhängen, und 1994, als die palästinensische Autonomiebehörde eingesetzt wurde, betrug die Zahl der im Gazastreifen neu geschaffenen Arbeitsplätze auch nach optimistischsten Schätzungen nicht mehr als 3000. Die Schließung der Grenzen hatte einen direkten und unmittelbaren Einfluß auf die Zahl der Arbeitnehmer in Gaza. Vor der langen Abriegelung im Jahr 1993 waren 18 Prozent der Bevölkerung des Gazastreifens Arbeitnehmer. Als die Grenzen wieder geöffnet wurden, fiel die Zahl auf 13 Prozent.[5]

Nach dem Mai 1994 hinterließ Israel der palästinensischen Autonomiebehörde die fast unlösbare Aufgabe, die Folgen der wirtschaftlichen Vernachlässigung zu beheben und sich um das Heer der Arbeitslosen zu kümmern. Aber diese Mammutaufgabe stand und fiel mit einer wirtschaftlichen Übereinkunft mit Israel, die im Kairoer Abkommen formuliert worden war und die die Freizügigkeit der Arbeiter und einen freien Warenfluß zwischen den beiden Gebieten garantierte (im Gegenzug für die Beibehaltung der Zollunion zwischen Israel und den besetzten Gebieten). Die Möglichkeit, in Israel zu arbeiten, war besonders wichtig, weil die Löhne in Israel selbst am untersten Ende der Lohnskala immer noch mindestens dreimal so hoch waren wie die im Gazastreifen (während die Preise in Gaza ebensohoch waren wie die in Israel).

Ironischerweise war die von der Likud-Regierung vor der Wahl Yitzhak Rabins im Jahr 1992 verhängte Abriegelungspolitik weniger drakonisch als die Maßnahmen, die anschließend von der «Friedenskoalition» unter Führung der Israelischen Arbeitspartei getroffen wurden. Erst wenn die Kabinettsbeschlüsse und Dokumente der Öffentlichkeit zugänglich gemacht werden, wird man Einblick in den Denk- und Entscheidungsprozeß erhalten, der zu der Abriegelungspolitik führte. Aber man kann schon jetzt davon ausgehen, daß schlecht durchdachte, übereilte Reaktionen auf israelische Notlagen und das durch die Einwanderungswellen aus der Sowjetunion ausgelöste Gefühl der Dringlichkeit dazu beigetragen haben, diese Politik zu konzipieren. Im Laufe der Zeit jedoch wurde die Verweigerung des Rechts auf Arbeit und Bewegungsfreiheit zu einem Instrument zur Erreichung bestimmter politischer Ziele, ebenso wie in der Vergangenheit die allgemeine Ausreisegenehmigung und der Zugang zur Arbeit in Israel ein Instrument gewesen waren, mit dessen Hilfe andere politische Ziele verfolgt wurden.

Die erste hermetische Abriegelung wurde von der Regierung der Israelischen Arbeitspartei im März 1993 verhängt. Dadurch wurde die Bevölkerung nicht mehr ausgesiebt, sondern in ihrer Gesamtheit daran gehindert, den Gazastreifen zu verlassen. Die palästinensisch-israelischen Verhandlungen waren wegen Meinungsverschiedenheiten über grundlegende Themen wie den Status der jüdischen Siedlungen zum Stillstand gekommen. Es ging um die Natur einer möglichen zukünftigen Lösung: ob es eine funktionelle Lösung sein sollte, die von demographischer Trennung und Selbstverwaltung im Sinne von Shimon Peres und Moshe Dayan ausging, oder ob es zu einer «prinzipiellen Trennung» kommen sollte, die eine Anerkennung des Anspruchs der Palästinenser auf die Land- und Wasserressourcen ihres Landes als Basis ihrer Selbstbestimmung vorausgesetzt hätte.

Folglich sahen die Palästinenser in der hermetischen Abriegelung und den wirtschaftlichen und psychologischen Nöten, die sie mit sich brachten, eine Form von politischem Druck, der von ihrem Verhandlungspartner, der Arbeitspartei-Koalition, ausgeübt wurde, um ihre Position zu schwächen. Ob diese Ansicht nun zutrifft oder nicht, die Palästinenser betrachten die Abriegelungspolitik nach wie vor als Druckmittel der Israelis. Und tatsächlich haben die Verhandlungsdelegationen seit den Osloer Abkommen sehr viel Zeit damit verbracht, über die Zahl der Ausreisegenehmigungen und die Personen, die sie erhalten sollten, zu feilschen, und jede zusätzliche Ausreisegenehmigung wird als israelische Geste des guten Willens gepriesen.

In den vergangenen Jahren wurde die Einschränkung der Bewegungsfreiheit zunehmend verfeinert: Das Westjordanland wurde nicht nur vom Gazastreifen abgeschnitten, es wurde auch noch in zwei durch Jerusalem voneinander getrennte Teile, eine Nord- und eine Südhälfte, unterteilt, und für die Stadt selbst ist eine eigene Einreisegenehmigung erforderlich. Auf diese Weise wurde Ostjerusalem mit all seinen kulturellen, medizinischen, religiösen und nationalen Institutionen effektiv von den übrigen Palästinensergebieten abgetrennt. Die Welt der Palästinenser wurde so in drei unterschiedliche Territorien zerschlagen, eine Zerstükkelung, die sich unter der Arbeitspartei-Regierung sehr schnell konsolidierte, und zwar gerade während der Zeit der Umsetzung der Osloer Abkommen.

Zwischen Mai 1994 und Oktober 1996 wurde achtzehnmal eine hermetische Abriegelung verhängt. Dennoch hielten sich meine Freunde in Gaza und ihre israelischen Arbeitgeber die Treue. «Mein armer Chef», sagte Aouni einmal zu mir. «Wenn ich nicht komme, bleibt die Arbeit bei ihm einfach liegen.» Aouni ist ein hervorragender Metallarbeiter, der jedes Haushaltsgerät und jedes Kinderspielzeug reparieren kann. Kein Wunder, daß ohne ihn nichts geht. Sein Arbeitgeber hatte während der Abriegelungen versucht, russische Immigranten und rumänische Gastarbeiter einzustellen, aber er nahm Aouni immer wieder zurück und schickte ihm sogar Vorauszahlungen auf seinen Lohn.

Solche langjährigen Beziehungen zu Arbeitgebern in Israel sind inzwischen unbezahlbar. Als die ersten Restriktionen eingeführt wurden, konnten die Palästinenser immer noch über das Arbeitsamt eine Anstellung finden, oder sie verschafften sich zeitlich begrenzte Einreisegenehmigungen für Israel und suchten vor Ort nach Arbeit. Aber seit Mai 1994 sind diese Möglichkeiten verschlossen. Die einzige Art, auf die ein Arbeiter eine Anstellung finden kann, besteht darin, daß ein Arbeitgeber beim Arbeitsamt in Israel namentlich nach ihm fragt. Meistens geschieht dies nur, wenn Arbeiter und Chef sich schon seit Jahren kennen, nur gelegentlich empfiehlt ein Arbeiter auch einen Freund. Aber eine solche Anfrage ist erst der Anfang. Als nächstes kommt die Überprüfung durch das

CLO, das auch die Akten des Shabak zu Rate zieht, ein komplizierter Prozeß, durch den die Chancen, Arbeit zu bekommen, auch dann stark reduziert werden, wenn die Regierung ihre Restriktionen gerade etwas gelockert hat. Im Sommer 1994 zum Beispiel versprach Yitzhak Rabin als Zeichen des guten Willens, die Quote der Arbeitsgenehmigungen auf 30 000 zu erhöhen. Sechs Monate später jedoch hatten erst 23 000 Arbeiter eine Anstellung gefunden.

Die persönliche Beziehung zwischen Arbeiter und Arbeitgeber gilt als Sicherheitsgarantie, als Möglichkeit, das Risiko zu verringern, daß präsumtive Terroristen nach Israel gelangen und dort «einfach so herumlaufen», wie ein Beamter des CLO sich ausdrückte. Aber Aounis Freund Abu Ibrahim nützte auch seine langjährige Beziehung zu seinem Arbeitgeber nichts. Eines Abends im Jahr 1995 saß ich in Aounis Wohnzimmer auf einer Matratze, während Abu Ibrahim sämtliche Orte in Israel aufzählte, wo er seit seinem fünfzehnten Lebensjahr gearbeitet hatte. Seine Augen glitzerten vor Nostalgie. «Seit ich sechzehn war, noch bevor ich eine ID-Karte hatte, habe ich in der Landwirtschaft gearbeitet. Dann habe ich in Jerusalem Häuser angestrichen, und von dort ging ich in eine Plastikfabrik in Or Yehuda. Danach habe ich Traktoren repariert, und dann war ich an einer Tankstelle in Savion.» Letzteres ist ein exklusiver Stadtteil in Tel Aviv. 1982 nahm er eine Stelle in einer kleinen Fabrik im Süden von Tel Aviv an, wo er dreizehn Jahre lang arbeitete und mit seinem Arbeitgeber ein Vertrauensverhältnis entwickelte, das auf gegenseitiger Achtung beruhte. Im August 1995 wurde seine Magnetkarte plötzlich am Erez-Checkpoint von einem Soldaten konfisziert, und er konnte Gaza nicht mehr verlassen.

Wegen der Androhung terroristischer Anschläge war der Gazastreifen hermetisch abgeriegelt worden. Einige Tage nach Beginn der Abriegelung kündigte das CLO an, daß alle im Umlauf befindlichen Magnetkarten durch neue, auf den neuesten Stand gebrachte Karten ersetzt werden sollten. Abu Ibrahim gehörte zu den 16 500 Arbeitern, die Arbeitsgenehmigungen und neue Karten erhielten, die, wie sie bald feststellten, einen neuartigen Codestreifen aufwiesen, auf dem mehr Informationen gespeichert werden konnten als bisher. Im Gegensatz zu den alten Magnetkarten hielten die neuen Karten auch das Ausreisedatum des Inhabers fest, was Abu Ibrahims Gewohnheit, die Nacht an seinem Arbeitsplatz zu verbringen, so wie viele Palästinenser es taten, ein Ende setzte. Obwohl man mit einer Übernachtung in Israel das Risiko einging, verhaftet und mit einer Geldstrafe belegt zu werden, war das immer noch besser, als jeden Abend die lange, bedrückende Heimfahrt auf sich zu nehmen. Außerdem konnten die Männer auf diese Weise Überstunden machen und Geld sparen.

Als Abu Ibrahim seine neue Magnetkarte erhielt, wurde ihm von CLO und dem Shabak damit eigentlich bestätigt, daß nichts gegen ihn vorlag. Jedenfalls war er hocherfreut, wieder zu seiner Arbeit zurückzukehren, und seine Arbeitgeber waren ebenso glücklich, ihn wiederzuhaben. Aber nach nur sieben Tagen wurde er am Erez-Checkpoint wieder aufgehalten. Die meisten Soldaten sehen die Arbeitsgenehmigungen überhaupt nicht an, sondern begnügen sich damit, die Magnetkarte zu überprüfen. Aber an diesem Morgen wollte der Soldat Abu Ibrahims Arbeitsgenehmigung und ID-Karte sehen. Dann rief er nach einem zweiten Soldaten, der ihn abführte. Abu Ibrahim wurde mit Handschellen gefesselt und in einen Arrestraum aus Fertigbauteilen gesperrt, der sich langsam mit anderen Verdächtigen füllte. Die jüngsten von ihnen waren wie Abu Ibrahim fünfunddreißig Jahre alt. Im Laufe des Vormittags wurden sie alle entlassen, aber ihre Papiere wurden einbehalten. Abu Ibrahim bat um ein Papier, auf dem bestätigt wurde, daß seine Magnetkarte konfisziert worden war. «Geh zu deinen eigenen Leuten im Arbeitsministerium», wurde ihm gesagt. Dort traf Abu Ibrahim Dutzende von Arbeitern, die das gleiche Problem hatten. Manche von ihnen hatten ihre neuen Magnetkarten erst einen Tag zuvor erhalten. Schließlich bekam Abu Ibrahim vom CLO die Auskunft, daß er als Sicherheitsrisiko eingestuft worden war und daß er seine Magnetkarte nicht zurückbekommen würde. Mit offensichtlichem Neid erzählte Abu Ibrahim von einem Nachbarn, der ein großes Fest gegeben hatte, als er endlich seine neue Karte erhielt. Er hatte alle seine Freunde und Nachbarn eingeladen und sogar ein Schaf geschlachtet. Der Mann hat seine kostbare Karte immer noch und geht zur Arbeit.

Im selben Monat, in dem Abu Ibrahims Karte konfisziert wurde, wurden insgesamt siebenhundert neue Magnetkarten einbehalten. Nach Aussage von Said Medallal waren ihre Inhaber alle als Sicherheitsrisiko eingestuft worden. Sie alle waren verheiratete Männer im Alter von mindestens fünfunddreißig Jahren mit fünf oder sechs Kindern und ausgedehnten Familien, die auf ihr Einkommen angewiesen waren. Es konnte schwerlich angenommen werden, daß sie sich alle gleichzeitig in den wenigen Tagen, die zwischen der Zuteilung und dem Verlust der neuen Karten vergangen waren, entschlossen hatten, sich an gegen Israel gerichteten, militanten Aktivitäten zu beteiligen. Und obwohl sie Sicherheitsrisikos sein sollten, wurden ihre Namen nicht an die palästinensische Autonomiebehörde weitergegeben, damit diese in angemessener Weise handeln konnte. Israel schickt der Autonomiebehörde jedoch einen ständigen Strom von Informationen über verdächtige Mitglieder der Hamas und des Islamischen Jihad und verlangt ihre Verhaftung.

Medallal wandte sich an das CLO und fragte nach dem Sinn der ganzen Aktion. Auf sein Drängen hin wurden fünfundachtzig Magnetkarten zurückgegeben, aber die von Abu Ibrahim war nicht dabei. Im Jahr nach dem Verlust seiner Magnetkarte gelang es ihm gelegentlich, eine Anstellung als Pförtner bei der Preventive Security Force zu bekommen. Abu Ibrahims langjähriger israelischer Chef, D., war «höchst überrascht», als er hörte, daß der Mann, den er so gut kannte, plötzlich gefährlich geworden sein sollte. «Ich kann es kaum glauben. Er ist noch nie verhaftet worden. Nicht einmal während der *Intifada* hat er Steine geschmissen. Er ist ein guter Mann, ehrlich und zuverlässig. Ich habe mich an die Leute beim CLO gewandt, bis hinauf zum juristischen Berater, aber sie haben mir gesagt, ich sollte mich da nicht einmischen, das ginge mich nichts an.» So wurde Abu Ibrahim wie Tausende andere angeklagt und verurteilt, wobei die Informationen des Shabak für beides genügten. Abu Ibrahim erhielt keine Gelegenheit, sich zu verteidigen, aber er erfuhr auch nie, was ihm eigentlich vorgeworfen wurde.

Inzwischen fürchten sich alle Bewohner von Gaza, die in Israel arbeiten, vor diesen plötzlichen und unerklärlichen Beschlagnahmungen ihrer Magnetkarten und Arbeitsgenehmigungen. Nachdem er jahrelang ununterbrochen in Israel gearbeitet hatte, stolperte Muhammad, ein Freund Aounis aus Rafah, über die gleiche Fußangel. Als geachteter und erfolgreicher Subunternehmer war es ihm bis 1994 gelungen, sich Genehmigungen zu verschaffen, die es ihm selbst während der Ausgangssperren gestatteten, sich frei zu bewegen, und in solchen Fällen half er mir gelegentlich, durch die verlassenen Straßen von Gaza von einem Ort zum anderen zu gelangen. Nach einer viermonatigen Abriegelung im Jahr 1996 war er einer der 7258 Glücklichen, denen die Rückkehr zur Arbeit gestattet wurde – einen Monat lang, bis der Computer am Erez-Checkpoint piepte und ihm «aus Sicherheitsgründen» die Ausreise verweigert wurde.

Durch seine Beziehungen zur Preventive Security Force und dessen Verbindungen zum Shabak gelang es Muhammad, wieder eine Arbeitsgenehmigung zu bekommen. Aber zwei Tage später piepte der Computer erneut. Also hieß es zurück zur Preventive Security Force, das Muhammads Fall zum zweitenmal mit dem Shabak klärte, der ihm auch diesmal wieder grünes Licht gab. Aber der Computer wollte nichts davon wissen. «Viele Leute sitzen im selben Boot», erklärte mir Muhammad. «Am Abend sitzen wir beieinander, rauchen eine Narghila und versuchen zu verstehen, warum. Ich hatte immer gedacht, es läge daran, daß ich mich im Rundfunk kritisch über die Abriegelungen geäußert hatte. Aber ich habe mich auch gegen die Hamas ausgesprochen. Jetzt glauben wir, daß alle, die irgendwie mit der *Intifada* zu tun hatten, nicht mehr ausreisen dürfen. Meine beiden Brüder wurden getötet. Der Bruder meines Assistenten war im Gefängnis. Seine kleine Schwester wurde erschossen.

Wenn sie die Akten des Shabak überprüfen, sehen sie das alles, und vielleicht meinen sie, daß wir uns rächen könnten – ausgerechnet jetzt.» Muhammad ist sehr hartnäckig, und nachdem er der Preventive Security Force ununterbrochen zugesetzt hatte, erhielt er schließlich eine Ausreisegenehmigung, aber keine Erklärung. «Aber was ist mit all den armen Leuten, die keine *Wasta*, keine Beziehungen, haben und es nicht schaffen, lästig genug zu fallen? Sie können nicht beweisen, daß sie nicht gefährlich sind.»

Medallal stellt allerlei Vermutungen an, was der Grund für diese großangelegte, unlogische Konfiszierung von Magnetkarten sein könnte. So haben manche Arbeitgeber, die es satt hatten, sich nicht darauf verlassen zu können, daß ihre Angestellten regelmäßig zur Arbeit erscheinen, diese den israelischen Behörden als gefährlich gemeldet, um keine Abfindungen zahlen zu müssen und die noch ausstehenden Löhne einbehalten zu können. Aber Medallal betont auch, daß es für jeden solchen Arbeitgeber viele andere gibt, die ihn anrufen und jeden Tag verfluchen, an dem die besetzten Gebiete abgeriegelt sind.

In manchen Fällen ist die Einziehung der Magnetkarte auch durch menschliche Irrtümer oder Fehlfunktionen des Computers zu erklären. So wurde zum Beispiel einem Arbeiter die Karte abgenommen, der den Gazastreifen um neun Uhr morgens verlassen wollte, zwei Stunden später als normal. Nach der Konfiszierung registrierte der Computer automatisch und unabhängig vom Grund, daß der Inhaber der Karte den Gazastreifen nicht verlassen darf. «Du mußt den Gazastreifen bis sieben Uhr verlassen haben», beharrte der Soldat, obwohl der Arbeiter laut Arbeitsgenehmigung das Recht hatte, zwischen 4 Uhr morgens und 7 Uhr abends nach Israel auszureisen. Nur durch das Eingreifen von Beamten der Autonomiebehörde erhielt der Mann seine Karte zurück. Es wird auch immer wieder berichtet, daß die Polizei Arbeitsgenehmigungen nur mit der Begründung einzieht, die Bedingungen seien verletzt worden, ohne dazuzusagen, auf welche Weise sie verletzt worden seien.

Palästinensische Sicherheitsbeamte haben bestätigt, daß das Einziehen der Karten eine Methode ist, Kollaborateure und Informanten anzuwerben. Im Austausch für Arbeitsgenehmigungen versprechen die Leute, über Ereignisse innerhalb des Gazastreifens zu berichten. Die Prozeduren zur Ausstellung einer Magnetkarte sind die einzige Gelegenheit, bei der die Palästinenser aus den besetzten Gebieten in direkten Kontakt mit den Beamten des CLO und des Shabak kommen. Ich habe von vielen Arbeitern, die ihre Karten erneuern oder abholen wollten, gehört, daß ihnen gesagt wurde: «Wenn du uns hilfst, helfen wir dir!»

Theoretisch kann man gegen die Einziehung seiner Karte Einspruch erheben. Said Medallal gibt die Namen der betroffenen Arbeiter an den

Vorsitzenden des palästinensischen zivilen Verbindungsbüros, Freij al-Hiri, weiter, der die Liste zu seinen Gesprächen mit dem Leiter des CLO, Oberst Dov Zedaka, mitnimmt. Das CLO überprüft und erneuert seine Listen jedoch nur alle sechs Monate, und die Palästinenser haben keinen Einfluß auf den Prüfungsprozeß.

Ebenso wie im Fall der Kranken hat die israelische Regierung es nicht für nötig befunden, ein ständiges, gemeinsames Komitee einzusetzen, das die Fälle von Ausreiseverweigerungen täglich überprüfen, detaillierte Erklärungen der Entscheidungen des CLO anfordern und vielleicht willkürliche und unsinnige Aktionen verhindern könnte. Aber dies kann nicht allzusehr überraschen: Die unteren Ränge der Besatzung – die in allen Dingen die oberste Instanz ist – setzen eine politische Strategie in die Praxis um, durch die die Zahl der in Israel zugelassenen palästinensischen Arbeiter – oder genauer gesagt, die Arbeitslosenquote im Gazastreifen – manipuliert wird. Auch hier wird die palästinensische Autonomiebehörde gegenüber den israelischen Behörden in die Rolle des Bittstellers gedrängt, so verzweifelt sie sich auch um materielle und politische Legitimität in den Augen ihres Volkes bemüht. Die Regierung der Israelischen Arbeitspartei, die Israel nach Oslo gebracht hat, hat sich als unfähig erwiesen, den anmaßenden und herrischen Regierungsstil abzulegen, mit dem die Palästinenser seit 1948 behandelt werden.

Die palästinensischen Unterhändler dagegen haben sich auf allen Ebenen als unfähig erwiesen, die Interessen Tausender abgewiesener Antragsteller zu verteidigen, ihnen wieder die Möglichkeit zu verschaffen, zur Arbeit zu gehen, oder wenigstens eine ehrliche Begründung für ihren Ausschluß zu bekommen. Und die öffentliche Meinung der Palästinenser schwankt zwischen Ärger, Mißtrauen und Mitleid für die Machtlosigkeit ihrer Repräsentanten.

«Mein Nachbar träumt davon, einen israelischen Soldaten zu kidnappen», erzählt Abu Jamil aus Jabalia. «Was willst du für seine Freilassung verlangen?» fragen wir ihn. «Die Freilassung aller palästinensischen Gefangenen?» «Zur Hölle mit den Gefangenen», antwortet er. «Was willst du dann?» fragen wir. «Mehr Gewicht für Arafat bei den Verhandlungen?» «Zur Hölle mit den Verhandlungen», gibt er zurück. «Ich will nur meine Arbeitsgenehmigung wiederhaben.»

12 Der Motor ist abgestorben

Das Hochhaus, das gegenüber meiner Mietwohnung in der Innenstadt von Gaza entstanden ist, war nahe daran, meine Glaubwürdigkeit als Journalistin zu untergraben. Als ich im Jahr 1995 in das Apartment zog, war das beeindruckende, zehnstöckige Gebäude noch ein Skelett aus Beton, dem die Vorderfront fehlte. Von meinem Fenster aus konnte ich in die Apartments sehen, die nach vorne offen waren wie die Räume eines Puppenhauses, und das Geschick des Architekten und der Handwerker bewundern, die die rechtwinkeligen Formen mit gewölbten Gängen und schmiedeeisernen Gittern gemildert hatten. Besucher aus Israel oder dem Ausland bestaunten das Gebäude. «Sehen Sie sich das an! Was will man mehr? Es ist unglaublich, was hier für eine Bautätigkeit herrscht!» Eine Zeitlang versuchte ich, sie zu berichtigen – tatsächlich hatte sich an dem Bauwerk seit vier oder fünf Monaten nichts mehr verändert. Die Arbeit war gerade erst wieder aufgenommen worden. Dann gab ich es auf, meinen Gästen die Laune zu verderben. Als der Winter kam, dachte ich darüber nach, wie die einzigen Bewohner sich wohl fühlen mochten. Die einzige Familie, die in die oberste Etage gezogen war, saß zehn Stockwerke hoch über einem leeren, immer noch der Witterung ausgesetzten Gebäude ohne Vorderwand und Aufzug. Offensichtlich gab es keine Käufer. Aber ich hörte auf, die Begeisterung meiner beeindruckten Gäste dämpfen zu wollen und sie zu fragen, was wohl mit den unverputzten Wänden geschehen werde, wenn der Regen kommt. Ich nickte einfach nur zustimmend – ja, die Balkone seien sehr hübsch. Fünfzehn Monate nach meinem Einzug waren nur drei der Apartments bezogen. An allen übrigen wurde immer noch von zwei oder drei lethargischen Männern gearbeitet, die so taten, als hätten sie alle Zeit der Welt.

Hunderte von Baustellen in allen Stadien der Fertigstellung säumen die Straßen von Gaza und vermitteln den Eindruck einer blühenden Wirtschaft im Aufschwung. Wenn man zu diesem Eindruck noch ein paar gepflasterte Straßen, die Restaurants und Hotels am Strand, die neuen Läden und Schaufenster im Stadtzentrum, ein paar kleine Vergnügungsparks und einen vielbesuchten Bazar auf einem ehemaligen Hubschrauberlandeplatz der IDF hinzufügt, ergibt sich ein Bild von Gaza, das sich drastisch von dem unterscheidet, das aus meinen Artikeln in der *Ha'aretz* hervorgeht. Anzeigen in der palästinensischen Presse, die die Vision einer sich erholenden Wirtschaft bestärken, lenken die Aufmerksamkeit ab und stellen für Leute, die noch nie in Gaza waren, einen Beweis für den Erfolg dar. Die Gebäude, die Läden, die Anzeigen, all das scheint die Erwartungen zu bestätigen, die in die Abkommen von Oslo gesetzt werden, und wird als notwendige Voraussetzung für den Erfolg der Abkommen begrüßt, als Signal für eine zukünftige, noch intensivere wirtschaftliche Wiederbelebung: neue Unternehmen, mehr Arbeitsplätze, neue Industrien, Chancen für die Tausende Palästinenser, die aus dem Ausland zurückgekehrt sind, wachsende Märkte vor Ort, in Israel und im Ausland. Angesichts der Flut von Artikeln, die von Journalisten verfaßt werden, die sich gerade einmal für vierundzwanzig Stunden in Gaza aufhalten, mußte ich, ebenso wie die meisten palästinensischen Geschäftsleute, erfahren, daß Hoffnungen und Vermutungen die Meinungen der Menschen sehr viel nachhaltiger beeinflussen können als harte Tatsachen.

Immer wieder wandere selbst ich im Stadtzentrum von Gaza herum und beginne, an der Zuverlässigkeit meiner eigenen Berichterstattung zu zweifeln. Die Straßen strahlen Normalität, wirtschaftlichen Fortschritt und Wohlbefinden aus. Die Innenstadt erinnert an die belebten Straßen von Jerusalem oder Tel Aviv. Auf Schritt und Tritt begegne ich einem Bekannten, der mich mit breitem Lächeln begrüßt und seine Sorgen hinter herzlichem Lachen verbirgt. Die Bewohner von Gaza scherzen und grinsen beständig, und der zufällige Besucher kommt zu der Überzeugung, daß alles in bester Ordnung sei. Warum sonst sollten sie so oft lächeln?

In der Innenstadt von Gaza gibt es vieles, das das Gefühl vermittelt, in einer echten Stadt zu sein: Die Bürgersteige sind mit neuen Schmuckplatten gepflastert, an zwei verkehrsreichen Kreuzungen wurden Ampeln installiert, die Schaufenster von Läden, in denen Spielwaren und Elektrogeräte verkauft werden, locken Neugierige an, ein auffallendes Schild in arabischer und englischer Sprache weist den Weg zu einem prachtvollen, renovierten und weißgestrichenen Gebäude, in dem das Wohlfahrtsministerium untergebracht ist. Um das Erziehungsministerium, das sich auf den Beginn des neuen Schuljahres vorbereitet, drängen sich die Menschen. Aber meine Selbstzweifel schwinden, wenn ich Gruppen von jungen Männern um elf Uhr vormittags in einem Café sitzen oder an ihren Narghilas saugen und gedankenverloren mit leeren Augen in die Welt starren sehe. Und dann fällt mir auf, daß die Läden leer sind, daß die Ladenbesitzer Zeitung lesen oder die Fußgänger auf der Straße beobachten.

Am Nasser-Filmtheater – das seit Beginn der *Intifada* geschlossen ist – biege ich in eine Seitenstraße ein und stelle fest, daß eine alteingesessene Schneiderei einfach verschwunden ist, als habe sie niemals existiert, mit all ihren Nähmaschinen und Stoffballen und Zuschneidetischen und arbeitenden Kindern.

Erst ein Jahr zuvor hatte ich die Schneiderei mit einem israelischen Fernsehreporter besucht. «Was wollen Sie mehr?» hatte er mich gefragt, genauso wie die Gäste in meinem Apartment. «Sehen Sie doch, wieviel Arbeit sie haben», fuhr er mit der tiefen Sehnsucht aller Optimisten fort, daß den Osloer Abkommen Erfolg beschieden sein möge. Aber schon damals waren die kleinen Schneiderwerkstätten in Gaza in Schwierigkeiten. Seit 1970 hatten sie sich zum zweitproduktivsten Wirtschaftszweig nach der Landwirtschaft entwickelt, sowohl bezüglich der Zahl der Arbeitsplätze, die sie zur Verfügung stellten, als auch hinsichtlich ihres Anteils am Bruttosozialprodukt.[1] Die endlosen neuen Restriktionen für Export und Warentransfer und die Abriegelungen mit ihren ständig wechselnden bürokratischen Prozeduren hatten ihnen jedoch schwere Verluste zugefügt. Viele Werkstätten hatten schließen müssen, andere hatten Arbeitskräfte entlassen. Die lange Abriegelung im Februar und März 1996, die auf eine Serie von Selbstmordattentaten in Israel folgte, war der Todesstoß für die Schneiderwerkstätten gewesen.

Z. A.s Schneiderwerkstatt in Beit Lahia ist beispielhaft sowohl für die komplexen Beziehungen zwischen Israel und der Wirtschaft des Gazastreifens als auch für die Undankbarkeit der Israelis, die seit der Einsetzung der palästinensischen Selbstverwaltung im Jahr 1994 zunehmend deutlich zutage tritt. Z. A. und seine Arbeiter hatten seit über zwanzig Jahren Kleidung für eine israelische Modefirma genäht. 1977 erhielt er von Haim Bar Lev, dem israelischen Minister für Handel und Gewerbe, ein Ehrenzertifikat. Unter der Überschrift «Herausforderung Export» heißt es in Z. A.s Urkunde: «Lieber Arbeiter, dieses Ehrenzertifikat wird Ihnen in Anerkennung der Leistungen und Beiträge Ihres Unternehmens zur Entwicklung der israelischen Exportwirtschaft im Jahr 1976 verliehen. Auch in diesem Jahr haben wir erfahren, daß unsere Exporterfolge das Ergebnis unserer gemeinsamen Anstrengungen sind. Ohne Zweifel haben Ihre Arbeit und die Ihrer Kollegen eine bedeutende Rolle in der Förderung des Wachstums unserer Exporte gespielt. Bitte nehmen Sie dieses Zertifikat als Ausdruck unserer Wertschätzung Ihrer Rolle in der Förderung der israelischen Wirtschaft entgegen. Ihr Haim Bar Lev.»

Z. A. fuhr fort, die israelische Wirtschaft zu fördern. Die Jeans, Hemden und Overalls, die er herstellte, wurden in Israel und im Ausland als israelische Produkte verkauft. Z. A. nimmt an, daß die meisten israelischen Jeans immer noch im Westjordanland und in Gaza hergestellt werden, «weil das besonders harte Arbeit ist». Die meisten anderen Kleidungsstücke werden in Israel zugeschnitten («das Zuschneiden ist leichter und einträglicher») und dann in den besetzten Gebieten genäht, aber in Z. A.s Werkstatt wird die ganze Arbeit erledigt, vom Zuschneiden bis zum Bügeln. Er erhält die Stoffballen vom israelischen Abnehmer – selbst während der langen Ausgangssperren und Abriegelungen während des Golfkriegs hatte er die Genehmigung, zum Erez-Checkpoint zu fahren, die Stoffe abzuholen und die fertigen Produkte abzuliefern.

Kurz vor der Umgruppierung der israelischen Truppen stockte Z. A. sein Haus in Beit Lahia in dem Glauben auf, daß er von nun an einen Beitrag für die palästinensische Wirtschaft leisten und dabei sein Geschäft vergrößern könne. Die unfertige Treppe und die leeren Räume erinnern an Z. A.s unerfüllte Wünsche. Seine hochgelobten Beiträge für die israelische Wirtschaft haben weder ihm noch seinen Mitarbeitern irgendeinen Vorteil gebracht, und er wird auch nicht von dem allgemeinen Verdacht ausgenommen, der über jedem Einwohner von Gaza schwebt und sich in Israels Abriegelungspolitik manifestiert. Jedesmal, wenn Israel die Grenzen des Gazastreifens schließt, müssen auch die Schneiderwerkstätten schließen, und zwar von Mal zu Mal länger. Seit dem Sommer 1994 konnte sich Z. A. nicht mehr mit dem israelischen Stofflieferanten und Abnehmer seiner Waren im Industriegebiet Erez treffen, das von Israel kontrolliert wird. Die Transportkosten sind um das Doppelte und Dreifache gestiegen. Mit jeder hermetischen Abriegelung wurde es schwieriger, an die Stoffe heranzukommen, die fertigen Kleidungsstücke nach Israel zu liefern, die Verpflichtungen und Termine des Geschäfts einzuhalten, den Kontakt zu den israelischen Kunden aufrechtzuerhalten. Um nicht seine letzten Kunden zu verlieren, mußten Z. A. und viele andere Werkstattbesitzer sich bereit erklären, für Preise zu arbeiten, die fast unterhalb der Herstellungskosten lagen und nicht höher waren als Jahre zuvor.

Nach Auskunft der Schneidergewerkschaft in Gaza haben im Sommer 1996 rund zweihundert der noch verbliebenen achthundert eingetragenen Schneiderwerkstätten zugemacht. An die dreihundert kleine Werkstätten waren schon im Laufe des Jahres 1995 geschlossen worden. Früher hatten sie ihre Produkte immer auch im Westjordanland vermarkten können. Aber obwohl Israel in der Grundsatzerklärung von 1993 bestätigt hatte, daß das Westjordanland und der Gazastreifen eine zusammengehörige, territoriale Einheit seien, wurden die Märkte im Westjordanland, die mehr als 50 Prozent der im Gazastreifen produzierten Waren aufgenommen hatten, durch die Einschränkungen der Bewegungsfreiheit unerreichbar. Die Werkstätten, die noch arbeiteten, hatten ein Drittel ihrer Belegschaft entlassen, und für die noch verbliebenen Arbeitskräfte gab es nur an wenigen Tagen im Monat Arbeit. Lohnerhöhungen zum Ausgleich für die erhöhten Lebenshaltungskosten kamen ebensowenig in Frage wie bezahlter Urlaub, Abfindungen oder Arbeitslosenunterstützung. Vor Beginn der palästinensischen Selbstverwaltung hatten die Schneiderwerkstätten ein volles Drittel der Wirtschaftsunternehmen im Gazastreifen ausgemacht. Jetzt war dieser Industriezweig am Zusammenbruch. Die Werkstattbesitzer verkauften ihre Häuser, um Kredite zurückzahlen und die Löhne ihrer Angestellten auszahlen zu können. Unterdessen sahen sich die Kunden in Israel nach neuen Werkstätten im Westjordanland und in Jordanien um. Soviel zum Thema freie Wirtschaft.

An einem verregneten Tag im April 1996 besuchte ich Z. A. Der Regen trommelte auf das Dach der Werkstatt und klatschte gegen die Fensterscheiben. Jeder Tropfen hallte in dem großen, leeren Raum wider, in dem die Nähmaschinen stillstanden. Berge von Jeans für Israel lagen aufgestapelt, konnten aber wegen der langanhaltenden Abriegelung nicht aus dem Gazastreifen herausgebracht werden. Es war mein erster Besuch bei Z. A., aber der Anblick war mir vertraut. Seit Anfang 1995 hatte ich immer wieder ähnliche Bilder gesehen – stillgelegte Fabriken, in denen einst Hohlblocksteine oder Kosmetika hergestellt worden waren, verlassene Schreinereien, deren Aufträge aus dem Westjordanland gekommen waren, eine geschlossene Anlage zur Verarbeitung von Zitrusfrüchten. Eine Fabrik, die ihre Wasserbehälter nicht mehr in andere arabische Länder liefern konnte, hatte nur ein Zehntel ihrer Arbeiter behalten können. Überall sah ich die gleichen leeren Stühle, die gleichen zwei oder drei Arbeiter, die ein Ersatzteil zurechtfeilten oder eine Maschine ölten, die gleichen Berge lieferfertiger Waren in der Ecke: Kartons voller Telefonhörer, hübsche, in Plastik verpackte Fußbodenfliesen, leere Büchsen, auf denen sich der Staub sammelte. Oft ist es wochen- oder gar monatelang nicht möglich, die Waren aus dem Gazastreifen herauszubekommen. Man kann sie nirgends verkaufen, nicht in Israel, nicht im Westjordanland, nicht in Jordanien, nicht in Ägypten.

Die Maschinen stehen still, weil die Rohstoffe nicht in den Gazastreifen gebracht werden können (das Konzentrat zur Saftherstellung z. B.), weil ein Container im Hafen von Ashdod festgehalten wird oder weil es ein Ersatzteil nur in Tel Aviv gibt und der Fabrikbesitzer, der es braucht, keine Ausreisegenehmigung hat und es sich nicht leisten kann, einen Lastwagen zu mieten, der das Teil nach Gaza bringt. Immer kommen ein paar hoffnungsvolle entlassene Arbeiter vorbei, die sich respektvoll erkundigen, ob der Fabrikbesitzer vielleicht das Wunder vollbracht habe, das fehlende Ersatzteil oder die Knöpfe oder den Stoff zu beschaffen, ob er das Unmögliche geschafft und seine Warensendung durch die Straßensperren ins Westjordanland gebracht habe, ob er für seine Waren bezahlt worden sei und seine wachsende Strom- und Telefonrechnung habe begleichen können. Und um sicherzugehen, daß ich mir ein zutreffendes Bild von der Situation mache, legt der Fabrik- oder Werkstattbesitzer jedesmal auch noch seine Bankauszüge auf den Tisch und zeigt mir, wie stark er sein Konto überzogen hat und wie seine Schulden von Monat zu Monat anwachsen. Und immer klingelt im Hintergrund ein Telefon, dessen schriller Ton die Stille dieser erzwungenen Untätigkeit zerreißt.

Die Schirmherren des Oslo-Prozesses – die Geberländer, der Internationale Währungsfonds, die Weltbank – und die beiden wichtigsten Mitspieler, Israel (das trotz seiner Anti-Entwicklungspolitik ungestraft davonkam) und die PLO (der die Aufgabe übertragen wurde, die Hinterlassenschaften der Besatzung aufzuarbeiten), gingen alle von einer Anzahl einfacher wirtschaftlicher Voraussetzungen aus. Die Beiträge und Anleihen der Welt für die palästinensische Autonomiebehörde sollten dazu verwendet werden, die Wirtschaft wieder zum Leben zu erwecken und für die nötige Infrastruktur zu sorgen (Straßen, Kanalisation, Wasser, Elektrizität und Telefonverbindungen), Verwaltungsgebäude und Schulen zu renovieren oder neu zu bauen, die Lebensqualität der Menschen zu verbessern und die nötigen Voraussetzungen für funktionierende Fabriken und Unternehmen zu schaffen. Durch den Ausbau der Infrastruktur entstanden im öffentlichen Sektor augenblicklich neue Arbeitsplätze. Geld wurde bereitgestellt, mit dem ein oder zwei Jahre lang die Löhne im öffentlichen Sektor gezahlt werden konnten, in der Überzeugung, daß von diesen umfangreichen Investitionen ein Anreiz zu Investitionen im privaten Sektor ausgehen würde, im Handel und in der Produktion.

Zwei Zielgruppen waren für die Aufgabe ausersehen, die Wirtschaft des Gazastreifens wiederzubeleben und neue Arbeitsplätze für das Heer der Arbeitslosen zu schaffen. Die erste Gruppe waren die einheimischen palästinensischen Unternehmer – die schwache, aber ambitionierte Schicht, auf der die palästinensische Wirtschaft ruhte und die sich aus *Muwatanin*-Familien mit beträchtlichem Vermögen und Ersparnissen und einigen anderen zusammensetzte, die es geschafft hatten, während der Besatzungszeit als Subunternehmer ein bißchen Kapital anzusammeln. Die zweite Gruppe bestand aus palästinensischen Unternehmern im Ausland, die darauf brannten, in ihrer Heimat zu investieren, sowie aus anderen Investoren aus dem Ausland.

Diese Annahmen gründeten sich auf die Überzeugung, daß eine wachsende Zahl von Arbeitern aus Gaza mit Jobs in Israel für den nötigen Bargeldfluß sorgen würde, damit der heimische Markt im Gazastreifen sich entwickeln und die Exporte nach Israel, in das Westjordanland und ins Ausland ausgeweitet werden konnten. Durch das sich im Umlauf befindliche Geld sollten sich die Steuereinnahmen der Autonomiebehörde erhöhen und so eine gesunde Grundlage für den Staatshaushalt schaffen. Innerhalb des Gazastreifens schwanken die Kosten für einen neuen Arbeitsplatz im handwerklichen und industriellen Sektor zwischen $ 8000 bis $ 10 000 und $ 25 000. Jedes Jahr vergrößert sich das Arbeitskräftepotential um 5000 bis 10 000 Menschen, wobei die Tausende Palästinenser, die aus dem Exil zurückkehren, nicht mitgezählt sind. Die Fortsetzung der Beschäftigung von Arbeitern aus Gaza in Israel – tatsächlich sogar ein Anwachsen ihrer Zahl – war ausschlaggebend für jeden Fortschritt auf dem privaten Sektor, so wichtig sogar, daß dieser Umstand in die Pariser Protokolle von 1994, die sich mit den wirtschaftlichen Aspekten des Oslo-Prozesses befassen, mit aufgenommen wurde. Dabei wurde von voller Bewegungsfreiheit für die Arbeiter und freiem Warenfluß zwischen den Autonomiegebieten und Israel ausgegangen. Ausländische Politiker und Wirtschaftsexperten – vom Wirtschaftsminister der Vereinigten Staaten, der den Gazastreifen mehrfach besucht hat, bis zu den Wirtschaftsattachés verschiedener Länder und den Vertretern der Weltbank – haben einstimmig die Bedeutung der Entwicklung des privaten Sektors als Motor des gesamten Oslo-Prozesses betont, und zwar in wirtschaftlicher wie auch in politischer Hinsicht.

«Aber dieser Motor ist abgestorben», wurde mir bereits im November 1995 von einem leitenden Vertreter der Geberländer mitgeteilt. Er wollte, aus welchen Gründen auch immer, nicht namentlich genannt werden, obwohl viele andere Experten in hohen Positionen seine Einschätzung bestätigt haben. Ihre Kritik wurde in internationalen Foren gehört und offiziell an Israel weitergegeben, der Öffentlichkeit wurde sie jedoch vorenthalten, weil dadurch mögliche Investoren abgeschreckt werden könnten und weil die Kritiker auch weiterhin an die Notwendigkeit und Durchführbarkeit des Oslo-Prozesses glauben.

Drei verschiedene Personengruppen in Israel, die drei verschiedene Ebenen der Regierungsgewalt repräsentieren, waren direkt für die fortgesetzte, systematische Strangulierung der Wirtschaft des Gazastreifens verantwortlich. Es sind die gleichen Personengruppen, die jeden Palästinenser behindert haben, der jemals versucht hat, in ein Unternehmen zu investieren, von dem er selbst und seine Gesellschaft profitiert hätten: Da sind zunächst einmal die für den Entscheidungsprozeß verantwortlichen Mitglieder der israelischen Regierung, die an ihrer Abriegelungspolitik festgehalten haben. Zweitens sind da die anonymen Individuen, die diese Politik in die Praxis umsetzen, die Kommandeure in der Armee und die ranghohen Beamten in der Zivilverwaltung, heute dem CLO. Zuletzt kommen die Soldaten und die Beamten des CLO, die in direktem Kontakt mit der palästinensischen Bevölkerung stehen.

Seit Januar 1995 wurden die Mechanismen der Abriegelung, die das Geschäftsleben betreffen, verfeinert. An die Stelle von stichprobenartigen Durchsuchungen von Fahrzeugen sind obligatorische und systematische Durchsuchungen getreten, und die Zahl der Fahrzeuge, die den Gazastreifen verlassen dürfen, wurde reduziert. Nachdem der Besitzer einer Schneiderwerkstatt in Jabalia, der Mitglied des Islamischen Jihad war, im Januar 1995 an der Organisation eines Selbstmordattentats teilgenommen hatte, waren die israelischen Behörden davon überzeugt, daß durch die Existenz der islamischen Organisationen die Notwendigkeit gründlicherer Durchsuchungen bewiesen sei, und dehnten ihr Mißtrauen auf jeden einzelnen Geschäftsmann oder Plastikfabrikanten aus Gaza aus. Zwei Monate später wurde ein mit Sprengstoff beladener Lastwagen, der einem Geflügelhändler aus Gaza gehörte, im Negev in Israel gefunden. Zu diesem Zeitpunkt hatte der immer wiederkehrende Zyklus der hermetischen Abriegelungen bereits seine endgültige Form angenommen.

Das erste Stadium, das auf einen Anschlag oder die Warnung vor einem Anschlag hin erfolgt oder auch während israelischer Feiertage oder Ferien, anläßlich von Wahlen oder zu besonders kritischen Zeiten – wie nach der Ermordung Yitzhak Rabins –, besteht darin, daß die bestehenden Beschränkungen der Bewegungsfreiheit verschärft werden und die Ein- und Ausfuhr sämtlicher Waren, einschließlich Mehl, Medikamenten, Obst und Milchprodukten, tagelang zum Stillstand kommt. Während des zweiten Stadiums wird die Abriegelung allmählich gelockert, und Nahrungsmittel und Rohmaterialien dürfen wieder in den Gazastreifen geliefert werden. Allmählich, aber nur nach langem Bitten, dürfen palästinensische Produkte in kleinen Mengen aus dem Gazastreifen herausgebracht werden. Das letzte Stadium ist die Wiederaufnahme der auf Dauer bestehenden Restriktionen – die ganz normale Abriegelung –, die seit Anfang 1995 beträchtlich rigoroser geworden ist, als die Arbeitspartei-Koalition in Israel die Anzahl der Menschen, die den Gazastreifen verlassen durfte, noch einmal drastisch verringerte. Betroffen waren auch die Unternehmer des privaten Sektors – des Rückgrats der wirtschaftlichen Erholung in Gaza – und Geschäftsleute, die ins Westjordanland wollten, das ein wichtiger Absatzmarkt für palästinensische Produkte und für die Landwirtschaft ist. Die Zahl der Fahrzeuge, die über den Erez-Checkpoint hinausfahren durften, wurde auf ein Minimum reduziert. Die Zahl der Geschäftsleute, die ausreisen dürfen, schwankt seitdem mit der Anzahl von Ausreisegenehmigungen, die das palästinensische zivile Verbindungskomitee mit dem israelischen CLO aushandeln kann: Manchmal sind es 150, dann wieder 300. Während einer kurzen Tauwetterperiode wurden nach langem Bedrängen der israelischen Minister rund 1000 Genehmigungen erteilt – obwohl Antrag auf 3000 Genehmigungen gestellt worden war. (Im Gegensatz zu anderen Ausreisegenehmigungen werden die Genehmigungen für Wirtschaftsunternehmen dem palästinensischen Wirtschaftsministerium en bloc erteilt.) Auch hier gibt es eine Altersgrenze. Männer unter dreißig und unverheiratete Männer brauchen gar nicht erst einen Antrag zu stellen. Ich habe einen achtundzwanzigjährigen Mann aus Gaza kennengelernt, der Teilhaber an einem Steinbruch im Westjordanland ist und dem es zweimal gelungen ist, das System zu überlisten. Er kaufte sich Flugtickets für Auslandsflüge und erhielt daher einmalige Genehmigungen, zum Flughafen zu fahren, aber als er den Erez-Checkpoint passiert hatte, fuhr er statt dessen eine Stunde weit nach Osten ins Westjordanland, um nachzusehen, wie es um seine Geschäfte stand.

Ebenso wie die Ausreisegenehmigungen aus medizinischen Gründen werden die Genehmigungen für Geschäftsleute annulliert, wenn der Gazastreifen hermetisch abgeriegelt wird, und die ganze Prozedur beginnt von neuem. Die Geschäftsleute reichen ihre Anträge ein und müssen manchmal monatelang warten. Wenn die Abriegelung allmählich gelockert wird, erhalten vielleicht zwanzig glückliche Antragsteller ihre Genehmigung, und wenn die verschiedenen Koordinationskomitees zusammenkommen und sich auf weitere «Konzessionen» einigen, wird die Zahl auf, sagen wir: fünfzig erhöht. Einige wenige besonders Privilegierte, allerdings nur eine Handvoll, dürfen mit dem eigenen Wagen ausreisen, aber auch das nur unter besonderen Umständen.

Die Geschäftsleute werden zuerst von der palästinensischen Preventive Security Force durchleuchtet, das für die Grenzübergänge verantwortlich ist und alle Angehörigen oppositioneller Organisationen aussiebt. Das palästinensische Wirtschaftsministerium führt eine zweite Überprüfung der Antragsteller durch und entscheidet, wie die kostbaren Ausreisegenehmigungen verteilt werden sollen. Dabei werden Größe, Kapital, Umsatz und die Zahl der Angestellten der einzelnen Unternehmen berücksichtigt. Die Beamten des Ministeriums geben zu, daß im Gegensatz zu den Notwendigkeiten einer aufstrebenden, freien Wirtschaft die Aussichten eines neugegründeten Unternehmens, seinen Markt zu vergrößern, Kunden zu finden, Investoren und Partner zu interessieren – wenigstens im Westjordanland, wenn schon nicht in Israel –, von Anfang an von einem System sabotiert werden, das aus reiner Notwendigkeit solche Betriebe begünstigt, die bereits gut etabliert sind. «Dieses System öffnet Korruption und Einflußnahme Tür und Tor», wurde mir von dem Vertreter der Geberländer mitgeteilt, der nicht genannt werden möchte.

In mehr oder weniger regelmäßigen Abständen beschließt die israelische Regierung, demonstrativ ein plötzliches Zugeständnis zu machen und ein paar hundert Ausreisegenehmigungen für Geschäftsleute und ein paar tausend Arbeitsgenehmigungen zu erteilen. Unfehlbar weisen dann israelische Analysten und Politiker, palästinensische Regierungsbeamte und sogar der ehemalige Außenminister der Vereinigten Staaten, Warren Christopher (der gelegentlich durchblicken ließ, daß er im voraus von diesen Gesten gewußt hatte), voller Stolz auf das plötzliche Tauwetter hin, als sei es ein Wunder, ein heiliger Akt, der auf große Fortschritte im gegenseitigen Vertrauen und auf wirtschaftliches Wachstum schließen ließe. In solchen Fällen betraut die israelische Regierung die anonymen ausführenden Organe im CLO und in der Armee – die zweite Ebene der Machtausübung – mit der Durchführung dieser Konzessionen. Aber infolge der langen Gewohnheit des Verschleppens dauert es auf dieser Ebene mindestens einen Monat, bis tatsächlich etwas geschieht. Die Verzögerungen kommen bestimmten Zweigen der israelischen Wirtschaft direkt zugute, die augenblicklich handeln, um noch tiefer in den palästinensischen Markt eindringen zu können. So haben zum Beispiel israelische Fuhrunternehmen ihre Konkurrenz aus Gaza im Westjordanland erfolgreich aus dem Geschäft gedrängt.

Vielleicht sind Armee und CLO an der Verschleppung schuld, vielleicht auch die Regierung, vielleicht liegt es einfach an der Unfähigkeit, anders zu handeln, oder daran, daß zu viele Köche den Brei verderben (die Armee, das CLO, die Koordinierungsaktivitäten der Regierung in den besetzten Gebieten, die Polizei, der Shabak). Aber es ist auch ein neues Element zu verzeichnen, eine Kombination aus Fehlern, Mißverständnissen, ungeplanten Verzögerungen und Meinungsverschiedenheiten auf der palästinensischen Seite. Und natürlich auch Korruption: Ein palästinensischer Beamter sitzt vielleicht auf einer Genehmigung, weil er auf Bakschisch wartet, oder er gibt einen Antrag aus irgendwelchen persönlichen oder politischen Gründen einfach nicht weiter. Israel hat gelernt, sich die zahlreichen Vorwürfe gegen die Beamten der Autonomiebehörde zunutze zu machen, und behauptet einfach, daß die PA den Antrag nicht weitergegeben habe. Folglich wird die Atmosphäre von Mißtrauen und Zorn vergiftet.

Hinzu kommt, daß sich plötzlich herausstellen kann, daß anstelle der versprochenen dreihundert Genehmigungen nur hundert erteilt worden sind. Gelegentlich beschließt das CLO auch, einen Teil der Ausreisegenehmigungen direkt und unter Umgehung des palästinensischen zivilen Verbindungskomitees zu verteilen. Wenn die palästinensischen Behörden übergangen werden, gibt es immer Ärger und Mißtrauen gegenüber den Israelis, und es werden Fragen über die Empfänger der Genehmigungen und ihre Beziehungen zum CLO laut. Zur Zeit der direkten israelischen Herrschaft gab es immer einige Geschäftsleute, die besonders gute Beziehungen zur Zivilverwaltung und ihren Beamten unterhielten und sich ungewöhnlich frei bewegen durften.

«Was soll das heißen, Kollaborateure?» fragte mich ein wütender Geschäftsmann, der eine solche Genehmigung erhalten hatte, als ich ihn nach dem Verdacht fragte, den seine direkten Beziehungen erregt hatte. «Trotz aller Versprechungen schafft unser Wirtschaftsministerium es einfach nicht, die Ausreisegenehmigungen von den Israelis zu kriegen», erklärte er. «Deshalb ruft ein israelischer Geschäftsmann beim CLO an und arrangiert eine Genehmigung für einen alten Freund oder ehemaligen Geschäftspartner.» Ebenso wie in Fragen der Gesundheitsfürsorge kann das Eingreifen eines Israelis oftmals den bürokratischen Knoten lösen. Manchmal werden solche direkt ausgegebenen Genehmigungen jedoch von der Preventive Security Force konfisziert. Der Zorn der Palästinenser – über die lange Wartezeit, bis ein Antrag bearbeitet ist, über die Kluft zwischen den Versprechungen und dem, was dabei herauskommt – wird am Ende unfehlbar vom CLO auf die Angestellten der palästinensischen Ministerien abgelenkt, denen Faulheit, Bestechlichkeit, Gleichgültigkeit und Unfähigkeit vorgeworfen wird.

Handel und Industrie im Gazastreifen hängen davon ab, daß ein Warenfluß in beide Richtungen stattfinden kann: Zugang zum israelischen Markt auf der einen und freier Zustrom von Produkten und Rohstoffen nach Gaza auf der anderen Seite. Rund 90 Prozent der Rohmaterialien, Baustoffe, Grundnahrungsmittel, dazu Benzin und Elektrogeräte kommen aus oder über Israel. Die besetzten Gebiete sind ein wichtiger Markt für den israelischen Handel.[2] In den Pariser Protokollen wurde vereinbart, daß Israel in begrenztem Umfang den Transport von Waren aus Ägypten und Jordanien durch sein Staatsgebiet gestatten muß. Die meisten dieser Waren unterliegen jedoch der Zollunion mit Israel, was bedeutet, daß sie für die Menschen in Gaza nicht billiger sind als israelische Produkte.[3]

Das Prinzip einer Zollunion für Israel und die Palästinensergebiete setzte den «freien Verkehr von Waren und Arbeit» voraus, von dem in den Abkommen ausgegangen wurde, aber die Zollunion blieb unverändert bestehen, während der Grundsatz des freien Verkehrs von Waren und Arbeit durch die ständigen Abriegelungen untergraben wurde. Ein Warenverkehr in beiden Richtungen und die Annahme, daß ein großer Teil der palästinensischen Arbeitskräfte israelische Löhne mit nach Hause nehmen würde (im Fall der Arbeiter aus Gaza gewöhnlich die Mindestlöhne), waren jedoch die einzige Rechtfertigung für die Forderung der Israelis, die Preise in den besetzten Gebieten auf dem gleichen Niveau wie die in Tel Aviv und Jerusalem zu halten – um die Entstehung eines schwarzen Marktes mit billigen Waren zu verhindern. Aber in der Praxis zahlen die Menschen in Gaza israelische Preise für Treibstoff, Mehl, Zement, Wasser, Elektrizität, Elektrogeräte und Fleisch, obwohl sie ihre eigenen Produkte nicht absetzen können, in ihrem Recht auf Arbeit drastisch beschränkt sind und nur ein Viertel oder Drittel des israelischen Mindestlohns verdienen, wenn sie das Glück haben, innerhalb des Gazastreifens eine Anstellung zu finden.[4]

Vor den Osloer Abkommen war die Zivilverwaltung der Meinung, daß die erwartete wirtschaftliche Erholung dem umfangreichen Transportgewerbe in Gaza zugute kommen würde, und es wurden Anreize für Investitionen in diesem Wirtschaftszweig angeboten.[5] Die Zahl der Lastwagen und Taxis, die den Gazastreifen verlassen dürfen (in Gaza gibt es keine öffentlichen Verkehrsmittel. Man behilft sich mit Gemeinschaftstaxis), ist jedoch seit 1994 ständig geschrumpft. Aus einer Flotte von tausend Taxis, die früher die Strecken zwischen Gaza, dem Westjordanland und Israel befuhren, dürfen nur zwei oder drei Dutzend den Erez-Checkpoint passieren, und auch diese nur während der politischen Tauwetterperioden. An einem guten Tag werden 500 der 2700 Lastwagen aus dem Gazastreifen nach Israel durchgelassen, aber gewöhnlich sind es nur 200 bis 300. (Lastwagen aus Gaza dürfen nicht ins Westjordanland und umgekehrt.) Früher waren die Löhne der Lastwagenfahrer hoch, weil jeder Lastwagen täglich drei- oder viermal zwischen Gaza und Israel hin- und herfahren konnte. Aber seit 1995 wurde diese Zahl durch die Einschränkungen der Bewegungsfreiheit und die langwierigen Sicherheitskontrollen drastisch reduziert. Wenn ein Fahrer es schafft, in vierundzwanzig Stunden einmal hin- und herzufahren, hat er schon Glück. Infolgedessen ist das Einkommen der Lastwagenfahrer um ein Drittel oder mehr gesunken, obwohl die Zahl ihrer Arbeitsstunden gestiegen ist. Selbstverständlich dürfen Fahrer unter dreißig den Gazastreifen nicht verlassen. «Seinen Führerschein bekommt man mit achtzehn», beklagte sich ein Lastwagenfahrer, «und dann muß man warten, bis man dreißig ist, bevor man fahren kann.»

Es gibt zwei verschiedene Methoden, Waren aus dem Gazastreifen hinaus oder nach Gaza hereinzubringen. Die Lastwagen verlassen den Erez-Checkpoint in Konvois, die immer von einer israelischen Militäreskorte begleitet sein müssen. Bis zu den Selbstmordattentaten im Februar und März 1996 durften die eskortierten LKWs mehrmals in Israel halten, bevor sie ihre Fracht abholten, gewöhnlich an einem zentral gelegenen Ort, und dann die Rückfahrt nach Gaza antraten. Jedem Industriezweig war ein anderer Sammelplatz zugewiesen worden. Der Verladeplatz für die Textilindustrie zum Beispiel war das Bloomfield-Stadion in Jaffa. Jetzt dürfen die Lastwagen jedoch nur noch einmal halten, was gewöhnlich bedeutet, daß sie nicht auf einer Fahrt Waren liefern und abholen können.

Die zweite Transportmethode, auf die inzwischen am häufigsten zurückgegriffen wird, ist die «back-to-back»-Methode, die während der monatelangen Abriegelung im Jahr 1995 erfunden wurde, als überhaupt keine Fahrzeuge den Gazastreifen verlassen durften und der Export vollständig zum Stillstand gekommen war. Als Umladeplatz dienen zwei Fracht-Terminals im Ostteil des Gazastreifens, Karni und Sufa, und ein kleiner Umladeplatz am Erez-Checkpoint. Anfangs brachten die Lastwagen aus Gaza die Waren für Israel und das Westjordanland bis zum Terminal, und die Fracht wurde direkt auf einen israelischen Lastwagen umgeladen, der die Waren auslieferte. Auf die gleiche Weise wurden Waren in den Gazastreifen gebracht. Aber als sich im März 1996 herausstellte, daß ein Selbstmordattentäter in einem israelischen LKW aus dem Gazastreifen geschmuggelt worden war, wurde eine zusätzliche Prozedur eingeführt, um das System sicher zu machen. Der direkte Kontakt zwischen dem palästinensischen und dem israelischen Fahrer wurde dadurch eliminiert, daß der Terminals mit einer Verladerampe ausgestattet wurden, auf die die Waren aus Gaza gestapelt werden, bevor sie auf die israelischen LKWs geladen werden dürfen. (An einigen Terminals werden die Waren einfach auf den Boden gelegt.) Nach dem Ausladen müssen alle Palästinenser den Platz verlassen, und eine israelische Mannschaft erscheint, um die Fracht auf die israelischen Lastwagen zu laden. Natürlich werden viele Waren bei dieser Prozedur ruiniert. Wenn sie von einem Lastwagen auf die Rampe und von dort auf einen anderen Lastwagen verladen werden, werden Glasgefäße und Fliesen zerbrochen, Speiseeis schmilzt, und sorgfältig gebügelte Kleidung, von deren glattem Aussehen teilweise der Preis abhängt, den der israelische Käufer dafür zahlt, wird verknüllt und beschmutzt.

«Sehen Sie sich diese Lastwagen an, die hier nur herumstehen», beklagte sich der verbitterte Besitzer einer Transportfirma. «Jeder einzelne ist $ 100 000 Dollar wert und alle zusammen rund drei Milliarden, und sie alle werden langsam zu Schrott. Und außerdem müssen wir die zusätzlichen Kosten für die israelischen Laster verkraften, die die Waren ab der Grenze transportieren. Die Israelis machen das ganze Geschäft bei der Sache», fuhr er fort. «Die israelischen Transportfirmen, die Lastwagenfahrer und die Regierung, die die Steuern kassiert. Früher mußte ein palästinensischer Fabrikant fünfzehn Schekel pro Tonne transportierter Ware bezahlen. Jetzt kostet eine Tonne fünfunddreißig Schekel oder mehr.»

Es ist Aufgabe des CLO, die Militäreskorten zu organisieren, während die Durchsuchungen an den Checkpoints Sache der IDF und der israelischen Polizei sind. Die wenigen hundert Lastwagenfahrer, die den Gazastreifen verlassen dürfen, beginnen ihren Arbeitstag um acht Uhr abends in einer Warteschlange vor der Straßensperre der palästinensischen Polizei. Beim nächsten Halt, den Inspektionsgruben der IDF, wo Soldaten den Motor, das Fahrgestell, die Türen und die Fahrerkabine des Fahrzeugs untersuchen, mußten die Fahrer oft schon zehn oder elf Stunden lang warten. Die Wartezeit ist reine Glückssache und hängt davon ab, wie viele Soldaten gerade Dienst machen und wie lange sie ihre Essenspausen ausdehnen. Manchmal gelingt es den Fahrern, ein paar Stunden lang in ihren Kabinen zu schlafen, aber sie haben keine andere Wahl, als geduldig zu warten, und manchmal beginnen sie ihre Fahrt nach zehn, zwölf oder vierzehn Stunden in der Warteschlange. Ständig kommt es vor, daß der zuständige Palästinenser einen Telefonanruf bekommt und erfährt, daß die Militäreskorte abgeblasen worden ist. Dann wird den Fahrern nach stundenlangem Herumstehen einfach mitgeteilt, daß sie nach Hause fahren sollen. Den Grund dafür erfahren sie nie.

Manchmal kommen die Fahrer bis zu ihrem Zielort, beispielsweise einem israelischen Steinbruch, wo sie Kies laden sollen, aber der Konvoi kommt gerade beim Schichtwechsel am Steinbruch an. Auf Anweisung des CLO befiehlt die Militäreskorte den Fahrern in solchen Fällen, nach Gaza zurückzufahren, anstatt ihnen zu gestatten, die halbe Stunde lang zu warten, bis die Arbeit am Steinbruch wieder aufgenommen wird. Das CLO hat mir mitgeteilt, daß diese gelegentlichen Pannen auf mangelnde Koordination seitens der Palästinenser zurückzuführen sind, aber ich habe von vielen solcher Vorfälle gehört. So kam einmal eine Sendung Blumen zu spät bei der israelischen Verpackungsfirma an, weil die Soldaten am Erez-Checkpoint den Konvoi aufgehalten und erst auf grünes Licht von ihren Vorgesetzten gewartet hatten, obwohl die Fahrer alle notwendigen Genehmigungen vorweisen konnten. Bei der Verpackungsfirma (wo die Waren zum zweitenmal durchsucht wurden), legten die Inspekteure eine Pause ein, nachdem sie zwei Lastwagenladungen Blumen durchsucht hatten. Statt zu warten, schickte die Eskorte die übrigen Lastwagen samt ihren Blumen zurück nach Gaza. Am Ende verfütterten die Blumenzüchter ihre Blumen an die Ziegen und verkauften den Rest für einen Schekel den Bund an allen Straßenecken in Gaza.

Bei einer anderen Gelegenheit wurde ein Konvoi mit Zitrusfrüchten auf dem Weg zum Hafen von Ashdod aufgehalten, und das Schiff, das die Früchte zu dem Käufer in Osteuropa bringen sollte, mußte ohne die Ladung abfahren. Der Käufer wird sich in Zukunft mit Sicherheit lieber an eine spanische oder israelische Firma halten, statt sich auf die Palästinenser zu verlassen.

Importierte Waren, die für den Gazastreifen bestimmt sind, wie Elektrogeräte und Baustoffe, werden manchmal monatelang in Ashdod festgehalten, und der Importeur aus Gaza schafft es einfach nicht, ihre Freigabe zu erreichen. Das Ergebnis sind gigantische Lagergebühren, die alles Geld verschlingen, das für Investitionen und die Schaffung neuer Arbeitsplätze vorgesehen war. Statt neue Fabriken zu bauen, zählen die Unternehmer in Gaza die Tage, an denen ihre Fabriken und Fertigungsanlagen im vergangenen Jahr stillstanden: 50 Tage, 90 Tage und in einem Fall mehr als 180 Tage.

Diese Zwischenfälle vermitteln nur einen schwachen Eindruck von der Größe der Probleme. Die Geschichte Ali al-Hayeqs ist ein typisches Beispiel. Er besitzt eine Fliesenfabrik, ist Anfang dreißig und einer der wichtigsten Förderer der palästinensischen Jugendvereinigung für den Frieden. Unter anderem organisiert er Begegnungen zwischen Israelis und Palästinensern. Von Anfang an setzte er seine Hoffnungen auf den Oslo-Pozeß und den neuen Wohlstand, den er mit Sicherheit erwartete. Also unterzeichnete er noch vor der Einsetzung der palästinensischen Autonomiebehörde Verträge mit israelischen Firmen.

Al-Hayeqs Vater war einer der ältesten Hersteller von Fußbodenfliesen in Gaza-Stadt, aber das Finanzgenie Ali stellte den Familienbetrieb um und vergrößerte den täglichen Ausstoß von 2000 Quadratmetern Fliesen auf 19 000. Er rechnete damit, daß nach den Osloer Abkommen ein Bauboom sowohl im privaten als auch im öffentlichen Sektor erfolgen würde, weil ein riesiger Bedarf an neuen Wohnungen und Verwaltungsgebäuden bestand. Mitte 1995 hatte er bereits allen Grund, seine Entscheidung zu bereuen. Die Produktion in der Al-Hayeq-Fabrik war auf 5000 Quadratmeter pro Tag gesunken und sank weiter. Eine weitere Fliesenfabrik in Gaza, Matar Dormush, die 1985 eröffnet worden war und zwanzig Arbeiter beschäftigt hatte, machte Ende 1995 ihre Tore zu. Die Al-Shawwa-Fabrik, die fünfunddreißig Jahre lang bestanden hatte und dreißig Menschen Arbeit gegeben hatte, schloß etwa zur gleichen Zeit.

«Sie können sich nicht vorstellen, wie leicht es in Gaza ist, 30 000 Schekel an einem Tag zu verlieren», erzählte al-Hayeq mir niedergeschlagen. Er hatte gerade 1200 Tonnen türkischen Zement bestellt, der nun in Ashdod festhing. Am Tag nach der Ankunft des Schiffes mit dem Zement hatte al-Hayeq fünfzehn im voraus gemietete Lastwagen mit der Eskorte im Schlepptau nach Ashdod geschickt, um die Sendung abzuholen. Aber die Dockarbeiter kamen erst im Laufe der dritten Schicht am späten Nachmittag dazu, seine Fracht zu entladen, und bis dahin hatte die Militäreskorte seine Lastwagen gezwungen, leer nach Gaza zurückzufahren. Al-Hayeq hatte keine Wahl, als den Zement für NIS 24 000 über Nacht zu lagern. Hinzu kamen die NIS 6000, die er an die Transportfirma zu zahlen hatte. «Wenn das eine einmalige Angelegenheit wäre», meinte er, «wäre es ja vielleicht nicht ganz so erbitternd. Aber jede Woche passiert dem einen oder anderen Fabrikanten in Gaza etwas Derartiges.»

Nach der langen hermetischen Abriegelung Anfang 1996 stellte al-Hayeq den Verkauf von Fliesen in Israel und dem Westjordanland, seinen Hauptabsatzmärken, ein. Einige Monate später bestand die Möglichkeit, Fliesen in Konvois zu transportieren, überhaupt nicht mehr, so daß nur noch die «back-to-back»-Methode blieb. Die Durchsuchungen und das Umladen nahmen jedoch so viel Zeit in Anspruch, daß durchschnittlich höchstens fünf Lastwagen am Tag den Gazastreifen verlassen konnten. Nach Aussage der israelischen Sicherheitskräfte ist es kaum möglich, eine Ladung Fliesen wirklich gründlich zu durchsuchen. Kein Wunder, daß al-Hayeq seine Kunden eingebüßt hat. Selbst Firmen in Bethlehem waren gezwungen, ihn im Stich zu lassen und in Israel einzukaufen.

Unter solchen Umständen hatten die ausländischen Investoren, die zweite Gruppe, die die Wirtschaft in Gaza nach den Osloer Abkommen wieder in Gang setzen sollte, es natürlich nicht besonders eilig, ihr Geld in den Gazastreifen zu stecken. Ein Bekannter von al-Hayeq war mit gefüllten Taschen und guten Absichten aus den Golfstaaten gekommen. Wie viele andere Palästinenser hatte er Baugrund gekauft und wollte ein Haus bauen. Während die Baugrube ausgehoben und das Fundament gegossen wurde, begann der begeisterte Investor, sich ein klares Bild von der Situation zu machen: Die Grenzen waren geschlossen, die Verbindung zu allen potentiellen Geschäftspartnern und Märkten war abgeschnitten, und die um das Drei- und Vierfache gestiegenen Transportkosten würden den Profit eines jeden Unternehmens verschlingen. Er füllte das neue Fundament mit Erde auf und flog an den Golf zurück. «Lieber verliere ich jetzt 80 000 Schekel als morgen eine Million Dollar», erklärte er. Alle ausländischen Konsulate wissen von Investoren, die ohne irgendwelche politischen oder altruistischen Motive, sondern nur mit wirtschaftlichen Interessen nach Gaza kamen und sich umsahen, aber keinen Grund erkennen konnten, aus dem sie ihr Geld in einen solchen Verlierer stecken sollten.

Die stillen Fabrikhallen und verstaubten Zeitkarten schlagen sich in der Statistik nieder: Nach Meinung von Wirtschaftsexperten und Beauftragten der Geberländer betrugen die durch die Abriegelungen für die palästinensische Wirtschaft entstandenen Verluste im Jahr 1995 etwa $ 600 Millionen – das entspricht zufällig genau der Summe, die die Palästinenser im gleichen Jahr an Spenden erhielten. Ein erheblicher Teil des gespendeten Geldes wurde von langfristigen Projekten abgezogen und zur Bezahlung kurzfristiger Sisyphusarbeiten für die Gemeinden verwendet, wie das Reinigen der Straßen von Sand, der schon am nächsten Tag wieder da ist. Die Statistik des tatsächlichen Bruttosozialprodukts für das Westjordanland und den Gazastreifen zwischen 1992 und 1995 zeigt, daß es um 22,7 Prozent gesunken ist. Das Pro-Kopf-Einkommen ist um 38,8 Prozent gesunken.[6]

Das palästinensische Finanzministerium und der Internationale Währungsfonds legten dem Staatshaushalt der palästinensischen Autonomiebehörde für 1996 ein jährliches Wachstum des Bruttosozialprodukts um 6 Prozent zugrunde, setzten für ihre Schätzung jedoch voraus, daß die Arbeiter sich wieder frei bewegen und wieder ein freier Warenverkehr zugelassen würde. Mitte 1996, nach einer bis zu diesem Zeitpunkt beispiellosen hermetischen Abriegelung von fünf Monaten, warnte die Weltbank, daß das palästinensische Bruttosozialprodukt noch einmal um volle 17 Prozent abstürzen würde, wenn nicht mindestens 30 000 Arbeitnehmer wieder zur Arbeit nach Israel gehen dürften. Die Katastrophe wurde noch einmal abgewendet, weil die Arbeiter im Juni desselben Jahres tatsächlich allmählich wieder zu ihrer Arbeit zurückkehrten. Im August betrug die Zahl der Arbeitnehmer aus Gaza und dem Westjordanland zusammen rund 50 000. Von September an begann die Situation jedoch, sich wieder zu verschlechtern.

Die Palästinenser, die in diesem Jahr an ihre Arbeit zurückkehren durften, retteten die palästinensische Wirtschaft – und das innerhalb von sehr kurzer Zeit. Diese Wendung verdeutlicht drei schlimme Tatsachen: Erstens konnte Israel auch zwei Jahre nach dem Übergang der Verwaltung auf die Autonomiebehörde durch die Verweigerung von Arbeitsgenehmigungen für Israel nach wie vor sämtliche Wirtschaftszweige im Gazastreifen schädigen. Zweitens war der Lebensstandard so niedrig geworden, daß er mit jedem gesegneten Tag, an dem die Leute arbeiten durften, sichtbar anstieg, wodurch die Illusion einer Verbesserung hervorgerufen wurde. Drittens ging aus den vom palästinensischen Arbeitsministerium vorgelegten Zahlen hervor, daß die Zahl der Arbeitsplätze im zivilen Sektor, das heißt in allen Bereichen mit Ausnahme der Sicherheitsorgane, in den beiden Jahren seit der Einsetzung der palästinensischen Autonomiebehörde gesunken war.

Ende 1994 betrug die Zahl der Arbeitnehmer in Gaza 136 290. Dazu gehörten sowohl die registrierten Arbeiter, die einen Arbeitsplatz hatten, als auch die beim Arbeitsamt gemeldeten Arbeitslosen. Tatsächlich waren jedoch sowohl die Zahl der Arbeitnehmer als auch die Zahl der Arbeitslosen bedeutend höher. Erstens waren die Sicherheitsorgane in der Statistik nicht berücksichtigt. Zweitens wurden für die Zahl der Arbeiter aus Gaza, die in Israel arbeiteten, die Spitzenzahlen des Jahres zugrunde gelegt, so daß diese Zahl die tatsächliche Situation nicht widerspiegelte.

In Wirklichkeit war die Zahl wegen der langen hermetischen Abriegelungen erheblich niedriger. Zudem waren in den Daten des Arbeitsministeriums nicht registrierte Arbeitskräfte wie Kinder oder andere Familienmitglieder, die in kleinen Familienbetrieben mitarbeiten, nicht berücksichtigt. Die folgenden Zahlen stellen also keine genaue Statistik dar, aber sie verdeutlichen einige wesentliche Veränderungen.[7]

Tabelle 3: Arbeitskräftepotential in Gaza, 1994–1995

	1994	1995
Arbeiter mit Arbeitsplätzen in Israel	21 294	21 213
Arbeitslose	31 896	60 578
Beschäftigte im Gazastreifen	83 100	65 168
Öffentlicher Sektor	13 700	18 664
Transport und Verkehr	12 600	3 740
Handel und Nahrungsmittel	16 400	9 472
Baugewerbe	15 100	16 048
Industrie	9 900	5 596
Landwirtschaft	15 400	11 648
Insgesamt	136 290	146 959

Die Tabelle zeigt eine beträchtliche und vorhersehbare Zunahme der Arbeitnehmer im öffentlichen Sektor, aber im privaten Sektor sah die Sache anders aus: Es waren nicht nur keine neuen Arbeitsplätze geschaffen worden, es war eine beträchtliche Abnahme der Zahl der existierenden Arbeitsplätze zu verzeichnen. Die Folgen der Abriegelungen zeigen sich direkt in den Zahlen für das Transportgewerbe und die Landwirtschaft. (Die Preise für Gemüse waren wegen des Überschusses gesunken, der sich angesammelt hatte, weil die Erzeugnisse nicht exportiert werden konnten.)

Seit Israel die folgenschwere Abriegelung von 1993 verhängt hat, hat sich ein wirtschaftlicher Zyklus herausgebildet, und seine Folgen werden im Laufe der Zeit immer schlimmer. Es fängt damit an, daß die Arbeiter ihre Arbeitsplätze in Israel nicht erreichen können. Dann stellen sie alle Käufe ein, mit Ausnahme von Nahrungsmitteln und ein paar anderen unentbehrlichen Dingen, womit sie den Einzelhändlern, den Importeuren und Fabrikanten schaden. Im ganzen Gazastreifen bleiben die Leute ihre Strom- und Wasserrechnungen schuldig, so daß die Gemeinden mit ihren schwindenden Einnahmen ihre Angestellten nur mit Verzögerung bezahlen können und das palästinensische Finanzministerium keine Steuereinnahmen hat. Die Leute hören auf, sich innerhalb des Gazastreifens zu bewegen, so daß Taxifahrer und Autowerkstätten geschädigt werden. Sie können ihre minimale Gesundheitsvorsorge und das Schulgeld für ihre Kinder nicht mehr bezahlen und müssen auf die Ersparnisse zurückgreifen, die sie eigentlich für die Ausbildung ihrer Kinder oder die Vergrößerung ihrer Häuser vorgesehen hatten. Allmählich gehen sie dazu über, billigere und weniger Nahrungsmittel zu kaufen und die Märkte nach Resten von schlechter Qualität zu durchstöbern. Obst und Fleisch sind unerschwinglich. «Obst?» fragte mein Freund Yusuf, ein Arzt aus dem Flüchtlingslager Rafah. «Obst ist wie eine Droge – man wagt es nicht einmal, daran zu denken. Wer kann schon sieben Schekel für ein Kilo Pfirsiche bezahlen?»

Die Menschen im Gazastreifen leiden schon seit langem unter weitverbreiteten Gesundheitsproblemen, die wesentlich durch den emotionalen Streß mitverursacht werden: hohem Blutdruck, Infektionen der Atemwege, Kopfschmerzen. Nach Aussage von Rabah Mohana, dem Leiter der Vereinigung der Komitees für Gesundheitsdienste, einem Netzwerk nichtstaatlicher Kliniken, die vor der *Intifada* von der DFLP und PFLP gegründet wurden, verschlimmern sich diese Gesundheitsprobleme mit jeder hermetischen Abriegelung. 60 Prozent der Kinder in Gaza leiden an Anämie, und 90 Prozent haben Würmer. Wenn man die Parasiten bekämpfen will, muß man die ganze Familie behandeln, aber wenn die Grenzen geschlossen sind, können die Familien die Medikamente nicht bezahlen.

Man muß kein Wirtschaftsfachmann oder Nachrichtendienstexperte sein, um die Kette von Schäden zu erkennen, die durch die Abriegelungen verursacht werden, und zu begreifen, welche Folgen sie auf die Dauer haben werden. Und man muß auch kein Wissenschaftler sein, um den Zusammenhang zwischen allgemeinem Elend und anderen besorgniserregenden Erscheinungen zu erkennen: Etwa 15 Prozent der Kinder unter fünf Jahren zeigen Anzeichen von Unterernährung, die sich in Untergewicht und verzögertem Wachstum äußern. Aus einer Studie der schweizerischen Organisation Terre des hommes geht hervor, daß 28 576 von schätzungsweise 188 000 Kindern unter fünf Jahren dringend eine Behandlung wegen Unterernährung benötigen. Am häufigsten tritt dieses Problem im Süden des Gazastreifens und in den Flüchtlingslagern auf, wo 20 Prozent der Kinder untergewichtig sind und 22 Prozent unter Wachstumsstörungen leiden. In Gaza-Stadt sind es 8,9 und 10,2 Prozent. Nach den Unterlagen von Terre des hommes sind 9 Prozent der Kinder dieses Alters in Ägypten und Jordanien untergewichtig. In einer gesunden, guternährten Bevölkerung sind es 2,5 Prozent.

Aus der Studie geht hervor, daß die Unterernährung nicht durch einen Mangel an Nahrungsmitteln hervorgerufen wird. «Mehr als alles andere spiegelt sie die ständig schwindende Kaufkraft wider, deren Ursache die *Intifada*, der Golfkrieg und die Abriegelungen sind. Hinzu kommen Luft- und Wasserverschmutzung, unhygienische Lebensbedingungen und eine mangelhafte Verteilung der vorhandenen Ressourcen.» Die Verwendung von verschmutztem Wasser für Milchersatz (also Babynahrung) spielt ebenfalls eine Rolle. Ferner geht aus der Studie hervor, daß im Jahr 1995 41,6 Prozent der Familien in Gaza Besitztümer verkaufen mußten, um Nahrung zu kaufen. 53,8 Prozent liehen sich Geld, um Nahrungsmittel kaufen zu können. Nur 5 Prozent besaßen Ersparnisse. Eine Veränderung der Essensgewohnheiten war bei 56 Prozent zu verzeichnen, und von diesen sagten 86,2 Prozent, daß es eine Veränderung zum Schlechteren sei. Dennoch sagten «nur» 10,3 Prozent dieser Familien aus, daß sie während der zweiten Hälfte des Jahres 1995 auf Wohlfahrtsunterstützung angewiesen gewesen seien. Diese relativ niedrige Prozentzahl ist auf das palästinensische Familiennetzwerk gegenseitiger Unterstützung zurückzuführen und spiegelt nicht die tatsächliche Ausbreitung der Armut wider.[8] In Wirklichkeit lebten im Jahr 1995 36,3 Prozent der Bevölkerung von Gaza unterhalb der Armutsgrenze ($ 650 pro Person im Jahr).*

In den verschiedenen Koordinationskomitees traten die Vertreter der Palästinenser immer wieder für den privaten Sektor ein – das sogenannte Rückgrat, den Grundstein und Motor der Wirtschaft des Gazastreifens. Ein Beamter der Weltbank sagte mir, daß es ihm den Magen umdrehe, mit ansehen zu müssen, wie die besten palästinensischen Köpfe ihre Energie und ihre Talente darauf verschwendeten, einen Antrag nach dem anderen zu stellen, statt ihre Zeit dafür zu nutzen, ein echtes Wirtschaftsprogramm mit klaren, durchführbaren Richtlinien für potentielle Investoren zu entwerfen.

▪ ▪ ▪

Auch führende palästinensische Politiker beteiligten sich an der Kritik und den Beschwörungen und drohten gelegentlich, keine israelischen Waren mehr in die Gebiete zu lassen, die der Sulta unterstanden. Aber angesichts der vollständigen Abhängigkeit der palästinensischen Wirtschaft von Israel waren das leere Drohungen. Im Endeffekt bestand eine riesige Diskrepanz zwischen den scharfen Erklärungen, die die Autonomiebehörde in regelmäßigen Abständen abgab, und ihrer Machtlosigkeit

* Nach Berichten der Vereinten Nationen lebten Ende 1997 40,4 Prozent der Menschen in Gaza und 11,1 Prozent der Bevölkerung des Westjordanlandes unterhalb der Armutsgrenze.

und Unfähigkeit, eine Änderung herbeizuführen und Methoden zu finden, die Israels Sicherheitsbedürfnis befriedigte, ohne den Gazastreifen weiter in den wirtschaftlichen Niedergang zu treiben und die ganze palästinensische Bevölkerung zu bestrafen.

Ich habe die Frage gestellt, ob Arafat, seine Minister und seine engen Berater tatsächlich ihr ganzes Gewicht und ihre Vernunft in den Verhandlungen geltend gemacht haben, um die Praxis der Abriegelungen als das zu entlarven, was sie tatsächlich ist: eine Politik, die langfristig katastrophale Folgen haben wird, durch die die erklärten Ziele der Osloer Abkommen sabotiert werden. Eines Tages, wenn die Verhandlungsunterlagen der Öffentlichkeit zugänglich gemacht werden, wird man vielleicht eine definitive Antwort auf diese Frage darin finden. Bis dahin stellen die glänzenden, übergroßen Autos vor den prächtigen neuen Apartmenthäusern in der Innenstadt von Gaza und die luxuriösen Hotels einen gewissen Anhaltspunkt dar. Diese Symbole des Reichtums haben einen Schwall von Gerüchten und Rückschlüssen über den wachsenden und sich laufend konsolidierenden Reichtum der Reichen in Gaza ausgelöst. Ihr plötzlicher, verdächtiger Aufstieg zu Vermögen und Luxus steht in scharfem Kontrast zum allgemeinen wirtschaftlichen Niedergang und ist auch nicht auf Erträge aus Firmen zurückzuführen, die irgend etwas produziert hätten.

Nachdem die palästinensische Autonomiebehörde fest im Sattel saß, trafen die Männer an ihrer Spitze augenblicklich eine ganze Serie umfangreicher monopolistischer Arrangements mit israelischen Firmen. Die ersten beiden Abkommen wurden mit der Firma Nesher getroffen, die das exklusive Recht auf den Verkauf von schwarzem Zement in allen der Autonomiebehörde unterstellten Gebieten hat, und mit Dor Energie, die das Monopol auf Benzin, Diesel, Heizöl und Gas zum Kochen und Heizen innehat. Diese Transaktionen schlossen nicht nur die israelische Konkurrenz aus und verletzten die Prinzipien des freien Marktes, zu denen die Autonomiebehörde sich bekannt hatte, sie eliminierten auch Hunderte von palästinensischen Einzelhändlern, Importeuren und Lastwagenfahrern, die diese Produkte bisher direkt in den besetzten Gebieten verkauft hatten. Auch die Verbraucher wurden geschädigt, weil die Preise stiegen, obwohl die Autonomiebehörde die Produkte zu einem Discountpreis erwarb.

Tiefgekühltes Fleisch, Mehl, Farben und Holz wurden in den Autonomiegebieten über ähnlich monopolistische Arrangements mit israelischen Firmen verkauft, und das Recht, diese Waren auf den Markt zu bringen, wurde nur an eine Handvoll palästinensischer Agenten vergeben. Alle diese gigantischen Transaktionen wurden über al-Bahar abgeschlossen, eine palästinensische Dachgesellschaft, die unmittelbar nach der Einsetzung der Autonomiebehörde gegründet wurde und in einer Grauzone, teils als privater Konzern, teils als staatlicher Betrieb, operiert. Verschiedenen glaubwürdigen Quellen zufolge sind die anonymen Besitzer von al-Bahar allesamt leitende Männer in der palästinensischen Exekutive und den verschiedenen Zweigen der Sicherheitsorganisationen, die Einfluß auf alle Aspekte der politischen Verhandlungen haben. Deshalb verfügen sie auch über VIP-Ausreisegenehmigungen, durch die sie von allen mit den Abriegelungen verbundenen Restriktionen ausgenommen sind, die andere Unternehmen lähmen.

Al-Bahar ist befugt, Tochtergesellschaften zu gründen, die alle von einem Dutzend örtlicher Geschäftsleute geleitet werden, deren Aufgabe darin besteht, die Waren im ganzen Autonomiegebiet zu verteilen. Die Firma, die mehrere dieser neuen Tochtergesellschaften eingerichtet hat, ist die Palestinian Company for Commercial Services. Der führende Kopf dieser Firma ist Arafats Wirtschaftsberater Muhammad Rashid, auch als Khalid Salaam bekannt. Dieser Mann ist Kurde, hat seit den Tagen der PLO im Libanon in verschiedenen Funktionen eng mit Arafat zusammengearbeitet und leitet das palästinensische Komitee für Wirtschaftsverhandlungen mit Israel. Er agiert mit der vollen Zustimmung und dem Segen Arafats.

Über die Einzelheiten dieser Monopole wurde in der palästinensischen Presse nichts berichtet, aber palästinensische Quellen (die nicht genannt werden wollen) diskutieren über die Geschäftspraktiken dieser Firma, die im Februar 1996 in einer Untersuchung der vierzehntägig erscheinenden Zeitschrift *Jerusalem Report* und in der israelischen Finanzzeitung *Globes* beschrieben wurden. In beiden Berichten wird Yossi Ginossar erwähnt, ein ehemaliger leitender Shabak-Mann, der als israelischer Verbindungsmann mit Khalid Salaam zusammenarbeitet. Ginossar ist leitender Manager der Amidar, einer großen israelischen staatlichen Wohnungsbaugesellschaft, und Besitzer mehrerer privater Konzerne und hat schon als politischer Verbindungsmann zwischen Rabin und Arafat fungiert. In beiden Berichten wird behauptet, daß Ginossar und Salaam für eine ganze Reihe lukrativer Geschäfte riesige Provisionen kassiert hätten. Ginossar reagierte überhaupt nicht auf die Artikel. Salaam erklärte sich zu einem Gespräch mit dem *Jerusalem Report* bereit, sagte jedoch in letzter Minute ab.

Neben vielen anderen Geschäftsverbindungen besitzt Salaams Company for Commercial Services einen beträchtlichen Anteil der Aktien der privaten palästinensischen Telefongesellschaft Paltel. Die von der Autonomiebehörde kontrollierte Firma al-Bahar besitzt 30 Prozent der Aktien von Team International, einer palästinensischen Firma, die sich mit Computerwissenschaften, industrieller Planung, Bau und Consulting befaßt, und dreißig Prozent der Aktien von Sidata, einer palästinensischen Computerfirma mit Sitz in Deutschland. Al-Bahar und Commercial Services haben also den Großteil der Computer- und Kommunikationsindustrie in den Autonomiegebieten in der Hand. Die Inhaber der höchsten Ämter in der Autonomiebehörde, meist Heimkehrer aus dem Exil und ihre Verwandten, sind Partner in diesen Firmen oder auf die eine oder andere Weise in ihre Geschäfte verwickelt.

Im Frühling 1996 befaßte sich das neue palästinensische Parlament in einer Sitzung mit der Firma al-Bahar, die gerade damit beauftragt worden war, eine Volkszählung durchzuführen. Das Parlament verlangte, daß Arafats Büro den Vertrag kündigen solle, da die Zuständigkeit für eine Volkszählung eindeutig beim palästinensischen zentralen Büro für Statistik liege. Ferner verlangte das Parlament auf die Proteste von Baufirmen und Importeuren von Baumaterialien hin das Ende des Monopols einer Tochterfirma von al-Bahar auf den Import von Kies. In beiden Fällen setzte das Parlament sich durch. Die Volkszählung wurde abgeblasen und das Kiesmonopol verhindert. Damit wurde wieder einmal bewiesen, daß das Parlament die einzige Einrichtung der palästinensischen Autonomiebehörde ist, die es wagt, Widerstand gegen unsaubere Praktiken der PLO zu leisten. Der Versuch des Parlaments, al-Bahar aufzulösen, schlug jedoch fehl. Nach dem Gesetz ist al-Bahar eine Privatfirma und deshalb von Parlamentsbeschlüssen gegen Regierungsmonopole nicht betroffen.

Neben den persönlichen Profiten aus derartigen Geschäften hat sich die Autonomiebehörde durch die Ausmerzung der Konkurrenz ein höheres Einkommen gesichert, dazu größere Kontrolle über ihren Anteil an den Gewinnen und die Möglichkeit, die Preise zu bestimmen. Die Interessen der Autonomiebehörde werden von der Preventive Security Force geschützt, dessen Beamte an den Checkpoints stehen und nicht nur die Papiere der Geschäftsleute und Lastwagenfahrer nach Verstößen gegen die Sicherheit durchforsten, sondern auch dafür sorgen, daß sie keine Waren einführen, die mit denen der Monopolgesellschaften konkurrieren. In dem Büro gibt es sogar eine Spezialeinheit mit dem Namen Economic Security, die die Waren untersucht und die Leute, die sie ins Land bringen, kontrolliert. Geschäftsleute, die Ausreisegenehmigungen beantragen oder Waren an den Frachtterminals umladen wollen, brauchen als erstes die Zustimmung der Preventive Security Force. Es stellt die Armee der Ladearbeiter ein, die an den Terminals arbeiten, und kontrolliert das zentrale Terminal für Treibstoff, wo Dor Energy die Ölprodukte für die Autonomiebehörde anliefert.

(Geschäftsleute sind zusätzlich einer ganzen Reihe von Schikanen ausgesetzt, die außerhalb der normalen Befugnisse der Ministerien liegen. So belegt zum Beispiel eine Einheit der allgemeinen Sicherheitskräfte, die nach dem Vorbild einer ähnlichen Einrichtung in Syrien organisiert ist, die Geschäftsleute im Transit mit einer willkürlichen Steuer. Die Force 17 – Arafats Leibwache – ist befugt, Geschäftsleute, die angeblich Steuern hinterzogen oder ihre israelischen Geschäftspartner betrogen haben sollen, mit Bußgeldern zu belegen. Solche Aktivitäten finden außerhalb der offiziellen Jurisdiktion der verschiedenen Ministerien statt.)

Ein erheblicher Anteil des Profits, wenn nicht sogar der gesamte Gewinn, den die palästinensische Autonomiebehörde aus diesen Transaktionen zieht, kommt niemals beim Finanzministerium an und erscheint daher auch nicht als Einnahme im Budget der Behörde. Es wird allgemein angenommen, daß ein Teil der Profite auf Bankkonten in Israel fließt und für verschiedene Zwecke vorgesehen ist, die außerhalb des Budgets liegen und die von den führenden Männern der Autonomiebehörde, Arafat an der Spitze, bestimmt werden. Ein Teil dieser Gelder dient zur Aufstockung des Budgets des Sicherheitsapparats und zur Bezahlung sowohl der registrierten Polizisten als auch der verdeckten Ermittler, deren Zahl weit größer ist, als in den offiziellen Listen angegeben wird.

Als die unabhängige palästinensische Zeitung *Al-Bilad* den Bericht des *Globes* über Monopole in arabischer Übersetzung abdruckte, wurde der Herausgeber, Asad al-Asad, drei Tage lang eingesperrt. Daraufhin schrieb der Korrespondent der Zeitung in Gaza einen eigenen Bericht, in dem der Vorwurf erhoben wurde, daß die Mitarbeiter der Preventive Security Force Bakschisch für Ausreisegenehmigungen für Lastwagenfahrer entgegennähmen. Auch er wurde eine Woche lang eingesperrt und gedrängt, seine Quellen zu verraten. Sämtliche Reporter im Gebiet der Sulta begriffen, was es geschlagen hatte: Das Thema war tabu.

Aber in Gaza gibt es keine Geheimnisse, und was die Zeitungen nicht drucken, wird von Mund zu Mund weitergegeben. Es trifft zu, daß Gesetze erlassen wurden, um private Investitionen und Unternehmen zu fördern. Es ist auch richtig, daß die Autonomiebehörde sich um Unparteilichkeit bemühte, daß sie versuchte, ihre Aktivitäten transparent und berechenbar zu gestalten, und Aufträge öffentlich ausschrieb. Dennoch haben sich zu viele Unternehmer darüber beklagt, daß sie von den staatlichen Fördermaßnahmen nichts gespürt hätten. Was noch schlimmer ist, Geschäftslizenzen sind häufig nur gegen Gebühren oder Bestechungsgelder zu haben und auch dann nur bei Anwendung von *Wasta*. Ein Mann gab zu, daß er sich an der Finanzierung eines neuen Polizeigebäudes beteiligt habe. Einem anderen wurde klargemacht, daß er einem ungenannten VIP ein Apartment schenken müsse, wenn er eine Baugenehmigung haben wolle. Ein anderer, der die versteckten Forderungen nach Bakschisch zu ignorieren versuchte, lief plötzlich gegen eine Wand von bürokratischen Hindernissen. Ein palästinensischer Unternehmer kam aus dem Ausland, um eine Geschäftsidee in die Praxis umzusetzen, und stellte fest, daß von ihm erwartet wurde, eine Partnerschaft mit einer der Monopolgesellschaften einzugehen. Es gibt keine Instanz, die befugt ist, derartigen Beschwerden nachzugehen, und so macht sich eine Mischung aus Paranoia und Gerüchten breit, durch die die tiefsitzende Entfremdung zwischen den Regierenden und dem Rest der Bevölkerung noch vertieft wird.

Das Klüngeln in der Führungsspitze der Autonomiebehörde auf allen Gebieten – Politik, Sicherheit und Wirtschaft – sollte allen bekannt vorkommen, die mit der Geschichte der jüdischen Siedlungen in Palästina vor 1948 vertraut sind und über die Jahre Bescheid wissen, in denen die Mapai an der Macht war. Aber das System, das sich in den palästinensischen Autonomiegebieten entwickelt hat, hat zudem die einmalige Eigenschaft, daß es von der israelischen Abriegelungspolitik profitiert. Durch das Sperren der Grenzen des Gazastreifens wurde die rasche Entwicklung von Monopolen erst möglich, denn Voraussetzung dafür war eine umfassende Kontrolle der Grenzen und der Menschen, die innerhalb dieser Grenzen leben. Die fast vollständige Abhängigkeit des Gazastreifens von israelischen Importen und die erzwungene Zustimmung der Palästinenser zur Zollunion, zusammen mit dem geringen Steueraufkommen, lieferte zunächst die Rechtfertigung für die Unterzeichnung umfassender Abkommen, durch die die Kosten der Produkte an der Quelle gesenkt werden sollten. Dahinter stand der Gedankengang, daß die Autonomiebehörde, statt sich auf Steuereinnahmen aus der Produktion zu verlassen – die entgegen aller Voraussagen ständig sanken –, ihr Einkommen aus Importen vergrößern könne – jedenfalls theoretisch – und auf diese Weise sehr schnell auf eigenen Füßen stehen könne, wie die Geberländer es verlangten.

Die Kaste der Geschäftsleute in Gaza, die wie mit einer Nabelschnur mit Israel verbunden war, war lange Zeit in den Genuß von Privilegien gekommen, die ihr von der israelischen Militärregierung eingeräumt worden waren. Aber sie hatte in der palästinensischen Gesellschaft keine politische Rolle gespielt. Nach Aussage des Wirtschaftsexperten Salah abd al-Shafi wurde diese einst privilegierte Kaste inzwischen durch Leute ersetzt, die sehr wohl eine politische Rolle spielen. Und doch haben viele der palästinensischen Politiker, die in ihren Sitzungen mit den israelischen Unterhändlern eigentlich gegen die Abriegelungspolitik ankämpfen sollten, gelernt, aus dieser Politik Profite zu schlagen und sie für ihren persönlichen Vorteil und zur Bereicherung ihres unmittelbaren Zirkels auszunutzen. Es kann kein Zweifel daran bestehen, daß durch diesen Interessenkonflikt die Fähigkeit, die Eignung und vielleicht sogar der Wunsch der Politiker, vernünftige Alternativen für die Abriegelungen vorzuschlagen, außerordentlich gemindert wurden, obwohl diese Abriegelungen die Wirtschaft des Gazastreifens systematisch zerstören und die Handlungsfreiheit jedes Geschäftsmanns abwürgen.

Die Weltbank, der Internationale Währungsfonds und die Geberländer waren die ersten, die auf die monopolistischen Praktiken im Gazastreifen und ihre Drahtzieher aufmerksam wurden, aber sie haben niemals versucht, wirkungsvolle Sanktionen zu verhängen, um diese Praktiken einzudämmen, obwohl sie ihrer eigenen Forderung nach Wettbewerb und freiem Markt widersprechen. Gleichzeitig wissen alle ausländischen Beobachter um die Abriegelungspolitik und ihre Konsequenzen und haben Israel mehr als einmal vor dem Schaden für die Wirtschaft, das Sozialgefüge und die allgemeine Gesundheit des Gazastreifens gewarnt. Sie alle haben sogar ihre Sorge zum Ausdruck gebracht, daß ihre Spenden im Endeffekt dazu dienen würden, die Abriegelungen zu subventionieren. Trotz ihrer Kritik an den Monopolen und den Geschäften der Autonomiebehörde wissen sie also sehr wohl, daß diese Praktiken nicht der einzige Grund für den wirtschaftlichen Niedergang im Gazastreifen sind.

Im privaten Gespräch stellen die ausländischen Repräsentanten Israels Sicherheitsbedürfnisse nicht in Frage, aber sie bezweifeln, daß die Abriegelung des Gazastreifens mit all den damit verbundenen Restriktionen ihre Begründung ausschließlich in Sicherheitserwägungen haben. Alles, was sich im privaten Sektor getan hat, hat genau das Gegenteil der erwarteten wirtschaftlichen Erholung bewirkt: den Verlust der Märkte im Westjordanland an israelische Firmen, die Ausschaltung ihrer palästinensischen Konkurrenz, das Verschwinden jeden Anreizes für neue Investitionen, Fabriken, die die Termine ihrer Kunden nicht einhalten können, eingeschränkte Chancen für Unternehmer, ein stagnierender Bargeldfluß, der Verbrauch aller Ersparnisse.

Der Internationale Währungsfonds, die Weltbank und die ausländischen Beobachter erkennen alle vollkommen klar, daß ein ruinöses politisches System, in dem die Autonomiebehörde und die palästinensischen Geschäftsleute keinerlei Kontrolle über die Bedingungen haben, unter denen sie arbeiten sollen, jede nationale Strategie unterminieren muß. Kein Wirtschaftsplan kann einem Fabrikbesitzer helfen, wenn es ihm unmöglich ist, seine Aufträge rechtzeitig zu erfüllen, wenn er seine Transportkosten nicht niedrig halten kann, wenn er mit seinen Geschäftspartnern im Westjordanland nicht zusammenkommen darf, wenn er für seine Lastwagenfahrer keine Ausreisegenehmigung bekommt und nicht garantieren kann, daß seine Sendung Orangen auch dann rechtzeitig im Hafen ankommen wird, wenn seine Militäreskorte abgeblasen worden ist.

13 Ein Volk in Waffen

Das Gerücht verbreitete sich in Gaza wie ein Lauffeuer. Der erste, der mir davon erzählte, war ein Angehöriger der Hamas, und so nahm ich die Sache nicht allzu ernst: Es wurde behauptet, daß jeder palästinensische Polizist, der die Polizei verlassen wolle, um in Israel zu arbeiten, von der Autonomiebehörde mit vier Jahren Gefängnis bestraft werden würde. Das Gerücht kam während der ersten Woche nach der Wahl Benjamin Netanyahus im Mai 1996 auf und beruhte darauf, daß die palästinensische Autonomiebehörde, wie jedermann in Gaza, davon überzeugt war, daß Netanyahu, der Leiter der Likud-Partei, die Politik der Arbeitspartei revidieren und wieder eine große Zahl von Arbeitern in Israel zulassen würde. Durch die Abriegelung des Gazastreifens und des Westjordanlandes wurden praktisch die Grenzen von 1967 wiederhergestellt und die besetzten Gebiete von Israel abgetrennt. Die Likud-Partei war strikt gegen jede territoriale Trennung, und deshalb erwartete man von ihr, daß sie die palästinensischen Arbeitskräfte wenigstens teilweise wieder in die israelische Wirtschaft integrieren würde. Hoffnung lag in der Luft. Junge Männer begannen, von den israelischen Baustellen zu reden, die auf sie warteten. Andere nahmen Verbindung zu ihren früheren Arbeitgebern auf und baten sie, Anträge auf Einstellung ihrer ehemaligen Arbeiter einzureichen. Die Männer mittleren Alters seufzten erleichtert auf. Nun würden ihre Söhne und jüngeren Brüder endlich wieder mithelfen, die Familie zu ernähren. Die Kinder redeten aufgeregt von den neuen Kleidern und Büchern, die sie für das kommende Schuljahr bekommen würden.

Ein anderes Gerücht besagte, daß Yassir Arafat ein persönliches Memorandum an alle hochrangigen Sicherheitsleute gesandt habe, in dem er sie aufforderte, einen Massenexodus aus der Polizei zu verhindern. Aber drei Monate nach der Wahl Netanyahus war die Abriegelung immer noch in Kraft, und die Polizisten hatten ihre Uniformen nicht gegen Schaufeln und Baumscheren vertauscht. Arafats angeblicher Befehl wurde niemals auf die Probe gestellt, aber er verdeutlichte eine soziologische Wahrheit, die jedermann im Gazastreifen klar durchschaute: Die gigantische Aufblähung der palästinensischen Polizei und des Sicherheitsapparats war eine unmittelbare Folge der chronischen Arbeitslosigkeit in Gaza.

Immer wieder begegne ich Leuten, die ich von früher kenne – Fatah-Kämpfer, Männer, die aus dem Exil zurückgekehrt sind, junge Häftlinge, die gerade entlassen worden sind – und die auf einmal eine Uniform tragen. Einer regelt den Verkehr, ein anderer ist Chauffeur eines hochrangigen Polizeioffiziers, ein dritter begleitet einen Geldtransport, und wieder ein anderer steht mit einer Kalaschnikow Wache vor dem Arbeitsministerium. Dem Wachmann vor dem Ministerium begegnete ich kurz vor den palästinensischen Wahlen im Januar 1996. Wir sprachen über den Wahlkampf, über Tel Aviv, über Arafat und über Samiha Khalil, die Frau, die gegen ihn antrat. Der Wachmann ließ keinen Zweifel an seiner Loyalität gegenüber Arafat aufkommen. Aber als wir auf die Abriegelung zu sprechen kamen, überraschte er mich. «Wenn sie Fünfundzwanzigjährige wieder zur Arbeit gehen lassen, trete ich aus der Polizei aus», vertraute er mir an.

Hoffnung hat ihre eigenen Gesetze. In jeder politischen Wendung, in jedem Ereignis sahen die Menschen in Gaza einen logischen Grund, die Abriegelung aufzuheben. Jedermann war überzeugt, daß die palästinensischen Wahlen eine stabilisierende Wirkung auf den Gazastreifen haben würden und daß es dann mehr Arbeitsgenehmigungen geben würde. Hinzu kamen die wenig begründeten Interpretationen der Absichten Netanyahus. Und mit jeder neuen Enttäuschung wurde die Bedeutung der Polizei als Verdienstmöglichkeit für die Menschen noch größer. Ich erinnere mich an einen heißen Sommerabend mit meinen Freunden im Flüchtlingslager Shabura. Wie es ihre Gewohnheit war, trugen sie Stühle hinaus auf die sandige Straße, setzten sich zwischen den Blechzaun und die Betonwand und stellten eine Teekanne auf den Holzkohlengrill. Das Feuer warf zuckende Schatten, die an den Wänden tanzten, der Ruf eines Muezzin erklang in der Ferne, dann der eines zweiten in der Nähe. Ein paar Kinder baten um Erlaubnis, sich zu uns setzen zu dürfen, und die Erwachsenen gaben ihnen Aufträge – noch etwas Tee herauszubringen, Wasser zu holen, zum Kiosk zu laufen und ein Päckchen Zigaretten zu kaufen. Gelangweilte Jugendliche schlenderten zwischen den Häusern herum, und vom anderen Ende der Straße war das Klappern von Würfeln auf einem hölzernen Backgammon-Brett zu hören. Die Frau eines Onkels, die die Kühnheit besaß, sich zu den Männern zu setzen (ich zählte nicht), gesellte sich mit ihrem achtzehnjährigen Sohn zu uns, setzte sich auf einen der Stühle und streckte die Hand nach einem Glas Tee aus. «Sehen Sie ihn an», sagte sie zu mir und deutete mit dem Finger auf ihren Sohn, um sicherzugehen, daß mir auch klar war, von wem sie sprach.

«Was meinen Sie, besteht die Möglichkeit, daß er in Israel arbeiten kann? Er ist mit der Schule fertig. Er braucht Arbeit. So hat das keinen Sinn.» Heute ist dieser Sohn Polizist.

Gemäß dem Kairoer Abkommen vom Mai 1994 sollte die Polizei in Gaza und Jericho aus vier Sicherheitsabteilungen mit 9000 Mann bestehen, von denen 7000 Mitglieder der PLO sein sollten, die aus dem Exil in die besetzten Gebiete zurückkehrten. Im Artikel 9 des Abkommens heißt es: «Die palästinensische Autonomiebehörde soll eine starke Polizeitruppe aufstellen. Außer der in diesem Artikel genannten palästinensischen Polizeitruppe und dem israelischen Militär soll im Gazastreifen und in Jericho keine bewaffnete Truppe stehen und operieren.» Ich begriff sehr schnell, daß die Zahl 2000 für die Männer, die vor Ort angeworben werden sollten, eine flexible Größe war. Ich persönlich kannte bereits 76 neu angeworbene Polizisten, und meine Journalistenkollegen kannten 304. Die Polizei mit ihren verschiedenen Zweigen wurde bald zum wichtigsten Arbeitgeber im Gazastreifen und stellte das erfolgreichste Projekt zur Schaffung von Verdienstmöglichkeiten dar. Am Vorabend der Umgruppierung der IDF im Westjordanland Ende 1995 war die Polizei alleine (laut verschiedenen Quellen) bereits auf 21 000 Mann angeschwollen und wuchs immer noch weiter. Und auch die anderen Zweige des Sicherheitsapparats florierten.

Wie im Kairoer Abkommen vereinbart, bestehen die Sicherheitskräfte aus der Polizei, den allgemeinen Sicherheitskräften, dem Nachrichtendienst (*Mukhabarat*) und der zivilen Verteidigung. Die Küstenwache gehört zur Polizei, arbeitet jedoch als unabhängige Einheit. In der Praxis gibt es jedoch noch vier weitere Zweige: die Preventive Security Force (das unter anderem für die Checkpoints und die Einreise nach Israel zuständig ist), den militärischen Geheimdienst, die Präsidentenwache oder Force 17 und eine Sonderabteilung innerhalb der Force 17, die von manchen Leuten nach der Zahl der Männer, die ihr angehören und die früher alle von Israel gesucht wurden, Force 87 genannt wird. Man unterscheidet zwischen den allgemeinen Sicherheitskräften und der Grenzpolizei, obwohl beide zusammen gewöhnlich einfach nur als «die Armee» bezeichnet werden. Jeder Zweig der Sicherheitskräfte hat seine eigenen Gefängnisse – 1996 waren es im kleinen Gazastreifen allein bereits vierundzwanzig –, seine eigenen Vernehmer und seinen eigenen Corpsgeist, und niemand in Gaza ist vor immer neuen Verhaftungen durch die verschiedenen Zweige des Sicherheitsapparats sicher. Wie Kritiker der Autonomiebehörde sehr bald feststellten, kommt in Gaza auf fünfzig Einwohner ein Polizist.

Seltsamerweise hat Israel gegen diese offene Verletzung des Kairoer Abkommens nicht protestiert. Muhammad Dahlan, der Leiter der Preventive Security Force, war bei Verhandlungen mit Israel über die Koordination von Sicherheitsmaßnahmen sogar ein sehr gesuchter Gesprächspartner. Schließlich erhielt die Verletzung des Artikels 9 sogar offiziell Israels Segen: Nach dem Taba-Abkommen von 1995 sollten 30 000 Polizisten im Westjordanland und im Gazastreifen stationiert werden, und die Zahl der Zweige der Sicherheitskräfte wurde auf sechs erhöht. Im Sommer 1996 dienten rund 40 000 Mann in den verschiedenen Zweigen des Sicherheitsapparats.

Während der ersten fünf Monate nach Einsetzung der Autonomiebehörde war das Wort «Polizist» ein Synonym für die Männer, die aus dem Ausland zurückgekehrt waren. Im Kairoer Abkommen wurde davon ausgegangen, daß die Heimkehrer, die in die Polizei eintreten wollten, ihre Frauen und Kinder mitbringen würden. Deshalb wurde das Zugeständnis, daß 7000 Polizisten aus dem Exil heimkehren durften, als so etwas Ähnliches wie das Recht der palästinensischen Flüchtlinge auf Rückkehr in ihre Heimat betrachtet – eine Art heiliger Gral für alle Palästinenser, dessen Regelung auf die Verhandlungen über den endgültigen Status der Palästinensergebiete verschoben wurde. Jubelnde Menschen begrüßten die vielen verwirrten und erschöpften Männer, die aus dem Jemen, Libyen und Ägypten eintrafen und in die gerade erst verlassenen Gebäude der IDF einzogen. «Sie haben absichtlich ältere Männer ausgewählt, die ihre Familien mitbringen würden», sagte mir ein Polizeianwärter aus Beit Lahia. «Die Planung war, daß sie später für unsere jungen Männer aus Gaza Platz machen sollten.» Dennoch gab es auch einige junge Heimkehrer, die meistens sehr verloren aussahen. So lange, bis im ganzen Gazastreifen Dutzende von einfachen Behausungen errichtet worden waren, wurden sie in Zelten und einigen öffentlichen Gebäuden untergebracht. Einige schliefen auch unter freiem Himmel. Im Überschwang der nationalen Freude drängten sich Hunderte von Menschen, um sie zu besuchen, ihnen Essen zu bringen und ihre Sorge um die Obdachlosen zum Ausdruck zu bringen. Und sechs Monate nach ihrer Rückkehr sorgte ein Schußwechsel, bei dem drei der Heimkehrer von der IDF getötet wurden, für eine starke Bindung zwischen den Polizisten und der Bevölkerung in Gaza. Der Zwischenfall wurde bis heute nicht geklärt. Die IDF behauptete, daß eine israelische Patrouille beschossen worden sei. Die palästinensische Polizei bestritt dies und erklärte, daß die Soldaten der IDF, selbst wenn ihre Darstellung zuträfe, kein Recht gehabt hätten, in das Autonomiegebiet einzudringen und auf die örtliche Polizei zu schießen. Nach dem tödlichen Zwischenfall erklärten einige Männer der Grenzpolizei noch unter Schock: «Es war ein schwarzer Tag, an dem wir in den Gazastreifen zurückgekehrt sind.»

Nach einiger Zeit machte sich sowohl bei den Heimkehrern als auch bei den Menschen in Gaza Ernüchterung breit. Im Anschluß an die Brot-*Intifada* im Juli 1994, bei der die Arbeiter am Erez-Checkpoint ihrer Wut Luft gemacht hatten, wurde der palästinensischen Polizei die Aufgabe übertragen, die Arbeiter auf dem Weg zum Checkpoint an einer Reihe von Straßensperren auszusieben, die kurz vor der Grenze errichtet wurden. Die am Checkpoint stationierten israelischen Soldaten hatten zugegeben, wie schwer es für sie sei, den Bitten der Arbeiter zu widerstehen, die versuchten, den Gazastreifen ohne Ausreisegenehmigung zu verlassen. Die logistische Lösung Israels für dieses Problèm bestand nicht etwa darin, die Zahl der Arbeiter zu erhöhen, die die Grenze passieren durften, sondern den israelischen Soldaten die unangenehme Aufgabe zu ersparen, die Männer ohne Genehmigung auszusieben, und sie statt dessen der palästinensischen Polizei zu übertragen. Zusätzlich zu den neuen Straßensperren wurden Einheiten der Grenzpolizei (die vorwiegend aus Heimkehrern aus Libyen bestand) am Nordende des Gazastreifens eingesetzt. Dort sollten sie die Orangenhaine von Beit Hanun überwachen, wo die Leute mit Leitern über die Steinmauer kletterten (bis ein elektrischer Zaun installiert wurde) oder Esel mitbrachten, von deren Rücken aus sie in der Hoffnung auf Arbeit nach Israel sprangen.

Bald begannen die Arbeiter in Rafah bitterböse Witze über die «sieben» palästinensischen Stationen zu reißen, die sie durchlaufen mußten, bevor sie am israelischen Checkpoint ankamen, und über die «Ausländer», die an diesen Stationen Dienst taten. «Es ist immer noch dunkel, wenn ich zum letzten palästinensischen Checkpoint komme, wo sie die Papiere sehr sorgfältig anschauen», erzählte mir A. «Manchmal stellen sie jemanden aus Ägypten oder dem Jemen dorthin, der schwarz ist wie die Nacht und keinen einzigen hebräischen Buchstaben lesen kann. Der leuchtet dann meine Arbeitsgenehmigung mit der Taschenlampe an und hält sie verkehrt herum. Und so ein Mann soll feststellen, ob sie eine Fälschung ist oder nicht. Und dann gehen wir zum israelischen Checkpoint, wo ein Neueinwanderer aus Äthiopien steht, der ebenfalls schwarz ist wie die Nacht und meine Arbeitsgenehmigung eine halbe Stunde lang anstarrt, weil er auch kein Hebräisch lesen kann. Er schaut erst das Foto an und dann mich, und ich fühle mich wie der schlimmste Verbrecher der Welt.» Einmal erschien Muhammad Dahlan persönlich in Erez, um sich ein Bild von der Prozedur zu machen, und ein äthiopischer Soldat fragte nach seinen Papieren. Der Soldat war nicht damit zufrieden, erzählte Dahlan, und er mußte nach einem höheren israelischen Offizier rufen, der dem Neueinwanderer erklärte, wer er war. «Warum steckt ihr sie nicht eine Zeitlang ins Gefängnis?» schlug Dahlan vor. «Dann würden sie genauso Hebräisch lernen wie wir.»

Es dauerte nicht lange, bis überall im Gazastreifen Lastwagen herumfuhren, auf denen uniformierte Männer mit grimmigen Gesichtern um die Maschinengewehre herumsaßen, die mit aufwärts gerichtetem Lauf auf der Ladefläche verschraubt waren. Das trug den Neuankömmlingen einen Spitznahmen ein: «Sieh mal, da kommen die Araber», sagte ein Freund zu mir, als ein LKW der Polizei vorbeifuhr. (Nichtsdestoweniger lud der gleiche Freund mich in sein Haus ein, um einen geliebten, frisch heimgekehrten Onkel kennenzulernen, der inzwischen ein hochrangiger Offizier der Preventive Security Force ist.) Ein anderer Freund sprach voller Nostalgie von seiner Zeit bei der israelischen Polizei, der er angehört hatte, bis die *Intifada* ausbrach und alle palästinensischen Polizisten den Dienst quittierten. «Damals dauerte eine Inspektion höchstens fünfzehn Minuten», meinte er ironisch. «Jetzt, mit all den Kommandeuren aus den arabischen Staaten, müssen wir stundenlang in Habachtstellung stehen.»

Als Hani Aabed vom Islamischen Jihad, der 1994 bei einem Attentat ums Leben kam, aus einem palästinensischen Gefängnis entlassen wurde, fragte ich ihn, ob er verlangt habe, mit seinem Rechtsanwalt reden zu dürfen. «Auf die Idee bin ich überhaupt nicht gekommen», antwortete er. Er hatte auch nicht verlangt, seinen Haftbefehl sehen zu dürfen. «Ich kenne die Araber», erklärte er mir. Sein Kommentar war keineswegs rassistisch. Er bezog sich lediglich auf den in den Nachbarländern üblichen Regierungsstil und die Art, wie die Polizei dort aufzutreten pflegt.

In den Menschen in Gaza ist das Bewußtsein tief verwurzelt, in einem großen muslimischen Raum zu leben, in dem wir alle, Israelis und Araber, zu Hause sind, und dieses Zusammengehörigkeitsgefühl entwickelte sich keineswegs erst mit der Heimkehr der «Brüder aus dem Exil». Ich machte mit dieser fast greifbaren Verbindung zur großen muslimischen Welt unter ausgesprochen poetischen, geradezu romantischen Umständen Bekanntschaft. Es war im Jahr 1993, als die IDF noch durch die Straßen von Gaza patrouillierte und die nächtliche Ausgangssperre noch in Kraft war. Ich war von Freunden in Rafah eingeladen worden, das Id al-Fitr, den Feiertag zum Abschluß des Ramadan, mit ihnen zu begehen, aber sie konnten mir nicht genau sagen, wann das dreitägige Fest beginnen würde. Das Datum, so wurde ich belehrt, hängt von dem Augenblick ab, in dem der neue Mond erstmalig am Himmel über der islamischen Welt gesehen wird. Die erste Person, die den neuen Mond bei Sonnenuntergang entdeckt, gibt diese Nachricht unter Eid an den örtlichen Kadi oder islamischen Richter weiter, der sie seinerseits der religiösen Hierarchie meldet. Theoretisch, erklärten mir meine Freunde, die über eine Karte gebeugt standen, genügt es, wenn ein kleines Kind, das am Strand von Gaza steht, den neuen Mond entdeckt, damit die Nachricht sich augenblicklich in der gesamten islamischen Welt verbreitet. Meine Freunde erzählten, wie sie in ihrer Jugend zum Strand gegangen waren und gemeinsam nach dem neuen Mond Ausschau gehalten hatten.

Jetzt, während der *Intifada*, konnten die Kinder nicht mehr in der Abenddämmerung am Strand herumlaufen. Statt dessen hörten meine Freunde die Radiosender von Kairo, Amman, Jerusalem und sogar Saudi-Arabien ab, um zu erfahren, ob und wo der Mond gesehen worden sei. In dem winzigen Raum konnte man das tröstliche Gefühl der Zugehörigkeit, das in dieser Demonstration islamischer Einheit zum Ausdruck kam, fast mit Händen greifen.

Manchmal wird der Mond in einem Land gesehen, in einem anderen jedoch nicht – und das kann politische Gründe haben und muß nicht auf einen bewölkten Himmel zurückzuführen sein. In Rafah haben die Menschen sich entschieden, sich nach Ägypten und seinen Imamen zu richten, während die Gläubigen in Gaza-Stadt sich dem Westjordanland anschließen, das sich seinerseits nach Jordanien richtet. 1993 verkündeten die Imame von Gaza den neuen Mond gleichzeitig mit Saudi-Arabien, während die Gläubigen im Westjordanland sich nach dem staatlichen israelischen Rundfunk und Jordanien richteten und noch einen Tag länger warteten, bis sie es dem Rest der islamischen Welt gleichtaten und das Fasten brachen.

Arbeit in den Golfstaaten, ein Studium in Ägypten, Libyen oder dem Irak, Verwandte in Jordanien, importierte Bücher aus dem Libanon und Syrien, die gemeinsamen islamischen Feiertage – all dies weitete die Grenzen des Gazastreifens und pflanzte eine breitere, kulturelle und begriffliche Landkarte in das Bewußtsein der Menschen, eine islamische Landkarte, die zu den drei anderen hinzukam, die in das Gemüt der Palästinenser eingegraben sind: Die erste ist die Karte Palästinas vor 1948, das verlorene Paradies, das bis zum heutigen Tag eine Quelle der Passivität und der Unzufriedenheit ist. Die zweite ist die Karte des erweiterten Israel, der jüdischen Oberhoheit, in der Arroganz und staatlich sanktionierte Diskriminierung der Palästinenser zur Quelle der Frustration und Auflehnung geworden sind. Die dritte Karte im Bewußtsein der Palästinenser ist ein verbessertes und idealisiertes Bild des Staates Israel als Beispiel einer offenen Gesellschaft, in der Diskussionen möglich sind und die in der Lage ist, nötigenfalls ihre eigenen Mythen in Frage zu stellen, in der Individuum und Gesellschaft jederzeit bereit sind, sich mit der Obrigkeit auseinanderzusetzen. Aber für alle, die die Auffassung vertreten, daß die Palästinenser in den besetzten Gebieten durch den Kontakt mit den Israelis mit der Funktion einer Demokratie Bekanntschaft gemacht haben, ist die Wahrheit komplexer. Im gleichen Maß, wie ihr Selbstbewußtsein wuchs, lernten die Palästinenser, die von Großisrael ausgeübte Unterdrückung an den innerhalb des demokratischen Staates Israel geltenden Standards zu messen. Die Übernahme demokratischer Werte sowohl in ihrem Kampf um Rede- und Pressefreiheit, Demonstrationsrecht, Versammlungsfreiheit und das Recht, politische Vereinigungen zu gründen, als auch in ihrem nationalen Kampf ist niemals eine einfache Nachahmung des israelischen Vorbilds gewesen. Sie beinhaltete im Gegenteil eine schonungslose, kritische Überprüfung der antidemokratischen Aspekte Israels. Die Palästinenser haben die Spannungen und Widersprüche zwischen den Gesetzen und Prinzipien, die für die Staatsbürger Israels gelten, insbesondere für die jüdischen Staatsbürger, und denen, die auf die palästinensischen Untertanen der israelischen Besatzungsmacht angewendet werden, aus erster Hand kennengelernt. Dadurch haben die Palästinenser die Israelis jedoch gezwungen, diese Widersprüche ebenfalls zur Kenntnis zu nehmen.

Als sie ihre Selbstverwaltung aufbauten, konnten sich die Menschen in Gaza jedenfalls an einer Vielfalt von Regierungsformen und Beispielen für die Beziehung zwischen Regierung und Regierten orientieren, und sie lehnten das «arabische Model» eines autoritären Regimes ab. Gleichzeitig ging man in Gaza davon aus, daß Yassir Arafat und seine führenden Männer versuchen würden, ein Regime im «arabischen Stil» einzuführen, denn das war die einzige Regierungsform, die sie im Exil in den arabischen Ländern kennengelernt hatten und die ihnen selbst in den Jahren als Modell gedient hatte, in denen sie die palästinensischen Enklaven im Ausland, besonders die im Libanon, beherrscht hatten.

«Das Flüchtlingsproblem werden sie dadurch lösen», witzelte ein Freund aus einem Flüchtlingslager zwei Monate vor Beginn der palästinensischen Selbstverwaltung, «daß sie uns alle in sehr großen Gebäuden aufbewahren. Sie werden den ganzen Gazastreifen mit großen Gebäuden zupflastern und kein grünes Fleckchen übriglassen. Dann werden sie vor jede Haustür einen Polizisten stellen, der alle beobachtet und jeden Schritt meldet, den wir tun», fuhr er fort. «Und alle ihre anderen Probleme werden sie auf die gleiche Weise lösen.» Er hatte die Vision eines Gazastreifens vor Augen, in dem unzählige Polizisten und ihre Spione alles kontrollierten.

Im Mai 1994 forderte M., ein ebenso schlauer Flüchtling, mich auf, mich allmählich an ein neues Wort zu gewöhnen: *Waziz* oder Spitzel. «Dieses Wort werden Sie jetzt ständig hören. Der *Waziz* ist der Mann, der an der Straßenecke steht und so tut, als ob er die Zeitung liest, und sich dabei einbildet, wir wüßten nicht, daß er dazu da ist, alles zu melden, was wir tun und lassen.» Zwei Jahre später fragte ich Z., ein kritisch denkendes Mitglied der Fatah, ob es in der Polizei *Wazizin* gebe. «Aber nein», antwortete er. «Die *Wazizin* gehören nicht zur Polizei. In jedem Haushalt, jeder Familie finden Sie einen von ihnen.» Nach einiger Zeit wußten die Leute, welcher *Waziz* zu welchem Sicherheitsbüro gehörte, und lernten, sie in den Krankenhäusern, den Schulen, Universitäten und Moscheen zu identifizieren.

Einmal sagte mir N., ein Volksfront-Mann und ehemaliger Häftling: «Ich sehe, wie eure Ultrarechten gegen die Abkommen demonstrieren, und ich weiß genau, daß wir niemals so werden demonstrieren dürfen. Wir haben immer gewußt», fuhr er fort, «daß es für die IDF eine rote Linie gab, die sie nicht überschreiten würde. Die Regierenden in den arabischen Ländern haben keine solche rote Linie. Assad hat zwanzigtausend Leute umgebracht, ohne auch nur mit der Wimper zu zucken.» In der Anfangszeit, als man noch nicht so genau wußte, welche Teile der Polizei reden und was sie sagen durften, erklärte sich ein hochrangiger Polizeioffizier, ein Freund von N., bereit, mit mir zu reden. Einige Wochen später begegnete ich ihm in der Stadt. Er trug seine Uniform einschließlich Mütze und Revolver. Sehr laut und so, daß alle Passanten es hören konnten, spielte er die Rolle des unnachgiebigen Beamten: «Genug davon, es reicht. Gehen Sie! Machen Sie, daß Sie hier wegkommen! Jetzt ist Schluß damit, daß die Presse überall herumläuft und schreibt, was sie will.»

Leider erwies sich sein Theater nur allzubald als prophetisch. In einem, nachträglich gesehen, bemerkenswert wohlkalkulierten Prozeß wurde die Pressefreiheit Schritt für Schritt beschnitten. Zuerst wurde *Al-Nahar*, einem projordanischen Blatt, die Lizenz entzogen. Dann wurde der Herausgeber der *Falastin*, einer neuen Wochenzeitschrift, eine Woche lang in Luxushaft genommen, und das Blatt mußte sein Erscheinen einstellen. Selbst die Tatsache, daß der Mann auch für eine ausländische Nachrichtenagentur arbeitete, konnte ihn nicht vor der Verhaftung bewahren, als er in seinem Büro ein Flugblatt der Hamas erhielt. Als nächstes wurde der Verkauf der *Al-Nahar* und der Ostjerusalemer Tageszeitung *Al-Quds* unterbunden, weil sie die Zahl der Teilnehmer an Massenversammlungen der Hamas und des Jihad angeblich zu hoch eingeschätzt hatten.

Die Maßnahmen wurden immer härter. Reporter, die es wagten, kritische Stellungnahmen weiterzugeben, wurden zunehmend länger eingesperrt. (Manche Reporter veröffentlichten nach ihrer Entlassung Briefe an Arafat, in denen sie sich für ihre Freilassung bedankten.) Ein Herausgeber wurde verhaftet, weil er einen Artikel über die Monopole, die hochrangige Mitglieder der Autonomiebehörde sich gesichert hatten, aus dem Hebräischen übersetzt hatte. Ein anderer wurde verhaftet, weil er eine für Arafat schmeichelhafte Nachricht nicht auf der ersten Seite seines Blattes veröffentlicht hatte. In das Büro einer oppositionellen Zeitung in Ostjerusalem wurde eingebrochen, und die neue technische Einrichtung wurde zerstört. Ein Blatt des Islamischen Jihad wurde geschlossen, nachdem es einen Artikel über die Korruption veröffentlicht hatte. Journalisten wurden gedrängt, ihre Quellen zu verraten. Es war niemals klar, ob diese Maßnahmen von oben angeordnet oder spontan durchgeführt wurden. Wie dem auch sei, durch die wirtschaftliche Bedrohung für das Management der Zeitungen und die ständige Angst der Reporter, verhaftet zu werden, erreichte Arafat sein Ziel. Die meisten Herausgeber mochten keine Risiken mehr eingehen, und ihre Reporter vermieden es, Informationen weiterzugeben, die Kontroversen hervorrufen konnten. Sie hofften, daß prominente Persönlichkeiten, die kritische Artikel schrieben, gelegentlich die unangenehmen Tatsachen bestätigen würden, von denen die Öffentlichkeit bereits wußte, die sie jedoch nicht lesen durfte, oder daß das israelische Fernsehen Informationen bringen würde, über die die Palästinenser nichts berichten durften.

Anfangs hätte ich gerne geglaubt, daß der ausgeprägte Sinn für Selbstironie der Menschen in Gaza die Entwicklung, die sie voraussagten, im Keim ersticken würde: eine palästinensische Gesellschaft, in der der Polizeiapparat die Grenzen der Rede- und Handlungsfreiheit diktierte. Ich wurde in dieser Hoffnung durch Gespräche mit Fatah-Aktivisten bestärkt, die andeuteten, daß eine autokratische Regierungsform nicht unvermeidlich sei. Ich hoffte, daß Männer dieser Art, die die Gefahr erkannten, Einfluß auf die neue palästinensische Regierung haben würden.

Kurz vor der Ankunft Arafats in Gaza hatte ich ein Gespräch mit I. und T., die mit Spannung darauf warteten, daß die Umgruppierung der IDF durchgeführt wurde, daß die Zivilverwaltung ihre Macht abgab und Arafat seinen Platz einnahm. Aus ihren Worten waren die mir bereits vertrauten widersprüchlichen Gefühle herauszuhören: ein erhebliches Selbstwertgefühl und Kritik an ihren Rivalen – in diesem Fall den Fatah-Kommandeuren, die von «außen» kommen und die höchsten Ränge einnehmen würden –, Zuneigung zu Arafat und Bedenken gegen ihn, Zuversicht hinsichtlich der eigenen Zukunft und Verantwortungsgefühl gegenüber ihrem Volk. Als ich sie bat, sich inoffiziell zu äußern, sprachen die beiden Männer sehr offen.

«Wir waren hier die Kommandeure – wir mußten jedem eine Antwort geben, der mit Fragen kam», erklärte T. «Die Leute von draußen kennen die Situation hier nicht. Das ist, als ob mich jemand auffordern würde, nach Brasilien zu gehen und gegen das Drogenkartell zu kämpfen. Sie verschließen das eine Ohr, und das andere hört nur, was Arafat sagt. Er hat alle Fäden in der Hand. Irgendwie werden wir einen Staat aufbauen, aber es ist besser für uns, wenn dieser Staat demokratisch ist. Das haben wir im Kampf gegen die Besatzung gelernt. Die meisten Leute sind in der Fatah, und die Fatah ist die einzige Organisation, die Entscheidungen treffen kann. Deshalb weiß Arafat, daß die Abkommen keinen Erfolg haben werden, wenn er nicht eine starke Fatah hinter sich hat. Und wenn er kommt, werden wir von der Fatah ihn davon überzeugen, daß er seine Vorgehensweise ändern muß. Bisher fuhren die Leute zu ihm nach Tunis und sagten ihm nur, was er hören wollte. Wenn er nach Gaza kommt, wird er auch Dinge zu hören bekommen, die ihm nicht gefallen werden. Und er wird auch einiges selbst sehen. Jeder Fatah-Anhänger hat eine innere Stimme, die allen das gleiche sagt. Ich zum Beispiel komme aus Isdud, aber ich habe aufgehört, von Isdud zu reden. Wir haben Palästina verloren, Haifa, Akko und Safed sind dahin. Wir haben dieses miserable Abkommen akzeptiert, weil wir wollen, daß der Krieg aufhört. Unsere Kinder haben nie etwas anderes kennengelernt als Steine, Gewehrkugeln und Flugblätter. Wir wollen, daß sie ein anderes Leben bekommen. Ich sehe, wie eure Leute von der Linken, unsere alten Freunde, alle Prinzipien über Bord werfen, sowie sie an der Macht sind. Und die Leute sagen das gleiche von der Fatah, daß wir auch unsere Prinzipien für die Macht opfern werden. Aber wissen Sie, auch wenn der Thron ewig ist, die Person, die darauf sitzt, kann ersetzt werden. Die meisten Fatah-Leute wollen gar nicht in der Regierung sein. Sie wissen, daß wir eine Zeit der schmutzigen Politik vor uns haben, und damit wollen sie nichts zu tun haben. Bisher waren wir sauber. Was wir getan haben, geschah für unser Volk und nicht für uns selbst.»

Heute sind I. und T. Mitte dreißig und haben Posten im Nachrichtendienst und bei der Polizei. Inoffiziell reden sie immer noch von einem unabhängigen Staat und einer freien Gesellschaft, aber ihre Handlungsweise ist von der Sorge um die Ausbildung und das Wohlbefinden ihrer Kinder geprägt. Ihre Hoffnungen auf einen anderen Regierungsstil haben sich verflüchtigt, und ihrer Bewegung, der Fatah, ist es nicht gelungen, das herrschende System zu modifizieren. Auch wurde die Stellung der Fatah nicht durch eine verbesserte Wirtschaft und Lebensqualität gestärkt. Als Individuen ist es ihnen nicht möglich, offen einen kritischen Standpunkt zu vertreten, weil sie damit ihren Lebensunterhalt und die Zukunft ihrer Kinder, wenn nicht noch viel mehr in Gefahr bringen würden. Sie sind hilflos gegen die wachsende Macht der PLO und der hochrangigen Fatah-Leute aus dem Ausland, von denen viele augenblicklich Jobs, Wohnungen, Autos und Reisegenehmigungen für das Westjordanland und ins Ausland erhielten. Und die Haltung dieser neuen Beamten gegenüber den Menschen in Gaza ist von Vorurteil und Verachtung geprägt.

«Ich erinnere mich noch an ein hochrangiges Forum», sagte A. N. tief gekränkt. «Da sagte jemand über uns: ‹Sie sind das Ergebnis der Besatzung.› Und er meinte damit, daß mit uns nichts mehr anzufangen sei, weil wir unter der Besatzung gelebt hätten, und daß wir Verachtung verdienten.» Auch Abu Saber litt unter der Verachtung der palästinensischen Heimkehrer. «Du kannst diese Gesellschaft nur unter Kontrolle halten, indem du sie knebelst», war eine der Bemerkungen, die er sich anhören mußte. «Sie sehen unsere Karren und Esel, unsere zerstörten Städte und den Müll auf den Straßen, und das setzen sie mit unserer Kultur und unserem Denken gleich», klagte Abu Saber.

Ich glaubte ihm ohne weiteres, denn ich hatte das gleiche von den palästinensischen Neuankömmlingen gehört, besonders von solchen, die hohe Stellungen einnahmen. Eine hochrangige Persönlichkeit in der PLO, ein Mann, der allgemein für einen Intellektuellen gehalten wird, erklärte mir: «Es ist eine rückständige Gesellschaft, noch nicht reif für die Demokratie.» Ich wandte ein, daß es für ihn und seinesgleichen sehr praktisch sei, dieses verzerrte Bild von den Menschen in Gaza zu zeichnen, um damit den eigenen privilegierten Status als PLO-Führer und herrschende Kaste zu rechtfertigen. Er bezichtigte mich in herablassendem Ton, mir ein idealisiertes Bild von den Menschen in Gaza zu machen.

Hin und wieder hörte man, daß Fatah-Mitglieder in ihren Sitzungen mit Abu Amar versuchten, unangenehme Themen zur Sprache zu bringen. Ein Mann wurde zwei Tage lang unter Hausarrest gestellt, ein anderer wurde zur Ordnung gerufen, ein dritter wurde von Arafat persönlich gescholten, und ein Mann wurde vor ein «Kriegsgericht» gestellt. «Man muß den richtigen Augenblick erwischen, wenn man ihm etwas zu sagen hat, was er nicht hören will», sagten viele Fatah-Leute und versuchten, damit die Diskrepanz zwischen der offenen Kritik, die sie im privaten Kreis ungehemmt äußerten, und ihrer vorsichtigen Haltung gegenüber der Außenwelt zu erklären, ganz zu schweigen von ihrer Verteidigung von Meinungen und Verhaltensweisen, die sie eigentlich mißbilligten. All diese Männer waren mit verschiedenen Posten in den zivilen Behörden und bei der Polizei geködert worden.

Etwa zu der Zeit, zu der die Autonomiebehörde ihre Tätigkeit in Gaza aufnahm und ich mit I. und T. redete, hatte die Fatah damit begonnen, ihre Mitglieder mit Rängen zu bedenken. Die Höhe des Ranges, der einem Mitglied zugesprochen wurde, hing von seiner militärischen Laufbahn, der Länge seiner Haftstrafen und der Dauer seiner Mitgliedschaft in der Bewegung ab. Der Rang sollte in Zukunft ausschlaggebend für das Gehalt eines Fatah-Mitglieds sein, das im öffentlichen Dienst arbeitete. Gleichzeitig sahen sich die wichtigsten oppositionellen Bewegungen, die Hamas und die Volksfront, gezwungen, darüber zu entscheiden, ob es ihren Aktivisten gestattet sein sollte, einen Posten in der neuen Polizeitruppe zu bekleiden. Bald sollten Tausende von Palästinensern aus dem Ausland zurückkehren, Männer, die Arbeit und Lohn benötigten und die vermutlich wegen ihrer langen Mitgliedschaft in der Fatah bevorzugt behandelt würden. Viele Bewohner von Gaza hatten das Gefühl, daß sie die gegenwärtige Gelegenheit nicht ungenutzt lassen durften. «Wenn ihr von der Volksfront nicht sofort in die Polizei eintretet, werdet ihr in drei Monaten feststellen, daß man dort keinen Platz mehr für euch hat», hörte ich einen Mann sagen, der mit Freunden in einem sonnendurchfluteten Hof in Beit Lahia um ein Tablett mit Erdbeeren aus dem familieneigenen Treibhaus saß.

Die Fatah-Anhänger wurden angewiesen, nicht als Bewegung aufzutreten, um die von «draußen» eintreffenden Polizisten zu begrüßen. «Es handelt sich um eine Volksarmee, nicht um die Armee der Fatah. Wir können nicht zulassen, daß diese beiden Begriffe in einen Topf geworfen werden.» Aber der Eindruck der Identität entstand dennoch und setzte sich im Laufe der Zeit zunehmend fest, obwohl die Mitglieder aller zur PLO gehörigen Organisationen schließlich in die verschiedenen Zweige des Sicherheitsapparats eintraten. Und wie es bei allen offenen Geheimnissen der Fall ist, war es allgemein bekannt, daß gewisse Fatah-Leute, die eigentlich zivile Ämter bekleideten, ihr Gehalt von den Sicherheitsbehörden bezogen. Aber auch der umgekehrte Fall kam vor: Manche Leute erhielten zivile Gehälter, waren jedoch an die Polizei «ausgeliehen». Jedermann tat so, als seien diese Fälle ein ganz natürliches Phänomen, über das man kein Wort zu verlieren bräuchte.

Im Februar und März 1995 verbreitete sich in den von Arbeitslosigkeit heimgesuchten Gassen plötzlich die Nachricht von vierzehnhundert neuen Planstellen bei der Polizei für junge Fatah-Anhänger. Damals war der Gazastreifen nach einem Selbstmordattentat in Israel gerade ganz besonders hermetisch abgeriegelt. Junge Männer wurden aufgefordert, sich bei einem der Zweige des Polizeiapparats zu melden und schon einmal ein Gehalt entgegenzunehmen. Und die Arbeit? «Noch nicht, es gibt noch nichts zu tun. Ihr braucht euch nur anzumelden, dann werdet ihr bezahlt.» In den Sitzungen mit den Repräsentanten der Geberländer hatte die Autonomiebehörde jedoch versprochen, die Zahl der Planstellen im öffentlichen Sektor wegen des Defizits im Staatshaushalt einzufrieren. Dieser Widerspruch gab dem Gerücht, daß die Gelder für die «überzähligen» Polizisten aus einer unidentifizierten Quelle kämen, neue Nahrung.

Einer der Männer in jenem sonnigen Hof in Beit Lahia war ein Fatah-Mann, der einen Trainingskurs in Ägypten absolviert hatte, bevor er der Polizei beigetreten war. Er versuchte, seinen Bruder und seinen Freund S. – die beide der Volksfront angehörten – dazu zu überreden, ebenfalls zur Polizei zu gehen. Etwa um die gleiche Zeit wurde von Freunden von der Fatah ein weiteres verlockendes Angebot an S. herangetragen: an einem Kurs in Deutschland teilzunehmen, ein hochrangiger

Offizier zu werden und zum palästinensischen Nachrichtendienst zu gehen. Später würden weitere Kurse in anderen Ländern folgen. (In ganz Rafah wurden Geschichten über Jugendliche aus dem Flüchtlingslager erzählt, die strenggeheime Kurse beim CIA oder FBI in den Vereinigten Staaten absolviert haben sollten. Einer davon war über die Gassen von Rafah, über Gefängniszellen und Befragungsräume nie hinausgekommen; der zweite war ein Flüchtling, der seit vielen Monaten auf der Flucht vor der IDF war; der dritte stammte aus einer Familie, die nicht einmal genug Geld besaß, um ihren Kindern Schuhe zu kaufen.)

G. von der Volksfront und mehrere seiner Freunde waren aufgefordert worden, sich der Force 17, Arafats Präsidentenwache, anzuschließen. Die Volksfront rang sich schließlich zu dem Entschluß durch, ihren Mitgliedern zu gestatten, der zivilen Polizei und der allgemeinen Sicherheitstruppe beizutreten, nicht jedoch dem Nachrichtendienst, «der sehr eng mit den israelischen Interessen zu tun hat, die Instrumente der Unterdrückung sind», wie man mir erklärte. Aus ähnlichen Gründen durften Hamas-Anhänger sich der zivilen Polizei anschließen, obwohl einigen von ihnen die Waffen weggenommen wurden, nachdem ein Polizist, der zur Hamas gehörte, einen Anschlag in Jerusalem verübt hatte.

Die oppositionellen Organisationen konnten ihren arbeitslosen jungen Mitgliedern in den Flüchtlingslagern keine Lösungen anbieten. Sie alle waren ehemalige Häftlinge, die nun zusehen mußten, wie die jungen Leute von der Fatah Gehälter bezogen und eine Art von Zukunft vor sich hatten. Die Mitglieder erklärten, daß eine Anstellung bei der Polizei ebensowenig wie ein Verwaltungsjob in einem Ministerium der Autonomiebehörde bedeutete, daß man die Abkommen von Oslo unterstützte. «Ich kann dich gut verstehen. Wenn es um die Milch für die Kinder geht, kann kein anderes Argument Vorrang haben», sagte ein hochrangiges Mitglied der Volksfront zu G., der der Force 17 beigetreten und aus der Organisation ausgeschlossen worden war.

«Einerseits weiß ich, daß dies wohl die einzige Chance auf eine dauerhafte Anstellung und die Möglichkeit einer Beförderung und eines höheren Gehalts sein dürfte, die ich jemals erhalten werde», erklärte der dreißigjährige S., der mir seine privaten Sorgen anvertraute, die sich im wesentlichen mit den ideologischen und praktischen Bedenken seiner Organisation deckten. «Aber andererseits weiß ich auch, daß Arafat nur deshalb daran interessiert ist, daß wir seinem Apparat beitreten, weil er uns damit als Opposition allmählich zum Schweigen bringen will. Er will, daß wir die gleiche Umwandlung durchmachen wie alle anderen: daß wir uns allmählich mit dem Regime identifizieren. Und ich bin mir nicht sicher, daß wir von der Opposition die Kraft haben werden, dieser Entwicklung zu widerstehen, von der wir bereits wissen, daß sie eintreten wird.»

Auch B. ist dreißig Jahre alt, aber er hatte weniger Bedenken. Als Fatah-Mitglied und Absolvent eines Universitätsstudiums konnte er keine Anstellung als Sozialwissenschaftler finden. Deshalb betrachtete er den Vorschlag, bei den palästinensischen Sicherheitskräften zu arbeiten, als etwas ganz Natürliches. Wie B. mir erzählte, befürwortete auch seine Familie den Gedanken. Sein Vater sah darin eine Chance auf einen sicheren und dauerhaften Arbeitsplatz. Angehörige der Preventive Security Force werden überdies mit Respekt behandelt. In der Führungsspitze des Büros, meinte sein Vater, seien im Gegensatz zu den anderen Zweigen des Polizeiapparats nur «unsere eigenen Leute vertreten» – das heißt Leute aus Gaza und, was ihm am wichtigsten war, Flüchtlinge. Andere Familienmitglieder hofften, daß er nach einiger Zeit in der Lage sein würde, *Wasta* auszuüben und ihnen behilflich zu sein, die üblichen bürokratischen Hindernisse zu umgehen.

Am Ende gingen weder S. noch B. zu den Sicherheitskräften, wofür sie beide nachträglich ihrem Schicksal danken, besonders wenn sie hören, wie sich manche Leute aufführen, die glauben, sich hinter ihrer Uniform und ihrem Rang verstecken zu können. Anfangs wiegten die Menschen in Gaza sich in der Illusion, daß die Polizisten, die ja «unsere eigenen Leute» waren und selbst Vernehmungen und Gefängnis hinter sich hatten, sich unter allen Umständen an die Gesetze halten und sowohl die Häftlinge als auch die Bevölkerung im allgemeinen fair behandeln würden. Diese Hoffnung erwies sich sehr bald als falsch, und alle mußten die Erfahrung machen, daß die Rolle den Menschen formt. Im Juni 1994 verbreitete sich die schockierende Nachricht, daß ein Mann, der im Verdacht der Kollaboration mit Israel stand, unter der Folter im Vernehmungsraum gestorben sei. Seine Vernehmer kannten die israelischen Methoden. Die Presse wußte zu berichten, daß die Verantwortlichen vor Gericht gestellt werden würden, aber nach meinem besten Wissen sind zumindest einige von ihnen immer noch in ihren Stellungen. Ich mußte an etwas denken, das A., ein Menschenrechtsaktivist, mir im Dezember 1993 gesagt hatte: «Das Opfer wird zum Henker werden.»

Während sie noch in israelischen Gefängnissen saßen, hatten die palästinensischen Häftlinge über diese Möglichkeit diskutiert und über Methoden nachgedacht, mit denen man ihr entgegentreten könnte. «Wir hatten uns gegenseitig versprochen, daß wir unter keinen Umständen Vernehmer werden oder in einem Gefängnis arbeiten würden», sagten mir etliche frischentlassene Häftlinge. Aber die Wirklichkeit erwies sich als stärker. Obwohl der Tod des mutmaßlichen Kollaborateurs als «Mißgeschick» hingestellt wurde, wiederholten sich derartige «Mißgeschicke» den Gefängnissen in Gaza und dem Westjordanland immer wieder. Trotz der Versuche, diese Vorfälle als Ausnahmen hinzustellen, war es nicht zu leugnen, daß ehemalige Folteropfer sich jetzt an Vernehmungen beteiligten und eigene Methoden entwickelten, ihre Opfer zu foltern und zu demütigen.

Zunächst wurden diese Methoden gegen mutmaßliche Kollaborateure angewandt, kleine Fische, deren Schicksal Israel gleichgültig war. (Die wichtigsten Kollaborateure wurden immer nach Israel gebracht und erhielten israelische Papiere, wenn ihnen der Boden zu heiß wurde.) Bald wurden auch Mitglieder der Hamas und des Islamischen Jihad gefoltert. In den ersten drei Jahren nach Einsetzung der Autonomiebehörde starben mindestens zwanzig Männer in palästinensischen Gefängniszellen.

Junge Männer in den Zwanzigern konnten sich den Luxus der Unentschlossenheit bezüglich des Eintritts in die palästinensische Polizei zu keiner Zeit erlauben. Seit 1994 war klargeworden, daß Israel Männern ihres Alters und unverheirateten Männern niemals gestatten würde, den Gazastreifen zu verlassen. Das Mindestalter war langsam von zweiundzwanzig auf sechsundzwanzig, dann auf achtundzwanzig, dreißig und schließlich vierzig gestiegen. Zur Zeit sind etwa 9 Prozent der Männer in Gaza zwischen dreißig und vierzig.[1] Die Ausbildung vieler dieser Männer war unterbrochen worden, und alle Chancen auf ein Studium, die sie gehabt haben mochten, verflüchtigten sich mit der *Intifada*, mit geschlossenen Schulen, Ausgangssperren und Streiktagen. Als der vielzitierte wirtschaftliche Aufschwung ausblieb, verflüchtigten sich auch ihre Aussichten auf eine Anstellung im Gazastreifen. Tatsächlich begannen Handwerksbetriebe und Fabriken, ihre Tore zu schließen. Der Besitzer eines neuen Hotels schrieb elf Arbeitsplätze in der Zeitung aus. Innerhalb von sechsunddreißig Stunden meldeten sich 617 Bewerber.

Angesichts derart hoher Arbeitslosenzahlen konnte sich Arafat eine Polizeitruppe aufbauen, deren Mitglieder ihm gegenüber loyal waren und das Gefühl hatten, wegen ihres sicheren monatlichen Einkommens in seiner Schuld zu stehen. Innerhalb von kurzer Zeit verdankten zahlreiche Familien ihre (relative) Befreiung aus dem Kreislauf der Armut den Sicherheitsorganen und dem Mann, der sie lenkte. Der Schritt von persönlicher Dankbarkeit zu totaler Identifizierung mit der Regierung und vollständiger Unterwerfung unter ihre Machtinstrumente und ihre Polizei ist sehr klein. Die Jugend der meisten Rekruten war eine Garantie dafür, daß eine kurze Gewöhnungszeit genügte. Wer weiß? Es ist durchaus möglich, daß die Anwerbung so vieler junger Leute für die Polizei den kämpferischen, kritischen und skeptischen Geist der Menschen in Gaza eindämmen und jede offene Diskussion verhindern wird. Inzwischen wimmelt es überall von uniformierten jungen Männern – sie überwachen Demonstrationen und Massenveranstaltungen, bewachen nichtstaatliche Institutionen, die Eingänge der Wohnungen hoher Beamter, sie stehen vor Universitäten und Krankenhäusern und manchmal auch in der Nähe von Moscheen. Sie stehen an jeder Straßensperre – und man kann nicht sagen, ob sie dort den Verkehr regeln oder über das Kommen und Gehen der Leute berichten sollen. Aber wenigstens bringen sie jeden Monat 264 Dollar nach Hause und können daran denken zu heiraten.

Und sie fühlen sich auch noch wichtig, wie die beiden Polizisten in Zivil bewiesen, die kaum alt genug waren, um sich zu rasieren, und die unbedingt meine Papiere sehen wollten, als ich mich an der Uferstraße ahnungslos zu einem Mann stellte, der Trauben verkaufte. In den ersten Monaten nach dem Mai 1994 war es in Gaza eine kitzlige Angelegenheit, jemandem zu befehlen «Zeigen Sie mir Ihren Ausweis.» Die Leute hatten lange davon geträumt, ihre Ausweise zu Hause lassen zu können, was niemals möglich gewesen war, solange die israelische Armee durch die Straßen patrouillierte. Die Vorstellung, ohne Ausweis ausgehen zu können, war für viele eine Art Symbol der Freiheit, aber der Wunschtraum verflüchtigte sich augenblicklich, als Gläubige auf dem Weg zum Morgengebet in der Moschee verhaftet wurden, weil sie ihre Ausweise nicht dabeihatten.

Ich selbst vergesse meine Papiere nie, und es wäre die einfachste Sache der Welt für mich gewesen, sie den jungen Polizisten vorzuweisen. Aber sie hatten an einen Nerv gerührt. Erstens hatte ich nichts getan, was sie dazu berechtigte, mich anzuhalten. Und woher sollte ich zweitens wissen, daß sie das Recht hatten, meine Papiere zu überprüfen? Mein Zorn macht deutlich, wie sehr ich mich an die Gewohnheiten der Bewohner von Gaza angepaßt hatte. «Zeigt mir erst einmal *eure* Ausweise», entgegnete ich und wußte dabei, daß zumindest ein Teil meiner palästinensischen Freunde ebenso reagiert hätte. Mein Ärger verflog, als ich die Verwirrung in den Gesichtern der jungen Männer sah, und mir wurde klar, daß es für sie ein Symbol der Freiheit war, das Recht zu haben, andere Leute nach ihren Ausweisen zu fragen. Das erste, was diese jungen Männer gesehen und gehört hatten, waren Uniformen und Gewehrschüsse gewesen. Seit sie sprechen konnten, hatten sie mit angesehen, wie Soldaten ihre Eltern anhielten und sie aufforderten, ihre Papiere vorzuweisen.

Mein Freund H. S. sieht die Angelegenheit weniger versöhnlich. «Es ist schwer, die Sache soziologisch zu betrachten, wenn ein Mann in Uniform dich anredet, als seiest du Dreck», sagte er. «Was ist los mit diesen Burschen in Uniform, daß sie so unhöflich sind? Erst die Israelis und jetzt unsere eigenen Leute.» Ein anderer Freund, I., bewahrt im Handschuhfach seines Autos einen Revolver auf, und seine Papiere, die seinen hohen Rang und seine vielen Jahre in israelischen Gefängnissen bezeugen, könnten jeden jungen Polizisten Ehrerbietung lehren, obwohl er sie niemals ohne Not herumzeigt. «Ein Polizist hielt mich an einer Straßensperre an und schnauzte mich an», berichtete er. «Ich forderte ihn auf, sich höflich auszudrücken, aber er schnauzte mich noch einmal an und wollte mein Auto durchsuchen. ‹Bitte sehr›, sagte ich. ‹Tun Sie sich keinen Zwang an.› Er öffnete das Handschuhfach, sah den Revolver und entschuldigte sich sofort.» Ein andermal waren es die Papiere, die den Polizisten dazu veranlaßten, einen anderen Ton anzuschlagen. «Ich frage diese Kinder immer», fuhr I. fort (obwohl die Polizisten erwachsene Männer und höchstens acht Jahre jünger sind als er selbst), «warum eine Pistole und ein Blatt Papier in ihren Augen mehr wert seien als die Person. Es ist einfach unlogisch.»

A. D., ein ranghoher Offizier, der in Zivil zum palästinensischen Innenministerium ging, um eine persönliche Angelegenheit zu erledigen, mußte stundenlang warten. «Ich war nicht besonders zufrieden mit mir selbst, aber am nächsten Tag kam ich in Uniform wieder, und sofort schrien alle los: ‹Willkommen› und ‹Was kann ich für Sie tun, Sir?›» Ein anderer Mann, der einen hohen Rang bekleidet und dessen Sohn spät am Abend eine Münze verschluckt hatte, rief im Krankenhaus an, um den Jungen aufnehmen zu lassen. Der diensttuende Arzt war mit dringenderen Fällen beschäftigt und versicherte ihm, daß die Münze problemlos mit dem Stuhl des Jungen wieder ausgeschieden werden würde. Der zuständige Oberarzt äußerte dieselbe Meinung, aber dann kam ein wütender Anruf aus Abu Amars Büro mit der Forderung, den Jungen augenblicklich in das Krankenhaus aufzunehmen und zu behandeln. Der Arzt blieb bei seiner Meinung, daß die Münze ohne jeden Eingriff von außen wieder ausgeschieden werden würde. Daraufhin kam aus Arafats Büro die Anordnung, das Gehalt der verantwortlichen Ärzte zwei Wochen lang zu sperren.

Manche Leute führen die wachsende Ehrfurcht vor Uniformen und hohen militärischen Rängen auf die «Arabisierung» des Gazastreifens zurück. Dabei vergessen sie, daß in den Tagen der israelischen Zivilverwaltung eine andere Art von Günstlingswirtschaft – gegenüber katzbuckelnden Untergebenen und kleinen Kollaborateuren – üblich war. H. S. jedoch läßt keine Entschuldigung gelten. «Unter der Besatzung konnten wir manche Dinge als unvermeidlich akzeptieren. Aber wenn wir sie uns selbst antun, sind sie noch viel abscheulicher.»

«Uniformen zuerst», lautete die Regel in Gaza, und Beschwerden über die Dreistigkeit und die Privilegien der Polizisten nahmen im Wahlkampf von 1996 einen breiten Raum ein. Die Leute auf der Straße haben immer irgendeine Erklärung dafür, warum ein bestimmtes Stadtviertel in den Genuß umfangreicher Sanierungsprojekte wie verbesserter Straßen, neuer Kanalisation und Wasserleitungen kommt. «Wir haben Glück», flüstert man mir zu. «In unserem Stadtviertel wohnen ein paar hohe Offiziere und etliche Spitzenleute von der Fatah.» Hinter vorgehaltener Hand wird über das teure neue Mobiliar dieses Ministers und das große, luftige Apartment jenes Polizeioffiziers geflüstert, beides von der PLO finanziert. Die Leute äußern offen ihre Vermutungen über den VIP, der sich gerade ein Penthouse am Meer gekauft hat.

Ein Zeichen der Zeit ist, daß die Polizei ihre Nase jetzt in alles und jedes steckt – und dies in einer Gesellschaft, die für ihren latenten Widerstand gegen die Obrigkeit bekannt ist. Ich bekam diese Veränderung direkt zu spüren, als wegen eines Problems nach einem Polizisten gerufen wurde, das ebensogut ohne ihn hätte gelöst werden können. Gleich nach den Parlamentswahlen von 1996 wollte ich Gaza für eine Weile verlassen, weil ich eine Ruhepause benötigte und weil ich dem Ramadan entkommen wollte, der gerade begonnen hatte. Während des langen Fastenmonats ist kein normales Leben möglich. Die Männer hören auf zu rauchen, was die meisten von ihnen ziemlich reizbar macht. Sie laufen mit abwesenden Gesichtern herum, unfähig, sich länger als eine oder zwei Minuten lang auf etwas zu konzentrieren. Jeder, der nicht fastet, schleicht herum und sucht nach einem Winkel, in dem er sich eine Zigarette anzünden oder eine Tasse Kaffee trinken kann. Um die Mittagszeit fangen alle an, für die große Abendmahlzeit einzukaufen, und die engen Gassen füllen sich mit Menschen und Fahrzeugen, die drängen und hupen, und alle werden von einer Art kollektivem Wahnsinn erfaßt.

Als ich mich an diesem Tag mit meinem Auto* auf den Weg machte,

* «Mit meinem Auto» klingt einfacher, als es tatsächlich war: Israelische Fahrzeuge mit ihren gelben Nummernschildern waren schon seit der ersten *Intifada* (1987–1993) nicht mehr auf rein palästinensischen Straßen unterwegs. Nur noch auf den Umgehungsstraßen der Siedler sah man gelbe Autokennzeichen. Bis Anfang 1994 verließ ich mich auf Taxis und meine Freunde, um im Gazastreifen von einem Ort zum anderen zu gelangen. Aber diese Lösung war für mich ebenso lästig wie für sie. «Warum tust du nicht das gleiche wie die israelischen verdeckten Ermittler?» fragte mich Abu Ali aus Jabalia. «Vertausche deine Nummernschilder einfach gegen gefälschte palästinensische, made in Jabalia!» Und das taten wir. Zunächst fuhr ich in den Gazasteifen hinein und redete den Soldaten ein, daß ich nur ganz in der Nähe parken wolle. Sie stimmten zu – und an der nächsten Tankstelle schraubte ich vor aller Augen meine gelben Autokennzeichen ab und ersetzte sie durch die gefälschten, weißen. Jeder Palästinenser sah auf den ersten Blick, daß sie gefälscht waren. Ich machte auch dem Armeesprecher Mitteilung davon.

Ab Mai 1994, mit Beginn der palästinensischen Selbstverwaltung, verbot das israelische Militär allen Israelis die Einreise in die Autonomiegebiete, ganz besonders mit einem israelischen Auto. Der Erez-Checkpoint nahm mehr und mehr Festungscharakter an. Anfangs schaffte ich es noch, von der IDF eine mündliche Genehmigung zu bekommen, mit dem eigenen Auto nach Gaza zu fahren, aber nur unter der Bedingung, daß ich meine Nummernschilder durch die gefälschten er-

wurde mir augenblicklich klar, daß ich einen Fehler begangen hatte. Hätte ich nur bis 5 Uhr nachmittags gewartet, bis alle wieder zu Hause gewesen wären, um das Fasten mit der Mahlzeit zu brechen, für die die Frauen schon den ganzen Tag schufteten, hätte ich mir das Verkehrschaos und das Angebrülltwerden ersparen können. Heitere israelische Musik ertönte aus meinem Radio, als ich plötzlich einen kräftigen Stoß verspürte und mein Wagen und ich gegen das Heck des vor mir fahrenden Subaru geschleudert wurden. Dessen Stoßstange war ein wenig, die meine stark verbogen, und mein Rücklicht lag in Scherben. Der arme Autofahrer hinter mir, der in Gedanken schon bei der Mahlzeit gewesen war, die ihn erwartete, konnte nicht einmal mehr den Motor seines uralten Peugeot zum Laufen bringen.

Wir stiegen alle aus unseren Autos und begutachteten den Schaden. Die Besitzer der umliegenden Läden kamen und erteilten uns Ratschläge. Natürlich schloß jemand aus meinem Akzent, daß ich aus Israel kam, und begann, auf hebräisch auf mich einzureden. Ein paar Männer halfen dem Fahrer des Peugeot, sein schrottreifes Fahrzeug zur Seite zu schieben, damit es nicht die Straße blockierte. Ein alter Nachbar erkannte mich und stieg aus seinem Auto, um zu helfen und dafür zu sorgen, daß ich anständig behandelt wurde. Nach einiger Zeit einigten wir uns darauf, zu einer Werkstatt zu fahren, wo der Besitzer des Peugeot für die Reparaturen an meinem Auto aufkommen wollte.

«Und was ist mit mir?» fragte Mr. Subaru. «Mich haben Sie auch erwischt.» Der Peugeotbesitzer war bereit, auch die kleine Reparatur an seinem Wagen zu bezahlen, aber Mr. Subaru glaubte nicht, daß der mittellos aussehende Mann dazu in der Lage sein würde. Jedenfalls konnte er keine Versicherungspapiere für sein Auto vorweisen. Einer der Män-

setzte ... Im Laufe der Zeit wurde es jedoch immer schwieriger, die Soldaten mit ihrer Festungsmentalität dazu zu überreden, mich mit meinem Auto in den Gazastreifen hineinfahren zu lassen. Schließlich verschaffte ich mir eine vom israelischen Kommandeur unterzeichnete schriftliche Genehmigung, in der die Soldaten aufgefordert wurden, mich einreisen zu lassen. Inzwischen hatte die palästinensische Polizei selbst eine Polizeistation auf der anderen Seite des Erez-Checkpoints errichtet. Mit ihr durchlief ich die gleiche Prozedur. Zuerst erhielten sie den «mündlichen» Befehl, mich mit meinem Auto passieren zu lassen. Sie bestanden sogar darauf, mir zu helfen (als ob ich Hilfe gebraucht hätte!), die gelben Kennzeichen abzuschrauben und durch die weißen zu ersetzen oder umgekehrt. Nach einiger Zeit, nachdem Beamte eines anderen Zweigs des Polizeiapparats mich im Gazastreifen angehalten hatten, weil sie auf die gefälschten, veralteten Nummernschilder aufmerksam geworden waren, erhielt ich von einem hohen palästinensischen Polizeioffizier eine schriftliche Anweisung für die Polizisten, mich durchzulassen. So hatte ich also von den Gesetzeshütern beider Seiten die offizielle Genehmigung, gegen das Gesetz zu «verstoßen».

ner erhob die Stimme, der andere verlor die Beherrschung, und Mr. Subaru bestand darauf, die Polizei zu rufen. «Früher einmal», flüsterte ein Ladenbesitzer mir zu, «hätten sie sich ohne Polizei und alles geeinigt. Jetzt rennt jeder, der einen Bruder oder Vetter bei der Polizei hat, sofort dorthin, und aus jeder Mücke wird ein Elefant gemacht.» (Der Ladenbesitzer hatte einen Augenblick lang vergessen, daß die Polizei früher einmal aus Israelis oder aus Männern bestanden hatte, die für Israel arbeiteten, und daß die Leute nicht die geringste Lust gehabt hatten, sie um Hilfe zu bitten.)

Ich versuchte, gegen die Zeitverschwendung zu protestieren, und Mr. Subaru sagte drohend: «Ich werde Sie zu finden wissen.» Jetzt wurde ich wütend, und ich muß zu meiner Schande gestehen, daß ich in meinem Zorn sogar ein paar Tränen vergoß. Ich rief meinen eigenen, privaten *Wasta*, Ihab al-Ashqar, an, den ehemaligen Leiter der UNL, der heute Teilhaber einer Versicherungsgesellschaft ist, und bat ihn, mir auf der Polizeistation beizustehen, wo ihn jeder kennt und respektiert. Ihab schickte mir sofort seinen Bruder.

Auf der Polizeistation fingen alle an, zu brüllen und davon zu reden, daß sie sich gegenseitig auf Schadenersatz verklagen wollten. Mehrere Polizisten mit strengen Gesichtern zogen Kugelschreiber und Papier hervor, und ich konnte nicht mehr folgen, wer wen verklagen wollte, aber ein Uniformierter begann, meine Personalien aufzunehmen. Schließlich war er verpflichtet, alle Vorfälle, in die ein Israeli verwickelt war, dem örtlichen Koordinations- und Verbindungsbüro zu melden. Ich sah schon kommen, wie ich ganze Tage verlieren und Stunden mit bürokratischen Prozeduren verschwenden würde, wie es in der Oslo-Ära an der Tagesordnung war. Ich fürchtete, daß die Israelis in dem Vorfall einen geplanten Angriff sehen (sie würden die Möglichkeit zumindest überprüfen wollen) und zu dem Ergebnis kommen würden, daß es zu gefährlich für mich sei, im eigenen Auto unterwegs zu sein. Meine kaputten Bremslichter, ein einfacher Ramadan-Unfall, würden zu einem «nationalistischen Übergriff» eskalieren.

Ich erzählte den Polizisten von meinen Befürchtungen, übertrieb noch ein bißchen und versuchte, sie zu erweichen: «Seht mal, ich bin zur Gazaerin geworden. Ich esse Pfefferschoten genau wie ihr.» Am Ende einigten wir uns, was wir von Anfang an auch ohne Polizei hätten tun können. Ich hielt mir vor Augen, daß ich auf ein paar nette Polizisten gestoßen war und daß der Zorn auf sie nicht immer gerechtfertigt ist, weil er die Kritik vom System auf das Individuum ablenkt.

An einem ruhigen Freitagmorgen, zwei Monate nach Beginn der palästinensischen Selbstverwaltung im Jahr 1994, nahm eine ganze Phalanx von Polizisten Aufstellung an den Ecken der Al-Wahda-Straße. Sie verhielten sich sehr höflich, überprüften die Ausweise der Passanten und wiesen sie an, nicht zu nahe an das YMCA-Gebäude in der Al-Jalaa-Straße heranzugehen. An diesem Morgen sollte der alljährliche Parteitag der Demokratischen Front für die Befreiung Palästinas (DFLP) in Gaza eröffnet werden. Die Front hatte im Gazastreifen nur eine winzige Gefolgschaft, aber einige ihrer Führer waren kürzlich aus dem Exil zurückgekehrt und hatten sich in Gaza niedergelassen. Der Parteitag sollte unter Ausschluß der Öffentlichkeit stattfinden, für die Eröffnungsfeier waren jedoch auch Repräsentanten anderer Organisationen eingeladen worden. Die DFLP war strikt gegen die Abkommen von Oslo, obwohl sie weiterhin eine Zwei-Staaten-Lösung anstrebte. Im Gegensatz zur Volksfront (PFLP), die den Mitgliedern ihres militärischen Flügels befohlen hatte, ihre Waffen abzuliefern, hatte die DFLP ihrem eigenen militärischen Zweig, dem Roten Stern, gestattet, bewaffnet zu bleiben. Während der vergangenen Monate war von Zeitbomben an Straßenrändern und Schüssen auf israelische Soldaten die Rede gewesen, für die der geheimnisvolle Rote Stern die Verantwortung übernommen hatte. Er wollte damit auf seinen Widerstand gegen die Fortdauer der Besatzung und seine Entschlossenheit hinweisen, den Kampf bis zur Gründung eines unabhängigen Staates fortzusetzen. Aber in Gaza wußte jedermann, daß die Demokratische Front praktisch nicht existierte, und zwar weder in politischer noch in militärischer Hinsicht.

Am Tag des Parteitags der DFLP erklärte der Polizeichef Ghazi al-Jabali das YMCA zum militärischen Sperrgebiet, mit der Begründung, daß die Front für ihren Parteitag keine Genehmigung eingeholt habe. Er wandte sich an den Direktor des YMCA und verbot ihm, den Saal für die Mitglieder der Front zu öffnen. Alle Proteste und der Hinweis darauf, daß die Teilnehmerzahl sehr gering sei und die Sitzungen in einem geschlossenen Raum stattfinden würden, halfen nichts. Erst wenige Tage zuvor hatte die Polizei verkündet, daß von nun an für jede politische Versammlung eine Genehmigung erforderlich sei, und zwar nicht nur für die Organisatoren, sondern auch für den Besitzer des Saales, in dem die Versammlung abgehalten werden würde, und für die Busgesellschaft, die die Teilnehmer zum Versammlungsort bringen würde. Ein palästinensischer Rechtsexperte erklärte, daß der Polizeichef al-Jabali in Übereinstimmung mit dem Kairoer Abkommen handele, das besagte, daß die palästinensische Polizei sich an die Notstandsregelungen aus der britischen Mandatszeit zu halten habe, die seit den Tagen der ägyptischen Herrschaft in Kraft waren.

Aber die Palästinenser dachten nicht an das Kairoer Abkommen. Sie dachten an die Erfahrungen des letzten Jahres. Schon vor Beginn der

Selbstverwaltung hatte ein Anzeichen der Veränderung darin bestanden, daß die meisten Organisationen sich nicht die Mühe machten, solche Genehmigungen einzuholen (bis zum Beginn des Oslo-Prozesses waren politische Versammlungen grundsätzlich verboten gewesen), weder von der israelischen Zivilverwaltung, noch danach von der palästinensischen Polizei. Versammlungsfreiheit vermittelte ein echtes Gefühl der Freiheit, und jedermann war stolz darauf. So hatte die PFLP im Juni 1994 eine einwöchige Demonstration zur Unterstützung der palästinensischen Häftlinge organisiert, ohne eine Genehmigung zu beantragen. Daraus hatten die Leute von der DFLP geschlossen, daß ihr kleiner Parteitag, bei dem höchstens fünfzig oder sechzig Teilnehmer an einem Freitagmorgen in einem geschlossenen Raum sitzen sollten, schwerlich die öffentliche Ordnung gefährden konnte. Am Ende mußte jedoch die förmliche Eröffnung abgesagt werden, und die wenigen Dutzend Mitglieder der Front hielten ihre geschlossenen Sitzungen an einem anderen Ort ab. Vielleicht war der Vorfall nur ein Versuch der Polizei, die Einhaltung der Vorschriften durchzusetzen. Aber manche Leute interpretierten ihn als Zeichen politischer Einmischung, die leicht zu willkürlichen Verboten und zur Einführung von Zwängen führen konnte.

Seither sind zahlreiche öffentliche Versammlungen und Demonstrationen aller Organisationen zugelassen worden, und ihre Teilnehmer kamen gewöhnlich in den Genuß einer relativen Redefreiheit, obwohl Kritik sich meistens nicht gegen den Vorsitzenden Arafat richtet. Während des Wahlkampfes fanden unzählige öffentliche Versammlungen statt, und nur ein sehr kleiner Teil der Anträge auf Genehmigung einer Versammlung wurde abgelehnt. In den Fällen, in denen ein Antrag abgelehnt wurde, war der Grund der Ablehnung jedoch immer ein politischer und nicht die Aufrechterhaltung der öffentlichen Ordnung. Einmal wurde ein Antrag der Hamas abgelehnt, eine Versammlung zum Tag des konfiszierten Landes abhalten zu dürfen. Ein andermal wurde dem Zentrum für Recht und Gesetz in Gaza nicht gestattet, eine Tagung von Rechtsexperten zum Thema Staatssicherheitsgerichtshof zu veranstalten. Eine Mahnwache zum Andenken an einen PFLP-Aktivisten, der aus Rache für den Tod eines Kollaborateurs ermordet worden war, wurde verboten.

Gewöhnlich waren die Verbote von durchsichtigen Entschuldigungen begleitet, und meistens kamen sie zu politisch sensiblen Zeiten – aber was ist Demokratie, wenn nicht die Möglichkeit, gerade zu politisch sensiblen Zeiten Versammlungen abzuhalten? Ganz allmählich wurde den Leuten klar, daß die Polizei diese oder jene Konferenz unterbinden konnte, ohne sich auf irgendein übergeordnetes Kriterium berufen zu müssen – wie zum Beispiel das Gesetz. Von diesem Zeitpunkt an war es schwierig zu erkennen, ob eine Anordnung direkt von Arafat kam oder einfach von einem örtlichen Kommandeur, der sich auf angebliche Befehle von höchster Stelle berief. Die Anwesenheit von Polizei und Geheimdienstagenten – sowohl offen als auch inkognito – bei sämtlichen politischen Zusammenkünften zwang zur Vorsicht und führte zu Formulierungen, die wesentlich zurückhaltender und überlegter waren, als eigentlich beabsichtigt gewesen war. All diese Dinge sind Symptome dafür, daß der bürgerlichen Gesellschaft Grenzen gesetzt sind, entweder durch klare Anordnungen von oben oder durch zweideutige Signale, die weiter unten in der Hierarchie interpretiert werden.

Diese Signale waren immer häufiger zu beobachten und wurden immer bedrohlicher. Während eines Strandspaziergangs mit H. erfuhr ich von weiteren schleichenden Einschränkungen der Freiheit der Palästinenser. H., der Mitglied der DFLP ist, war mit einigen Dutzend seiner Kameraden etwa fünfzig Tage lang eingesperrt worden. Sie waren auf einen anonymen Anruf bei einer Nachrichtenagentur in Jerusalem hin verhaftet worden. Der Anrufer hatte behauptet, daß der Rote Stern für den Mord an einem israelischen Sicherheitsbeamten auf dem Weg zu einer Tankstelle im Nordteil des Gazastreifens verantwortlich sei. Wenn die Demokratische Front in eine Sache verwickelt war, wurden gewöhnlich Flugblätter mit einem roten Stern am Tatort gefunden. Diesmal gab es keine solchen Flugblätter, und mehrere Aktivisten der Front meinten, daß die Präzision, mit der der Anschlag durchgeführt worden war, den Roten Stern, über dessen operative Fähigkeiten sich niemand irgendwelchen Illusionen hingab, als Täter ausschließe. Im Büro des Sprechers der IDF ging man davon aus, daß eine Zelle der Hamas für den Anschlag verantwortlich war. Jedenfalls wurden Dutzende von DFLP-Aktivisten verhaftet: alte Männer, junge Männer, Männer, die jahrelang im Ausland, und etliche, die in israelischen Gefängnissen gewesen waren. Andere tauchten unter.

Als H. endlich entlassen wurde, hatte er etwa zehn Kilo abgenommen. «Ich wurde hier im Gazastreifen in einem von Arafats Gefängnissen eingesperrt, wissen Sie», erzählte er. Die gefangenen Mitglieder der Front wurden nicht gefoltert, zwei führende Mitglieder, beide um die fünfzig Jahre alt, wurden jedoch trotz ihrer schwachen Gesundheit in Einzelhaft genommen. Alle wurden vernommen und sollten über die Front, ihre politischen Positionen und ihre eigene Rolle in der Organisation aussagen. Offensichtlich wußten die Vernehmer, daß die meisten, wenn nicht alle Gefangenen absolut nichts mit militärischen Aktivitäten zu tun hatten. Mehrere der vernommenen Häftlinge erzählten hinterher Mitgliedern ihrer Familie, daß sie gedrängt worden seien, aus der Front auszutreten und eine Stellung bei der Sulta anzunehmen. Sie alle waren wochenlang festgehalten worden, obwohl dies ein Verstoß gegen die palästinensischen Gesetze ist, nach denen eine Verlängerung der Haft innerhalb von achtundvierzig Stunden nach der Verhaftung von einem Richter beschlossen werden muß. Mehrere Verlängerungen sind möglich, aber nach einem vernünftigen Zeitraum (zwei Wochen, gelegentlich achtzehn Tagen) muß der Häftling laut Gesetz entweder entlassen werden, oder es müssen ihm eine Anklageschrift und ausreichende Beweise vorgelegt werden.

In einem Fall versuchten die Familien der Gefangenen, vor Arafats Büro eine Demonstration abzuhalten, und wurden gewaltsam auseinandergejagt. Hinter den Kulissen fanden Verhandlungen mit führenden Persönlichkeiten in der palästinensischen Autonomiebehörde statt, um die Freilassung der Gefangenen zu erreichen. Ein Fatah-Aktivist sprach ein paar Worte, um die Bittsteller zu beruhigen, ein zweiter versprach, daß die Männer augenblicklich entlassen werden würden. Ein mir bekanntes Mitglied der PLO im Ausland grinste breit, als er von den Verhaftungen hörte. «Im Libanon pflegte Arafat Fatah-Leute, die ihn ärgerten, unter Hausarrest zu stellen», erzählte er und war von der Vorstellung offensichtlich nicht im geringsten beunruhigt. «Offenbar denkt er, daß er es mit den Leuten im Gazastreifen genauso machen kann, als ob sie alle Fatah-Mitglieder wären, die ihm persönliche Gefolgschaft schuldeten.»

Während der ganzen langen Haftzeit wurden Andeutungen hinsichtlich einer «politischen Annäherung» ausgestreut, ein Eingeständnis, daß die Verhaftungen die Betroffenen einschüchtern sollten und ein kaum verhüllter (und letztlich erfolgreicher) Versuch waren, ideologische Einheit zu erzwingen oder doch wenigstens jede Kritik an Arafats Politik zum Schweigen zu bringen. Was man jedoch in erster Linie aus der Sache lernen konnte, war, daß die Gerichte nicht unabhängig waren. Die Häftlinge erreichten ihre Entlassung ausschließlich durch *Wasta* und nicht auf juristischem Wege. Und tatsächlich waren bei der Entlassung vieler Mitglieder der Hamas und des Islamischen Jihad – besonders wenn es sich um hochrangige Persönlichkeiten handelte – Repräsentanten von Arafats Büro anwesend.

Juristen, die die Rechtsverletzungen der Israelis und ihre Neigung, allen Wünschen des Shabak entgegenzukommen, immer verurteilt hatten, nickten wissend mit den Köpfen, aber keiner war bereit, offen Stellung zu nehmen. «Jetzt empfiehlt es sich, den Mund zu halten», sagte man mir. «Öffentliche Proteste machen die Situation nicht besser.» Und keine der Organisationen, deren jüngere Mitglieder in früheren Zeiten scharenweise ausgezogen waren und ihre Brust den israelischen Kugeln dargeboten hatten, wagte es, auch nur eine einzige Demonstration vor einem Gefängnis zu organisieren. Ihre Spitzenfunktionäre machten auch keinerlei Anstalten, wenigstens hinter verschlossenen Türen, wenn schon nicht öffentlich zu fordern, daß die Exekutive der Autonomiebehörde sich an die Gesetze hielt. Sie appellierten auch nicht an die Öffentlichkeit, über die Verhaftungen nachzudenken und etwas dagegen zu unternehmen, nicht die Volksfront, nicht die Hamas und ganz gewiß nicht die Fatah, obwohl viele ihrer Anhänger zutiefst betroffen waren.

Der blutige Zusammenstoß an der Falastin-Moschee, bei dem dreizehn Palästinenser ums Leben gekommen waren, hatte Furcht ausgelöst, obwohl man nie erfahren wird, ob das tatsächlich beabsichtigt war. Die Menschen wollten einfach keine Konfrontation mit der palästinensischen Polizei, ihren uniformierten Brüdern, riskieren. Sie wollten die verbreitete Annahme, daß es keine Linie gebe, die die palästinensische Polizei nicht überschreiten würde, nicht auf die Probe stellen. Die Gefahr eines Bürgerkriegs hing über Gaza wie eine drohende Wolke und beherrschte die Handlungsweise der Bevölkerung, lähmte ihr Denken und unterdrückte in ihnen sogar den Wunsch, etwas zu tun. Das Schweigen der Bevölkerung bestätigte, was viele schon bemerkt hatten: Im Zeitalter der Selbstverwaltung waren die politischen Untergrundorganisationen der Vergangenheit in Auflösung begriffen.

Die Opposition erwies sich in ihrer Gesamtheit als unfähig, sich den neuen Realitäten anzupassen und Israel einen politischen, nichtmilitärischen Widerstand entgegenzusetzen. Sie war durch ihre Annahme gelähmt, daß das, was nun stattfand, eine Fortsetzung der israelischen Besatzung in neuem Gewand sei. Im Gegensatz zu früheren Zeiten stand zwischen der Opposition und der Besatzung nun jedoch ein dicker Puffer aus palästinensischen Polizisten und Regierungsbeamten. Die beißende Kritik der Opposition an den palästinensischen Institutionen – daß sie im Endeffekt zum Nutzen Israels arbeiteten – und ihr Mitleid mit der Schwäche der Autonomiebehörde angesichts der Stärke Israels unterminierten ihre Fähigkeit (besonders die der säkularen Linken, klein, wie sie war) und ihre Bereitschaft zu öffentlichem Handeln, das die Aufmerksamkeit auf die autonomen Aspekte der Machtausübung der Autonomiebehörde gelenkt hätte. Die islamische Opposition hatte sich nur dann als fähig erwiesen, die Massen zu mobilisieren, wenn Israel das direkte Angriffsziel war, und auch das nur mit Hilfe selbstmörderischer Slogans, die nach Blut und Märtyrern schrien. Und die Fatah selbst war trotz der Vielfalt der in ihr vertretenen Schichten und Meinungen in den Augen der Leute nur noch mit ihrer eigenen Macht und der Autonomiebehörde beschäftigt. Die Fatah erwies sich als unfähig, mit der wachsenden Entfremdung zwischen ihren einfachen Mitgliedern und ihrer Führungsspitze fertig zu werden. Hinzu kam, daß viele ihrer wichtigsten Aktivisten infolge ihrer Nähe zur Macht eine übergroße Abhängigkeit von ihren

Privilegien entwickelt hatten und sich an die Vergünstigungen klammerten, die ihre Positionen mit sich brachten.

▪ ▪ ▪

Raji Sourani, der Leiter des Zentrums für Recht und Gesetz in Gaza, packte den Stier bei den Hörnern. Im April 1995 schickte er eine Petition an den obersten palästinensischen Gerichtshof und forderte ein Ende der illegalen Haft eines Mitglieds des Islamischen Jihad, Abdallah al-Shami. Mehrere Wochen vergingen, bevor der Gerichtshof sich mit dem Appell befaßte und entschied, daß al-Shami entlassen werden müsse. Trotz der Anordnung des Gerichtshofs vergingen bis zu seiner Entlassung noch mehrere Tage. Die Entscheidung bewies, daß die Richter versuchten, dem Geist des Gesetzes treu zu bleiben und sich an das Prinzip der Gewaltenteilung zu halten. Die Verzögerung der Entlassung al-Shamis hingegen bewies, daß die Exekutive ebendieses Prinzip mißachtete und auch in Zukunft mißachten würde. Als der oberste Gerichtshof in Ramallah die Freilassung von zehn Studenten anordnete, die als Anhänger der islamischen Opposition mehrere Monate lang ohne Anklage und Gerichtsverhandlung inhaftiert worden waren, blieben die Studenten im Gefängnis. Sie waren nur ein Prozent der tausend Palästinenser im Westjordanland und im Gazastreifen, die bis zum Sommer 1996 fünf oder sechs Monate lang eingesperrt worden waren, ohne daß Anklage gegen sie erhoben wurde. Die meisten der Studenten hatten keine Gelegenheit gehabt, mit einem Rechtsanwalt zu sprechen oder Einspruch gegen ihre Haft zu erheben. Dennoch hatten einige von ihnen wochenlange quälende und demütigende Vernehmungen durchgemacht, bei denen jedoch keine Beweise erbracht wurden, die dazu ausgereicht hätten, sie vor Gericht zu stellen. Später wurden einige der Studenten als Geste des guten Willens entlassen, aber der Richter am obersten Gerichtshof, der für diese Entscheidung verantwortlich war, verlor selbst seinen Posten.

«Wir müssen eine bestimmte Anzahl von Häftlingen in den Gefängnissen haben, um die Israelis zufriedenzustellen.» Diese Aussage eines Gefängnisaufsehers wurde in einem Bericht der Palästinensischen Gesellschaft für den Schutz der Menschenrechte und der Umwelt zitiert.[2] «Natürlich gibt es auch Leute, die die Autonomiebehörde im Gefängnis haben will. Aber die meisten sind hier, um die Quote zu erfüllen.»

Die Terroranschläge vom Februar und März 1996 vernichteten jede Chance auf eine ernsthafte Diskussion in Israel über die Ziele und die Legalität von Massenverhaftungen und ihre Folgen für die israelisch-palästinensischen Beziehungen. Das Entsetzen machte jedem Interesse ein Ende, das die Israelis vielleicht daran gehabt haben mochten, die Gründe für die willkürlichen Verhaftungen zu verstehen, die in vieler Hinsicht nichts anderes als eine Neuauflage der israelischen administrativen Haft waren. Für die Palästinenser jedoch, die davon träumen, in einer freien Gesellschaft zu leben, haben diese Fragen eine fundamentale Bedeutung: Sind solche willkürlichen Handlungen einfach ein Teil des importierten Regierungsstils der palästinensischen Autonomiebehörde? Haben diese Verhaftungen das Ziel, die Menschen zu einer politischen und ideologischen Kapitulation zu zwingen? Sind sie ein wirksames Mittel zur Terrorbekämpfung, oder erfolgen sie nur auf israelischen Druck?

Die Grenze zwischen Arafats «natürlichen» Tendenzen und den israelischen Erwartungen ist fließend. Eine Verhaftungswelle im Juli 1995 zeigte, wie schwierig es ist, zwischen den beiden Faktoren zu unterscheiden. In diesem Monat wurden zwei junge Israelis beim Wandern im Wadi Qelt im Westjordanland ermordet. Gewisse Spuren führten zur PFLP in Jericho (das unter palästinensischer Verwaltung stand), und einige Tage später versicherte Arafat dem israelischen Außenminister Shimon Peres, daß er «die Führungsspitze der Volksfront verhaftet» habe. Auf Arafats Erklärung hin rannten mehrere Journalisten, ich selbst eingeschlossen, und zahlreiche Anhänger der Volksfront zu verschiedenen Behörden, um herauszubekommen, wer denn nun verhaftet worden sei. Tatsächlich war gar niemand verhaftet worden. Ohne wirklich zu glauben, daß es tatsächlich zu irgendwelchen Verhaftungen kommen würde, fingen die Leute an, Wetten abzuschließen, wer sich mit der Zahnbürste bereithalten sollte. «Wissen sie denn nicht, daß es überhaupt keine Volksfront gibt?» fragte ein Aktivist mit komischer Verzweiflung. Am nächsten Tag waren fünf ganz normale Mitglieder der Volksfront verhaftet worden, vier in Jericho und eines in Jabalia, ein siebzehnjähriger Junge, der dabei erwischt worden war, wie er eine Wand mit Graffiti besprühte, in denen die PFLP die Verantwortung für die Morde übernahm. «Dieser Idiot verdient es, verhaftet zu werden, wenn er auf die Morde auch noch stolz ist», sagte mein Freund und Nachbar Marwan Kafarna, der die Volksfront in der ersten UNL der *Intifada* vertreten hatte.

Nun ging alles ganz schnell. Am gleichen Tag traf sich der israelische Minister für Kultur und Kommunikation, Shulamit Aloni, mit Arafat in Gaza-Stadt. Die israelischen Journalisten warteten darauf, daß Arafat die Morde verurteilte, und einer von ihnen stellte ihm sogar eine direkte Frage etwa des Inhalts: «Was gedenken Sie, gegen die Volksfront zu unternehmen?» oder «Wann gedenken Sie zu handeln?» In der Frage des Journalisten kamen die Wünsche des israelischen Sicherheitsapparats zum Ausdruck, mit dem er in regelmäßigem Kontakt stand. Arafat versicherte ihm, daß er den palästinensischen Geheimdienst, den *Mukhabarat*, angewiesen habe, in Jericho und Gaza schnell zu handeln und die

Mörder zu finden. An diesem Abend blieb ihm nichts anderes übrig, als das zu tun, von dem er behauptet hatte, daß es bereits geschehen sei: Kurz nach Mitternacht wurden zehn prominente PFLP-Funktionäre mit der Zahnbürste in der Hand in ihren Wohnungen in Gaza verhaftet.

Jeder, der mit den Verhältnissen in Gaza vertraut ist, wußte, daß es absurd war, die Führungsspitze der PFLP zu verhaften. Es war ganz offensichtlich ein Schritt, der lediglich der Beschwichtigung dienen sollte, und es war kein Zufall, daß er gerade während der Verhandlungen über die Ausdehnung der Abkommen von Oslo auf das Westjordanland erfolgte. Sowohl der israelische als auch der palästinensische Geheimdienst wußten dies ganz genau.

Erstens hatte die Führung der Volksfront in Gaza bereits während der *Intifada* ohne Einflußnahme aus dem Westjordanland oder dem Ausland ein eigenes, gemäßigtes Programm entwickelt. Zu diesem Programm – das mehr in konkreten Positionen als in geschriebenen Erklärungen zum Ausdruck kam – gehörte, daß die PFLP eine Zwei-Staaten-Lösung befürwortete, die Verhandlungen von Madrid unterstützte, wenig Neigung zeigte, mit der Hamas zusammenzuarbeiten, und im Gegensatz zu den Führern der Volksfront im Westjordanland bereit war, schon vor der Einsetzung der palästinensischen Autonomiebehörde in den örtlichen Gemeinde- und Stadträten mitzuarbeiten.

Zweitens kam der selbständige Standpunkt der PFLP in Gaza (der zu einem bleibenden Konflikt mit den Schwesterorganisationen im Westjordanland geführt hatte) am deutlichsten zum Ausdruck, als die Leiter der Bewegung ihren militärischen Zweig, den Roten Adler, am Vorabend des Beginns der palästinensischen Selbstverwaltung aufforderten, seine Waffen abzugeben. Die Volksfront war gegen die Osloer Abkommen gewesen, war jedoch zu der Überzeugung gekommen, daß die neuen Umstände auch neue Methoden erforderten. Von nun an wollte sie sich ausschließlich auf politische Aktivitäten beschränken. Die Mitglieder der Volksfront in Gaza haben sich dieser Entscheidung gefügt und den bewaffneten Kampf seitdem eingestellt. (Der palästinensische Staatssicherheitsgerichtshof hatte bereits zwei Mitglieder der PFLP, von denen einer ein Jugendlicher war, wegen terroristischer Anschläge verurteilt, die Anklage war jedoch wenig glaubwürdig.)

Drittens war für den Mord an den beiden Wanderern kein Befehl von oben erforderlich gewesen, schon gar nicht ein Befehl aus Gaza. Angesichts der schwierigen, durch die Abriegelung bedingten Lebensverhältnisse und des organisatorischen Bruchs in der Volksfront war es höchst unwahrscheinlich, daß Mitglieder in Gaza Kenntnis von Entscheidungen hatten, die von den inneren Kreisen im Westjordanland getroffen wurden, ganz besonders, wenn es dabei um den Einsatz von Waffen ging.

Schließlich hatten einige der Männer, die bei der lächerlichen mitternächtlichen Razzia verhaftet wurden, bei der Entscheidung der Volksfront, die Waffen niederzulegen, eine entscheidende Rolle gespielt. Ebendiese Männer waren jahrelang die treibende Kraft gewesen, auf deren Drängen sich in der Bewegung ein realistischer Trend durchgesetzt hatte. Einer der Verhafteten, Muhammad Yihye Salman, war Leiter des Transportministeriums. Als die Männer vom palästinensischen Geheimdienst kamen, um den Ältesten der Beschuldigten, Fathi al-Bawab, zu verhaften, hatten sie Tränen in den Augen. Er war erst vor wenigen Monaten aus einem israelischen Gefängnis entlassen und während der *Intifada* vom Shabak schwer gefoltert worden. Fatah-Mitglieder, die mit ihm zusammen im Gefängnis gewesen waren, schüttelten traurig die Köpfe und bezeichneten seine Verhaftung im privaten Kreis als Schande. Auch Marwan Kafarna wurde verhaftet, obwohl er aus der Volksfront ausgetreten und nun in führender Stellung im Stab Terje Larsens tätig war, des Vertreters der Vereinten Nationen in den besetzten Gebieten. Außerdem gehörte er zu den Hauptbefürwortern der Osloer Abkommen.

Nach rituellem Vorstelligwerden in Arafats Büro und der Anwendung von *Wasta* wurden die Gefangenen natürlich nach einem oder zwei Tagen entlassen. Keiner von ihnen war vernommen worden. Die ganze Farce war ganz offensichtlich nur aufgeführt worden, um Israels Forderung nach sofortigem Handeln zu befriedigen. Die israelischen Sicherheitskräfte waren ohne Zweifel über alles bestens informiert: wer verhaftet worden war, was die einzelnen Männer in der Vergangenheit getrieben hatten, wie sie behandelt wurden und wie idiotisch die ganze Angelegenheit war. Aber mit dem Druck, den die Israelis ausübten, sollte die Autonomiebehörde dazu gebracht werden, den Wünschen Israels gehorsam nachzukommen, auch wenn die Forderung unsinnig war. Und die palästinensische Öffentlichkeit begriff, was das zu bedeuten hatte: Wenn Arafat und die Israelis es so wollten, gab es keine Garantie gegen willkürliche Verhaftungen.

Einen Monat nach dieser Episode sah ich erstaunt zu, wie die israelischen Medien ihre palästinensischen Nachbarn wieder einmal eifrig und ohne irgendwelche Fragen zu stellen zu ungesetzlichem Handeln aufforderten. Drei Hamas-Leute waren in Gaza auf eine besondere Information und eindeutige Forderungen des Shabak hin von der palästinensischen Polizei verhaftet worden, weil sie angeblich Terroranschläge geplant hatten. Zu dieser Zeit wurde der Druck im Gazastreifen und in der Autonomiebehörde durch eine anhaltende Abriegelung verstärkt. Gleichzeitig berichtete ein israelischer Rundfunkreporter, daß die israelischen Sicherheitskräfte ungehalten seien, weil der Staatssicherheitsgerichtshof seine Arbeit seit einigen Monaten auf Befehl Arafats eingestellt habe. (Der Staatssicherheitsgerichtshof, der mitten in der Nacht Verhandlungen im Schnellverfahren durchführte, war von Arafat auf Drängen Israels im Februar 1995 gegründet worden.) Der Reporter fragte Diab al-Luh, den Leiter des Public-Relations-Büros der Fatah, warum die soeben verhafteten Hamas-Mitglieder nicht vom Staatssicherheitsgerichtshof abgeurteilt würden. Die Frage brachte Sal-Luh in Verlegenheit. Dennoch hatte er Verstand genug zu antworten, daß dies eine Angelegenheit des palästinensischen Rechtssystems sei.

Was er nicht dazusagen konnte, war, daß der Staatssicherheitsgerichtshof als die größte Bedrohung für die zukünftige Demokratie der Palästinenser betrachtet wurde. Die Menschen haßten es, wenn sie in den Morgennachrichten mit der Neuigkeit konfrontiert wurden, daß jemand mitten in der Nacht in einer Verhandlung abgeurteilt worden war, die höchstens fünf Minuten gedauert hatte, und daß er für Anschuldigungen verurteilt worden war, von denen sein vom Gericht bestimmter Rechtsanwalt erst Minuten vor Beginn der Verhandlung erfahren hatte. Die Frage des Reporters zeigte, wie tief die Überzeugung in den Israelis verwurzelt ist, daß Terroranschläge nur mit diktatorischen Maßnahmen verhindert werden können und daß Arafat besser als jeder andere dazu geeignet ist, derartige Methoden anzuwenden.

Die israelischen Sicherheitskräfte hatten mit ihrer Methode, der Presse Informationen zuzuspielen, Erfolg. Zwei Monate später erfuhren die Menschen in Gaza (durch den israelischen Rundfunk), daß der Staatssicherheitsgerichtshof seine Tätigkeit wieder aufgenommen habe. Drei PFLP-Aktivisten waren verurteilt worden, weil sie angeblich bewaffnete Anschläge geplant und eine Handgranate auf eine Patrouille der IDF im Gazastreifen geworfen hatten.

In einem im Juni 1995 veröffentlichten Bericht von amnesty international mit dem Titel *Mitternächtliche Gerichtsverhandlungen* wurden der Staatsicherheitsgerichtshof und sein Vorgehen in scharfen, eindeutigen Worten angegriffen.[3] Laut Arafats Einsetzungsdekret sollte seine Aufgabe darin bestehen, «sich mit Verbrechen zu befassen, die die innere und äußere Sicherheit betreffen ... und mit anderen Verbrechen, die die Sicherheit der bewaffneten Truppen betreffen». Palästinensische Quellen betonen übereinstimmend, daß Arafat sich direkt und maßgeblich in die Entscheidungen des Gerichtshofs einmischt. Arafat hat von Anfang an keinerlei Kritik an dem Gerichtshof geduldet, sei es von den Palästinensern oder von internationalen Stellen, obwohl die Kritiker versichern, daß das existierende Straf- und Zivilrechtssystem des Gazastreifens vollkommen ausreicht, um sämtliche Verbrechen in adäquater Weise zu behandeln. Als das Zentrum für Recht und Gesetz in Gaza eine Erklärung veröffentlichte, in der der Staatssicherheitsgerichtshof kritisiert wurde,

wurde Raji Sourani einige Stunden lang festgenommen. Einige Wochen später wurde er, offensichtlich auf Einflußnahme von höchster Stelle hin, als Direktor des Zentrums abgelöst.

Obwohl der Gerichtshof bereits im Februar 1995 eingesetzt worden war, nahm er seine Tätigkeit erst im April auf, nachdem es zu Terroranschlägen des Islamischen Jihad und der Hamas in der Nähe von jüdischen Siedlungen im Gazastreifen gekommen war. Der Gerichtshof steht außerhalb des normalen Strafrechtssystems und hat auch nichts mit den Militärgerichten zu tun, von denen Mitglieder des Sicherheitsapparats abgeurteilt werden. In dem Bericht von amnesty international werden die Sitzungen des Gerichtshofs wie folgt beschrieben:

«Die Sitzungen des Staatssicherheitsgerichtshofs in Gaza sind geheim. Mit einer Ausnahme haben bisher alle Sitzungen mitten in der Nacht stattgefunden. Viele begannen gegen Mitternacht. Manche Sitzungen dauerten, wie berichtet wird, nur wenige Minuten lang. Die Männer, die in diesem Gerichtshof als Richter fungieren, sind aktive Offiziere der Sicherheitskräfte und haben offensichtlich noch nie als Richter gearbeitet.

Die Behörden haben die Verhandlungen niemals im voraus angekündigt. Die Leute, die von dem Gerichtshof abgeurteilt wurden, haben ausgesagt, daß sie nicht gewußt hätten, daß ihre Verhandlung stattfinden sollte, bis sie in der Nacht aus ihrer Zelle geholt wurden – oder bis sie den Fuß in den Sitzungssaal setzten. Die Familien der Angeklagten wußten, auch wenn sie ihre Verwandten nur wenige Tage oder Stunden vor der Sitzung besucht hatten, nichts davon, daß Anklage erhoben worden war oder eine Verhandlung stattfinden sollte, und erfuhren erst aus dem Radio, daß ihr Verwandter in der vorangegangenen Nacht verurteilt worden war. Manche der Angeklagten wurden innerhalb von einem oder zwei Tagen nach ihrer Verhaftung angeklagt, für schuldig erklärt und verurteilt ... Die Angeklagten wurden nur von Rechtsanwälten vertreten, die vom Gericht benannt wurden. Keiner wurde von einem selbstgewählten, unabhängigen Rechtsanwalt verteidigt. Zumindest einige der vom Gerichtshof benannten Rechtsanwälte sind Angestellte der Sicherheitskräfte. Der Rechtsanwalt eines Angeklagten erfuhr nichts über die Anklage und wurde auch nicht informiert, wann die Sitzung stattfinden sollte – er hatte keine Ahnung, daß die Verhandlung stattgefunden hatte, bis er im Radio hörte, daß sein Mandant in der vorangegangenen Nacht zu einer siebenjährigen Haftstrafe verurteilt worden war ...

Die Verhandlungen des Staatsgerichtshofs in Gaza sind grob unfair und verletzen die Mindeststandards des internationalen Rechts, einschließlich

- des Rechts auf eine faire, öffentliche Verhandlung durch ein kompetentes, unabhängiges und unparteiisches Gericht.
- des Rechts, genug Zeit zur Vorbereitung der Verteidigung eingeräumt zu bekommen.
- des Rechts, von einem selbstgewählten Rechtsanwalt verteidigt zu werden.
- des Rechts, bei einem höheren Gerichtshof Berufung einzulegen.

Amnesty international verurteilt und verdammt Übergriffe von bewaffneten, oppositionellen Gruppen in Gaza, einschließlich der absichtlichen Tötung von Bürgern durch bewaffnete Anschläge und mit Selbstmordbomben. Die Behörden haben das Recht und sind dafür verantwortlich, die Täter, die für diese Verbrechen verantwortlich sind, vor Gericht zu stellen.

Aber keine Regierung darf, unter welchen Umständen und zu welcher Zeit auch immer, Offiziere der Sicherheitskräfte damit beauftragen, Staatsbürger in geheimen Verhandlungen mitten in der Nacht, ohne selbstgewählten Verteidiger und ohne die nötige Zeit, ihre Verteidigung vorzubereiten, abzuurteilen.»

Der Bericht verurteilt auch israelische und amerikanische Politiker für ihre offene Unterstützung des Staatssicherheitsgerichtshofs: «Repräsentanten sowohl der israelischen Regierung als auch der Regierung der Vereinigten Staaten haben die ersten Urteile begrüßt, die von dem Gerichtshof in Verhandlungen ausgesprochen wurden, die so eindeutig gegen die Normen international anerkannter Menschenrechte verstoßen.» Die Gerichtsverhandlungen «fanden statt, nachdem Israel die palästinensische Autonomiebehörde gedrängt hatte, etwas gegen solche Palästinenser zu unternehmen, die im Verdacht standen, Gewalttaten gegen Israel auszuführen oder zu unterstützen.» Tatsächlich haben sowohl die Amerikaner als auch die Israelis Fortschritte bei den Verhandlungen in Aussicht gestellt, wenn die Autonomiebehörde sofortige Maßnahmen gegen die Verdächtigen ergreifen würde. In einem Artikel der *Jerusalem Post* vom 12. April 1995 wird berichtet, daß amnesty international den Umweltminister Yossi Sarid von der liberalen Bürgerrechtspartei mit der Aussage zitiert: «Wir hatten ganz bestimmte Forderungen, von denen eine darin bestand, Terroristen vor Gericht zu stellen, und dies ist gestern geschehen, und so sollte es sein.» Der Vizepräsident der Vereinigten Staaten, Al Gore, war voll des Lobes für den Gerichtshof, noch bevor er seine Tätigkeit aufnahm. «Ich weiß, daß es wegen des Staatssicherheitsgerichtshof gewisse Kontroversen gegeben hat», sagte er. «Ich persönlich glaube, daß die Anschuldigungen fehl am Platz sind und daß [die Palästinenser] das Richtige tun.» Amnesty international bemerkt trocken, daß

Gore gleichzeitig «ein wirtschaftliches Hilfspaket der Vereinigten Staaten in Aussicht stellt, mit dessen Hilfe Arbeitsplätze im Gazastreifen geschaffen werden sollen».

Am Tag nachdem der Gerichtshof seine Arbeit aufnahm, erklärte ein Sprecher des amerikanischen State Department bei einer Pressekonferenz: «Wir erwarten von der palästinensischen Autonomiebehörde, daß sie konkrete Maßnahmen dieser Art gegen all jene innerhalb ihrer Jurisdiktion ergreift, die den Friedensprozeß durch Gewalttaten und Terrorakte zerstören wollen.» Nach der zweiten Verhandlung des Gerichtshofs verkündete ein amerikanischer Regierungssprecher im gleichen Geist: «Wir haben die palästinensische Autonomiebehörde dazu aufgerufen, konkrete Schritte zur effektiven Verhinderung von Terrorakten zu unternehmen und zu verhaften, anzuklagen und zu verurteilen ... Die Autonomiebehörde hat offensichtlich während der letzten vierundzwanzig Stunden die nötigen Maßnahmen eingeleitet, um genau dies zu tun. Der Vorsitzende Arafat hat sich zu seiner Verpflichtung bekannt, Israels Sicherheitsinteressen zu wahren, und wir erwarten und hoffen, daß die palästinensische Autonomiebehörde mit diesen Anstrengungen fortfahren wird.»

In dem Amnesty-international-Bericht werden Palästinenser und Israelis darauf hingewiesen, daß der Gerichtshof einen Verstoß gegen internationale Konventionen und bestimmte Artikel des Kairoer Abkommens vom Mai 1994 darstellt. So heißt es zum Beispiel im Artikel 14: «Israel und die palästinensische Autonomiebehörde werden ihre Befugnisse und Verpflichtungen, die sich aus diesem Abkommen ergeben, im Einklang mit international anerkannten Normen, den Prinzipien der Menschenrechte und der Gültigkeit der Gesetze wahrnehmen.»

Einer der Angeklagten in einer mitternächtlichen Gerichtsverhandlung war Sayyed Abu Musameh. Er wurde in seiner Eigenschaft als Herausgeber einer der Hamas nahestehenden Wochenzeitschrift, *al-Watan*, angeklagt. Wenige Tage zuvor hatte seine Zeitschrift einen Artikel veröffentlicht, in der das Verhalten der palästinensischen Polizei mit dem der IDF verglichen wurde. Abu Musameh wurde wegen einer Reihe von Vergehen verurteilt: wegen Schreibens staatsgefährdender Artikel, wegen Verleumdung der PA und ihrer Sicherheitsorgane, wegen Anstiftung zu gegen die PA gerichteten Aktionen. Bei seiner Gerichtsverhandlung wurde Abu Musameh zu drei Jahren Haft verurteilt, aber er gehörte zu den elf Männern, die nach sieben Monaten auf Anweisung Arafats entlassen wurden – keiner der Männer mußte seine Haftstrafe vollständig absitzen –, um als Mitglied einer Delegation der Hamas in Kairo an den Verhandlungen zur Neuregelung des Verhältnisses seiner Organisation zur Autonomiebehörde teilzunehmen.

Trotz der Umstände seiner Verurteilung tauchte Abu Musamehs Name auf einer Liste entlassener Häftlinge auf, die von der israelischen nichtstaatlichen Organisation Peace Watch als Beweis für Arafats Nachlässigkeit im Kampf gegen den Terrorismus veröffentlicht wurde.[4] In einer Presseverlautbarung schrieb die Organisation von «schwerwiegenden Unterlassungen der palästinensischen Autonomiebehörde bei der Bestrafung von Terroristen» und wies darauf hin, daß die Autonomiebehörde Israels Forderung nicht nachgekommen sei, vierzehn Personen, die unter dem Verdacht terroristischer Aktivitäten standen, an Israel auszuliefern. Im Hinblick auf den Staatssicherheitsgerichtshof stellte sie fest:

«Der Sondergerichtshof hat bisher neununddreißig Personen für die direkte oder indirekte Teilnahme an terroristischen Aktionen gegen Israelis angeklagt, und von diesen wurden siebenunddreißig zu Haftstrafen zwischen sechs Monaten und lebenslänglich verurteilt. Peace Watch hat festgestellt, daß der Gerichtshof nur dann Verdächtige aburteilt, wenn der Druck auf die Autonomiebehörde groß ist oder wenn die Gerichtsverhandlung dem Zweck dient, Israel daran zu hindern, die Auslieferung der Angeklagten zu fordern. Ferner hat die Autonomiebehörde es hartnäckig vermieden, die wichtigsten Führer und Aktivisten anzuklagen, die den Kern der Personen bilden, die in terroristische Aktivitäten verwickelt sind.»[5]

Zur Untermauerung der Kritik des ausweichenden Verhaltens der Autonomiebehörde wurden in der Presseverlautbarung die Namen aller Personen genannt, die vorzeitig entlassen worden waren, darunter auch der Abu Musamehs, wobei mutmaßliche und verurteilte Mörder in einen Topf mit einem Mann geworfen wurden, dessen einziges Verbrechen darin bestand, die palästinensische Autonomiebehörde zu kritisieren. In der Presseverlautbarung wurde nicht ein Wort über den Charakter des Gerichtshofs verloren, der in sich selbst eine Verletzung des Kairoer Abkommens darstellt. In der Haltung von Peace Watch spiegelte sich die in Israel weitverbreitete Ansicht wider (die für Arafat eine nicht geringe Ermutigung beinhaltete), daß von der Autonomiebehörde nicht erwartet werden sollte, in der Wahl ihrer Mittel besonders zimperlich zu sein, strenge internationale Standards bezüglich Recht und Gesetz aufrechtzu erhalten, zwischen Mord und Anstiftung und zwischen Terrorakten und mündlichen oder schriftlichen Äußerungen zu unterscheiden. In dem Peace-Watch-Bericht wird richtig festgestellt, daß manche der Gerichtsverhandlungen den Zweck hatten, eine Auslieferung an Israel zu vermeiden. So wurde der Gerichtshof, der mit seiner Tätigkeit außerhalb des Gesetzes steht, also auch dazu benutzt, israelische Forderungen zu umgehen.

In dieser Hinsicht spiegelt der Bericht einen weiteren Fehler in der Logik der Israelis wider: Solange willkürliche Machtausübung, Rechtsunsicherheit und eine undemokratische Vermischung der Exekutive und der Rechtsprechung den israelischen Interessen dienen, werden sie begrüßt. Wenn diese Erscheinungen jedoch dazu verwendet werden, die Israelis zu übertölpeln oder die Unzufriedenheit der Palästinenser im Zaum zu halten und offenen Aufruhr zu verhindern, werden sie als Beweis für Arafats Sünden angeprangert. Ein Regime, in dem Willkür und Rechtsunsicherheit herrschen, ist jedoch in jedem Fall unkontrollierbar und unberechenbar. Derselbe Gerichtshof sollte später lange Haftstrafen gegen zwei Menschenrechtsaktivisten, Eyad al-Sarray und Muhammad Dahman, aussprechen, die Kritik an der Autonomiebehörde geübt hatten.

Die undurchsichtige Tätigkeit des Staatssicherheitsgerichtshofs hatte zwei deutlich erkennbare Ziele. Erstens verfügte Arafats Regime mit den Massenverhaftungen und langen Haftstrafen über ein sofort wirksames Abschreckungsmittel gegen die Opposition. Zweitens war der Gerichtshof in der Lage, die Verbindung des Individuums zu seiner Gemeinschaft abzuschneiden. Der Häftling steht alleine, ohne seine Familie, ohne seine Organisation, bei seiner Gerichtsverhandlung, in seiner Zelle und in Einzelhaft. Der Zweck des Gerichtshofs bestand mit einem Wort in Einschüchterung, der wirksamsten Waffe gegen Massenaktionen. Solange die Kluft zwischen der herrschenden Schicht, die ihre Versprechungen nicht gehalten hat, und dem Volk, das um seine elementarsten Hoffnungen betrogen worden ist, weiter wächst, wird der palästinensischen Führung auch weiterhin nichts anderes übrigbleiben, als auf derartige Einschüchterung zurückzugreifen. Auf die Dauer ist die Wirksamkeit der Einschüchterung zum Verhindern von Terroranschlägen jedoch äußerst fraglich, ganz besonders, wenn diese Terrorakte von Menschen durchgeführt werden, die ihr eigenes Leben wegwerfen wollen.

Ich habe diese Probleme bereits in der Anfangszeit des Staatssicherheitsgerichtshofs angesprochen und meine Bedenken in einem Interview in den israelischen Fernsehnachrichten wiederholt. Einige Stunden nachdem die Nachrichten ausgestrahlt worden waren, wurde ich zum Pressebüro des palästinensischen Nachrichtendiensts bestellt und zum Abteilungsleiter gebracht, einem in Gaza geborenen Mann, der nach der Umgruppierung der israelischen Armee aus Damaskus zurückgekehrt war. Zunächst betrug er sich sehr freundlich und erklärte, daß er einfach nur daran interessiert sei, mich kennenzulernen. Während der ganzen Zeit blätterte er in einem Stapel von Artikeln, die in der israelischen Presse veröffentlicht und dann ins Arabische übersetzt worden waren. Vermutlich waren auch einige Artikel von mir dabei. Dann kam er rasch von schmeichelhaften Komplimenten über meinen «Ruhm» in Gaza auf meine «Disziplinlosigkeit» zu sprechen, weil ich nicht über einen Presseausweis vom palästinensischen Informationsministerium verfügte. Dann redete er vom gegenwärtigen «Notstand» in Gaza und kam damit zu seinem Anliegen. «Wegen des herrschenden Notstands und weil Sie keinen Presseausweis haben», erklärte er, «werden Sie ersucht, den Gazastreifen noch heute zu verlassen und erst zurückzukommen, wenn Ihr Ausweis fertig ist.»

Ich konnte mir nicht vorstellen, wie der Presseausweis mich schützen sollte. Jedenfalls war ich noch nie bedroht und niemals angegriffen worden und hatte selbst während der *Intifada* noch niemals Anlaß gehabt, mich zu fürchten. Der Abteilungsleiter erklärte mir, daß die palästinensische Polizei in diesen schwierigen Zeiten nicht in der Lage sein würde, für meine Sicherheit zu sorgen. «Wer weiß, ob wir dafür garantieren können, daß zum Beispiel Ihrem Auto nichts passiert – oder Ihnen selbst?» Zum erstenmal in all meinen Jahren im Gazastreifen fühlte ich mich bedroht. Der Sinn des ganzen Gesprächs war mir nicht klar, und ohne es zu merken, begann ich, die Stimme zu erheben. «Regen Sie sich nicht auf», sagte er. Schließlich einigten wir uns darauf, daß ich einen Presseausweis beantragen und Gaza innerhalb von drei Tagen verlassen und erst zurückkehren würde, wenn der Presseausweis fertig wäre – was natürlich nie bedeutete.

Nun hatte ich eine Galgenfrist von drei Tagen, in denen ich alles anwenden konnte, was ich über *Wasta* gelernt hatte, und ich setzte alle Hebel in Bewegung. Ich wandte mich an Leute von der Fatah, an einen befreundeten Geschäftsmann mit Verbindungen zur Preventive Security Force (das in Konkurrenz zum *Mukhabarat* stand), an einen palästinensischen Minister, an enge Freunde des Abteilungsleiters im *Mukhabarat*, der mich zu sich beordert hatte, an alle möglichen Bekannten aus *Intifada*-Ttagen, die inzwischen in verschiedenen palästinensischen Behörden arbeiteten oder zum Sicherheitsapparat gehörten, und an einen sehr wichtigen ausländischen Diplomaten. Bei meiner Kampagne erhielt ich einen gewissen Eindruck von dem Unterschied zwischen den Leuten von außen – den Leuten, die aus dem Exil zurückgekehrt waren – und denen, die immer in Gaza geblieben waren. Es zeigte sich, daß alle, die sich darum bemühten, daß die Anordnung wieder rückgängig gemacht wurde, zu den letzteren gehörten. Besonders hilfreich waren die Fatah-Mitglieder, die mir unter anderem den klugen Rat gaben, Gaza unter keinen Umständen zu verlassen, bevor die Angelegenheit geregelt war.

Und als meine drei Tage um waren, erhielt ich einen beruhigenden Telefonanruf. Es sei alles nur ein Mißverständnis gewesen. «Sehen Sie nur zu, daß Sie einen Presseausweis bekommen», sagte man mir. Seitdem machen mehrere einflußreiche Leute von der Fatah und von der Preventive Security Force ihre Scherze mit mir, wenn sie mir zufällig begegnen.

«Warum sind Sie nicht im Gefängnis?» fragen sie. «Sie brauchen nur zu schreiben, was ich gerade gesagt habe, und Sie werden verhaftet.» Oder sogar: «Wie geht es Ihrem Auto?» So erfuhr ich, daß es immer wieder einen Ausgleich gibt, Leute, die bei unberechenbaren und undurchschaubaren Maßnahmen der autoritären Regierung Abhilfe schaffen.*

Meine Bedenken gegen Einschüchterungsversuche als Mittel im Kampf gegen den Terrorismus wurden durch die Selbstmordattentate in Israel und den besetzten Gebieten, die ausgeführt wurden, nachdem der Staatssicherheitsgerichtshof im April 1995 seine Tätigkeit aufgenommen hatte, bestätigt. Sie bestärkten mich in der Auffassung, daß man den Terror nicht eindämmen kann, ohne ihn in seinem sozialen, wirtschaftlichen und historischen Zusammenhang zu sehen und die menschliche Not zu lindern. Die drei Anschläge im Februar und März 1996, bei denen siebenundfünfzig Israelis getötet wurden, haben weder meine Meinung noch die der kleinen Minderheit von Israelis verändert, die diese Ansicht teilen.

Die Selbstmordattentate brachten die israelische Regierung zu der Überzeugung, daß Arafats Methoden im Kampf gegen den Terrorismus wirkungslos seien und daß er seinen Beitrag zum Geschäft schuldig geblieben sei. Nach den beiden Anschlägen am 26. Februar 1996 sprach der israelische Außenminister und ehemalige Stabschef der IDF, Ehud Barak, eine weitverbreitete Meinung aus. Bei einer Konferenz mit Repräsentanten der Geberländer zählte Barak eine Reihe von Maßnahmen auf, die Arafat ergreifen sollte: Haussuchungen, Verhaftungen, Verurteilungen, Haftstrafen. Dann, nach einer kleinen Pause, fügte er hinzu: «Arafat kann tun, was die Regierungen in anderen arabischen Ländern auch tun.» Es gab keine Gelegenheit, Barak zu bitten, diese Bemerkung etwas näher zu erklären, weil er nach drei Fragen in die Knesset zurückeilte.

*Im September 1998 erhielt ich einen Anruf vom Polizeihauptquartier, diesmal in Ramallah im Westjordanland. «Ihr Leben ist in Gefahr», teilte man mir mit. Diesmal wurde ich nicht aufgefordert, das Westjordanland zu verlassen, aber man ermahnte mich zur Vorsicht. Es war eine nur schwach verhüllte Drohung. Einen Tag zuvor hatte ich einen Artikel über die nächtliche Verurteilung und Hinrichtung zweier junger Männer von den Sicherheitskräften veröffentlicht, die des Mordes beschuldigt worden waren, und ich hatte die Autonomiebehörde scharf kritisiert. Am nächsten Tag ging ich mit *Wasta* auf hohem Niveau zum Polizeihauptquartier, und die Drohungen verwandelten sich in Schmeicheleien. Ich erfuhr jedoch, daß der ganze Vorgang von Arafats Büro ausgegangen war. Zwei Wochen nach diesen Drohungen wurden wir – einige Bauern, zwei israelische Kameramänner und ich – von Siedlern beschossen, als wir durch ein palästinensisches Dorf fuhren, das häufig von den Bewohnern der nahegelegenen jüdischen Siedlung bedroht wurde. Mein *Wasta* rief mich an und meinte: «Da sehen Sie, wie schlau unsere Sicherheitsleute sind. Sie hatten gewußt, daß Ihr Leben in Gefahr ist.»

Das Außenministerium behauptete, daß der Ausspruch im Gegensatz zu dem Eindruck, den einige der Zuhörer vielleicht gehabt hätten, nur so eine Randbemerkung gewesen sei, nur eine Andeutung, sagte man mir. Was man wirklich zum Ausdruck bringen wolle, sei, daß die Geberländer Druck auf Arafat ausüben sollten – «politischen, nicht wirtschaftlichen Druck» –, damit ihm klar würde, wie ernst die Folgen derartiger Anschläge sein könnten. «Zu seinem eigenen Besten ist es notwendig, daß er handelt», erklärte der Sprecher. «Er muß begreifen, daß alles, was er bisher geschafft hat, in Gefahr ist.»

Aber was bedeutete Baraks Andeutung? Was sollte Arafat so machen wie die arabischen Regierungen? «Nun ja, es bedeutet nicht, daß er das Stadtviertel Sheikh Radwan plattwalzen soll, wie Hafaz al-Assad es in Hama gemacht hat», hieß es im Außenministerium. «Mehr wie Jordanien.» Das Ministerium versicherte, daß Barak nicht willkürlicher Gewalt das Wort geredet habe. Später wurde im Fernsehen erklärt, er habe gemeint, daß Arafat entschlossene Maßnahmen nur gegen Einzelpersonen ergriffen habe und nicht gegen die Organisationen. Nach seinem Wahlsieg habe Arafat eine gewisse Verantwortung. «Die Israelis sind der Meinung, daß er den Terror nicht mit allen Kräften bekämpft ... Fundamentalismus ist eine Bedrohung für ihn selbst, nicht für uns. Er scheint nicht zu begreifen, daß er das Potential hat, den ganzen Friedensprozeß zu zerstören, wenn er nicht mit der ganzen islamischen Infrastruktur fertig wird – nicht nur mit dem militärischen Zweig, auch mit den Bildungs- und Wohlfahrtsteilen. Den Sumpf austrocknen, darum geht es.»

Wenn mehr Israelis mit guten Absichten nach Gaza kommen und direkt mit den Menschen dort reden würden, hätten sie nach meiner Überzeugung ein besseres Verständnis für diesen «Fundamentalismus» und auch ein zutreffenderes Bild vom wahren Gesicht der Osloer Abkommen. Aber es ist den Israelis nicht gestattet, nach Gaza zu fahren, sofern sie nicht als Teil einer offiziellen Delegation anreisen, um mit der palästinensischen Autonomiebehörde zu verhandeln.

Seit dem 17. Mai 1994 – dem Beginn der palästinensischen Selbstverwaltung – ist auf Anordnung des Chefs des Südkommandos der IDF Israelis die Einreise in die Selbstverwaltungsgebiete nur noch mit Sondergenehmigung gestattet (Siedler sind von dieser Anordnung natürlich ausgenommen). Im Laufe des Jahres 1995 wurde mit zunehmender Härte auf der Einhaltung der Anordnung bestanden. Für normale Menschen, die Freunde, Arbeitskollegen oder Verwandte im Gazastreifen hatten, wurde es immer schwieriger, eine Sondergenehmigung zu bekommen, und unmöglich zu erkennen, nach welchen Kriterien die IDF diese Genehmigungen vergab. Im Mai 1995 wandte sich die Menschenrechtsanwältin Tamar Peleg mit der Beschwerde an den Obersten Gerichtshof, daß es keine klaren und allgemeingültigen Regeln für die Erteilung einer Einreisegenehmigung nach Gaza gebe. Einige Wochen später verkündete die IDF in einer Verlautbarung, daß neue Richtlinien eingeführt worden seien. Danach sollte das israelische Koordinations- und Verbindungsbüro (CLO) die ausschließliche und umfassende Zuständigkeit für die Vergabe von Einreisegenehmigungen erhalten. In einem Brief an Tamar Peleg beschrieb der juristische Berater der IDF, Amos Giora, die neuen Regelungen: «Ein Israeli, der aus persönlichen oder humanitären Gründen, wie Familienzusammenkünften und Treffen mit Bewohnern der Autonomiegebiete, eine Einreisegenehmigung beantragt, wird eine eintägige Genehmigung erhalten.» Es sollte den Israelis also untersagt sein, die Nacht im Gazastreifen zu verbringen. Außerdem war es vorgeschrieben, «eine Sicherheitseskorte mit der palästinensischen Polizei zu vereinbaren». Israelische Araber waren von dieser Regelung ausgenommen. Juden hingegen mußten sich mit einem palästinensischen Polizisten ausrüsten.

Trotz der Richtlinien der IDF mußten die meisten Israelis – Palästinenser mit israelischer Staatsbürgerschaft, palästinensische Einwohner von Ostjerusalem und jüdische Israelis gleichermaßen – die Erfahrung machen, daß es fast unmöglich war, in den Gazastreifen hineinzugelangen. Und ebensoschwierig war es festzustellen, was oder wer sie daran hinderte, die Regierung, die Armee, das CLO, die Polizei, Briefe, die nicht ankamen, nicht funktionierende Faxgeräte, CLO-Telefone, die nicht abgehoben wurden.

Felicia Langer, eine bekannte israelische Rechtsanwältin, die Tausende von Palästinensern vertreten hat, darunter viele führende Persönlichkeiten der palästinensischen Autonomiebehörde, durfte ebenfalls nicht nach Gaza einreisen. Ihre Odyssee begann, als sie ihren Antrag an das CLO faxte. In klarem Widerspruch zu der Verlautbarung der IDF wurde ihr mitgeteilt, daß das CLO keine Einreisegenehmigungen erteile. Man wies sie an, ihren Antrag an die palästinensische Autonomiebehörde oder an den Erez-Checkpoint zu richten. Tamar Peleg wandte sich im Namen Felicia Langers direkt an Amos Giora, der Antrag wurde jedoch abermals abgelehnt. Daraufhin wandte sie sich an die Abteilung für den Obersten Gerichtshof im Büro des Generalstaatsanwalts und erhielt die folgende Antwort: «Wenn Ms. Langer gemäß den Standardvorschriften von der palästinensischen Autonomiebehörde eingeladen werden würde, wäre es schon morgen möglich, ihre Einreise zu arrangieren.» Die Autonomiebehörde benachrichtigte das palästinensische Zentrum für Menschenrechte, das als Gastgeber für Langer fungierte, augenblicklich, daß sie willkommen sei, daß ein Repräsentant am Erez-Checkpoint auf sie warten und für eine Polizeieskorte sorgen würde.

Nach einer Woche fieberhafter Korrespondenz und Telefongesprächen auf allen Ebenen der Bürokratie erschien Langer endlich in der Erwartung, nun ihre Einreisegenehmigung zu erhalten, im Büro des CLO in Gaza. Tatsächlich kam auch ein ständig am Erez-Checkpoint stationierter palästinensischer Verbindungsoffizier zur CLO, um sie willkommen zu heißen und für ihre Sicherheit zu sorgen. Beide verschwendeten nur ihre Zeit. Nach fünfstündigem Warten kehrte Langer nach Tel Aviv zurück. Das CLO behauptete, Langer habe ihren Antrag nicht beim richtigen Büro gestellt, sei nicht von der palästinensischen Autonomiebehörde eingeladen gewesen und sei mit Tamar Peleg am Erez-Checkpoint erschienen, ohne für eine Polizeieskorte gesorgt zu haben.

Aber Tamar Peleg war gar nicht am Erez-Checkpoint gewesen, sondern zu Hause in Tel Aviv. Und eine von der Autonomiebehörde bestellte Eskorte mit der Einladung hatte treulich mit Langer beim Büro der CLO gewartet.

Die israelische Psychologin Naama Havkin hatte ihren Freund Hayder abd al-Shafi seit 1967 regelmäßig in Gaza besucht. Ihr wurde mitgeteilt, daß eine direkte Anfrage bei Sufian Abu Zaide, dem Leiter des Israel-Desks der palästinensischen Autonomiebehörde, ihr die gewünschte Genehmigung verschaffen würde. Der Antrag wurde gestellt, aber sie erhielt keine definitive Antwort. Ihre Telefonanrufe wurden einfach von einem CLO-Beamten zum anderen durchgestellt. «Madam», sagten sie, «Sie wissen nicht, wie es im Gazastreifen zugeht.»[6]

So wurde der Gazastreifen für die Israelis zur Terra incognita, was es wesentlich leichter machte, ihn als Nährboden für terroristische Machenschaften und Fundamentalismus zu verteufeln. Kein Wunder, daß man allgemein davon überzeugt ist, daß jeder Jude an einem solchen Ort eine Polizeieskorte braucht. Kein Wunder, daß die Schließung der Grenzen und die hermetische Abriegelung als einzige Möglichkeiten betrachtet werden, mit Gaza umzugehen. Kein Wunder, daß die Sicherheit Israels als unantastbare Rechtfertigung akzeptiert wird, den Menschen in Gaza Gesundheitsfürsorge und das Recht auf Arbeit zu verweigern. Damit, daß das CLO die Israelis aus Gaza fernhält – sei es auf Anordnung von oben oder weil es gewollt vage gehaltene Anweisungen in extremer Weise interpretiert –, tut es einen Schritt, den selbst das sich entwickelnde autoritäre palästinensische Regime vermieden hat: zu entscheiden, welche Israelis palästinensisches Territorium betreten dürfen, und im Endeffekt nur offizielle Delegationen zuzulassen, ausgewählte Leute, die Arafat, den leitenden Funktionären der Fatah und den führenden Männern in der palästinensischen Polizei und dem Nachrichtendienst ihre Höflichkeitsbesuche machen – und das sind schwerlich die Männer, die das wahre Gesicht des Gazastreifens repräsentieren.

Epilog

Für das Orwellsche Drama, das seit Beginn der palästinensischen Selbstverwaltung im Gazastreifen aufgeführt wird, könnte es kein besseres Bühnenbild geben als den Erez-Checkpoint. Auf den ersten Blick sieht er wie ein ganz normaler Grenzübergang aus, mit einem sauberen, hellen internationalen Terminal, großen Tafeln, die die Besucher willkommen heißen, Polizisten, die ihren Dienst verrichten und Pässe und andere Dokumente kontrollieren, und einer gut funktionierenden Güterabfertigungshalle auf einer Seite. Im Verkehrsstrom reisen ausländische Delegationen, die Yassir Arafat einen Besuch abstatten wollen, israelische Beamte, Diplomaten aus Übersee, palästinensische Minister, Fatah-Führer und Polizisten, die sich mit ihren Kollegen in Israel oder dem Westjordanland treffen wollen.

Eine hohe Mauer aus Hohlblocksteinen schützt die VIPs vor dem Anblick des engen, eingezäunten Verschlags, in dem an gewöhnlichen Tagen, an denen nur die Standardabriegelung in Kraft ist, 20 000 Männer, die das Glück haben, über eine Ausreisegenehmigung zu verfügen, auf dem Weg zur Arbeit in Israel den Staub aufwirbeln. Was sie jedoch beobachten können, ist die lange Schlange der Lastwagen, die einer nach dem anderen langsam über die Inspektionsgruben rollen und auf das Signal warten, nach Israel weiterzufahren, um Nahrungsmittel und Rohmaterialien abzuholen oder palästinensische Produkte zu liefern. Offensichtlich fließt hier ein ununterbrochener Strom von Waren und Menschen nach beiden Richtungen.

Die Besucher, die das rege Treiben beobachten, machen sich vermutlich nicht klar, daß die unzähligen Lastwagen und die Armee von Arbeitern eine direkte Folge von siebenundzwanzig Jahren direkter Militärherrschaft und wirtschaftlichem Stillstand sind, die dazu geführt haben, daß Israel und seine Erzeugnisse zur Nabelschnur des Gazastreifens geworden sind. Vielleicht begreifen sie nicht, daß Israel auch heute noch bis ins letzte Detail darüber bestimmt, was für Waren und wieviel davon die Lastwagen wohin und wie oft befördern dürfen, wer den Gazastreifen wie oft verlassen darf und wie viele Stunden die Menschen dabei mit Warten vergeuden müssen. Die Wirtschaftsexperten, Diplomaten und hohen Offiziere, deren Aufgabe es ist, die junge palästinensische Autonomiebehörde zu einem in den Abkommen von Oslo nicht näher bestimmten Ziel zu dirigieren, bedienen sich einer Sammlung von Ausdrücken aus dem militärischen und wirtschaftlichen Jargon, mit denen sie das Elend der Millionen hinter dem elektrischen Zaun von Gaza gefangenen Menschen schönreden. Lockerung der Restriktionen. Anhebung der Arbeiterquote. Schaffung von Arbeitsplätzen. Wachstum. Positive Entwicklung des Bruttosozialprodukts.

Wir wissen, daß dieser Jargon die Wahrheit übertüncht: Zwischen 1992 und 1996 sank das Pro-Kopf-Einkommen in Gaza um 37 %. Das Bruttosozialprodukt fiel um 18,5 %. Innerhalb von sechs Monaten stieg die Arbeitslosigkeit um 8,2 % auf 39,2 %. Die Menschen, die das Glück hatten, einen Arbeitsplatz innerhalb von Gaza zu haben, mußten allein im Jahr 1995 ein Sinken ihrer Nettolöhne um 9,6 % hinnehmen. Diejenigen, die in Israel arbeiteten, verloren 16 % ihres Einkommens.[1] Es kann nicht der geringste Zweifel daran bestehen, daß Israel mit seiner Abriegelungspolitik für diese erschreckenden Zahlen verantwortlich ist. Und es ist kaum vorstellbar, daß diejenigen, die in Israel die Entscheidungen treffen, sich über die unvermeidlichen Folgen einer solchen jahrelangen Belagerung nicht im klaren gewesen sein sollten. Wie wir gesehen haben, erklärt Israel die Abriegelungen ausschließlich als unvermeidliche Reaktion auf den Terrorismus und als einzige Möglichkeit, weitere Anschläge zu verhindern. Aber wenn man diese Politik und ihre Konsequenzen im Zusammenhang mit anderen Maßnahmen analysiert, die Israel im Zuge der Umsetzung der Abkommen von Oslo ergriffen hat – beispielsweise mit der Blockade eines sicheren Korridors zwischen Gaza und dem Westjordanland –, gelangt man zu einem anderen Verständnis der Abriegelungen.

Um uns über ihre Bedeutung klarzuwerden, brauchen wir nur zu bedenken, daß der letzte Schritt des Prozesses in den Abkommen von Oslo nicht festgelegt ist. Das endgültige Ziel sollte im Laufe der Verhandlungen zutage treten. Während der Gespräche hat die israelische Arbeitspartei-Koalition ihre Ziele jedoch niemals offengelegt, während die Palästinenser immer klar zum Ausdruck gebracht haben, was sie anstrebten: einen unabhängigen Staat im Westjordanland und dem Gazastreifen. Dabei beriefen sich die Palästinenser hauptsächlich auf die verschiedenen UNO-Resolutionen zu ihrem Flüchtlingsstatus und ihrem Anrecht auf das Land (einschließlich des «Rückkehrrechts» und der Einstufung der jüdischen Siedlungen als illegal) sowie auf das allgemein anerkannte Recht der Völker auf Selbstbestimmung und Unabhängigkeit. Ferner verließen sich die Palästinenser auf das Versprechen der Israelis, daß alle grundlegenden Probleme in den Verhandlungen zum endgültigen Status gelöst werden würden – die Flüchtlingsfrage, die jüdischen Siedlungen, die Grenzen, Jerusalem und der Zugang zu den Wasservorräten. Die Palästinenser und ihre Führer, oder jedenfalls diejenigen, die den Friedensprozeß unterstützen, interpretieren die Abkommen dahingehend, daß die israelische Besatzung schrittweise abgebaut werden soll. Dafür haben Arafat und die palästinensischen Unterhändler sich bereit erklärt, auf ihre wichtigste Waffe zu verzichten: auf den bewaffneten Kampf und jede Art von Widerstand, den die Besatzungsmacht als «gewaltsam» einstuft, obwohl dies zu allen Zeiten die einzige Art von Opposition war, die einem unter einer Besatzung lebenden Volk zur Verfügung stand.

Israel hat seine Absichten, wie gesagt, geheimgehalten, gleichzeitig jedoch an seinem Anspruch festgehalten, als die überlegene Macht darüber zu bestimmen, wie die Zukunft aussehen soll. Und es hat mit Vehemenz Einfluß auf die Zukunft genommen: Zwischen 1992 und 1996, also zwischen dem Höhepunkt der Osloer Verhandlungen und der Umsetzung der Abkommen, hat die Arbeitspartei-Regierung zugelassen, daß die Zahl der Siedler in Gaza und dem Westjordanland um 50 Prozent, von 100 000 auf 150 000, anstieg (die Siedlungen in Ostjerusalem sind in diesen Zahlen nicht enthalten). Ferner hat die Regierung mit Arafats Zustimmung begonnen, einen alten Plan durchzuführen und die Siedlungen im Westjordanland durch ein Netz von Schnellstraßen mit Israel zu verbinden. In der neuen Ausdrucksweise der Oslo-Phase wurden diese Schnellstraßen zu «Umgehungsstraßen» – breite Asphaltschneisen, die, wie Israel erklärt, die Sicherheit und Bewegungsfreiheit der jüdischen Siedler gewährleisten sollen. Für dieses gigantische Bauprojekt mußten Tausende Hektar unersetzliches palästinensisches Ackerland konfisziert und zerstört werden, und das natürliche Verkehrsnetz zwischen den Städten und Dörfern des Westjordanlands wurde für immer verändert. Es war nicht besonders schwer, die Palästinenser dazu zu überreden, diesen Plänen zuzustimmen. Angeblich sollten die Umgehungsstraßen den Erfolg der Interimsphase garantieren, indem sie die jüdischen Siedler schützten und es beiden Seiten ermöglichten, die Zeit bis zu den Verhandlungen über den endgültigen Status ohne allzu große Feindseligkeit zu überbrücken.

Diese Umgehungsstraßen, die für viele Milliarden Schekel ausschließlich zum Nutzen der winzigen jüdischen Minderheit gebaut wurden, werden bei den Verhandlungen über das Land, das Israel zu behalten gedenkt, keine geringe Rolle spielen. Wer so riesige Summen in Straßen investiert, hat nicht die Absicht, die Gemeinden aufzulösen, die sie benutzen. Außerdem wurde dieses Straßennetz, das den jüdischen Siedlern im Westjordanland und im Gazastreifen eine sichere und schnelle Verbindung nach Israel garantiert, genau zu der Zeit ausgebaut, als die Bewegungsfreiheit der Palästinenser noch weiter eingeschränkt wurde. Es ist wahr, daß seit 1994 mehr Land unter die Jurisdiktion der Autonomiebehörde kam, aber die Blöcke jüdischer Siedlungen und das Netzwerk der neuen Straßen sind der Nagel zum Sarg eines zusammenhängenden palästinensischen Staates, welche Form er auch immer annehmen mag. Die neue Geographie bedeutet, daß die palästinensische Gesellschaft in isolierte Enklaven aufgesplittert und fragmentiert sein wird. Die Größe dieser Enklaven und ihre Entfernung voneinander wird erst festgelegt werden müssen und wird von der Stärke der Verhandlungsposition der Palästinenser abhängen, aber wer von einer Enklave in die andere gelangen will, wird immer Straßensperren und Checkpoints passieren müssen, an denen israelische Soldaten stehen. Das soziale, kulturelle und wirtschaftliche Leben im Westjordanland hat schon jetzt durch die Fragmentierung des Landes Schaden gelitten, besonders durch die Aufteilung in eine Nord- und eine Südhälfte. Aber wer nach einem realistischen Modell für die Zukunft sucht, braucht nur die 378 Quadratkilometer große Enklave Gaza anzusehen.

Doch Israel konnte die Verhandlungsergebnisse auch noch auf andere Weise nach seinen Wünschen bestimmen: Seine Verhandlungsposition wurde dadurch unendlich verbessert, daß es wirtschaftlichen Druck auf seinen palästinensischen Verhandlungspartner ausüben konnte. Auf diese Weise konnte es ein Gefühl der materiellen Dringlichkeit erzeugen, konnte wesentliche Entscheidungen immer wieder aufschieben und statt dessen um unmittelbare, praktische Zugeständnisse feilschen. Ein paar zusätzliche Arbeitsgenehmigungen, ein weiterer Lastwagenkonvoi – solche Dinge wurden als Verhandlungserfolge der Palästinenser und Zeichen des guten Willens der Israelis dargestellt. Auf diese Weise wurde das Gewicht der Herrschenden gegenüber dem Bittsteller verdoppelt, und die Palästinenser gerieten in immer noch größere Abhängigkeit. Und die Abriegelungspolitik hat sich als wirksamstes Druckmittel von allen erweisen.

Der wirtschaftliche Niedergang hat zudem das Ansehen der palästinensischen Autonomiebehörde im eigenen Volk untergraben. Die Autonomiebehörde hat sich als schwach am Verhandlungstisch und gierig auf Erhalt der eigenen Macht erwiesen – eine Kombination, die eine Garantie für Unterwerfung und Kompromisse ist. Eine entschlossenere Regierung hätte die Konzessionen, die sie gemacht hat, vielleicht abgelehnt. Hinzu kommt, daß die Erwartungen und Forderungen vieler Palästinenser infolge des wirtschaftlichen Niedergangs sehr viel kleiner geworden sind. Die Menschen, die zu Beginn der *Intifada* hofften und kämpften, die die Grenzen ihrer Freiheit sprengen wollten, sind heute mehr denn je durch die täglichen materiellen Sorgen niedergedrückt. Arbeiterrechte für Palästinenser – in Gaza wie in Israel – gelten als Luxus, den zu verteidigen niemand sich die Mühe macht. Die wachsende Verzweiflung über die Wirtschaftslage hat die Palästinenser so weit gebracht, daß sie sogar bereit wären, eine neue Regelung zu akzeptieren: geschlossene Industriegebiete à la Mexiko entlang der Grenzen.

Die Palästinenser vermuten, daß der wahre Zweck der Abriegelungen, der Umgehungsstraßen, der Trennung des Westjordanlandes von Jerusalem und Gaza – die mit Sicherheitserwägungen erklärt werden – in Wirklichkeit darin besteht, die besetzten Gebiete auf Dauer aufzusplittern, sie unter unterschiedlichen politischen Systemen zu halten und die Zerstörung der Sozialstruktur der Palästinenser, die 1948 begann,[2] zu vollenden. Mitte 1993 gewährte Shimon Peres in einer geschlossenen Diskussionsveranstaltung mit Juden aus Amerika und Europa Einblick in seine Vorstellungen von einer solchen Trennung. Er sprach von der Idee eines «unabhängigen» Ministaates in Gaza und eines autonomen, an Jordanien angeschlossenen Westjordanlands, in dem ein örtliches Parlament die Geschäfte gemeinsam mit den jüdischen Siedlern wahrnehmen würde.[3] Die palästinensische Führung lehnte einen ähnlichen Vorschlag im Frühling 1995 ab, aber praktische Maßnahmen, die in der Folgezeit von der Rabin-Peres-Regierung durchgeführt wurden, ließen darauf schließen, daß sie die Idee nicht aufgegeben hatte.

Daß eine solche Aufteilung der Grundsatzerklärung widerspricht, wird von niemandem geleugnet, aber die Palästinenser weisen auf etliche Restriktionen hin, die ihrer Meinung nach beweisen, daß die Zersplitterung auch mit Sicherheitsfragen nur wenig zu tun hat: Verwandte dürfen sich nicht frei zwischen den beiden Gebieten bewegen, um unmittelbare Familienmitglieder zu besuchen. Einwohner von Gaza, die in das Westjordanland einreisen dürfen, erhalten niemals die Genehmigung, die Nacht dort zu verbringen. Wer über den Grenzübergang Rafah nach Ägypten ausreist, darf nicht über Jordanien und die Allenby-Brücke zurückkehren. Lastwagen aus dem Gazastreifen und dem Westjordanland dürfen keine Waren von einem der beiden Gebiete ins andere transportieren. Die wichtigen Verhandlungen über einen «sicheren Korridor» zwischen Gaza und dem Westjordanland haben sich seit 1994 ergebnislos hingeschleppt. Monatelang haben die Israelis sich geweigert, in einem eventuellen Abkommen über einen sicheren Korridor den Artikel der Grundsatzerklärung zu zitieren, in dem bekräftigt wird, daß die beiden Gebiete eine untrennbare Einheit darstellen. Obwohl beide Seiten sich schließlich darauf geeinigt haben, nur die Nummer des entsprechenden Artikels, nicht aber seinen Inhalt zu zitieren, spricht Israels Weigerung Bände.

Das schmerzhafteste und symbolträchtigste Beispiel für die Zersplitterung sind die 1300 Studenten aus Gaza, die an Universitäten im Westjordanland eingeschrieben sind, denen es jedoch nicht erlaubt ist, an den Vorlesungen teilzunehmen. Seit 1991, als Israel die allgemeine Ausreisegenehmigung widerrief, die es allen Palästinensern gestattet hatte, sich frei zwischen den besetzten Gebieten und Israel zu bewegen, wurde ihr

Studium ständig unterbrochen. Nach dem Übergang der Verwaltung auf die Autonomiebehörde im Jahr 1994 hielt Israel die Ausreisegenehmigungen für die Studenten jeweils bis lange nach Semesterbeginn zurück, manchmal sogar unbegrenzt. Manche Hochschulen im Westjordanland nehmen keine Studenten aus Gaza mehr auf, weil sie so unregelmäßig zum Unterricht erscheinen. Angesichts der Ungewißheit und der damit verbundenen Schwierigkeiten schreckten viele Studenten davor zurück, an einer Universität im Westjordanland zu studieren, obwohl die dortigen Hochschulen anerkanntermaßen besser sind als die in Gaza. Im Vergleich mit den Millionen von Menschen, die unter der Trennung Gazas vom Westjordanland zu leiden haben, sind die Studenten nur eine kleine Gruppe, aber die Art und Weise, wie sie behandelt werden, ist wichtig für die Zukunft der palästinensischen Gesellschaft und ein typisches Beispiel für die Realität in der Zeit nach den Osloer Abkommen. Das Recht der Studenten auf freie Wahl des Studienfachs und der Ausbildungsstätte, das für die intellektuelle und berufliche Entwicklung einer Gesellschaft von ausschlaggebender Bedeutung ist, wurde in noch nie dagewesenem Maß eingeengt.

▪ ▪ ▪

Bis zum Jahr 1990 hatte Israel sein Ziel, eine demographische Trennung zu erreichen – also Israelis und Palästinenser voneinander getrennt zu halten –, klar artikuliert. Die Teilnahme der Massen an der *Intifada* war abgebröckelt. Der Aufstand ging weiter, aber mehr als Serie bewaffneter Aktivitäten geheimer Splittergruppen und trotz der zunehmenden Unterdrückung und der von Israel verhängten Kollektivstrafen immer noch mit der Unterstützung der Bevölkerungsmehrheit. Israel seinerseits befand sich in einer Sackgasse: Obwohl die israelische Regierung nicht willens war, die Hauptforderung der *Intifada* anzusprechen, waren die Instrumente der Unterdrückung, die sie zu ihrer Verfügung hatte, begrenzt. Eine Bombardierung der Flüchtlingslager (wie im Libanon) und Massendeportationen kamen nicht in Frage. Die physische Nähe der beiden Völker und die unvermeidliche Verurteilung durch die internationale Gemeinschaft, die gerade erst den Kalten Krieg beendet hatte, schlossen eine derart offene und brutale Vorgehensweise aus. Also erfand Israel statt dessen eine administrative Politik als Ausweg aus der Sackgasse und führte sie unter dem Deckmantel der «Sicherheitsmaßnahmen» durch.

1970 diente die Öffnung des israelischen Arbeitsmarkts für die besetzten Gebiete dem Zweck, den palästinensischen Nationalismus zu schwächen und einer territorialen Trennung vorzubeugen. 1990 war das Abschneiden der Palästinenser von den israelischen Arbeitsplätzen ein

Mittel, um den Wunsch nach Unabhängigkeit zu unterdrücken. Für die Israelis bestand die unmittelbare Folge der demographischen Trennung darin, daß die Palästinenser von ihren Straßen verschwanden, was ihrer wachsenden Angst vor palästinensischen Arbeitern entgegenkam, die «einfach so in Israel herumliefen», wie ein Beamter des CLO sich ausdrückte. (Diese Angst läßt ein intuitives Wissen um die Frustration erkennen, die sich im Gazastreifen und dem Westjordanland ausbreitete. Die Israelis schienen zu erkennen, daß diese Frustration unfehlbar zu irgendwelchen Reaktionen führen mußte, die zwar keine strategische Bedrohung für den Staat Israel darstellen, wohl aber das Leben einzelner israelischer Zivilisten in Gefahr bringen würden.) Für die politische Führung der Palästinenser und für das israelische Friedenslager war die Abriegelung ein Vorbote der politischen und territorialen Trennung. Im nachhinein hat sich diese Sicht eindeutig als Wunschdenken erwiesen.

Die Ausweitung des Siedlungsbaus in den besetzten Gebieten während der Oslo-Jahre beweist, daß Israel das Land weiterhin als Ressource betrachtete, die nur den Juden zusteht. Die Anwesenheit der Palästinenser wurde geduldet, aber sie hatten keinen Anspruch auf Beachtung ihrer Bedürfnisse. Israel verweigert den Palästinensern nach wie vor den Zugang zum Großteil des unbebauten Landes in den besetzten Gebieten und behält sich dieses Land für den jüdischen Siedlungsbau vor. Israel hat damit effektiv klargemacht, daß die Zukunft der Palästinenser immer den Bedürfnissen, Wünschen und der Vormachtstellung der Juden untergeordnet bleiben wird, und all dies unter den wachsamen Augen der Schutzpatrone der Abkommen von Oslo, durch die Israels Stellung als herrschende Macht ausdrücklich aufrechterhalten wurde.

Land ist jedoch etwas, über das immer verhandelt werden kann – eine Ressource, die nicht einfach verschwindet. Mit der Zeit dagegen ist es etwas anderes. Die Palästinenser haben kostbare Jahre verloren, in denen sie in ihren Enklaven eingesperrt waren und nicht einmal in andere palästinensische Städte fahren konnten. Das Recht, sich mit Freunden zu treffen, nach Arbeit zu suchen oder eine Universität zu besuchen, gehört aber ebenso zu den Menschenrechten wie Rede- und Religionsfreiheit. Für die Palästinenser ist Bewegungsfreiheit kein Recht mehr, sondern ein Privileg, das nur einigen wenigen zugestanden wird. Israel vergibt dieses Privileg nach Gutdünken mit Hilfe eines Paßsystems, daß die palästinensische Gesellschaft in ähnlicher Weise unterteilt, wie die neue Geographie das Land zerschneidet. Jedes Segment der Gesellschaft ist durch das Ausmaß seiner Bewegungsfreiheit definiert: Es gibt Arbeiter, die nach Israel einreisen dürfen und gleichzeitig die Genehmigung haben, über Nacht zu bleiben, andere sind auf eintägige Aufenthaltsgenehmigungen beschränkt. Einige Geschäftsleute dürfen mit dem eigenen Auto nach

Israel einreisen, andere nicht. Eine Klasse von Fabrikbesitzern darf in das Westjordanland, eine andere nur nach Israel. Der VIP-1-Status wird den hochrangigsten Mitgliedern der Autonomiebehörde verliehen, rangniedrigere Beamte erhalten nur den VIP-3-Status. Die Quoten der Privilegierten sind fließend, das Prinzip ist immer das gleiche: Israel bestimmt die Kriterien und kontrolliert, wer davon profitieren soll.

Der Lebensunterhalt der meisten Palästinenser hängt von diesem System ab. Jeder Protest gegen Ungerechtigkeiten kann den Verlust des eigenen, mageren Anteils an den Privilegien bedeuten. Und für die palästinensische Führung, die in den Genuß des Löwenanteils der Privilegien kommt, obwohl sie gleichzeitig mit Israel verhandeln soll, bedeutet die Bewegungsfreiheit mehr Macht, mehr Geschäftsmöglichkeiten und großen Wohlstand. Durch diese Aufspaltung der Gesellschaft und die Erzeugung von Abhängigkeiten hat sich Israel Komplizen für seine Abriegelungspolitik geschaffen, eine ungemein ausgeklügelte Methode, die an Apartheid erinnert. Zusammenfassend kann folgendes gesagt werden: Die Abkommen von Oslo haben dafür gesorgt, daß die Palästinenser von der jüdisch-israelischen Bevölkerung abgetrennt wurden, die allein die herrschende Regierung wählt, eine geographische und wirtschaftliche Vormachtstellung genießt, alle natürlichen Ressourcen kontrolliert und die Bewegungsfreiheit der Palästinenser mit Hilfe eines Paßsystems limitiert.

Unterdessen suchen die Palästinenser im Gazastreifen nach Möglichkeiten weiterzuleben – oder zu flüchten. Die Studenten sind inzwischen seit etwa drei Jahren daran gehindert worden, ihre Universitäten zu besuchen, aber eine nicht bekannte Zahl von ihnen hat komplizierte Methoden entwickelt, um aus dem Gazastreifen herauszukommen und im Westjordanland «in den Untergrund» zu gehen. Sie können ihre Familien oft monatelang nicht sehen und leben in ständiger Gefahr, an einer der vielen Straßensperren der IDF erwischt zu werden. Der Konsul eines westlichen Landes berichtet, daß sein Konsulat einen drastischen Anstieg der Zahl der Palästinenser zu verzeichnen hat, die in sein Land auswandern möchten. Andere ziehen sich in eine innere Emigration zurück, schließen Augen und Ohren, schlucken ihren Zorn und das Gefühl der Demütigung herunter und versuchen nicht an die Kluft zu denken, die zwischen dem Wortlaut eines Abkommens und der Unerreichbarkeit einer Ausreisegenehmigung besteht. Das Leben der meisten Menschen verläuft in einem engen Rahmen: Freunde, Hochzeiten, Kurse, Bücher, aber manche können die Klaustrophobie ganz einfach nicht ertragen. Die Polizeistatistik zeigt einen ständigen Anstieg der Zahl der Selbstmorde.

Im September 1996 führte der Druck schließlich zu einem gewaltsamen Ausbruch. Nachdem die israelische Regierung den Eingang zu einem alten jüdischen Tunnel geöffnet hatte, der zufällig gegenüber den heiligen islamischen Stätten in der Altstadt von Jerusalem lag, ergoß sich der Zorn der demonstrierenden Massen mehrere Tage lang auf die jüdischen Siedler und Soldaten. Die Demonstrationen, die einem Gerücht zufolge größtenteils auf Anweisung Arafats von der Fatah organisiert worden waren, griffen auf den Gazastreifen über, wo junge Männer Steine auf eine jüdische Siedlung, einen Armeestützpunkt und den Grenzübergang Rafah warfen. (Sie machten sich auch auf den Weg zum Erez-Checkpoint, wurden jedoch von der palästinensischen Polizei aufgehalten.) Allein im Gazastreifen starben einunddreißig Palästinenser und drei israelische Soldaten, und etwa fünfhundert Demonstranten wurden verletzt. Israel behauptete, daß Arafat die Demonstrationen organisiert habe, aber den Menschen in den besetzten Gebieten und ganz besonders im Gazastreifen erschien der Ausbruch als unvermeidlich. Sie folgten dem Aufruf, um der Welt ihre Frustration vor Augen zu führen.

Mein Freund Abu Basel befand sich damals gerade auf dem Weg in die Innenstadt von Gaza. Als er die Menschentrauben am Zaun der jüdischen Siedlung Kfar Darom sah, ließ er sein Taxi halten und ging auf den Auflauf zu. Abu Basel ist fünfunddreißig Jahre alt und Vater mehrerer Kinder. Er hatte noch nie einen Sinn darin gesehen, Steine zu werfen, aber als die israelischen Soldaten das Feuer eröffneten, rannte er unwillkürlich auf die Gewehre zu. Wie viele andere hatte er in diesem Augenblick das Bedürfnis zu sterben.

Es war vorauszusehen, daß die Demonstranten den Weg zu den Siedlungen und Checkpoints finden würden, zu den Orten, an denen die Zusammenstöße mit der israelischen Besatzungsmacht stattfanden, den Symbolen für die hartnäckig vertretene Ansicht, daß die Juden des Landes mehr wert sind als die Palästinenser. Und mehr noch, an diesen Stellen wird der Orwellsche Charakter dessen offenbar, was allgemein als Friedensprozeß gerühmt wird. Als die jungen Palästinenser in ihrem Zorn an den Zäunen von Kfar Darom und Rafah rüttelten, kämpften sie gegen die Wände an, die ihr Volk und ihre Zukunft immer mehr einengen, die ihnen jede Freiheit rauben, als seien sie Tiere in einem Käfig.

In ihren Herzen werden die Palästinenser immer das ganze Land als ihre Heimat betrachten. Sie werden sich nicht von ihrer Sehnsucht nach den Feldern lösen, die nun hebräische Namen tragen. Sie werden niemals den Schmerz der Vertreibung vergessen, das erste Glied einer Kette der Verluste, die immer länger wird. Aber während meines Lebens in Gaza habe ich gelernt, daß die Menschen hier die Fähigkeit und den ehrlichen Wunsch haben, die Sehnsucht ihrer Herzen von der Notwendigkeit einer friedlichen politischen Lösung zu trennen. «Schließlich sind wir die Mutter des Kindes», sagen sie unter Anspielung auf Salomons Urteil zur

Erklärung ihrer Bereitschaft, das Land mit den Israelis zu teilen. Dies aber natürlich nur unter der Bedingung, daß die Palästinenser bei einer möglichen Neuordnung unter Achtung ihrer Würde als ein Volk behandelt werden, das elementare Rechte und Ansprüche hat, die ebenso schwer wiegen wie die Ansprüche des anderen Volkes, das in diesem Land lebt und es Heimat nennt.

Epilog für die deutsche Ausgabe

Als ich im Sommer 1995 den Vertrag für die ursprüngliche, hebräische Fassung dieses Buches unterzeichnete, gab mir jemand den Rat, «mich mit dem Schreiben zu beeilen, weil sehr bald Frieden eintreten und das Buch überholt sein wird». «Darüber machen Sie sich mal keine Sorgen», gab ich verärgert zurück. «Der Frieden wartet nicht um die Ecke, und das Buch, das ich über die israelische Besatzung schreiben werde, wird leider Gottes noch lange aktuell bleiben.»

Ich war verärgert, weil ich überzeugt war, daß meine Artikel in der *Ha'aretz* die Leser täglich mit genügend Material und Fakten versorgten, um sie in die Lage zu versetzen, den Mythos vom «Friedensprozeß» kritisch zu überdenken und Israels Versuch zur Kenntnis zu nehmen, die militärische Besatzung durch ein sehr viel ausgeklügelteres System zu ersetzen, in dem zwar das Militär unsichtbar sein, Israels Kontrolle über das Leben eines anderen Volkes jedoch weiterhin erhalten bleiben würde – sei es als Ziel oder als Mittel zu dem Zweck, schließlich ein für Israel günstiges Abkommen zu erreichen, in dem sich die Palästinenser den meisten israelischen Forderungen beugen würden.

In den Jahren bis 2000 waren von den Palästinensern genügend Warnzeichen gekommen, die den Israelis auf vielerlei Weise – friedlich wie auch gewaltsam – signalisiert hatten, daß eine Kapitulation weder Stabilität noch Frieden bringen würde, daß ein der palästinensischen Führung infolge des ungleichen Kräfteverhältnisses aufgezwungenes Abkommen, das nicht auf den internationalen Resolutionen basierte und vom Prinzip der Gerechtigkeit und Gleichheit ausging, letztlich zum Scheitern verurteilt sein würde. Die Warnungen bezogen sich auf vier Hauptelemente: die Fortsetzung des Siedlungsbaus, die umfassende Kontrolle des Lebens der Palästinenser durch ein System der Abriegelung und der Einschränkung der Bewegungsfreiheit, die Weigerung Israels, sich mit seiner Verantwortung für das Elend der Flüchtlinge auseinanderzusetzen, und die herablassende Grundhaltung der israelischen Unterhändler.

Die Signale und Warnungen fanden in Israel nur wenige offene Ohren. So war es denn kein Wunder, daß die meisten Israelis schockiert reagierten und sich persönlich beleidigt fühlten, als die besetzten Gebiete Ende September 2000 durch eine Serie von Zusammenstößen mit der Armee erschüttert wurden – ebenso schockiert und beleidigt, wie sie einige

Monate zuvor, im Juli und August 2000, reagiert hatten, als Israels in Camp David in den USA vorgelegter Vorschlag für ein endgültiges Abkommen von der palästinensischen Delegation nicht mit Dankbarkeit begrüßt worden war. Die meisten Israelis akzeptierten die offizielle Version, daß Israel den Palästinensern in Camp David ein «außerordentlich großzügiges» Angebot für einen palästinensischen Staat gemacht habe. Die Sicht der Palästinenser – daß der angebotene Staat nichts als eine Ansammlung palästinensischer Enklaven gewesen sei – erschien den meisten Israelis nicht überzeugend.

Über das Scheitern des Friedens und das Wiederaufflammen der bewaffneten, blutigen Phase des israelisch-palästinensischen Konflikts sind bereits ganze Bücher geschrieben worden, und weitere werden mit Sicherheit noch geschrieben werden. Ich kann und will mit diesem Epilog nicht mit ihnen konkurrieren. Ich möchte nur feststellen, daß alle Elemente der Kontrolle und Unterdrückung, die während der Oslo-Jahre fortdauerten – und die in diesem Buch über Gaza beschrieben sind –, die Ursache für den erneuten Aufstand der Palästinenser sind und daß die militärischen Reaktionen Israels eingebettet sind in die politische Vision einer Fortdauer der Herrschaft über die Palästinenser.

Anfang 1997 zog ich nach Ramallah im Westjordanland. Von dort aus verfolgte ich eine ähnliche Entwicklung wie die, die in Gaza so augenscheinlich gewesen war, von hoffnungsvoller Gewißheit und vorsichtiger Erleichterung bis zur Desillusionierung, dem Gefühl, betrogen worden zu sein, dem Bewußtsein der Ohnmacht und der Schwäche. Auch hier verfolgte ich den Aufstieg der palästinensischen Autonomiebehörde mit ihren hohlen Erklärungen und Versprechungen von «schrittweise befreiten Gebieten» und ihren drohenden, arroganten Sicherheitsorganen, die wachsende Spannung zwischen der Führung und der palästinensischen Bevölkerung, den Schock über die von Israel verhängten, ständig wachsenden Einschränkungen der Bewegungsfreiheit, den Schock über die israelischen Bulldozer, die fröhlich und ungestört immer mehr palästinensisches Land für die stetig wachsenden israelischen Siedlungen auffraßen, den Schock darüber, daß die israelische Zivilverwaltung weiterhin Anordnungen erließ, mit denen «nicht genehmigte» Bautätigkeit in den palästinensischen Ortschaften eingestellt oder die Vergrößerung des Wasserversorgungssystems oder des Stromnetzes in palästinensischen Gemeinden unterbunden wurde. Tag für Tag, Monat für Monat, Jahr für Jahr stellten immer mehr Palästinenser die Frage, was für eine Art von Friedensprozeß dies denn sein solle.

Am 29. September 2000 schließlich begannen die Palästinenser in Jerusalem auf dem Gelände der Al-Aqsa-Moschee, Steine nach der israelischen Polizei zu werfen. Die Polizei eröffnete aus kurzer Entfernung das Feuer und tötete an dieser den Moslems heiligen Stätte vier Menschen. Ohne Ariel Sharons provozierenden Auftritt im Vorhof der Al-Aqsa-Moschee am Tag vor diesen Ereignissen wäre die Explosion vielleicht ein paar Tage, Wochen oder Monate später erfolgt. Aber die Luft vibrierte vor unterdrücktem Zorn.

Am nächsten Tag breiteten sich die Demonstrationen auf Gaza, das Westjordanland und die palästinensischen Gemeinden in Israel selbst aus. Innerhalb weniger Tage wurden Dutzende von palästinensischen Demonstranten und Steinewerfern von israelischen Soldaten und Polizisten erschossen. An einigen Orten, an denen Zusammenstöße stattfanden – an militärischen Checkpoints an den Ausgängen palästinensischer Städte –, tauchten bewaffnete Kämpfer auf, die auch einige Schüsse abgaben. Die israelische Armee behauptete, sie hätten das Leben der Soldaten gefährdet, die aus diesem Grund gezielt zurückgeschossen hätten. Die Palästinenser reagierten mit Zorn auf diese bewaffneten Männer, deren Schüsse aus einer unbewaffneten Menschenmenge heraus (und später aus Wohngebieten) ebenso wirkungslos und ineffektiv waren (das heißt keinen einzigen Soldaten in Gefahr brachten), wie sie das Leben aller anderen gefährdeten. Sehr oft jedoch – und das kann ich selbst bezeugen – begann die israelische Armee, schon lange bevor irgendein Bewaffneter sich blicken ließ oder von seinem Gewehr Gebrauch machte, auf die Demonstranten zu schießen.

Schon Monate vor dem Ausbruch der Al-Aqsa-*Intifada* hatte die israelische Armee ihre Soldaten im Westjordanland und dem Gazastreifen auf einen «Krieg auf kleiner Flamme» vorbereitet. Grund hierfür war die Annahme, daß die politische Stagnation den Vorsitzenden der palästinensischen Autonomiebehörde, Arafat, dazu treiben würde, zu Zusammenstößen aufzurufen. Seit den «Tunnelereignissen» im September 1996 oder nach Auffassung einiger Leute seit den Terroranschlägen im März 1996 hatte die israelische Armee ihre Taktik für den Fall einer bewaffneten Konfrontation geplant. Dies wurde israelischen Journalisten von hohen Offizieren mitgeteilt. Für uns als Augenzeugen war es klar erkennbar, daß die Armee im voraus eine Serie militärischer Gegenmaßnahmen mit stufenweise zunehmender Härte vorbereitet hatte. Als die ersten Steine flogen, bombardierte der israelische Sicherheitsapparat die Öffentlichkeit, einschließlich der Soldaten, mit der Behauptung, daß die PA und Arafat alles im voraus geplant hätten. Gleichzeitig reagierten die IDF, die Polizei und der Shin Bet (Allgemeiner Sicherheitsdienst) in unangemessener Weise auf die ersten Steine und die darin enthaltene politische Botschaft, daß der «Friedensprozeß» nur ein Deckmantel für die erneute Durchsetzung der israelischen Besatzung war. Von Anfang an griffen sie zu unverhältnismäßig harten Maßnahmen, die für Aktionen angemessen gewesen wären, die in der Skala der erwarteten palästinensischen Proteste jeweils um eine Stufe höher gestanden hätten. Damit setzten sie diesen Protesten nicht ein Ende, sondern lösten die Eskalation auf der palästinensischen Seite erst eigentlich aus. Das Karussell des Blutvergießens drehte sich weiter. Immer weniger Menschen nahmen an den offenen Konfrontationen teil (Steine gegen Gewehre, Molotowcocktails gegen Panzer), immer mehr Palästinenser unterstützten die militärische Eskalation, wie sie zuerst von anonymen bewaffneten Kämpfern praktiziert wurde, die israelische Zivilisten und Soldaten innerhalb der besetzten Gebiete bedrohten und schließlich zu blutigen Angriffen auf israelische Zivilisten in Israel selbst übergingen, häufig in Form von Selbstmordattentaten.

Eine der frustrierendsten und niederschmetterndsten Erfahrungen für eine Journalistin – keine neutrale Journalistin, muß ich zugeben, schließlich bin ich Israeli – war es, zu diesen Demonstrationen zu gehen, wo Jugendliche von weit entfernt stehenden israelischen Soldaten verwundet und getötet wurden, und unfähig zu sein, der eigenen Seite rechtzeitig klarzumachen, daß ein derart exzessiver Gebrauch der eigenen Macht auf einen selbst zurückfällt, daß steinewerfende Jugendliche keine so fürchterliche Gefahr für die Soldaten sind, daß die Armeesprecher Halbwahrheiten und Lügen verbreiteten, wenn sie behaupteten, daß die Soldaten auf «Feuer» reagierten. Hätte es nicht einen politischen Plan gegeben, eine politische Unterwerfung zu erzwingen, hätte die Armee sich auch nicht berechtigt gefühlt, einen Aufstand von Zivilisten zur Eskalation zu bringen und zu militarisieren.

Die Theorie, daß Arafat das alles geplant und dann die Eskalation befohlen oder befürwortet habe, wurde in Israel weitgehend geglaubt und gepflegt. In den Augen der Palästinenser sehen die Dinge vollkommen anders aus: Eine zornige Anhängerschaft aus frustrierten Jugendlichen zwang die lokalen Führer der Fatah, sich ihnen anzuschließen, wodurch Arafat und seine Entourage mehr nolens als volens in eine Konfrontation hineingezogen wurden. Die Demonstranten standen Arafats Herrschaft nicht weniger kritisch gegenüber, als sie von der israelischen Besatzung die Nase voll hatten. Arafat erkannte, daß er seinen Sicherheitsorganen nicht befehlen konnte, diese Explosion mit Polizeimaßnahmen (Verhaftungen) aufzuhalten, wie er es in der Vergangenheit, während der Oslo-Jahre, mehrfach getan hatte. Er konnte es sich nicht leisten, in der Öffentlichkeit zusätzliche Ressentiments gegen sein Regime zu provozieren. Schließlich hatte er keinerlei politischen Gewinn und keine Alternative anzubieten, obwohl er beides während der letzten sechs Jahre ständig versprochen hatte. Irgendwann neigte er vermutlich auch zu der Annahme, daß eine Zwischenphase der Gewalt den politischen Prozeß vorantreiben würde.

Die Palästinenser mußten feststellen, daß die Explosion sich infolge der wohlbekannten Unfähigkeit ihrer Führung und Organisationen vollkommen ungeordnet und chaotisch zu einem Dschungel individueller Einzelentscheidungen entwickelte und nicht zu einer strategisch vernünftig geführten Aktion unter einer Führung, die eine klare Botschaft zu vermitteln hat. In einem patriarchalischen System, wie es sich unter Arafats Herrschaft entwickelt hatte, in dem nur eine einzige Person die exekutiven Entscheidungen trifft – nicht nur, ohne sich mit anderen zu beraten, sondern auch, ohne irgendwelche Befugnisse auf die fähigsten Mitarbeiter zu delegieren –, sterben alte Gewohnheiten nur schwer, auch, oder vielleicht sogar erst recht, in Krisensituationen. Dadurch, daß er sich nicht augenblicklich entschloß, wie er auf die Explosion reagieren und wie er mit dem Konflikt umgehen wollte, signalisierte er Nachgiebigkeit – Nachgiebigkeit in einem Umfeld, in dem die politischen Fraktionen seit Jahrzehnten den Kult des «bewaffneten Kampfes» und die Anbetung der Waffen gepflegt hatten. Palästinensische Beobachter, vor allem aus akademischen Kreisen, warnten angesichts der mächtigen israelischen Armee vor einer Militarisierung. Andere warnten vor undifferenziertem Waffengebrauch gegen Israelis auf beiden Seiten der grünen Linie, durch den der Zweck dieses Aufstandes verwischt wurde, der ja die Errichtungen eines Staates neben Israel zum Ziel hatte. Manche Aktivisten, darunter auch etliche hochrangige, spürten die Gefahr, aber sie ließen zu, daß die gefährliche Strömung ihre Organisationen und Anhänger mit sich riß.

Trotz einiger Versuche, die Aktivitäten zu koordinieren, hat seit September 2000 jede palästinensische Fraktion – sei es die Fatah, die Hamas, die Volksfront oder der Islamische Jihad – für sich alleine entschieden, worin die «obersten nationalen Interessen der Palästinenser» bestünden: Schüsse, Selbstmordattentate, Minenfallen in Jerusalem, Angriffe aus dem Hinterhalt. Die Organisationen, besonders Hamas und Fatah, begannen, miteinander um die zukünftige nationale und politische Legitimation in Form eines möglichst hohen Anteils an Blutvergießen und Rache zu konkurrieren. In der Hamas hat es anscheinend einen zentralen Beschluß gegeben, durch Angriffe auf israelische Zivilisten in Israel eine Eskalation herbeizuführen. Als die Fatah auf diese Methode zurückgriff, lagen dieser Entscheidung lokale Entschlüsse zugrunde, die in unterschiedlichen Regionen von Individuen getroffen worden waren. Und der Führung der Fatah gelang es nicht, in ihren Reihen Gehorsam zu erzwingen und der Versuchung zu widerstehen, sich vom allgemeinen Taumel mitreißen zu lassen, in dem Rache und Planlosigkeit regierten. Je härter die israelischen Methoden wurden, je mehr palästinensische Zivilisten in ihren Wohnungen, ihren Läden, auf ihren Straßen und Feldern getötet wurden – ohne daß die Welt besonders Notiz davon nahm –, desto weniger konnte sich irgend jemand zuständig fühlen und zur Vernunft mahnen.

Diese und andere Mängel des politischen Systems der Palästinenser und die Art ihres Widerstandes ändern nichts an der Tatsache, daß eine der stärksten Armeen der Welt einen Krieg gegen die gesamte Bevölkerung eines besetzten Landes führte, die gegen ebendiese Besatzung protestierte.

Bereits mehrere Monate vor dem Ausbruch erklärte ein hochrangiger Offizier der IDF im Gespräch mit Journalisten, daß die Armee entschlossen sei, die Siedlungen und ihre israelischen Bewohner zu verteidigen (im Westjordanland, dem Gazastreifen und Ostjerusalem zusammen etwa 380 000. In diesen Gebieten leben zur Zeit rund drei Millionen Palästinenser). Offensichtlich ging er von der Annahme aus, daß die Palästinenser versuchen würden, an diese israelischen Ableger heranzukommen und sie anzugreifen.

Neben scharfen Schüssen an den Checkpoints und gelegentlichen Bombardements mit Hubschraubern gehörte die «innere Abriegelung» fast von Anfang an zu den operativen Maßnahmen der Armee. Inzwischen ist sie zum Hauptcharakteristikum des israelischen Angriffs geworden, obwohl im Laufe des Jahres 2002 die direkten militärischen Maßnahmen intensiviert wurden: «Rückeroberung» der Städte, massive Zerstörung von Häusern mit Bulldozern, Beschuß und Bombardierung der Viertel von Flüchtlingslagern, die an Siedlungen angrenzen, Beschuß und Bombardierung von mitten in Wohngebieten liegenden Bauwerken der PA, regelmäßige Tötung von Zivilisten, monatelange Ausgangssperren. Die Abriegelung spielte jedoch weiter die Rolle der «stillen Zerstörung» – ein von der Weltbank geprägter Ausdruck, der sich auf die verheerenden wirtschaftlichen, sozialen und psychologischen Auswirkungen bezieht, die die Abriegelung auf lange wie auf kurze Sicht auf das Leben der Palästinenser hat.

Seit dem Oktober 2000 wurden die abwechslungsreichen Landschaften des Westjordanlandes – Täler und eine Wüste, Felsen, von denen das Wasser in dünnen Rinnsalen tropft, grüne Ebenen mit üppigen Obstgärten und Berge voller Olivenbäume – mit einer Topographie überzogen, die die IDF geschaffen hat. Das Westjordanland wurde schrittweise in eine Ansammlung unzähliger Enklaven à la Gazastreifen umgewandelt, nur daß diese Enklaven noch viel kleiner sind: von ihrer Umwelt abgeschnittene Ortschaften, die man nur betreten oder verlassen darf, wenn der örtliche IDF-Offizier, die Befehle des Oberkommandos der Armee und die israelische Regierung es gestatten.

Betonklötze, tiefe Gräben, Barrikaden aus Sand – denen immer wieder durch einen in der Ferne sichtbaren israelischen Panzer oder einen gepanzerten Jeep und schwerbewaffnete Soldaten Nachdruck verliehen wird –, diese Straßensperren, die den freien Verkehr zwischen den palästinensischen Ortschaften blockieren, sind innerhalb von zwei Jahren zu festen Bestandteilen der Landschaft geworden, so natürlich und unverrückbar wie ein Felsen aus vergangenen Erdzeitaltern und so allgegenwärtig wie die Olivenbäume. Das ist die «innere Abriegelung», die es den Palästinensern nicht nur unmöglich macht, das Westjordanland zu verlassen, sondern sie auch daran hindert, sich zwischen ihren einzelnen Ortschaften zu bewegen.

Die Abhängigkeit der palästinensischen Dörfer und Städte voneinander (bezüglich Arbeit, medizinischer Versorgung, Schule, Familienleben und Handel) zwang die Menschen dazu, sich dem Verkehrsverbot täglich zu widersetzen. Sie nehmen lange Fußmärsche auf sich, umgehen die Straßensperren, verstecken sich vor den (um sich schießenden) Militärpatrouillen, erklimmen Berge und steigen in Täler hinunter, machen Umwege von fünfzig Kilometern, wechseln die öffentlichen Verkehrsmittel alle zehn Kilometer, um endlich an ihrem Ziel in einer Stadt anzukommen, die bislang mit einer Autofahrt von fünfzehn Minuten zu erreichen war.

Je mehr sie sich widersetzen, desto mehr wird das System perfektioniert. Manche Städte und Dörfer wurden inzwischen mit verschlossenen Eisentoren versehen, deren Schlüssel die Soldaten in Verwahrung haben. Mancherorts wurden Städte mit Stacheldraht eingezäunt. Autos können nur noch durch einen einzigen Ein- und Ausgang passieren, der von der Armee bewacht wird. Nachdem die interne Abriegelung angeordnet worden war und die dazu notwendigen physischen Maßnahmen abgeschlossen waren, folgten die administrativ-bürokratischen Schritte. Der erste war das Verbot, die Hauptverbindungsstraßen und Highways im Westjordanland zu benutzen, die von den jüdischen Siedlern befahren werden. Wer gegen dieses Verbot verstößt, wird der Polizei gemeldet und mit einer Geldstrafe belegt. Dann wurden die bürokratischen Maßnahmen weiterentwickelt: Wer von einer (eingezäunten und mit Straßensperren abgeriegelten) palästinensischen Stadt in eine andere gelangen will, braucht dazu eine Genehmigung von den israelischen Behörden. Manche Leute beantragen solche Genehmigungen, andere tun es nicht. Waren dürfen im «back-to-back»-System, das während der Oslo-Jahre im Gazastreifen erfunden wurde, in die Ortschaften gebracht werden. Dies wird als vorbeugende Maßnahme gegen die Infiltration von Terroristen erklärt.

Der gleiche Prozeß, der zwischen 1991 und 1997 in Gaza stattfand und in diesem Buch geschildert wurde, wird nun – mit genau den gleichen Begründungen – im Westjordanland mit seinen zwei Millionen Palästinensern wiederholt, reproduziert und vervielfältigt. Wenn im Gazastreifen 1,1 Millionen Menschen in einem schmalen Streifen von etwa 378 Quadratkilometern eingesperrt wurden, werden nun im Westjordanland Gemeinden von 800 bis 180 000 Einwohnern in sehr viel kleineren Enklaven mit Straßensperren und Stacheldraht von der Außenwelt abgeschnitten. Und Gaza selbst wurde seit 2001 praktisch in drei Unterenklaven eingeteilt, die voneinander abgeschnitten und getrennt sind. Was die Palästinenser in den Jahren 2001 und 2002 durchgemacht haben, ist also nur ein quantitativer und kein qualitativer Wechsel in Israels Abriegelungspolitik. Sie ist nun sehr viel greifbarer und verbreiteter, weil es inzwischen zweihundert und mehr «Erez-Checkpoints» gibt, aber das Prinzip ist unverändert.

Mit der inneren Abriegelung hat Israel sein oft zitiertes Ziel einer demographischen Trennung von Juden und Palästinensern in einem Land erreicht. Die zielstrebige Weiterentwicklung der Siedlungen während des «Friedensjahrzehnts» (das 1991 begann) hatte die Entstehung eines einzigen Staates in einem Land zur Folge, das sich vom Mittelmeer bis zum Jordan erstreckt. Die Infrastruktur, die zum Zweck der Verbesserung der Situation der Siedler entwickelt wurde, ist die Infrastruktur eines einzigen Staates, Israels. Schnelle Straßen verbinden die Siedlungen mit dem Mutterland, das Elektrizitätsnetz, das Wasserversorgungssystem, die Schulen, das Steuersystem, die Gerichte und Polizeistationen sind die gleichen. Nur daß zwischen diesen israelischen Ablegern, die so sorglich mit dem Mutterland verflochten wurden, ein anderes Volk lebt, ein Volk, dessen Entwicklungschancen a priori von den verschiedenen Regierungen Israels begrenzt wurden, dessen Zugang zu Wasser- und Landreserven systematisch limitiert wurde.

Zwei ethnische Gruppen leben in einem Land, und eine Regierung entscheidet über die Richtung, in der sie sich entwickeln dürfen. Die beiden ethnischen Gruppen unterliegen unterschiedlichen Rechtsystemen und haben nicht das gleiche Recht auf Staatsbürgerschaft, Land, Wasser und Lebensraum. Die Palästinenser, die israelische Staatsbürger sind, haben das Recht zu wählen. Seit Jahren versuchen sie, mit politischen Mitteln gegen Diskriminierung und für Gleichberechtigung mit den Juden zu kämpfen. Die Palästinenser im Westjordanland und dem Gazastreifen, die keine israelischen Staatsbürger sind, haben ihren Widerstand gegen die israelische Militärherrschaft auf jede nur erdenkliche Weise artikuliert: mit Waffengewalt und dem Festhalten an ihrem Land, mit juristischen Mitteln und mit Bomben, die jüdische Kinder töten, mit Verhandlungen und öffentlichen Demonstrationen, mit dummen Erklärungen und offenen Worten über ihre Leiden, ihre Träume und ihre Hoffnungen.

Im Jahr 1999 sollten eigentlich die Verhandlungen zwischen der PLO und Israel über den «endgültigen Status» stattfinden. Anfang Dezember 1999 faßte der Leiter der palästinensischen Delegation, Yasser abd Rabbo, aus Zorn und Verzweiflung den Entschluß, die Gespräche wegen des ununterbrochen fortgeführten Siedlungsbaus zu suspendieren. Einige Tage darauf beschloß der damalige israelische Premierminister Ehud Barak, die Veröffentlichung von Ausschreibungen in den Siedlungen einzufrieren. Der rechte Flügel seiner Partei warf ihm vor, sich palästinensischem Druck zu beugen. Bei einer Pressekonferenz brachten einige Journalisten den gleichen Vorwurf zum Ausdruck. Barak wurde wütend. Er erklärte, daß die Ausschreibungen nicht aufgegeben, sondern nur eingefroren seien, bis Israel und die Palästinenser einen «Rahmenvertrag» (also kein endgültiges Abkommen) geschlossen hätten. Es würde, so versicherte er, nur eine Verschiebung der Ausschreibungen um vier Monate bedeuten, nichts Ernstes. Gleichzeitig versprach er, daß die Bautätigkeit an anderen Orten, wo die Ausschreibungsergebnisse bereits gebilligt und legalisiert worden seien, fortgeführt würden. Dann erklärte er zornig: «Das ist die (richtige) Vorgehensweise, durch die gleichzeitig unser Zugriff auf das Land Israel und unsere Position am Verhandlungstisch gestärkt werden. Wer verlangt, daß wir unter Gewaltanwendung mit den Ausschreibungen fortfahren sollen, schwächt den Staat Israel in seinem Kampf um das Land Israel.»

Die Nebeneinanderstellung der Begriffe «Staat Israel» und «Land Israel» gehört seit fünfunddreißig Jahren zum typischen Jargon der Rechtsradikalen. Ihr Ziel war und ist die Ausdehnung der Souveränität und Jurisdiktion des Staates Israel (in den von der internationalen Gemeinschaft anerkannten Grenzen) auf das Land Israel in den Grenzen des britischen Mandats (vom Mittelmeer bis zum Jordan). Wenn Barak auf dieselbe Terminologie zurückgriff, so sprach das Bände über seine Motive. Er sagte nicht etwa: «Dies ist der richtige Schritt, um zu einem Friedensschluß zu kommen», er redete nicht etwa von den Rechten der Palästinenser oder der neuen Ära der dringend notwendigen Versöhnung, er sprach von der richtigen Taktik im *Kampf* um Großisrael.

Ebenso wie die Entscheidung sämtlicher während des «Friedensjahrzehnts» amtierender Regierungen, mit dem Siedlungsbau fortzufahren, untermauerten Baraks Worte die These, daß Israel seiner Natur nach eine expansionistische politische Einheit ist, die ihre Ziele auf Kosten der Palästinenser verfolgt.

Infolge des ungelösten israelisch-palästinensischen Konflikts entstanden unterschiedliche, dichtonomisch-historiographische Erklärungen und Legenden über die Gründung des Staates Israel in einem Teil des Landes

Israel/Palästina. So stehen sich zum Beispiel das Versprechen Gottes an die Juden und das noch zu erfüllende Versprechen Gottes an die Muslime gegenüber. Ein weiteres Beispiel ist die Betrachtung der Besiedelung des Landes Israel als gerechte Inanspruchnahme eines historischen Rechts, wobei die Befreiungsbewegung der Juden, der Zionismus, die treibende Kraft war, und im Gegensatz dazu die These einer jüdisch-westlichen kolonialistischen Verschwörung. Oder: Eine kolonialistische Verschwörung, die infolge der geschickten und listigen Strategie der Juden und mit westlichem Geld zum Erfolg führte, im Gegensatz zu der These, daß der Zionismus tatsächlich ein Kind des kolonialistischen Zeitalters in Europa, der Staat selbst jedoch ein Produkt historischer Umstände ist. Diese Umstände – und nicht irgendeine Ideologie – haben das Volk in der Diaspora, die europäischen Juden, die Deutschlands industrialisierten Massenmord überlebt hatten, dazu gezwungen, sich für die Emigration nach Palästina bzw. in das Land Israel und später in den Staat Israel zu entscheiden. Schließlich hat das christlich-weiße Europa am Programm des «Dritten Reichs» mitgewirkt, die Juden, die 2000 Jahre lang auf dem europäischen Kontinent gelebt hatten, nicht nur zu vertreiben, sondern sie vom Angesicht der Erde auszulöschen.

Jahrzehntelang haben Araber, Palästinenser und die radikale Linke Israel als direktes, wenn auch verspätetes Produkt europäischer kolonialistischer Tendenzen und Vorstellungen beschrieben, zu denen sie auch den Zionismus zählten. In dieser Geschichtslegende wurde die Tatsache ignoriert, daß der Zionismus als Lösung für das Problem der Verfolgung und Diskriminierung von Juden nur von einer Minderheit des jüdischen Volkes akzeptiert wurde. Die Mehrheit suchte anderswo nach Lösungen – in der Neuen Welt, durch Assimilation, durch einen sozialistischen Kampf um gleiche Rechte, durch religiöse Abgrenzung und Isolation. Erst nach dem «Erfolg» des nationalsozialistischen Projekts übernahm die Mehrheit der überlebenden Juden die zionistische Lösung. Der Staat Israel, den sich die Zionisten erträumten, brauchte möglichst viele Menschen (die das Gefühl hatten, daß sie sonst nirgends erwünscht waren), Geld und eine allgemeine internationale Unterstützung (nicht nur die Unterstützung imperialistischer Regierungen). Nach dem Holocaust erhielt er all dies. Das hat nichts mit Gerechtigkeit oder der Wiedergutmachung von Verbrechen zu tun. Es hat auch nichts mit «Wiederaufbau nach der Katastrophe» zu tun: Nichts kann die Millionen ermordeter Juden und ihre ermordete Kultur, Zukunft und Vergangenheit ersetzen. Es handelt sich um einen historischen Prozeß, der für Millionen von Menschen schmerzhaft und katastrophal war. Der Zionismus mag von diesen Vorgängen «profitiert» haben, aber für den nationalsozialistischen Plan einer Vernichtungsindustrie ist er nicht verantwortlich.

Die internationale Anerkennung des Staates Israel in den Grenzen von 1967 und die UNO-Resolutionen, die sich gegen Israels Herrschaft über die besetzten Gebiete wandten, können als implizite oder unbewußte Akzeptanz der komplexen historiographischen Erklärung interpretiert werden. Während der letzten zehn Jahre und selbst noch heute, inmitten des blutigen Konflikts, hat sich die Mehrheit der Palästinenser mit Eifer auf die UNO-Resolutionen berufen, in denen die Grenzen vom 4. Juni 1967 als endgültig anerkannt werden. Darin kann man eine De-facto-Anerkennung einer historiographischen Erklärung sehen, wonach Israel nicht nur ein vorübergehendes kolonialistisches Phänomen ist, sondern ein Staat, dessen Wurzeln tatsächlich bis in die kolonialistische Vergangenheit Europas und in die Vergangenheit der Bewegung einer jüdischen Minderheit zurückreichen, aber auch in die antisemitische, mörderische Vergangenheit des europäischen Kontinents.

Im Zuge der Neuansiedlung des jüdischen Volkes und der Juden, die aus arabischen Ländern kamen, haben junge Israelis, gestützt auf die kolonialistischen Grundlagen, Theorien und Neigungen der zionistischen Bewegung, einen Großteil des palästinensischen Volkes seines Grundbesitzes und seiner Heimat beraubt, es zu einem verfolgten Volk von Flüchtlingen gemacht, dessen ganzes Leben auf den Kopf gestellt wurde. Als die Abkommen von Oslo unterschrieben wurden, gab es sowohl auf palästinensischer als auch auf israelischer Seite viele, die sich in der Illusion wiegten, daß diese Abkommen nicht nur eine palästinensische Anerkennung des Existenzrechts Israels umfaßten, sondern auch eine israelische Anerkennung des Rechts der Palästinenser, als Volk im eigenen Land zu leben, sowie ihres Rechts auf Selbstbestimmung und Unabhängigkeit. Und zwar wirklich als Recht und nicht als großmütiges Zugeständnis des Stärkeren. Nun warteten die Palästinenser darauf, daß das starke Israel sich zu seiner Verantwortung für ihre Katastrophe von 1948 bekannte.*

* Die Israelis sind der Meinung, daß das Beharren der Palästinenser auf ihrem Recht auf Rückkehr in ihre Heimat die Verhandlungen torpediert habe. Die palästinensische Führung wollte jedoch offenbar lediglich die Anerkennung des Rechts auf Rückkehr, war aber bereit, auf die praktische Durchsetzung dieses Rechts, also auf die tatsächliche Rückkehr «aller» Flüchtlinge und ihrer Nachkommen in das heutige Israel, zu verzichten. Aber ausweichend, wie sie sich stets verhielt, wenn es um unangenehme Wahrheiten ging, wagte die palästinensische Führung es nicht, über dieses Thema offen mit ihrem Volk zu diskutieren. Gleichzeitig war ihr klar, daß sie, wenn sie sich der Forderung einiger palästinensischer Gruppen nach einem praktischen Recht auf Rückkehr in das ganze Land in ferner Zukunft anschloß, den Kampf um Souveränität in einem Teil des Landes in naher, greifbarer Zukunft verlieren würde.

Dazu hätte es einer ernsthaften Diskussion über die Ereignisse von 1948, über den Leidensweg der Palästinenser und ihre tiefe Bindung zu ihrem Land in der israelischen Gesellschaft bedurft. Aber wie sollte es zu einer solchen Diskussion kommen, wenn Israel gleichzeitig auf seine alten Taktiken aus der Zeit vor 1948 zurückgriff: die Grenzen durch die Siedlungen festzulegen, Juden anzusiedeln und sich so viel (palästinensisches) Land wie möglich mit möglichst wenigen oder gar keinen Menschen (Palästinensern) anzueignen?

Im Mai 2002 sprach ich anläßlich eines Symposiums in Hamburg mit palästinensischen und jüdischen Rednern zu einer großen Zuhörerschaft. Als ich die Abriegelungspolitik und die eingezäunten Enklaven beschrieb, fragte mich einer der Zuhörer, warum ich nicht den «zutreffenden» Ausdruck «Ghetto» verwendete. Ich gab ihm folgende Antwort: Das Wort «Ghetto» ist keine neutrale Beschreibung. Die Parallele, die es zieht, bezieht sich nicht auf die mittelalterlichen jüdischen Ghettos in Italien, sondern auf Nazideutschland. Es dient nicht der Beschreibung einer Realität in der Gegenwart, sondern beinhaltet die Behauptung, daß die Juden heute genau das tun, was ihnen selbst angetan wurde ... Ich machte den geschätzten Fragesteller darauf aufmerksam, daß das «Ghetto» zur Nazizeit Teil der Ideologie einer neuen globalen Ordnung war, nach der ganze Rassen in einer Hierarchie zum Nutzen der weißen Herrenrasse neu geordnet (und teilweise ausgerottet) werden sollten.

Ich bin mir der Gefahr wohl bewußt, daß die Diskussion über Israels Besatzungs- und Unterdrückungspolitik, die dieses Buch in Deutschland möglicherweise auslösen wird, vielleicht zu ähnlichen Schlüssen oder auch zu dem gegenteiligen Vorwurf führen kann: daß dieses Buch den Antisemitismus schürt und damit der Sache der Holocaust-Leugner dient. Aber demagogische Manipulationen sind kein Grund, der Öffentlichkeit Fakten vorzuenthalten, die mehr Licht auf die tragische Symbiose meines Volkes mit den Palästinensern werfen können.

Während der Oslo-Jahre haben die Palästinenser Israel ein goldenes Geschenk angeboten: sich von seinen kolonialistischen Charakterzügen und Traditionen zu lösen und nach einem neuen Weg zu suchen, um den Konflikt mit den Palästinensern friedlich und mit vernünftigen Methoden zum Abschluß zu bringen. Ich bin fest davon überzeugt, daß dies der sicherste Weg gewesen wäre, der jüdischen Gemeinschaft eine normale Zukunft in Wohlstand und Sicherheit zu garantieren – und nicht nur den Juden, sondern auch den Palästinensern. Denn es sind zwei Völker, die in diesem einen, gequälten Land leben, und jede mögliche Lösung sollte auf der Anerkennung des Grundsatzes der Gleichheit basieren.

Haben wir diese goldene Chance verpaßt?

Ramallah, den 22. September 2002

Danksagungen

Die Liste derer, denen ich Dank schulde, ist endlos. Sie umfaßt all die Menschen in Gaza und seinen Flüchtlingslagern, die mir halfen, den Gazastreifen kennenzulernen, die mich in ihre Wohnungen einluden, mich als Menschen akzeptierten und mir bei meiner Arbeit und beim Schreiben dieses Buches halfen. Vor allem aber verdanke ich ihnen die Möglichkeit, die Menschlichkeit kennenzulernen, die auch unter harten und demütigenden Lebensbedingungen lebendig sein kann. Leider kann ich sie nicht alle namentlich aufzählen, in erster Linie natürlich aus Platzgründen, aber auch, weil ich sie damit in Gefahr bringen könnte. Diejenigen, deren Namen an dieser Stelle nicht genannt werden können, wissen dennoch, daß ich ihnen immer dankbar sein werde.

So gilt mein besonderer und offen ausgesprochener Dank Huda und Dr. Hayder abd al-Shafi, Bassam al-Agra, Kawthar Ne'irab, Mustafa Ibrahim, Mirwat und Marwan Kafarna, Rick Hooper, John Inhat, Amal und Raji Sourani, Ihab al-Ashqar, Faher und Fatma Awad, Marwa Kassem, Ismail Saleh, Diab al-Luh, Sufyan Abu Azida und Hisham Abed al-Razek. Zu danken habe ich ferner dem Chefredakteur der *Ha'aretz*, Hanoch Marmari, und dem Nachrichtenredakteur Moshe Gal, der den Vorschlag machte, mich zum Korrespondenten der Zeitung im Gazastreifen zu ernennen. Den Feature-Redakteuren Ada Ushpiz und David Landau, die stets Interesse an meinen Artikeln zeigten und mich ermutigten, den Mitarbeitern der Redaktion und des Archivs der Zeitung, dem Sprecher des Südkommandos der IDF, der Zivilverwaltung, den Sprechern des CLO, den Mitarbeitern des palästinensischen Informationsministeriums und Worker's Hotline (Arbeiternotruf).

Meine Freundin Michal Levine, die stets so voller Verständnis ist, wird immer einen besonderen Platz in meinem Herzen einnehmen. Das gleiche gilt für Tamar Peleg, für die Gaza einen ebenso großen Stellenwert hat wie für mich, die die positiven Seiten und die Schwierigkeiten besser kannte als jeder andere und mir in den unvermeidlichen Zeiten der Frustration und des Kummers zur Seite stand.

Worte reichen nicht aus, um meine Dankbarkeit gegenüber Riva Hocherman bei Metropolitan Books zum Ausdruck zu bringen. Ihre Sensibilität für das Thema und die Rigorosität, mit der sie für die Integrität meines Buches sorgte, machten seine Geburt in englischer Sprache erst möglich.

Anmerkungen

Einleitung

1 Hanna Levy-Hass, *Vielleicht ist das alles erst der Anfang*, Tagebuch aus dem KZ Bergen-Belsen, 1944–1945. Rotbuch Verlag, Berlin.

1. Der Militärgouverneur zieht um

1 Shaul Bibi, *Ha'ir*, 10. November 1955.

2 Joel Singer, *Justice*, Dezember 1995, Internationale Gesellschaft jüdischer Rechtsanwälte und Juristen, Tel Aviv.

3 Im Oktober 1997 legte Hayder abd al-Shafi sein Mandat als Abgeordneter des palästinensischen Parlaments nieder. Er war zu der Überzeugung gekommen, daß die von Arafat beherrschte palästinensische Exekutive das Parlament trotz der Gewaltenteilung zur Bedeutungslosigkeit verurteilte und seine Resolutionen mißachtete, vor allem solche Resolutionen, die sich mit dem Finanzgebaren der leitenden Funktionäre befaßten oder zur Achtung der Menschenrechte aufriefen. «Die erste Aufgabe des Parlaments bestand darin, einen demokratischen Prozeß einzuleiten, und ich fürchte, daß wir auf dem Weg zu diesem Ziel keine Fortschritte gemacht haben», erklärte er.

3. Eine Bougainvillea und ein Haufen Schutt

1 Diese Zahlen wurden vom palästinensischen Büro für Statistik offiziell als Ergebnis der Volkszählung von 1997 vorgelegt.

2 Association of Israeli-Palestinian Physicians for Human Rights (PHR-Israel), *Intifada-Related Head Injuries and Rehabilitation of the Head Injured*, Tel Aviv, Juli 1995.

3 Nach einer langen, von dem für die PHR-Israel tätigen Rechtsanwalt Dan Assan geführten juristischen Schlacht verurteilte ein israelisches Gericht den Staat Israel zur Zahlung von 75 % der Behandlungskosten für Lulu für den Rest ihres Lebens. Die verbleibenden 25 % der Kosten wurden vom Gericht der Familie auferlegt, mit der Begründung, daß sie nichts getan habe, um die Verletzung zu verhindern.

4. Khalid wechselt die Partei

1 Im Sommer 1997 wurden Nabil Shaath und Jamil al-Tarifi von einem parlamentarischen Untersuchungsausschuß, der sich mit dem Vorwurf befaßte, daß es in der Autonomiebehörde Fälle von Korruption gebe, für schuldig befunden. Der Ausschuß forderte von Arafat, sie ihrer Ämter zu entheben und

wegen Unterschlagung vor Gericht zu stellen. Die beiden behielten ihre Ämter und wiesen die Anschuldigungen als populistisch und amateurhaft zurück. Sie behaupteten, daß alle möglicherweise aufgetretenen Fehler auf die Unerfahrenheit der Verwaltungsbehörden zurückzuführen seien.

5. Wie es im Koran geschrieben steht

1 N. J. Dawood, übers. *Der Koran* (London: Penguin Classics, verbesserte Ausgabe 1990), S. 18.
2 Ebd., S. 19.
3 Ebd., S. 82.
4 Nadav Shragai, *Ha'aretz*, 23. Mai 1994.
5 Nachdem er das Buch in hebräischer Sprache gelesen hatte, äußerte mein Freund Nihad Sheikh Khalil, ein gläubiger Muslim, den Wunsch, eine Korrektur anzubringen. Nach den islamischen Texten war Mohammed nicht derjenige, der den Vertrag brach. Auf Wunsch der jüdischen Gemeinde Bnei Bekar beteiligten sich die Quraysh an einem Angriff auf die muslimische Gemeinde Huz'a. Deshalb war der Prophet der Meinung, daß er nicht mehr an den Vertrag gebunden sei.
6 Als dieser Witz kurz vor der Einsetzung der Autonomiebehörde Anfang 1994 die Runde machte, durften Männer über vierzig den israelischen Checkpoint an der Nordeinfahrt nach «Groß-Jerusalem» passieren (ein von Israel annektiertes Gebiet, zu dem auch Ost-Jerusalem und die Altstadt gehören). Zwei Jahre später wurden auch ältere Männer nicht mehr hineingelassen.
7 Übersetzung nach Hillel Schenker (Hg.), *After Lebanon: The Israeli-Palestinian Connection* (New York: The Pilgrim Press, 1983), S. 441 ff.
8 Ebd., S. 445.

6. Steuern auf das nackte Leben

1 Weltbank, *Developing the Occupied Territories: An Investment in Peace* (Washington, D. C., 1993), Bd. 2, S. 113.
2 E. A. Sadan, *Policy for Immediate Economic Industrial Development in the Gaza Strip* (Jerusalem 1991), S. 65.
3 Ebd., S. 41.
4 Ebd.
5 Weltbank, *Occupied Territories*, Bd. 5, S. 1.
6 Palestine Economic Policy Research Institute, *The Palestinian-Israeli Trade Arrangements: Searching for Fair Revenue Sharing*, Dez. 1995, S. ix. Zitiert in O. Hamed und R. A. Shaban, «One-Sided Customs and Monetary Union: The Case of the West Bank and Gaza Strip under Israeli Occupation», in G. S. Fisher, D. Rodrick, E. Tuma (Hgg.), *The Economics of the Middle East Peace* (Cambridge: MIT Press, 1993).
7 Weltbank, *Occupied Territories*, Bd. 2, S. 107–110. Die Zitate in den folgenden Abschnitten sind ebenfalls auf diesen Seiten zu finden.
8 *Ha'aretz*, 3. März 1993.

9 Sadan, *Policy*, S. 6.
10 Samir Hazboun et al., *Possibilities for Industrial and Entrepreneurial Development in the West Bank and Gaza Strip*, S. 25.
11 Weltbank, *Occupied Territories*, Bd. 5, S. 7.
12 Ebd., S. 68.
13 Sadan, *Policy*, S. 6.
14 Weltbank, *Occupied Territories*, Bd. 5, S. 1.
15 Ebd., S. 5.
16 Municipality of Gaza, *Priority Projects Program for Gaza City*, 1996–2000, prepared by the Large Project Team, Technical Department and Welfare Association Consultants, Nov. 1995.
17 Weltbank, *Occupied Territories*, Bd. 5, S. 7.
18 Sara Roy, *Gaza Strip* (Washington, D. C.: Institute for Palestine Studies, 1995), S. 166.
19 Die hohe Einschätzung des Gesamtwasservorrats stammt aus palästinensischen Quellen. Weltbank, *Occupied Territories*, Bd. 5, S. 49 f.
20 In Verhandlungen über die ständigen Siedlungen hat Israel den Standpunkt vertreten, daß die Verteilung des Wassers auf der Grundlage des Status quo bezüglich des Wasserverbrauchs und auf den historischen Rechten an den wasserführenden Schichten in den Bergen erfolgen muß. Diese Rechte wurden vor siebzig Jahren festgelegt, bevor die Palästinenser begannen, in nennenswertem Maß von diesen Wasservorräten Gebrauch zu machen. Die Palästinenser fordern nun gleichberechtigten Zugang zu den gemeinsamen Ressourcen und verwahren sich gegen die Behauptung, daß der gegenwärtige Unterschied im Wasserverbrauch auf die unterschiedliche «Mentalität» zurückzuführen sei.
21 Peace Now, *Demographic and Geographic Analysis of the Population in the West Bank and the Gaza Strip*, Nov. 1992, S. 33. Nach Daten des Sprechers des Südkommandos der IDF, Juli 1996.

7. Wir stammen aus demselben Dorf

1 Benny Morris, *The Birth of the Palestinian Refugee Problem, 1947–1949* (Cambridge, Groß Brit.: Cambridge University Press, 1987) S. 9 f.
2 Sara Roy, *Gaza Strip* (Washington, D. C.: Institute for Palestine Studies, 1995), S. 269.
3 Albert Hourani, A History of the Arab Peoples (Cambridge, Mass.: Belknap Press of Harvard University Press, 1991), S. 17.
4 Zentrales Büro für Statistik, palästinensisches Ministerium für Planung und internationale wirtschaftliche Zusammenarbeit, *Auszug aus der Statistik für 1995*, März 1996.
5 Roy, *Gaza Strip*, S. 182–186.
6 Ebd., S. 205, Randbemerkung 83.

8. Sie sind nicht dabei

1 Zentrales Büro für Statistik, palästinensisches Ministerium für Planung und internationale wirtschaftliche Zusammenarbeit, *Auszug aus der Statistik für 1995*, März 1996, S. 23.
2 M. Heiberg und G. Ovensen (Hg.), *Palestinian Society, 1993* (Oslo: Falch Hurtigtrykk, 1993), S. 185.
3 Palästinensisches Planungsministerium, *Auszug aus der Statistik für 1995*, S. 14.
4 *Requirements for Gender Development in Palestinian Society* (Jerusalem: Jerusalem Media and Communication Center, 1995), S. 10 f.
5 Rima Hammami, «Women in Palestinian Society», in Heiberg und Ovensen, *Palestinian Society*, S. 307 f.

10. Die Ausreisegenehmigung von gestern

1 In einem B'tselem-Bericht über die Schließung der Grenzen wird die Behauptung über die angeblich blinden Männer dem Koordinator für Aktivitäten in den besetzten Gebieten zugeschrieben. Jerusalem, April 1996.
2 Eiten Rabin, *Ha'aretz*, 20. Juni 1996.

11. Warten, bis man vierzig wird

1 Der Wirtschaftsexperte Ephraim Kleiman machte im April 1996 in einer Diskussionsrunde eine entsprechende Andeutung. Die anderen Diskussionsteilnehmer waren der Journalist Ytzhak Segev, die Knesset-Mitglieder Benyamin Begin und Haim Ramon und Mordechai Gur, der ehemalige Stabschef der IDF. Die Diskussion wurde von dem angesehenen Korrespondenten der *Ha'aretz* für militärische Angelegenheiten, Ze'ev Schiff, moderiert.
2 E. A. Sadan, *Policy for Immediate Economic Industrial Development in the Gaza Strip* (Jerusalem, 1991), S. 11.
3 Kollaborateure und Angestellte der Zivilverwaltung waren von der Vorschrift bezüglich der Strafregister ausgenommen, obwohl einige von ihnen in Drogengeschäfte verwickelt waren.
4 *Ha'aretz*, 22. Oktober 1989.
5 Geir Ovenson, *Responding to Change*, FAFO Report 166, Oslo, 1994, S. 69.

12. Der Motor ist abgestorben

1 Anfang 1995 waren nach Schätzung der Schneidergewerkschaft in ihrem Bereich 30 000 Menschen beschäftigt, darunter viele Kinder und nicht angemeldete Familienmitglieder, die in Familienbetrieben mitarbeiteten. Nach anderen offiziellen Schätzungen betrug die Zahl der Industriearbeiter etwa 10 000.
2 Im Jahr 1995 importierte der Gazastreifen Waren im Wert von $ 524,1 Mil-

lionen. Davon entfielen $ 470 Millionen auf Waren aus Israel, $ 25,7 Millionen auf Waren aus dem Westjordanland und $ 28,4 Millionen auf Produkte aus dem Ausland. Im gleichen Jahr exportierte Gaza Waren im Wert von $ 77,8 Millionen, vorwiegend landwirtschaftliche Produkte und Kleidung. Vier Jahre zuvor hatte der Gazastreifen Waren im Wert von $ 355,4 Millionen importiert und Waren im Wert von 70,7 Millionen exportiert. Trotz der Flut von Spenden, Investitionen und Versprechungen hatte es der Gazastreifen 1995 also nur mit Müh und Not geschafft, seine Exporte gegenüber dem Jahr 1991 geringfügig zu steigern. (Palästinensisches Ministerium für Planung und internationale wirtschaftliche Zusammenarbeit, *Auszug aus der Statistik für 1995, Gaza,* März 1996), S. 94.

3 Die Verhandlungen des israelisch-palästinensischen Komitees über die Prinzipien und Verfahrensweisen für den Warenverkehr über das Terminal in Rafah und die Allenby-Brücke zogen sich bis zum Sommer 1995 hin, also bis ein Jahr nach der Einsetzung der Autonomiebehörde, als die Palästinenser sich der israelischen Forderung beugten, daß die Waren an den Grenzübergängen im «back-to-back»-System weiterbefördert werden müssen. Erst danach setzte ein sehr begrenzter Handel über das Terminal in Rafah (nach Ägypten) und die Allenby-Brücke (nach Jordanien) ein.

4 1995 verdiente ein Fabrikarbeiter in Gaza durchschnittlich $ 8,88 am Tag. Arbeiter, die in Gaza in der Nahrungsmittelindustrie beschäftigt waren, verdienten $ 9,60, in der Textilfertigungsindustrie waren es $ 8,70. Die Monatsgehälter im öffentlichen Dienst rangierten zwischen $ 320 und $ 780 (*Auszug aus der Statistik*, S. 72).

5 Sara Roy, *Gaza Strip* (Washington, D. C.: Institute for Palestine Studies) S. 269.

6 Büro des Sonderkoordinators der UN für die besetzten Gebiete (UNSCO), *Economic and Social Conditions in the West Bank and Gaza Strip*, Gaza Okt. 1996.

7 Das Ministerium für Planung und internationale wirtschaftliche Zusammenarbeit veröffentlichte in Zusammenarbeit mit dem palästinensischen Büro für Statistik gesammelte Daten, die sich stark von denen des Arbeitsministeriums unterscheiden. Nach den Angaben des Planungsministeriums betrug die Zahl der Arbeitnehmer 1995 durchschnittlich nur 113 000. Davon waren 19 000 in der Landwirtschaft beschäftigt, 11 000 in der Industrie, 23 000 beim Bau und bei öffentlichen Arbeiten, 16 000 im Handel, 29 000 im öffentlichen Dienst (aus den Angaben geht nicht hervor, ob die Polizei in dieser Zahl mit enthalten ist), und 13 000 übten diverse andere Tätigkeiten aus (*Auszug aus der Statistik*, S. 13). Die Diskrepanz zwischen den Angaben der beiden Ministerien hat ihre Ursache in der Eifersucht zwischen den verschiedenen Ministerien und ihrer Unfähigkeit, bei Aufgaben wie dem Erstellen von Statistiken zusammenzuarbeiten. Ich habe die Daten des Arbeitsministeriums verwendet, weil sie in mehr Kategorien unterteilt sind. Daher vermute ich, daß sie genauer sind und die Zahl der Arbeitnehmer exakter angeben.

8 Palästinensisches Forschungsinstitut für Wirtschaftspolitik (MAS), *Poverty in the West Bank and the Gaza Strip*, Nov. 1995, S. 31. Insgesamt lebten

19,1 % der Palästinenser unterhalb der Armutsgrenze, das heißt, sie verfügten über ein Pro-Kopf-Einkommen von weniger als $ 650 im Jahr.

13. Ein Volk in Waffen

1 M. Heiberg und G. Ovensen (Hgg.), *Palestinian Society, 1993* (Oslo: Falch Hurtigtrykk, 1993), S. 44.

2 *News from Within* (Jerusalem: Alternative Information Center, Aug. 1996).

3 Amnesty international, *Trial at Midnight: Secret, Summary, Unfair Trials in Gaza*, London, Juni 1995.

4 Peace Watch wurde als unabhängiges Forum aus ehrenamtlichen Mitarbeitern zu dem Zweck gegründet, Verletzungen der Osloer Abkommen zu dokumentieren, und veröffentlichte detaillierte Berichte, wobei die Aktivitäten der palästinensischen Autonomiebehörde auf allen Gebieten, die die Sicherheit und die Wirtschaft betrafen, mit besonderer Sorgfalt beobachtet wurden. Zu den Gründern des Forums gehörten Persönlichkeiten aus Politik und Wissenschaft, die zur Mitte des politischen Spektrums Israels zählten, also Leute, die der Arbeitspartei und der gemäßigten Rechten angehörten oder nahestanden. Aber auch Siedler aus den besetzten Gebieten und der Minister für Handel und Industrie, Natan Sharansky, gehörten dazu. Nach der Wahl Benjamin Netanyahus im Jahr 1996 wurde Peace Watch aufgelöst.

5 Als Beispiel eines Versuchs, die Auslieferung von Angeklagten an Israel zu umgehen, wurde in der Presseverlautbarung die Gerichtsverhandlung gegen zwei in Jericho aufgegriffene Männer aus Kalkilya genannt, die des Mordes an zwei israelischen Wanderern im Wadi Qelt angeklagt waren. Statt an Israel ausgeliefert zu werden, wurden sie von den Palästinensern wegen anderer Verbrechen angeklagt und zu zehn Jahren Zwangsarbeit verurteilt. Die Informationen über sie stammten von einem anderen Verdächtigen in dem Mordfall, der vom Shabak vernommen worden war. Er wurde schließlich wegen Mangel an Beweisen freigelassen und erklärte, daß die von ihm stammenden Informationen unwahr seien und daß er unter Zwang ausgesagt habe. Die beiden Häftlinge haben inzwischen eine Wiederaufnahme ihres Verfahrens gefordert. 1998 traten sie in einen dreiwöchigen Hungerstreik.

6 Ich habe beim CLO einen Ausdruck der klaren Richtlinien angefordert, nach denen Entscheidungen über eine Einreise von Israelis in den Gazastreifen getroffen werden. Meine Anfrage war Bestandteil einer Liste von Fragen zu Vorgängen, die die Gesundheitsfürsorge betrafen und die ich im Juli 1996 vorgelegt hatte (siehe Kapitel 9, «Die Ausreisegenehmigung von gestern»). Die Anfrage wurde in die Weigerung des CLO, meine Einzelfragen zu beantworten – ich sei «keine objektive Journalistin, die von der Wahrheit geleitet wird» –, mit einbezogen.

Epilog

1 Sonderkoordinator der UN für die besetzten Gebiete (UNSCO), *Economic and Social Conditions in the West Bank and Gaza Strip*, Gaza, Oktober 1996.

2 Diese These wurde im Juni 1995 an der Universität Tel Aviv von Saleh abd al-Jawwad von der Bir-Zeit-Universität vertreten. Er war der erste, der den Prozeß von 1948 bis zu den Osloer Abkommen verfolgte und als Soziozid bezeichnete.

3 Amnon Barzilai, *Ha'aretz*, 28. Nov. 1994.

Glossar

Baruch Goldstein: Jüdischer Arzt aus der Siedlung Kiryat Arba im Westjordanland. Goldstein eröffnete das Feuer auf muslimische Gläubige, die in der Ibrahimi-Moschee in Hebron beteten. Er tötete neunundzwanzig Palästinenser, bevor er selbst getötet wurde. Das Massaker ereignete sich am 25. Februar 1994 während des Ramadan, des muslimischen Fastenmonats.

Briefe zur gegenseitigen Anerkennung: Nach intensiven Verhandlungen in Oslo sandte Yassir Arafat am 9. September 1993 einen Brief an Premierminister Yitzhak Rabin, in dem die PLO das Existenzrecht Israels anerkannte und sich zum Verzicht auf terroristische Handlungen verpflichtete. Im Gegenzug erkannte Israel die PLO als Repräsentanten der Palästinenser und Verhandlungspartner an. Die Briefe ebneten den Weg für die Osloer Abkommen.

Demokratische Front für die Befreiung Palästinas (Democratic Front for the Liberation of Palestine, DFLP): Eine Absplitterung der PFLP, seit 1969 unter der Leitung von Naif Hawatmeh. Die DFLP propagierte einen säkularen, demokratischen Staat in Palästina mit gleichen Rechten für Juden und Araber. Heute strebt sie eine Zwei-Staaten-Lösung an.

Fatah: Die größte und einflußreichste palästinensische politische Organisation, 1959 von Arafat im Exil gegründet. Die Fatah vertrat den Standpunkt, daß die Befreiung Palästinas primär eine Angelegenheit der Palästinenser sei.

Grundsatzerklärung (Declaration of Principles, DOP): Ein Abkommen, durch das im Gazastreifen und in Jericho im Westjordanland eine begrenzte palästinensische Selbstverwaltung eingeführt und die Grundlagen für weitere Verhandlungen festgelegt wurden. Die DOP wurde am 13. Dezember 1993 in Washington, D. C., vom israelischen Premierminister Yitzhak Rabin und dem Vorsitzenden der PLO, Yassir Arafat, unterzeichnet.

Hamas (Islamische Widerstandsbewegung): 1987 zu Beginn der *Intifada* von den Führern der Moslembruderschaften, darunter Sheikh Ahmed Yassin und Sheikh Salah Shehade, gegründet. Die Hamas ist die zweitgrößte Organisation in den besetzten Gebieten.

Intifada: Palästinensischer Volksaufstand, der am 9. Dezember 1987 im Flüchtlingslager Jabalia im Gazastreifen begann. Die *Intifada* endete offiziell im Jahr 1993 mit dem Austausch der Briefe zur gegenseitigen Anerkennung zwischen Israel und der PLO.

Islamischer Jihad (Islamischer heiliger Krieg): Eine Mitte der achtziger Jahre abgesplitterte Gruppe der Moslembruderschaften unter Führung von Fathi Shiqaqi und Abd al-Aziz Oudeh, zwei im Gazastreifen lebenden Flüchtlingen. Der Islamische Jihad kämpft für einen islamischen Staat in ganz Palästina.

Kairoer Abkommen: Am 4. Mai 1994 in Kairo unterzeichnet. Durch das Abkommen wurden formell eine palästinensische Selbstverwaltung eingesetzt und die Bedingungen für den Rückzug der israelischen Truppen aus Gaza und Jericho festgelegt. Das Kairoer Abkommen regelte auch die Struktur der palästinensischen Autonomiebehörde, ihre Beziehungen zu Israel und die Voraussetzungen für allgemeine Wahlen im Palästinensergebiet. Das Kairoer Abkommen wird auch als Oslo I oder Gaza-Jericho-Abkommen bezeichnet.

Kommunistische Partei: Gegründet 1919. 1991 nahm sie den Namen Palästinensische Volkspartei an.

Koordinations- und Verbindungsbüro (Coordination and Liaison Office, CLO): 1994 von der israelischen Regierung anstelle der Zivilverwaltung eingesetzt.

Moslembruderschaft: 1928 von Hasan al-Banna in Ägypten gegründet. Hasan al-Banna war ein Lehrer, der der moralischen und politischen Haltung der arabischen Führer kritisch gegenüberstand.

Nahost-Friedenskonferenz in Madrid: Von der Sowjetunion gesponsert und im Oktober 1991 eröffnet. An der Konferenz nahmen Delegationen aus Syrien, dem Libanon, Jordanien und Israel teil. Die Palästinenser hatten sich bereit erklärt, als Mitglieder der jordanischen Delegation an der Konferenz teilzunehmen. Bilaterale Gespräche zwischen den Delegationen wurden in Washington, D. C., fortgeführt, wobei das State Department der USA als Gastgeber fungierte.

Osloer Abkommen: Bezeichnung für eine Reihe von Abkommen, die von Israel und der PLO zwischen September 1993 und September 1995 unterzeichnet wurden. Dazu gehören die Grundsatzerklärung, das Kairoer Abkommen, das Washingtoner Abkommen und das Pariser Protokoll. Die Bezeichnung geht auf die ersten Verhandlungen in Oslo zurück.

Palästinensische Autonomiebehörde: Die Selbstverwaltungsbehörde, die als Ergebnis der Osloer Abkommen im Mai 1994 in Gaza und Jericho installiert wurde. Später wurde der Wirkungsbereich dieser Behörde auf Teile des Westjordanlands ausgedehnt. Sie besteht aus dem Parlament mit achtundachtzig gewählten Abgeordneten, einem Exekutivbüro mit rund dreißig Mitarbeitern und sechs verschiedenen Sicherheitsbüros.

Palästinensische Befreiungsorganisation (PLO): 1964 in Jerusalem als Zusammenschluß verschiedener palästinensischer politischer Fraktionen gegründet. Die

PLO war fest in der Hand der Arabischen Liga, bis 1969 die von Yassir Arafat geleitete Fatah-Bewegung die Führung der Organisation übernahm.

Palästinensischer Nationalrat: Der gesetzgebende Rat der PLO, dessen 554 Mitglieder entweder ernannt oder gewählt werden. Die Sitze für die Einwohner der besetzten Gebiete wurden bis zum April 1996 freigehalten, als alle Abgeordneten des palästinensischen Parlaments hinzukamen.

Pariser Protokolle: Protokoll über die Wirtschaftsbeziehungen zwischen Israel und der zukünftigen palästinensischen Selbstverwaltungsbehörde. Am 29. April 1994 in Paris unterzeichnet.

Shabak: Der für die innere Sicherheit in Israel und den besetzten Gebieten zuständige israelische Nachrichtendienst. Shabak ist die hebräische Abkürzung für *sherut bitachon klali*, zu deutsch: allgemeiner Sicherheitsdienst.

Teilungsplan: Im Jahr 1947 schlugen die Vereinten Nationen einen Plan vor, nach dem Palästina in zwei selbständige Territorien geteilt werden sollte, von denen das eine von Juden und das andere von Arabern bewohnt sein sollte. Der Plan wurde von der jüdischen Gemeinschaft in Palästina akzeptiert, vom Großteil der arabischen Bevölkerung jedoch zurückgewiesen.

Um und Abu: Wörtlich «Mutter von» und «Vater von.» In arabischen Ländern ist es Tradition, daß Eltern den Namen ihres ältesten Sohnes annehmen, der gewöhnlich nach seinem Großvater väterlicherseits genannt wird.

United Nations Relief and Works Agency (UNRWA): 1949 von der Generalversammlung der Vereinten Nationen zur Unterstützung der palästinensischen Flüchtlinge in Gaza, dem Westjordanland, dem Libanon, Syrien und Jordanien gegründet.

Verhandlungen zum endgültigen Status der Palästinensergebiete: Diese Verhandlungen über den endgültigen Charakter einer Einigung zwischen Israel und den Palästinensern begannen am 5. Mai 1996 in Taba, einem Ort an der israelisch-ägyptischen Grenze. Sie scheiterten jedoch sehr schnell an Israels Verzögerung des Abzugs seiner Truppen aus weiteren Städten im Westjordanland.

Volksfront für die Befreiung Palästinas (Popular Front for the Liberation of Palestine, PFLP): Eine 1967 von George Habash im Exil gegründete, marxistisch-leninistische Organisation. Diese Gruppierung wird historisch am engsten mit dem Konzept eines bewaffneten Kampfes zur Befreiung Palästinas identifiziert.

Washingtoner Abkommen: Auch Oslo 2 oder Interimsabkommen für das Westjordanland und den Gazastreifen genannt. Am 28. September 1995 in Washington, D. C., unterzeichnet. Durch dieses Abkommen wurde die Zuständigkeit der palästinensischen Autonomiebehörde im Westjordanland für eine Interimsperiode erweitert, die spätestens fünf Jahre nach Unterzeichnung des Kairoer Abkommens enden sollte, i. e. am 4. Mai 1999. Die strittigsten Themen, wie der Status von Jerusalem, die jüdischen Siedlungen und die palästinensischen Flüchtlinge, sollten bei den Verhandlungen zum endgültigen Status der Palästinensergebiete geregelt werden.

Zivilverwaltung (Civil Administration): Ein eigener Zweig der israelischen Militärverwaltung in den besetzten Gebieten, der im Jahr 1981 für nicht militärische Verwaltungsaufgaben eingesetzt wurde. Im Gazastreifen wurde die Zivilverwaltung im Jahr 1994 aufgelöst, in den Teilen des Westjordanlands, die noch unter direkter israelischer Herrschaft stehen, arbeitet die Behörde jedoch weiter.

Zeittafel

9. Dezember 1987: Die Intifada beginnt im Flüchtlingslager Jabalia im Gazastreifen und breitet sich rasch auf die Flüchtlingslager im Westjordanland aus.

Juli 1989: Israel führt in den besetzten Gebieten die «magnetischen Karten» ein, ein zusätzlicher Identitätsnachweis, der Voraussetzung für die Genehmigung wurde, den Gazastreifen zu verlassen und in Israel zu arbeiten.

15. Januar 1991: Ausbruch des Golfkriegs. Israel annulliert die seit 1970 geltende allgemeine Ausreisegenehmigung, die es den Palästinensern gestattet hatte, sich im ganzen Land frei zu bewegen. Statt dessen wird ein neues Paßsystem eingeführt, das im Laufe der Zeit zunehmend verkompliziert wird.

Oktober 1991: Die Vereinigten Staaten und die Sowjetunion sponsern eine Nahost-Friedenskonferenz in Madrid.

23. Juni 1992: Yitzhak Rabin und die Israelische Arbeitspartei erringen einen klaren Wahlsieg. Nach fünfzehn Regierungsjahren muß sich der Likud-Block von der Macht verabschieden.

9. September 1993: Israel und die PLO wechseln Briefe zur gegenseitigen Anerkennung, die den Weg zur Selbstverwaltung der Palästinenser ebnen.

13. September 1993: Israel und die PLO unterzeichnen in Washington, D.C., eine Grundsatzerklärung.

25. Februar 1994: Baruch Goldstein erschießt 29 Palästinenser in der Ibrahimi-Moschee in Hebron.

4. Mai 1994: In der ägyptischen Hauptstadt wird das Kairoer Abkommen unterzeichnet. Damit wird die palästinensische Selbstverwaltung im Gazastreifen und in Jericho formell installiert.

17. Mai 1994: Israel schließt die Umverteilung seiner Truppen im Gazastreifen ab. Die Autonomiebehörde nimmt ihre Tätigkeit auf.

1. Juli 1994: Yassir Arafat hält seine erste Rede in Gaza.

7. Februar 1995: Die palästinensische Autonomiebehörde richtet den Staatssicherheitsgerichtshof ein, der sich rasch zu einem Instrument zur Unterdrückung der Opposition gegen die Autonomiebehörde entwickelt.

28. September 1995: Yitzhak Rabin, Shimon Peres und Yassir Arafat unterzeichnen das Washingtoner oder Interimsabkommen für das Westjordanland und den Gazastreifen, wodurch der Zuständigkeitsbereich der palästinensischen Selbstverwaltung erweitert wird.

4. November 1995: Yigal Amir, ein Anhänger der religiösen Rechten in Israel, ermordet Yitzhak Rabin bei einer Massenkundgebung in Tel Aviv.

5. Januar 1996: Yihye Ayas, ein militantes führendes Mitglied der Hamas, fällt im Gazastreifen einem Attentat zum Opfer.

20. Januar 1996: Die 88 Abgeordneten des palästinensischen Parlaments werden gewählt.

Februar–März 1996: In Jerusalem und Tel Aviv finden drei Selbstmordattentate statt, für die die Hamas die Verantwortung übernimmt. Dabei werden 57 israelische Zivilisten getötet.

22.–24. April 1996: Der Palästinensische Nationalrat tritt in Gaza zusammen, um die Artikel der Nationalcharta zu streichen, die den Vereinbarungen der PLO mit Israel widersprechen.

29. Juni 1996: Der Parteivorsitzende des Likud-Blocks, Benjamin Netanyahu, wird zum israelischen Premierminister gewählt.

26. September 1996: Zusammenstöße palästinensischer Demonstranten und Angehöriger der palästinensischen Polizei mit der israelischen Armee. Unmittelbarer Anlaß ist der Zorn der Palästinenser über die Entscheidung des Bürgermeisters von Jerusalem, einen unterirdischen Gang unterhalb des Tempelbergs (Haram a-Sharif) zu öffnen. 70 Demonstranten und Polizisten und 11 israelische Soldaten kommen ums Leben. Hintergrund der Konfrontationen ist ferner die Überzeugung der Palästinenser, daß Israel vorsätzlich den Rückzug seiner Armee im Westjordanland verzögert. Die israelische Armee nimmt die angeblich von Arafat organisierten Zusammenstöße zum Anlaß, sich auf einen «Krieg auf kleiner Flamme» gegen die palästinensische Autonomiebehörde vorzubereiten.

17. Januar 1997: Arafat und Netanyahu unterzeichnen ein Abkommen über eine teilweise Umgruppierung der israelischen Truppen in Hebron: Die Altstadt, in der 500 Juden und 30 000 Palästinenser leben, bleibt vollständig unter israelischer Kontrolle, der Rest der Stadt wird der palästinensischen Autonomiebehörde unterstellt. Die palästinensische Opposition schiebt den Tod von 70 Menschen auf diese allgemein als «jämmerlich» empfundene Lösung für Hebron.

30. und 31. Juli 1997: Zwei Selbstmordattentate der Hamas in Jerusalem. Israel verhängt die erste «innere Abriegelung» im Westjordanland, wodurch jeder Verkehr von und nach den zur Region A zählenden Enklaven unterbunden wird.

15. Mai 1998: Die Nakba-Zusammenstöße: Demonstrationen und Zusammenstöße mit der israelischen Armee im Westjordanland und im Gazastreifen, wo Tausende von Menschen zum 50. Jahrestag der palästinensischen Katastrophe von 1948 auf die Straße gehen. In Gaza werden 5 Palästinenser getötet, Dutzende von Menschen werden verletzt.

September 1998: Massenverhaftungen (praktisch ein Äquivalent zur administrativen Haft, ohne Begründung und Angaben zur Dauer der Einsperrung) von leitenden Hamas-Aktivisten innerhalb der Autonomiegebiete.

21. Oktober 1998: Wye-River-Abkommen: Anläßlich eines Gipfeltreffens in den USA verspricht Netanyahu, die Umgliederung der IDF im Westjordanland fortzusetzen. Die Palästinenser verpflichten sich dafür, noch größere Anstrengungen für die Sicherheit Israels zu unternehmen.

Mai 1999: Das Interimsabkommen, das eigentlich in diesem Monat enden sollte, wird verlängert. Verlängert werden auch die Mandate des palästinensischen Parlaments und Arafats Amtsdauer als Oberhaupt der Autonomiebehörde. Arafat erklärt sich bereit, seine vor einem Jahr gemachte Ankündigung, er werde bis zum 15. Mai einseitig die Gründung eines unabhängigen Staates erklären, noch nicht wahr zu machen.

17. Mai 1999: Der ehemalige Stabschef Ehud Barak (Arbeitspartei) schlägt Netanyahu in den vorgezogenen Wahlen und wird israelischer Premierminister.

13. September 1999: Mahmud Abbas (Abu Mazen), der zweite Mann in der PLO, und David Levi (israelischer Außenminister) bekräftigen ihre Absicht, mit den Verhandlungen über das Abkommen zum endgültigen Status der Palästinensergebiete zu beginnen, und bilden Verhandlungskomitees.

6. Dezember 1999: Der Leiter der palästinensischen Delegation bei den Verhandlungen zum endgültigen Status, Yasser abd Rabbo, bricht die Verhandlungen aus Protest gegen den fortgesetzten israelischen Siedlungsbau ab.

16. Dezember 1999: Bill Clinton kündigt die Wiederaufnahme der Verhandlungen zwischen Syrien und Israel an. Die amerikanische Außenministerin Madeleine Albright verlangt von Arafat, die unterbrochenen Verhandlungen mit Israel wieder aufzunehmen.

23. Mai 2000: Israel zieht sich aus dem Südlibanon zurück.

11.–25. Juli 2000: Trotz des Einwands der Palästinenser, daß dieser Schritt verfrüht sei, findet ein Gipfeltreffen in Camp David, USA, statt, um das Abkommen über den endgültigen Status der Palästinensergebiete vorzubereiten. Teilnehmer sind Barak, Arafat und Bill Clinton. Die Verhandlungen scheitern und enden mit gegenseitigen Anschuldigungen.

Um den 23. August 2000: Ehud Barak nimmt seine Zusicherung zurück, palästinensische Häftlinge zu entlassen und die israelische Armee aus drei palästinensischen Dörfern in der Nähe von Jerusalem zurückzuziehen (die Dörfer vom Status B in den Status A zu überführen).

28. September 2000: Barak gestattet Ariel Sharon, dem Leiter der Likud-Partei, den Tempelberg (Haram a-Sharif) zu besuchen, obwohl die Palästinenser erklärt haben, daß dies als Provokation betrachtet werden würde. Dem Aufruf der Autonomiebehörde, mit Massendemonstrationen gegen diesen Besuch zu protestieren, folgen nur wenige Demonstranten.

29. September 2000: Die Freitagsgebete auf dem Tempelberg enden mit heftigen Zusammenstößen mit den zahlreichen, im Compound vor den Moscheen postierten israelischen Polizisten. Steinwürfe auf Polizisten und jüdische Beter an der Klagemauer werden von der Polizei mit Schüssen aus kurzer Entfernung mit Metallgeschossen mit Gummiüberzug beantwortet. 5 Palästinenser werden getötet. Daraufhin kommt es zu Protestdemonstrationen und Zusammenstößen im Westjordanland, dem Gazastreifen und in palästinensischen Gemeinden innerhalb von Israel, die die israelische Polizei und Armee mit Waffengewalt und scharfen Schüssen zu unterdrücken versucht. Daraus entwickelt sich die «zweite *Intifada*». Während der ersten zwei Monate werden 229 Palästinenser von israelischen Soldaten getötet – die meisten sind Zivilisten, 73 (!) davon Kinder unter achtzehn Jahren und Polizisten, die weder an den Kämpfen teilgenommen noch dazu aufgerufen hatten, sondern dort angegriffen wurden, wo sie gerade Dienst taten. Bis zum 1. Dezember 2000 werden 34 Israelis von Palästinensern getötet (abgesehen von vier Zivilisten, die in Israel selbst ums Leben kommen, handelt es sich um Zivilisten und einige Soldaten, die in den besetzten Gebieten sterben). Bis Ende Oktober 2002 sterben mehr als 1800 Palästinenser und über 600 Israelis. Außerdem wird jede einzelne palästinensische Gemeinde hermetisch abgeriegelt und die Bewegungsfreiheit im Westjordanland und dem Gazastreifen mehr denn je eingeschränkt.

12. Oktober 2001: Ein Lynchmob aus jungen Palästinensern ermordet zwei israelische Soldaten, die sich auf dem Weg zu ihrem Militärstützpunkt verirrt haben und in eine palästinensische Polizeistation im Zentrum von Ramallah gebracht worden sind. Die Menschenmenge stürmt die Polizeistation und ermordet die beiden Soldaten, die sich darin befinden. Als Vergeltungsschlag bombardiert die israelische Luftwaffe die Polizeistation und andere Einrichtungen der Autonomiebehörde in Ramallah und Gaza – ähnliche Abläufe wiederholen sich während der nächsten zwei Jahre immer wieder.

9. Dezember 2000: Premierminister Barak tritt zurück.

6. Februar 2001: Ariel Sharon (Likud) wird zum israelischen Premierminister gewählt.

Mai 2001: Der Mitchell-Report wird veröffentlicht. Die Mitglieder der internationalen Kommission, die die Ursachen des gegenwärtigen blutigen israelisch-palästinensischen Konflikts untersuchen soll, empfehlen als Ausweg eine Kombination von humanitären und politischen Schritten sowie Sicherheitsmaßnahmen, die von beiden Seiten gleichzeitig unternommen werden sollen. Die Palästinenser werden aufgefordert, Maßnahmen gegen den Terror zu ergreifen, von Israel wird erwartet, daß es den Bau von Siedlungen und jede Bautätigkeit in den bestehenden Siedlungen vollständig einstellt. Bei allen späteren ausländischen (vorwiegend amerikanischen) Vermittlungsversuchen werden fast ausschließlich die Sicherheitsprobleme angesprochen.

21. Juni 2001: Der Leiter der amerikanischen CIA, George Tennet, versucht, einen Waffenstillstand zwischen den beiden Seiten zu vermitteln.

22. Juni 2001: Selbstmordattentat der Hamas in einem israelischen Tanzclub in Tel Aviv: 21 Israelis werden getötet. Daraufhin weigert sich Israel, einen von Arafat angebotenen Waffenstillstand zu akzeptieren.

23. Dezember 2001: Zerstörung von 58 Wohnhäusern in Rafah. Hunderte von Flüchtlingsunterkünften entlang der ägyptischen Grenze und dem Siedlungsblock «Gush Katif» im Gazastreifen werden von israelischen Truppen bombardiert und zerstört, angeblich um bewaffnete Kämpfer unschädlich zu machen und Tunnel ausfindig zu machen, die zum Schmuggeln von Munition verwendet worden sein sollen.

27. März 2002: Selbstmordattentat in einem Hotel in Netanya, wo israelische Gäste das «Sedermahl» am ersten Abend des Passahfestes feiern. 29 Menschen sterben.

28. März 2002: Die IDF beginnt mit der Operation «Schutzwall». Die meisten palästinensischen Ortschaften im Westjordanland werden über einen Monat lang besetzt. Frühere Operationen dieser Art dauerten weniger lange.

26. Mai 2002: Israel benachrichtigt die internationalen Organisationen von der Einführung eines neuen Paßsystems: Menschen, die von einer palästinensischen Ortschaft in eine andere fahren wollen, müssen bei den Büros der Zivilverwaltung eine Reisegenehmigung beantragen. Die palästinensische Autonomiebehörde fordert ihre Bürger auf, keine solchen Anträge zu stellen.

Ende Juni 2002: Die IDF besetzt alle palästinensischen Städte (mit Ausnahme von Jericho), verhängt langanhaltende Ausgangssperren rund um die Uhr und kontrolliert die Städte von innen. Bis Oktober 2002 wird nur Beit Lehem evakuiert, bleibt jedoch hermetisch abgeriegelt.

22. Juli 2002: Die israelische Luftwaffe wirft eine Bombe, die 1 Tonne wiegt, über einem Wohngebiet in Gaza ab. Die Bombe soll den Kommandeur des militärischen Flügels der Hamas, Salah Shehade, töten. Er selbst, eine seiner beiden Frauen, eine seiner vier Töchter und ein Assistent werden getötet, außerdem 12 weitere palästinensische Zivilisten, darunter 8 Kinder.

19. September 2002: Nach einem Selbstmordattentat auf einen Bus in Tel Aviv, bei dem 5 Menschen sterben, wird Arafats Hauptquartier in Ramallah belagert. Israelische Bulldozer zerstören fast alle Gebäude des Compounds. Israel fordert die Auslieferung mehrerer gesuchter Personen, die sich angeblich in dem Compound versteckt halten. Auf amerikanischen Druck hin sieht Israel sich gezwungen, die Belagerung zu beenden.

Die zuvor von Israel ausgesprochene Drohung, Arafats Gebäude zu bombardieren, veranlaßt Tausende von Menschen unter Führung von Fatah-Aktivisten, die nächtliche Ausgangssperre in den belagerten palästinensischen Städten zu brechen und sich den Soldaten entgegenzustellen. 4 Palästinenser werden getötet.

Die Demonstrationen wecken die Hoffnung, daß die Menschen in ihrem Widerstand gegen die Besatzung zu gewaltlosen Mitteln zurückkehren würden, aber nach einer Woche flauen die Demonstrationen allmählich ab.

30. Oktober 2002: Die Israelische Arbeitspartei verläßt die Regierungskoalition und bringt diese dadurch zu Fall. Anlaß war der Streit um die Finanzierung der Siedlungen.

Aus dem Verlags-programm

Ernst-Otto Czempiel

Weltpolitik im Umbruch

Die Pax Americana, der Terrorismus und
die Zukunft der internationalen Beziehungen
2002. 230 Seiten. Paperback
Beck'sche Reihe Band 1503

Werner Ende/Udo Steinbach

Der Islam in der Gegenwart

Entwicklung und Ausbreitung.
Staat, Politik und Recht, Kultur und Religion
4., neubearbeitete und erweiterte Auflage. 1996.
1016 Seiten mit 15 Abbildungen und 1 Karte. Leinen

Marc Frey

Geschichte des Vietnamkriegs

Die Tragödie in Asien und das Ende des amerikanischen Traums
5., durchgesehene und aktualisierte Auflage. 2000
256 Seiten mit 2 Karten. Paperback
Beck'sche Reihe Band 1278

Erdmute Heller/Hassouna Mosbahi (Hrsg.)

Islam, Demokratie, Moderne

Aktuelle Antworten arabischer Denker
1998. 267 Seiten. Broschiert

Dietmar Herz/Julia Steets

Palästina

Gaza und die Westbank
Geschichte, Politik, Kultur
2. Auflage 2001. 184 Seiten mit 8 Abbildungen
und 12 Karten. Paperback
Beck'sche Reihe Band 1433

Sudhir Kakar

Die Gewalt der Frommen

Zur Psychologie religiöser und ethnischer Konflikte
Aus dem Englischen von Barbara Hörmann
1997. 312 Seiten. Broschiert

Navid Kermani
Iran
Die Revolution der Kinder
2001. 263 Seiten mit 12 Abbildungen. Paperback
Beck'sche Reihe Band 1485

Gudrun Krämer
Geschichte Palästinas
Von der osmanischen Eroberung
bis zur Gründung des Staates Israel
4. Auflage. 2003. 440 Seiten mit 14 Abbildungen
und 9 Karten. Paperback
Beck'sche Reihe Band 1461

Werner Link
Die Neuordnung der Weltpolitik
Grundprobleme globaler Politik an der Schwelle zum 21. Jahrhundert
3., durchgesehene und um ein Nachwort erweiterte Auflage. 2001
202 Seiten mit 2 Karten und 9 Tabellen. Paperback
Beck'sche Reihe Band 1277

Klemens Ludwig
Bedrohte Völker
Ein Lexikon nationaler und religiöser Minderheiten
3., neubearbeitete Auflage 1994. 215 Seiten mit
10 Abbildungen und 2 Karten. Paperback
Beck'sche Reihe Band 303

Viktor Meier
Jugoslawiens Erben
Die neuen Staaten und die Politik des Westens
2001. 156 Seiten. Paperback
Beck'sche Reihe Band 1437

Rupert Neudeck
Die Menschenretter von Cap Anamur
2002. 315 Seiten und 16 Tafeln mit 29 Abbildungen
Gebunden

Erich Rathfelder

Sarajevo und danach

Sechs Jahre Reporter im ehemaligen Jugoslawien
Mit einem Nachwort von Hans Koschnik
1998. 297 Seiten mit 7 Karten. Paperback
Beck'sche Reihe Band 1244

Erich Rothermund

Krisenherd Kaschmir

Der Konflikt der Atommächte Indien und Pakistan
150 Seiten mit 7 Abbildungen und 5 Karten. Paperback
Beck'sche Reihe Band 1505

Friedrich Schreiber

Schalom Israel

Nachrichten aus einem friedlosen Land
1998. 354 Seiten mit 7 Karten. Gebunden

Reinhard Schulze

Geschichte der islamischen Welt im 20. Jahrhundert

2., aktualisierte und erweiterte Auflage. 2002
477 Seiten mit 6 Karten. Broschiert

Bassam Tibi

Die fundamentalistische Herausforderung

Der Islam und die Weltpolitik
3., völlig überarbeitete und erweiterte Auflage 2002.
296 Seiten. Paperback
Beck'sche Reihe Band 484

Bernard Wasserstein

Jerusalem

Der Kampf um die heilige Stadt
Aus dem Englischen von H. Jochen Bußmann
2002. 432 Seiten mit 18 Abbildungen und 12 Karten
Gebunden